Dietrich Geyer
Das russische Imperium

Dietrich Geyer

Das russische Imperium

Von den Romanows bis zum Ende
der Sowjetunion

Herausgegeben von
Jörg Baberowski und Rainer Lindner

DE GRUYTER
OLDENBOURG

ISBN 978-3-11-077771-0
e-ISBN (PDF) 978-3-11-066840-7
e-ISBN (EPUB) 978-3-11-066500-0

Library of Congress Control Number: 2020932492

Bibliografische Information der Deutschen Nationalbibliothek
Die Deutsche Nationalbibliothek verzeichnet diese Publikation in der Deutschen
Nationalbibliografie; detaillierte bibliografische Angaben sind im Internet
über http://dnb.dnb.de abrufbar.

© 2021 Walter de Gruyter GmbH, Berlin/Boston
Dieser Band ist text- und seitenidentisch mit der 2020 erschienenen
gebundenen Ausgabe.
Karten: Peter Palm, Berlin
Umschlagabbildung: „Porträt Peters I. (1672–1725)", Jean-Marc Nattier, 1717
(Copyright: gemeinfrei)
Druck und Bindung: CPI books GmbH, Leck

www.degruyter.com

Vorwort

Dieses Buch ist ein doppeltes Zeitzeugnis: Zum einen eine Geschichte Russlands vom Aufstieg bis zum Untergang des Russischen Imperiums. Der deutsche Osteuropahistoriker Dietrich Geyer hat in seiner letzten Tübinger Vorlesung noch einmal die Geschichte Russlands von der Thronbesteigung Iwans des Schrecklichen bis zum Zerfall der Sowjetunion durchschritten. Zum anderen eine Erzählung: entstanden in der Tübinger Gelehrtenrepublik am Institut für Osteuropäische Geschichte und Landeskunde, die das Imperium aus der Perspektive des Zerfalls unter dem Eindruck der untergegangenen Sowjetunion analysiert.

Über vier Semester von 1992 bis 1994 hinweg zog Geyer seine Schüler, Hörer und Gäste noch einmal in seinen Bann. Mit der ihm eigenen Sprachgewalt, dem Kenntnisschatz aus fünf Jahrzehnten Russlandforschung und einer großen Textdisziplin führte der Hochschullehrer durch vier Jahrhunderte europäischer und russischer Geschichte. Mit dem Begriff der „Gesellschaft als staatlicher Veranstaltung" hatte Geyer bereits früh eine Formel für das russische Staatsmodell geliefert. Zahlreiche Historiker haben sich daran orientiert. Bis heute hat diese prägnante Analyse russischer Staatlichkeit nichts von ihrer Aktualität verloren.

In seiner Vorlesung fasst der Autor auch seine Forschungen zur Sozialgeschichte des Imperiums, zum russischen Imperialismus, zur Oktoberrevolution und zur Außenpolitik zusammen. Geyer hat Russland immer als europäische Macht wahrgenommen und diesen Blick auch in öffentlichen Debatten immer wieder eingefordert. Die nüchterne Sicht auf das Schlüsseljahr 1917, die vergeblichen Hoffnungen auf die Weltrevolution und eine schonungslose Charakterisierung des Stalinismus werden gleichermaßen sichtbar. Das Buch ist ein Lehrstück erzählter Geschichte. Die Vorlesungen, die Geyer stets formvollendet mit „Guten Morgen, meine Damen und Herren!" einleitete, verdichten sich, einmal aufgeschrieben, zu einem historischen Essay, zu einem großen Spätwerk, das jetzt erscheint. Der Autor geht den großen Linien und Knoten der russischen Geschichte nach, verliert sich nicht in Details und lässt dennoch die Zeitgenossen auf imposante Weise zu Wort kommen.

Wie aus der Vorlesung ein Buch wurde, ist eine eigene Geschichte. Als Dietrich Geyer an der Tübinger Universität seine Vorlesungen hielt, bat ihn Rainer Lindner – damals Student am Institut für Osteuropäische Geschichte und Landeskunde – darum, die Lektionen mitschneiden zu dürfen. Die Aufnahmen – fast 100 Kassetten mit rund 150 Stunden Material – sind ein eigenes, hörbuchtaugliches Dokument. Aus diesem Tonmaterial entstand durch die akribische Abschrift von Frau Birgit Wanner (Gerlingen) und durch ein intensives Lektorat von Rainer Lindner die vorliegende Fassung der großen Russland-Erzählung. Dietrich Geyer selbst griff im Verlauf der Redaktion noch einmal behutsam in den Text ein, ließ aber dem gesprochenen Wort sein Recht. Jörg Baberowski hat das Abschlusslektorat übernommen und in einem Nachwort den Text in das Gesamtwerk Dietrich Geyers und die Russlandhistoriographie eingeordnet.

Auf eine Aktualisierung oder Fortschreibung der russischen Geschichte in nachsowjetischer Zeit wurde bewusst verzichtet. Die Öffnung der russischen Archive setzte zum Zeitpunkt der Vorlesungen gerade erst ein. Wenn eine Vorlesung nicht mehr als Tonvorlage verfügbar war – wie im Fall der innersowjetischen Entwicklung nach dem Zweiten Weltkrieg bis zu Stalins Tod – wurde von einer Rekonstruktion abgesehen. Der Text ist sodann auch als Quellentext zu lesen, nämlich die Sicht eines bedeutenden deutschen Historikers auf das russische Imperium unter dem unmittelbaren Eindruck der untergegangenen Sowjetunion. Die Gliederung des Buches entspricht zum größten Teil den Vorlesungen selbst. Obgleich einige Kürzungen notwendig waren, blieb der Argumentationsbogen des Autors unangetastet. Der wissenschaftliche Apparat, den Tabea Nasaroff (Berlin), sorgfältig bearbeitet hat, wurde bewusst knapp gehalten. Nachgewiesen werden nur Zitate und jene Buchverweise, die der Autor im Rahmen der Vorlesung selbst gegeben hat.

Vor uns liegt eine erzählte Geschichte Russlands, die sich in die großen Vorlesungstexte deutscher Geschichtsschreibung einreihen wird. Beide Herausgeber danken ihrem akademischen Lehrer Dietrich Geyer, dass er die Veröffentlichung des Textes vertrauensvoll in ihre Hände gelegt hat. Herrn Dr. Frank Suder, Vorstand der Fritz Thyssen Stiftung, ist für die großzügige Unterstützung der Abschriften, Herrn Raimund Förster (Potsdam) für die generöse Übernahme der Druckkosten der Drucklegung und Herrn Martin Rethmeier vom Verlag De Gruyter Oldenbourg in München für die Aufnahme in das Verlagsprogramm zu danken.

Rainer Lindner *Konstanz, im Januar 2020*

Inhalt

Erster Teil **Autokratie und Imperium 1547–1855**

1	**Grundbegriffe und Orientierungen** —— 3	
1.1	Einleitung —— 3	
1.2	Herrschaft, Staat, Imperium —— 6	
1.3	Sozialverfassung im Wandel —— 11	
1.4	Russland in Europa —— 19	
1.5	Zerreißproben russischer Identität —— 28	
2	**Autokratie und Absolutismus** —— 37	
2.1	Historische Voraussetzungen —— 37	
2.2	Iwan IV. und die Entstehung der Autokratie —— 42	
2.3	Von der Autokratie zum neuzeitlichen Absolutismus —— 48	
2.4	Grundlagen der Herrschaft Peters des Großen —— 55	
2.5	Peter und Sankt Petersburg —— 59	
2.6	Das Dilemma der Erben —— 67	
3	**Gesellschaft als staatliche Veranstaltung** —— 74	
3.1	Katharina II. und der aufgeklärte Absolutismus —— 74	
3.2	Staatsausbau und Adelsgesellschaft —— 80	
3.3	Bauern und Leibeigenschaft —— 87	
3.4	Städtewesen und Bürgertum —— 92	
3.5	Kirche und Klerus —— 99	
3.6	Aufklärung und Fundamentalkritik —— 104	
4	**Reichsbildung durch Expansion** —— 112	
4.1	Expansion und Raumerschließung —— 112	
4.2	Livländischer Krieg und Kosaken-Ukraine —— 119	
4.3	Die baltischen Provinzen —— 126	
4.4	Das Ende der polnisch-litauischen Adelsrepublik —— 133	
5	**Von den Napoleonischen Kriegen zum Krimkrieg** —— 142	
5.1	Die Erben des aufgeklärten Absolutismus —— 142	
5.2	Grenzen des gouvernementalen Liberalismus —— 150	
5.3	Vaterländischer Krieg und Heilige Allianz —— 157	

| 5.4 | Dekabristen und Geheimbünde —— 166 |
| 5.5 | Nikolaj I. und die Schaffung der Geheimpolizei —— 174 |

Zweiter Teil Zwischen Reform und Revolution 1855–1917

1 Autokratie und Emanzipation —— 183
1.1   Umrisse des Reformproblems —— 183
1.2   Das Ende der Leibeigenschaft —— 187
1.3   Dorfgemeinde und Bauernverwaltung —— 194

2 Sozialstruktur und Industrialisierung —— 201
2.1   Gesellschaft im Übergang: Adel und Semstwo-Gesellschaft —— 201
2.2   Städteordnung und Urbanisierung —— 207
2.3   Verkehrsausbau und verzögerte Modernisierung —— 214
2.4   Finanzpolitik und industrielle Expansion —— 221

3 Opposition und revolutionäre Bewegung —— 229
3.1   Grenzen des Liberalismus: Zum Problem der Intelligenzija —— 229
3.2   Populismus im späten Zarenreich – Das Narodnitschestwo —— 236
3.3   Marxismus und Sozialdemokratie —— 242

4 Außenpolitik und russischer Imperialismus —— 251
4.1   Auswärtige Politik und panslawische Mobilisierung —— 251
4.2. Vom Balkankrieg zum Wechsel der Bündnisse —— 261
4.3. Zentralasiatische und fernöstliche Expansion —— 267
4.4. Russland und China: Aspekte „friedlicher Durchdringung" —— 274

5 Zwei Fronten: Krieg und Revolution 1905 —— 280
5.1. Der Russisch-Japanische Krieg —— 280
5.2. Krieg und Revolution 1905 —— 285

Dritter Teil Russland unter kommunistischer Herrschaft 1917–1991

1 Oktoberrevolution und Bürgerkrieg —— 295
1.1   Der Zusammenbruch des Zarenreiches —— 297

1.2	Von der Februarrevolution zum Roten Oktober —— **302**
1.3	1917 und die Grenzen der weltrevolutionären Mobilisierung —— **310**
1.4	Bürgerkrieg und Reconquista —— **318**

2 **Von Lenins Weltrevolution zum Stalinismus —— 327**
2.1 „Neue Ökonomische Politik" —— **327**
2.2 Nationsbildung im sowjetischen Vielvölkerstaat —— **332**
2.3 Stalins „Revolution von oben" —— **340**
2.4 Terror und ideologische Abrichtung —— **345**

3 **Die Sowjetunion und der Große Vaterländische Krieg —— 354**
3.1 Außenpolitik und Kominternstrategie —— **354**
3.2 Der Weg zum Hitler-Stalin-Pakt —— **362**
3.3 Deutsch-sowjetische Kumpanei —— **368**
3.4 „Großer Vaterländischer Krieg" —— **374**

4 **Spätstalinismus und Kalter Krieg —— 383**
4.1 Die sowjetische Europapolitik und die Bedingungen des Friedens —— **383**
4.2 Die Entstehung des sozialistischen Blocks —— **385**
4.3 Das poststalinistische Imperium —— **395**
4.4 Systemkrisen und Kosten der Weltpolitik —— **403**

5 **Das lange Ende der Sowjetunion —— 410**
5.1 Dissens und politische Opposition unter Breschnew —— **410**
5.2 Anspruch und Scheitern der Perestrojka —— **416**
5.3 Sowjetische Agonie und das Ende des äußeren Imperiums —— **425**

Epilog —— 436

Nachwort: Gesellschaft als staatliche Veranstaltung. Dietrich Geyer schreibt Geschichte (*von Jörg Baberowski*) —— **447**

Anmerkungen —— 453

Ausgewählte Publikationen zur Geschichte Russlands und der Sowjetunion von Dietrich Geyer —— 462

Personenregister —— 463

Erster Teil **Autokratie und Imperium 1547–1855**

1 Grundbegriffe und Orientierungen

1.1 Einleitung

Reichsgeschichte im Blick auf Russland von der Mitte des 16. bis zur Mitte des 19. Jahrhunderts: das ist der chronologische Rahmen, in dem der erste Teil dieser Ausführungen steht. Die kalendarische Abgrenzung mag banal erscheinen, denn sie wird durch zwei Daten dynastischer Art markiert: am Anfang durch die Zarenkrönung Iwans IV. am 16. Januar 1547, am Ende durch den Tod Kaiser Nikolaus' I. am 18. Februar 1855.

Historiker, die etwas auf sich halten, bevorzugen in der Regel anspruchsvollere Periodisierungskriterien. Sie orientieren sich am Wechsel der Epochen, an Etappen und Wendepunkten, bei denen viele Kräfte und Faktoren zusammenwirken: Herrschaftsformen und ihre Legitimationsgrundlagen, soziale Ordnungen, kulturelle Werte und Traditionen, Beziehungen zur Außenwelt, Krieg und Expansion, Bündnisse und Nachbarschaften. Vor diesem weiten Horizont können Kalenderdaten kaum mehr als Merkzeichen im Gang der Begebenheiten sein – Orientierungspunkte, die auf den Wandel der Epochen und Zeiten verweisen.

Iwan IV. Wassiljewitsch (1530–1584) als Iwan Grosnyj, der *Schreckliche* bekannt, wurde als siebzehnjähriger Moskauer Großfürst zum Zaren gekrönt. Er war die erste russische Herrschergestalt, von der Selbstzeugnisse überkommen sind. Im Westen waren seine Taten Gegenstand der zeitgenössischen Flugschriftenliteratur – publizistische Reaktionen auf die Verwüstungen, die moskowitische Truppen seit den ausgehenden 1550er Jahren in Livland angerichtet hatten. Mit dem Angriff auf den Staat der Ordensritter waren deutsche Reichsinteressen unmittelbar berührt, Interessen des Heiligen Römischen Reiches Deutscher Nation. Aus dieser Zeit stammen die ersten Embargolisten, mit denen Kaiser Ferdinand II. jeglichen Handel mit den Moskowitern unterbinden wollte. Nachhaltig waren die Furchtkomplexe, die der Livländische Krieg (1558–1583) im Westen hinterließ. Es waren Schreckensbilder von der moskowitischen Gefahr, von Moskowien als einem barbarischen Staat, der unter dem Regiment blutrünstiger Tyrannen stehe und für die christlichen Völker nicht weniger bedrohlich sei als der türkische Erbfeind.

Abgeschlossen wird das erste Großkapitel mit dem Tod des Zaren Nikolaus I. und dem Regierungsantritt Alexanders II. Auch hier ist der Regierungswechsel nur eine Merkzahl für tiefergreifende Veränderungen. 1855 war Krieg. Russland kämpfte gegen Großbritannien und Frankreich, die an der Seite des türkischen Sultans standen und entschlossen waren, den orientalischen Ambitionen des Zarenreiches Einhalt zu gebieten. Dieser Krieg, der militärisch auf der Krim entschieden wurde, hat den Gegensatz zwischen dem autokratischen Russland und dem liberalen Europa in handgreiflicher Weise aktualisiert. Er endete mit der russischen Niederlage, die im März 1856 durch den Friedensvertrag von Paris besiegelt wurde. Russland verlor seine Stellung als Stütze der konservativen Mächte, als Bastion der europäischen Reaktion, als Gendarm Europas und Schutzherr der Christen im Osmanischen Reich.

1547 bis 1855: Was hält diese dreihundert Jahre zusammen? Keine Antwort ist denkbar auf diese Frage, die einen zeitübergreifenden Faktor überginge. Die Kontinuität der russischen Autokratie, die Zählebigkeit der uneingeschränkten Vollgewalt der Zarenmacht. Wer von russischer Reichsgeschichte spricht, kann von der Selbstherrschaft nicht schweigen. Es war dieses Institut der Staatsverfassung, das Russland als Kontrapunkt zum aufgeklärten Europa erscheinen ließ; hier Freiheit und ständische Libertät, dort Despotie und Tyrannei.

Auf solch grobe, auf Unversöhnlichkeit justierte Gegensätze verkürzt, wird kein auch nur leidlich seriöser Historiker die Unterschiede bringen, die zwischen Russland und dem sogenannten Abendland bestanden haben. Auch im Westen hat es an autokratischen Herrschaftsformen bekanntlich nicht gefehlt. Wohl aber gehörten zwischen Verachtung und Furcht pendelnde Vokabeln zu den Kammertönen, die in der westlichen Russlandpublizistik über die Zeiten hin zu hören waren. Dazu notierte der kaiserliche Gesandte Sigismund von Herberstein in dem berühmtesten Moskowiterbuch des 16. Jahrhunderts: „Sein Gewalt hat der Großfürst gebraucht sowohl über die Geistlichen als über die Weltlichen, sei es um das Gut oder das Leben. Seiner Räte keiner hat des Herrn Meinung widersprechen dürfen, bekennen durchaus, des Fürsten Willen sei Gottes Willen (...). Alle im Land nennen sich ihres Fürsten Chlopn, das heißt verkaufte Knecht (...) Dies Volk hat eine größere Lust zu Dienstbarkeit denn zu Freiheit. Ich weiß nit eigentlich, ob dieses unbarmherzig Volk eines solchen Tyrannen zu seinem Fürsten bedürfe, oder ob durch der Fürsten Tyranney dies Volk also unmildt und grausamlich wird".[1]

Zweihundert Jahre später, als der Begriff der Freiheit in Westeuropa mit dem der bürgerlichen Freiheit schon verbunden war, schien sich Russland in dieser Hinsicht nicht wesentlich verändert zu haben. So schrieb der junge Johann Gottfried Herder, der von der Rigaer Domschule aus nach Osten sah, in seinem Reisetagebuch von 1769: „ein Ruße (...) hat für Bürger kein Wort in seiner Sprache. Der junge Ruße von Stande sieht an Bürgern nichts als Knechte (...). Der Ruße ist (...) ist nie andres, als *niedrig* in seiner Schmeichelei, damit er *groß* gegen andre sei: d. I. er ist Sklave um Despot zu werden".[2]

Ich nenne dies die Kontinuität der Autokratie bei Abwesenheit ziviler Gesellschaft eigenen Rechts. Noch unter Nikolaus I. ist diese Herrschaftsform unangetastet, nur dass sie inzwischen in anderer Weise begründet, legitimiert wird durch eine Dreierformel, die sich aus den Begriffen Rechtgläubigkeit (*prawoslawie*), Selbstherrschaft (*samoderschawie*) und Volkstum (*narodnost*) zusammensetzt, durch konservative Prinzipien einer Abwehrideologie gegen die Bedrohung aus dem Westen, gegen Liberalismus und Demokratie, gegen Volkssouveränität und Parlamentarismus, gegen die *Hydra der Revolution* und alle Feinde der monarchischen Legitimität. Selbst russische Liberale meinten, dass Russland für den Übergang zu einer konstitutionellen Monarchie (mit gewählter Volksvertretung) vor allem deshalb nicht reif sei, da sich aus der weit überwiegend analphabetischen Bevölkerung des agrarischen Landes eine tragfähige Zivilgesellschaft noch nicht herausgebildet habe. Allenfalls ein Teil des Adels mochte zu politischer Partizipation fähig sein – nur die alte Herrenklasse, nicht aber das Volk in allen seinen Ständen.

Kontinuität der Autokratie und einer Untertanenverfassung ohne Freiheit und politische Rechte – das hieß zugleich, dass Dorf und Stadt direkt oder indirekt in die Leibeigenschaftsordnung eingebunden blieben. Die Unverwüstlichkeit überkommener Ordnungen bedeutet freilich nicht, dass sich Russland in seinen sozioökonomischen und soziokulturellen Verhältnissen zwischen dem 16. und dem 19. Jahrhundert nicht verändert hätte. Im Gegenteil: Was Kontinuität der Herrschaftsform bedeutet, ist erst im Blick auf den sozialen Wandel zu erschließen.

Dabei wird, versteht sich, auch die sogenannte *Europäisierung Russlands* zu erörtern sein – ein Problem, das im Zeitalter des Rationalismus und der beginnenden Aufklärung eine neue Zuspitzung erfahren hat. Gemeint ist die Umbruchsphase, die seit Peter dem Großen große Dimensionen erreicht: mit dem Eintritt Russlands als Großmacht ins europäische Staatensystem und in die europäische Neuzeit ohnehin. Im *Großen Nordischen Krieg* (1700–1721) biwakieren russische Truppen in Pommern, Mecklenburg und Holstein, und die Petersburger Politik genießt nach dem Sieg über Schweden Dauerpräsenz im Heiligen Römischen Reich deutscher Nation. Im *Siebenjährigen Krieg* steht zarisches Militär jahrelang in Königsberg, Immanuel Kant leistet der Kaiserin Elisabeth den Untertaneneid, und im Oktober 1760 sind die Russen als Verbündete Habsburgs gar in Berlin.

In der Zeit Nikolaus' I. (1825–1855) ist die Frage *Russland und Europa* zu einem Schlüsselthema russischer Debatten geworden, das sich als Problem in großer Schärfe stellte: Russland und Europa, Russland und der Westen – geht es dabei um Anpassung, Imitation oder um einen Sonderweg? Solche Fragen haben seit mehr als hundertfünfzig Jahren zu den *ewigen*, den *verfluchten* Fragen russischer Selbstverständigung gehört. Als solche haben sie den Untergang des Zarenreiches wie auch den des Sowjetimperiums überdauert und reichen, wie man tagtäglich sehen kann, in unsere Gegenwart hinein.

1.2 Herrschaft, Staat, Imperium

Autokratie, *samoderschawie*, Selbstherrschaft, die unbeschränkte Gewalt des Herrschers, des Großfürsten und Zaren von Moskau und der ganzen Rus (seit 1547), des Kaisers als Imperator des Russländischen Reiches (seit 1721) – diese Herrschaftsform als Staatsverfassung ist ein Kontinuum russischer Geschichte seit dem 15. Jahrhundert. Sie hat eine Haltbarkeitsdauer, die erst seit der Revolution von 1905 in Zweifel steht. Manches spricht jedoch dafür, dass diese Tradition im Sowjetsystem, zumal in seiner stalinistischen Fasson, eine Fortsetzung gefunden hat und auch heute noch nicht ganz versunken ist. Im russischen Wort für Staat (*gosudarstwo*) ist der Herrscher (*gosudar*) nach wie vor enthalten, und der Ruf nach einer *starken Hand*, die das Chaos bannen und bezwingen soll, ist alt und erneuert sich von Zeit zu Zeit.

Imperium, der zweite Begriff von langer Dauer, meint das Russische Reich: *Rossijskaja imperija*, ein Vielvölkerreich, das über die Epochenbrüche hinweg mit manchen Veränderungen und territorialen Verschiebungen den Wandel der Zeiten überdauert und erst mit der Selbstauflösung der UdSSR im Dezember 1991 ein Ende gefunden hat – ein vorläufiges, wie Skeptiker mitunter meinen. Dieses Ende war ein Ergebnis des Zusammenbruchs der Zentralgewalt (des Moskauer Zentrums), bewirkt durch den Kollaps des ökonomischen Systems und seiner institutionellen und ideologischen Klammern: der Kommunistischen Partei der Sowjetunion und der marxistisch-leninistischen Weltanschauungslehre.

Mit dieser Behauptung wird ein Anachronismus in Kauf genommen, denn die Bezeichnung Imperium stammt in Bezug auf Russland erst aus der petrinischen Zeit. Auch der Ausdruck *Rossija* ist erst im 17. Jahrhundert in Umlauf gekommen, damals noch überlagert von Begriffen wie *Moscowia*, *Moskowskoe gosudarstwo* oder *Moskowskoe zarstwo*. Indessen hat die russische Reichsgeschichte, wie erwähnt, wenn auch nicht begrifflich, so doch faktisch bereits früher begonnen. Das Imperium (als Herrschaftsraum mit Bevölkerungen nicht nur ethnisch-russischen Charakters) entsteht, wo unsere Darstellung beginnt: in der Mitte des 16. Jahrhunderts.

Zur Entstehungsgeschichte der Herrschaftsverfassung, der Selbstherrschaft, der Autokratie ist festzuhalten, dass in der Regierungszeit Ivans IV. (1547–1584) die Vollgewalt des Moskauer Großfürsten und Zaren bereits außer Zweifel steht. Die Moskauer Autokratie hat sich zwischen dem 14. und der Mitte des 16. Jahrhunderts ausgebildet, in einem Prozess, der mit territorialer Expansion zusammenging, mit der kontinuierlichen Erweiterung des Herrschaftsraumes über die Grenzen des Moskauer Fürstentums hinaus. Dort hatte Iwan Kalita (Iwan I.), von den mongolischen Tributherren der Goldenen Horde unterstützt, 1328 die Großfürstenwürde an sich gezogen – in der Rivalität mit anderen Teilfürsten der Rurikidendynastie, darunter die Fürsten von Twer, Rjasan und Jaroslawl.

Bis zur Mitte des 16. Jahrhunderts war die von den Moskauer Großfürsten ausgehende Reichsbildung, war das Sammeln der russischen Länder im Wesentlichen abgeschlossen Es waren die Inkorporation und Vereinigung jener Fürstentümer und Stadtrepubliken, die aus der Konkursmasse des altrussischen Kiewer Reiches überkommen und nicht in den Herrschaftsbereich des großen westlichen Nachbarn geraten waren: der polnisch-litauischen Adelsrepublik, der eigentlichen Großmacht des Mittelalters und der frühen Neuzeit in Osteuropa. Dieses Einsammeln war durch den Großvater und den Vater Iwans IV. vollendet worden, durch Iwan III. (1462–1503) und Wasilij III. (1503–1533). Diese beiden Herrscher hatten die griechisch-orthodoxen Territorien der alten Rus als ihr Vätererbe, ihre *wotschina*, beansprucht. Durch Erbfolgeregelungen oder gewaltsame Unterwerfungen wurden der Moskauer Herrschaft Twer, Rjasan, Rostow, Jaroslawl und andere Fürstentümer einverleibt, dazu die mit der deutschen Hanse verbundenen Stadtrepubliken Nowgorod und Pskow.

Hinzu kam der Anspruch auf Kontinuität, auf die legitime Nachfolge der altrussischen Kiewer Rus. Er wurde in den Moskauer Chroniken unübersehbar dargetan, manifestiert durch die Kontinuität der Rurikiden-Dynastie und die Kontinuität des orthodoxen Glaubens, des oströmisch-griechisch-byzantinischen Christentums. Das christliche Russland blickt auf das Jahr 988 zurück, in dem der Kiewer Großfürst Wladimir I. (965–1015) die Taufe empfing und die heidnischen Götzenbilder in den Dnjepr werfen ließ.

Im Prozess der Vereinigung der Teilfürstentümer unter der Gewalt des Moskauer Großfürsten – ein Vorgang, der, wie erwähnt, im 14. Jahrhundert beginnt und in der sowjetischen Historiographie als Herausbildung des zentralistischen russischen Staates beschrieben wird – im Zuge der Sammlung der russischen Länder hat sich die Autokratie als spezifische Form moskowitischer Herrschaft überhaupt erst durchgesetzt. Herrschaft als Selbstherrschaft, *samoderschawie*, Autokratie – das heißt, alle Rechte, Privilegien und Immunitäten konnten nun nur aus einer Quelle kommen: aus der Gnade des Herrschers, der Gott allein verpflichtet ist. Die Macht des Großfürsten, seine Souveränität, die Freiheit von tributären Pflichten bedeutet, ruht in Gott, und keine irdische Instanz darf sie in Zweifel ziehen. Die Person des Herrschers ist jeglicher Kritik entzogen, denn kritisieren hieße, sich aufzulehnen gegen den Allerhöchsten, den dreieinigen Gott.

Entscheidend für die Durchsetzung der autokratischen Herrschaft war, dass die griechisch-orthodoxe Kirche in Gestalt des Moskauer Metropoliten die Allgewalt des Großfürsten theologisch legitimierte und den Aufstieg Moskaus dadurch erst möglich machte. Vorausgegangen war 1299 die Übersiedlung des Metropoliten von Kiew und der ganzen Rus an den Großfürstensitz in Wladimir, bis dieser höchste geistliche Würdenträger sich 1328 für die Stadt Moskau entschied. Erst mehr als hundert Jahre später, infolge der Florentiner Union, wird die Autokephalie der Moskauer Kirche durchgesetzt; von da an bezieht sich der Metropolitentitel nicht mehr auf Kiew, sondern auf Moskau und die ganze Rus. Die Kirche stützt den Moskauer Großfürsten gegen seine Rivalen im Kampf um das neue Zentrum, beim Sammeln der russischen Erde, bei allen Anstrengungen, der tributären Herrschaft der Goldenen Horde zu entkommen.

Seit 1453, dem Untergang von Byzanz, ist der Moskauer Großfürst der einzige weltliche Machthaber, der den orthodoxen Glauben schützt – der einzige Protektor der heiligen Kirche, der die Funktionen des byzantinischen Kaisers womöglich übernehmen kann. Infolge des Widerstands der orientalischen Patriarchen, des ökumenischen voran, hatte die russische Kirche auf eine entsprechende Rangerhöhung jedoch noch lange zu warten. Erst 1589 wurde aus der Moskauer Metropolie ein eigenständiges Patriarchat.

Weltliche Herrschaft und rechtgläubige Kirche in Moskau sollten – und das war byzantinisches Erbe – in einem Verhältnis der Symphonie zueinander stehen. Der Moskauer Selbstherrscher war ohne die geistlichen Legitimationsinstanzen nicht zu denken, die heilige Kirche nicht ohne den Schutz und Schirm der weltlichen Gewalt. Der Unterschied zur lateinisch-christlichen Welt tritt an dieser Stelle besonders scharf hervor. In Moskau gab es keinen Dualismus zwischen *regnum* und *sacerdotium*, zwischen Reichsidee und *ecclesia*-Gedanken, stattdessen gab es (oder sollte es doch geben) die wechselseitige Durchdringung von Herrschaft und Glauben, die im Begriff der *Symphonia* aufgehoben war.

Seit der Mitte des 16. Jahrhunderts tritt neben die Kontinuität der Autokratie und neben die Kontinuität weltlich-geistlicher Symphonie eine weitere Konstante russischer Geschichte: die Reichsbildung durch Expansion, die Reichsgeschichte als Expansionsgeschichte. Doch auch diese Konstante ist losgelöst von der Selbstherrschaft und ihrer theologischen Begründung nicht darstellbar. Damals begann die Machterweiterung der Moskauer Herrschaft über die Grenzen der altrussischen Teilfürstentümer hinaus: Expansion nach Osten wie nach Westen und nach Süden hin, Expansion in Territorien mit eigener Herrschafts- und Kulturtradition, eigener Sozialverfassung, eigener Konfession, eigener Sprache und ethnischer Struktur.

Andreas Kappeler hat den Vorgang der Ostexpansion das „Sammeln der Länder der Goldenen Horde"[3] genannt. Gemeint sind die Herrschaftsgebiete, die Khanate und Einzelteile, in die das einst so mächtige mongolisch-tatarische Reich zerfallen war: das Reich Dschingis Khans und seiner Nachfolger, die zwischen 1237 und 1240 das Kiewer Reich überfallen, verwüstet und zweihundert Jahre unter ihrer Tributherrschaft gehalten hatten.

Die russische Expansionsbewegung beginnt mit der Unterwerfung der beiden wolga-tatarischen Khanate Kasan (1552) und Astrachan (1556). Sie erweist sich als ein lang anhaltender Prozess, der die Eroberung Sibiriens bis nach Kamtschatka einschließt und erst unter Katharina II. 1783 durch die Liquidierung des krimtatarischen Khanats abgeschlossen wird, dessen Herrscher, ein Vasall des Sultans, in Bachtschyssaraj residiert.

Zur Quintessenz dieser Eroberungen und Territorialgewinne gehört, dass seit der Mitte des 16. Jahrhunderts nichtchristliche, zumal muslimische Bevölkerungen unter die Herrschaft des orthodoxen Zaren kommen, Völker und Stämme mit eigenständiger Kultur, Sprache und Konfession. Im Fortgang der Zeit wird immer deutlicher, dass dieser Vorgang der Reichsbildung durch Expansion ein Imperium mit multikonfessioneller und polyethnischer Struktur entstehen lässt. Mit anderen Worten: seit Iwan IV. beginnt sich Moskowien zu einem Vielvölkerreich zu erweitern, zu einem Imperium von kontinentalen Dimensionen, mit asiatischen Territorien, die ungleich weiträumiger sind als die, die geographisch zu Europa gehören.

Um die Mitte des 16. Jahrhunderts beginnt jedoch nicht nur der Vorstoß des russisch-orthodoxen Moskowien in den tatarisch-islamischen Osten und Südosten; es beginnt auch eine westliche, dem christlichen Abendland zugewandte Expansionsbewegung. Den Anstoß gaben der Krieg gegen Livland, den säkularisierten Staat des deutschen Ritterordens, und die sich anschließenden Kriege gegen die polnisch-litauische Adelsrepublik und das schwedische Königreich. Dies geschieht in einer Zeit, in der weite Teile Europas, das Ordensland und Polen eingeschlossen, von der Reformation überzogen und erschüttert werden. Die Lubliner Union von 1569, d. h. die Staatenverbindung zwischen dem Königreich Polen und dem Großfürstentum Litauen gehört ebenso in diesen Zusammenhang wie die Brester Kirchenunion von 1596, mit der die orthodoxen Diözesen der *Rzeczpospolita* den Primat des Papstes anerkennen, ohne den byzantinischen Ritus in altkirchenslawischer Sprache aufzugeben.

Beide Vorgänge sind Reaktionen auf die Dauerkonfrontation, die für das Verhältnis zwischen der polnisch-katholischen Welt und dem Moskauer Zarenreich charakteristisch bleibt. Bis zur Mitte des 17. Jahrhunderts ist die russische Westbewegung noch nicht weit vorangekommen. Genannt seien hier nur die wichtigsten Etappen: 1654 der Vertrag von Perejaslawl, mit dem das Hetmanat der Dnjepr-Kosaken, von Bohdan Chmelnyzkyj geführt, unter die Schutzherrschaft des Zaren tritt; 1667 der russisch-polnische Vertrag von Andrussowo, der die linksufrige Ukraine unter Einschluss Kiews den Moskowitern zuerkennt; 1721, als Folge des großen Nordischen Krieges, die Eingliederung der deutsch bestimmten Landesstaaten Estland und Livland in das petrinische Imperium; schließlich der gewaltige Gebietserwerb Russlands im Dreischritt der Teilungen (1772, 1793, 1795), mit denen der polnisch-litauische Staat von der Landkarte verschwindet – dank der Übereinkommen zwischen den absolutistisch regierten Teilungsmächten Russland, Preußen und Österreich.

Für unsere Erörterung ist es wichtig festzuhalten, dass sich mit der fortgehenden Expansion des Reichsterritoriums der multikonfessionelle und polyethnische Charakter Russlands weiter verstärkt – ein Tatbestand von größter Wirkung, weil nunmehr Landschaften und Bevölkerungen unter russische Herrschaft geraten, die im Verständnis der Zeit nach Kultur und Konfession zum lateinischen Abendland gehören. Zu den russisch-orthodoxen und muslimischen Untertanen, über die die Autokratie gebietet, kommen nun katholische, griechisch-katholische (uniierte) und protestantische Untertanen, Bevölkerungen mit ständischer Tradition und Libertät, wie es sie in Russland bis dahin noch nicht gegeben hatte. Und aus der Erbmasse Polen-Litauens kommt die Mehrheit des osteuropäischen Judentums hinzu, woraus sich für den orthodoxen Zarenstaat die Aufgabe ergibt, die Koexistenz christlicher und mosaischer Bevölkerung zu regulieren. Auch das ist eine Novität.

Die Probleme, die durch die Integration dieser riesigen Territorien und Bevölkerungen entstehen, haben die russische Reichsgeschichte bis zu ihrem Ende hin begleitet. Die Autokratie war die Klammer des Imperiums. Das erste Großkapitel dieser Vorlesung verfolgt diese Geschichte bis zur Mitte des 19. Jahrhunderts hin, es schließt ab in einer Zeit, in der die Bildungsschichten der im Russländischen Imperium zusammengeschlossenen Völker eben erst damit begonnen haben, ihre nationale Identität im modernen Sinn zu entdecken. In den polnischen Aufstandskriegen von 1830/31 und 1863/64 zeigt sich zum ersten Mal, dass mit dem nationalen Erwachen der Völker Russlands zugleich der Fortbestand des Imperiums in Frage steht und der Fortbestand der Autokratie dazu.

Es war die russische Niederlage im Krimkrieg, mit der die strukturellen Schwächen des Reiches in Erscheinung traten. Die Rückständigkeit Russlands gegenüber den westlichen Großmächten war evident. Diese Niederlage, beglaubigt durch den Pariser Frieden von 1856, wirkte als Hebel für einen umfassenden Erneuerungsversuch, für eine Politik liberaler Reformen mit dem Kernstück der Bauernbefreiung: für die Aufhebung der Leibeigenschaft (1861), für eine nach westlichen Mustern geschnittene Justizreform (1864), für den Aufbau allständischer Selbstverwaltungsorgane in den Gouvernements, Kreisen und Städten (1864), für die Einführung der allgemeinen Wehrpflicht (1874). Das waren entschiedene Schritte zu einer Modernisierung, deren defensiver Charakter offensichtlich ist. Was erhalten bleibt, und das ist wichtig, war die autokratische Staatsverfassung, war der Tatbestand, dass nicht der Abbau, sondern die Konservierung der Selbstherrschaft zu den Voraussetzungen dieser Veränderungen gehörte.

1.3 Sozialverfassung im Wandel

Zu den Begriffen Autokratie und Imperium, den beiden Konstanten russischer Geschichte, kommt noch ein dritter Tatbestand von langer Dauer: das *krepostnitschestwo*, die Leibeigenschaftsordnung. Mehr als dreihundert Jahre war sie das Grundgesetz der russischen Sozialverfassung. Sie galt nicht allein für das bäuerliche Volk, sondern prägte auch die Rechts- und Lebenslage der anderen Stände, des Adels, der Stadtbewohner und der Geistlichkeit.

Der Zeitbogen, in dem die Leibeigenschaft die Verhältnisse prägt, reicht von der Mitte des 16. bis zur Mitte des 19. Jahrhunderts. Dann steht das Imperium, unter dem Druck der Krimkriegsniederlage, vor einem historischen Wendepunkt, vor der sogenannten Bauernbefreiung, dem Kernstück der Großen Reformen unter Kaiser Alexander II. Doch anders als die Leibeigenschaft, die 1861 zu Ende ging, haben Autokratie und Imperium die liberal genannten Reformen überdauert. Freilich muss man sehen, dass in den Jahrzehnten, die dem vorrevolutionären Russland dann noch blieben, das alte Regime nicht etwa belastungsfähiger wurde, sondern brüchiger von Jahr zu Jahr.

Die Leibeigenschaft, das Herzstück der russischen Sozialverfassung, wird hier zunächst nur knapp skizziert, um ihre Umrisse und die Richtung ihres Wandels festzuhalten. Dabei zeigt sich, wie unmittelbar die Leibeigenschaftsordnung mit den beiden anderen Konstanten der russischen Geschichte verklammert war: mit der Herrschaftsform der Autokratie und mit den imperialen Dimensionen der Staatsorganisation. So kann es nicht verwundern, dass das *krepostnitschestwo* eine eigene, höchst verwickelte Geschichte hat. Sie verlief in Etappen und in den einzelnen Regionen durchaus nicht gleichförmig. Am Anfang steht die mehr oder minder feste Bindung bäuerlicher Bevölkerung an den Landbesitz eines Gutsherrn, gefolgt von der Aufhebung des Rechts auf freien Abzug, auf den Übergang zu einem anderen Herrn, auf Abwanderung in Regionen, die vom adligen Grundbesitz noch nicht erfasst worden waren. Nach dem Verlust der Freizügigkeit bilden sich Verhältnisse aus, unter denen die Bauern zum lebenden Eigentum ihrer Besitzer werden. Dieser langfristige Vorgang zunehmender Bindung und Fesselung der Bauern an den Boden und an den Herrn steht in Wechselbeziehung mit zwei anderen Prozessen. Einerseits ist es die Verfestigung der autokratischen Herrschaftsordnung im Moskauer Großfürstentum und andererseits die Herausbildung der Dienstklassenverfassung des Moskauer, ja des russischen Adels überhaupt. Bauerngeschichte und Adelsgeschichte gehören zusammen.

In dem Maße, wie die Sammlung der russischen Länder unter Moskauer Herrschaft voranschritt, wurden die entmachteten Fürstengeschlechter samt Dienstleuten, Bojaren und kleinem Adelsvolk in einen hierarchisch scharf gegliederten Sozialverband eingebunden, in die Untertanenklasse der *sluschilye ljudi*, der Leute im großfürstlichen Dienst. Die neue Klasse dieser dienenden Leute war das soziale Reservoir, aus der im Moskauer Staat schließlich jene Schicht entstand, die in der europäischen Sozialgeschichte gemeinhin *Adel* heißt. Als Kollektivbezeichnung wurde dieser Begriff im Russischen erst Anfang des 18. Jahrhunderts gebräuchlich. Aber auch dann geschah das nicht von selbst, sondern ergab sich aus der neuen Dienstleistungsordnung, die Peter der Große mit seiner Rangtabelle exekutierte. Solange Peter lebte, wurde der Adel (von Polnisch *szlachta* abgeleitet) *schljachetstwo* genannt. Nach dem Tod Peter des Großen begann sich allmählich *dworjanstwo* durchzusetzen. Ein Wort, das nicht auf edle Geburt, sondern auf den Hof (*dwor*) verwies.

Als Alimentation für den Dienst, der als lebenslängliche Verpflichtung galt, wies der Großfürst seinen Leuten je nach Dienstrang und genealogischer Herkunft Land bzw. Dörfer mit Bauern zu: sogenannte Dienstgüter (*pomestje*). Daher stammt der noch heute geläufige Begriff für Gutsbesitzer *pomeschtschik*. Wichtig war, dass die Verfügungsrechte über Land und Leute an den Zarendienst gebunden waren. In eigentumsrechtlichem Sinn reguliert wurde diese Verfügungsgewalt erst in petrinischer Zeit. Erst dann wurden die Dienstgüter erblich und verschmolzen mit einer zweiten Kategorie adligen Landbesitzes, den es in den Ländern der Rus von jeher gegeben hatte, den der Erbgüter, den *wotschiny*, die als *Vätererbe* im Familienbesitz einzelner Bojaren und Adelsgeschlechter von Generation zu Generation weitergegeben worden waren.

Erbbesitz war in Moskauer Zeit alles andere als unantastbar, denn der Autokrat entschied über Leib und Leben auch der vornehmsten Untertanen. Er konnte, wann immer er wollte, die Konfiskation von Vermögen befehlen, desgleichen die Zwangsumsiedlung, Verbannung oder Ausrottung von Mitgliedern alter und weniger alter Adelsgeschlechter. Solche Säuberungen gehörten zu den geläufigen Schrecken der Zeit. In der Beziehung zum Herrscher gab es für Dienstleute selbst höchster Ränge weder Schutz noch Schirm, von rechtlich gesicherter Immunität ganz zu schweigen.

Aus ökonomischen Gründen waren die Gutsbesitzer beider Kategorien, Erbgutbesitzer wie Dienstgutbesitzer, in der Regel daran interessiert, die auf ihren Besitzungen lebenden Bauern dauerhaft an das Land zu binden. Sie waren daran interessiert, dass ihre Leute nicht überliefen zu anderen Herren, dass sie keine Möglichkeiten hatten, sich ihren Fron- und Abgabepflichten durch Flucht in periphere, von staatlicher Aufsicht freie Regionen zu entziehen. Sie waren daran interessiert, dass Leute, die dennoch entlaufen waren, zurückgebracht wurden. Tatsächlich war Flucht eine Massenerscheinung. Flüchtige Leute wurden *beglye ljudi* genannt, das war auch die amtlich gängige Bezeichnung ebendieser Untertanenkategorie.

Die Etappen, in denen sich die Schollenbindung der Bauern an das Herrenland verfestigt hat, können hier nur angedeutet werden. Als eines der ersten herausragenden Daten gilt das Jahr 1497. Damals wurde das Abzugsrecht, das den Bauern bis dahin zustand, auf die Zeit nach der Ernte, nach dem St. Georgstag (26. November) beschränkt. Später, unter Iwan dem Schrecklichen, wurde dieses Recht durch sogenannte *verbotene Jahre* weiter eingeengt, in denen Abzug und Herrenwechsel überhaupt unterbleiben sollten. Um die Mitte des 17. Jahrhunderts war die Freizügigkeit der Bauern schließlich ganz dahin. Aufgrund des sogenannten *Uloschenie*, eines Gesetzbuchs, das von 1649 bis 1832 Geltung hatte, wurden die Bauern zusammen mit ihren Höfen in Steuerkatastern festgeschrieben. Außerdem wurde verfügt, dass entlaufene Leute zu fassen und ihren alten Eigentümern auszuliefern seien.

Trotz dieser Verordnungen hat die bäuerliche Fluchtbewegung nicht aufgehört. Vielmehr war sie ein unerschöpfliches Reservoir für die großen Aufstandsbewegungen, die von der südöstlichen Peripherie her im 17. und 18. Jahrhundert mehrmals die Kerngebiete des Reiches bedrohten. Zu den berühmtesten Beispielen gehört der Aufstand des Kosakenführers Stenka Rasin 1670/71, ein Jahrhundert später dann der Aufstand Pugatschows. In sowjetischer Terminologie waren das die berühmten Bauernkriege der vaterländischen Geschichte – eine dogmatisch aufgeladene Bezeichnung, wie an anderer Stelle noch zu zeigen ist.

Peter der Große hat den Ausbau der Leibeigenschaft nach den Maßstäben des neuzeitlichen Militär- und Fiskalstaates perfekt gemacht. Das geschah durch die sogenannte Kopf- oder Seelensteuer, *poduschnaja podat*, mit deren Einführung die Staatsgewalt nach den Seelen der Untertanen griff. Gezählt und in Revisionslisten eingetragen wurden nur die männlichen Seelen, sie waren die fiskalische Maßeinheit, vom Säugling bis zum Greis. Nach den jeweiligen Ergebnissen wurde auch die Zahl der Rekruten bemessen, die die Bauerngemeinden für das neue Militärsystem zu stellen hatten. Für die Erfüllung dieser Pflichten, der Seelensteuer wie der Rekrutenabgabe, wurden von den Behörden die Gutsherren, die Eigentümer der steuerpflichtigen Seelen, verantwortlich gemacht. Die Gutsherren wiederum hielten sich an die Dorfgemeinden, die unter ihren gewählten Starosten für alle Abgaben und Leistungen kollektiv zu haften hatten. Diese Form der Solidarhaftung, *krugowaja poruka*, war eine langlebige Einrichtung. Sie überdauerte das Ende der Leibeigenschaft und wurde erst 1902 abgeschafft, als auf dem Lande bereits Krisenzeichen der Revolution zu sehen waren – brennende Gutshöfe und wütende Bauern.

Es gehört zu den Eigentümlichkeiten oder, wenn man so will, zu den Paradoxien der russischen Geschichte, dass die Leibeigenschaftsordnung im 18. Jahrhundert (zumal unter Katharina II., der „gekrönten Tochter der Aufklärung") nicht etwa gemildert, sondern beträchtlich verschärft worden ist. Da Land als solches in

Russland keine Ware war in dieser Zeit, bemaßen sich Vermögen und Kreditwürdigkeit eines Edelmanns nach der Zahl der Seelen, die er nachweisbar zu eigen hatte. Die Pflichten der Bauern gegenüber ihren Herren waren von staatlicher Seite nicht normiert; Art und Umfang zu bestimmen, blieb dem Gutdünken der Gutsbesitzer überlassen. Die Bauern waren der Verfügungsgewalt ihrer Eigentümer vollkommen ausgeliefert. Ihnen wurde bei strengster Strafe untersagt, Petitionen an die Obrigkeit zu richten. Die Gutsbesitzer hatten Polizeiherr, Steuereintreiber und Richter ihrer Bauern zu sein, sie konnten ihr lebendes Eigentum verkaufen, verpfänden, verschicken, prügeln, wie immer es ihnen angebracht erschien. Nur zu Tode bringen sollten sie die Leute nicht. Zahlreiche Gerichtsakten aus dem 18. Jahrhundert belegen, in welchem Umfang dies dennoch geschah.

Neben den Privatbauern des Adels gab es noch andere Kategorien bäuerlicher Bevölkerung, von denen hier nur die zwei wichtigsten zu nennen sind. Auch für sie, die keinen Leibherrn hatten, galt das Verbot der Freizügigkeit, galten die Kopfsteuerpflicht, die Pflicht zur Rekrutenstellung und das Institut der Solidarhaftung.

Zu der ersten Großgruppe gehörten Bauern, die auf Land bzw. in Dörfern lebten, deren Eigentümer kein adliger Privatmann, sondern die Staatsmacht selber war. Seit dem 18. Jahrhundert wurden diese Leute Staatsbauern, *gosudarstwennye krestjane*, genannt, in deutscher Übersetzung mitunter auch Domänenbauern. Soweit männlich, handelte es sich um steuerpflichtige Seelen, die unter der Verwaltungshoheit und Kontrolle des Fiskus standen, der Finanzbehörden in den Kreisen und Gouvernements. Hinzuzudenken sind die sogenannten *Udel*-Bauern, Bauern auf Ländereien und Besitzungen, die zum Eigentum der weitverzweigten Zarenfamilie gehörten und von den kaiserlichen Hofbehörden verwaltet wurden.

Neben den Staatsbauern gab es die Klosterbauern oder Kirchenbauern auf den gewaltigen Besitzungen, über die der Patriarch, die Metropoliten und Bischöfe und nicht zuletzt die Klöster verfügten. Die rechtgläubige Kirche war der größte Grundeigentümer und Seelenbesitzer im Moskauer Staat. Doch auch sie blieb von der Neigung der zarischen Behörden nicht verschont, alle fiskalisch auswertbaren Sachen unmittelbar in staatliche Regie zu nehmen. Diese Tendenz zur Säkularisierung war seit der Mitte des 17. Jahrhunderts zweifelsfrei zu erkennen, doch dauerhaft durchgesetzt wurde sie erst in nachpetrinischer Zeit. 1764 griff Katharina II. auf ältere Vorlagen zurück und verfügte den Einzug des größten Teils der Klosterländereien. Die dort lebenden Bauern wurden in die Kategorie der Staatsbauern überführt. Bis zur Mitte des 19. Jahrhunderts war diese Großgruppe bereits so angewachsen, dass sie über vierzig Prozent der bäuerlichen Bevölkerung umfasste und ein eigenes Ministerium beschäftigt hielt.

Von den Kernelementen dieser von der Leibeigenschaft dominierten Ordnung, von der Kopfsteuer, Rekrutenpflicht, Kollektivhaftung und fehlender Freizügigkeit, war in Russland außer der Bauernschaft auch die städtische Bevölkerung betroffen. Einen zulänglichen Begriff für Bürger gab es nicht. Autonome Bürgergemeinden fehlten. Stadtluft machte nicht frei. Was nach westlichen Maßstäben in Russland einer Stadt entsprach, war eine parzellierte Größe, zusammengesetzt aus einem *gorod* (einem befestigen Platz mit Kirche(n), Kanzlei, Arsenal und dergleichen) und einem oder mehreren *posady*, das waren vorstädtische Siedlungen mit Kleinhändlern, Handwerkern und anderem Arbeitsvolk. Die Masse der Stadtbewohner, mit Ausnahme privilegierter Großkaufleute im zarischen Dienst, lebte in solchen Vorstädten, deren fiskalischer Zweck dem der bäuerlichen Haftungsgemeinden glich. Zu den schon genannten Lasten kamen Leistungen für den Unterhalt der Behörden, für die die Posad-Leute (*posadskie ljudi*) geheizte Amtsstuben, Quartiere und Fourage stellen mussten, und Fuhr- und Spanndienste natürlich auch.

In vorpetrinischer Zeit gab es in Russland keine administrative Trennung von Stadt und Land, also auch keine Stadtbehörden, die von der Amtsgewalt der Provinzgouverneure, der *Wojewoden*, nicht aufgesogen worden wären. Seit Peter wurde mit Magistraten, Rathäusern (*ratuschy*) und Bürgermeistern experimentiert, mit Kommunalinstanzen im Larvenstadium, die der staatlichen Administration, den Militärkommandanten und Polizeimeistern unterworfen blieben. Die Städte hatten kein eigenes Budget, keine eigene Ökonomie, keine Möglichkeit, bürgerliche Kultur und Gesellschaft zu entwickeln. Selbst ein so kühner Entschluss wie der Katharinas II., zweihundert Dörfer und Flecken zu Städten zu machen, um dort mit „*guter Policey*" den aufgeklärten Bürger großzuziehen – selbst das trug in der Sache nicht voran. Solange die bäuerliche Bevölkerung nicht frei war, solange konnte auch die Stadt keine Wiege bürgerlicher Freiheit werden. Tatsächlich wurden Kommunalreformen, die in begrenztem Sinn Zukunft verhießen, erst 1870 – ein Jahrzehnt nach Aufhebung der Leibeigenschaft – in Gang gesetzt.

Hier wird abermals deutlich, weshalb an der dominierenden Stellung des Adels in Russland nicht zu rütteln war. Nur der *wohlgeborene Stand* hatte das Eigentums- und Herrschaftsrecht an Land und Leuten, dazu Wald-, Jagd- und Fischereirechte, das Monopol der Alkoholbrennerei, des Weinanbaus und so fort. Erst seit 1801 durfte Land auch von nichtadligen Untertanen erworben werden, freilich nur unbesiedeltes Land, ohne leibeigene Seelen. Und dennoch: trotz aller Privilegien und Vorrechte war auch der Adel nicht frei, sich aus eigenem Recht zu organisieren und zu einem politischen Stand zu werden, der den autokratischen Staat hätte in Frage stellen können. Alles was der Adel vermochte, war von der unumschränkten Gewalt des gottgesalbten Herrschers abgeleitet, war Ausfluss seiner Gnade. Adelsmacht in Russland war geborgte Macht, blieb eingebunden in die autokratische Staatsanstalt, die seit Peter dem Großen zu einem eisernen Gehäuse geworden war.

Seit die Moskauer Autokratie sich voll ausgebildet hatte, also seit dem 16. Jahrhundert, war die Zugehörigkeit zum Adel durch die Dienstpflicht definiert, durch die Pflicht zum Dienst am großfürstlichen Hof, in der Verwaltung und im Heeresaufgebot. Freiheit von dieser Verpflichtung war nicht vorstellbar – weder für die alten, aus der Teilfürstenzeit überkommenen Geschlechter, noch für die Masse der Adligen, die den Stempel ihrer Untertänigkeit schon in ihrem Standesnamen (*dienende Leute*) trugen. Bis in die 1680er Jahre kam der Herkunft der Familie bei der Zuweisung von Dienststellen noch eine gewisse Rolle zu, vom Rang abgeleitet, den Väter und nahe Verwandte im großfürstlichen Dienst eingenommen hatten. Der soziale Status des Einzelnen war mitbestimmt durch die von der Diensthierarchie festgelegte Nähe zur Person des Herrschers.

Im Übrigen war der Edelmann nicht nur in Moskauer Zeit, sondern bis zu den 1760er Jahren der herrscherlichen Gnade in handgreiflichstem Sinne ausgesetzt, des Zaren unbegrenzter Strafgewalt mit Folter, Knute und Entscheidung über Leib und Leben. Auch in diesem Sinn gehörte der Adel zur Untertanenschaft. Peter der Große hatte die überkommene Ordnung nach den Maßstäben seiner Zeit rationalisiert. In der neuen Rangtabelle von 1722 wurde fixiert, welche Stellung dem einzelnen Edelmann – und damit auch seiner Frau und seinen Kindern – in der Hierarchie des Staatsdienstes zugewiesen war. Der Rang im Hofdienst, in der Armee oder der Beamtenschaft war ausschlaggebend für den sozialen Status, für Reputation und gesellschaftliche Geltung. Entscheidend sollte die persönliche Leistung sein, nicht, ob man aus einer altehrwürdigen Moskauer Adelsfamilie kam, gar den Fürstentitel trug (der seit dem 16. Jahrhundert nur noch ornamentale Bedeutung hatte). Entscheidend sollte sein, welchen Rang, welchen *tschin*, sich der Edelmann als Offizier, als Zivil- oder Hofbeamter durch eigene Leistung verdiente.

Seit Peter dem Großen war es möglich, auch aus nichtadligen Schichten in den Adel aufzusteigen. Durch Karrieren von unten, Avancement im Staats- und Militärdienst, wurden neue Edelleute produziert – in einem Zwangsdienst, der für das ganze Leben galt, jedenfalls für Männer, solange sie nicht invalide oder altersschwach geworden waren. 1736 wurde die lebenslängliche Dienstpflicht auf 25 Jahre verkürzt. Das war kein unmäßiger Gnadenakt, denn ohnehin wurden die Leute nur selten älter, wenn sie als fünfzehnjährige den Dienst begonnen hatten.

1762, und das ist wichtig, wurde unter Kaiser Peter III., dem unglücklichen Gemahl Katharinas II., der Dienstzwang für den Adel aufgehoben. Seither konnte, wer wollte, seinen Abschied nehmen und den Dienst quittieren, konnte als privatisierender Edelmann auf seinen Dörfern leben, wenn er mochte und es sich leisten konnte. Dass diese neue Freiheit in engen Grenzen blieb und der adlige Privatmann aus dem Staatsdienst nicht schlechterdings entlassen war, hatte viele Gründe.

Erstens: Die Masse des russischen Adels, etwa 75 Prozent, war außerstande, von ihrem Besitz, von der Arbeit und den Abgaben ihrer Leibeigenen, nach den Maßstäben der Zeit standesgemäß zu leben und ihre Kinder, die Knaben vor allem, standesgemäß zu erziehen. Das Gros der Edelleute war also auf das Einkommen angewiesen, das ihnen ein Amt im Staatsdienst oder einen Offiziersrang brachte. Wertbegriffe und gesellschaftlicher Status wurden nicht allein nach der Vermögenslage bemessen, sondern nach der Stellung des Einzelnen auf der Rangtabelle, nach seiner Nähe zum Hof und nach den Chancen, Zugänge zum Machthaber zu öffnen.

Zweitens: Adelskultur auf dem Niveau europäischer Aristokratie war eine kostspielige Veranstaltung, sie konzentrierte sich vor allem auf St. Petersburg und auf die Landschaft, die von den umliegenden Residenzen erschlossen worden war, und suchte in Moskau und Umgebung einen eigenen Stil zu finden. Wo ererbter Reichtum oder allerhöchste Gnadengeschenke es erlaubten, war die Lebenshaltung hoher Würdenträger und Favoriten ein Abglanz höfischer Kultur und Prachtentfaltung. Für die Masse der Edelleute konnte es davon nur bescheidene Imitate geben. Ohnedies war es schwer, in den Bärenwinkeln der Provinz ein Land- und Feldleben zu führen, das der Ehre des vornehmen Standes Genüge tat.

Drittens: Der Adel wurde auch dann, wenn er den Dienst quittierte, in die Privatheit nicht umstandslos entlassen. Als Guts- und Leibeigenenbesitzer hatte der privatisierende Landedelmann, ob er wollte oder nicht, öffentlich-rechtliche Funktionen zu erfüllen. In der Beziehung zu seinen Untertanen blieb er, was er von jeher war: Polizeimeister, Gerichtsherr, Steuereintreiber. Er blieb somit die unterste, lokale Instanz der Staatsgewalt, die mit ihren Beamten und Soldaten auf dem Dorf nur anwesend war, wenn der Gutsbesitzer sie zur Hilfe rief. Mit Recht hat man deshalb, im Blick auf die Riesenhaftigkeit des Landes, von der institutionellen Unterentwicklung der Staatsanstalt gesprochen.

Viertens: Der Landadel war seit Katharina II. dazu verpflichtet, dem Staat aus seiner Mitte Standesgenossen zu stellen, die, vom Kreisadel gewählt, als Beamte oder Richter auf Zeit in lokalen Ämtern und Gerichten zu dienen hatten. Zu diesem Zweck hatte die Kaiserin die institutionellen Voraussetzungen erst schaffen müssen. Dies geschah durch die Einrichtung lokaler Adelskooperationen, die in Russland bis dahin unbekannt geblieben waren.

Fünftens: Anders als im Westen, wo die Stände über eigenes Recht verfügten, das auch gegen fürstliche Territorialherren einklagbar war (notfalls beim Reichsgericht in Wetzlar), hatte es im Moskauer Staat keine ständischen Korporationen gegeben, keine Gegengewichte gegen die autokratische Gewalt. Seit den petrinischen Reformen war die Masse des Adels in den Regimentern und den Etatlisten des Zivildienstes organisiert, und erst unter Katharina wurden solche Korporationen eingerichtet: lokale Adelsgesellschaften als Kunstprodukte der Staatsgewalt, als subordinierte Organe, die den Landadel dazu bewegen sollten, dem Behördenstaat durch Ämterwahlen von unten her zusätzlichen Halt zu geben. Ständisches Interesse sollte auf der unteren Ebene mit dem staatlichen Interesse verklammert bleiben, sollte im Staatsinteresse gewissermaßen aufgehoben sein.

Beim Vergleich mit Polen-Litauen, dem großen Nachbarn Russlands bis zu den Teilungen des späten 18. Jahrhunderts, kommt die Eigentümlichkeit der moskowitisch-russischen Verfassung klar heraus. Dort, in Polen, war der König seit 1573 ein Produkt der Adelsnation, gewählt durch die Versammlung adliger Reichsbürger und durch Eidesleistung zum Schutz der adligen Privilegien verpflichtet. Hier, im Moskauer Staat und im petrinischen Imperium, war der Adel ein Produkt der Autokratie, mit seinen Privilegien nicht durch Verträge mit der Krone abgesichert, sondern mit Gnadenurkunden bedacht, in denen die gekrönte Majestät als einzige und Quelle allen Rechts erschien.

Die vorangegangenen Bemerkungen sollten den Zusammenhang zwischen der Autokratie und der vom Staat gesetzten Untertanenordnung skizzieren, den einige Historiker mit Formulierungen wie „staatsbedingte Gesellschaft"[4] oder „Gesellschaft als staatliche Veranstaltung"[5] auf den Begriff zu bringen suchten. Das Fundament dieses Herrschafts- und Sozialsystems war die Leibeigenschaft. Sie war es, die über das gutsherrlich-bäuerliche Verhältnis weit hinaus alle Sphären des staatlichen und sozialen Lebens durchdrang: die Behördenorganisation, das Gerichtswesen, das Steuersystem, die Militärverfassung, das Städtewesen und – nicht zuletzt – den Adelsstand, dessen Glieder nicht nur als Offiziere oder Beamte, sondern auch als privatisierende Landedelleute an den autokratischen Staat gekettet waren. Undenkbar, dass sie sich vom Staat hätten emanzipieren können, solange die Emanzipation der Bauern noch in den Sternen stand.

In diesem zugespitzten Sinn hing die Autokratie am Fortbestand der Leibeigenschaft. Und diese Abhängigkeit erklärt, weshalb der Reform- und Modernisierungsfähigkeit der russischen Verhältnisse so enge Grenzen gezogen waren. Ohne den Schock der Krimkriegsniederlage, der die Rückständigkeit des Reiches vor aller Augen brachte, hätte sich die Regierung Alexanders II. schwerlich dazu entschlossen, die Bauernbefreiung zu wagen und dem widerstrebenden Adel den Verzicht auf seine Untertanen abzuringen. Was den Zaren zu diesem Wagnis zwang, war die Einsicht, dass Russland in seinen bisherigen Verhältnissen der Konkurrenz der europäischen Großmächte nicht mehr gewachsen sei.

Mit der Abschaffung der Leibeigenschaft begann ein Emanzipationsprozess, der, wie anderswo auch, die soziale Welt im Ganzen betraf. Schleppend, aber nicht mehr umkehrbar begann die Freisetzung bürgerlicher Gesellschaft, die Transformation einer Untertanengesellschaft staatsbedingter Dienst- und Rangklassen in Richtung auf eine Gesellschaft ziviler Besitz- und Erwerbsklassen, die dem alten Staat alsbald mit eigenen Forderungen gegenübertraten.

Damit ging die Autokratie einer Existenzkrise entgegen, unter Bedingungen, für die es in der Geschichte des neuzeitlichen Russlands keine Parallele gab. Ausdruck dieser Krise waren die Entstehung einer liberalen Bewegung, die nach politischer Partizipation der Gesellschaft verlangte, das Aufkommen einer revolutionären Bewegung, die den gewaltsamen Sturz des Zarismus auf ihre Fahnen schrieb, und nicht zuletzt die Entdeckung junger Intelligenz, dass es unerlöste Nationen gebe, wo bisher nichts als bäuerliches Volk gewesen war.

1.4 Russland in Europa

Anzuknüpfen ist im Folgenden an die Erörterung kultureller und geistiger Probleme, von denen Russland seit der frühen Neuzeit gezeichnet war. Im Zentrum steht ein Fragenkomplex, der mit den unendlichen Auseinandersetzungen über das, was das Russische an der russischen Geschichte sei, zusammengewachsen ist – so unablösbar zusammen, dass man ihn aus dem modernen, oft auch nur modischen Diskurs über Russland und die russische Identität nicht fortdenken kann. *Russland und Europa:* in diesem Begriffspaar ist die Schlüsselfrage aufgehoben, und die Polarität, die in ihr steckt, ist – wie die Kulturdebatten seit der Perestrojka Gorbatschows zeigten – aktuell geblieben.

Russland in Europa, Russland zwischen Europa und Asien, Russland als Eurasien oder auch als eine Zivilisation für sich – bei diesen Stichworten, die eine je eigene, schwierige Geschichte haben, geht es nicht allein um ein Beziehungsproblem zwischen abgrenzbaren kulturellen Räumen: zwischen dem orthodoxen Osten und dem lateinischen Westen oder der slawischen und der romanisch-germanischen Welt. Vielmehr wurden diese Fragen seit dem 17. Jahrhundert, vollends seit Peter dem Großen, im Russländischen Imperium selbst ausgetragen – scharf markiert durch den Gegensatz zwischen der europäisierten Ober- und Bildungsschicht und der Masse des Volkes, die von westlichen Einflüssen unberührt blieb und in traditionellen Formen weiterlebte, auf dem Dorf wie in der Stadt. Sichtbar wird dieser Gegensatz an der innerstaatlichen Kulturgrenze, die die Welt der Residenzen, der Behörden, des Adels und der Bildung vom *hölzernen Russland* trennte, von der Welt der Bauern und der städtischen Unterschichten. In diesem Sinne war *Russland und Europa* ein sozial-kulturelles Problem und mit der Staatsordnung und der Sozialverfassung des Reiches verklammert.

Hinzu kommt noch ein zweiter Sachverhalt, der für die Kontroversen charakteristisch geblieben ist. Russlands Beziehung zu Westeuropa war nicht nur eine russische Frage, sondern gleichermaßen ein Problem, das auch den Westen über die Zeiten hin beschäftigt hat. Leitend dabei waren Vorstellungen, Stereotypen und Klischees, die sich über Russland seit dem 16. Jahrhundert herausgebildet hatten. Am nachhaltigsten geprägt wurde dieses Bild von dem bereits erwähnten Reisebericht des kaiserlichen Diplomaten Sigismund von Herberstein, einem schlechthin klassischen Dokument westlicher Russlandliteratur, das 1549 in Latein unter dem Titel „*Rerum Moscoviticarum commentarii*" erschien – 1557 als „*Moscovia*" auch in einer ersten deutschen Übersetzung. Noch in den westlichen Staatengeschichten des 17. Jahrhunderts, vor allem aber den Flugschriften und Zeitungen dieser Zeit, ist Moskowien ein exotischer, barbarischer Appendix der gesitteten Welt, ein despotisch regiertes Land, das man damals nicht im Osten, sondern im Norden lokalisierte. Dabei wirkten geographische Vorstellungen aus der Antike fort, die nur drei Erdteile kannten: Europa, Asien und Afrika. Asien begann jenseits des Don. Moskowien war Grenzland zur *wilden Tartarey*, lag auf dem Weg nach Persien und nach dem fernen Indien mit seinen märchenhaften Schätzen.

Die Despotie des Moskauer Großfürsten und Zaren stand in schlagendem Kontrast zu dem, was westliche Beobachter für das Europäische an Europa hielten. Dabei ist zu bedenken, dass es im Mittelalter und in der frühen Neuzeit von Europa keine festumrissenen Vorstellungen gab. Identitätsbegriffe, die seit der Spaltung des *Imperium Romanum* und der Christenheit dominierten, hießen *christlicher Okzident*, *Abendland* oder auch *Respublica christiana*; hinzu kamen die Reichsidee und der *ecclesia*-Gedanke. Diese Begriffe waren auf eine Einheit fixiert, von der nicht nur die islamische Welt ausgeschlossen blieb, sondern auch das oströmisch-griechische Byzanz, von dem die Kiewer Rus gegen Ende des 10. Jahrhunderts die christliche Taufe empfangen hatte. Mit anderen Worten, wenn im Westen von Wesen und Urgrund des christlichen Europas die Rede war, gehörten Altrussland, aber auch das der Tatarenherrschaft entronnene Moskowien nicht dazu. Erst das Vordringen der Türken, denen im 16. Jahrhundert der größte Teil Ungarns, des Reichs der Stephanskrone, zugefallen war, hat dann allmählich ein erweitertes Verständnis des christlichen Europas bewirkt. Nachdem 1683 die Truppen des Sultans vor den Toren Wiens erschienen waren, rückte auch Moskau an die vom Kaiser und Papst geführte Abwehrfront gegen den Halbmond, die Feinde des Kreuzes, heran.

Genau besehen, war der Europabegriff der Frühen Neuzeit auf das entstehende europäische Staatensystem bezogen, auf das Europa zwischen Hegemonie und Gleichgewicht der großen Mächte. Das Moskowiterreich wurde durch den ewigen Frieden, den die Zarenregierung 1686 mit dem katholischen Polen (ihrem bisherigen Erbfeind) schloss, in die *Heilige Liga* gegen die Türken einbezogen. Durch Feldzüge gegen den Krimkhan, einen Vasallen des Sultans, versuchte Moskau, europäische Reputation zu gewinnen. 1696, nach zwei fehlgeschlagenen Unternehmungen Ende der 1680er Jahre, glückte es schließlich dem jungen Zaren Peter, die türkische Hafenfestung Asow nicht nur zu belagern, sondern auch einzunehmen und bei den europäischen Mächten damit Ruhm und Ehre zu erlangen.

Dies geschah zu einer Zeit, in der sich unter dem Einfluss rationalistischen Denkens und der beginnenden Aufklärung ein neues inhaltliches Verständnis von Europa herausgebildet hatte. Europa galt als die Heimstätte der Vernunft, der gelehrten Wissenschaften, galt als identisch mit dem, was man damals unter zivilisierter und *policirter* Welt verstand – einer Welt, deren besondere Qualität man darin sah, nicht durch Willkür und Tyrannis, sondern durch vernunftgelenkte, wohltätige Gesetze regiert zu werden. Europa, so Johann Christoph Adelung in seiner viel gelesenen *Pragmatischen Staatengeschichte*[6] ist „der Name des kleinsten, aber gesittetsten Erdteils", und Karl von Linné, der Enzyklopädist der klassifizierten Pflanzenwelt, beschrieb den Europäer wenig später so: „weiß, sanguinisch, fleißig, mit gelblichen Haaren und bräunlichen Augen, leicht beweglich, scharfsinnig, erfinderisch, bedeckt mit anliegenden Kleidern, regiert durch Gesetze"[7]. Auch hier ist Europa identisch mit der gesitteten Welt, das Gegenbild zu Barbarei und Despotie.

In der europäischen Rechtskultur und nicht nur dort, wo ständische Libertät erhalten blieb, war die Fürstengewalt an das Naturrecht und das göttliche Recht gebunden. Mit Peter dem Großen schien auch das bisher barbarische Moskowien diesem Europa immer näher zu kommen. Peter, so die Überzeugung nicht weniger Zeitgenossen, habe den Russen Gesetze gegeben und das Land seiner Väter zu *policiren* begonnen. Unter seiner Führung sei Russland in die *societas gentium* eingetreten, in jene Gesellschaft der Völker, aus der Europa besteht. Gottfried Wilhelm Leibniz, der Zar Peter bei der Gründung einer Akademie der Wissenschaften beriet, die in der neuen Hauptstadt Sankt-Petersburg entstehen sollte, hatte Russland in einer Denkschrift von 1716 als „hohlen Topf", als „weiss Papier" und „tabula rasa"[8] beschrieben – als ein Reich, in dem ein weiser Herrscher wie Peter eine neue Ordnung ganz nach den Gesetzen der Vernunft schaffen könnte, nach *eigenem Riß*, so wie ein Baumeister eine Stadt: voraussetzungslos, unbelastet durch das Bleigewicht der Traditionen. Daher könne Russland eine Brücke zwischen Europa und Asien bilden und viele Fehler vermeiden, die im alten Europa sich eingeschlichen hätten. Dass Russland frei sei von den Lasten einer eigenen Geschichte und daher die Chance des Nachzüglers nutzen könne, war ein ebenso verwegener wie fragwürdiger Gedanke.[9]

Stärker noch als die großen Reformen, die der Zar im Inneren des Reiches durchzusetzen suchte, hat die machtpolitische und militärische Potenz, mit der *das veränderte Russland* in der Großen Politik sich geltend machte, das übrige Europa in ihren Bann gezogen. Seit dem Nordischen Krieg und dem Zusammenbruch der schwedischen Großmacht, in einer Zeit, in der der russische Zar auch in Polen zur beherrschenden Kraft geworden war und mit seinen Truppen in Pommern, Mecklenburg und Holstein stand, war das russische Imperium aus der europäischen Politik und den deutschen Reichsangelegenheiten nicht mehr zu verdrängen.

1721 hatte Peter (außer den Prädikaten *der Große* und *Vater des Vaterlands*) den Titel *Imperator* angenommen und in der Rangordnung der europäischen Herrscher damit auf eine Würde Anspruch erhoben, die ihn mit dem Kaiser des Heiligen Römischen Reiches Deutscher Nation auf eine Stufe stellen sollte. Es verwundert nicht, dass die militärische Kraftentfaltung als europäische Großmacht das Prestige und den politischen Einfluss Russlands auch an den europäischen Höfen stärkte. Durch seine Heiratspolitik, den Export von Nichten und Töchtern, hat Peter dynastische Beziehungen gestiftet, die das Haus Romanow im Fortgang der Zeit mit protestantischen Fürstenhäusern in Deutschland dauerhaft verbanden.

Noch zu Lebzeiten des Zaren hat die Expansion der russischen Macht im Westen auch Furcht- und Bedrohungskomplexe geweckt. Sie erwiesen sich zählebiger als die Ängste vor den Moskowitern, die Ende der 1550er Jahre – beim Einfall Iwans des Schrecklichen in Livland – erstmals aufgebrochen waren. Als besonders eindrucksvolles Beispiel seien hier – Passagen aus der geheimen Denkschrift zitiert, die der Hannoversche Geheime Rat Joachim Hinrich Freiherr von Bülow 1718 an König Georg I. von England und Kurfürst von Hannover, schickte, und offenkundlich auch erstmalig die Unterbrechung wirtschaftlichen Handlens zwischen *Teutschland* und Russland forderte:

„Es hat um Teutschland und den ganzen Norden noch nie so gefährlich als jetzo gestanden und seind die Russen bald mehr zu fürchten als die Türken, weil sie nicht wie diese bei ihrer groben Unwissenheit verbleiben (...), sondern in Krieges und Staatssachen mehr und mehr Wissenschaft und Erfahrung erlangen, an Verschlagenheit und Dissimulation [Fähigkeit zur Täuschung – D.G.], es vielen Nationen zuvortuen und uns allmählich immer näher kommen. Wenn man warten will, bis sie auch diesseits der Ostsee zu Lübeck, Wismar, Danzig und anderenorts sich feste gesetzet haben, wird es zu späte sein und Teutschland von ihnen mehr und ärger, als jemalen von denen Hunnen und Türken geschehen, verheeret und verwüstet werden. Jetzo aber ist es noch Zeit und ein Mittel übrig, dem Unheil vorzukommen, wenn man mit denen Russen alles Commercium aufhebt und die Quellen ihrer Macht und Reichtums auf einmal verstopfet. Auch wenn der Zar daher ansam belli nehmen Krieg erklären sollte und ein oder anderer Puissance auf den Hals fallen wollte, solches nach einem zu treffenden Conzert armis souteniret, als dem mit einem bewaffneten Bündnis begegne. (...) Und erhellet also hieraus, wie gefährlich der Zar für Teutschland sei, und daß man keine Ruhe und Sicherheit haben könne, wo man nicht in Zeiten gesamter Hand gegen ihn aufstehet und seine Macht durch Entziehung derer Commercien bricht, und auch mit der Zeit wieder in die alten Grenzen zurück treibet."[10]

Stärker noch als Peter hat sich Katharina II. die Maßstäbe und Begriffe der europäischen Aufklärung anverwandelt. In ihrer großen Instruktion von 1767, deren Grundgedanken sie vor allem von Montesquieu bezog, hieß es programmatisch: „Russland ist eine europäische Macht" – europäisch nicht allein deshalb, weil dieses riesige Land so stark und mächtig sei, dass gegen den Willen der Kaiserin in Europa nichts geschehen könne (man denke an den Eingriff der russischen Diplomatie in den bayrischen Erbfolgekrieg 1779), sondern europäisch vor allem deswegen, weil der Herrscher, wie in den westlichen Staaten, nicht despotisch, sondern durch Gesetze regiere, weil er durch seine Weisheit und aufgeklärte Vernunft die „Glückseligkeit und Wohlfahrt seiner Untertanen" besorge. Katharina, die über mangelnde Resonanz und mangelnden Enthusiasmus nicht zu klagen hatte, galt in der westlichen Öffentlichkeit als die „gekrönte Tochter des aufgeklärten Saeculums", als „Semiramis des Nordens". An derlei panegyrischen Äußerungen war damals kein Mangel. Die Herrscherin selbst formulierte ihren aufgeklärten Absolutismus in hochfliegenden Sentenzen mit dem Pathos der französischen Enzyklopädisten: im Briefwechsel mit Voltaire, dessen kokette Schmeicheleien nur schwer zu übertreffen waren (auch weil er die hohe Frau dazu verführen wollte, ihm kostbare Schweizer Uhren abzukaufen); im Austausch mit dem ungleich kritischeren Diderot, der sich bei seinem Besuch in Petersburg von seiner Wohltäterin nicht blenden ließ; in Gesetzestexten, deren umständliche Präambeln von den Normen und Begriffen der deutschen Kameral- und Polizeiwissenschaften lebten.

Mit der französischen Revolution und mit der Ausbreitung liberaler und demokratischer Ideen geriet auch das Zarenreich in eine gänzlich neue Lage. Jetzt kam heraus, dass sich Europa einvernehmlich nicht mehr definieren ließ. Denn seit dieser großen Revolution – und von neuem seit der Wiener Friedensordnung von 1815 – konkurrierten in der räsonierenden Öffentlichkeit mehrere Europabegriffe miteinander. Dem Europa der Freiheit, Gleichheit, Brüderlichkeit, der Menschen- und der Bürgerrechte stand das Europa der monarchischen Legitimität und der *Heiligen Allianz* entgegen. Das liberale Europa, das Europa der sozialen Bewegung, das Europa der Völker stand gegen das Europa der Restauration, der konservativen Fürstenmacht, der altständischen Ordnung, bekämpfte die reaktionären Kräfte, die sich dem Fortschritt widersetzten und den Gedanken der Volkssouveränität hassten wie die Pest.

Besonders markant trat dieser Antagonismus im polnischen Aufstandskrieg von 1830/31 gegen die russische Fremdherrschaft hervor und dann, die Staatsgrenzen übergreifend, in den europäischen Revolutionen von 1848. Im Jahr darauf intervenierte die russische Macht in Ungarn, schlug die ungarische Freiheitsbewegung nieder und pazifizierte das Land im Auftrag des Habsburger Kaisers. So blieb das Zarenreich in den Frontbildungen, die den Kontinent in jener Zeit durchzogen, im handgreiflichsten Sinne gegenwärtig. Alexander I. – als Bezwinger Napoleons gefeiert, als Liberator und Retter Europas vor der Despotie des Korsen – entpuppte sich seit dem Wiener Kongress als Stütze der Reaktion und Restauration, jenes Polizeiregimes, das der Wiener Staatskanzler Fürst Metternich funktionsfähig zu halten suchte. Auf den Konferenzen von Aachen (1818) und Troppau (1821) zeigte sich der Zar als einer der wichtigsten Garanten der alten Staatenordnung. Das Interventionsprinzip, auf das die fünf Großmächte gegen nationale Befreiungsbewegungen des jungen Europas eingeschworen waren, erschien als die *Magna Charta* der Restauration. Längst sah der Zarismus die Kräfte des Umsturzes, des Widerstandes und der Fundamentalkritik nicht nur im Westen jenseits seiner Grenzen wirken, denn inzwischen hatte er diese Gefahren im eigenen Haus.

Bereits in den letzten Regierungsjahren Katharinas II. war das offenbar geworden. 1794 hatten die Polen gegen die Teilung ihrer Nation, gegen die Unterwerfung durch die russische Staatsgewalt rebelliert, angeführt von Tadeusz Kościuszko, der zuvor am amerikanischen Unabhängigkeitskrieg teilgenommen hatte. Doch nicht nur die Polen begehrten damals auf. Auch im russischen Adel und in der jungen akademischen Bildungselite, bei den *Rasnotschinzy*, die aus den unterschiedlichsten Rängen und Gesellschaftsschichten kamen, hatten sich aufrührerische Stimmen geregt. Kritiker wie Nikolaj Nowikow und Alexander Radischtschew entlarvten den offiziell sanktionierten Gestus der Aufklärung und der Humanität als Simulation, als Spiel mit Wertbegriffen, die sich als hohle Phrasen erwiesen, sobald man von diesen Begriffen auf die Sachen selber sah und die russische Wirklichkeit dagegen hielt. Männer wie diese begannen die Leibeigenschaft in Russland mit der amerikanischen Sklaverei zu vergleichen und die von der Selbstherrschaft gedeckte Willkür der Beamtenschaft mit orientalischer Despotie.

Radischtschew, Zollrat in Sankt-Petersburg, schrieb mit seinem berühmten Buch *Reise von Petersburg nach Moskau* (1790) eine Ode an die Freiheit und verlor die eigene Freiheit selbst dabei. Er hatte den Herrschenden in einem blutigen Massenaufstand der Unterdrückten den Untergang vorausgesagt, falls sie sich nicht zur Wahrung der Menschenwürde und zur Freiheit in Russland entschlössen. Doch Voraussetzungen für eine Verbindung zwischen der Fundamentalkritik aufgeklärter Köpfe und den breiten Massen waren in Russland nicht gegeben. Der große Kosaken- und Bauernaufstand unter Jemeljan Pugatschow von 1773/74, dem sich an der Peripherie des Reiches auch islamische Untertanen angeschlossen hatten, war nicht von Ideen der Aufklärung und der Menschenrechte geleitet, sondern er war eine Sozialrebellion vormodernen Typs. Pugatschow hatte die Idee der Freiheit, der *wolja*, und der Gerechtigkeit, der *prawda*, mit dem Mythos vom guten und gerechten Zaren verbunden. Er selbst erschien vor dem Volk als Reinkarnation des Kaisers Peter III., jenes unseligen Holsteinschen Enkels Peters des Großen, der 1762 durch Günstlinge der ihm angetrauten Katharina gestürzt und getötet worden war.

Zwischen der Sozialkritik Nowikows, Radischtschews und anderer europäisch gebildeter Intellektueller einerseits und den Aufständischen andererseits gab es im 18. Jahrhundert keinen Kontakt. Intelligenz und Volk lebten in getrennten Welten. Radischtschew hatte gehofft, dass bei einer neuen Erhebung gegen Unterdrückung und Despotie die Idee der Freiheit auf dem Niveau der europäischen Zeit zur Geltung kommen werde. Erst die sogenannten Dekabristen von 1825, die Initiatoren jener denkwürdigen Aufstandsbewegung, die sich aus dem Milieu des Adels und des Militärs rekrutierte, bezogen die Modelle einer freien Staats- und Gesellschaftsordnung aus dem Westen. Vorbilder waren die amerikanische Verfassung, die jakobinische Tradition der europäischen Geheimbünde und die Ideen des liberalen Rechtsstaates.

Doch auch die Dekabristen, die den Tod Alexanders I. und den folgenden Thronwechsel als Signal zu nutzen suchten, hatten das Volk nicht hinter sich. Auf dem Senatsplatz in Petersburg ließen sich nur ein paar hundert Soldaten zusammenziehen, die der Insurrektion ihrer Offiziere Nachdruck geben sollten. Im Karrée wie zur Parade aufgestellt, harrten sie einen bitterkalten Tag lang unter offenem Himmel aus. Doch das Volk blieb stumm. Es verfolgte mit Neugier, was an diesem 14. Dezember 1825 im Zentrum der Hauptstadt geschah. Worauf es den Dekabristen ankam, wurde nicht verstanden. Selbst die Soldaten der aufständischen Regimenter waren des Glaubens, mit der Losung „*Konstituzija*" sei nicht etwa eine geschriebene Verfassung gemeint, sondern die Gemahlin des Großfürsten Konstantin, der nach dem geheimnisumwitterten Tod Alexanders I. auf die Thronfolge zu Gunsten seines jüngeren Bruders Nikolaj verzichtet hatte.

Wie die Verbindung zwischen der revolutionär gestimmten Intelligenz und der Masse des Volkes herzustellen und für den Kampf gegen Autokratie und Unterdrückung praktisch zu machen sei, hat sich im 19. Jahrhundert zur Schlüsselfrage der russischen revolutionären Bewegung entwickelt. Noch der Marxismus in Russland und die Anfänge einer sozialdemokratischen Arbeiterbewegung seit den 1890er Jahren haben daran gelitten, dass sich die Kluft zwischen dem Bewusstseinsstand der Revolutionäre und der Vorstellungswelt der Unterschichten nicht schließen ließ. Auch hier zeigte sich, was zum Fatum der neueren russischen Geschichte gehört: die Kulturgrenze zwischen Russland und Europa bzw. Russland und dem Westen war ein sozial-kulturelles Problem, und zwar von langer Dauer.

Nicht übergangen werden kann, dass Russland zwischen 1815 und 1848 auch im Westen in neuer Weise wahrgenommen wurde. Vor allem Kaiser Nikolaj I., der die Anführer der Dekabristen hängen ließ und die Mehrzahl der Mitbeteiligten für immer nach Sibirien verbannte, galt für Liberale und Demokraten als Inbegriff eines Despoten und Sklavenhalters. Nach der Niederschlagung des polnischen Aufstands 1830/31 wurde er als *„Henker der Freiheit"* stigmatisiert, sein Reich als eine expandierende, auf Weltherrschaft versessene Macht beschrieben, ohne deren Eindämmung oder Vernichtung der Fortschritt in Europa keine Chance habe. In den Jahren des Vormärz ging die Russophobie in das Credo des europäischen Liberalismus ein. Russland zu hassen und zu fürchten, gehörte zur ideologischen Grundausstattung jedes Menschen, der sich der Sache des Fortschritts verschrieben hatte. Vollends die Demokraten wollten sich in ihrer Russlandfeindschaft damals von Niemandem übertreffen lassen. Das galt auch für den jungen Karl Marx und für Friedrich Engels. Ihnen, den Klassikern des Marxismus, war jeder Krieg gerecht, in dem es um die Vernichtung des *moskowitischen Monsters* ging.

So wurde die Einstellung zu Russland im Ringen zwischen Fortschritt und Reaktion im Westen zu einem der wichtigsten Erkennungszeichen, an dem sich die Geister schieden. Wer an Russland und an den Russen auch nur einen guten Faden ließ, konnte im eigenen Land kein Freund der Freiheit sein. Auch in Deutschland verstand sich dieser Satz von selbst. Der europäische Konservatismus und die Kräfte der monarchischen Legitimität sahen Russland mit ganz anderen Augen. Ihr Krisenbewusstsein suchte an der scheinbar unerschütterlichen Macht der russischen Autokratie Halt zu finden. Das Zarenreich galt als Bollwerk gegen die *Hydra der Revolution*, gegen *Demagogen* und *subversive Doktrinäre*, der Zar als Hort der gottgewollten Ordnung und Garant des Status quo. Die konservative Russensympathie war ein Antidepressivum, das den Alptraum vom Umsturz lindern und die Revolutionsfurcht dämpfen mochte. Kein Wunder also, dass das Russlandbild der Berliner *Kreuzzeitung* und der *Wochenblatt-Partei*, die das Ohr des Königs Friedrich Wilhelm IV. hatte, romantisch verklärte Züge trug.

So hatte der westfälische Freiherr August von Haxthausen 1847 in einem aus der zarischen Schatulle subventionierten Russlandbuch[11] das Idealbild bäuerlichen Lebens beschrieben: eingebettet in die patriarchalische Familie, geborgen im Schoß der Dorfgemeinde unter dem Schutz und Schirm des gottgesalbten Herrschers. Das russische Volk schien dem Autor unberührt zu sein vom schnöden Drang nach Eigentum und Profit, unverdorben von der Gier und Unrast der modernen Zeit, verschont von der Welt des Kapitals, der Industrie, der Eisenbahnen und dergleichen, immun gegen die Versuchungen der Moderne, gegen die Gefahren der Pauperisierung, Proletarisierung und der sozialen Revolution. Was im Westen schon unterhöhlt und untergraben war: der organische, naturgegebene Zusammenhang einer von Gott gesegneten patriarchalischen Welt mit dem Monarchen an der Spitze, das schien diesem Autor in Russland noch ganz unversehrt zu sein.

An der agrarromantischen Idylle, die Haxthausen so einprägsam beschrieb, sollten jedoch keineswegs nur konservative Gemüter Gefallen finden. Seit der Jahrhundertmitte wurde die russischen Dorfgemeinde mit kollektivem Bodenbesitz *(obschtschina)* und bäuerlicher Selbstverwaltung *(mir)* auch von der kritischen und revolutionären Intelligenz entdeckt. Die auf Gewohnheitsrecht beruhende Dorfverfassung avancierte zum sozialkulturellen Kernstück eines spezifisch russischen Bauernsozialismus. In ihr liege, wie man meinte, die sozialistische Gesellschaft im Larvenstadium bereits fix und fertig vor. Es kam nur noch darauf an, diese Keimzelle russischer Freiheit den Händen der Selbstherrschaft, der korrupten Bürokratie und der Macht der Gutsbesitzer zu entreißen.

In den Idealbildern, die im Westen von Russland und den Russen entworfen wurden, äußerten sich Krisenbewusstsein, Zivilisationskritik und Überdruss an der eigenen Kultur: Verunsicherung der bürgerlichen Gesellschaft in einer Zeit wachsender Orientierungslosigkeit und kulturpessimistischer Attitüden, die Sehnsucht nach dem Unverdorbenen und Unverbrauchten, das Verlangen nach Alternativen zur Morbidität und Dekadenz modernen Lebens. Dies erklärt, weshalb von Russland bis ins 20. Jahrhundert nicht nur Bedrohungsgefühle und Furchtkomplexe ausgegangen sind, sondern zugleich auch eigentümlich faszinierende Kräfte. Transformator dieser Faszination war die große russische Literatur, waren Dichter wie Fjodor Dostojewskij und Lew Tolstoj: Romanciers als Leitfiguren religiösen Philosophierens, die dem westlichen Bildungsbürgertum eigenwillig überzogene Vorstellungen vermittelten von der Botschaft Russlands an die Menschheit und an die Welt im Ganzen. Zu den wirkungsstärksten Metaphern gehörten das *russische Menschentum*, die *russische Seele* und die *weite russische Natur*, zu den süßesten Versuchungen gehörte das Brüderlichkeitsideal des heiligen Russlands, von dem sich empfindsame Poeten wie Rainer Maria Rilke tief ergriffen zeigten. Nach seinen beiden Russlandbesuchen an der Jahrhundertwende ging Rilke in Worpswede eine Zeitlang im Russenhemd und in Tatarenstiefeln und liebte es, statt Lebewohl! *Proschtschaj!* zu sagen.

Die Entdeckung dieser russischen Geistes- und Seelenwelt ließ in Krisenzeiten bürgerlichen Selbstverständnisses aus dem Osten Befreiung, Erlösung, Licht erwarten: *ex oriente lux*. Sieht man genauer hin, dann wird erkennbar, dass derlei exaltierte Vorstellungen Reflexe geistiger Auseinandersetzungen waren, die seit den 1840er Jahren in Russland selber ausgetragen wurden – Reflexe jener Dauerdebatten im Milieu der russischen Intelligenz, in denen es darum ging, das Wesen Russlands zu ergründen: in Abwehr und Zuwendung, in der Spannung gegenüber dem übrigen Europa, mit dem das politische wie das geistige Russland seit langem eng verbunden war.

1.5 Zerreißproben russischer Identität

In der letzten Stunde habe ich Reaktionen skizziert, die die Europäisierung Russlands seit dem 18. Jahrhundert in der westlichen Öffentlichkeit und in der schmalen Bildungselite des Zarenreiches hervorgerufen hatte. Dabei hat sich herausgestellt, dass Russlands Zugehörigkeit zu Europa im Zeitalter der Aufklärung im Grunde schon nicht mehr in Frage stand. In der Sicht der kritischen Öffentlichkeit war dieses Imperium, kraft seiner Größe und militärischen Potenz, zu einem Eckpfeiler des europäischen Staatensystems geworden. Ebenso offensichtlich schien, dass Russland auch in seinen inneren Verhältnissen dabei war, dem *zivilisierten*, dem *gesitteten* Teil der Welt immer ähnlicher zu werden.

Tatsächlich war die Virtuosität, mit der Katharina II. als Inkarnation aufgeklärter Vernunft und Menschenliebe sich in Szene setzte, nicht leicht zu übertreffen. Mitunter konnte es scheinen, als habe der Weltgeist (noch ehe Hegel ihn erfunden hatte) in Gestalt der Kaiserin den Thron in Petersburg bestiegen. Dank ihrer Kunst der Selbstdarstellung erstrahlte Russland in verheißungsvollem Licht. Natürlich hatte es auch Kritiker gegeben, die hinter den Potjomkinschen Dörfern die Realität erkannten, die bäuerliche Leibeigenschaft verurteilten und in ihr Merkmale ungezügelter Sklaverei erblickten. Doch gegen den Chor enthusiastischer Verehrer, die der großen Katharina Kränze flochten, kamen diese Rufer nicht an.

Nach den napoleonischen Kriegen, unter der Wiener Friedensordnung von 1815, hat sich dann das Blatt gewendet, davon war bereits die Rede. Russland trat nun nicht mehr als Befreierin der Völker in Erscheinung, sondern als Stütze der europäischen Reaktion und Restauration. Dieser Rollenwechsel bewirkte, dass die liberalen Kräfte in der europäischen Öffentlichkeit, von den demokratischen Radikalen ganz zu schweigen, im Reich des Zaren fortan den Inbegriff des Bösen sahen. Kaiser Nikolaj I., der von 1825 bis 1855 regierte, galt jetzt als Urbild der Despotie, Erzfeind des Fortschritts und Henker der Freiheit gleichermaßen. Wer jedoch den Idealen konservativen Denkens anhing, im monarchischen Prinzip das Unterpfand der gottgewollten Ordnung und Gesittung sah, in jedem Liberalen einen Doktrinär, heimlichen Jakobiner, Agenten des Umsturzes und der Anarchie – der hatte, wenn er an Russland dachte, ganz andere Gefühle. Für die *Kräfte der Beharrung* schien das Russische Reich eine Quelle der Hoffnung zu sein, ein sicherer Garant dafür, dass das Europa des Rechts und der monarchischen Ordnung nicht verloren sei, sondern der göttlichen Fürsorge teilhaftig bleibe. Höhepunkte russischer Interventionspolitik, wie die Niederschlagung des polnischen Aufstandes (1830/31) und die Pazifizierung der ungarischen Revolution (1849), hatten solche Erwartungen gestärkt und den Anhängern der monarchischen Legitimität vor Augen geführt, dass der Zar seiner Mission, als Retter des bedrohten Europas aufzutreten, wirkungsvoll Genüge tat. Auf solche Weise waren Russophilie und Russophobie, konservative Russlandsympathie und liberaler Russlandhass zu Erkennungszeichen im innenpolitischen Kampf geworden – in Deutschland und in den meisten westeuropäischen Ländern.

Unverkennbar ist, dass dem Kaiser – er war Schwiegersohn des Preußenkönigs Friedrich Wilhelm III., seit 1844 auch Schwiegervater des Königs von Württemberg – die Revolutionsfurcht in der Blutbahn saß. Durch den Ausbau des Polizeistaats mit Gedankenkontrolle und Zensur, durch Unterdrückung aufsässiger Köpfe und rigide Verfolgung abweichenden Denkens, durch energische Versuche, Russland gegen das Eindringen liberaler, gar demokratischer Bewegungen und sozialistischer Ideen abzuschirmen und das, was in Russland *öffentliche Meinung* heißen konnte, durch journalistisch versierte Agenten möglichst selbst zu machen – durch solche Maßnahmen der Abschottung und Unterdrückung hatte Nikolaj gehofft, sein Imperium gegen den „Bazillus der Revolution" immunisieren zu können.

Zu dieser Strategie gehörte, dass die Regierung in den 1830er Jahren daran ging, eine Abwehrideologie zu formulieren, die die unumstößlichen Grundsätze russischer Politik festschreiben sollte und die historische, ja die überzeitliche Bestimmung Russlands noch dazu. Das geschah (anders als 1815) nun nicht mehr im Geist eines Konservativismus, der Europa im Ganzen umfangen hätte, nicht mit dem Ziel, die eigenen Wertbegriffe auf den Westen zu erweitern, sondern geschah in der Absicht, die Zukunft des Reiches auf unverwechselbar russische Prinzipien zu gründen. Diese Ideologie war auf Russland selbst fixiert, war „offizieller Nationalismus"[12], der nicht definierte, was Russland mit dem übrigen Europa verband, sondern hervorhob, was Russland von den westlichen Ländern trennte.

Einer der Erfinder dieses Credos war Sergej Uwarow, seit 1833 Minister für Volksaufklärung, ein gebildeter Mann, der mit Goethe korrespondierte und noch 1818, als Präsident der kaiserlichen Akademie der Wissenschaften, die Freiheit als beste Gabe Gottes angepriesen hatte. Nun aber, in enger Fühlung mit dem Zaren, wollte er die russische Jugend nicht mehr zur Freiheit erziehen, sondern zu treuer und untertäniger Liebe, die den Herrscher, das Vaterland und seine vom Allerhöchsten geheiligte Ordnung zu umfangen hätte. Was *vaterländische Erziehung* hieß (und das galt natürlich auch für preußische Schulen und Gymnasien dieser Zeit), hat Uwarow in einem alleruntertänigsten Bericht an den Zaren mit „der tiefen Überzeugung und dem wahren Glauben an die echt russischen schützenden Grundlagen" verbunden gesehen, mit der Trinität von Orthodoxie, Autokratie und Volkstum (*prawoslawie, samoderschawie, narodnost*) – mit Werten, „die den letzten Anker unserer Rettung und das treueste Unterpfand unseres Vaterlandes bilden, rettende Grundlagen, ohne die Russland nicht blühen, erstarken und leben kann"[13]. Die drei Begriffe, die Uwarow zum Fundament vaterländischer Erziehung erklärte, wurden für unverzichtbar gehalten, weil das übrige Europa in seinen Grundfesten zutiefst erschüttert schien. Erschüttert durch den raschen Verfall der religiösen Werte und neue bürgerliche Einrichtungen, durch die allgemeine Verbreitung zersetzender Ideen, durch eine Fülle beklagenswerter Erscheinungen, die Russland von allen Seiten umgaben und bedrohten. Der neurussische Nationalkonservatismus, der im postsowjetischen Russland inzwischen fest verankert ist, hat diese Argumente wieder aufgegriffen.

Es versteht sich, dass Uwarow die ersten beiden Begriffe seiner Dreiformel – Autokratie und Orthodoxie (Rechtgläubigkeit) – nicht erst hatte erfinden müssen, denn diese Begriffe waren alt. Sie verwiesen auf die Geschichte Russlands, standen für die Kontinuität der Herrschaftsordnung und des rechten Glaubens, den die russisch-orthodoxe Staatskirche repräsentierte, eine Kirche, deren Haupt der gottgesalbte Kaiser war. In der vielbändigen Geschichte des russländischen Staates (*Istorija gosudarstwa rossijskago*), die Nikolaj Karamsin, Schriftsteller und Hofhistoriograph Alexanders I., zwischen 1816 und 1825 geschrieben hatte, war das autokratische Prinzip bis zu den frühmittelalterlichen Anfängen der Kiewer Rus zurückverlängert worden. Uwarow knüpfte an dieses Konzept einer ungebrochenen, tausendjährigen Geschichte an: an die Verklammerung der autokratischen Staatlichkeit mit der orthodoxen Religion und Kirche, an Identitätsmuster, die aus dem Moskauer Staat des 15. und 16. Jahrhunderts überkommen waren.

Peter der Große hatte diese Verklammerung nicht aufgehoben, sondern in ein Subordinationsverhältnis umgewandelt, an dem es, anders als noch unter seinem Vater, nichts mehr zu deuteln gab. Durch Abschaffung des Moskauer Patriarchats (1721) hatte er die Kirche dem Staat unwiderruflich einverleibt. Er hatte die Moskauer Patriarchatsverfassung durch den *Allerheiligsten Synod* ersetzt, eine geistliche Behörde, die Teil der Staatsanstalt und zum Dienst am Staat verpflichtet war, nicht anders, als dies für die lutherischen Landeskirchen in deutschen Territorien galt.

Vergleichsweise moderner als die beiden ersten Bestandteile der Uwarowschen Dreierformel war der dritte Begriff *narodnost*, abgeleitet von *Volk (narod)* und mit *Volkstum* oder *Volkstümlichkeit* eher ungeschickt als glücklich übersetzt. Natürlich waren das philosophische Metaphern, die aus dem Geist der europäischen Romantik stammten und zumal von Johann Gottfried Herder großgezogen worden waren. In dem hier zur Rede stehenden Zusammenhang verwies der Begriff auf das russische Volk, auf die besondere Eigenart des Russentums, auf die *russkost*, also russischen Seins, auf den Nationalcharakter dieses Volks der Untertanen.

Die Definition, die Uwarow der *narodnost* gab, war die Quintessenz aus den beiden anderen Elementen seiner Dreierformel: Russe sein, zum russischen *Volkstum* zu gehören, hieß zum einen, der Kirche der Väter und dem orthodoxen Glauben verbunden sein als dem „Unterpfand gesellschaftlichen und familiären Glücks". Und zum anderen hieß Russe sein, mit Herz und Hand der Selbstherrschaft ergeben zu bleiben, der „erlösenden Überzeugung", wie Uwarow 1843 schrieb, „dass Russland durch den Geist der starken, menschenliebenden und aufgeklärten Autokratie lebt und erhalten werde"[14]. Insofern fließe auch die *narodnost* aus dieser einzigen Quelle und sei mit der Geschichte des russischen Zartums unlöslich verbunden. Nichts sei wichtiger, meinte der Minister, als dieses Heiligtum zu bewahren und auch künftig die Entwicklung des Geistes den Bedürfnissen des Staates anzupassen.

So etwa lautete die Begründung für die amtliche Nationalideologie, die offizielle Definition russischer Identität in der Konfrontation mit dem europäischen Liberalismus und mit den Kräften des Umsturzes und der Anarchie. Es war jedoch nicht nur das offizielle Petersburg, das in Abgrenzung vom Westen damals die unverwechselbare Sonderart Russlands zu formulieren suchte. Auch in der russischen Bildungselite, in der Intelligenz, war nach den deprimierenden Erfahrungen des Dekabristen-Aufstandes das Verlangen groß geworden, sich der russischen Identität, der historischen Rolle und Bestimmung Russlands, in neuer Weise zu versichern.

Es versteht sich, dass dies in Abgrenzung vom offiziellen Nationalismus der Regierung geschah, zumal bei denen, die ihre Bildung durch die deutsche idealistische Philosophie empfangen und zu Füßen Hegels und Schellings gesessen hatten. In den 1840er Jahren hatten nicht wenige dieser jungen Russen bei den Linkshegelianern Orientierungen gefunden, manche auch bei den französischen Frühsozialisten, deren Ideen für die revolutionäre Intelligenz der sechziger Jahre richtungsweisend werden sollten.

So unterschiedlich die Folgerungen waren, die russische Schriftsteller und Denker aus der geistigen Begegnung mit dem Westen zogen, gemeinsam war ihnen allen, dass sie nach einer philosophischen Begründung der Stellung und der Rolle Russlands in der Geschichte suchten, in der europäischen wie in der Geschichte der Menschheit im Ganzen. Diese Suche hatte in einer Atmosphäre der Ratlosigkeit und der Verzweiflung begonnen. 1829, vier Jahre nach dem Dekabristen-Aufstand, kurz vor dem polnischen Freiheitskrieg, hatte der damals fünfunddreißigjährige Pjotr Jakowlewitsch Tschaadajew, ein aus aristokratischer Familie stammender Verehrer Friedrich Schellings, den ersten seiner berühmten *Philosophischen Briefe* geschrieben, in Französisch an eine ungenannte Dame gerichtet, doch unverkennbar für die Öffentlichkeit bestimmt. Erst 1836 gelang es, vermutlich weil der Zensor die Brisanz der Sache nicht erkannte, diesen Text in der Moskauer Zeitschrift *Teleskop* zu publizieren und dadurch eine intellektuelle Debatte anzustoßen, die von ungeahnter Breiten- und Langzeitwirkung war. Alexander Herzen, einer der Väter des russischen Sozialismus, bekannte später, Tschaadajews Botschaft habe ihn getroffen wie „ein Schuss in dunkler Nacht"[15]. Kaiser Nikolaj reagierte auf seine Weise, indem er befahl, den Verfasser der Aufsicht eines Irrenarztes zu unterstellen.

Worin bestand die Provokation, die Tschaadajew, den umschwärmten Moskauer Salonphilosophen, um seine Bewegungsfreiheit brachte und einem Teil des Publikums die Fassung raubte? Um eine Ahnung zu vermitteln, mag es ausreichen, einige Passagen aus seinem ersten Brief zu zitieren. Hier konnte, wer wollte, schon an der Ortsangabe *Nekropolis* Anstoß nehmen, denn offensichtlich war mit dieser Totenstadt nicht nur Moskau, sondern Russland überhaupt gemeint:

„Wir Russen gehören zu keiner der großen Familien des Menschengeschlechts. Wir gehören weder zum Westen, noch zum Osten. Weil wir gleichsam außerhalb der Zeit stehen, wurden wir von der universellen Erziehung des Menschengeschlechts nicht berührt. Generationen und Jahrhunderte sind ohne Nutzen für uns dahingegangen. In der Welt vereinsamt, haben wir der Welt nichts gegeben, haben keine einzige Idee in die Masse der menschlichen Erfahrungen hinein getragen, haben durch nichts am Fortschritt der menschlichen Vernunft mitgewirkt und alles, was uns von diesem Fortschritt zuteil wurde, das haben wir entstellt. In unserem Blut ist etwas, was jedem Fortschritt feind ist. Wir sind eine Lücke in der moralischen Weltordnung!"[16]

Schärfer konnte der Gegensatz wohl kaum sein, der diese selbstquälerischen Formulierungen von der Nationalideologie Uwarowscher Prägung trennte. Aus solcher Klage kam das Verlangen nach neuer Orientierung, und Tschaadajew fand für sich selber Antworten eigener Art. Angeregt durch die Schriften von Joseph de Maistre, einem Vertreter der katholischen Restaurationsphilosophie, der von 1803 bis 1817 Gesandter des Königreiches Sardinien in Petersburg gewesen war, wandte er sich zunächst der römischen Kirche zu, in der Hoffnung, das orthodoxe Russland werde im Schoß der apostolischen Papstkirche, als dem höheren Prinzip universalchristlicher Einheit, seine künftige Rettung und Bestimmung finden. Es war dies ein Gedanke, der mit unterschiedlichen Begründungen und Brechungen religiös-philosophische Denker in Russland immer wieder gefangen nehmen sollte. Man denke etwa an die Visionen Wladimir Solowjows von der All-Einheit der Menschheit über alle konfessionellen Grenzen hinweg.

Dass Tschaadajews Denken auch weiter in Bewegung blieb, zeigte sich alsbald. Schon in seiner „*Apologie eines Wahnsinnigen*" von 1837 hat er angedeutet, dass ihn das Vertrauen in die Einheit stiftende Kraft der römischen Kirche nicht weitertrug. Jetzt schien ihm Rom ein politisiertes Christentum zu verkörpern und der Westen ein trübes Amalgam aller möglichen Zivilisationen zu sein, kein Gefäß mehr für die erlösende Kraft der christlichen Idee. 1845 hatte er sich von seinen ursprünglichen Erwartungen ganz losgelöst und meinte, dass das russische Volk das echte Gottesvolk der Neuzeit sei. Ähnlich jähe Wendungen und Widersprüche in der Biographie einzelner Denker sollten für die Geschichts- und Religionsphilosophie in Russland charakteristisch bleiben.

Von Tschaadajews erstem Philosophischem Brief war die russische Bildungselite gewiss nicht weniger provoziert worden als die zarische Gedankenpolizei. Mit den Debatten, die seine Äußerungen weckten, begann im Milieu der Intelligenz eine intensive, die Zeiten überdauernde Suche nach dem Sinn der russischen Geschichte und nach Prognosen für die Zukunft des Landes – in ständiger Auseinandersetzung mit dem Westen und mit der Polarität, in der man Russland und Europa aufeinander bezogen sah. Auch Historiker haben dazu beigetragen, dass diese Fragen wachgehalten und zu Gewissensproblemen hochgetrieben wurden. Die Topographie der russischen Bildungselite schien dabei wie in zwei große Lager gespalten: in das der *Westler* und der *Slawophilen*, in Protagonisten des westlichen Entwicklungspfades und in solche, die auf der Einzigartigkeit und Unvergleichbarkeit Russlands bestanden, auf der These vom russischen Sonderweg.

Allerdings ist zu bedenken, dass das Verfahren, russisches Geschichtsdenken und russische Ideengeschichte in Schubkästen zu sortieren, eine zwar bequeme, aber doch höchst unzulängliche Vereinfachung bedeutet. Das komplizierte Interpretationsproblem, das damit verbunden ist, kann hier nur eben angedeutet werden. Selbst wer die simple Gegenüberstellung – hier Slawophile, dort Westler – für falsch oder zumindest doch für missverständlich hält, kann sie nicht einfach ignorieren, schon deshalb nicht, weil sich dieses bipolare Konstrukt in den letzten 150 Jahren mehr und mehr verselbstständigt hat; und zwar so nachhaltig, dass es sogar die sowjetische Periode überlebte. Andererseits hat die historische Zunft ja doch gelernt, auch mit zweifelhaften und verwaschenen Begriffen kritisch umzugehen.

Wer sich auf das Bild von den zwei Lagern in der Geistesgeschichte Russlands einlässt, der tut gut daran zu denken, dass die sogenannten Westler, die *sapadniki*, keineswegs darauf eingeschworen waren, Russland auf die bloße Imitation des Westens zu verweisen und die Zukunft des Reiches auf eine nachhinkende, durch das Faktum der *Rückständigkeit* bedingte Entwicklung festzulegen. Das kommende Russland sollte durchaus kein Abziehbild des okzidentalen Europas sein. Erst die Bolschewisten haben, der leninistischen Formationslehre folgend, den Gedanken des Einholens und des Überholens zum Angelpunkt ihrer Utopie gemacht.

Was die Bezeichnung *Westler* rechtfertigt, war das Verlangen, Russland in einem zukünftigen Europa verankert und in den allgemeinen Prozess des geschichtlichen Fortschritts einbezogen zu sehen. Doch der Westen erschien den herausragenden Vertretern dieser Richtung in den 1840er und 50er Jahren alles andere als faszinierend. Das Europa der Bourgeoisie, des Kapitals, des öden Gewinnstrebens – dieses Europa als Bild der Zukunft verwarfen die Westler nicht weniger entschieden als ihre Antipoden, die Slawophilen, die Verfechter eines spezifisch russischen Weges in der Geschichte. Der Ausgang der Revolution von 1848, die Niederlage der demokratischen Bewegungen, der Realkompromiss, den das liberale Bürgertum mit dem monarchisch-konservativen Kräften damals einging – all dies hatte die *sapadniki* in ihrer antibürgerlichen Grundhaltung bestärkt und ihren Eindruck gefestigt, dass für die Idee der Freiheit vom bourgeoisen Europa nichts mehr zu erwarten sei.

Alexander Herzen, seit 1847 im westlichen Exil, ist ein beredtes Beispiel für diese Ernüchterung, die in Verachtung umgeschlagen war. Anstelle revolutionären Elans und sozialistischer Zukunftssicherheit fand er seit 1848 einen Westen vor, in dem, wie ihm schien, Spießbürgerlichkeit, säuerliche Enge und Krämergeist dominierten. Um diese Stimmung zu illustrieren, mag hier ein knappes Zitat aus dem Epilog einer Schrift genügen, die 1849 unter dem Titel *Vom anderen Ufer* auf Russisch erschien und im Jahr darauf in deutscher Übersetzung: „Fluch über Dich, Jahr des Blutes, des Irrsinns, der siegreichen Trivialität, Unmenschlichkeit und Beschränktheit. Die kommenden Jahre werden noch ekelhafter, noch tierischer, noch trivialer sein. Die letzte Hoffnung schwindet. Die Seele bleibt ohne grünes Blatt. Nebel und Kälte breiten sich aus. Nur von Zeit zu Zeit poltert das Beil des Henkers im Niederfallen. Vernichtet wird, wer an die Menschenwürde glaubte."[17] Was blieb, war die Hoffnung auf eine neue, vorerst noch unbekannte Revolution, auf einen, wie Herzen es nannte, „neuen Kreislauf der Ereignisse"[18], einen dritten Band der Weltgeschichte, der den sozialen Ideen gehören werde – dem Sozialismus, der dazu bestimmt sei, den Platz des an Herz und Geist degenerierten Konservativismus einzunehmen.

Was das klassische Slawophilentum – repräsentiert durch Männer wie Iwan Kirejewskij, Aleksej Chomjakow, die Brüder Aksakow und andere – von den sogenannten Westlern unterschied, wog dennoch nicht gering. Herzen und seine Freunde lehnten den bürgerlich-kapitalistischen Westen ab. Ihre Visionen aber waren als spezifisch russischer Beitrag zu einer Zukunft gedacht, in der die einzelnen Völker und Länder auf unterschiedlichen Grundlagen und unterschiedlichen Wegen zum Sozialismus gelangen würden. Russland nahm an diesem großen Kampf um die Befreiung der Menschheit teil, war in den *einen* Strom der historischen Entwicklung, des historischen Fortschritts eingebettet.[19]

Die Slawophilen dagegen sahen die Zukunft Russlands von der Zukunft Europas scharf abgegrenzt, getrennt durch prinzipielle, in die Geschichte eingeschriebene Gegensätze. In Russland: die orthodoxe Religion und Kirche, die in der Rechtgläubigkeit geoffenbarte Wahrheit; im Westen: ein vom Rationalismus zersetztes und verflachtes Christentum, das seine erlösende Kraft bereits verloren hatte; hier: der tiefgläubige, demütige, den Nächsten liebende Mensch, im russischen Bauerntum am reinsten verkörpert und durch die *sobornost*, die Gemeinschaft der Gläubigen, vereint; dort: das zweifelnde, egoistische, seelenlose, auf sich selbst zurückgeworfene Individuum; hier in Russland die dörfliche Welt der Gemeinde, auf die patriarchalische Familie gegründet und über den Volksglauben und Volksgeist mit Gott und dem Kosmos verbunden; dort im Westen eine durch Privateigentum, Profitstreben und Parteienkämpfe erodierte, parasitäre, verfaulende Gesellschaft, seelenlos, auf das Recht des Stärkeren fixiert, das Volk dem Pauperismus überlassend.

Anders, als es für die Westler selbstverständlich war, wurde die Selbstherrschaft von den Slawophilen nicht prinzipiell in Frage gestellt. Aber so, wie sie seit Peter dem Großen geworden war, wurde sie nicht umstandslos akzeptiert. Die Verwestlichung galt als Sündenfall der russischen Geschichte, als Entfremdung, als Vergewaltigung dessen, was das Wesen Russlands sei. Die moderne bürokratische Staatsmaschine hatte die Harmonie, die Einheit zwischen Zar und Volk zerstört, hatte Barrieren aufgerichtet, hatte Staat und Land voneinander getrennt. Um diese Schäden zu heilen, so die Meinung der Slawophilen, sei an das vorpetrinische Russland anzuknüpfen, an die moskowitische Tradition, an die *starina*.

Und so entwarfen sie Idealbilder der alten Zeit nach Vorstellungen, die sie vom russischen 17. Jahrhundert hatten, von den Zeiten vor dem Sündenfall. Der Herrscher, so die Botschaft, regiert den Staat allein; das Volk erkennt die von Gott gesegnete Herrschaft an, will keinen Anteil an der Macht, erfüllt getreulich die ihm auferlegten Pflichten. Der Herrscher, mit dem Staat identisch, mischt sich in das Leben und die Sitten des Volkes nicht ein. Pflicht des Staates ist der Schutz des Volkslebens, die Sicherung der Wohlfahrt des Volkes. Die einzige lebendige Beziehung zwischen dem allmächtigen Staat und dem politisch machtlosen Volk, so Konstantin Aksakow, sei die öffentliche Meinung, sei die Freiheit des Volkes, dem Herrscher zu sagen, was das Land denke und fühle.[20] Diese Meinung zu hören sei die Pflicht des Staates, sie zu verwerfen oder anzunehmen stehe dem Herrscher frei.

Über die historischen Bezüge dieser rückwärtsgewandten Utopie, der die Landesversammlungen, die *Semskie sobory* des 16. und 17. Jahrhunderts, vor Augen standen, wird gesondert noch zu sprechen sein. Vorerst kam es darauf an, durch die vergleichende Betrachtung slawophiler und westlerischer Denkmuster Merkmale aufzuweisen, die für das russische Geschichtsdenken in der Endphase der Leibeigenschaftsordnung charakteristisch waren, für das Bemühen der Intelligenz, der russischen Identität in einer Zeit habhaft zu werden, in der die Autokratie noch so unerschütterlich erschien, als sei sie für alle Ewigkeit gemacht.

2 Autokratie und Absolutismus

2.1 Historische Voraussetzungen

Zu betrachten ist zunächst die Herrschaftsverfassung des Zarenreiches, genauer das Problem von Kontinuität und Wandel dieser Verfassung über drei Jahrhunderte hinweg. Von vornherein ist klar, dass die Autokratie nicht überdauert hätte, wenn sie unfähig gewesen wäre, sich dem Wandel der Zeiten anzupassen. In der Tat hat sie sich, wenn auch unter Schmerzen, langfristig so zu verändern verstanden, dass die Fundamentalbedingung ihrer Existenz, die Allgewalt des Herrschers, nicht verloren ging.

Eine der wichtigsten Voraussetzungen dafür war, dass in Russland ständisch verfasste Kräfte eigenen Rechts nicht aufgekommen waren. Für die Untertanenschaften, den Landadel eingeschlossen, gab es keine rechtlich gesicherte Teilhabe an der Macht. Dabei blieb es über die Zeiten hinweg, obwohl die Legitimationsgrundlagen der Regierung, die Methoden der Herrschaftspraxis und die sozialen Konfigurationen dem Wandel unterworfen waren. Die beiden Begriffe *Autokratie* und *Absolutismus*, die in der Überschrift des zweiten Großkapitels stehen, sollen auf diese Wandlungsfähigkeit verweisen.

Der Ausdruck – *Autokratie (samoderschawie)* – ist ein historischer, aus dem Griechischen ins Russische transferierter Begriff, und als solcher wird er hier benutzt. Absolutismus dagegen ist ein semantisches Kunstprodukt der Geschichtsschreibung des 19. Jahrhunderts, das hier verwendet wird, um einen für Russland durchaus neuen Sachverhalt hervorzuheben. Seit Anfang des 18. Jahrhunderts, beginnend mit den petrinischen Reformen, trat die in Moskau entstandene Selbstherrschaft aus dem sakralen Begründungszusammenhang der ostkirchlichen Orthodoxie heraus, um sich mehr und mehr den Normen des europäischen Absolutismus anzupassen, das heißt, sie wurde modernisiert und auf das Niveau der europäischen Zeit gebracht. Das jedenfalls war die leitende Tendenz aller Veränderungen, die Peter der Große durch Zwang und Überredung zu erreichen suchte.

Das Gehäuse, das auf diese Weise entstand, war nach zeitgenössischen Mustern des absolutistischen Militär- und Steuerstaates geschnitten. Jetzt wurde die Autokratie, anders als in der Moskauer Periode, nicht mehr allein durch den göttlichen Auftrag legitimiert, Schutzmacht des orthodoxen Glaubens, der heiligen Kirche und deren rechtgläubiger Herde zu sein. Nun beriefen sich ihre gelehrten Theologen auf den neuzeitlichen Begriff der Staatsräson, auf die Verpflichtung des Monarchen, das von den Vorvätern ererbte, von Gott gesegnete Russland zu Ruhm und Größe zu führen und ihm im Kreis der europäischen

Mächte eine herausragende Stellung zu sichern. Es war Sache des Herrschers, die Staatsmaschine zum Nutzen des Vaterlandes in Betrieb zu halten und all das zu befördern, was nun auch in russischer Sprache das allgemeine Beste hieß. Den Untertanen war vom Allerhöchsten auferlegt, der im Monarchen verkörperten Obrigkeit gehorsam zu sein und ihr ohne Widerspruch zu dienen.

In der zweiten Hälfte des 18. Jahrhunderts ist dieser Begründungszusammenhang noch erweitert worden. Nun gehörte zum Staatszweck nicht mehr allein, den Ruhm und die Ehre des Herrschers und des Vaterlandes zu mehren, sondern auch die Wohlfahrt und Glückseligkeit der Untertanen. Deren höchstes Glück sollte in der Macht des Staates und in der Weisheit des menschenliebenden Monarchen aufgehoben sein. Hier sprach sich der Humanitätsgedanke des europäischen Zeitalters aus, der Peter dem Großen noch ganz fremd gewesen war – eine Botschaft, die Katharina II. aus den Ideen der Aufklärung zog, um sie zur eigenen Legitimation zu verwenden.

Insofern liegt es nahe, den Begriff des *Aufgeklärten Absolutismus* auch auf Russland zu beziehen. Seine russische Variante, von Katharina repräsentiert und in neue Gesetze gefasst, stützte sich nicht nur auf die Vorgaben der französischen Enzyklopädisten, sondern mehr noch auf die Lehrbücher der deutschen Verwaltungslehren, der sogenannten Kameral- und Polizeiwissenschaften. In Frage gestellt und überholt wurde der aufgeklärte Absolutismus, wie ihn Katharina praktizierte, durch die Erfahrungen der Französischen Revolution und der Napoleonischen Kriege. Diese beispiellosen Herausforderungen zwangen die russische Politik zu einer Strategie des Widerstandes und des Überlebens, nach 1815 dann zu dem energischen Versuch, die Selbstherrschaft gegen den Strom der Zeit, gegen liberale und demokratische Bewegungen zu konservieren.

Die theokratische Auffassung der Zarenmacht hatte vor allem Josef, der Abt des Klosters von Wolokolamsk in Schriften und Sendschreiben vorgetragen. Und dies nicht in der Absicht, die Kirche der weltlichen Macht zu unterwerfen oder gar, was der Moskauer Großfürst damals versuchte, den Einzug von Klosterbesitzungen zu fördern. Im Gegenteil: diesem Mönchspriester war vor allem darum zu tun, den Herrscher auf den Schutz der Kirche und des Glaubens in neuer Weise zu verpflichten: auf den Kampf gegen Irrlehren und äußere Feinde, aber auch gegen den Zugriff staatlicher Ämter auf die gewaltigen Latifundien der Klöster und Bischöfe. Die Kirche war der größte Land- und Menschenbesitzer des Moskauer Russlands, und das blieb so bis weit ins 18. Jahrhundert hinein. Josef von Wolokolamsk argumentierte mit berechnender Beharrlichkeit nach dem *Do ut des*-Prinzip. Der Zar sei seiner Natur nach allen Menschen ähnlich, doch seiner Macht nach gleiche er dem allerhöchsten Gott. Diese Gottähnlichkeit sei jedoch an die Verpflichtung gebunden, der Kirche und der Herde Christi Schutz und Schirm zu gewähren und für die Reinheit des Glaubens einzustehen. Wenn der Zar dieser ihm von Gott auferlegten Pflicht nicht genüge, höre er auf, Gottes Diener zu sein, dann sei er ein Diener Satans, dem der rechtgläubige Christ keinen Gehorsam schulde. Widerstandsrecht bei theokratischer Herrschaft: ein so ungewöhnlicher Anspruch lässt ahnen, dass die Selbstgewissheit dieses Klosterabts und seiner Anhänger, der *Josiflianer*, alles andere als klein gewesen ist. Dennoch konnte, als Iwan IV. gegen geistliche Würdenträger zu wüten begann, von bewaffnetem Widerstand keine Rede sein.

Das Amt des Autokraten wurde von der rechtgläubigen Kirche noch auf einer anderen Argumentationsebene gestützt: durch die Rede von Moskau als dem *Dritten Rom* – jene vieldeutige Formel, die in der Ansicht gipfelt, dass das heilige Moskau, das Reich des Zaren, durch Gottes Fügung die Nachfolge des oströmisch-byzantinischen Imperiums angetreten habe. Die Texte, auf die sich diese These gründet, sind authentisch, doch ihre Auslegung ist unter den Experten strittig geblieben. Unstrittig sind die berühmten Formulierungen, die sich in Sendschreiben finden, die Filofej, ein Mönch aus Pskow, 1524 nach der Zerschlagung der Stadtrepublik Nowgorod durch Moskauer Truppen an den Statthalter des Großfürsten Wassilij III. gerichtet hat. In schärfster Form hatte Filofej gegen Irrlehren, lateinische Häresien und astrologische Bücher Front bezogen und die Aufmerksamkeit des hochrangigen Adressaten auf den allein seligmachenden Glauben gelenkt. Die entscheidenden Sätze, an deren Deutung manche Gelehrte sich noch heute reiben, lauten so:

„Eine wenige Worte möchte ich über das heutige rechtgläubige Zartum unseres allerhöchsten und höchst thronenden Herrschers sagen, der auf der ganzen Welt den Christen der einzige Zar und Zügelhalter der heiligen göttlichen Altäre, der heiligen ökumenischen apostolischen Kirche ist, welche anstatt in der römischen und in der konstantinopolitanischen, in der Gott gesegneten Stadt Moskau ist, der Kathedrale des Entschlafens (*Uspenie*) der Allerheiligsten Gottesmutter. In dieser Kirche ist diese Herrschaft, sind diese heiligen Altäre lokalisiert, in jener Kirche, die allein in der Ökumene heller als die Sonne leuchtet. (...) Das ist das russische Zartum. Denn zwei Rome sind gefallen, das dritte aber steht, ein viertes aber wird nicht sein. Siehst Du aus der Welt Gottes, wie alle christlichen Zartümer durch die Ungläubigen untergegangen sind. Nur unseres einzigen Herrschers Zartum steht allein durch die Gnade Christi."[21]

Man kann die unterschiedlichen Deutungen, die sich diesen Äußerungen angeschlossen haben, im Wesentlichen auf zwei Interpretationsrichtungen zusammenkürzen. In ihrer Gegensätzlichkeit bedürfen beide der Korrektur. Die erste, die ältere Interpretation, die noch immer nicht aus dem Feld geschlagen ist, wurde von Byzantinisten und Russlandhistorikern vertreten, etwa von Hildegard Schaeder in ihrer Hamburger Dissertation von 1927[22] und Helmut Neubauer in seiner 1964 gedruckten Heidelberger Habilitationsschrift *Zar und Selbstherrscher*.

Historische Beiträge zur Autokratie in Russland. Diese Arbeiten gehen von der Überzeugung aus, dass die russische Kirche ohne byzantinische Wurzeln nicht zu denken sei. Konkreter Anknüpfungspunkt für die weitergehende Deutung ist die Eheschließung des Großfürsten Iwan III. mit einer Nichte des letzten byzantinischen Kaisers, mit Zoe, die in Rom lebte und in Russland Sophia hieß. Aus dieser Heirat wird auf die Absicht des Großfürsten geschlossen, sich als Erbe des von den Osmanen zertrümmerten griechisch-byzantinischen Reiches in Position zu bringen. Herbert Hunger, ein Byzantinist, hat 1965 in einem Buch, das den Titel *Reich der neuen Mitte* trägt, dem Moskauer Herrscher einen „bewussten Schachzug dynastischer Politik"[23] unterstellt, zusätzlich belegt durch die Übernahme des kaiserlichen Doppeladlers und bestimmter Formen des byzantinischen Hofzeremoniells, durch die *Translatio imperii*, die Kaisermystik und den Universalitätsgedanken. Aus der Behauptung, in der Nachfolge Konstantinopels zu stehen, hat sich für Moskau der Anspruch ergeben, nach dem *Zweiten Rom*, das wie das erste unterging, das *Dritte Rom* zu sein, das letzte vor dem jüngsten Tag.

Wie man sieht, steht diese Deutung in der Tradition der oben zitierten Sentenzen Filofejs. Bei kritischer Betrachtung stellen sich jedoch berechtigte Zweifel ein, und die zweite Interpretationsrichtung hat diese Zweifel aufgenommen. Fraglich erscheint vor allem, ob sich die *Translatio*-Theorie aus den Schriften dieses Mönches extrahieren lässt, ohne die Texte über Gebühr zu pressen. Auch kann keine Rede davon sein, dass Iwan III. und seine nächsten Nachfolger den Kaisertitel übernommen hätten. Der Zarentitel, seit 1547 offiziell in Geltung, war mit dem byzantinischen Kaisertitel nicht gleichzusetzen. Er war es auch deshalb nicht, weil die Moskauer Herrscher nach der Eroberung der Wolga-Khanate doch wohl gezögert hätten, die unterworfenen Khane *Zaren* zu nennen und sich selbst als Zaren von Kasan und Astrachan in Positur zu setzen.

Bekanntlich hat erst Peter der Große 1721 den Titel *Imperator* angenommen. Doch auch ihm ging es nicht darum, den byzantinischen Kaiser zu beerben, zumal diese Frage längst irrelevant geworden war. Vielmehr ging es um einen Kaisertitel, der sich ganz auf die Macht und Größe Russlands bezog und an die Stelle des Zarentitels trat. Es war ein regional-europäischer Titel, kein universales, den Erdkreis umfassendes Herrschaftssymbol, sondern ein höchster Anspruch auf Rang und Würde im Verband der europäischen Souveräne und der großen Mächte, ebenbürtig allein dem Kaiser des Heiligen Römischen Reiches deutscher Nation.

Diese Auffassung, die der älteren *Translatio*-Theorie entgegensteht, ist vor allem von deutschen und amerikanischen Historikern vorgetragen worden, zuletzt von Peter Nitsche[24]. Hier wird mit guten Gründen, gestützt auf die moderne heraldische Forschung, der These von der Übernahme des byzantinischen Doppeladlers widersprochen. Der Doppeladler, 1497 in dem ältesten, erhaltenen gebliebenen Moskauer Siegel als Wappentier erstmals erschienen, könne, so heißt es, aus Konstantinopel schon deshalb nicht kommen, weil das byzantinische Herrscherhaus diesen Vogel nicht im kaiserlichen Wappen führte. Was sich in Moskau finde, sei vielmehr der Doppeladler aus dem Wappen der Habsburger Kaiser. Von Kaiser Friedrich III. vermittelt, sei er durch diplomatische Kontakte nach Moskau gelangt, die Ende des 15. Jahrhunderts mit dem Wiener Hof geknüpft worden waren, um gemeinsame Interessen gegen den jagiellonischen Block auszuloten, gegen die bedrohliche Verbindung zwischen Polen-Litauen, Böhmen und Ungarn, die für Wien nicht weniger gefährlich war als für den moskowitschen Herrscher. Nach den Forschungen Manfred Hellmanns von 1969 ist diese Deutung nicht länger zweifelhaft. In die gleiche Richtung weisen Arbeiten des amerikanischen Historikers Gustave Alef, der das Moskauer Hofzeremoniell untersuchte[25]. Auch er zeigt, dass die aus dem Westen übernommenen Elemente gegenüber byzantinischen und tatarischen Einflüssen weit überwiegen. Die Sitte des Stirnschlagens vor dem Herrscher mag aus der Goldenen Horde, der mongolisch-tatarischen Herrschaft, übernommen worden sein. Sonst aber überwiegen, nach Ansicht der Experten, die westlichen Elemente. Nimmt man hinzu, dass in eben dieser Zeit, unter dem Großvater und dem Vater Iwans des Schrecklichen, der Moskauer Kreml von italienischen Renaissancebaumeistern und Architekten um- und ausgebaut wurde – mit Maria-Himmelfahrts-Kathedrale, Erzengel-Kathedrale, dem großen Glockenturm, dem Facettenpalast und markanten Türmen und Befestigungen – dann zeigt sich, dass die Moskauer Herrscher ihre Maßstäbe für Repräsentation und Selbstdarstellung vorzugsweise aus dem Westen bezogen. Auch das entsprach nicht dem Universalanspruch eines Dritten Rom, sondern dem Verlangen der Selbstherrschaft nach Ebenbürtigkeit und Ranggleichheit im europäischen Zusammenhang.

Das Dritte Rom, das Filofej mit Moskau verband, sollte nicht wie das Erste und Zweite Rom in Sünde fallen und dem Untergang anheimgegeben sein. Der Moskauer Herrscher war der einzige Zar, der über ein rechtgläubiges Reich gebiete. Wenn dieses Reich in Unglauben und in Sünde versinke, dann werde es ein Viertes Rom nicht geben und die Welt verloren sein. Deshalb der Appell, die Kirche und den Glauben zu stärken, den Moskauer Staat als Schutzwehr der Kirche und der christlichen Herde in der Furcht Gottes zu halten. Deshalb die Bereitschaft der Moskauer Theologen, den Zaren mit dem Charisma eines gottähnlichen Herrschers zu versehen und mit Filofej einen Herrscher zu denken, der „die Kirche Christi leitet und nährt und den rechten Glauben befestigt", den großen orthodoxen russischen Zaren, der „wie Noah in seiner Arche die Kirche vor der Sintflut errettet[26]". In welcher Weise die Moskauer Autokratie während des 16. Jahrhunderts in ihrer irdischen Gestalt tatsächlich in Erscheinung trat, wird am Beispiel Iwans des Schrecklichen klar.

2.2 Iwan IV. und die Entstehung der Autokratie

Die herausragende Herrscherfigur des 16. Jahrhunderts, Iwan IV., galt über Jahrhunderte hin als Inbegriff personaler Selbstherrschaft in Russland. Zar Iwan *Grosnyj*, der Schreckliche, der Drohende, der Ehrfurchtgebietende, dieser Große Herrscher (*welikij gosudar*), war ein *samoderschez* im idealtypischen wie im leibhaftigen Sinn. In den langen Jahren seiner Regierung, 1547 bis 1584, hat er von der theologischen Legitimation seiner Macht und Würde höchst eigenwilligen Gebrauch gemacht. Die psychopathologischen Züge dieses Tyrannen sind oft beschrieben worden. Aus der Fülle der Biographien sind hier nur zwei zu nennen: eine ältere, nicht sonderlich umfangreiche von Manfred Hellmann[27] und eine jüngere, in deutscher Übersetzung erschienene Darstellung, verfasst von Ruslan Skrynnikow[28], einem der besten russischen Kenner Moskowiens im 16. und frühen 17. Jahrhundert.

Notorisch sind die barbarischen Willkürakte des Zaren gegen Würdenträger der Kirche, Angehörige der Bojarenaristokratie und Dienstleute jeglichen Rangs, die blutigen Exzesse und Zwangsumsiedlungen dieser Zeit, von denen außer dem verwüsteten Nowgorod viele andere Städte und Landesteile betroffen wurden – gepeinigt durch die *Opritschniki*, die zarische Prätorianergarde, deren Schreckensregiment in den 1560er Jahren vor allem jene Gebiete traf, die der Zar den Moskauer Verwaltungsämtern entzogen hatte. Aufs Ganze gesehen war das ein Zerstörungswerk, das die überkommenen Maßstäbe moskowitischen Lebens aus den Angeln hob. Natürlich hat auch die kaum abreißende Kette von Kriegen, die Iwan gegen Livland, Polen-Litauen und Schweden führte, zur Auszehrung des Landes beigetragen. Tatareneinfälle, die 1571 sogar Moskau in Flammen setzten, kamen hinzu.

Siedlungsgeschichtlich betrachtet kann man im Blick auf diese Jahre vom Beginn einer Wüstungsperiode singulären Ausmaßes sprechen, vergleichbar allenfalls den Verheerungen, die der Dreißigjährige Krieg in Teilen der deutschen Länder angerichtet hat. Kernzonen des Großfürstentums wurden damals weitgehend entvölkert, einzelne Gegenden verloren mehr als die Hälfte der Bewohner. Die sozialen und wirtschaftlichen Folgen hat Carsten Goehrke in seiner Münsteraner Dissertation[29] eingehend untersucht und überzeugend dargestellt, dass sich das Land erst nach drei Generationen zu erholen begann. Das Elend Moskowiens und der Moskowiter überdauerte den Tod des Despoten.

Unter seinen Nachfolgern, darunter der Thronbesetzer Boris Godunow, nahm die politische Krise so katastrophale Dimensionen an, dass die russische Geschichtsschreibung und Publizistik noch heute von einer „Zeit der Wirren" (*Smutnoe wremja*) spricht. Diese Kennzeichnung, oft zu *Smuta* verkürzt, wird sonst nur noch auf zwei andere, zeitlich näherliegende Perioden der russischen

Reichsgeschichte bezogen: auf die Revolutions- und Bürgerkriegsjahre nach dem Ende der Monarchie und auf die Untergangsgeschichte der Union der Sozialistischen Sowjetrepubliken. Die Konvulsionen, die Iwan IV. ausgelöst und hinterlassen hatte, konnten erst gemildert werden, nachdem es 1610 einer Volkserhebung gelungen war, die Polen aus dem Moskauer Kreml zu vertreiben. Drei Jahre später kam es zur Wahl eines neuen Herrschers, des ersten Zaren Michail aus dem Hause Romanow.

Iwan Grosnyj hat tiefe Spuren in der Geschichte Russlands hinterlassen, Blutspuren auch in der eigenen Familie. So kam 1581, um nur ein Beispiel zu nennen, sein ältester Sohn Iwan Iwanowitsch wahrscheinlich bei einem Tobsuchtsanfall seines Vaters ums Leben. Denkt man an eine seltsame Parallele aus späterer Zeit, an Aleksej, den 1718 zu Tode gefolterten ältesten Sohn Peters des Großen, dann lässt sich ahnen, dass es nicht leicht war und auch nicht ungefährlich, ein Zarensohn zu sein. Die Methoden, mit denen Iwan IV. seine Allmacht praktizierte, kann man als Perversion dieser theologisch legitimierten Herrschaftsform bezeichnen. Auch die Autorität der Kirche wurde damals schwer getroffen.

Iwan war der erste russische Herrscher, von dem schriftliche Zeugnisse erhalten blieben, die seine Persönlichkeitsstruktur und seine inneren Widersprüche sichtbar werden lassen. Hier tritt er aus der Eindimensionalität zeitgenössischer Abbildungen und anderer Überlieferungen heraus. Berühmt sind seine Sendschreiben, vor allem sein Briefwechsel mit dem Fürsten Andrej Kurbski, einem Mitglied des Moskauer Hochadels, der 1564 nach Litauen geflüchtet war, das heißt auf die Seite der Todfeinde des Moskauer Staates. Diese einzigartigen Quellen zeigen, dass der Zar an der Dignität seines Amtes keine Zweifel hatte und die Argumente aufgesogen hatte, mit denen die göttliche Berufung des Moskauer Autokraten begründet worden war.

Den Fürsten Kurbski hat der Zar in seinen Briefen einen „teuflischen Eidesbrecher" genannt, ihm Verrat am rechtgläubigen, wahrhaft christlichen Herrscher vorgeworfen, Untaten, die dem „Verrat an dem heiligen lebensspendenden Kreuz unseres Herrn"[30] gleichzusetzen seien: Wer sich gegen den Zaren erhebe, erhebe sich gegen Gott. Selbst einen unschuldigen Tod, also eine unverdiente Strafe, hätte Kurbski auf sich nehmen müssen, denn ein solcher, vom Zaren verfügter Tod sei kein Tod, sondern für die Seele des Opfers ein Gewinn. Sogar vor seinem eigenen Blut zurückzuschrecken, sei dem Zaren nicht erlaubt, dies habe der große Konstantin bewiesen, als er um seines Zartums willen den von ihm selbst gezeugten Sohn getötet habe. Was immer der Zar tue, geschehe in der Gnade Gottes, mit dem Beistand der Allerheiligsten Gottesmutter, den Gebeten aller Heiligen und seiner eigenen Vorfahren seligen Angedenkens.

Hier wurde, wie man sieht, mit großer Emphase die Geschichte angerufen, um zu bezeugen, dass der Zar vom Allerhöchsten geleitet und vor allen anderen Monarchen ausgezeichnet sei, durch sein wahres Christentum, das die anderen nicht besitzen, weder die römisch-katholischen Herrscher noch die vom Luthertum verführten Fürstlichkeiten. Entsprechend verächtlich klang, was Iwan 1567 dem polnischen König Sigismund II. August schrieb: „Die unbegrenzte Selbstherrschaft ist nicht das, was dein armseliges Königreich darstellt. Unseren großen Herrschern gibt niemand irgendwelche Befehle, dir aber zwingen deine Pane [gemeint sind die Edelleute – D.G.] ihren Willen auf. Wenn du in deinen eigenen Angelegenheiten nicht frei entscheiden kannst, wie willst du dann dein Reich regieren?" Und an Kurbski gewandt und wieder den polnischen König im Sinn, der seit 1572 als Wahlkönig ein Geschöpf der Adelsnation gewesen ist: „Der russische Autokrat regiert von Anbeginn seinen Staat selbst, nicht die Bojaren, nicht die Großen. Du aber hast dir nach deinem teuflischen Willen einen Herrscher gesucht, der der Geringste unter den geringsten Knechten ist, weil er von allen Befehle empfängt, aber nicht selber regiert."[31] Ganz ähnlich hat sich Iwan in Briefen an Johann III. von Schweden aufgeführt. Hier ein letztes Beispiel aus der Fülle der Belege: „Ein wirkliches Königtum", so der Zar 1573, „besitze der König nicht, weil er seine Macht mit dem Erzbischof, den Mitgliedern des Reichsrates und dem ganzen Land zu teilen habe". Weil das so sei, könne er, Iwan, „den schwedischen König nicht Bruder nennen, ihn nicht als ebenbürtig achten. Allein der römische Kaiser stehe nach Rang und Würden dem russischen Herrscher gleich."[32]

Erstaunlich ist nicht so sehr der Hochmut, mit dem sich der Zar über alle anderen gekrönten Monarchen erhob (die Apostolische Majestät in Wien womöglich ausgenommen), sondern das Maß an theologischer und historischer Bildung, über das er verfügte. Die heiligen Schriften, die liturgischen Bücher, die römische und die byzantinische Geschichte, von der altrussischen zu schweigen, waren dem Herrscher wohlvertraut. Seine Schreiben sind mit Zitaten, Verweisen, Anspielungen gespickt, und die Berichte von Ausländern, die mit Iwan in Berührung kamen, bestätigen, dass ihm das Bildungswissen seiner Zeit voll zu Gebote stand.

Bei der Wahrnehmung seines Menschseins war Iwan freilich noch ganz in mittelalterlichen Traditionen gebunden. Viele seiner Äußerungen und Handlungen zeigen, dass er sich als Kreatur in selbstquälerischer Prüfung in tiefer Sünde leben sah. So nannte er sich in seinem Testament aus den 1570er Jahren „einen sündhaften und verworfenen Knecht Gottes, die Seele beschmutzt und krank, der Körper ausgeglüht durch meine widerlichen Taten, schlimmer als ein Leichnam stinkend und schmutzig. Denn alle in Gesetzlosigkeit Sündigen von Adam bis zum heutigen Tage habe ich übertroffen, deshalb bin ich allen verhasst. Kains Mord an seinem Bruder Abel habe ich überboten in Maßlosigkeit, in Wut und Zorn. In meinem Verstand bin ich verderbt, wie ein Tier in Geist und Voraussicht, das Haupt besudelt durch Wünschen und Denken unziemlicher Dinge."[33] Des Mordens, der unersättlichen Raubgier, der Ruhmsucht klagt sich Iwan an in diesem Testament. In anderen Äußerungen gesteht er widernatürliche Unzucht, Trunkenheit und Völlerei. Keine Schandtat, die er seiner sündigen Seele nicht zugerechnet hätte. Und so heißt es am Schluss des Testaments: „Abraham wird mich nicht hören, Isaak wird mich nicht verstehen und Israel wird mich nicht kennen. Du aber Herr bist unser Vater! Zu Dir flüchten wir und bitten um Gnade!"[34]

Es gibt keine vergleichbaren Quellen aus der Moskauer Welt des 16. Jahrhunderts, die die Pathologie eines innerlich zerrissenen Menschen im Umbruch der Zeit so eindrücklich vor Augen brächten wie die Selbstzeugnisse dieses Herrschers. Das Beispiel seines Lebens und seiner Regierung zeigt aber auch, dass die Moskauer Autokratie nicht allein von der Person des Autokraten her betrachtet werden sollte. Nicht weniger wichtig ist es, den jeweiligen Zusammenhang der geistigen, politischen und sozialen Bedingungen herauszubringen. Denn die Selbstherrschaft als Institution agierte ja nicht in einem Vakuum, sondern war in Traditionen, Regeln und manifeste Interessen eingebettet, die selbst ein so eigenmächtiger Tyrann, wie Iwan Grosnyj, in der Regierungspraxis nicht einfach negieren konnte.

In den ersten Jahren seiner Regierung war der Zar von dem bedeutenden Metropoliten Makarij beraten worden. Ziel war es, die Eigenständigkeit der russischen Kirche gegenüber dem ökumenischen Patriarchen von Konstantinopel zu bekräftigen. In einem gewaltigen enzyklopädischen Werk, das bis heute noch nicht vollständig veröffentlicht ist, den sogenannten *Monatslesungen*, wurde 1547 und 1549 durch zwei Kirchensynoden ein verbindlicher Kanon der Heiligen festgelegt, dazu eine Sammlung kalendarisch geordneter Texte aus dem Alten und Neuen Testament mit Kommentaren aus den griechischen Kirchenvätern, aus Heiligenviten und anderen Werken religiös-christlicher Tradition. Wenig später, 1551, auf einer weiteren Reformsynode unter aktiver Beteiligung des Zaren, wurde dieses Werk ergänzt durch den *Stoglas* – eine hundert Kapitel umfassende Sammlung von Vorschriften zur Liturgie und zu den Riten der ostslawischen Kirche. Hier fehlte bereits das Gebot, den ökumenischen Patriarchen und das einstige byzantinische Kaisertum in die kirchliche Fürbitte aufzunehmen. In Sammlungen des überlieferten historischen Stoffes, im sogenannten *Stufenbuch* und in der *Nikon-Chronik*, wurde die Moskauer Staatsgeschichte festgeschrieben, konzentriert auf die Herrscherbiographien der Rurikidendynastie von Wladimir dem Heiligen bis zu Iwan Grosnyj. Legitimation erfuhr die Autokratie durch die Kontinuität nie versiegender göttlicher Gnade, ausgezeichnet vor allen anderen Herrschern und Reichen der Welt.

1550 trat ein neues Gesetzbuch, der *Sudebnik Zarskij*, in Kraft, eine Kodifikation des geltenden Rechts, die den Zusammenhalt der Länder des Zartums und der neu gewonnenen Gebiete (Pskow, Smolensk, Rjasan u. a.) stärken sollte. Damit stand die Selbstherrschaft auf Fundamenten geistlicher, rechtlicher und politischer Art, die durch die Exzesse eines mächtigen, aber eben doch sterblichen Zaren nicht umzustürzen waren. Das galt auch für die Traditionen und Statusbegriffe, die für die Binnenverhältnisse im Moskauer Hochadel Geltung hatten. Der Zar konnte die Geschlechter der ehemaligen Teilfürsten und Bojaren dezimieren, ihre Angehörigen als vermeintliche Verräter aufs Schafott, aufs Rad oder an den Galgen bringen lassen, doch konnte er die Moskauer Aristokratie nicht vernichten, denn sie war das soziale Substrat, auf dem die Selbstherrschaft beruhte und auf das sie angewiesen blieb.

Bei der Ämterbesetzung war der Zar an eine ungemein komplizierte, in Generationen gewachsene Rangplatzordnung gebunden, an das *mestnitschestwo*, das er zwar unterlaufen, aber nicht ignorieren konnte. Diese Ordnung fußte auf dem genealogischen Prinzip, das die Würde des Alters besaß und Anrechte begründete, deren Quelle die Gnadenerweise der Vorfahren des regierenden Herrschers waren. Die Etablierung eines Nebenstaates in Gestalt der sogenannten *Opritschnina* (1565 bis 1572) kann zu den wiederkehrenden Versuchen Iwans gerechnet werden, aus dem Geflecht überkommener Zuständigkeiten, Gewohnheitsrechte und Traditionen auszubrechen und die Autokratie in vollem Sinne durchzusetzen.

Als Iwan 1584 starb, hinterließ er aus erster Ehe einen hinfälligen, geistig geschädigten Sohn, Fjodor Iwanowitsch, der nun auf den Thron geriet, obwohl der Zar seinen jüngsten Sohn Dmitrij, der aus der fünften Ehe stammte, zum Nachfolger erkoren hatte. Doch das Kind, damals zwei Jahre alt, wurde nach dem Tod des Vaters nach Uglitsch verbannt und kam 1591 dort ums Leben. Ob durch fremde Hand oder bei einem epileptischen Anfall, das wissen die Gelehrten nicht genau. In der Vorstellung des Volkes freilich lebte der kleine Zarewitsch weiter, auch im Kalkül moskowitischer Adelscliquen und in den Ambitionen polnischer Politik. Nach dem Ende der Rurikidendynastie, in der *Zeit der Wirren*, tauchte er tatsächlich wieder auf: nicht als Phantom, sondern in Gestalt zweier Pseudo-Demetriusse (falls man diesen Plural ausnahmsweise wagen darf), von denen einer dann sogar Friedrich Schiller faszinieren sollte. Beide falschen Zarensöhne gelangten 1605 und 1606 nacheinander auf den Thron, manipuliert durch Kräfte, die den Zerfall der inneren Ordnung für sich nutzen wollten.

So bestätigt denn auch die dynastische Misere, dass Iwan Grosnyj Kontinuität nicht schaffen konnte. Nach seinem Tod fiel die Autokratie in Verhältnisse zurück, wie sie für die Kindheit Iwans (zwischen 1533 und 1547) charakteristisch gewesen waren: zunächst unter der Regentschaft seiner Mutter, der aus polnisch-litauischem Magnatenadel stammenden Elena Glinskaja, danach unter der Kuratel eines Bojarenrates und kirchlicher Würdenträger und nun, 1584, abermals, als der geistesschwache Fjodor Iwanowitsch auf den Thron geschoben wurde. Auch jetzt war die Regierung Objekt rasch wechselnder Kämpfe zwischen verfeindeten aristokratischen Familien und der gekrönte Herrscher ein Spielball in ihren Händen.

Die Wechselfälle in diesen Kämpfen um die Macht, bei denen es um Tod und Leben ging, können hier nicht nachgezeichnet werden. Zar Fjodor starb 1598. Da er keine direkten Nachkommen hinterließ, war die Rurikiden-Dynastie, die sich bis dahin an der Macht gehalten hatte, nach siebenhundert Jahren endgültig erloschen. Das Problem der Sukzession wurde auf eine Weise gelöst, die das Legitimitätsdefizit der Thronprätendenten nur notdürftig verhüllen konnte. In dieser Krise kam ein Mann nach oben, der durch die Opernliteratur bis heute in Erinnerung geblieben ist: Boris Godunow, der Schwager des Zaren Fjodor, der schon zu dessen Lebzeiten als Regent amtiert und außer manchen anderen Würden den Titel *Großer Herrscher* an sich gezogen hatte. Doch als Nachfolger fehlte ihm die dynastische Legitimation, da das Prinzip der Primogenitur auf ihn nicht anzuwenden war. So wurde Godunow von einer Landesversammlung gewählt, einem *Sobor*, der unter Leitung des Moskauer Patriarchen stand, des obersten Repräsentanten der geistlichen Macht, der an der Spitze der Diözesanbischöfe und der Äbte hochrangiger Klöster erschien. Neben der hohen Geistlichkeit wurden in diesem *Sobor* Vertreter der Bojarengeschlechter versammelt, dazu die Mitglieder des Bojarenrats (*Bojarskaja duma*), eines alten Konsultativorgans der zarischen Macht, sowie Angehörige des Dienstadels und vermutlich auch der Kaufmannschaft, jedenfalls aus deren oberen Rängen.

Die Einberufung von Landesversammlungen, denen Historiker hernach den Namen *Semskij sobor* gegeben haben, war im Moskauer Staat eine vergleichsweise junge Erfindung. Sie ging auf Iwan IV. zurück, der sich solcher Veranstaltungen bediente, wenn es darauf ankam, neue Steuerauflagen und andere wichtige Gesetze vorzubereiten und diese Gesetze sodann in zeremoniösen Formen akklamieren zu lassen. Noch weniger als der oben genannte Bojarenrat waren die Kompetenzen der Landesversammlungen durch rechtliche Normen abgesichert. Ihre Zusammensetzung war in keiner Weise reguliert, ihre Einberufung abhängig vom Willen des Herrschers. Auch den Status eines Deputierten, der über ein förmliches Mandat seiner Rangklasse verfügt hätte, gab es in Moskau nicht. Tatsächlich hatten diese Zusammenkünfte nicht die Qualität eines Verfassungsorgans, das es erlauben würde, sie etwa mit Landtagen oder Parlamenten alteuropäischer Prägung zu vergleichen.

Dass die sogenannten Landesversammlungen nach dem Ende der Rurikiden dazu dienten, neuen Herrschern Legitimation zu geben, darf nicht zu der Annahme verleiten, dass sich der Moskauer Staat nach 1598 in eine Wahlmonarchie polnischen Musters verwandelt habe. Die Autokratie blieb unbeschränkt und wurde durch Kapitulationen oder Konditionen nicht beschnitten. Der Zar leistete keinen Eid auf irgendeine Verfassung. So haben die *Sobory* mit dem symbolischen Akt der Zarenwahl der Selbstherrschaft über dynastische Krisen hinweggeholfen und die Kontinuität der Autokratie gesichert. Die spirituelle, von Autokratie und orthodoxer Kirche getragene Säule politischer Legitimation wurde nicht in Frage gestellt. Sinnfälliger Ausdruck für diese Verbindung zwischen Autokratie und Kirche, Autokratie und Rechtgläubigkeit, und zugleich Ausdruck für die unverkürzte Würde der Kirche im Moskauer Staat war nach dem Ende der *Smuta* die Inthronisierung des ersten Romanow-Zaren, des sechzehnjährigen Michail Fjodorowitsch, der 1613 auf den Thron geriet und bis 1645 regierte. Sein Vater, Filaret Romanow, wurde wenig später Patriarch von Moskau und der ganzen Rus. Noch einmal zeigte sich, dass der Autokrat ohne den Beistand der Kirche nicht zu denken war und die Kirche nicht ohne den großen Herrscher, den Schutzherrn des Glaubens und der Privilegien der Hierarchie.

2.3 Von der Autokratie zum neuzeitlichen Absolutismus

Zwischen dem Tod Iwans IV. und den Anfängen der petrinischen Zeit liegt fast ein ganzes Jahrhundert. Niemand, der vom Eintritt Russlands in die Neuzeit etwas begreifen will, kann diese Periode übergehen. Die folgende Erörterung konzentriert sich nur auf einige Schlüsselfragen. Deren wichtigste gilt der Transformation der Moskauer Autokratie in eine absolutistisch regierte, nach westlichen Mustern geschnittene Staatsanstalt. Kein Zweifel, dass das 17. Jahrhundert diesen Wandel vorbereitet hat.

Bei aller Veränderung darf nicht übersehen werden, dass die neuere Geschichte des Zarenreiches missdeutet wäre, wollte man im 17. Jahrhundert lediglich die Inkubationsphase des Reformwerks Peters sehen, als ob diese Zeit auf niemand anderen gewartet hätte als auf Peter den Ersten, den Großen. Nicht weniger Aufmerksamkeit als die Genesis und die Entfaltung neuer, moderner Elemente verdient die fortschreitende Erosion der altmoskowitischen Ordnung, verdient auch die Frage nach der Kontinuität, die zwischen der Moskauer Autokratie und dem russischen Absolutismus besteht. Denn der petrinische Militär- und Steuerstaat stieg weder wie ein Phönix aus der Asche, noch wurde er, wie Leibniz meinte, auf einer *tabula rasa* großgezogen. Dieser Staat ging vielmehr aus einem Prozess allmählichen Wandels hervor, der seit langem schon im Gang gewesen war. Dabei ist unbestritten, dass das Russland Peters des Großen in vieler Hinsicht den überkommenen Verhältnissen stärker verhaftet blieb, als es dem Geist entsprochen hätte, den der Reformzar repräsentierte. Diese Beharrungskraft wird sichtbar, wenn man die sozialen Fundamente in Augenschein nimmt, auf denen die neue Staatsmaschine beruhte.

Dass die Geschichte ein Prozess der unterschiedlichen Geschwindigkeiten ist, wird am russischen Beispiel besonders augenfällig. Iwan Pososchkow, 1652 in der Nähe Moskaus als Sohn eines leibeigenen Bauern geboren, als Kaufmann in vielen Geschäften tätig, 1726, ein Jahr nach Peters Tod, im Gefängnis gestorben, hat in einer seiner zahlreichen Schriften diesen Sachverhalt eindrucksvoll formuliert: „Er (der ‚große Monarch') zieht vielleicht selbzehn den Berg hinan, aber den Berg hinunter ziehen Millionen; wie soll da seine Sache gedeihen?"[35]

Zu der Frage, in welcher Weise das 17. Jahrhundert vorbereitet hat, was Peter der Große mit seinen Reformen weitertrieb, seien fünf Handlungsebenen knapp zur Sprache gebracht: (1.) die Bedeutung der Außenpolitik und der Kriegführung für die Intensivierung und Expansion der Staatstätigkeit im Inneren, (2.) das zunehmende Gewicht der staatlichen Ämterverwaltung gegenüber den traditionalen Formen konsultativer Entscheidungsfindung, (3.) die Ansätze zur Aufhebung der genealogisch begründeten Rangstellenordnung (*mestnitschestwo*), die an die Begriffe der Familienehre gebunden war, nicht aber an Kriterien der Eignung, Kompetenz und Leistung, (4.) die Tendenz zur Rechtsvereinheitlichung mit dem Ziel, die bäuerliche Leibeigenschaft und die Lage der städtischen Bevölkerung durch staatliche Gesetze fortzuschreiben. Die vier bisher genannten Punkte zeigen, dass der Weg von der Moskauer Autokratie zum petrinischen Absolutismus seit der Mitte des 17. Jahrhunderts durch die schrittweise Entwertung und den schrittweisen Abbau traditioneller Einrichtungen, Sozialhierarchien und Privilegien gebahnt worden ist, durch den Versuch, den Zarenstaat bis in die Bärenwinkel der russischen Provinz auf feste Grundlagen zu stellen. Diese Intention wird jedoch erst dann plausibel, wenn man ein fünftes Handlungsfeld in die Betrachtung einbezieht: (5.) die sozialen Widerstände gegen wachsende staatliche Pressionen, die sich in Protest- und Aufstandsbewegungen entluden, von denen weite Teile des russischen Landes überzogen wurden.

Die wachsende Kommunikation Moskowiens mit der westlichen Welt war eine Konsequenz, die sich also *erstens* aus der Expansion des Staatsterritoriums und dem Dauerkonflikt mit Polen-Litauen und Schweden ergab. In den Kriegen mit Polen-Litauen ging es um den Anspruch auf die weißrussisch-orthodoxen Territorien der Adelsrepublik, um jene Gebiete der alten Rus, die nach Moskauer Auffassung, zum Vätererbe, zur *wotschina* der Autokratie gehörten. Auch galt es, diese Gebiete unter die Jurisdiktion der Moskauer Kirche zurückzubringen und die rechtgläubige Herde den lateinisch-katholischen Häretikern zu entreißen. In der Konfrontation mit Schweden ging es um den Rückgewinn von Ingermanland und um den Zugang zur baltischen Küste. Mit dem Anschluss der Dnjepr-Ukraine, des Kosakenhetmanats unter Bogdan Chmelnizkij, tat sich 1654 für Moskau ein drittes

Problemfeld von langer Dauer auf: die Frontstellung gegenüber dem türkischen Sultan und dessen Vasallen, dem Tatarenkhan auf der Krim.

Diese Ausweitung der Konfliktzonen gab Anlass, die anhaltenden kriegerischen Auseinandersetzungen mit Polen allmählich still zu stellen. Das gelang mit befristeter Geltung 1667 im Frieden von Andrussowo. Zwanzig Jahre später, nachdem ein *ewiger Frieden* zustande gekommen war, versuchte sich Moskau durch einen ersten (missglückten) Feldzug gegen die Türken als Juniorpartner der *Heiligen Liga* zu bewähren, jenes Bündnisses katholischer Mächte, das den *Erbfeind der Christenheit* in die Schranken weisen sollte. Der durch die Kriegsführung aktualisierte militärische Modernisierungsbedarf hat Fremde nichtorthodoxer Konfession ins Land gebracht, evangelische Christen aller Sorten, aber auch Katholiken, die als Festungsingenieure, Kanoniere, Fachleute und Handwerker in Moskau in der Deutschen Vorstadt (*Nemezkaja sloboda*) angesiedelt wurden. Dieser Modernisierungsbedarf wirkte auf viele Bereiche staatlicher Tätigkeit zurück, auf das Interesse der Regierung vor allem, die Einnahmen des Fiskus zu steigern. Voraussetzung dafür war der Ausbau des Verwaltungssystems zur effektiven Ausschöpfung der Steuerkraft der Untertanen. Staatsausbau für militärische Zwecke, das war die treibende Kraft für die Veränderungen, die sich in der russischen Behörden- und Finanzgeschichte des 17. Jahrhunderts ablesen lassen. Peter I. hat diese Tendenzen fortgesetzt und sie mit neuen Methoden und großer Rücksichtslosigkeit gesteigert. Die Subordination staatlichen Handelns unter den Primat der Kriegführung zeigte sich in der Militarisierung der Verwaltung, in der Rationalisierung des Steuerwesens, in der Verschärfung des Zwangsdienstes für alle Ränge und Schichten der Bevölkerung.

Neben der Expansion kommt ein *zweiter* großer Komplex der Veränderung in den Blick: der Ausbau der staatlichen Institutionen. Im zarischen Dienst, zumal in den Zentralämtern, den sogenannten *Prikasen*, gewann die Fachkompetenz der Kanzleiränge, der Djaken und Unterdjaken, zunehmend an Gewicht. Die wachsende Komplexität der Verwaltungsgeschäfte minderte die Einwirkungsmöglichkeiten der alten Bojarenaristokratie auf den Gang der Geschäfte. Unverkennbar war in der zweiten Jahrhunderthälfte, unter Zar Aleksej Michailowitsch (1645–1682) und seinem Sohn und Nachfolger Fjodor Aleksejewitsch (1682–1685), dem Halbbruder Peters des Großen, der fortgehende Bedeutungsschwund der Bojarenduma. Die Zunahme ihrer Mitgliederzahl darf nicht darüber hinwegtäuschen, dass dieses alte Beratungsorgan der Zarenmacht aus dem politischen Entscheidungsprozess mehr und mehr ausgeschlossen wurde.

Die Entscheidungen wurden von wenigen Günstlingen im Kabinett des Herrschers vorbereitet. Die vom Zaren bestätigten Vorlagen, die *Ukasy*, liefen in der Regel an der Bojarenduma vorbei. In entscheidenden Fragen kommunizierte der Zar unmittelbar mit den zentralen Kanzleien und immer weniger mit den

Trägern höfischer Ämter, Würden und Ränge. Von der Bürokratisierung und institutionellen Verfestigung der Regierungstätigkeit waren auch die erwähnten Landesversammlungen betroffen, sodass sie schließlich überflüssig wurden.

Der *dritte* Komplex betrifft die allmähliche Rationalisierung der Dienstverhältnisse und der Rangordnung des Moskauer Adels. Die genannte Tendenz zeigte sich vor allem in der Aushöhlung und Abschaffung der schon mehrfach genannten Rangstellenordnung, des *mestnitschestwo*. Immer wieder hatte dieses hierarchische Bezugssystem zwischen den betroffenen Familienclans schwere Konflikte hervorgerufen, besonders dann, wenn es um die Besetzung militärischer Kommandoposten und die Leitung Moskauer Zentralämter ging. Denn für hohe Würdenträger, aber auch für niedrigere Adelsränge, galt es als unehrenhaft und unerträglich, unter einem Mann zu dienen, dessen Vater (oft auch Großvater) einen niedrigeren Rang im Zarendienst bekleidet hatte als der eigene Vater oder Großvater. Die Würde und die Ranganprüche der Einzelnen wurden also stets daran gemessen, welche Stellungen im Zarendienst von Angehörigen der Familie bisher eingenommen worden waren, oder anders formuliert in welcher Nähe oder Ferne männliche Blutsverwandte zur Person des Zaren gestanden hatten.

Um lange Beschwerdeverfahren zu vermeiden, war die Regierung, zumal in Kriegszeiten, von jeher schon gezwungen gewesen, dieses System zu unterlaufen: durch Ernennungen ohne Ranganpruch und durch andere Sonderbestimmungen. 1682 wurde dem *mestnitschestwo* ein jähes Ende gesetzt. Die Geschlechterbücher und die Dienstlisten wurden auf Befehl des Zaren vernichtet und Gerichtsprozesse um genealogische Ranganprüche bei Strafe untersagt. Auch das war ein Schritt zur Umgestaltung des Militär- und Behördendienstes nach den moderneren Kriterien der Kompetenz und der Verwendungsfähigkeit, die den traditionellen Ehrbegriffen der Moskauer Adelswelt an die Wurzeln gingen. Peter hat mit der Rangtabelle von 1722 diese Entwicklung konsequent weitergetrieben. Die alten, aus dem Hofdienst abgeleiteten Titel wurden durch eine neue Nomenklatur ersetzt, in der fremdländische, vor allem deutsche Rangbezeichnungen weit überwogen.

Der *vierte* Komplex zur Rechtsvereinheitlichung und Verstaatlichung der Sozialordnung und das markanteste Ergebnis mit Langzeitwirkung, das aus der Tätigkeit einer der letzten Moskauer Landesversammlungen hervorging, war das Gesetzbuch von 1649, das *Sobornoe Uloschenie*, von dem 1724 in Danzig sogar eine deutsche Übersetzung erschien. Vom Zaren Aleksej Michailowitsch approbiert, bezeugte dieses Paragraphenwerk den ungeschmälerten Willen zur Festigung der autokratischen Macht, zur Staatsintervention und durchgreifenden Regulierung der bäuerlichen und städtischen Verhältnisse. Das Gesetzbuch sollte laut Präambel die überkommenen Rechtsvorschriften kodifizieren, unter Beachtung der Regeln der heiligen Apostel und Kirchenväter, der Gesetze der griechischen Kaiser und vor allem der Vorgänger des regierenden Herrschers. Es sollte aber auch, und das war wichtig, neue Rechtsgrundlagen schaffen, um zu gewährleisten, was zu den leitenden Prinzipien der Kodifizierungsarbeit gehörte: sicher zu stellen, dass allen Ständen des Moskauer Reiches vom Höchsten bis zum Niedrigsten gleiches Recht und Gerechtigkeit in allen Dingen widerfahren möge.[36]

Wichtig war sodann, dass das Gesetzbuch von 1649 den Zugriff der zarischen Obrigkeit auch auf die städtische Bevölkerung verstärkte. In den Posad-Gemeinden sollten die fiskalischen Leistungen der Untertanen vereinheitlicht werden. Immunitätsrechte, die Bischöfe und Klöster, aber auch weltliche Würdenträger in den Städten genossen hatten, sollten aufgehoben, die sogenannten Freisiedlungen (*slobody*) eingezogen und der fiskalisch-polizeilichen Gewalt der Wojewoden unterworfen werden. Im Ganzen lief das auf die durchgängige Verstaatlichung des Städtewesens und der städtischen Bevölkerung, der *posadskie ljudi*, hinaus. Auch in dieser Hinsicht ist den petrinischen Reformen vorgearbeitet worden.

Scharfe Strafbestimmungen, von denen die adlige Dienstklasse und das Militär nicht ausgeschlossen waren, sollten die Rechtsvorschriften durchsetzungsfähig machen. Mit Tod durch Hängen oder Rädern, durch das Schwert oder auf dem Scheiterhaufen sollten Staatsverbrechen, Kapitalverbrechen und Verbrechen gegen die orthodoxe Religion geahndet werden. Gattenmörderinnen sollten lebendig eingegraben sterben, Münzfälschern war heißes Blei in die Kehle zu gießen. Da eine Verurteilung ohne Geständnis des Beschuldigten nicht möglich war, wurde im Untersuchungsverfahren umstandslos die Folter eingesetzt, bei schwerem Diebstahl, Raub und Landesverrat war dies die Regel. Überführten Dieben wurden Ohren und Nasen abgeschnitten oder die Nasenflügel aufgerissen, Pferdedieben sollte die Hand abgeschlagen werden. Die Knute auf dem Bock galt als normale Körperstrafe für Vergehen aller Art; „ohne jede Barmherzigkeit"[37], hieß es, sei sie anzuwenden, etwa dann, wenn Kaufleute ohne Pass ins Ausland gingen. Geldstrafen, nach Rang und Vermögen gestuft, waren bei Ehrverletzungen vorgesehen, dabei konnte es zum Entzug von Landgütern und zu anderen Enteignungen kommen. Mit Verbannung an entlegene Orte wurde bestraft, wer sich auf verbotene Pfandgeschäfte eingelassen hatte. Als Verbannungsgebiet war der Lena-Strom genannt. Die Geschichte Sibiriens als Strafkolonie begann, als die Eroberung des gewaltigen Raumes noch im Gange war.

Die kräftigen Tendenzen zur Stärkung der Staatsgewalt und zur Vereinheitlichung des Rechts führten zu sozialen Unruhen und Aufstandsbewegungen. Das 17. Jahrhundert hatte, wie gesagt, mit der *Smuta*, begonnen. Diese Zeit der Wirren war durch die Autoritätskrise der Selbstherrschaft nach dem Ende der Rurikidendynastie hervorgerufen worden, vertieft durch die Macht- und Positionskämpfe hochadliger Familien und durch die militärische Intervention Schwedens und der polnisch-litauischen Adelsrepublik. Nach dem Tod des nur notdürftig legitimierten Zaren Boris Godunow (1605) und nach der nicht weniger zweifelhaften Thronerhebung des Bojaren Wassili Schuiskij im Jahr darauf waren, als Schachfiguren polnischer Magnaten, zwei berühmt-berüchtigte Prätendenten dunkler Herkunft aufgetaucht: Selbstberufene (*Samoswanzy*), wie man im Russischen sagt. Beide Männer behaupteten, jener Dimitri Iwanowitsch, Sohn Iwans IV., zu sein, der, von Boris Godunow nach Uglitsch verbannt, 1591 ums Leben gekommen war. Beide verlangten, als rechtmäßige Erben der Zarenkrone anerkannt zu werden.

Der erste Pseudo-Demetrius, offenbar ein entlaufener Mönch, konnte 1605 mit seinem Anhang und einem Schweif polnischer Adliger in den Kreml eindringen und sich dort einige Monate lang gegen den Zaren Schuiskij halten. Der zweite gleichnamige Prätendent, auch er von Polen und Kosaken unterstützt, schlug im folgenden Jahr sein Lager in Tuschino bei Moskau auf. Ein Teil des Moskauer Adels, darunter der Metropolit Filaret, der spätere Patriarch und Vater des ersten Romanow-Zaren, schloss sich diesem Abenteurer an und bildete eine Gegenregierung. 1610 ließen die Polen diesen falschen Demetrius fallen und verhandelten im Kreml mit Moskauer Bojaren über eine polnische Kronkandidatur. Als neuer Kandidat aufgeboten wurde der polnische Thronfolger Wladyslaw, der Sohn König Sigismunds III. – eine verwickelte Geschichte, die hier nur angedeutet, aber nicht erzählt werden kann.

Was den Vorgang bedeutsam macht, ist leicht zu begreifen: Zum ersten Mal schickte ein Teil der Moskauer Bojarenelite sich an, einem Thronanwärter Bedingungen zu stellen, wie das in Polen üblich war, samt der Verpflichtung des vom Adel gewählten Monarchen, den Eid auf die Verfassung zu leisten. Dieses Gegenmodell zur Autokratie wurde tatsächlich ausprobiert, doch die Herren, die das wagten, scheiterten daran. Die Folge war, dass polnische Truppen bis 1611 im Moskauer Kreml sitzen blieben. Vertrieben wurden sie – folgt man der heroisch aufgeputzten Vaterländischen Geschichte – durch ein Heeresaufgebot, das, gedeckt von der Autorität der Kirche, unter Führung zweier Heldenfiguren stand: des Fürsten Dmitrij Poscharskij und des aus Nishnij Nowgorod stammenden Stadtältesten Kusma Minin. Ein Denkmal der Beiden steht heute noch in Moskau auf dem Roten Platz. Mit dem Sieg über die polnischen Interventen war der Weg frei, die Autokratie in neuer Weise zu restituieren.

Die Zeit der Wirren ist als nationale Katastrophe in Erinnerung geblieben, und es waren die Erfahrungen dieser schlimmen Jahre, aus denen die ersten Romanow-Zaren Folgerungen zu ziehen hatten. Alles sprach für den Aufbau stabiler Institutionen mit dem Ziel, die Selbstherrschaft zu stärken, und das Gesetzbuch von 1649 war ein wichtiger Schritt auf diesem Weg. Was den Bemühungen um Konsolidierung entgegenstand, war die soziale Not breiter Bevölkerungsschichten und die wachsende Protestbereitschaft, die sich daraus ergab. Tatsächlich hatte die *Smuta* zu einer Welle sozialer Mobilisierung geführt. Kleine Dienstleute, Städter, Bauern, Kosaken, Soldatenvolk aller Art rebellierten gegen die Verschärfung der Abgaben und der Zwangsdienste, gegen die Willkür der Behörden und gegen Steuer- und Abgabenlasten.

Ein erstes unüberhörbares Signal für die ausgreifende Unruhe war der sogenannte Bolotnikow-Aufstand von 1606/07 gewesen. An seiner Spitze hatte ein Kosake dieses Namens gestanden, der von sich behauptete, der Zarewitsch Pjotr zu sein. Auch hier bedurfte es, um Massenanhang zu gewinnen, einer charismatischen Person, die fähig war, als weiser, guter und gerechter Zar glaubwürdig zu werden. Der Aufstand ging von den südwestlichen Grenzgebieten aus, erfasste den Wolgaraum und drang mit bewaffneten Kräften schließlich gegen Moskau vor. Nur unter großen Mühen wurde die weitere Ausbreitung der Rebellen abgewendet. Bis sie vernichtet waren, sollten noch Jahre vergehen.

Dass die Unruhe nicht beseitigt, sondern nur gedämpft werden konnte, zeigte die fortdauernde Migration bäuerlicher Bevölkerung, die sich dem staatlichen Zugriff durch Flucht ins wilde Feld (*dikoe pole*) entzog, in die südlichen Steppengebiete und über die Wolga hin bis zum Ural. Das Gesetzbuch von 1649 hat dieser Fluchtbewegung kein Ende gesetzt, sodass das Potential für Massenerhebungen erhalten blieb. Nichts macht dies deutlicher als der große Aufstand von 1670/71, der mit dem Namen des Kosaken Stenka Rasin verbunden geblieben ist. Auch dieser Aufstand war von der unteren und mittleren Wolga ausgegangen, hatte das Dongebiet und weite Teile der Ukraine mobilisiert und schließlich beträchtliche Teile der Bauernschaft mitgerissen. Wie einst Bolotnikow sprach auch Stenka Rasin im Namen des guten Zaren und forderte Gerechtigkeit und gleiche Güterverteilung. Diesmal schlossen sich neben Tataren und Baschkiren auch altgläubige Gemeinden an, Anhänger des *Raskol*, die im Widerstand gegen die Reformen des Patriarchen Nikon mit der offiziellen Staatskirche gebrochen hatten. Ihre Führer hatten den Zaren wissen lassen, dass er, Alexej Michailowitsch, dem Satan und dem Höllenfeuer verfallen sei und dass sie sich aus Gewissensgründen seinen Anordnungen nicht fügen würden.

Zusammengenommen lässt sich also sagen, dass die Grundmuster der raumgreifenden Rebellionen, die Russland in petrinischer und nachpetrinischer Zeit erfassten, schon im 17. Jahrhundert voll entwickelt waren. Wie der gewaltige Pugatschow-Aufstand (1773–1775) unter der Regierung Katharinas II. belegt, blieb der Widerstand von unten ein Phänomen von langer Dauer. Daraus folgt, dass der Trend zum Staatsausbau, zur Rationalisierung, Bürokratisierung und zur Vereinheitlichung der Rechtsverhältnisse für die Zukunft Russlands eine eigentümliche Räson besaß. Als der junge Peter 1689 den Thron bestieg – gemeinsam mit seinem geistesschwachen Halbbruder Iwan Alexejewitsch, dem bei der ersten

Audienz die Zarenmütze über die Augen rutschte – da war der Abschied von der Moskauer Tradition noch nicht vollzogen, aber doch in vieler Hinsicht vorbereitet.

2.4 Grundlagen der Herrschaft Peters des Großen

Im Rückblick auf das 17. Jahrhundert war zu sehen, dass die Neuerungen, die Peter der Große schließlich brachte, nicht über Nacht gekommen sind, sondern dass sie bereits angelegt und vorbereitet waren durch die Veränderungen der Moskauer Herrschaftsordnung und Sozialverfassung in den Jahrzehnten davor. Dieser Wandel, so gemächlich er auch vor sich ging, war im Westen bereits wahrgenommen worden, noch ehe Peter mit eingreifenden Reformen von sich reden machte. Zwei Jahre bevor der junge Zar zu regieren begann, war in einer 1687 in Nürnberg anonymen „Kurtze(n) und neueste(n)...Moßkowitische(n) Zeit- Landes- Staats- und Kirchen-Beschreibung" folgendes Raisonnement zu lesen: „Wann man die jenige Völker, bey welchen alle Wissenschafft und gute freye Künste verbannet, und die Tugenden der Höflich-, Sittsam- und Erbarkeit, unbekandt oder wenigstens nichts geachtet sind, heutigen Tags noch, wie vor diesen die Griechen gethan, Barbaren nennen darff, so wird man gar nicht fehlen, wann man auch die Moßkowiter mit diesem Namen belegt. Obwoln nicht zu leugnen, daß sie (seit sie) mit uns Occidentalern in nähere Bekandtschafft getretten, um ein mercklichs, ja um die Helffte civilisirter geworden."[38]

Wie man sieht, vertraute der Autor darauf, dass aus Barbaren zivilisierte Völker werden können, je mehr sie mit dem Westen in Verbindung kämen. Dabei spielte der Hinweis, dass die Moskowiter inzwischen schon auf gutem Wege seien, ohne Zweifel an der Entwicklung, die den Zaren zum Juniorpartner der Heiligen Liga gegen den Sultan hatte werden lassen. Russland, so der Eindruck zeitgenössischer Beobachter, war in Veränderung begriffen, bevor *das veränderte Russland* – so der Titel des dreiteiligen Russlandbuchs von Friedrich Christian Weber[39], dem Hannoverschen Gesandten in St. Petersburg – das Staunen des Publikums erregte.

Da die petrinischen Reformen in der Kontinuität der Moskauer Reichsgeschichte stehen, brachten sie keinen jähen Bruch, sondern knüpften an ältere Tendenzen an. Was sich änderte, war vor allem die Geschwindigkeit der in Gang gesetzten Veränderung, war das Tempo des Wandels, das von dem ungeduldigen und gewalttätigen Zaren vorgegeben wurde – u. a. auch durch seine Entschlossenheit, Russland mit äußerster Beschleunigung auf das Niveau der europäischen Zeit zu bringen. Hier ist zunächst an die Kalenderreform von 1700 zu denken, an den Befehl des Zaren, die in der griechisch-orthodoxen Welt geltende, aus der

Schöpfungsgeschichte abgeleitete Jahreszählung durch den Julianischen Kalender zu ersetzen, der auf die Geburt Christi, des Gottessohns, verwies.

Auf diese Weise wurden die Moskowiter durch einen Federstrich aus dem Jahr 7208 herausgeholt und in das Jahr 1700 versetzt, aus der Vergangenheit des christlichen Ostens in die Gegenwart des christlichen Abendlandes. Auch der Jahresbeginn, den bisher der 1. September markierte, wurde westlichen Usancen folgend auf den 1. Januar verlegt. Am Gregorianischen Kalender gemessen, den die katholischen Mächte, inzwischen auch einige protestantische, angenommen hatten, blieb Russland nur noch um wenige Tage zurück: zehn Tage im 18., elf im 19., dreizehn im 20. Jahrhundert. Kein orthodoxer Herrscher (und Peter ließ keine Zweifel zu, dass er ein solcher sei!) konnte sich gestatten, die Verfügung über die Zeit einem römischen Papst zu überlassen. Dieser Vorbehalt erklärt, weshalb die volle Angleichung an den Westen erst unter bolschewistischer Herrschaft geschah, im Februar 1918, als es Lenin darum ging, die europäische Revolution zur Rettung seiner eigenen Revolution herbeizurufen.

Die Rechtfertigung der absoluten Herrschergewalt wurde seit Peter nicht mehr allein aus der Moskauer Tradition abgeleitet, aus der Verbindung von Autokratie und orthodoxer Kirche, aus der vom Glauben gestifteten Heiligkeit, ja Gottähnlichkeit der weltlichen Macht. Vielmehr wurde sie nun vor allem mit Argumenten begründet, die westlichen Souveränitätslehren und Staatstheorien entnommen waren und in den Schriften Jean Bodins, eines Zeitgenossen Iwans des Schrecklichen, ihren ersten klassischen Ausdruck gefunden hatten. Auch bei den Theoretikern, die in Bodins Nachfolge stehen, wie Hugo Grotius, Samuel von Pufendorff, Gottfried Wilhelm Leibniz oder Christian Wolff (der bei der Rekrutierung gelehrter Köpfe für die 1724 gegründete Akademie der Wissenschaften in Petersburg behilflich war) kommt die souveräne Herrschergewalt von Gott, steht der Fürst über dem Gesetz, ist er die einzige Quelle der Gesetze. Der Herrscher ist *imago dei*, irdisches Ebenbild der göttlichen Macht. Er lebt von der Kraft, die aus der Gnade Gottes fließt. Insoweit gab es keinen Gegensatz zum sakralen Charakter der Moskauer Selbstherrschaft.

Der entscheidende Unterschied besteht darin, dass in den westlichen Souveränitätslehren neben das göttliche Recht der Begriff des Naturrechts tritt, das *Jus naturale*, das natürliche Recht. Auch das ist ein Gnadengeschenk aus Gottes Hand, doch eines, das den Herrscher selbst verpflichtet. Aus der älteren Naturrechtstheorie war zu Beginn des 18. Jahrhunderts, also in petrinischer Zeit, unter Mitwirkung des Leibnizschülers Christian Wolff die Lehre vom Staatszweck entwickelt worden. Ihr Kerngedanke besagte, dass es die Vernunft sei, die dem Herrscher gebiete, das *Bonum commune*, das gemeine Beste, zu besorgen: die allgemeine Wohlfahrt, die Ruhe, die Sicherheit und Glückseligkeit der Untertanen. Das waren die neuen Metaphern, mit denen die Pflichten des Monarchen beschrieben wurden, doch die Verantwortung vor Gott sollte er alleine tragen.

Folgt man der Wolffschen *Politica*, dann ergibt sich, dass der Begriff des gemeinen Besten nicht auf das Individuum, den einzelnen Menschen zielt, sondern auf die bürgerliche Gesellschaft (*societas civilis*), für die im Russischen ein adäquates Wort erst noch gefunden werden musste. Zweitens ergibt sich, dass das von Gott gestiftete Naturrecht der souveränen Gewalt des Herrschers Grenzen auferlegt: „Da im gemeinen Wesen nichts darf befohlen werden, als das, was die gemeine Wohlfahrt befördert, so bleibet doch auch die höchste Gewalt des Souveräns von der Natur – folglich von Gott – eingeschränket."[40]

Es kann deshalb nicht verwundern, dass Peter und sein wichtigster Theorieproduzent, der hochgebildete Erzbischof Feofan Prokopowitsch, so weit wie Christian Wolff nicht gehen wollten. Wäre der Zar den Maßstäben der westlichen Naturrechts- und Staatsrechtslehren rückhaltlos gefolgt, hätte er die eigenen Machtgrundlagen in Frage stellen müssen. Was im petrinischen Russland fehlte, war der Begriff der bürgerlichen Gesellschaft, schon deshalb konnte von gesellschaftlichen Pflichten des Herrschers nicht die Rede sein. Erst in der zweiten Hälfte des 18. Jahrhunderts kam der Ausdruck bürgerliche Gesellschaft (*graschdanskoe obschtschestwo*) mit programmatischen Konnotationen auf, nirgends wirkungsvoller als in den Schriften Katharinas II., der gekrönten Tochter des aufgeklärten Saeculums. Aber auch dann noch galt, dass keine irdische Instanz dazu ermächtigt sei, die Pflicht und Schuldigkeit des Herrschers einzuklagen.

In petrinischer Zeit blieben alle offiziellen Äußerungen zur monarchischen Souveränität auf eine einzige Quelle festgelegt: auf den freien Willen des Monarchen, für den allein der Finger Gottes richtungsweisend sei. Im Wesentlichen entsprach dies dem Reflexionsstand, der Ende des 17. Jahrhunderts von der Staatstheorie in Deutschland erreicht worden war, etwa bei Samuel von Pufendorff. Auch für ihn war das Naturrecht vom göttlichen Recht nicht ablösbar und von der Kirche begrifflich kaum zu trennen. Was Peter dazu zu sagen hatte, ist in dem berühmten Traktat zu finden, den Feofan Prokopowitsch 1718 über das Recht des Monarchen schrieb, seinen Nachfolger selbst zu bestimmen. Den Anstoß zu dieser Schrift hatte das schreckliche Ende des Zarewitsch Aleksej Petrowitsch gegeben, den Peter unter der Anklage des Verrats zu Tode hatte foltern lassen.

Dass es nicht leicht war, diese Lehren auf die russische Monarchie anzuwenden, lässt der ausschweifende Text mühelos erkennen. In einer Erbmonarchie, wie der russischen, heißt es, habe das Volk gegenüber dem ersten Monarchen, gemeint ist Wladimir der Heilige, jener Kiewer Großfürst, der die Rus Ende des 10. Jahrhunderts zur Taufe führte, wenn nicht in Worten so in der Tat erklärt: „Es ist unser einstimmiger Wille, daß Du zu unserem gemeinen besten ewig über uns herrschest. Wir legen ein für alle mal unseren Willen ab und wollen selbigen niemals, auch nach Deinem Tode nicht wieder brauchen. Sondern verbinden uns vor uns und unseren Nachkommen mit einem Eide, sowohl Dir, als auch Deinen Nachkommen untertänig zu sein."[41]

Trotz aller Bemühungen, göttliches Recht, natürliches Recht und Elternrecht in eine leidliche Balance zu bringen, hatte der Zar mit der neuen Sukzessionsordnung wenig Glück. Wie erwähnt, war der Zarewitsch Aleksej, sein ungeliebter Sohn aus erster Ehe, 1718 in der Peter-Pauls-Festung zu Tode gekommen. Mit dem „scheußlichen Murren" und den „von Widerspruch juckenden Gemütern"[42], auf die sich der Erzbischof berufen hatte, waren die Anhänger des unglücklichen Thronfolgers gemeint, die von dessen Herrschaft eine Rückkehr zum heiligen Russland erhofften. Männliche Nachkommen von überzeugender Statur hatte Peter nicht aufzubieten. Ein Söhnchen, das Katharina ihm gebar, war als Kleinkind gestorben. Als der Zar im Januar 1725 verschied, war nur ein einziger Enkel geblieben: ein kleiner Peter, kaum zehn Jahre alt, der aus der Ehe Aleksejs mit einer inzwischen verstorbenen Prinzessin von Braunschweig-Wolffenbüttel stammte. Niemand konnte sagen, wie es mit der Eignung des Knaben stehe, dem Großvater auf den Thron zu folgen. Diese wenig erfreuliche Lage war voraussehbar. Sie hatte den Zaren ein Jahr vor seinem Tod veranlasst, seine Frau Katharina zur Kaiserin zu krönen, ohne sie indes ausdrücklich als Nachfolgerin zu benennen.

Katharina stammte aus Litauen, war in ihrer Jugend Dienstmagd in Livland gewesen, bei einem lutherischen Probst mit Namen Glück, der sie mitnahm, als er nach Moskau ging. Wenig später, der schwedische Krieg hatte schon begonnen, war sie Zeltgenossin zunächst des Feldmarschalls Boris Scheremetew, dann des Zarenlieblings Alexander Menschikow gewesen, der vom Piroggenverkäufer zu einem der mächtigsten Männer Russlands aufgestiegen war. Unter den zahllosen Ehren und Würden, mit denen ihn Peter überhäufte, war auch der deutsche Reichsfürstentitel, den nur die Apostolische Majestät des Kaisers in Wien vergeben konnte. 1712 hatte der Zar mit Katharina, einer schlichten und warmherzigen Frau, auch offiziell die Ehe geschlossen, ein Vorgang, der nach altmoskauer Begriffen schon deshalb höchst schockierend war, weil seine erste Gemahlin noch lebte, die er verstoßen und in ein Kloster hatte bringen lassen. Unmittelbar nach Peters Tod (28. Januar 1725) wurde Katharina von Menschikow mit Hilfe der Garderegimenter zur Selbstherrscherin ausgerufen. Ihr blieben zwei Jahre, dann starb auch sie. Ihr folgte Peter II., der oben erwähnte Enkel des großen Zaren, auf den Thron. Drei Jahre später, 1730, starb der zarte Knabe, ob an den Pocken oder an Influenza, die er sich bei der österlichen Wasserweihe in Moskau holte, kann hier beiseite bleiben. Nun kam eine Stiefnichte Peters, Anna Iwanowna, auf verschlungenen Wegen in den Besitz der Selbstherrschaft, eine Frau, die als

Herzogin-Witwe in Kurland saß und ihren deutschen Favoriten, Johann von Biron, als faktischen Regenten mit nach Russland brachte.

Da Russland unter Peter zur europäischen Großmacht aufstieg, war es nur konsequent, dass die Autokratie die politischen und staatstheoretischen Begriffe des zeitgenössischen Europas auf sich zog, denn nun agierte sie vor den Augen der gebildeten Welt. „Euer zarische Majestät, glorieuse und tapfere Thaten", sagte der Staatskanzler Graf Golowkin 1721 in einer feierlichen Rede aus Anlass des Nystadter Friedens, „haben uns, deroselben getreue Unterthanen aus der Finsternis der Unwissenheit zum Licht geführt und auf den Schauplatz der Ehre vor der gantzen Welt gestellet, so daß wir, sozusagen aus dem Nichts gekomen, nun der Gemeinschaft policierter Völcker einverleibt worden."[43]

Aus dem Nichts gekommen! Der alte Voltaire, der mit Katharina II. schmeichelhafte Briefe tauschte, schrieb der Kaiserin nicht ohne Koketterie: „Ich bin älter, Madame, als das Reich, das Sie regieren."[44] Auch er setzte die Ära Peters mit dem Beginn der russischen Reichsgeschichte gleich, wie das für Leibniz schon gegolten hatte. Hinter der panegyrischen Rede vom Weg aus der Finsternis zum Licht stand der erfolgreich zu Ende geführte Nordische Krieg, der mehr als zwanzig Jahre lang der mächtigste Treibsatz der inneren Reformen gewesen war, jener Veränderungen, die der Zar seinen Untertanen aufgezwungen hatte.

2.5 Peter und Sankt Petersburg

Von diesen Reformen Peters wird im Folgenden die Rede sein, auch von der Expansion des Reichsterritoriums und der veränderten Stellung des Imperiums im europäischen Staatensystem. Zu den Einzelheiten des Reformwerks gehörten die Liquidierung der Bojarenduma und ihre Ersetzung durch den Regierenden Senat als höchstes Aufsichts- und Appellationsorgan; die Schaffung einer nach Fachressorts gegliederten Zentralverwaltung in Gestalt der zwölf Kollegien; die auf militärisch-fiskalische Zwecke zugeschnittene Einrichtung von Gouvernements und Provinzen; die Reglements über den Behördendienst mit umständlichen Vorschriften über den Gang der Geschäfte – all dies kann nachgelesen werden, am besten noch immer in Reinhard Wittrams Biografie *Peter I. Czar und Kaiser*[45].

Die Realien des nach Westen orientierten Militär- und Steuerstaates sollen an einem einzigen Vorgang deutlicher beschrieben werden, an einem Beispiel, das den Aufgang der europäischen Neuzeit in Russland wie in einem Brennspiegel demonstriert. Es handelt sich dabei um die Gründung und den Aufbau Sankt-Petersburgs, der neuen Haupt- und Residenzstadt des Reiches; einer Unternehmung, die wie keine andere die Intentionen des Zaren spiegelt und nicht nur

Erfolge, sondern auch die Opfer und die Kosten sichtbar werden lässt, Fragwürdigkeiten und Widersprüche der Epoche.

Einer der bedeutendsten russischen Historiker der ausgehenden Zarenzeit, Wassili Kljutschewskij, ein liberaler Gelehrter großen Formats, hat diese Widersprüche so formuliert: „Peters Reform war ein Kampf des Despotismus mit dem Volk, mit dessen geistiger Trägheit. Er hoffte durch das Ungewitter seiner Herrschgewalt Selbsttätigkeit in dem geknechteten Volke hervorzurufen und durch Vermittlung der adligen Sklavenbesitzer in Rußland europäische Wissenschaft und Volksbildung als unerläßliche Vorbedingung für soziale Selbstbetätigung einzuuführen. Er wollte, daß der Sklave Sklave blieb und dennoch bewußt und frei handelte. Gleichzeitige Auswirkung, von Despotismus und Freiheit, Aufklärung und Sklaverei, das ist eine politische Quadratur des Kreises, ein Rätsel, an dessen Lösung bei uns seit Peters Zeiten im Verlauf von zwei Jahhunderten gearbeitet wird und das bis zur Stunde noch nicht gelöst ist."[46]

Diese bittere Bilanz aus der Zeit vor 1914 sticht weit ab von den enthusiastischen Ergüssen, mit denen Schriftsteller und Poeten aller Zungen diesen großen Zaren bei seinem Tod gefeiert haben. Einen kleinen Geschmack davon mag Johann Christian Gottsched geben, ein deutscher Dichter, der damals in einer Ode auf den großen Peter schrieb: „Und wie Prometeus dort aus Erden/ Ein Heer beseelter Menschen schuff,/ So lässt sein Krafft-erfüllter Ruff,/ Ein unbelebtes Volk so gleich begeistert werden./ Daß fremde Länder selbst gestehn, Seht! Rußland kan mit uns in einem Paare gehn."[47]

Wie angekündigt, wird hier darauf verzichtet, eine pragmatische Geschichte des petrinischen Russlands zu liefern: Weder wird der Gang der Reformen verfolgt, die den Moskauer Staat nach dem Urteil der Zeitgenossen bis zur Unkenntlichkeit verändert haben, noch wird die russische Kriegs- und Militärgeschichte ausgebreitet, die von der Reform des Behördenstaates, der Sozialverfassung und der Werteordnung nicht losgelöst zu denken ist. Denn der große Nordische Krieg, das steht außer Frage, war einer der mächtigsten Hebel der Reform. Wenn es für das 18. Jahrhundert nicht anachronistisch klänge, dann könnte man ohne Übertreibung sagen, dass der Krieg die Lokomotive aller Veränderung gewesen sei.

Auf den ersten Blick erscheint die Entstehungsgeschichte St. Petersburgs als ein Randthema. Doch was unter der harten Hand des Zaren in Russland damals vor sich ging, das lässt sich an der Gründung und am Aufbau dieser Stadt anschaulich machen. Petersburg, die junge Haupt- und Residenzstadt als Paradigma der neuen Zeit, als konzentrierter Ausdruck kulturellen Wandels, bleibendes Zeugnis für die Erfolge, aber auch für die Fragwürdigkeit gewalttätiger Veränderung; Petersburg als Produkt einer Utopie, deren Erfinder nicht davon ablassen mochte, auf die Berge versetzende Kraft der Vernunft zu bauen.

Kein Zweifel, dass Peters Entschluss von äußerster Kühnheit war, im Mai 1703 auf den Sumpfinseln der Newa-Mündung mit dem Bau einer neuen Hauptstadt zu beginnen, in einer unwirtlichen, vom Hochwasser bedrohten Gegend, die den Schweden eben erst entrissen worden war und die nach dem Völkerrecht noch immer der schwedischen Krone gehörte. Hinzu kam, dass dies mitten in einem Krieg geschah, der militärisch und politisch noch keineswegs entschieden, sondern für die Russen bisher eher unglücklich verlaufen war. Die militärische Wende zugunsten Russlands kam erst sechs Jahre später, 1709 mit dem Sieg von Poltawa.

Eine so riskante Entscheidung lässt vorab nach den Motiven des Zaren fragen, doch bündige Erklärungen zu finden ist nicht leicht. Gewiss hatte Peter mehr im Sinn, als eine Festung und einen Hafen zu bauen. Schon im Gründungsjahr pflegte er *Hauptstadt* (*stoliza*) oder auch *Paradies* zu sagen, wenn er in vertraulichen Briefen sein großes Vorhaben meinte. Tatsächlich war von Anfang an zu sehen, dass der Zar an diesem entlegenen Ort weit ausstrahlende Zeichen setzen wollte. Nichts macht das deutlicher als der Entschluss, die Stadt mit dem Namen seines Schutzheiligen, des Apostel Petrus, zu versehen und sie auf solche Weise mit der eigenen Person zu verbinden. Kaum weniger charakteristisch war, dass dies in semantisch verfremdeter, dem Holländischen entlehnter Form geschah: *Sankt-Piter-Burch*, so sollte die neue Hauptstadt heißen, nicht etwa *Grad Svjatago Petra*, wie es dem russischen Sprachgebrauch entsprochen hätte. Wem moskowitische Traditionen am Herzen lagen, dem musste solche Willkür als schwer erträgliche Provokation erscheinen.

Renommierte russische Gelehrte der semiotischen Schule, von denen die anregendsten Beiträge stammen, die es zu dieser Frage gibt, haben aus der symbolträchtigen Namensgebung einen demonstrativen Verweis auf Rom herausgelesen, einen doppelten, wie sie unterstellen, denn Peter habe Petersburg als *Viertes Rom* erdacht und seine eigenen imperialen Begriffe in die Kontinuität des *Imperium Romanum* gerückt. Man mag diese Deutung für überzogen halten, für ein Zeugnis gelehrter Phantasie in sowjetischer Zeit. Dem Wagnis Peters entsprechen diese großgeschnittenen Bezüge allemal.

Außer Frage steht, dass die Stadtgründung mit den russischen Kriegszielen zusammenhing, mit dem Verlangen des Zaren, Russland als Großmacht im europäischen Staatensystem dauerhaft zu verankern. Deshalb lag ihm alles daran, festen Fuß an der Ostsee zu fassen, um einen Stützpunkt zu gewinnen zum Ausbau der Flotte, zur Entwicklung des Handels, zur Öffnung Russlands für die neuzeitlichen Wissenschaften. Petersburg sollte jenes große Fenster werden, durch welches Russland nach Europa blickt – so die berühmte Metapher, die Graf Francesco Algarotti[48] Ende der 1730er Jahre erfand und die seit Puschkins *Ehernem Reiter* jedem von der Zunge ging, der über Petersburg sich äußern wollte.

Wirtschaftliche Modernisierung galt Peter als eine wesentliche Voraussetzung, um den von Gott erteilten Auftrag des Herrschers zu erfüllen, das *gemeine Beste* zu besorgen. Die Bedeutung des Welthandels war dem jungen Peter auf seiner ersten Auslandsreise (1697/98) aufgegangen, von den Besuchen in Amsterdam und London hatte er starke Eindrücke zurückgebracht. Doch das kommerzielle Interesse, das mit dem militärischen eng verflochten war, ja auch Peters vielzitierte Lust für die Marine – all diese Beweggründe können hinreichend kaum erklären, weshalb sich der Zar nicht davon abbringen ließ, das politische Machtzentrum Russlands an die nordwestliche Peripherie seines Reiches zu verlegen.

Für Zeitzeugen, die aus dem Ausland kamen, hat die Gründung Petersburgs offenbar keiner umständlichen Rechtfertigung bedurft. Wer den Aufbau der Stadt an den Vernunftbegriffen der frühen Aufklärung maß, für den konnte die Räson des Unternehmens nicht in Zweifel stehen. So hat beispielsweise Georg Bernhard Bilfinger, ein Schüler Christian Wolffs, der 1725 von Tübingen nach Petersburg an die eben eröffnete Akademie der Wissenschaften berufen worden war und sechs Jahre später zurückging in das schwäbische Athen, eine ebenso treuherzige wie bündige Erklärung gefunden. Als er im September 1731 am Tübinger *Collegium illustre* seine Antrittsrede hielt, sprach er *Über die Merkwürdigkeiten der Stadt Petersburg* und fügte, der barocken Rhetorik entsprechend, einen ausschweifend langen Untertitel an, der nicht nur dem verewigten Zaren, sondern natürlich auch seinem Landesherrn, dem Herzog von Württemberg, alle Ehren erwies. Was Bilfinger über den Stadtgründungsakt an der Newa zu berichten hatte, das klang so: „Und Petrus erkundiget selbsten das Wasser, und weil es tüchtig ist, beschließet er einen Hafen, zum Gebrauch des Hafens eine Seemacht, zur Sicherheit und zur Verwahrung des Stroms eine Festung, zum Handel eine Stadt und zu ihrem Ansehen eine kaiserliche Wohnstatt."[49]

Für Bilfinger war diese Unternehmung ein Probestück für die Schöpferkraft vernunftgelenkten Handelns, eine Großtat zum Wohl des gemeinen Besten: „Und wer's nicht aus der Zeitgeschichte weiß, der kann's am Werk sehen."[50] Bilfinger könnte der erste deutsche Kanzelredner gewesen sein, der seinen Hörern, jedenfalls den Standespersonen unter ihnen, nach Petersburg zu reisen empfahl, um sich kundig zu machen und das Wunderwerk zu bestaunen. Die Straßen in Petersburg, sagt er, seien äußerst sicher, dank guter *Policey* könne fremden Besuchern Verdrießliches, gar Böses nicht geschehen. Allerdings gibt es auch weniger enthusiastische Berichte, die ein nüchterneres Bild vermitteln. So soll, nach Auskunft des hannoverschen Gesandten eine Schildwache am hellen, lichten Tag mitten in der Stadt durch einen Bären angefallen und zerrissen worden sein. An Erzählungen, die ähnlich Schreckliches bezeugen, ist kein Mangel. Ganz ungefährlich kann es in Petersburg damals jedenfalls nicht gewesen sein.

Für den aufgeklärten Zeitgeist lag die Vernunft des Unternehmens in der Bereitschaft des Zaren, das Höchste, ja das Unmögliche zu wagen. So meinte Bilfinger, auf den hier abermals Bezug genommen wird, dass es gerechtfertigt gewesen sei, für dieses große Werk alle Opfer zu bringen. Die auf der Arbeit sterbenden Menschen, müssten „dem Unfall des Krieges zugerechnet werden, als ob sie vom Feind erschlagen wären"[51]. Der Tatbestand, dass die Stadt ein Produkt des Krieges war, war dem Tübinger Professor sehr bewusst, und als einzige Tröstung, die er kannte, verwies er auf die „unglückseelige Notwendigkeit, dass man Menschen aufopfern muß, damit Menschen erhalten werden"[52]. Tatsächlich steht außer Frage, dass der Aufbau Petersburgs Hekatomben von Menschenleben gefordert hat und die Stadt, wie es hieß, „auf Menschenknochen errichtet worden"[53] ist. Niemand war da, der diese Toten hätte zählen können.

Mit modernen Begriffen der Kosten-Nutzen-Rechnung wird die Gewaltsamkeit, mit der der Zar den Bau Sankt-Petersburgs betrieb, kaum zu verstehen sein. Der russische Handel ist durch dieses große Projekt eher in Mitleidenschaft gezogen worden, als dass er sogleich Auftrieb erhalten hätte. Denn Peter hatte befohlen, allen Handel über See vom altgewohnten Weg über Archangelsk nach der neuen Hauptstadt umzuleiten. Erst nach Peters Tod, in den 1730er Jahren, hat der Warenumschlag im Petersburger Hafen ungefähr den Stand erreicht, den Archangelsk gegen Ende des 17. Jahrhunderts eingenommen hatte. Auch die Versorgung der Stadt mit Waren und Gütern aller Art war schwierig und kostspielig dazu. Es dauerte lange Jahre, bis die neue Hauptstadt mit dem russischen Binnenmarkt verbunden war. Offensichtlich hatte Peter auf Zukunft gesetzt, obschon er, nüchtern wie er war, wohl kaum so weitgreifende Visionen teilte wie manche Gelehrte von europäischem Rang. So hatte Fontenelle, der 1725 an der Pariser Akademie eine Gedächtnisrede für den toten Peter hielt, dem Zaren unterstellt, dass er Petersburg zum „Mittelpunkt des Haupthandels der Welt"[54] habe machen wollen. Die neue Metropole als Zentrum einer durch Handel, Wissenschaften und Künste zusammengeführten Welt, deren Osthälfte für den Westen eben erst entdeckt worden war – entdeckt durch die China-Mission der Jesuiten. Solche Perspektiven haben die Phantasien der europäischen Gelehrtenrepublik beflügelt und den russischen Herrscher als eine der mächtigsten Heldenfiguren des Zeitalters erscheinen lassen, als den fleischgewordenen Vernunftgedanken.

Der Aufbau dieser Stadt war zum Angelpunkt der russischen Kriegsführung geworden. Mit der Errichtung der neuen Hauptstadt auf schwedischem Territorium hat der Zar vor aller Welt gezeigt, dass er bereit war, „sein Reich und Cron auf die Spitze des wanckelbaren Glücks zu setzen"[55], damit Russland die bestimmende Macht im europäischen Norden werde. Petersburg demonstrierte, wie sehr ihm daran lag, das schwedische *Dominium maris baltici* um jeden Preis zu brechen. Mit dem Aufbau der Stadt wurde der russische Sieg symbolisch schon vorweggenommen.

Nach dem Sieg bei Poltawa 1709 und nach der Unterwerfung Estlands und Livlands im Jahr darauf (Provinzen, die Peter seinem sächsischem Verbündeten, August dem Starken, zugesprochen hatte) lässt sich sagen, dass der Entschluss, Petersburg nicht nur zu bauen, sondern die Stadt tatsächlich zum neuen Zentrum des Reiches zu machen, unumstößlich wurde. Den Besitz des Baltikums hat Peter als eine notwendige Barriere zur Sicherung der neuen Hauptstadt aufgefasst. Seither wuchs auch die Bauplanung unter stärkster Anteilnahme des Zaren in immer größere Dimensionen hinein. Paläste, Parks und Wasserkünste folgten der Stilgesinnung der neuen Zeit, anfänglich in nüchternem holländischem Barock. Auch der Schiffsbau bei der neuen Admiralität kam in Gang. 1709 wurde dort das erste Kriegsschiff mit 54 Kanonen auf Stapel gelegt und auf den Namen *Poltawa* getauft. Seit der Eroberung Wiborgs im Sommer 1710 war die Gefahr gebannt, dass schwedische Schiffe die Stadt bedrohen oder gar zerstören könnten.

Im gleichen Jahr wurde in Petersburg die Vermählung Anna Iwanownas, einer Stiefnichte Peters, mit dem jungen kurländischen Herzog Friedrich Wilhelm aus dem Hause Hohenzollern vollzogen. Diese Heirat sollte zum Auftakt für eine Reihe von Eheverbindungen mit protestantischen Höfen werden. Dynastische Heiratspolitik im Dienst der Machtpolitik – auch in dieser Hinsicht haben die Russen rasch gelernt. Katholische Prinzessinnen waren für sie nicht zu haben, weil die jungen Damen nicht zum orthodoxen Glauben übertreten durften. Als der Zar 1712 sich mit großem Gepränge selber trauen ließ, mit seiner langjährigen Gefährtin Katharina Aleksejewna, geschah dies nicht in Moskau, sondern ebenfalls in Petersburg. Seither lebte auch der Zarenhof in der neuen Residenz.

Noch ein anderes Motivbündel hat bei der Verlegung der Hauptstadt eine bedeutende Rolle gespielt. Petersburg war, wie gesagt, eine Demonstration, die sich gegen Schweden richtete, und eine Botschaft an die westliche Staatenwelt, die begreifen sollte, dass sich Russland aus Europa nicht mehr verdrängen lassen werde. Nicht weniger wichtig war Petersburg als Demonstration, die sich an und gegen Moskau wandte, gegen das heilige Moskau und die moskowitische Tradition. 1714 ergingen Befehle an den vornehmen Adel und an die Kaufmannschaft, sich in Petersburg niederzulassen. Wenig später kam das Verbot, steinerne Häuser zu bauen, allein Petersburg sollte davon ausgenommen sein. Ein so nüchterner Beobachter, wie der schon mehrfach zitierte hannoversche Gesandte Weber, zog daraus den Schluss, dass Moskau eingehen und alles auf die Petersburger Residenz gewendet werden solle. Der Moskauer Kreml, der 1701 durch eine Feuersbrunst stark gelitten hatte, schien dem Verfall preisgegeben zu sein. Katharina II., die in den 1740er Jahren zum ersten Mal nach Moskau kam, hat in ihren Erinnerungen den erbärmlichen Zustand des Kremls anschaulich geschildert.

Es konnte nicht leicht sein, die Zentralbehörden an den äußersten Rand des Reiches zu verlegen, ohne dass die Effektivität der Staatsverwaltung dabei Schaden nahm, und so war der Transport der Kapitale denn auch ein langwieriger Prozess. 1713 wurde der zwei Jahre zuvor errichtete Regierende Senat, das Auge des Herrschers und oberste Kontroll- und Appellationsinstanz, nach Petersburg geholt, dazu die Kollegien für Krieg, für die Marine und für Auswärtige Angelegenheiten. Doch die Mehrheit der neuen, nach schwedischem Vorbild geschnittenen Kollegien, die die alte Ämterverwaltung ersetzen sollten, blieb zunächst in der alten Hauptstadt zurück. Erst 1733 konnte auf der Wassiljewskij Insel das neuerrichtete Gebäude der zwölf Kollegien bezogen werden. Aber auch dann noch gab es in Moskau mehr als vierzig Zentralbehörden, darunter die gesamte Finanz- und Steuerverwaltung des Reiches.

Zeitgenossen wie der preußische Legationssekretär Johann Gotthilf Vockerodt wollten die Obsession, die Peter für die neue Hauptstadt erkennen ließ, mit der Ruhmsucht des Herrschers erklären, mit dessen, wie der Berichterstatter schreibt, großen Begierde, durch diese Stadt seinen Namen zu verewigen. Doch das Verlangen nach Ruhm war keine Eigenschaft, die nur Peter ausgezeichnet hätte, sondern gehörte generell zur mentalen Grundausstattung der neuzeitlichen Monarchen. Charakteristischer war eine andere Beobachtung, die fast alle Berichterstatter damals festgehalten haben. Sie betraf den Hass, den Peter gegen die Stadt Moskau erkennen ließ, der, um mit Vockerodt zu sprechen, soweit gegangen sei, dass der Zar „wenn es mit guter Manier nur hätte geschehen können, sie gerne der Erden gleich gemacht hätte"[56].

Für den Dienstadel und die Kaufmannschaft, die in die nordische Hauptstadt umsiedeln mussten, war das Leben an diesem unbehaglichen und sündhaft teuren Ort keine Freude: „Es gibt", schrieb der schottische Kapitän John Perry 1716, „zwar Wassers, aber auch Thränen genug in Petersburg. Dahero sollte Gott ihnen nur ihr Moskau ehren und ihnen bald dazu verhelfen, dass sie wieder daselbst wohnen können"[57]. Der Zwangscharakter der Stadt entsprach einem Grundzug der petrinischen Regierung. Auf den sogenannten Assembleen in Petersburg, auf denen (nach einem Ukas von 1718) „alle Personen von Rang als Edelleute, Oberoffiziers, Kaufleute, commandirende Meister, als auch Handwerksmeister, Kanzleibeamte samt Frauen und Kinder erscheinen sollten"[58], auf diesen für Russland völlig neuartigen gesellschaftlichen Veranstaltungen fand sich der alte Geschlechteradel und der neue Beamtenadel den unglaublichsten Exzessen einer Hofkumpanei ausgesetzt, die Damen „in französische Kleider gezwängt, in denen sie sich noch nicht gar so wohl beheffen kunten"[59]. Auch die Geselligkeit, die der Zar verordnete, hatte die Züge einer Erziehungsanstalt nicht abgestreift.

Wie erwähnt, hing der verbreitete Widerwille gegen Petersburg mit der innerrussischen Opposition zusammen, die im Umkreis des Thronfolgers Aleksej einen Stützpunkt gefunden hatte. Der habe versichert, hieß es, wenn er mit Gottes Hilfe auf den Thron gelange, Petersburg verfallen zu lassen und in Moskau zu wohnen. Aleksej war 1717 zur Flucht überredet worden und hatte am Wiener Hof Schutz gesucht, bis man ihn in der Nähe von Neapel provisorisch unterbrachte. Von einem Abgesandten des Zaren aufgespürt, war er in der Hoffnung zurückgekehrt, dass ihm der Vater vergeben werde, doch, wie berichtet, starb er nach Folter, Prozess und Todesurteil in Gefangenschaft.

Gegenkräfte hatten sich auch im Moskauer Hochadel gefunden, bei den noch immer einflussreichen Familien Dolgorukij und Golizyn. Hier wurde Petersburg „mit einem gangränirten Glied verglichen, das man abschneiden müsse"[60]. Zwei Jahre nach dem Tod Peters, als seine Witwe und Nachfolgerin Katharina gestorben war, haben diese Kreise die Rückkehr des Hofes nach Moskau durchgesetzt. Erst 1732, unter Anna Iwanowna, kam er wieder nach Petersburg.

Prinzipieller noch war der Widerstand gewesen, der sich im Milieu der Kirche regte. Kein Zweifel, dass der Thronfolger Aleksej unter dem Einfluss reformfeindlicher Geistlicher stand. Für die Altgläubigen, die Raskolniki, die von der Obrigkeit drangsaliert und verfolgt wurden, war Petersburg die Stadt des *Antichrist*. Mit Petersburg war das spirituelle Band, das die Autokratie und die rechtgläubige Kirche beieinander hielt, gerissen – und dies nicht nur im geographischen Sinn. Das Herz der Kirche hat sich nicht umstandslos nach Petersburg verpflanzen lassen, aus dem heiligen Moskau, dem *Dritten Rom*, in diese fremdländisch anmutende Stadt im Norden. Insofern war es nur konsequent, dass der Zar den seit 1700 verwaisten Moskauer Patriarchenstuhl leer ließ und dieses höchste geistliche Amt durch den Allerheiligsten Synod ersetzte, durch eine geistliche Behörde als Teil der Staatsanstalt, deren Oberhaupt der Herrscher war. Der Zusammenhang zwischen dem Aufbau Petersburgs und der Unterwerfung der Kirche ist evident.

Über die persönliche Religiosität des Zaren ist viel gerätselt worden. Fest steht, dass er auf den kirchlichen Segen der Kirche für sein Werk nicht verzichten wollte. Er wütete gegen die Tradition und kam doch selbst von ihr nicht los: ein zerrissener, gespaltener Mensch, der verdichtete Ausdruck für den Kulturbruch seiner Zeit. 1710 hatte er befohlen, die Fürbitte für die Zarenstadt St. Petersburg in das Kirchengebet aufzunehmen. 1724 ließ er die Gebeine des von der Kirche kanonisierten Fürsten Alexander Newskij, der die deutschen Ordensritter 1240 auf dem Eis des Peipus-Sees und zwei Jahre später die Schweden an der Newa geschlagen hatte, in feierlichem Zug aus Wladimir in seine neue Hauptstadt bringen, in das eben erst in Holz aufgeführte Kloster an der süd-östlichen Peripherie der Stadt, das den Namen des Heiligen erhielt und durch die über die Sümpfe hinweg geschlagene *große Perspektive*, den späteren Newskij Prospekt, mit der Admiralität verbunden wurde. Die Verbindung von Admiralität und Kloster war für Russland eine völlig neuartige Kombination.

Die Magie, die trotz aller Brüskierungen und Demütigungen von der Stadt Moskau noch immer ausging, hat Peter nicht gering geachtet. Als der Krieg gegen Schweden gewonnen war, zog er zur Feier des Friedens mit Mitgliedern des Senats und des Heiligen Synods in den Kreml ein. Drei Jahre später, als er Katharina zur Kaiserin erhob, geschah dies in Moskau, nicht in Petersburg. Der zeremonielle Rang, Hauptstadt (*stoliza*) ja sogar *erste Thronstadt* (*perwostolnyj*) zu sein, wurde dem alten Zentrum Russlands nicht entzogen.

Es hat lange gedauert, bis sich Russland und die Russen mit ihrer neuen Hauptstadt zu versöhnen lernten. In Alexander Puschkins *Ehernem Reiter*, der berühmtesten Huldigung an Peter und Sankt-Petersburg, ist der patriotische Stolz gebrochen durch die Furcht, die sich mit der Erinnerung an ihren Schöpfer verbindet und an die Gewalttätigkeit, der diese Stadt ihre Existenz verdankt. Um die Mitte des 18. Jahrhunderts haben dort etwa 100.000 Menschen gelebt. Blickt man auf das petrinische Reformwerk im Ganzen, so war die Errichtung Petersburgs gewiss nur eine von vielen Veränderungen, die der Zar seinem Russland damals auferlegte. Doch zweifellos war Petersburg eines der wichtigsten Zeichen dafür, dass das veränderte Russland geschichtliche Dauer in sich trug.

Am Ende dieser Ausführungen stehe ein Zitat aus den Erinnerungen eines Göttinger Professors, der 1761 an die Akademie der Wissenschaften nach Petersburg gekommen war. Es stammt von August Ludwig Schlözer, einer für die Russlandhistorie und die deutsche Publizistik im 18. Jahrhundert zentralen Figur. Der Eindruck, den die rasch gewachsene Newa-Metropole auf ihn machte, muss außerordentlich gewesen sein: „Rußland ist eine große Welt, und St. Petersburg ist eine kleine Welt im Auszug. (...) Hätte mich mein Schicksal vorher nach Constantinopl, Aleppo oder Peking geschleudert: ich würde da vielleicht mer mir Neuers, und auf den ersten Anblick Befremdendes gefunden haben; aber nicht das Auffallende in der Mannchfaltigkeit, nicht das Lerreiche, das Geisterweiternde, wie in Petersburg. Vieles was anderswo schön aber klein ist, ist hier prächtig und groß; vieles, was anderswo groß ist, ist hier colossallisch, gigantisch: Asiatischer Lux bis zur Verschwendung mit feinem europäischen Geschmack gepaart (...) Hier stößt Asien und Europa zusammen." [61]

2.6 Das Dilemma der Erben

Das 18. Jahrhundert in Russland hat im Schatten der Reformen der Peterzeit gestanden und verarbeiten müssen, was dieser Herrscher angestoßen hatte. Der gewalttätige Zar hatte Russland zu einer Großmacht gemacht, zu einem Imperium im europäischen Staatensystem. Seither war dieses kontinentale Riesenreich aus der großen Politik der Mächte nicht mehr fortzudenken. In die Welt der moskowitischen Symphonie zwischen Autokratie und Kirche führte kein Weg zurück. Entstanden war ein Militär- und Steuerstaat, dem alle sozialen Schichten auf eigene Weise zum Dienst verpflichtet waren. Der Adel, durch die neue Rangtabelle von 1722 reguliert, wurde als Reservoir für den Offiziersdienst und den Behördendienst in Anspruch genommen. Die städtische Bevölkerung sollte unter der neuen Magistratsverfassung Handel und Gewerbe zum Blühen bringen und die Einnahmen des Fiskus mehren.

Das Bauernvolk, sei es in adligem, staatlichem oder kirchlichem Dienst, war dazu bestimmt, die Staatsanstalt durch die neue Kopf- oder Seelensteuer (*poduschnaja podat*) zu unterhalten, dem Militär taugliche Rekruten auf Lebenszeit zu stellen und die private Ökonomie des Landadels durch Fronarbeit (*barschtschina*) und/oder Zinsleistung (*obrok*) zu sichern. Auch die Geistlichkeit war zu einer Sonderkategorie des Staatsdienstes geworden, durch den Untertaneneid auf den Zaren und den staatlichen Nutzen verpflichtet. Sie hatte das Ihre zu tun, um die Untertanen gehorsam zu halten und für die Rettung der Seelen zu beten.

Da ständische Kooperationen in petrinischer Zeit nicht entstanden waren, lässt sich die russische Untertanenverfassung als eine Dienstklassengesellschaft beschreiben, in der es im Grunde keine Privatheit gab, keine autonome Sphäre abseits von staatlichen Zwecken. Das Wort *privat* wurde als Fremdwort ins Russische übernommen, zunächst sprach man von *partikulären Sachen*. Diese Formulierung findet sich zuerst in den 1750er Jahren und breitet sich in der Regierungszeit Katharinas II. aus.

Der Begriff der bürgerlichen Gesellschaft (*Société civile*), einer Gesellschaft, die losgelöst vom Staat bestünde, hatte sich im Russland Peters nicht ausgebildet. Aber auch später noch, im Zeitalter der Aufklärung und des aufgeklärten Absolutismus, als Begriffe wie *Staatsbürger* oder *bürgerliche Gesellschaft* in Umlauf kamen, blieben sie gedankliche Konstruktionen, die in der Realität des Russischen Reiches keine Entsprechung hatten. Noch in der zweiten Hälfte des 18. Jahrhunderts hat sich, wer in Russland zur europäisch gebildeten Minderheit gehörte, nicht als *Bürger* definiert, sondern als *Sohn des Vaterlandes* (*syn otetschestwa*). Das Vaterland aber war ohne den *pater patriae*, ohne die Vaterfigur des Selbstherrschers, nicht vorstellbar. Insofern stand auch diese Bezeichnung, obschon ins Familiäre gewendet, dem Begriff des Untertanen näher als dem des Staats- oder Reichsbürgers, der, um einen naheliegenden Vergleich zu wählen, für das Selbstbewusstsein der polnischen Szlachta charakteristisch war. Dort fand sich der Bürger (*obywatel*) durch das Privileg der Freiheit definiert, nicht durch eine Untertanenbeziehung, die sich der patriarchalischen Semantik bediente.

Betrachtet man das Erbe näher, das Peter der Große hinterließ, dann mag verwundern, dass die autokratische Herrschaftsverfassung unter seinen Nachfolgern (überwiegend Nachfolgerinnen!) keinen Schaden nahm, sondern über alle Krisen hinweg unbeschädigt fortbestand. Auf die Malaise, die daraus entstand, dass Peter zwar ein Thronfolgegesetz erlassen hatte, ohne jedoch, wie vorgesehen, vor seinem Tod einen Nachfolger zu bestimmen, hatte ich bereits hingewiesen. Die beiden leiblichen Söhne hatten ihren Vater nicht überlebt. Dass seine zweite Frau, Katharina Aleksejewna, als Peter starb, zur Selbstherrscherin ausgerufen werden konnte, ließ sich dank des Krönungsaktes von 1724 als Wille des Verblichenen mehr oder minder glaubhaft machen. Auch die Popularität der Kaiserin mochte zugunsten ihrer Nachfolge sprechen, wenn auch nicht unbedingt für die Fähigkeit der hohen Frau, das Werk ihres Herrn Gemahls, das in so vieler Hinsicht unvollendet geblieben war, kraftvoll und erfolgreich fortzuführen. Den Ausschlag gab, dass Menschikow an ihrer Seite stand und die Garderegimenter sich ohne sonderliche Mühe für Katharina, *unser Mütterchen*, erwärmen ließen.

Tatsächlich ist die oberste politische Gewalt in Russland nach 1725 zum Objekt wechselnder Einflussgruppen geworden. Mächtige Günstlinge und hohe Rangträger, die sich zumeist auf das persönliche Vertrauen Peters berufen konnten, dazu einige große Familien aus dem Moskauer Geschlechteradel, die sich trotz aller Zurücksetzungen in der Nähe des Herrschers hatten halten können, rangen miteinander um die Macht. Von der sozialgeschichtlichen Forschung ist die Kontinuität der großen Familien über die Zeit Peters hinweg überzeugend nachgewiesen worden.

Das Forum, das für machtpolitisch relevante Entscheidungen wichtig wurde, war der sogenannte Oberste Geheime Rat, ein Gremium von Würdenträgern, das die Staatsgeschäfte führen sollte. Als Kaiserin Katharina I. 1727 starb, gab es als männlichen Erben nur einen einzigen Enkelsohn des großen Peter: den zwölfjährigen Pjotr Aleksejewitsch, einen zarten Knaben, und in der Tat war er es, der nun auf den Thron geriet. In dieser Zeit liefen die Cliquenkämpfe an der Staatsspitze zu großen und (man muss schon sagen) rauen Formen auf. Dabei gelang es der aristokratischen Hofpartei, den scheinbar übermächtigen Menschikow zu stürzen und ihn, den allerdurchlauchigsten Fürsten, in die Verbannung zu schicken. Nun wagte Fürst Dolgorukij, ein Herr aus ältestem Moskauer Adel, was der Gestürzte bereits auf seine Weise unternommen hatte: den riskanten Versuch, eine seiner Töchter mit dem jungen Kaiser auf Dauer zu verbinden. Kurz nach der Verlobung der beiden Kinder starb der kaiserliche Knabe im Januar 1730, sodass guter Rat erneut teuer war.

Für das oligarchische Regime konnte es nicht leicht sein, eine Lösung für den vakanten Thron zu finden, die über jeden Zweifel erhaben gewesen wäre. Vor allem Elisabeth, die damals einundzwanzigjährige Tochter Peter des Großen, kam für die Nachfolge in Frage. Doch die Mitglieder des Obersten Geheimen Rats, die sogenannten *Werchowniki*, entschieden sich für eine andere Frau. Sie entsannen sich, dass in Kurland, einem Lehen der polnischen Krone, seit 1711 als Herzoginwitwe eine Stiefnichte Peters des Großen lebte: Anna Iwanowna, 37 Jahre alt, Tochter des schwachsinnigen Zaren Iwan VI., der bis zu seinem Tod 1696 gemeinsam mit Peter, seinem Halbbruder, auf dem Thron gesessen hatte. Die Herzogin wurde eingeladen, nach Moskau zu kommen, um die Thronfolge anzutreten. Und in der Tat, sie kam.

Das Kalkül, das hinter der Wahl dieser Dame stand, war darauf abgestellt, der neuen Kaiserin Wahlkapitulationen abzuverlangen. Sie sollte auf Bedingungen verpflichtet werden, die, wären sie angenommen worden, die autokratische Gewalt nicht nur informell, sondern auch rechtlich beschränkt hätten – zugunsten des Obersten Geheimen Rates. Den *Werchowniki* ging es um die dauerhafte Etablierung eines oligarchischen Regimes, ähnlich der Adelsoligarchie, die in Schweden nach dem Tod Karls XII. eingerichtet worden war. Manches spricht dafür, dass dieser Abschied von der autokratischen Tradition ein erster Schritt hätte werden können, um die russische Staatsverfassung in Richtung auf eine vom Hochadel getragene Wahlmonarchie umzubilden.

Anna Iwanowna hat diese Konditionen zwar unterschrieben, doch sich nicht daran gehalten. Wenige Tage nach ihrer Ankunft in Moskau zog sie ihre Zusage wieder zurück, sodass sie ohne förmliche Beschränkung ihrer Souveränität als Selbstherrscherin zu regieren begann. Dies tat sie mit ihrem Favoriten Johann von Bühren (russisch: Biron) zusammen, den sie aus Mitau mit nach Moskau brachte. Dass sich Anna gestatten konnte, die ihr abverlangten Wahlkonditionen schon bei ihrem ersten öffentlichen Auftritt zu zerreißen, hing mit dem Widerstand zusammen, den der Dienstadel, vertreten durch die kaiserliche Garde, dem Ansinnen dieser hohen Herren entgegenbrachte. Das Misstrauen gegen die aristokratischen Cliquen war im Offiziers- und Beamtenadel offenbar so groß, dass dieser seine Interessen unter der Autokratie besser gesichert sah als unter dem Regiment großer und reicher Familien, die sich nach dem Muster polnischer Magnaten in Russland eingerichtet hätten.

Wie fragil indes die Legitimation der Machthaber im autokratischen Russland blieb, sollte sich von neuem zeigen, als Anna Iwanowna im Oktober 1740 im Sterben lag. Da die Kaiserin keine leiblichen Erben hatte, wagte Biron ein riskantes Spiel. Sein Ziel war es, die einzige noch lebende Tochter Peters, die inzwischen einunddreißigjährige Elisabeth, von der Thronfolge fernzuhalten. Zum Kaiser proklamiert wurde ein zehn Wochen alter Säugling: Iwan VI. Antonowitsch, ein Sohn des Prinzen Anton Ulrich von Braunschweig-Bevern und seiner Gemahlin Anna Leopoldowna, deren Mutter Katharina (eine Schwester Anna Iwanownas) 1716 mit dem mecklenburgischen Herzog Leopold verheiratet worden war. Der Babykaiser war also ein Großneffe der verstorbenen Kaiserin, und Biron gedachte, für ihn die Regentschaft zu übernehmen. Kaum ein Monat verging, bis herauskam, dass er sich damit übernommen hatte.

Feldmarschall Burckhardt Christoph von Münnich, der die Garderegimenter auf seiner Seite hatte, bewirkte Birons Sturz und setzte die Braunschweigische Prinzessin, die Mutter des kleinen Kaisers, als Regentin ein. Aber auch diese Lösung, bei der die Macht in Münnichs Händen lag und Staatskanzler Andrej Iwanowitsch Ostermann die Geschäfte besorgte, dauerte nicht lang. Ende November 1741 brachten die Garderegimenter Elisabeth, die Tochter Peters des Großen, auf den Thron. Auch diese Palastrevolution wurde nicht dafür genutzt, der Autokratie im Namen des Adels irgendwelche Bedingungen zu stellen. Der Dienstadel, in dessen Interesse die Garde sich erhob, verlangte nicht nach politischen Rechten, sondern nach einer stabilen Selbstherrschaft in der Tradition der petrinischen Zeit. Noch immer wurde der autokratische Staat als Schutzanstalt des Adels verstanden und allen anderen Verfassungsmustern vorgezogen.

Die Braunschweigische Familie mit dem kleinen abgesetzten Kaiser wurde in die Verbannung geschickt. Als das entthronte Kind heranwuchs, ließ Kaiserin Elisabeth den Knaben von seinen Eltern trennen und ihn in der Festung Schlüsselburg gefangen halten. Jede Erwähnung des gewesenen Herrschers in amtlichen Papieren wurde gelöscht, in einem Akt der *damnatio memoriae*, für den es in der russischen Geschichte nur wenige Parallelen gibt. 1764, also schon unter Katharina II., kam der Unglückliche in der Festung Schlüsselburg ums Leben, angeblich bei einem Befreiungsversuch, den ein Leutnant mit Hilfe einiger Wachsoldaten unternommen haben soll. Katharina, ihrer eigenen Legitimation nicht sicher, hatte den Gefangenen mehrfach besucht. Als er tot war, erklärte sie in einem Manifest, dass Iwan Antonowitsch des menschlichen Verstandes nicht mächtig gewesen sei. Den Leutnant, der ihn befreien wollte, aus welchem Grund auch immer, hat Katharina in Petersburg öffentlich hinrichten lassen.

Die zwanzigjährige Regierung Elisabeths, die mit ihren Günstlingen, wechselnden Liebhabern und einer sagenhaften Ausstattung an Schmuck, Schuhen und Kleidern in Erinnerung geblieben ist, muss an dieser Stelle fast ganz übergangen werden. Natürlich hat die Kaiserin es nicht versäumt, ihren Untertanen einzuschärfen, dass sie, die Tochter des großen Peter, das Vermächtnis ihres Vaters weitertrage. So wurde unter ihrer Regierung zum Beispiel das friderizianische Preußen von fähigen Politikern und Generälen im Siebenjährigen Krieg an den Rand der Katastrophe gebracht. Die Selbstherrschaft blieb unangefochten, die Loyalität des Dienstadels stand nie in Frage. Anders als ihre Vorgänger war Elisabeth darum besorgt, die Thronfolge gegen alle Zu- und Wechselfälle zu sichern. Da sie unverheiratet und ohne leibliche Erben blieb, hat sie ihren Nachfolger rechtzeitig ausgesucht und nominiert.

Die Wahlmöglichkeiten freilich waren begrenzt. 1724 war ihre Schwester Anna von ihrem Vater mit dem Herzog Karl Friedrich von Holstein-Gottorp verheiratet worden. Dieser Duodezfürst war für Russland deshalb von Interesse, weil das holsteinische Herzogshaus Ansprüche auf den schwedischen Thron geltend machen konnte. Das war des Pudels Kern. Aus dieser Heiratsverbindung ging 1728 ein Sohn hervor: Karl Peter Ulrich, ein nachgeborener Enkel Peters des Großen. Der Großvater hätte diesen jungen Mann gewiss nicht ausgesucht, doch für Elisabeth war nicht die Eignung, sondern allein die dynastische Herkunft entscheidend. So wurde der 14jährige Peter von Holstein 1742 nach Russland geholt und drei Jahre später mit der aus Stettin importierten Tochter des Herzogs von Anhalt-Zerbst vermählt, mit Sophie Friederike Auguste, einem Mädchen im zarten Alter von dreizehn Jahren, das nach ihrer orthodoxen Taufe Katharina Aleksejewna hieß. Elisabeth hat erhebliche Mühen darauf verwandt, den Jüngling für seine künftigen Aufgaben erziehen zu lassen.

Als Elisabeth im Dezember 1761 starb, kam er als Kaiser Peter III. auf den Thron, ein seltsamer, offenbar infantiler Mensch, der seine holsteinische Leibgarde bei sich hatte und sie mit Wonne exerzieren ließ, ein glühender Verehrer Friedrichs des Großen, der mit seiner Preußenschwärmerei den russischen Offizieren schon deshalb auf die Nerven ging, weil sich Russland im Krieg gegen Preußen befand. Von Katharina, die ihm geistig weit überlegen war, hatte er seit 1754 einen Sohn, sonst aber wussten die beiden nichts miteinander anzufangen. Als Kaiser regierte dieser Peter kaum mehr als ein halbes Jahr, bis sich seine Gemahlin, nach einem sorgfältig ausgeklügelten Plan, im Juni 1762 an die Spitze der Garderegimenter setzte, ihn zur Abdankung zwang und nach Oranienbaum, einer der Residenzen unweit der Hauptstadt, eskortieren ließ. Den letzten Anstoß zum Sturz des Kaisers hatte offenbar dessen Entschluss gegeben, russische Truppen in Holstein gegen die Dänen einzusetzen. Wie sich zeigte, nahm Katharina keinen Anstoß daran, dass einer ihrer Favoriten, Grigorii Orlow, *das Scheusal*, wie sie ihren Gatten nannte, beim Kartenspiel ums Leben brachte.

Als die deutsche Prinzessin, dreiunddreißigjährig, den russischen Thron bestieg, hat sie den Sohn, den sie ihrem ungeliebten Gemahl geboren hatte, kurzerhand übergangen. Als Kaiserin und Selbstherrscherin besaß sie keine andere Legitimation als die, die ihr aus dem Gardeoffizierskorps und aus dem Dienstadel entgegenkam. Wie schon 1730 und 1741 wurde auch diesmal klar, dass die Kontinuität der Autokratie auf der Loyalität des Adels beruhte. Der Adel mit seinen Interessen hat sich unter dem Schutz dieser *weisen Mutter des Vaterlandes* geborgen gesehen. In den vierunddreißig Jahren der Regierung Katharinas kamen im Milieu dieses Ersten Standes keine Fraktionen auf, die die Selbstherrschaft ernstlich in Frage gestellt und die Partizipation des Adelsstandes an der Regierung gefordert hätten.

Dennoch lässt sich nicht übersehen, dass Russland unter dieser bedeutenden Frau über den von Peter dem Großen gezogenen Rahmen weit hinaus gewachsen ist – in seinen staatlichen und sozialen Verhältnissen gleichermaßen. Wie erwähnt, ist Katharinas II., die ihre Untertanen *die Große* nannten, als gekrönte Tochter der Aufklärung gefeiert worden. In der Geschichtsschreibung wird ihre Regierungsweise, wie die Friedrichs des Großen und Josephs II., unter den Begriff des aufgeklärten Absolutismus gezogen.

3 Gesellschaft als staatliche Veranstaltung

3.1 Katharina II. und der aufgeklärte Absolutismus

Zivile Gesellschaft war im Russland Peters nicht entstanden. Deshalb fehlte dem Russischen auch ein Begriff, der der Bedeutung von *Societas civilis* oder *Société civile* entsprochen hätte. Wie das Moskauer Zartum hatte der russländische Militär- und Fiskalstaat keine korporativ verfassten Standesorganisationen hervorgebracht. Formen rechtlich gesicherter Vergesellschaftung waren abseits vom Staatszweck nicht zu vorhanden.

Zu erinnern ist vorab an die Verfassung des Adels, an die lebenslange Dienstpflicht der Edelleute in der Armee oder in den Kanzleien. Die Sozialhierarchie dieser Untertanenklasse war in der Etatliste und in der Rangtabelle mit ihren überwiegend fremdländischen Titel- und Amtsbezeichnungen festgeschrieben. Zwar war für den Adel unter Peter erstmals ein gemeinsamer, dem Polnischen entlehnter Name aufgekommen (*schljachetstwo*), doch Freiheiten, wie sie die polnische Szlachta kannte, wurden den russischen Adligen nicht zuteil. Auch mit ihren neuen Rängen und Uniformen blieben sie *dienende Leute* (*sluschilye ljudi*), auf die Person des Herrschers fixiert, wie dies schon in Moskauer Zeit gegolten hatte. So war es nur folgerichtig, dass für den russischen Adel an die Stelle des republikanisch-polnischen Lehnworts alsbald der Ausdruck *dworjanstwo* trat, eine russische Vokabel, die auf den Zarendienst verwies.

Außer Zweifel steht, dass das Defizit an autonomer Gesellschaft in Russland mit der Bindung und Fesselung der bäuerlichen Untertanen durch die Leibeigenschaftsordnung zusammenhing. Charakteristisch dafür war der rigide Zugriff auf die Untertanen in Dorf und Stadt, auf die menschliche Seele (*duscha*) als fiskalische Kategorie, in den Revisionslisten der Kopfzählungen erfasst für die von Peter eingeführte Seelensteuer (*poduschnyj podat*) und für die Aushebung lebenslänglich dienender Rekruten. Auch die Masse städtischer Bevölkerung, die in Kollektivhaftungsverbänden (*posady*) lebte, wurde diesen Pflichten unterworfen. Ausgenommen, aber nicht befreit, war die schmale Schicht der Kaufmannschaft (*kupetschestwo*), in drei Kapitalsteuergruppen eingeteilt, die Zar Peter *Gilden* nannte und deren Lebensweise er bis ins Detail zu regulieren suchte.

Zu den Leistungen Katharinas II. gehört, ernsthaft versucht zu haben, die petrinische Staats- und Untertanenordnung nach den Maßstäben der Zeit zu verwandeln, das heißt Verwaltung und Justiz, so gut es eben ging, den Normen aufgeklärter Theorien anzupassen. Dies sollte vor allem auf provinzialer Ebene geschehen, durch Ausbau des lokalen Staates, durch *gute Policey*, die Ruhe und Ordnung zu sichern hätte und Wohlfahrt und Glückseligkeit der Bürger dazu. Bei der praktischen Umsetzung hielt man sich vor allem an deutsche Verwaltungslehren, an das letzte Wort der zeitgenössischen Kameral- und Polizeiwissenschaften. Ziel dieser Bemühungen blieb es, den russischen Behördenstaat in den Gouvernements und Kreisen auf feste Füße zu setzen und nachzuholen, was in der Zeit vor und nach Peter misslungen oder unterblieben war.

Wie dringlich eine solche Verknüpfung zwischen dem ökonomischen Interesse des grund- und seelenbesitzenden Standes mit dem Staatsinteresse war, hatte, wie bereits erwähnt, der große Bauern- und Kosakenaufruhr unter Jemeljan Pugatschow gezeigt – eine Aufstandsbewegung, die den Behördenstaat in weiten Regionen des Reiches zum Einsturz brachte. Insofern war die Verwaltungsreform, die Katharina damals betrieb, auch eine Antwort auf diese wohl gefährlichste Massenerhebung in nachpetrinischer Zeit. In den Gouvernementsverordnungen von 1775 tauchte der Begriff der *Gesellschaft* (*obschtschestwo*) in Russland zum ersten Male auf, doch was er meinte, war Gesellschaft als staatliche Veranstaltung, keine ständische Korporation, die ihre Rechtstitel aus der Tradition bezogen hätte und ihr Selbstbewusstsein aus sich selber.

Das Bauprinzip der neuen Verwaltungsordnung war von der Kaiserin in den ersten Jahren ihrer Regierung vorbereitet worden. Mit dem Befehl, in den Kreisen und Gouvernements, den beiden Territorialeinheiten des provinzialen Behördenstaats, sogenannte Adelsgesellschaften (*obschtschestwa dworjanskie*) einzurichten, war eine Methode gefunden, die den landsässigen Adel dazu bringen sollte, den Staat in der lokalen Sphäre mitzutragen. Zur Besetzung niederer Verwaltungsämter und Gerichtsstätten sollten die privatisierenden Landedelleute alle drei Jahre aus ihrer Mitte Beamte und Richter durch *Ballotage* wählen und somit dem Staat wie dem gemeinen Besten dienstbar bleiben. Gewählt wurde mit schwarzen und weißen Bällen, die, unter Aufsicht des Adelsmarschalls, in einen mit Tuch verkleideten Kasten zu werfen waren. Schwarz hieß ja und weiß hieß nein. (Bis 1905 sollte das Ballotieren das im amtlichen Russland übliche Abstimmungsverfahren bleiben).

Die lokalen Adelsgesellschaften waren zur Rekrutierung von Staatsdienern eingerichtet worden. Sie waren einbezogen in das Behördensystem provinzialer Regierungen, an deren Spitze Gouverneure standen. Der Gouverneur sollte nach dem Willen der Kaiserin Haupt und Wirt (*chosjain*) des ihm anvertrauten Territoriums sein – kein vom Adel gewählter Mann, sondern ein im Generalsrang stehender Karrierebeamter. Offen blieb, ob der vom Staat organisierte Landadel je in die Lage käme, sich in korporativer Richtung fortzuentwickeln, so weit, dass er fähig würde, ständische Interessen auch gegen staatliche Interessen durchzusetzen und den lokalen Staat in adliger Selbstverwaltung womöglich aufzuheben.

Auch Katharina II. hat ihren Coup d'état 1762 mit Hilfe der Garde ausgeführt und darauf vertraut, dass sie auf die Akklamation des Dienstadels bauen dürfe.

Sie hat sich erkenntlich gezeigt und den Mitwirkenden großzügige Geschenke gemacht, darunter Hunderttausende bäuerlicher Seelen. In der Tat besaß diese deutsche Prinzessin auf dem russländischen Kaiserthron keine andere Legitimation als die, die sich aus dem Beifall des Adels ziehen ließ. Abwegig wäre, Katharina deshalb für ein bloßes Geschöpf dieser Dienstklasse zu halten. Als Geschäftsträgerin adliger Interessen hat sie sich nicht verstanden. Politische Rechte einzuklagen, die die Selbstherrschaft hätten beschränken können, kam der überwältigenden Mehrheit der Edelleute ohnedies nicht in den Sinn. Der Adel war bereit, sich der *weisen Mutter des Vaterlandes* zu unterwerfen und erwartete von ihr Geborgenheit und die Wahrung und Förderung seiner sozialen und ökonomischen Interessen.

Die Kaiserin selbst hat während ihrer langen Regierung zwischen 1762 bis 1796 viel getan, um diesen Wünschen entgegenzukommen. Nicht zu Unrecht wird ihre Epoche noch heute als *goldenes Zeitalter* des russischen Adels beschrieben. Die Interessenkongruenz, die damals entstand, hat Katharina zur Stärkung ihrer autokratischen Souveränität virtuos genutzt. Von den intellektuellen Gaben dieser selbstbewussten Frau entzückt, lag die Elite des aufgeklärten Europas untertänigst ihr zu Füßen.

Wer die Spuren verfolgt, die Katharina in der Binnengeschichte Russlands hinterlassen hat, darf nicht übersehen, dass in der kurzen Regierungszeit Peters III. Tatsachen geschaffen worden waren, die kein Nachfolger hätte ignorieren oder ungeschehen machen können. Die wohl wichtigste Entscheidung war in einem kaiserlichen Manifest vom 28. Februar 1762 enthalten, das die russländischen Edelleute von der Verpflichtung befreite, lebenslänglich als Offiziere oder Beamte im Staatsdienst zu stehen. Mit dieser Emanzipationsakte, in langjähriger Kommissionsarbeit vorbereitet, hatte der holsteinische Enkel des großen Peter dem Umstand Rechnung getragen, dass die nachpetrinische Autokratie im Wesentlichen auf der Loyalität des Dienstadels beruhte. Die Throninhaberinnen hatten diese Treue durch Gnadenerweise und Privilegien zu erhalten gesucht. Schon 1736, unter Anna Iwanowna, war die Dienstpflicht des Adels auf 25 Jahre verkürzt worden. Auch die Praxis, dienende Edelleute langfristig zu beurlauben, damit sie sich ihrer gutsherrlichen Ökonomie widmen könnten, wurde großzügiger gehandhabt. Daher kann man sagen, dass das Befreiungsmanifest von 1762 die Freistellung des Adels zu einem logischen Abschluss brachte.

In Friedenszeiten sollten die Edelleute fortan das Recht haben, ihren Abschied vom Dienst zu erbitten und ihn im Regelfall tatsächlich auch zu erhalten. In eben diesem Sinn wurde das deutsche Wort *Abschied* ins Russische transferiert. Die Begründungen, mit denen das Manifest die neue Freiheit versah, waren kennzeichnend für die Ambivalenz der Situation – für die Unsicherheit der Autokratie, mit dem Begriff der Freiheit (*wolnost*) umzugehen. Der Text erinnerte an das Erziehungswerk Peter des Großen und pries die segensreichen Folgen, die davon auf den Adel als dem „ersten Rang im Staate", ausgegangen seien. Inzwischen habe „in den Herzen aller aufrichtigen Patrioten edle Gesinnung, aufrichtige Liebe und Treue (gegenüber dem Monarchen) und ein ausnehmender und wahrhafter Eifer für den Dienst Platz gegriffen", sodass er, der Herrscher, keine Notwendigkeit mehr finde, den wohlgeborenen Adel, wie bisher geschehen, in seinen Dienst zu zwingen. Im Übrigen sollte diese dem Adel gewährte Freiheit als „unveränderliches Fundamentalgesetz, als unumstößliche Stütze des souveränen Kaiserlich-Russischen Throns" für ewige Zeiten gültig sein, also auch von den Nachfolgern des Kaisers nicht angetastet werden.[62]

Mit dieser feierlichen Zusage waren Voraussetzungen dafür gegeben, dass sich aus der Mitte des Adels, zum ersten Mal in der russischen Geschichte, ein vom Staatsdienst separierter Gutsbesitzerstand entwickeln konnte, repräsentiert durch den wohlgeborenen Privatmann, der sich dem partikularen Land- und Feldleben hingeben konnte. Dass der Adel, solcher Freiheit ungeachtet, dem Staat dennoch verfügbar bleiben sollte, das zeigten die mahnenden, ja drohenden Schlusspassagen des kaiserlichen Manifests. Dort hieß es in zeitgenössischer deutscher Übersetzung: „Wir befehlen hiermit allen Unseren getreuen Unterthanen und wahren Söhnen des Vaterlands, alle diejenigen, welche nirgends und auf keine Weise gedienet, welche ihre Zeit in Faulheit und Müßiggang zubringen, ihre Kinder zum Vortheil des Vaterlands zu keinen nützlichen Wissenschaften anhalten und das allgemeine Wohl nicht beherzigen – zu verachten und sich ihrer zu entziehen (...)." Im russischen Text wird ungleich härter formuliert, dort ist nicht von *sich ihrer zu entziehen*, sondern von *vernichten* die Rede. Kein Wunder also, dass diese Ehrlosen „weder Zutritt zu Unserem Hof haben, noch bei öffentlichen Gesellschaften noch bei feierlichen Gelegenheiten geduldet werden" sollten.[63]

Dass der Ehrgeiz Katharinas über die Verklammerung des Adels mit der Staatsanstalt weit hinausging, entsprach der hohen Auffassung, die sie von ihrem Amt und von ihrer eigenen historischen Größe hatte. Die Begriffssprache ihrer Manifeste und Verordnungen war vom Pathos aufgeklärten Herrschertums geprägt, von hochfliegenden Bekenntnissen durchzogen, die als zynisch erscheinen könnten, wenn man die in Russland damals gegebenen Verhältnisse bedenkt. Indessen steht außer Zweifel, dass die Kaiserin zwar selbstgefällig und auf Ruhm bedacht, doch von den Verheißungen der Aufklärung tief ergriffen war. Sie mochte nicht unter dem Niveau ihres Zeitalters regieren, und die Maßstäbe, an denen sie sich messen lassen wollte, waren denn auch entsprechend hochgespannt. So schrieb sie 1766/67 im Schlussparagraphen ihrer Großen Instruktion, die einer *Großen Kommission zur Verfertigung eines neuen Gesetzbuches* als Richtschnur dienen sollte: „Wir schätzen es Uns zum Ruhme, daß Wir unseres Volkes wegen erschaffen sind, und daß Wir dieser Ursach wegen verbunden sind, von den Sachen so zu reden, wie sein sollen. Denn Gott verhüte, dass nach Endigung dieser Gesetzgebung ein Volk auf Erden gerechter und folglich glücklicher seyn möge, als das Unsrige. Der Zweck unserer Gesetze würde dann nicht erreicht seyn, ein Unglück welches Ich nicht zu erleben wünsche."[64]

Humanität, Gerechtigkeit und Menschenliebe sollten das Unterpfand der Freiheit und Glückseligkeit aller Untertanen sein. Als Zweck und Ziel ihrer Mühen nannte die Kaiserin die Stärkung und den Schutz des Vaterlandes, die Wahrung gerechten Gerichts, die Ausrottung aller Übel, Ungerechtigkeit und Unterdrückung, die Schaffung von Gesetzen und Einrichtungen, „durch welche die Regierung in voller Kraft und in gebührenden Schranken ihren Lauf habe".

Das war mehr als bloße Koketterie mit Montesquieus *Geist der Gesetze*, jenem berühmten Grundbuch aufgeklärten Staatsdenkens, das sie (nach eigenem Geständnis) für ihre Große Instruktion intensiv genutzt hatte. Obschon sie die Grenzen anerkannte, die ihrer Regierung gezogen waren, blieb sie doch darauf eingestellt, in ihrer pragmatischen Politik mit den großen Tendenzen des Zeitalters und den führenden Geistern der Aufklärung Fühlung zu halten.

Dass zwischen Katharinas Herrschaftspraxis und dem, was sie als Ziel vor Augen hatte, ein krasser Gegensatz bestand, lag an den Bedingungen, die sie in Russland vorgefunden hatte. Zu diesen gehörte, dass die souveräne Gewalt der Autokratie die einzige Instanz gewesen ist, von der eine allmähliche Zivilisierung der Verhältnisse erwartet werden konnte. Nach Lage der Dinge konnten durchgreifende Änderungen nur von oben kommen. Was Katharina „die allgemeine oder politische Freiheit" nannte – „Freiheit in einem Staate, das ist: in einer Versammlung von Menschen, die in Gesellschaft leben, in welcher es Gesetze gibt – diese natürliche Freiheit" sollte in Russland in der Hand des Monarchen, der einzigen Quelle der Gesetze, aufgehoben sein.

Wie Montesquieu hat Katharina monarchische Regierungen von Begriffen wie Despotie oder Tyrannei entschieden abgesetzt. „Rußland ist eine europäische Macht", so schrieb sie programmatisch. Die Weitläufigkeit und das raue Klima dieses großen Reiches ließen keine andere Regierung zu als die der Selbstherrschaft, der Vereinigung der souveränen Gewalt in der Hand des Regenten: „Eine andere Regierungsform, es sey welche es wolle, würde für Rußland nicht allein schädlich seyn, sondern zuletzt auch zur Ursache seines Umsturzes werden." Dieser geographischen und klimatologischen Legitimation der Alleinregierung hat Katharina keine andere Rechtfertigung hinzugefügt.

Man sieht, wie groß der Abstand war, der diese Argumentation nicht nur von der theokratischen Auffassung der Selbstherrschaft trennte, sondern auch von der naturrechtlichen Begründung souveräner Gewalt, wie sie in petrinischer Zeit von Feofan Prokopowitsch vorgetragen worden war. Dass Katharina auf den Thron gekommen war, schrieb sie vor allem zwei Faktoren zu: dem Willen des Einen

Gottes und des geliebten Vaterlandes, die ihr das Zepter der Macht übergeben hätten – „zur Rettung des Reiches vor dem Untergang".

Wie die Kaiserin verfuhr, um Montesquieu den russischen Verhältnissen anzupassen, lässt sich an wenigen Beispielen zeigen. Bekanntlich war das Modell einer durch Gesetze regulierten monarchischen Regierung bei ihm an die Existenz von Zwischengewalten (*pouvoirs intermédiaires*) geknüpft, an die Mitwirkung ständisch verfasster Korporationen. Katharina dagegen hat den Begriff der Zwischengewalten nicht korporativ, sondern bürokratisch aufgefasst und *pouvoirs intermédiaires* mit *Regierungen* (*prawitelstwa*) ins Russische übersetzt. Die deutsche Fassung spricht von „Regierungen, durch welche gleichsam als durch gleiche Ströme die Macht des Regenten sich ergießet". Auch der Begriff der *corps politiques* wurde nicht den Ständen zugesprochen, sondern einer staatlichen Oberbehörde, dem Regierenden Senat als dem *dêpot des lois*.

Zur Quintessenz des Montesquieuschen Ideals einer monarchischen Regierung gehörte das Prinzip der Gewaltenteilung, vor allem die Trennung von Administration und Gericht. Auch diesen Gedanken hatte Katharina aufgenommen: zuerst 1766/67 in der erwähnten Großen Instruktion und dann 1775 in den Gouvernementsgesetzen. Das Gerichtssystem, das sie einzurichten befahl, sollte von den Polizei- und Verwaltungsbehörden abgesondert sein. Überdies wurde die Einrichtung eines Gewissensgerichts nach englischem Muster angeordnet, um den Geboten der Humanität gegenüber dem geschriebenen Recht in angemessener Weise Raum zu schaffen.

Besieht man die Verordnungen genauer, dann zeigt sich, dass es nicht um Gewaltenteilung ging, nicht um die Schaffung eines von der Staatsgewalt unabhängigen Gerichts, sondern um bloße Ressorttrennung, die durch den Gouverneur, dem Polizei und Gerichte gleichermaßen unterstanden, wieder aufgehoben wurde. Das größte Hindernis, das der Realisierung der aufgeklärten Ideen, des Humanitätsgedankens und der Freiheitsbegriffe entgegenstand, war fraglos die bäuerliche Leibeigenschaft. In ihren Schriften hat Katharina rührende Bekenntnisse zur Menschenliebe abgelegt und schärfste Absagen an die Sklaverei formuliert, weil diese dem Naturrecht und der Menschenwürde zutiefst zuwider sei. Doch die hohe Frau hat das Problem der Leibeigenschaft stets auch als Teil des Adelsproblems begriffen, als ein Faktum, das nicht durch einen Federstrich aus der Welt zu schaffen sei: „Es ist gegen die christliche Religion, Menschen, die alle zur Freiheit geboren sind, zu Sklaven zu machen (...) Doch sie mit einem Schlage zu befreien, wäre nicht das Mittel, die Liebe der Gutsbesitzer zu gewinnen, die von Starrsinn und Vorurteilen erfüllt sind."

Auf die Liebe eben dieser Gutsbesitzer, auf deren Loyalität der autokratische Staat nicht verzichten konnte, war Katharina angewiesen, und so blieb ihr nichts anderes als dafür zu werben, dass der Adel seinen leibeigenen Untertanen mit

Liebe und Milde begegne, ihnen keinen Anlass zur Empörung und zum Aufruhr gebe. An Äußerungen der Verachtung gegenüber der *noblesse vulgaire,* die ihre Leute peinige und martere, hat Katharina es nicht fehlen lassen, auch nicht an Mitgefühl für jene „unglückliche Menschenklasse", die, wie sie schrieb, „ohne Verbrechen zu begehen ihre Fesseln nicht zerreißen kann. Kaum wagt man zu sagen, dass sie Menschen sind wie wir, und wenn ich selbst das sage, riskiere ich, dass man mit Steinen nach mir wirft (...). Ich glaube, dass es nicht einmal zwanzig Personen gibt, die über diese Frage mit Humanität und als Menschen denken."

Nichts spricht dafür, dass Katharina ob solcher Einsicht von Schmerz zerrieben worden wäre. Als 1767 die Große Gesetzeskommission zusammentrat, um der Humanität in Russland Bahn zu brechen, bestätigte sie in einem Senatsukas, was bereits das Gesetzbuch von 1649 verordnet hatte. Verfasser von Bittschriften, die sich gegen Gutsherren richten und der Kaiserin übergeben würden, sollten mit der Knute gestraft, zu lebenslänglicher Arbeit nach Sibirien verschickt und ihren Eigentümern als Rekruten angerechnet werden. Dieser Ukas ist noch Jahrzehnte lang in Kraft geblieben – in schreiendem Widerspruch zu den hehren Grundsätzen, die Katharina in ihrer Großen Instruktion und anderwärts verkündet hatte: „Die Gleichheit aller Bürger bestehet darinnen, dass sie sämtlich einerley Gesetzen unterworfen seyn."

Die Autokratie, die auf die ganze Fülle souveräner Macht Anspruch erhob, war nicht mächtig, diese Widersprüche aufzulösen. Als sie es in den sechziger Jahren des 19. Jahrhunderts versuchte, stellte sich heraus, dass sie mit der Emanzipation der Bauern und mit den sich anschließenden liberalen Reformen ihre eigenen Fundamente zu untergraben begann.[65]

3.2 Staatsausbau und Adelsgesellschaft

Am 30. Juli 1767 hatte sich in Moskau, der alten Haupt- und Krönungsstadt, Merkwürdiges getan. Im Kreml war an diesem Tag auf Befehl Katharinas die schon beschriebene, rund achthundertköpfige *Große Kommission* teils gewählter, teils ernannter Deputierter zusammengetreten – „niedergesetzt zur Verfertigung eines neuen Gesetzbuchs"[66]. Man übertreibt nicht, wenn man sagt, dass dieses Ereignis den Höhepunkt des Versuchs der Kaiserin markiert, Russland aus den überkommenen Verhältnissen herauszureißen und den autokratischen Staat aufs Niveau des aufgeklärten Jahrhunderts zu bringen. Es war ein sorgfältig kalkuliertes Unternehmen, auf öffentliche Wirkung bedacht – auch darauf, den Ruhm Katharinas in Europa auszubreiten und zu mehren.

Die Aufforderung, Deputierte nach Moskau zu schicken, war nicht nur an den Landadel, sondern an alle Untertanenklassen des Reiches ergangen. Bei ausländischen Beobachtern war die Meinung aufgekommen, die Kaiserin habe, nach dem Beispiel der französischen Könige, die russischen Generalstände an die Stufen des Throns gerufen. Russischen Zeitgenossen mochte es näher liegen, an Parallelen aus der eigenen Geschichte zu denken, an die Moskauer *Semskie Sobory*, von denen schon die Rede war. Jetzt freilich, mehr als einhundert Jahre später, lebte man in einer gründlich veränderten Zeit.

Dennoch war ein den westlichen Ständen adäquater Begriff im Russischen noch nicht zur Hand. Neben dem vertrauten Ausdruck *tschiny* (Ränge) wurde hilfsweise das Wort *rody* benutzt, eine Vokabel, die auf Herkunft und Abstammung verwies, also gleichfalls auf moskowitische Tradition. Erst im ausgehenden 18. Jahrhundert haben sich neue Bezeichnungen für Stände – *soslowie* oder *sostojanie* – allmählich durchgesetzt. Damit war angedeutet, dass über die politisch-soziale Semantik in Russland nicht mehr allein das Rangdenken des Staatsdienstes entschied.

1767 waren nicht nur gewählte Adelsvertreter nach Moskau gerufen worden, sondern auch Deputierte aus der weißen und der schwarzen Geistlichkeit, aus der Kaufmannschaft, den städtischen Posadgemeinden, den Staats- und Kronbauerndörfern und aus Freibauernbezirken, die es im russischen Norden gab. Der Aufruf, Deputierte zu entsenden, galt auch für die nichtchristlichen Völkerschaften des Ostens – selbst für so exotische wie Tungusen, Samojeden und ähnlichen Populationen, die zu den jüngsten Entdeckungen der Kaiserlichen Akademie der Wissenschaften gehörten. Offenbar wollte die Kaiserin damit die bunte Vielfalt des Reiches vor aller Augen bringen. Ausgeschlossen war nur die leibeigene Bauernschaft, die sie mit Haut und Haaren den adligen Gutsbesitzern überließ. Wer nicht frei war, konnte auf staatlicher Ebene keine Stimme haben.

Die Deputierten sollten auf lokalen Wahlversammlungen ermittelt und mit Instruktionen (*nakasy*) versehen werden, in denen Wünsche und Beschwerden festgehalten werden durften. Auf diese Weise konnte die Regierung zu Informationen kommen, die ihr verlässlichere Kenntnisse über entlegene Territorien und Bevölkerungen brachten. Tatsächlich gehören diese Instruktionen noch heute zu den ergiebigsten Quellen, wenn es darum geht, für die Mitte des 18. Jahrhunderts die soziale Welt in den Regionen des riesenhaften Landes zu beschreiben. Die Kaiserlich-Historische Gesellschaft hat einen Teil dieses einzigartigen Materials in über zwanzig Bänden gedruckt.

Ganz ungewöhnlich war, dass die Deputierten ohne Ansehen ihres Ranges und ihrer Herkunft mit Privilegien ausgestattet wurden – mit Sonderrechten, denen bisher nicht einmal der Adel teilhaftig geworden war. Die Deputiertenfunktion galt als ein herausgehobenes Ehrenamt, und die Immunität, die damit verbunden war, wurde von der Kaiserin persönlich garantiert. Jedem Abgeordneten, ob Edelmann, Städter oder Kronbauer, ob Christen, Heiden oder Muslime, wurde allergnädigst zugesagt, auf Lebenszeit von Todesstrafe, Tortur und Leibesstrafe frei zu bleiben – „das Verbrechen sei beschaffen wie es wolle"[67]. Auch Vermögen sollten ohne Gericht nicht konfisziert werden dürfen. Niemand sollte sich unterstehen, an einem Deputierten ein Urteil zu vollziehen, das die Kaiserin höchsteigenhändig nicht bestätigt habe.

In dem Privilegienkatalog der Deputierten, und das ist wichtig, tauchten in Russland die Umrisse des Staatsbürgers zum ersten Male auf: die Konturen eines *citoyen*, der seine Würde in sich selber tragen, einer Staatsbürgergesellschaft, die die herkömmlichen Rang- und Standesgrenzen übergreifen könnte. Doch mehr als ein Fixierbild konnte sie nicht sein. Im Leben fand sie keinen Halt. Denn wer als Deputierter damals nach Moskau kam, der kam auf allerhöchsten Befehl, nicht als Mandatsträger ständischer Verbände, denen er Rechenschaft schuldig gewesen wäre.

Die Deputiertenwahlen, von den Gouverneuren kontrolliert, ja gelegentlich erzwungen, wurden vielfach als neue Form der Rekrutierung zum Dienst verstanden. Die *nakasy* folgten dem unterwürfigen Zeremonialstil, der für Bittschriften an den Herrscher und die obersten Behörden charakteristisch war. Wie sich zeigte, wurden diese Papiere in Moskau nicht erörtert, sondern zu den Akten genommen. Nach der feierlichen Eröffnung durch die Monarchin löste sich die Versammlung in Fachausschüsse bürokratischen Zuschnitts auf – in Unterkommissionen, deren Aufgabe es war, Entwürfe zur Neuordnung der Sozialverfassung, des Polizei- und Gerichtswesens zu erarbeiten, Vorschläge zur Förderung des Handwerks, des Ackerbaus und der Viehzucht zu machen und sich um Probleme der Peuplierung und um andere komplizierte Sachen zu mühen.

1768, als Katharina den Krieg gegen die Hohe Pforte zu eröffnen befahl, um ein Zusammengehen der polnischen Adelskonföderation von Bar mit den Türken abzuwenden, wurden die meisten Deputierten nach Hause entlassen. Keinen Augenblick war die Kaiserin gesonnen gewesen, ihre Entscheidungsgewalt in die Hände einer Abgeordnetenversammlung zu legen. Einige, von hohen Beamten dirigierte Fachausschüsse wurden nach Petersburg verlegt, wo die Herren noch ein paar Jahre lang beieinander saßen – von gewaltigen Aktenbündeln umgeben, über schlechten Landkarten seufzend, auf der Suche nach Städten und Flecken, die den Steuerlisten bisher entgangen waren. Sie blieben der Gnade und Protektion der Kaiserin bedürftig, die sie zum Dienst befohlen hatte. Die Große Instruktion, als *Richtschnur* der Reformarbeit gedacht, versagte bei dem Versuch, die menschenfreundlichen Prinzipien, die dort festgehalten waren, in praktikable Gesetze umzugießen.

Als der Türkenkrieg 1774 zu Ende ging, sah Katharina aus guten Gründen davon ab, die Deputierten noch einmal zusammenzurufen oder neue wählen zu lassen. Die Gesetzgebungsarbeit endete wie eh und je im Kabinett der Kaiserin.

Von Männern ihres Vertrauens beraten, diktierte sie die endgültigen Texte oder schrieb sie eigenhändig nieder. Wichtigstes Ergebnis dieser Bemühungen waren die Gouvernementsverordnungen von 1775.

Was von der Großen Kommission blieb, wog trotz aller Einschränkungen nicht gering. Die spektakuläre Veranstaltung und die ihr folgenden Neuerungen waren vor allem für den Adel von erheblichem Belang. Denn die Deputiertenwahlen in den Gouvernements und Kreisen hatten, wie gesagt, in Russland erstmals adlige Kooperationen, Adelsgesellschaften, entstehen lassen. Dabei wurden die Edelleute nicht mehr nach ihrer Zugehörigkeit zu Regimentern und Behörden erfasst, sondern als Privatleute in ihrer Eigenschaft als Glieder eines mit der Gutsherrschaft verklammerten Personenverbandes. Gutsbesitz und Seelenbesitz, nicht Rang und Amt, definierten jetzt den Edelmann. Wer eigene Güter hatte, war berechtigt, in dem Kreis, in dem sie lagen, seine Stimme zu geben – auch dann, wenn er sich weitab von seinen Dörfern im Dienst befand. „Eingesessene adlige Frauenspersonen"[68] stimmten durch schriftliche Erklärungen mit, ohne jedoch in der Versammlung zu sitzen.

Um den Kreisadel zu einer Gesellschaft zu machen, war aus dessen Mitte unter der Aufsicht der vornehmsten obrigkeitlichen Person, also des Gouverneurs, ein Adelsmarschall *(predwoditel dworjanstwa)* zu wählen, ein „Mann von untadelhaftem Wandel"[69], der fähig wäre, der Versammlung vorzustehen. Sodann war, nach Andacht und Eidesleistung in der Kirche, durch Ballotage jener Deputierte zu benennen, der nach Moskau gehen sollte. Hinzu kamen einige Herren, die den *nakas* zu verfassen hatten, den die Kaiserin verlangte. Bald wurde klar, dass die Deputiertenwahlen nichts von Dauer, sondern nur eine Episode waren. Die Adelsgesellschaften dagegen, mit ihren Kreis- und Gouvernementsmarschällen, blieben bis zum Ende der Monarchie als Standesorganisationen des Adels erhalten, ohne dass es zu einer gesamtstaatlichen Vereinigung dieser Kunstschöpfungen gekommen wäre.

Wer Maßstäbe alteuropäischen Adelslebens an die Kommissionsarbeit herantrug, wie das die Deputierten der deutschen Ritterschaften aus Est- und Livland taten, der musste sich in seinem Selbstgefühl getroffen fühlen. Der deutschbaltische Adel konnte auf Standesprivilegien und Landesrechte aus schwedischer Zeit verweisen, die von Peter dem Großen bestätigt und im Frieden von Nystadt garantiert worden waren. Ihre Sprecher in Moskau sahen diese Vorzugsstellung nun in äußerster Gefahr. In den Instruktionen, die sie mit sich führten, spiegelte sich der Widerstand traditionsbewusster Standesgesellschaften gegen die Zumutungen des absoluten Fürstenstaates. Hier war umständlich formuliert, was dem Adel nötig sei, um „nicht nur im ruhigen partikularen Dasein, sondern als freie wohlgeborene Gesellschaft (*wolnoe blagorodnoe obschtschestwo*)" zu bestehen: verbriefte, unverletzliche Freiheiten der Korporation gegenüber der

Staatsverwaltung, eine eigene Rechtssphäre, die vor Eingriffen von außen und oben sicher sei, die Freiheit, in öffentlich-rechtlicher Stellung Landesherrschaft auszuüben, als Zwischengewalt im Montesquieuschen Sinn, als Träger einer Verfassung, die von der staatlichen Obergewalt nicht beschnitten oder gar aufgehoben werden könne.

Der europäische Kontext war der aufgeklärte Absolutismus. Er hatte auch außerhalb Russlands eine begrenzte Aufwertung ständischer Einrichtungen gebracht, um den Behördenstaat zu stärken, nicht um ihn entbehrlich zu machen. Von unterschiedlichen Voraussetzungen her sind die sozialen Ordnungen in Russland und in Alteuropa damals einander ähnlicher geworden: in Russland die moskowitische Dienstklassenverfassung, in Europa das alteuropäische Ständewesen. Nicht an der Emanzipation und korporativer Freiheit war der Kaiserin gelegen, sondern an der Verklammerung des Adels mit der Staatsanstalt. Die zögernd betriebene Regulierung des Ständerechts stand unter dem Primat der Verwaltungsreform, deren Vorgeschichte mit der Großen Kommission unmittelbar verbunden war. So lassen sich Vorschläge aus den Instruktionen von 1767 in den Bestimmungen der Gouvernementsreform von 1775 unschwer wiederfinden.

Es mag offenbleiben, ob man diese *nakasy* mit den *Cahiers de doléances* der Französischen Revolution vergleichen kann. Jedenfalls drückten sie den verbreiteten Widerwillen aus, den der russische Landadel gegen die in den Provinzen herrschenden Missstände empfand. Diese Gravamina waren der Regierung seit langem geläufig: Räuberunwesen und Unsicherheit der Straßen, Willkürakte und Anmaßungen örtlicher Gewalthaber, Bewegungsschwäche in den Ämtern und Gerichten, Trunkenheit und Bestechlichkeit der Beamten, mangelnder Schutz von Witwen und Waisen und dergleichen Übel mehr.

Es gibt kaum Zweifel daran, dass der Adel den Zustand der Lokalverwaltung für schwer erträglich hielt. Das Verlangen, der Polizei- und Gerichtsgewalt der Wojewoden zu entgehen, konnte schwerlich größer sein. So war der Gedanke aufgekommen, die Beamten der unteren Verwaltung durch gewählte Personen aus dem Kreisadel zu ersetzen: durch Landrichter, Oberkommissare. Häufiger noch wurde vorgeschlagen, neben den bestehenden Kreisbehörden gesonderte Gerichtsstätten, Schlichtungsämter und Vormundschaften einzurichten, die unabhängig von den Gouvernementskanzleien allein für den Adel zuständig wären.

Aufs Ganze gesehen lässt sich schwerlich sagen, dass zwischen den Erwartungen des Landadels und den Reformvorstellungen der Regierung unversöhnliche Gegensätze bestanden hätten. Der Gedanke, lokale Ämter mit gewählten Edelleuten auszustatten, war nicht neu, sondern kam aus der moskowitischen Verwaltungstradition. Auch Peter der Große hatte sich daran versucht. Obwohl die Enttäuschungen stets größer gewesen waren als die Erfolge, mochte sich die Regierung seit 1762, seit der Befreiung des Adels vom lebenslänglichen Zwangsdienst, nun bessere Lösungen versprechen als zuvor. Offensichtlich war es die einzig brauchbare Alternative zum bestehenden Kanzleisystem, einem der chronischen Übel des russischen Behördenstaats. Als der lokale Staat in den vom Pugatschow-Aufstand erfassten Gebieten zusammenbrach, sprach alles dafür, die Entscheidung nicht mehr länger aufzuschieben. Am 7. November 1775 wurde die Gouvernementsverordnung in Kraft gesetzt.

In der Präambel und in vielen Paragraphen trat die Quintessenz der kaiserlichen Reformgesinnung klar hervor. Unverkennbar war, dass Adelsversammlungen, Adelswahlen und Beschlüsse keinen anderen Sinn haben sollten als den, dem Staat für die niederen Ämter Beamte und Richter zu stellen, in den Provinzen für Ruhe und Ordnung zu sorgen und von den Dörfern Steuern und Rekruten einzuziehen. Dass die Gutsbesitzer das Verlangen Katharinas teilten, die lokalen Verhältnisse gebessert zu sehen, steht außer Zweifel.

Der Schutz der privaten Interessen des Adels, seiner Ökonomie und Sicherheit, hingen in diesem weiten Bauernland allein an der staatlichen Autorität. Der Pugatschow-Aufstand hatte diese Einsicht geschärft. Selbst Katharina konnte am Adel nicht vorbeiregieren, weil sie damit das soziale Fundament des Reiches untergraben hätte. Doch auf Partnerschaft mit der Staatsgewalt war der Adel noch nicht vorbereitet. Die Emanzipation vom lebenslänglichen Zwangsdienst hatte aus dieser Untertanenklasse keinen politischen Stand gemacht, der zur Vertretung kollektiver Interessen fähig gewesen wäre.

Solange die Leibeigenschaft bestand, konnten Staat und Gesellschaft in Russland nicht auseinandertreten. Dem Ansinnen, den Staat zur Schutzanstalt des Adels zu machen, sah sich die Kaiserin nie ausgesetzt. Mit Selbstverständlichkeit vertrat sie den Anspruch, dass es sittliche Pflicht des wohlgeborenen Standes sei, der Monarchin, dem Vaterland, dem allgemeinen Wohl zu dienen, an jeglichem Ort und zu jeglichem Zweck.

Der neue Wahldienst, der 1775 verordnet wurde, folgte diesem Prinzip. Er brachte Privatleute auf die unterschiedlichsten Plätze der Lokalverwaltung: in das Amt des Kreishauptmanns (*isprawnik*) und in eine Vielzahl anderer schlecht besoldeter Ämter, die in die Hierarchie der Staatsverwaltung eingeordnet waren. Auch die Adelsmarschälle, die einzigen ständischen Repräsentanten, über die der Adel in den Gouvernements und Kreisen verfügte, wurden in die Pyramide subordinierter Dienste eingebaut. Die Aufgaben, die diesen Herren übertragen waren, machten ihr Ehrenamt zu einer Transmissionsinstanz der gouvernementalen Gewalt. Von adelsständischer Selbstbestimmung konnte keine Rede sein. Auf Neuschöpfungen, wie die Vormundschaftsämter oder die Kollegien der allgemeinen Fürsorge, ließ sie sich nicht gründen.

Zehn Jahre nach Einführung der Gouvernementsverfassung, am 21. April 1785, gab Katharina dieser Einsicht nach. Die Adelsrechte wurden beträchtlich erweitert und in einer feierlichen *Gnadenurkunde* festgeschrieben. Doch was den Adel damals wie in einem goldenen Zeitalter leben ließ, erwies sich als ein goldener Käfig mit vielen Verschlüssen. Als festeste Klammer waren die persönlichen Privilegien (*litschnye preimuschtschestwa*) dieses Gnadenbriefes anzusehen, die schon während der Großen Kommission erörtert worden waren, allen voran die Garantie des Privateigentums im römisch-rechtlichen Sinn, die nahezu unbeschränkte Verfügungsgewalt der Gutsbesitzer über Land und Leute.

Mit der Festigung der Leibeigenschaft wie mit der Reform von 1775 war der Tatsache Rechnung getragen worden, dass die Autokratie außerstande blieb, die hoheitlichen Funktionen der landbesitzenden Edelleute durch die Amtsgewalt von Karrierebeamten zu ersetzen. Auch dies erklärt, weshalb die Gnadenurkunde darauf ausging, den lokalen Adelsgesellschaften, die bisher auf die Kreisebene beschränkt worden waren, eine einheitliche Rechtsform zu geben. Nun sollten sie auf die Gouvernements (von denen es in Russland an die fünfzig gab) erweitert und die Kreisversammlungen am Amtssitz des Gouverneurs zur Versammlung des Gouvernementsadels vereinigt werden.

Im Vergleich zu den staatlichen Pflichten, welche die Adelsgesellschaften zu tragen hatten, blieb für die Entfaltung ständischer Eigentätigkeit wenig Raum. Der Korporation oblag die Fürsorgepflicht für adlige Witwen und Waisen sowie die Führung von Adelsmatrikeln, ein Hilfsdienst für die Gouvernementsregierung bzw. für das zentrale Heroldsamt in Petersburg. Ferner wurde der Versammlung erlaubt, dem Generalgouverneur oder dem Gouverneur gemeinsame Bedürfnisse und Belange vorzutragen. Auch dem Regierenden Senat und der Kaiserlichen Majestät sollten, wie es hieß, „auf gesetzmäßiger Grundlage"[70] Vorstellungen und Klagen übermittelt werden dürfen. Wie so vage Zusagen zu praktizieren wären, stand dahin.

Die wichtigste Bestimmung der Adelsgesellschaft aber blieben auch weiterhin die Ämterwahlen: zehn Beisitzer für das adlige Oberlandgericht, zwei Beisitzer für das Gewissensgericht, die Kreispolizeihauptleute und Kreisrichter, zwei adlige Beisitzer für jeden Kreis, dazu die Adelsmarschälle und die Kustoden der Adelsmatrikel. Eine Fülle lokaler Positionen tat sich den Gliedern der Adelsgesellschaft auf. Der Gouverneur überwachte die ordnungsmäßigen Prozeduren, er war gehalten, den gewählten Personen die amtliche Bestätigung nicht zu versagen, falls kein offenbares Laster an ihnen hafte.

Nicht übersehen werden darf, dass das System, das die Gesetze von 1775 und 1785 geschaffen hatten, trotz aller Mängel von langer Dauer war. Erst mit der Abschaffung der Leibeigenschaft im Frühjahr 1861 fielen auch die Klammern, die einer Emanzipation des Landadels von der autokratischen Staatsanstalt entgegenstanden.

3.3 Bauern und Leibeigenschaft

Der Ausdruck Leibeigenschaft (*krepostnitschestwo*) in der Sozialordnung Russlands meinte, wie bereits zu Beginn meiner Ausführungen dargelegt wurde, Fesselung, Rechtlosigkeit, Entmündigung. Er bezog sich auf jene extremen Formen bäuerlicher Untertänigkeit, die bis 1861 die Lebenslage eines Großteils der ländlichen Bevölkerung in Russland bestimmten. Betroffen waren die Untertanenkategorien der Gutsbauern und des Hofgesindes, beide lebendes Eigentum ihrer adligen Herren. Die Leibeigenschaft hat zu den Fundamentalbedingungen autokratischer Herrschaft gehört, und die Wirkungen, die von ihr ausgingen, reichten über die unmittelbar betroffene Menschenklasse weit hinaus. Nicht nur die Geschichte der Bauern, auch die des Adels lässt sich ohne dieses Kernstück der ländlichen Herrschaftsverfassung nicht verstehen. Der Verfügungsgewalt der Gutsbesitzer (*pomeschtschiki*) über ihr christlich getauftes Eigentum, entsprach die Abhängigkeit, in der sich der Adel gegenüber der Autokratie befand.

Das Manifest von 1762, mit dem die lebenslängliche Dienstpflicht der Edelleute aufgehoben worden war, hatte an diesem Abhängigkeitsverhältnis nur wenig geändert, denn dem privatisierenden Landadel wurden, wie berichtet, durch die Gouvernementsverordnungen von 1775 neue Lasten auferlegt, die Verpflichtung vor allem, für die Besetzung lokaler Ämter Beamte, Richter und Beisitzer zu stellen. Aber auch als Gutsbesitzer blieben die Edelleute Agenten der staatlichen Gewalt, fungierten als Polizeimeister, Richter und Steuereintreiber ihrer eigenen Untertanen, als unterste Instanz der Herrschaftsordnung.

Die Gnadenurkunde von 1785 hatte die leibeigenen Seelen auch im römischrechtlichen Sinn zu privatem Eigentum gemacht. Sie hatte in der Figur des *pomeschtschik* privatrechtliche und öffentlich-rechtliche Sphären stärker als je miteinander verflochten. Gegenüber dem Fiskus hafteten die Gutsbesitzer für die Lasten, die auf den *Revisionsseelen* ihrer Dörfer lagen: für den Einzug der Kopfsteuer, die Ablieferung von Rekruten und für Ruhe und Ordnung sowieso. Auch hatten sie dafür zu sorgen, dass wegen übermäßiger Bedrückung auf ihren Dörfern kein Aufruhr entstehe. Wenn bäuerliche Aufsässigkeit sich dennoch regte, ließen sich Militärkommandos zu Hilfe rufen. Ob beziehungsweise wann sie kamen, stand dahin.

Neben den leibeigenen Gutsuntertanen gab es noch andere Kategorien bäuerlichen Volks, die in den Ausführungen zu Sozialverfassung im Wandel schon Erwähnung gefunden hatten: Staatsbauern (*gosudarstwennye krestjane*) und Kronbauern (*udelnye krestjane*). Die einen lebten auf Ländereien des Fiskus, die anderen auf solchen des kaiserlichen Hauses. Hier wurden die Funktionen der Gutsbesitzer von den zuständigen Finanzbehörden bzw. den Hofämtern ausgeübt. Überdies waren mit der Verstaatlichung des kirchlichen Grundbesitzes (1764), auch die Klosterbauern (*monastyrskie krestjane*) den Staatsbauern zugeschlagen worden, so dass diese Untertanenklasse gegen Ende des 18. Jahrhunderts an die 40 Prozent der bäuerlichen Bevölkerung umfasste.

Mit den Leibeigenen verglichen, befanden sich die Staatsbauern in vorteilhafterer Lage. Zwar waren auch sie der Kopfsteuer unterworfen, hatten Rekruten zu stellen, Spanndienste zu leisten und militärische Einquartierung zu ertragen. Doch der Zins, der sogenannte *obrok*, den sie für die von ihnen genutzten Landstücke zahlten, war durch Verordnungen normiert, die, zumindest auf dem Papier, der Willkür der lokalen Finanzbehörden Grenzen setzten. Ein noch wichtigerer Vorzug war, dass die Staatsbauern, anders als Leibeigene auf herrschaftlichen Gütern, keine Frondienste leisten mussten. Das Übelste, was ihnen widerfahren konnte, war, von der kaiserlichen Majestät an verdiente Heerführer, hohe Würdenträger oder Favoriten verschenkt, mithin zu Leibeigenen gemacht zu werden.

Die privatbäuerlichen Arbeits- und Abgabeverpflichtungen waren vom Gesetz nicht geregelt. In den fruchtbaren Schwarzerdegebieten überwog die Gutswirtschaft, die in Eigenregie betriebene Bewirtschaftung des Herrenlandes. Hier dominierte die Fronarbeit, die sogenannte *barschtschina*, wobei den Bauern zur Eigennutzung nur kleine Feldstreifen überlassen waren. Zwar hatte 1797 Kaiser Paul I. per Ukas verfügt, dass Fronarbeit auf drei Tage wöchentlich zu beschränken sei, doch in der Praxis war diese Norm fern der Realität geblieben. Ihre Einhaltung hat sich nicht kontrollieren lassen. Auch einklagen ließ sie sich nicht, weil die Leibeigenen keine rechtsfähigen Subjekte waren und auf Beschwerden gegen den Gutsherrn schwere Strafen standen.

In der agrarisch wenig ergiebigen Nichtschwarzerdezone, zu der die altmoskowitischen Gouvernements gehörten, hatten die Bauern ihren Eigentümern überwiegend *obrok* zu entrichten – eine Abgabe, die in Naturalien oder in Geld geleistet werden konnte. In dem Maß, in dem die Kommerzialisierung des bäuerlichen Kleingewerbes voranschritt, wuchs die Tendenz, Geld zu verlangen. Überdies gab es, je nach Umfang und Rentabilität der Gutswirtschaft, Mischformen von Zins und Fron, die weiter verbreitet waren, als in den meisten Büchern steht.

Den Leibeigenenbesitzern wie den Behörden konnte es im Grunde gleichgültig sein, wo und wie die Untertanen zu blanker Münze kamen, um ihre Verpflichtungen zu erfüllen. Das erklärt, weshalb die Mobilität unter den leibeigenen Fronbauern (wie auch den Staatsbauern) beträchtlich blieb. Ende des 18. Jahrhunderts lebten fünfzehn bis zwanzig Prozent aller männlichen Bauernseelen nicht in den Dorfgemeinden, in denen sie festgeschrieben waren. Einzelne bäuerliche Unternehmer haben es zu erheblichem Reichtum gebracht, an dem ihre Herren schon deshalb Anteil hatten, weil die Leibeigenen selbst kein rechtlich gesichertes Eigentum besaßen.

Unter diesen Verhältnissen gab es für die bäuerliche Bevölkerung nur wenige Möglichkeiten, sich dem Zugriff des Fiskus und der Gutsherren zu entziehen. Die wirkungsvollste und daher auch verbreitetste Methode war die illegale Abwanderung in periphere Regionen des Reiches, in die der Behördenstaat bislang kaum vorgedrungen war. Auch altgläubige Gemeinden, die an besonderer Bedrückung litten, haben in diesen mehr oder minder herrschaftsfreien Räumen Schutz gesucht. Zu den wichtigsten Fluchtgebieten gehörten die mittlere Wolga und die Steppen zwischen Don und Ural – entlegene Zonen nichtchristlicher, überwiegend muslimisch geprägter Kultur, bewohnt von Tataren, Baschkiren und anderen Fremdvölkern, auch von Nomadenstämmen aus den einstigen Khanaten der Goldenen Horde.

Entlang befestigter Linien wurden diese Räume durch Kosakenverbände unter gewählten Atamanen nach außen hin gesichert, aber sie wurden von ihnen nicht beherrscht. Der eigentümliche Freiheitsbegriff, an dem die Kosaken hingen, stimmte mit den Gefühlslagen und Erwartungen des bäuerlichen Volkes weithin überein. Der Pugatschow-Aufstand war die letzte Massenerhebung eines Typs, den man mit Eric Hobsbawm *archaisch*[71] nennen kann. Charakteristisch für die moralische Ökonomie dieser *Sozialrebellen* war, dass sie den Mythos vom guten, gerechten und weisen Zaren nicht entbehren mochten. Um sich vor dem Volk zu legitimieren und Autorität zu gewinnen, traten die Anführer in der Regel als reinkarnierte Zaren oder Zarensöhne auf, als Verschollene oder Vertriebene, denen illegitime Machthaber die Herrscherwürde bisher vorenthalten hätten. Noch Pugatschow wollte die bestehende Ordnung im Namen des Zaren aus den Angeln heben. So hatte er die Rolle des 1762 ermordeten Kaisers Peter III. angenommen. Von seinem Hofstaat umgeben und auf Tatarenmädchen gestützt, pflegte er vor aller Welt die wahrhaft gottgefällige Zarenherrschaft zu simulieren. Doch das Charisma, das er auf solche Weise auf sich zog, war dem massiven Einsatz der Armee auf Dauer nicht gewachsen.

Es verwundert nicht, dass die Regierung Katharinas bemüht war, das Verwaltungssystem von 1775 auch auf die peripheren Reichsgebiete auszudehnen. Über dessen pazifizierende Wirkungen lässt sich Verlässliches nicht sagen. Sagen darf man allerdings, dass sich raumgreifende Aufstandskriege, wie sie bis dahin möglich gewesen waren, im eigentlichen Russland vorerst nicht wiederholten. Erst mit der Revolution von 1905 brachen sich – unter anderen Bedingungen – ähnliche Konvulsionen wieder Bahn. Doch wer damals rebellierte, wollte in aller Regel keinen Zaren mehr.

Die Anfälligkeit für sozialen Aufruhr und die elementaren Begriffe, die das Volk von Gerechtigkeit und Freiheit hatte, geben Anlass, nach Lebensweisen und Mentalitäten der Bauern unter den Bedingungen der Leibeigenschaft zu fragen. Dabei muss man sich vergegenwärtigen, wie stark der bäuerliche Alltag von der

Natur und vom Kreislauf der Jahreszeiten bestimmt worden ist. Kenner des russischen Dorfes haben immer wieder den scharfen Kontrast hervorgehoben, der den Lebens- und Arbeitsrhythmus in den Sommermonaten von dem in anderen Jahreszeiten unterschied. Die Kürze der Vegetationszeit zwischen Saat und Ernte verlangte die äußerste Anstrengung der Kräfte, dann folgte eine lange Periode, in der im Freien nichts oder doch nicht viel zu tun blieb. Mitte des 19. Jahrhunderts gab es in den russischen Zentralgouvernements im Jahr nicht weniger als 153 Feiertage, die meisten lagen zwischen November und Februar.

Wassili Kljutschewskij, der wohl bedeutendste Historiker der späten Zarenzeit, hat in seiner berühmten *Russischen Geschichte*[72] gesagt, der russische, zumal der großrussische Bauer wisse sehr gut, wie wichtig es sei, den klaren Sommertag zur Arbeit zu nutzen, weil ihm die Natur nur eine kurze Zeitspanne gönne, um sein Feld zu bestellen. Auch wisse er, dass der Sommer durch ungünstiges Wetter mitunter noch kürzer werden könne und er, der Bauer, deshalb zu größter Eile gezwungen sei, um die Feldarbeit rechtzeitig zu erledigen und den Herbst und den Winter über ausgiebig zu feiern: „Kein Volk in Europa ist zu so einer großen Anspannung aller Kräfte für kurze Zeit imstande wie die Großrussen. Aber wir werden wohl auch nirgends sonst in Europa ein ähnliches Unvermögen zu gleichmäßiger Arbeit finden wie eben hier in Großrußland."[73] Noch in sowjetischer Zeit war dieser Arbeitsstil in Begriff und Praxis der *Schturmowschtschina*, der Stoßarbeit, enthalten.

Als eine revolutionär gestimmte Jugend, von den Ideen der Narodniki bewegt, in den 1860er und 70er Jahren auf die Dörfer ging, um im Volk den Geist des Aufruhrs zu wecken, wurden diese jungen Leute, wie man aus vielen Memoiren weiß, schwer enttäuscht. Unversehens wurden sie gewahr, dass die Bauern von Freiheit und Gerechtigkeit andere Begriffe hatten als die von sozialistischen Ideen aufgerührten Gymnasiasten und Studenten. Das Bauernvolk erwartete seine *wolja* weder von Revolutionären noch von Gutsbesitzern und Behörden, sondern wie eh und je von *Väterchen Zar* (*zar batjuschka*), dem gottgesalbten Herrscher ihrer patriarchalisch geordneten Welt. Kein Zweifel, dieser Mythos war bis weit ins 19. Jahrhundert hinein noch unversehrt.[74]

Im Russischen ist *mir* die ursprüngliche Bezeichnung für die bäuerliche Gemeinde. Das Wort meint Friede, Friedensbezirk und Welt zugleich. Der Ausdruck *obschtschina*, der später entstand und die kollektiven Elemente stärker betont, wird von der jüngeren Forschung für eine Sprachschöpfung slawophiler Intelligenz gehalten und ist es wahrscheinlich auch. Dem Gemeindeverband, das steht außer Frage, ist nicht nur die Friedenswahrung unter den Dorfgenossen aufgetragen. Seit dem 16. Jahrhundert haftet er auch für alle Steuerabgaben und alle Arbeitsleistungen, die die staatliche Obrigkeit und der Gutsbesitzer von ihm verlangen.

Kollektivhaftung (*krugowaja poruka*) der Gemeindeglieder – das ist die Klammer, die den *mir* zusammenhält. Sie begründet die Verfügung über den Landanteil, den die Gutsbesitzer oder der Staat den Gemeinden zur Nutzung zugewiesen haben. Aus ihr ergibt sich, dass die Gemeindeversammlung über die Verteilung der Lasten an die Gemeindeglieder entscheidet. Gewohnheitsrechtlich galt dabei, nach dem Grundsatz ausgleichender Gerechtigkeit zu verfahren, nach den Maßstäben jener *moralischen Ökonomie*, die Edward P. Thompson als erster am Beispiel der frühindustriellen Arbeiterklasse Englands beschrieb.[75]

Ungleich nachhaltiger als durch die moskowitische Grundsteuer und die spätere Hofsteuer wurde die Bindekraft der Bauerngemeinde durch die Fiskalkategorie der männlichen Revisionsseele verstärkt, die unter Peter dem Großen für die neue Kopfsteuer und die Rekrutenaushebung erfunden worden war. Es lag im Staatsinteresse, dass die kollektiv haftende Dorfgemeinde erhalten blieb. Und das blieb sie – die Abschaffung der Leibeigenschaft überdauernd – bis zum Anfang des 20. Jahrhunderts.

Zu den positiven Seiten der Kollektivhaftung gehörte, dass jedes Ehepaar Anrecht auf einen kleinen Bodenanteil hatte, zu deren negativen Seiten, dass es zumal für Leibeigene nahezu unmöglich war, aus der Gemeinde auszuscheiden. Mit ihren Steuer- und Abgabeverpflichtungen blieben die Bauern an die Gemeinde gebunden und dies auch dann, wenn sie mit Erlaubnis ihres Dorfältesten und Gutsherrn oder (bei Staatsbauern) der Kreisfinanzkasse weit entfernt vom Dorf in Arbeit standen. Insofern war die Verfügungsgewalt des *mir* über die Gemeindeglieder nicht gering. Mit der Entscheidung, wer von den jungen Leuten als Rekrut den Militärbehörden auszuliefern sei (nicht selten in Ketten und unter scharfer Bewachung), griff der Gemeindeverband tief in das Leben der Betroffenen und ihrer Familien ein.

Was die Belastungen angeht, die die Bauerngemeinden und die einzelnen Familien zu tragen hatten, steht außer Zweifel, dass diese während des 18. Jahrhunderts fortlaufend stiegen. Am wenigsten galt das für die Kopfsteuer, die sich nur nominell etwas erhöhte. Ungleich schwerer wog, dass die bäuerlichen Haushalte durch Einführung bzw. Erhöhung von Akzisen, also durch indirekte Steuern auf Salz, Wodka und zahlreiche andere Sachen des täglichen Bedarfs zusätzlich belastet wurden. Auch die Anforderungen der Gutsbesitzer an die Abgabeleistungen ihrer Untertanen nahmen zu – vor allem deshalb, weil den neuen Maßstäben, die für die adlige Lebenshaltung galten, nur durch wachsenden Aufwand zu genügen war. Allein die standesgemäße Erziehung der Kinder, vor allem die der Söhne, war für viele Adelsfamilien eine teurere, nicht selten ruinöse Sache.

Arkadius Kahan hat den erhöhten Geldbedarf des Adels zu den Kosten der Verwestlichung gezählt und daraus den naheliegenden Schluss gezogen, dass die land- und seelenbesitzende Klasse diese Lasten an ihre Gutsuntertanen weitergab.[76] Strittig dagegen bleibt, ob der Abgaben- und Dienstleistungsdruck, der auf den Bauern lag, in der ersten Hälfte des 19. Jahrhunderts noch weiter zugenommen hat. Die sowjetoffizielle Forschung hat diese Ansicht vertreten. Ihren Adepten lag daran, glaubhaft zu machen, dass die Autokratie in der *revolutionären Situation* der Jahre 1859/61 von einer *antifeudalen Bauernbewegung* gezwungen worden sei, die Leibeigenschaft in Russland aufzuheben.

3.4 Städtewesen und Bürgertum

Über die Geschichte der russischen Stadt, gar des russischen Bürgertums zu sprechen, ist schon deshalb nicht leicht, weil dieser Gegenstand historischen Interesses mit den Begriffen, die aus dem europäischen Städtewesen kommen, nur schwer zu fassen ist. Richard Pipes hat das einschlägige Kapitel seiner Russlandgeschichte[77] mit der Überschrift *Das nicht vorhandene Bürgertum* versehen und diesem angeblich nichtexistenten Gegenstand dann doch dreißig lesenswerte Seiten gewidmet. Manfred Hildermeier hat für sein Meisterwerk *Bürgertum und Stadt in Rußland 1760–1870*[78] fast siebenhundert Seiten gebraucht, um Rechtslage und Sozialstruktur ihrer Bedeutung angemessen zu beschreiben.

Natürlich hat es von alters her in Russland Städte gegeben und Menschen, die in ihnen lebten. Was es nicht gab, waren Verhältnisse, die dem westlichen Verständnis von Stadt und Bürgertum entsprechen. Unstrittig sind die Gründe für diese Differenz: Sie liegen in den besonderen, von Alteuropa abweichenden Herrschafts- und Sozialbeziehungen, die unter der Moskauer Autokratie entstanden waren und trotz allen Wandels fortwirkten bis weit ins 19. Jahrhundert hinein. Eine Wende, mit der eine allmähliche Angleichung begann, markiert die Stadtreform von 1870, die liberalen Mustern folgte und nach dem Ende der Leibeigenschaft ihre eigene Logik hatte.

In Moskauer Zeit hatte die autokratische Dienstklassenverfassung auch für die Städte entscheidende Maßstäbe gesetzt. Die Pflichten der Untertanen, die sich aus deren sozialer Zuordnung ergaben, waren in aller Regel unverrückbar festgeschrieben: für den Adel in den Dienstlisten der Zentralämter, für die Bauerngemeinden in den Wojewoden-Kanzleien, für die städtische Bevölkerung in den *posady* – in Steuerhaftungsgemeinden, die gleichfalls den Wojewoden unterstanden. Die Stadt war noch keine Einheit für sich selbst.

Der westliche Stadtbegriff beruht auf dem Idealbild rechtlich normierter Eigenständigkeit und Freiheit. Legt man ihn zugrunde, so gab es in Moskowien – nach der Liquidierung der Stadtrepubliken Nowgorod (1478) und Pskow (1520) – keine Gemeinwesen mehr, die dem bis nach Polen-Litauen, in Teile der Ukraine, ins Baltikum und Smolensk reichenden Typus der Bürgerstadt nach Magdeburger Recht entsprochen hätten. Stadtluft in Russland machte nicht frei. Wie erwähnt, hatte das Gesetzbuch von 1649 auch die städtischen Immunitätsbezirke der Kirche, der Bischöfe und Klöster – die sogenannten *slobody* – aufgehoben. Seither war das soziale Reservoir, aus dem in Russland Stadtbürgerschaft sich hätte bilden können, durchweg verstaatlicht und der Amtsgewalt zarischer Behörden unterworfen.

Um die Sachlage zu verstehen, muss man wissen, dass sich das russische Wort für Stadt (*gorod*) bis ins 18. Jahrhundert nicht auf städtisches, gar bürgerliches Wesen bezog, nicht auf Stadtrechte, Marktrechte und dergleichen, sondern auf einen Ort militärischer und administrativer Bestimmung. *Gorod* oder *gorodischtsche* wurden von Holzpalisaden oder Wehrmauern umgebene Burgstädte genannt. Die ältesten von ihnen waren einst fürstliche Residenzen gewesen und, wenn sie nicht ganz verfallen waren, später zu Amtssitzen von Wojewoden geworden. Innerhalb der Stadtmauern gab es in der Regel eine Kanzlei, ein Gefängnis, Arsenale für Waffen, Pulver und Blei, Unterkünfte für eine meist sehr kleine Garnison, Vorratslager und gemauerte Gewölbe zur Aufbewahrung von Steuergeldern. Und reicher als im Westen waren russische Städte mit Gotteshäusern, Glockentürmen und Klosterhöfen ausgestattet, die bedeutenderen mit einem Bischof, zu dem eine Kathedralkirche (*sobor*) gehörte.

Wer Handel oder Handwerk trieb oder ähnliche Beschäftigungen, der lebte jenseits der Mauern am Rand der Stadt. Er war in den obenerwähnten *posady* registriert, in Fiskalgemeinden, die man im frühneuzeitlichen Deutsch (dem lateinischen *suburbium* folgend) *Vorstädte* nannte. Noch in den Stadtbeschreibungen des späten 18. Jahrhunderts ist die begriffliche und topographische Trennung von *gorod* und *posad* deutlich zu sehen. Die Bewohner der Vorstädte, die *Posad-Leute* (*posadskie ljudi*), lebten überwiegend in ärmlichen Verhältnissen. Bei drohender Belagerung durch anrückende Feinde durften sie innerhalb der Stadtmauern Zuflucht suchen. Nach amtlicher Terminologie gehörten sie, wie die Bauern, zu den *lastentragenden Leuten* (*tjaglye ljudi*) und waren, wie diese, kopfsteuer- und rekrutenpflichtig. Hinzu kamen Fuhrdienste, Leistungen für die staatlichen Ämter, die im *gorod* saßen, Brennholz und Talglicht eingeschlossen, sowie die Quartiersteuer, die dazu zwang, Soldaten aufzunehmen.

An der Gesamtbevölkerung gemessen, waren die *posadskie ljudi* eine *quantité négligeable*. Mitte des 17. Jahrhunderts wurden auf dem Territorium des Moskauer Staates von dieser Untertanenkategorie kaum mehr als 100.000 männliche Steuerseelen gezählt. Das waren etwa zwei Prozent der steuerpflichtigen Bevölkerung. In der Katharina-Zeit stieg der Anteil derer, die in Posaden lebten, durch Umdefinition der Siedlungen auf etwa drei Prozent. Nennenswert größer konnte das Reservoir nicht sein, aus dem sich in Russland Bürgertum mit städtischem Patriziat und bürgerlicher Ehrbarkeit hätte entwickeln können.

Hinzuzurechnen war noch eine schmale Schicht begüterter Großkaufleute (*gosti*), die den Fern- und Außenhandel besorgten. Doch diese Herren mit ihren Familien gehörten nicht zur Stadt, sondern zur Peripherie des Zarenhofes und bildeten dort eine exponierte Klasse dienender Leute, die in jährlichem Turnus die zarischen Regalien und Monopole zu verwalten hatten: die Münze, die Zollämter, die Brandtweinverwaltung, den sibirischen Pelzhandel und den Verkehr mit ausländischen Kaufleuten (die seit der Mitte des 16. Jahrhunderts unter sehr beschränkten Bedingungen in Russland Handel treiben und Geschäfte machen konnten).

In vorpetrinischer Zeit waren die Großkaufleute nach ihrem Kapitalvermögen in drei Gruppen, sogenannten *Hundertschaften* (*sotnja*) eingeteilt, auch das zeigt, dass sie in den Staatsdienst einbezogen waren. 1634 waren in der ersten Hundertschaft (*gostinaja sotnja*) siebzehn Leute registriert, gegen Ende des Jahrhunderts vierzig, damit schien der Höhepunkt der Expansion erreicht. Die beiden anderen Gruppen waren nicht ganz so exklusiv, wenn auch nur selten größer als eine numerisch vollständige Hundertschaft. Wichtig blieb, dass die Posad-Gemeinden an dem Reichtum der privilegierten Kaufmannschaft nicht partizipierten – schon deshalb konnten sie das nicht, weil sie keine autonome Rechtsgrundlage hatten und als juristische Personen nichts galten. Als fiskalisch bestimmte Haftungsverbände waren sie außerstande, kommunales Vermögen anzusammeln und städtisches Leben in Gang zu halten.

Als Zar Peter 1698 von seiner ersten Auslandsreise nach Moskau zurückkam, hatte er in wildem Furor zuerst mit den Strelizen blutig abgerechnet, mit jenen Schützenregimentern, die in der Hauptstadt den Wach- und Ehrendienst versahen und zugleich im Kleinhandel und -gewerbe tätig waren. Vom Aufenthalt in Amsterdam und London zu kühnen Taten angeregt, drängte er darauf, das eigene Städtewesen aus der Bewegungsschwäche herauszuführen, auf dass die Kommerzien auch in Russland endlich zum Blühen kämen. An Vorbildern mangelte es nicht, wohl aber an elementaren Voraussetzungen, um durch Ukase in den Posad-Gemeinden Bürgersinn und Gewerbefleiß westlichen Stils hervorzubringen. Unter diesen Umständen blieben die Anfänge dilettantisch und die Resultate unscheinbar. 1699 wurde verfügt, die *posady* der Amtsgewalt der Wojewoden zu entziehen, falls diese bereit wären, Steuern in doppelter Höhe zu entrichten. Das Angebot war zeittypisch, denn es zeigte den absoluten Vorrang des fiskalischen Interesses vor dem kommerziellen.

Dieser Vorrang galt auch Jahrzehnte später noch – so 1721, als der Zar damit begann, die Verfassung der Städte durch ein ausladendes „Reglement über den Hauptmagistrat" von Grund auf neu zu ordnen und „das zerfallene Gebäude der russischen Kaufmannschaft"[79] wieder aufzurichten. Die dringlichste Aufgabe des Hauptmagistrats sollte eine Bestandsaufnahme aller Städte nach Zahl und Tätigkeit ihrer Bewohner sein, um das Ganze dann in eine bürokratisch regulierte Form zu bringen. Bedeutsam war, dass das Reglement die Städte mit ihren Posaden zum ersten Mal als gesonderte, vom Umland getrennte Einheiten begriff und einer eigenen Zentralbehörde, dem in Petersburg errichteten Hauptmagistrat, unterstellte. Nach dem Willen des Zaren sollten in allen Städten Rathäuser (*ratuschi*) geschaffen und mit gewählten Bürgermeistern (*bjurgermejstry*) und Ratsleuten (*ratsmany*) ausgestattet werden.

Die Nomenklatur stammte, das ist klar zu sehen, aus den deutschen Magistraten der eben erst eroberten Ostseeprovinzen, man denke an das livländische Riga oder das estländische Reval, deren schwedische Privilegien im Frieden von Nystadt erneut garantiert worden waren. Die besten und würdigsten Leute, so das Reglement, seien zur Verwaltung und Rechtsprechung heranzuziehen: Handeltreibende und Unternehmer von einiger Bedeutung, auch Doktoren, Apotheker, Besitzer von Handelsschiffen und so fort. Offensichtlich legte Peter eine Bevölkerungsstruktur zugrunde, die es in Russland damals noch nicht gab. So waren, um nur ein Beispiel zu nennen, Ärzte und Apotheker außerhalb der beiden Hauptstädte allenfalls in Einzelexemplaren zu finden. Das änderte sich erst nach 1775 allmählich, nachdem angeordnet worden war, die Gouvernementshauptstädte mit derlei Professionen auszustatten.

Das petrinische Stadtreglement von 1721 schrieb eine Ordnung vor, die weit abstach von dem, was in der russischen Wirklichkeit zu leisten möglich war. Unternehmer und Kaufleute mit einigem Vermögen sollten in zwei Gilden zusammengefasst werden, Handwerker mit gewählten Ältesten (*aldermany*) in Zünften (*zunfty* oder *zechi*) tätig sein. Für *gemeine Leute* (*podlye ljudi*), die Lohnarbeit verrichten oder in niederen Diensten stehen, waren Mitwirkungsrechte nicht vorgesehen. Solche standen nur den *regulären* (*reguljarnie*) und den *vornehmen Bürgern* (*snatye graschdane*) zu.

Dies ist nur ein winziger Ausschnitt aus einem ungemein umfangreichen, komplizierten und in sich widersprüchlichen Gesetz, dessen Sinn es war, in den Städten und Posad-Gemeinden Leben zu wecken und Bürgertugenden großzuziehen. Die historische Forschung stimmt darin überein, dass dieser kühne Entwurf keine Wurzeln schlagen konnte. Zu den regulären Bürgern der Städte wurden 1720 ungefähr 180.000 männliche Seelen gezählt, das waren etwa drei Prozent der männlichen Kopfsteuerzahler in Russland. Auf ihnen ruhte die Zuversicht des Zaren, durch gute Gesetze und wirkungsvolle Kontrollen das Kommerzium zum Wohl des gemeinen Besten entfalten zu können.

Gewerbe, Manufakturen und Fabriken entwickelten sich unter der Leibeigenschaftsordnung primär nicht in der Stadt, sondern auf dem flachen Land, auf den Besitzungen des Adels und auf Kron- und Staatsländereien. Deswegen ging, was ökonomischer und industrieller Fortschritt heißen könnte, an den russischen Städten zum größten Teil vorbei. Dies vor allem erklärt, weshalb das Städtewesen im Zarenreich bis weit ins 19. Jahrhundert hinein aus der überkommenen Rückständigkeit so schwer herausgefunden hat.

Mehr als sechzig Jahre waren seit Peters Stadtreglement vergangen, als Katharina II. 1785, in zeitlicher Parallele zur Gnadenurkunde für den Adel, einen neuen Anlauf machte, um den russischen Städten aus ihrer Schwachheit aufzuhelfen. Seit 1767 hatten Fachausschüsse und Beamtenkommissionen anhaltend nachgedacht und in Projekten festgehalten, wie es gelingen könnte, einen *Mittleren oder Dritten Stand* (*srednij ili tretij rod ljudej*) in Russland großzuziehen. Abermals ging es darum, für das bisher nicht vorhandene Bürgertum in neuer Weise Grund zu legen. Und tatsächlich trat erstmals in dieser Gnadenurkunde die Gestalt des Bürgers (*graschdanin*) auf, der den Dritten Stand, nach dem Willen der Kaiserin, aus der Papierform in die Wirklichkeit überführen sollte.

Bürger im Russischen ist ein von *Stadt* (*gorod/grad*) abgeleitetes Wort. In der deutschen Fassung des Gnadenbriefes wurde – merkwürdig genug – nicht Bürger, sondern *Stadtbewohner* gesagt. Weniger klar sind jedoch die Definitionen, die sich dem Gesetzestext entnehmen lassen. Wer Bürger ist, ergibt sich aus Ansässigkeit und Besitz; jeder, der in der Stadt ein Haus hat, ein bescheidenes aus Holz oder ein ansehnliches aus Stein, gehört dazu. Auch Edelleute können also Bürger sein. An anderer Stelle des gleichen Textes indes wird *graschdanin* nicht besitzständisch, sondern berufsständisch definiert und folglich allein auf Leute bezogen, die Handel, Handwerk oder Gewerbe treiben. Hier blieben Edelleute, Beamte, Priester und dergleichen aus der Stadtgesellschaft ausgeschlossen.

Der Gnadenbrief für die Städte hat sich, wie der für den Adel, aus der Verwaltungsreform von 1775 ergeben, mit der Russland in Gouvernements und die Gouvernements in Kreise eingeteilt worden war. Diese expansive Form des Staatsausbaus machte nur Sinn, wenn es gelang, für die neuen Lokalbehörden und Gerichtsstätten auch entsprechende Amtssitze zu finden. Im Rückblick auf diesen einzigartigen Vorgang administrativer Kolonisierung schrieb Haxthausen 1847 in seinem berühmten Russlandbuch[80], Katharina habe Städte *ernannt*, so wie sie gewohnt gewesen sei, Offiziere zu ernennen.

Im Gnadenbrief von 1785 wurde auch den Stadtbewohnern auferlegt, jeweils Gesellschaft zu bilden: *städtische Gesellschaft* (*obschtschestwo gradskoe*). Die Zugehörigkeit sollte, nach sechs Berufsgruppen gegliedert, in einem Einwohnerbuch festgehalten werden. Wichtig war, dass die alte Unterscheidung zwischen Kaufleuten und Posadleuten im Grund auch weiterhin erhalten blieb. Im Vergleich zum Reglement von 1721 gab es nur geringfügige Änderungen. Wer zur Kaufmannschaft (*kupetschestwo*) gehörte, hatte vor dem Fiskus sein Kapital zu deklarieren. Je nach Höhe des ausgewiesenen Vermögens wurde er einer von drei Gilden zugeteilt, bisher hatte es nur zwei gegeben. Für die *Posadleute*, die Masse der städtischen Bevölkerung, kam die Bezeichnung *meschtschanstwo* auf, ein Ausdruck, der sich ins Deutsche offenbar nicht glücklicher übersetzen lässt als mit *Kleinbürgertum*. Diese Kleinbürger (*meschtschane*) waren, anders als die Kaufleute (*kupzy*), der Kopfsteuer und Rekrutenpflicht unterworfen, auch den üblichen Körperstrafen, Knute oder Stockprügel.

Neu war die Schaffung einer Stadtverordnetenversammlung (*Gorodskaja duma*), in der gewählte Vertreter der Kaufleute und der Kleinbürger auf getrennten Bänken sitzen sollten. Als ständiges Organ dieser Duma sollte ein sechsköpfiger Kommunalausschuss amtieren mit einem Stadtoberhaupt (*Gorodskoj glava*) an der Spitze. Hinzu kam ein städtisches Magistratsgericht, in das Beisitzer aus den Reihen der *kupzy* und der *meschtschane* zu wählen waren. Auch ein Waisengericht sollte eingerichtet werden. Der Zweck dieser Gerichtsstätten war, die privaten Eigentumsrechte verlässlich zu sichern.

Kein Zweifel, dass über die Entwicklungsfähigkeit eines selbstbewussten Bürgerstandes vor allem die Kaufmannschaft entschied, die begüterte Minderheit, die durch Sonderrechte vom Gros der Stadtbewohner deutlich abgehoben war. Die Gildenzugehörigkeit war dreifach unterteilt: Wer 10.000 Rubel deklarierte und entsprechend Steuern zahlte, kam in die erste Gilde. Für die zweite galten 5000 Rubel als Mindestkapital und 1000 für die dritte Gilde. Wer der ersten, der vornehmsten Gilde angehörte, war berechtigt, im In- und Ausland Handel zu treiben, Fabriken und Hüttenwerke zu unterhalten oder auch Seeschiffe zu besitzen. Im Stadtgebiet sollten sie in zweispänniger Kutsche fahren dürfen. Dennoch wurden im Gnadenbrief nicht alle Wünsche erfüllt, die 1767 von Deputierten der Kaufmannschaft in der Gesetzeskommission vorgetragen worden waren. Sie erhielten weder, wie erhofft, einen Platz auf der Rangtabelle, der sie dem Dienstadel zugeordnet hätte, noch durften sie, wie Edelleute, einen Degen tragen. Kaufleute der zweiten Gilde wurden mit ihren Geschäften auf den Binnenhandel und auf die Flussschifffahrt beschränkt. Statt in zweispänniger Kutsche, also in geschlossenem Wagen, durften sie nur in zweispännigen Kaleschen fahren. Über die dritte Gilde, die zahlenmäßig stärkste, sagte das Gesetz, dass ihre Mitglieder Kleinhandel mit Kramwaren betreiben dürften, aber auch Werkstühle, Manufakturen, Wirtshäuser, Herbergen, Badestuben und dergleichen. Außer der Befreiung von Körperstrafen hatten sie keine Ehrenrechte anderer Art. Vom *meschtschanstwo*, der Masse der städtischen Bevölkerung, die sich durch Handwerk, Kleingewerbe oder Kleinhandel zu ernähren suchte, blieb die dritte Gilde nach wie vor geschieden.

Um das Gefühl für bürgerliche Ehrbarkeit zu stärken, der städtischen Oberschicht also größere Reputation zu geben, wurde durch die Gnadenurkunde noch ein besonders herausgehobener Titel geschaffen: der des sogenannten *Ehrenbürgers (imenityj graschdanin)*. Er sollte an ehemalige Stadtoberhäupter und andere verdiente Ratspersonen verliehen werden, an ausgezeichnete Gelehrte und Künstler und an Leute, die durch ungewöhnlichen Reichtum glänzten. Bei den Geldaristokraten, die Ehrenbürger werden wollten, wurden zwei Klassen unterschieden: zum einen die *Kapitalisten*, deren deklariertes Vermögen 50.000 Rubel (d. h. das Fünffache der Norm, die für die erste Kaufmannsgilde galt) überschritt, zum anderen die noch reicheren *Bankiers (bankiry)*, die 100.000 bis 200.000 Rubel nachzuweisen hatten.

Im städtischen Milieu unterhalb der Kaufmannschaft, im sogenannten *meschtschanstwo*, versuchte die Gnadenurkunde, dem Handwerk eine zunftähnliche Form zu geben – auch dies im Anschluss an petrinische Versuche, die seinerzeit nicht weit gediehen waren. Die Zulassung zum Handwerk wurde durch eine detaillierte Zunftordnung normiert. Niemand sollte sich Meister nennen und Gesellen und Lehrlinge halten dürfen, der vom Zunftamt nicht eigens überprüft und mit Berechtigungsscheinen versehen worden sei. Ziel war der Schutz des Handwerks und die Verbesserung der Qualität. Dass diese guten Absichten keinen durchgreifenden Wandel brachten, dafür gab es gute Gründe. Das Zunftprinzip und die Normierungsversuche, die damit verbunden waren, standen im Widerspruch zu dem Tatbestand, dass sich die Konkurrenz des bäuerlichen Handwerks und Handels auf den städtischen Märkten nicht hinweg dekretieren ließ.

Zieht man eine Bilanz der staatlichen Regulierungsversuche, dann zeigt sich, dass die katharinäische Stadtverfassung in den russischen Behördenstaat fest eingeschnürt geblieben ist. Die Bürgergesellschaft, deren Umrisse der Gesetzestext beschrieb, blieb eine staatliche Veranstaltung – unfähig, gemeinsame Interessen zu formulieren und diese gegenüber der Obrigkeit zur Geltung zu bringen, unfähig, bürgerliches Selbstbewusstsein in einem Land zu entwickeln, in dem der Rangklassenadel die Maßstäbe sozialer Geltung setzte. Wer aus den städtischen Klassen zu Ansehen und Vermögen kam, strebte in den Adel hinein. Manchem Kaufmann lag daran, einen unvermögenden Charaktermajor zu finden, der sich bereit machen ließ, um die Hand einer seiner heiratsfähigen Töchter anzuhalten.

Doch die Chancen, in den Genuss persönlicher Nobilitierung zu kommen, waren selbst für Ehrenbürger nicht groß. Auch dort, wo sich, wie etwa in Moskau, unter der vermögenden Kaufmannschaft eigene Lebens- und Verkehrskreise bildeten, war diese Welt von der westlich eingefärbten Adelskultur scharf getrennt, den moskowitischen Traditionen stärker verhaftet als den Normen und Moden der europäischen Zeit. Der Lebensstil der Kaufleute blieb altväterlich und konservativ in Aussehen, Gestik und Kleidung. Mit nur selten gestutzten Bärten, langen blauen, linksseitig geknöpften Kaftanmänteln, mit hohen Zylindern, sackartigen

Hosen und Stiefeln wurden sie, von westlichen Augen, als seltsam fremde, eher orientalische als europäische Erscheinungen wahrgenommen. Wenn man bedenkt, wie stark die russische Stadt in die vom Staat formierte Untertanengesellschaft eingebunden war, dann kann man sagen: So lange die Leibeigenschaft bestand, wurde in Russland auch die Stadt nicht frei.

3.5 Kirche und Klerus

Aus der Geschichte der russischen Autokratie ist die Rechtgläubige Kirche nicht fortzudenken. In Moskauer Zeit war sie die maßgebende Legitimationsinstanz der souveränen Gewalt – eine Macht für sich, so könnte man sagen, wäre die Kirche nicht selbst im spirituellen wie im institutionellen Sinn mit der zarischen Herrschaftsordnung verklammert gewesen. So unentbehrlich der autokratische Staat für die Kirche als Schutzanstalt des rechten Glaubens war, so unentbehrlich war die Kirche, der *Leib des Herrn*, für das Charisma der weltlichen Macht. Bis zum Ende des 17. Jahrhunderts ist diese wechselseitige Abhängigkeit in der Kohabitation zwischen Zar und Patriarch sichtbar geworden, ihre auf Symphonie gestimmten Saiten ebenso wie ihre Anfälligkeit für Rivalität und Konflikt.

Die Neuordnung der Kirchenverwaltung wurde 1721 durch das *Geistliche Reglement* verfügt, das – wie ich schon berichtet hatte – der von Peter hochgeschätzte Nowgoroder Erzbischof Feofan Prokopowitsch entworfen hatte. Von diesem umfänglichen Traktat war der geistliche Stand in besonderer Weise betroffen: die *schwarze* Geistlichkeit der Bischöfe, Mönche und Nonnen ebenso wie die *weiße* Geistlichkeit der Priester und Diakone, für die der Zölibat nicht galt. Dem Zaren lag daran, alle Bereiche des kirchlichen und klösterlichen Lebens den Prinzipien des Staatsnutzens und des gemeinen Besten zu unterwerfen. Der Text des Untertaneneids, den Bischöfe, Mönche und Priester zu leisten hatten, wich nur geringfügig von der Eidesformel ab, die für Staatsbeamte und Offiziere vorgeschrieben war. Vor dem Allerhöchsten Gott hatten sie zu schwören, „gehorsame, treue und gute Diener (*raby*) und Untertanen zu sein und alle zur Selbstherrschaft Sr. Kaiserl. Majestät gehörenden Rechte und Prärogativen zu bewahren, zu beschützen und zu verteidigen und dabei das eigene Leben, wenn es sein muss, nicht zu schonen, sondern (...) alles, was den wahren Dienst an Sr. Kaiserl. Maj. und den Nutzen des Staates und der Kirche betreffen mag, mit allem Eifer und Fleiß zu fördern und zu unterstützen"[81]. Der Staatsnutzen ging allem anderen voran. „Ich weiß, [so der Schluss der Eidesformel – D.G.] dass mich bei Nichterfüllung dieser Pflicht eine harte und unnachsichtige Bestrafung erwartet"[82].

Der geistliche Dienst war mithin zu einem besonderen Ressort des Staatsdienstes geworden. Auch für das Leben der Mönche und die innere Ordnung der Klöster wurden Regeln vorgeschrieben und der Tagesablauf mit peinlicher Genauigkeit durch Vorschriften fixiert, die dem Exerzierreglement für Rekruten zum Verwechseln ähnlich waren. Als Daseinszweck der Klöster wurde nutzbringende Arbeit in den Vordergrund gerückt: Armen-, Alten- und Krankenpflege, Waisenerziehung, Handarbeit und dergleichen löbliche Betätigungen. Umfangreiche Anordnungen betrafen den Betrieb geistlicher Schulen, die Ausbildung zum Priesteramt und die Unterweisung der Kinder.

Der politisch wichtigste Akt der Kirchenreform war die Liquidierung des Patriarchenamtes und die Schaffung des Allerheiligsten Synods, der im Auftrag des Monarchen die Geschäfte der Kirche besorgen sollte. Im Geistlichen Reglement ist diese Veränderung ausführlich begründet worden: unter stärkster Hervorhebung der Souveränität der monarchischen Gewalt – auch und gerade im Verhältnis zur Kirche. Für den Zaren war dieses Thema damals noch immer aktuell. Der Skandal um den Tod des Thronfolgers Aleksej, den Peter für eine Marionette verräterischer Kirchenkreise hielt und auf der Folter sterben ließ, lag erst drei Jahre zurück. Die Belehrungen freilich, die das Reglement erteilte, riefen nicht dieses entsetzliche Exempel auf, sondern griffen ins 17. Jahrhundert zurück, bezogen sich auf die Zeit der Kirchenspaltung, auf den dramatischen Konflikt zumal, den Peters Vater, Aleksej Michailowitsch, mit dem Patriarchen Nikon ausgefochten hatte. Diesem hochfahrenden Kirchenfürsten war es darum gegangen, die Stellung der Kirche gegenüber der staatlichen Gewalt zu stärken und den Patriarchen über die Person des Zaren hinauszurücken. Bei dieser Machtprobe hatte der Zar gesiegt, so dass Nikon abgesetzt wurde und in die Verbannung gehen musste.

Unerlässlich für ein tiefergehendes Verständnis ist es, auf die im Dienst der Kirche stehenden Untertanen zu sehen, auf die *zerkownye ljudi*, jene Priester und Laien, die als Sozialstand eigener Art in die russische Dienstklassenverfassung eingegliedert waren. Was die Forschungslage angeht, so ist in dieser Hinsicht nicht zu klagen. Nur zwei Spezialmonographien zur Sache seien hier genannt: das Buch des amerikanischen Historikers Gregory Freeze über die russische Pfarrgeistlichkeit im 18. Jahrhundert[83] und die Erlanger Habilitationsschrift von Erich Brynner[84], die den gleichen Gegenstand unter Einschluss des Episkopats zum Thema hat.

Dass die Kirchenleute, die *zerkowniki*, in der russischen Sozialgeschichte keine marginale Größe waren, wird sofort klar, wenn man bedenkt, dass dieser Untertanenverband in quantitativer Hinsicht kaum kleiner war als die städtische Bevölkerung. Denn zu ihnen gehörten nicht nur geweihte Priester, Mönche und Nonnen, nicht allein die Geistlichkeit (*duchowenstwo*) im engeren Sinn, sondern es gehörten, da nur verheiratete Gemeindepriester amtieren durften, automatisch auch deren Familien dazu. Die Geistlichkeit war ein erblicher Stand, man wurde in sie hinein geboren, so wie man als Bauer oder Edelmann das Licht der Welt erblickte oder als Mitglied eines städtischen *posad*. Aus dem Geburtsstand ausscheiden konnte man in der Regel nicht; nur genau umrissene Ausnahmebedingungen ließen einen Klassenwechsel zu.

Was die Angehörigen des kirchlichen Standes ausgezeichnet hat, war eine vergleichsweise hohe Alphabetisierungsrate, war die Fähigkeit, zumindest leidlich lesen zu können und zu schreiben. Natürlich hat es in jener Zeit auch viele analphabetische Priester gegeben, die den kirchenslawischen Text der Liturgie und alles, was ansonsten noch zu sagen und zu singen war, aus ihrem Gedächtnis holten. Doch sieht man vom Adel ab, so war der Bildungsstand der Geistlichkeit von anderen Untertanenklassen damals nicht einzuholen. Das geistliche Reglement hatte die Pfarrgeistlichkeit nachdrücklich dazu ermahnt, ihre Kinder zu unterrichten und, wenn immer möglich, auf die von der Kirche unterhaltenen Schulen und Seminare zu schicken, damit sie zum Nutzen des Staates, der Kirche und des gemeinen Besten dereinst verwendungsfähig würden. Unter Katharina II. waren – neben den theologischen Bildungsstätten im ehrwürdigen Dreifaltigkeitskloster bei Moskau, im Petersburger Alexander-Newski-Kloster und in der Kiewer Geistlichen Akademie – geistliche Schulen an den Bischofssitzen errichtet worden. Wer eine höhere theologische Ausbildung empfing, trat in der Regel in den Mönchsstand ein und zählte zum wichtigsten Reservoir, aus dem die Kirche ihre Bischöfe und Klosteräbte rekrutierte.

Vom Bildungsgrad der Pfarrgeistlichen, der *swjaschtscheniki*, darf man sich jedoch keine übertriebenen Vorstellungen machen. Am kläglichsten waren die Verhältnisse natürlich auf dem flachen Land. Nur eine Minderheit derer, die die Priesterweihe empfingen, hatten die geistlichen Seminare durchlaufen. Anders als in Moskau, Sankt Petersburg und einigen Gouvernementshauptstädten, wo es Erzpriester und andere kirchliche Ränge von hoher theologischer und weltlicher Bildung gab, war der geistige Zuschnitt der Priesterschaft in den kleinen Städten und Flecken, von den Dorfpopen ganz zu schweigen, im allgemeinen sehr bescheiden. Die Geistlichen ländlicher Pfarreien standen der Lebenswelt der Bauern näher als der adligen Welt der Gutsbesitzer. Die zeitgenössischen Berichte, zumal die Visitationsprotokolle der Bischöfe, sind voller anschaulicher Beispiele, die die bäuerliche Lebensweise ihrer geringen Amtsbrüder bezeugen. An Klagen über die grassierende Trunksucht und andere lästerliche Sitten der Dorfgeistlichkeit, über ihre Verwicklung in wüste Schlägereien, betrügerische Geschäfte, üblen Lebenswandel und dergleichen war kein Mangel.

Was die Justiz anging, unterlagen die Angehörigen des geistlichen Standes der kirchlichen Gerichtsbarkeit so wie die städtische Bevölkerung vor Magistratsgerichte und der Adel vor adelsständische Gerichte gezogen wurden. Nur

Majestätsbeleidigungen und Kapitalverbrechen fielen in die Kompetenz staatlicher Kriminalgerichte. Die Kirche verfügte über eigene Gefängnisse und eigene Strafkataloge und Strafmethoden. Eine der gelindesten Strafen waren 100 Verneigungen in der Kirche jeden Tag, weit unangenehmer die Kerkerstrafen, die unter erbärmlichsten Bedingungen abzusitzen waren.

Wer nach den Privilegien fragt, die der geistliche Stand genoss, wird festzuhalten haben, dass die Kirchenleute und ihre Angehörigen von der Masse des niederen Volkes durchaus abgehoben waren. Seit 1767 waren die geistlichen Untertanen – wie der Adel und die Kaufmannschaft – von Körperstrafen und von der Tortur befreit. Noch wichtiger war, dass sie weder Kopfsteuer zu zahlen hatten, noch ihre Söhne zu den Rekruten geben mussten. Auch von der Verpflichtung, Soldaten ins Quartier zu nehmen, blieben sie verschont. Vom Adel waren sie dennoch scharf unterschieden. Leibeigene durften die Geistlichen nicht besitzen und weder Handel noch Gewerbe treiben. Durch den Einzug der Kloster- und Kirchenländereien hatte die Regierung dafür gesorgt, dass der Kirche die ihr bisher untertänigen Bauern entzogen und zu Staatsbauern gemacht worden waren.

Von den Behörden wurde vor allem die Steuerfreiheit des geistlichen Standes mit gemischten Gefühlen betrachtet. Das numerische Anwachsen dieser Untertanenklasse – nicht zuletzt aufgrund des Kindersegens – hat aus fiskalischen Gründen immer wieder Anlass zu Ärgernissen und brüsken Entscheidungen gegeben. So wurde im Lauf des 18. Jahrhunderts mehrfach verfügt, dass überzählige oder verdächtige Kirchendiener, Priestersöhne, die keine Schule besuchten, Seminaristen, die für ein geistliches Amt nicht tauglich seien – dass diese Leute aus dem geistlichen Stand auszuscheiden hätten und wie Staats- und Kronbauern den kopfsteuerpflichtigen Seelen zugeschrieben werden sollten. 1784 gab es über 95.000 etatisierte Pfarrstellen, auf mehr als 21.000 Kirchen verteilt. Im gleichen Jahr wurden etwa 34.000 Popensöhne und Kirchendiener für untauglich oder überzählig gefunden und zu steuerpflichtigen Untertanen gemacht. Zwölf Jahre später, unter Kaiser Paul I., ließ der Fiskus weitere 12.000 solcher Leute in die Kategorie der Revisionsseelen überführen.

Die Überfüllung des geistlichen Standes war eines der großen kirchenpolitischen Probleme des 18. Jahrhunderts. Durch die erwähnten Aussonderungen konnte der Staat, der an Leutemangel litt, zusätzliche Kopfsteuerzahler und Rekruten gewinnen. Die Mehrheit der auf diese Weise Freigesetzten wurde in die Staatsbauernklasse überführt. Eine Minderheit, so man sie für tauglich fand, kam im staatlichen Kanzleidienst unter. Gegen Ende des 18. Jahrhunderts wurde auch der freiwillige Austritt von Seminaristen aus dem geistlichen Stand erleichtert. Seither stiegen nicht wenige Söhne von Geistlichen, Diakonen und Kirchendienern als Beamte in der Rangtabelle auf, manche sogar in höchste Ränge, die den erblichen Adel brachten. Zu den berühmtesten Beispielen für einen solchen Aufstieg gehört Michail Speranski, Staatssekretär und engster Mitarbeiter Alexanders I., die herausragende Figur des aufgeklärten Reformabsolutismus zu Beginn des 19. Jahrhunderts. Andere Priestersöhne wurden dank ihrer Begabung an die 1755 gegründete Moskauer Universität geschickt, an die Kaiserliche Akademie der Wissenschaften nach Petersburg, die eigene Ausbildungsstätten hatte, oder auch an medizinisch-chirurgische Lehranstalten, wo Militärärzte ausgebildet wurden.

Bis zur Mitte des 18. Jahrhunderts war Russland ein Land ohne Universitäten gewesen. Als es unter Alexander I. zu einer Serie von Universitätsgründungen kam (1803 Wilna, 1804 Dorpat und Charkow, 1805 Kasan, 1819 auch in Petersburg), waren in der Studentenschaft – neben jungen Edelleuten – Söhne von Priestern und Kirchendienern am stärksten vertreten. Dagegen blieben Studierende aus der Kaufmannschaft oder dem städtischen Kleinbürgerstand an den russischen Universitäten eine marginale Erscheinung. Auch dies kann zeigen, dass jene Schicht, die im Fortgang des 19. Jahrhunderts den Begriff *Intelligenzija* auf sich zog, in Russland überwiegend aus dem Adel und aus dem Priesterstande kam.

Das Ende der Geistlichkeit im herkömmlichen Sinn fiel mit dem Ende der Leibeigenschaft zusammen. Nach 1861 begann der alte Geburtsstand der Kirchenleute zu schrumpfen und sich in einen Berufstand zu verwandeln, dem nur noch Menschen angehörten, die die Priesterweihe empfangen oder das Mönchs- bzw. Nonnengelübde abgelegt hatten. Von Emanzipation kann man sprechen, wenn man auf die Angehörigen und Nachkommen sieht, denn wer nicht Priester wurde, war frei, in der sich wandelnden Gesellschaft aufzugehen.

Im 18. Jahrhundert war an eine solche Auflösung der alten Sozialzusammenhänge noch nicht zu denken gewesen. Der erwähnte Ausschluss eines vergleichsweise geringen Teils der nachwachsenden Generation hatte dem geistlichen Stand keine Gefahren gebracht, die dieser Untertanenklasse an die Wurzeln gegangen wären, auch keine Öffnung, die deren Abgeschlossenheit und Isolation wirksam aufgebrochen hätte. Von der Welt des Adels war die Geistlichkeit ebenso getrennt geblieben wie von den steuerpflichtigen Klassen in Dorf und Stadt. Selbst gebildete Priester galten in der adligen Gesellschaft zumeist nicht viel. Schon durch ihre äußere Erscheinung, durch Kleidung und Haartracht, Gestik und Sprache waren sie in die Salonatmosphäre der Adelswelt schwer zu integrieren. Von der mediokren Stellung der Dorfgeistlichkeit gegenüber den Gutsbesitzern war schon die Rede. Der kinderreiche Familienbetrieb einer ländlichen Pfarrstelle in Russland konnte, schon wegen der kümmerlichen Lebenslage und der fehlenden akademischen Bildung, niemals eine vergleichbare Ausstrahlung entfalten wie das evangelisch-lutherische Pfarrhaus in den von deutschen Ritterschaften beherrschten Ostseeprovinzen.

An ihrer Staatstreue hat die orthodoxe Kirche umso weniger rütteln lassen, als sie gegenüber den anderen Konfessionen im Zarenreich eine bemerkenswerte Vorzugsstellung genoss. Auch bei der Verfolgung und Ausgrenzung der sogenannten *Altgläubigen* stand die Regierung fest an ihrer Seite. Gleiches galt für die Bekämpfung des grassierenden Sektenwesens, an dessen Unterdrückung der Kirche nicht weniger gelegen war als den staatlichen Autoritäten. Nach der Annexion der Territorien, die dem Zarenreich zwischen 1772 und 1795 aus der Konkursmasse der polnisch-litauischen Adelsrepublik zugefallen waren, hat die Regierung, besonders massiv Ende der 1830er Jahre, in Weißrussland und der rechtufrigen Ukraine eine Politik der Reorthodoxierung betrieben. Die Diözesen, die durch die Brester Union 1596 mit der Papstkirche verbunden worden waren, wurden mit Staatshilfe in den Schoß der Mutterkirche zurückgeführt.

Die rechtgläubige Kirche hat also unmittelbar und immer wieder von der imperialen Machtentfaltung des Zarenreiches profitiert. Und sie hat in dieser Verbindung ihre Untertanentreue gegenüber dem Monarchen bestätigt gefunden. Hier sei nur daran erinnert, dass in der berühmten Trinitätsformel, die Graf Uwarow unter Nikolaj I. entwarf, dass in diesem Ensemble konservativer Leitbegriffe die Rechtgläubigkeit an erster Stelle stand, dann folgten die beiden anderen: Selbstherrschaft und Volksverbundenheit.

Erst 1917, als der Kirche die Monarchie mit dem gottgesalbten Oberhaupt verloren ging und der Staatsschutz ihr entzogen wurde, erst in den Tagen der Oktoberrevolution hat sich die Kirche – nach mehr als zweihundert Jahren erstmals wieder – ein eigenes Oberhaupt gegeben. Das geschah auf einem Landeskonzil, das im Moskauer Kreml tagte und Tichon, den Metropoliten der alten Hauptstadt, aufgrund einer Losentscheidung zum Patriarchen erhob. Unter der Diktatur der Bolschewiki war freilich nichts mehr wie vordem. Jetzt begann der Kampf ums Überleben der Kirche im atheistischen Staat, ein Kampf, der die Patriarchatskirche binnen kurzem an den Rand der Vernichtung trieb und sie 1927 schließlich zur Unterwerfung zwang: zur Anerkennung der Sowjetmacht als der von Gott gesandten Obrigkeit.

3.6 Aufklärung und Fundamentalkritik

Im Licht der vorangegangenen Bemerkungen zeigt sich, dass das Machtmonopol der Autokratie auch im Zeitalter des aufgeklärten Absolutismus ungeschmälert und ohne reale Alternativen blieb. Tatsächlich verstand es Katharina meisterhaft, den Import der Aufklärung so zu kanalisieren, dass der Widerspruch zwischen dem Humanitätsgedanken und der russischen Realität keine Sprengkraft entfalten konnte, jedenfalls keine, die den Fortbestand ihrer Herrschaft ernsthaft hätte gefährden können. Der Anspruch der Kaiserin, das Muster einer aufgeklärten Regentin zu sein, fand in der europäischen Bildungswelt überwiegend positive Resonanz. In Russland war es allein Katharina, die unwidersprochen definieren konnte, was wahrhaft aufgeklärtes und humanes Denken sei. Erst die Wirkungen, die von der Französischen Revolution auf Russland ausgingen, und die Ereignisse in Polen, wo die neue Verfassung von 1791 das imperiale Interesse unmittelbar berührte – erst diese fundamentalen Herausforderungen machten der Kaiserin bewusst, dass ihr eigener Umgang mit der Aufklärung zu einem Spiel mit dem Feuer geworden war. Seither sah sich Katharina veranlasst, ihr Reich, so gut wie möglich, gegen den Bazillus subversiven Denkens immun zu machen: durch rigide Zensurgesetze und durch die unnachsichtige Verfolgung aufsässiger Köpfe, die in der russischen Bildungselite aufgewachsen waren.

Alexander Radischtschew, 1749 als Sohn eines Gutsbesitzers geboren, hatte das Erziehungsprogramm des kaiserlichen Pagenkorps durchlaufen. Die Zöglinge dieses Instituts wurden der Kaiserin vorgestellt und durften in ihrer Karriere allerhöchstes Wohlwollen erhoffen. 18jährig war Radischtschew zum Jurastudium nach Leipzig kommandiert worden und nach seiner Rückkehr (1772) in unterschiedlichen Funktionen im Staatsdienst tätig: zunächst als Titularrat im Regierenden Senat, dann als Oberauditor (eine Art Militärstaatsanwalt) bei einem finnländischen Truppenteil, schließlich als Direktor des Petersburger Hafenzolls. Durch literarische Arbeiten hatte sich Radischtschew bis zum Erscheinen seines inkriminierten Reisebuchs nicht verdächtig gemacht. 1789 war er mit einem Zeitschriftenbeitrag hervorgetreten, einem Gespräch über die Frage, was ein Sohn des Vaterlandes sei. Dort hatte er die Tugenden eines wahren Patrioten in den konventionellen Begriffen der Aufklärung beschrieben: Menschlichkeit und Menschenliebe statt Brutalität und Gleichgültigkeit, Edelmut und Wahrhaftigkeit statt Heuchelei und Scheinheiligkeit, Bescheidenheit und Keuschheit statt Sittenlosigkeit und Völlerei usw. Die Begriffe Sohn des Vaterlandes und Sohn der Monarchie waren für ihn austauschbar. Achtung der Gesetze, gehorsamer Dienst am Vaterland als Dienst am Menschengeschlecht – auch das schien sich von selber zu verstehen. Nichts in diesem Traktat verwies darauf, dass der Leser einen Rebellen vor sich hatte.

Mit dem Reisebuch von 1790 indes ließ Radischtschew alle Konventionen hinter sich. Im Stil des literarischen Sentimentalismus beschrieb er die Krebsschäden der russischen Gesellschaft, zumal die Schrecken der Leibeigenschaft: die Brutalität der Beamten und Gutsbesitzer, das Elend und die Leiden der bäuerlichen Untertanen, die als rechtlose Sklaven dahinvegetierten. Die schärfste Provokation der Obrigkeit, die der Autor wagte, war seine Voraussage, dass sich das versklavte Volk in blutigem Aufruhr gegen seine Unterdrücker erheben werde, dass dieses Volk, wütend in seiner Verzweiflung, „mit dem Eisen, das seine Freiheit hindert, unsere Häupter, die Häupter seiner unmenschlichen Herren, zerschmettern und mit unserem Blut ihre Äcker röten" werde. Wie man sieht, zählte sich Radischtschew selbst den Unterdrückern zu, gegen die sich die Volkswut wenden werde. Aus der Mitte des Volkes, schreibt er, würden große Männer kommen und der Rechtlosigkeit und Unterdrückung ein Ende machen. In einer schon 1783 verfassten Ode an die Freiheit, die er neben anderen Texten in sein Reisebuch aufnahm, sah er „ein Heer der Rächer" sich erheben und den Tyrannenmord vollziehen: „Frohlockt, Gefesselte und Knechte / man führt kraft angeborenem Rechte / den Zaren selber aufs Schafott".[85]

Die Verhaftung Alexander Radischtschews im Mai 1790 war ein erstes Zeichen dieser Wende; er wurde zum Tod verurteilt, wenig später begnadigt und für zehn Jahre in die Verbannung nach Sibirien geschickt. Zwei Jahre später, 1792, folgte die Einkerkerung Nikolaj Nowikows, der mit seinen journalistischen Unternehmungen jahrelang ein geistiger Sparringspartner Katharinas gewesen war. Dieser Schlag galt zugleich den russischen Freimaurern, zumal den Moskauer Rosenkreuzern, die im Arkanbereich ihrer Logen eine mystisch-spiritualistische Gegenwelt evozierten, gerichtet gegen das Voltairianertum der Kaiserin und gegen das Herrschaftssystem, das Katharina zu erhalten suchte.

Zwar war in der zweiten Hälfte des 18. Jahrhunderts in Russland noch keine Gesellschaft zu sehen, die sich vom autokratischen Herrschaftssystem hätte ablösen können. Die Anzeichen, die es dennoch gab für einen allmählichen Ablösungs- und Emanzipationsprozess, hatten mit den Adelsgesellschaften oder den Stadtgesellschaften, die von Katharina 1775 eingerichtet worden waren, nichts zu tun. Auch Vereine wie die *Freie Ökonomische Gesellschaft* konnten nur unter allerhöchstem Patronat leben. Ungleich wichtiger war die neue Öffentlichkeit, die sich dank der von Katharina geförderten Publizistik damals zu entwickeln begann: zivile Gesellschaft im Larvenstadium, deren Mitglieder über den noch jungen literarischen Markt miteinander kommunizierten. Eine der Zeitschriften, die gewöhnlich nur ein kurzes Leben hatten, trug den Titel *Der diskutierende Staatsbürger* (1789), das war ein weiter Griff voraus. Dennoch begann sich im lesenden Publikum eine räsonierende Öffentlichkeit herauszubilden, die mit der repräsentativen Öffentlichkeit des Hofes nicht identisch war und dem Zugriff der Kaiserin entglitt.

Es gehörte zu den Merkmalen der russischen Publizistik dieser Zeit, dass ihr bis Ende der 1780er Jahre ein Maß an Bewegungsfreiheit zugestanden war, das sich mit den Entfaltungsbedingungen bürgerlicher Öffentlichkeit im Westen durchaus messen konnte. Ein nicht geringer Teil der französischen Aufklärungsphilosophie, die unter dem alten Regime keine Aussicht hatte, die Zensur zu passieren, konnte unter dem Schirm Katharinas in Russland erscheinen. Tatsächlich dürfte kaum ein halbwegs wichtiger Autor der europäischen Literatur zu finden sein, der damals nicht ins Russische übersetzt worden wäre – die radikalen Schriftsteller eingeschlossen: Rousseau, Mably, Helvetius, Holbach und so fort.

Die literaturgeschichtliche Russlandforschung, insbesondere zum Verlags- und Bibliothekswesen und zum Buchhandel, erlaubt eine recht gute Orientierung über die Dimensionen, um die es geht. Der literarische Markt und das lesende Publikum waren auf die beiden Hauptstädte, auf Petersburg und Moskau, konzentriert, doch zeigen die Subskriptionslisten, dass auch die Provinz nicht gänzlich unversorgt geblieben ist. Von der Gattung der Literatur jeweils abhängig, schwankten die Auflagen zwischen 400 und 600 Exemplaren, in Ausnahmefällen konnten es auch 800 sein. 10 bis 30 Prozent davon wurden in Gouvernementshauptstädten abgesetzt.

Die jährliche Buchproduktion war unter der Protektion der Kaiserin kontinuierlich angestiegen: von durchschnittlich 160 Titeln (1762–1765) auf 260 Titel (1781–1785). Ein Jahr vor dem Sturm auf die Bastille war ein vorläufiger Höhepunkt erreicht. Der Anteil der Veröffentlichungen, der aus Druckereien staatlicher Bildungseinrichtungen kam, aus der Akademie der Wissenschaften, der Moskauer Universität, dem adligen Kadettenkorps unter anderem, war erstaunlich hoch. Fast 75 Prozent aller Bücher, die zwischen 1756 und 1775 erschienen, stammten aus staatlichen, nur 16 Prozent aus kirchlichen Druckereien. Nach 1775 gewann die Buchproduktion aus privaten Druckereien größeres Gewicht. Mitte der 1780er Jahre wurden dort etwa 25 bis 30 Prozent aller Publikationen hergestellt. Mehr als 40 Prozent der Bücher gehörten zu den Bereichen Literatur, Geschichte und Philosophie. In den 1780er Jahren kam Freimaurerliteratur mit freireligiöser, das heißt nicht kirchlich gebundener Thematik hinzu. Daraus lässt sich schließen, dass das auf wenige Tausend Menschen beschränkte Lesepublikum in Russland mit den Produkten der geistigen und literarischen Welt des Westens gut versorgt gewesen ist. Die Kontinuität der *Europäisierung* beruhte auf eben diesem Transfer.

Trotz dieser bemerkenswerten Entwicklung dürfen die Grenzen nicht übersehen werden, die dem literarischen Markt gezogen waren. Noch waren im Verlagsgeschäft und Buchhandel die Risiken größer als die Aussicht auf Gewinn. Selbst Nowikows Moskauer Verlagsunternehmen, die pädagogische und freireligiöse Literatur in großem Stil vertrieben und sich der Unterstützung kapitalkräftiger Logenbrüder erfreuten, kamen aus den finanziellen Krisen nicht heraus. Noch konnten Schriftsteller und Publizisten von literarischer Arbeit allein nicht leben. Die allermeisten blieben auf staatliche Alimente angewiesen, im Wesentlichen auf das Salär, das sie als Beamte oder in Bildungsberufen erhielten: als Lehrer an der Akademie der Wissenschaften, an der Akademie der Künste oder

der Moskauer Universität, an Gymnasien, beim Kadettenkorps oder als Erzieher in reichen Adelsfamilien. Publizistik war noch kein Beruf, von dem sich sagen ließ, er ernähre seine Leute.

Dennoch wäre es irrig zu meinen, dass das europäisch gebildete Russland damals in der höfischen Welt und im hauptstädtischen Adel aufgegangen sei. Entstanden war vielmehr eine schmale Bildungsschicht, ein Gelehrten- und Literatenstand, der sich den herkömmlichen Kategorien der staatlichen Untertanenordnung entzog: der Nucleus jener sozialen Erscheinung, die ein Jahrhundert später den weitmaschigen Ausdruck *Intelligenzija* auf sich ziehen sollte. Im amtlichen Russisch der Katharinazeit war, um diese Gruppe zu benennen, der Ausdruck *Rasnotschinzy* in Gebrauch, eine nicht sonderlich klare Vokabel, die in wörtlicher Übersetzung *Leute verschiedenen Ranges* heißt. Die russische Gesetzgebung meinte, auf diese Weise nichtadlige Untertanen mit Bildungspatenten zu erfassen: Ärzte, Apotheker, akademisch geschulte Lehrer, Wissenschaftler, Bibliothekare, Künstler, Literaten und ähnlich. In die gleiche Gruppe eingereiht wurden Absolventen der Gymnasien der Akademie der Wissenschaften, der Moskauer Universität und ähnlicher Lehranstalten, sowie Leute, die ein Studium an ausländischen Universitäten abgeschlossen hatten, und, nicht zu vergessen, Zöglinge geistlicher Seminare, die nicht in den kirchlichen Dienst eingetreten waren. Die *Rasnotschinzy* rekrutierten sich vornehmlich aus Söhnen der Geistlichkeit, der unteren Kanzlei- und Militärränge, mitunter stammten sie auch, wie das Universalgenie Michail Lomonosow (1711–1765), aus der Staatsbauernschaft.

Sowjetische Historiker haben im Blick auf diese neue Schicht gelegentlich sogar von „demokratischer Intelligenz" gesprochen, um deren kritisches Potential vom Adel und von den niederen Untertanenklassen abzuheben. Glücklich ist diese Formulierung nicht zu nennen, weil sie dieser ungemein heterogenen Schicht eo ipso fortschrittliches Bewusstsein unterstellt, während doch selbst die Begabtesten aus ihren Reihen keinen Anstoß daran nahmen, panegyrische Oden und Gedichte auf die Kaiserin zu schreiben und in allerunterthänigster Verehrung zu stehen.

Der Erwerb von Bildungspatenten führte nicht wenige *Rasnotschinzy* in den Staatsdienst. Wer studierte und eine Universität absolvierte, hatte Anspruch auf einen der unteren Ränge der Rangtabelle und stieg in aller Regel rasch in den persönlichen Adel auf, nicht selten auch in Ränge, die den erblichen Adel brachten. Es wäre ein künstliches Verfahren, wollte man den neuen Stand der Gebildeten in Edelleute und *Rasnotschinzy* auseinanderlegen. Wie problematisch eine solche Abgrenzung ist, haben die Forschungen von Elise Kimerling Wirtschafter[86] gezeigt. Die Grenzen zwischen der jungen Bildungs- und Gelehrtenschicht und der gebildeten Minderheit des Adels waren fließend. Auch Nowikow und Radischtschew, die beiden Paradefiguren der radikalen Sozialkritik, stammten aus dem Adel und dachten nicht daran, die Vorzüge ihres Standes aufzugeben.

Bezeichnend war ferner, dass Stadtbewohner, also Leute aus der Kaufmannschaft oder aus Katharinas *Drittem Stand*, in der Gelehrten- und Bildungsschicht des ausgehenden 18. Jahrhunderts fast gänzlich fehlten. Auch das zeigt, wie hinderlich die Kopfsteuerverfassung, der das Gros der städtischen Bevölkerung unterlag, für die Ausbreitung der Aufklärung gewesen ist. Die russische Bürgerwelt wurde von den geistigen Anstößen, die aus dem Westen herüberwehten, damals noch nicht erreicht.

Fundamentalkritik, die das autokratische System prinzipiell verworfen hätte, ist in der vom literarischen Markt konstituierten Öffentlichkeit nur selten aufgekommen. Die zahlreichen, meist kurzlebigen Journale satirischen Typs, an denen die Kaiserin als Autorin regen Anteil nahm, beschränkten sich auf eine vergleichsweise harmlose Form der Gesellschaftskritik. Die Legitimität der Autokratie und der Leibeigenschaftsordnung wurde nicht in Frage gestellt. Vorbild waren die englischen satirischen Zeitschriften und ihre Imitate in anderen europäischen Sprachen. Über die Kritik an menschlichen Schwächen, an modischen Stutzern und Galanen, an Halbbildung, Trunksucht, Eitelkeiten und dergleichen ging dieses literarische Genre im Allgemeinen nicht hinaus.

Die Gründung des berühmten Smolny-Instituts in St. Petersburg mit gesonderten Klassen für adlige und für nichtadlige Mädchen ließ erkennen, dass das Erziehungsprogramm Katharinas den weiblichen Teil der Menschheit nicht vergaß. Auch der satirische Umgang mit ausländischen Moden – Kritik etwa an der überzogenen Frankophilie des Adels, seit den 1780er Jahren an dessen Anglomanie – bewegte sich im Rahmen dessen, was die Kaiserin für schicklich hielt.

Bedenklicher war hingegen die Attraktionskraft, die von den sich ausbreitenden Freimaurerlogen auf Teile des Adels ausging. Dem Mysterienkult und dem Spiritualismus der Logenbrüder stand Katharina fremd und voller Misstrauen gegenüber. Besonders anstößig fand sie Geheimzirkel freimaurerischer Geselligkeit, in die Glieder des aristokratischen Hofadels und Beamtenadels einbezogen waren, noch verdächtiger das europäische Netzwerk dieser Großlogen, zumal das des Rosenkreuzerordens. Der Argwohn Katharinas wurde noch verstärkt, weil Großfürst Pawel Petrowitsch, ihr ungeliebter Sohn, dessen Thronfolgerecht sie 1762 übergangen hatte, mit diesen Kreisen in enger Fühlung stand. Bereits im Polizeistatut von 1782, das den Untertanen Ruhe und Sicherheit verbürgen sollte, hatte die Herrscherin Formulierungen gebraucht, die als Warnung an die Freimaurer zu verstehen waren. Gesellschaften, Kompanien, Bruderschaften und Vereinigungen ähnlicher Art, die dem allgemeinen Wohl zuwider wären, sollten aufgelöst und verboten werden. Doch die Logen ausdrücklich verbieten wollte

Katharina offensichtlich nicht, weil ein solcher Schritt ihre europäische Reputation beschädigt hätte.

Tatsächlich waren die Freimaurer auch in Russland ein äußerst heterogener Gesinnungsverband. Die einzelnen Logen wurden auf Regeln verpflichtet, die von loser Geselligkeit bis zu strengen Formen ritueller Arkanpraxis reichten. Sie boten den überwiegend adligen Brüdern Möglichkeiten an, die in Russland besonders spürbare Kluft zwischen ideellem Anspruch und rauer Wirklichkeit in einer elitären Gegenwelt aufzuheben und zu versuchen, diese Widersprüche in philanthropischer Tätigkeit für das eigene Gewissen zu lindern. Hier taten sich Räume auf, in denen die vom Staat gesetzten Normen keine Geltung hatten. Insofern konnten die Logen als Alternative zur wirklichen Welt erscheinen. Sie erlaubten zu simulieren, was den meisten der im Staatsdienst stehenden Brüder im Alltag versagt blieb: Emanzipation von äußeren Zwängen, von überkommenen Hierarchien, Umsetzung der Ideale der Aufklärung, ihrer Tugendbegriffe und Moralbegriffe in praktische Tätigkeit, Steigerung des aufgeklärten Denkens über die Grenzen der Vernunft hinaus.

Von der Sorge abgesehen, dass Pawel Petrowitsch, der Thronfolger, in die Fänge der Berliner Rosenkreuzer geraten könnte, fand sich Katharina durch die maurerischen Aktivitäten in prinzipiellem Sinn herausgefordert. Die Logen wirkten wie ein exklusives Konkurrenzmodell zu jenen Verheißungen, die Katharina zu verkünden nicht müde wurde, wie ein Gegenprogramm zu ihrer Botschaft, dass allein sie, die Herrscherin, Wohlfahrt und Glückseligkeit der Untertanen zu besorgen habe. In diesem Sinn demonstrierten die Freimaurer durch ihre bloße Existenz, dass Katharina dem Anspruch ihrer eigenen Humanitätsbegriffe nicht entsprach. Die Provokation erhielt noch zusätzliche Schärfe, weil die Logenbrüder als Freimaurer widerlegten, was sie als Untertanen im Staatsdienst darzustellen hatten. Mit der Doppelrolle, Freimaurer und dennoch an die staatliche Hierarchie gebunden zu sein, bezeugten sie die Widersprüche, die dem aufgeklärten Absolutismus und der Aufklärung selber eigen waren, in Russland zumal, doch nicht nur dort.

Katharina, die in allen Lebenslagen viel und gerne schrieb, hatte das Buch Radischtschews mit ausgiebigen Marginalien versehen und ihre Eindrücke bei der Lektüre festgehalten. Den Autor nannte sie einen Aufrührer, der schlimmer sei als Pugatschow, einen Staatsfeind, der Befreiung von der Sklaverei nicht, wie die Kaiserin, durch humane Erziehung und Bildung erstrebe, sondern durch den blutigen Aufruhr der Bauern. Die kriminelle Gesinnung, die sich hier zu erkennen gebe, sei ein Ausfluss der *französischen Seuche*, die mit Entschiedenheit bekämpft werden müsse. Das Todesurteil gegen diesen Staatsfeind schien der Kaiserin die einzig konsequente Antwort zu sein. Dass sie sich schließlich dazu bewegen ließ, den Gefangenen zu begnadigen und ihn für zehn Jahre nach Sibirien zu schicken, mochte Katharina ihrer persönlichen Menschlichkeit und Hochherzigkeit zugutehalten.

Radischtschew, der sich nach Rückkehr auf seine Güter 1802 das Leben nahm, war ein einsamer Rufer geblieben. Seine Stimme, zwischen Sentimentalität, Empörung und Verzweiflung schwankend, hätte sich unter den herrschenden Verhältnissen auch dann verloren, wenn das russische Publikum mit dem Buch damals bekannt geworden wäre. Fünfunddreißig Jahre später, 1825, als der Vaterländische Befreiungskrieg gegen Napoleon noch in frischer Erinnerung war, zeigte das Fiasko der Dekabristen, dass Aufstandsversuche gegen die Autokratie, die aus den Oberschichten kamen, keine wirkliche Erfolgschance hatten. Was ihnen fehlte, war eine hinreichend breite soziale Basis – in der gebildeten Gesellschaft und mehr noch in der Masse des Volkes, dem die adligen Revolutionäre Freiheit bringen wollten. Diese Isolierung ist ein Dauerproblem der russischen Intelligenzija geblieben – über das 19. Jahrhundert weit hinaus.

4 Reichsbildung durch Expansion

4.1 Expansion und Raumerschließung

Gegenstand der zurückliegenden Ausführungen war die Geschichte der russischen Autokratie in einem Zeitbogen, der rund zweihundertfünfzig Jahre umfasst und vom Moskauer Zartum über die Reformen Peters des Großen bis zum aufgeklärten Absolutismus Katharinas II. reicht. Dabei mag der Eindruck entstanden sein, dass in der russozentrischen Perspektive die Reichsgeschichte Russlands aufgehoben sei. Dem gilt es zu wehren und den Blick zu öffnen über das hinaus, was das Russische an diesem Russland war und ist. In den folgenden Bemerkungen geht es deshalb darum, die polyethnischen und multikonfessionellen Strukturen des imperialen Raumes sichtbar zu machen: Russland als Vielvölkerreich zu begreifen.[87]

In Erinnerung zu rufen ist vorab der elementare Sachverhalt, dass der autokratisch bestimmte Staatsausbau seit dem 16. Jahrhundert mit der kontinuierlichen Expansion des Herrschaftsraums zusammenging. Auch dies war ein Prozess von langer Dauer. Landnahme und Eroberung führten – nach Osten, Westen und nach Süden hin – zur Annexion riesiger Territorien mit nichtrussischer und nichtorthodoxer Bevölkerung, zur Entstehung eines europäisch-asiatischen Kontinentalimperiums, das mit seinen Grenzen viele, einander fremde Völker, Konfessionen und Kulturen umschloss.

Schon eine Groborientierung kann das Ausmaß der Veränderungen zeigen, die der fortgehende Expansionsprozess bewirkte: Dank der von Iwan Grosnyj forcierten Ostexpansion, des „Sammelns der Länder der goldenen Horde"[88], waren in der zweiten Hälfte des 16. Jahrhunderts die Tataren der ehemaligen Khanate Kasan und Astrachan, aber auch die anderen Völker des mittleren Wolgaraums, unter moskowitische Herrschaft geraten. Die kleinen Völkerschaften des Nordens eingeschlossen, machten nichtrussische Untertanen damals 10 bis 14 Prozent der Gesamtbevölkerung des Zarenreiches aus. Im 17. Jahrhundert kamen die Kosakenschaften der linksufrigen (östlich des Dnjepr gelegenen) Ukraine hinzu, außerdem Kalmüken, Baschkiren und die kleinen nomadisierenden Ethnien Sibiriens. Um 1700, zu Beginn des Großen Nordischen Krieges, hatte der nichtrussische Bevölkerungsanteil Russlands bereits 24 bis 28 Prozent erreicht. Ein Jahrhundert später – nach dem Anschluss der baltischen Provinzen, der Eroberung der Steppengebiete nördlich des Schwarzen Meeres samt der Halbinsel Krim und nach den gewaltigen Territorialgewinnen, die Russland aus der Konkursmasse Polen-Litauens zog – war der Anteil der Nichtrussen an der Reichsbevölkerung auf 44 bis 48 Prozent angewachsen. Im Laufe des 19. Jahrhunderts kamen Finnland, Bessarabien, der Kaukasus und Transkaukasien hinzu, sowie, nicht zu vergessen, die riesigen Steppenräume Zentralasiens bis zur Pamirgrenze.

Die Bilanz dieser Expansionsgeschichte wurde 1897, im dritten Regierungsjahr des letzten Zaren, statistisch festgehalten – dank der ersten und einzigen allgemeinen Volkszählung, die es in Russland vor der Revolution gegeben hat. Wie sich zeigt, machten die Russen damals nur mehr 43 Prozent aller Untertanen aus, die absolute Mehrheit der Reichsbevölkerung bestand mithin aus Nichtrussen, genauer gesagt aus Menschen, die statt des Russischen auf den amtlichen Zählungsbögen eine andere Muttersprache angegeben hatten. Um die Statistik richtig zu verstehen, muss man wissen, dass der Behördenstaat die Bevölkerung nicht nach Nationen oder Nationalitäten sortierte, sondern nach Muttersprache und Konfession.

Obwohl die Regierung daran festhielt, dass der orthodoxe Glaube den Russen definiere, war beim Zensus von 1897 erstmals zwischen (groß)russischer, kleinrussischer (ukrainischer) und weißrussischer Muttersprache unterschieden worden. Allein deswegen waren die Russen in die Minderheit geraten. Wer sich dagegen an die Konfessionsstatistik hielt, in der die Zugehörigkeit zur orthodoxen Kirche den Russen definierte, der konnte gut zwei Drittel der Untertanen für die russische Rechtgläubigkeit in Anspruch nehmen. Auf die Bedeutung dieser ambivalenten Zurechnungen ist noch zurückzukommen. Klar sollte indessen jetzt schon sein, dass die russische Reichsgeschichte zulänglich nicht begriffen werden kann, solange die multikulturellen Dimensionen unbeachtet bleiben.

Die fortgehende Ausdehnung des imperialen Herrschaftsraums verlangt nach einer Erklärung, nach einer Auskunft über die Ursachen dieses Tatbestands. An Antworten auf diese Frage hat es seit dem 18. Jahrhundert nicht gefehlt. Soweit sie aus dem Westen kamen, ging ihr Generalnenner in der Überzeugung auf, dass Expansion durch militärische Eroberung eine Art Naturgesetz der russischen Geschichte sei und der Ausdehnungsdrang Russlands im Grunde keine Grenzen kenne. Dieser Eindruck schlug sich in unzähligen Memoranden, Kommentaren, Büchern und Zeitschriften nieder – als Warnung zumeist und als Appell, sich gegen dieses *perpetuum mobile* zu gemeinsamer Abwehr und Eindämmung zusammenzuschließen. Kurz vor dem Ersten Weltkrieg rechnete ein deutscher Professor aus, dass das Reichsterritorium Russlands seit Peter dem Großen im Durchschnitt täglich um 90 Quadratkilometer gewachsen sei.

Eines der ältesten und denkwürdigsten Zeugnisse für die These von der permanenten Expansion, die das Ziel der Weltherrschaft verfolge, war ein von polnischen Emigranten nach der dritten Teilung ihres Vaterlandes fabrizierter Text – ein *Testament*, das angeblich Peter der Große hinterlassen habe. Erneut verbreitet wurde dieses Dokument, als Napoleon an der Spitze der Grande Armée 1812 nach Russland zog. Auch in den beiden Weltkriegen des 20. Jahrhunderts tauchte es wieder auf, so 1941 in der nationalsozialistischen Propaganda gegen den *Weltbolschewismus* – von deutschen Historikern auf dem Katheder vorgetragen, obwohl es als Fälschung längst erwiesen war. Dem ursprünglich polnischen Text zufolge hatte der Zar seinen Erben empfohlen, „den Staat in einem System ununterbrochener Kriege aufrechtzuerhalten und sich mit allen nur möglichen Mitteln nach Norden die Ostsee entlang und nach Süden auszudehnen"[89]. In der französischen Fassung von 1812 kam die Empfehlung hinzu, Russland in den Besitz Indiens zu setzen, denn, so das Argument, wer Indien beherrsche, der beherrsche den Welthandel und werde der wirkliche Herr Europas (*le vrai souverain de l'Europe*) sein.

Die Machtpolitik Katharinas II., nicht zuletzt ihre Ambitionen im Blick auf die Osmanische Türkei, hatten die Befürchtung wach gehalten, dass die grenzenlose Machtausdehnung der eigentliche Endzweck russischen Handelns sei. Besondere Unruhe hatte das sogenannte *Griechische Projekt* der Kaiserin geweckt, das von ihrem langjährigen Leibfavoriten Grigorij Potjomkin, dem wohl bedeutendsten politischen Kopf ihrer Regierungszeit, inspiriert worden war. Mit Unterstützung Kaiser Josefs II. sollten die Osmanen aus Europa vollends vertrieben und das russische Protektorat über die orthodoxen Balkanslawen (1774 im Frieden von Kütschük Kainardschi von Russland beansprucht) durch die Eroberung Konstantinopels gesichert werden. Als Vision blitzte dabei der verwegene Gedanke auf, das griechisch-byzantinische Kaiserreich wiederherzustellen und das restaurierte Ostrom zu einer Sekundogenitur der Romanow-Dynastie zu machen. Katharinas zweiter Enkelsohn, 1779 zur Welt gekommen, erhielt auf Anweisung seiner Großmutter den Taufnamen Konstantin. Das Kind sollte darauf vorbereitet werden, als griechischer Kaiser in Konstantinopel zu residieren, sobald die sieggekrönte russische Macht das Doppelkreuz auf die Hagia Sophia gesetzt und den Zarenadler an die Meerengen genagelt hätte.

Ein halbes Jahrhundert später, in der Regierungszeit Nikolaus' I. (1825–1855) war das Stereotyp vom russischen Ausdehnungs- und Weltherrschaftsdrang im Westen eines der geläufigsten Topoi der liberalen Russlandfeindschaft. Russland, so die gängige Formel, könne auf Expansion gar nicht verzichten, weil die Gier nach Beherrschung der Welt zu seinem Lebensgesetz geworden sei und der Verzicht auf diese Ziele den Untergang des Reiches heraufbeschwören werde. Seit Peter dem Großen bestehe ein riesenhafter Plan, versicherte 1843 ein anonymer Flugschriftenverfasser, ein Reich zu stiften, das über zwei Erdteile herrschen solle, dass es wie ein Koloss mit dem einen Fuß in Asien und mit dem anderen Fuß in Europa stehe.

Solche Urteile gab es damals zuhauf. Auch Karl Marx hat sich in einem Traktat, das 1857/58, also kurz nach dem Krimkrieg, als Artikelserie in Amerika erschien, über die Geheimdiplomatie des 18. Jahrhunderts ausgelassen. Der Inhalt war so delikat, dass eine russische Übersetzung in der Sowjetunion, wo jeder Notizzettel Marxens als Reliquie galt, erst 1990 veröffentlicht werden konnte. Marx war in jener Schrift der Argumentationslinie der liberalen Russophobie uneingeschränkt gefolgt. Den Ursprung der russischen Despotie und Weltmachtpolitik führte er auf das Erbe der Mongolenherrschaft zurück, und das klang so: „Moskau ist in der scheußlichen und erbärmlichen Schule mongolischer Sklaverei aufgewachsen und großgezogen worden. Seine Stärke erwarb es nur dadurch, dass es in den Fertigkeiten des Sklaventums zum Virtuosen wurde. Sogar nach seiner Selbstbefreiung (von der Mongolenherrschaft) spielte Moskau seine hergebrachte Rolle des zum Herrn gewordenen Sklaven weiter. Peter der Große war es endlich, der die politische Handfertigkeit des mongolischen Sklaven mit dem stolzen Streben des mongolischen Herrschers vereinigte, dem Dschingis Khan in seinem letzten Willen die Eroberung der Erde vermacht hatte."[90]

Hier wird, wenige Jahre vor der Bauernbefreiung, das angebliche Testament Peters des Großen als Vermächtnis des mongolischen Großkhans gedeutet. Dabei schrieb Marx die überlieferten Stereotypen fort, die in der politischen Polemik damals gängig waren: Expansion als Naturgeschichte der russischen Macht, als Metamorphose der mongolischen Großreichsidee, Weltmachtstreben als Grundgesetz und Lebenselixier einer auf Sklaverei gegründeten Despotie. Klar ist, dass solche klischierten Deutungen nichts liefern, woran eine historisch-kritische Ursachenforschung anknüpfen könnte.

Die Geschichte der Machtausdehnung Russlands geht in Globalerklärungen und handlichen Formeln nicht auf. Deshalb ist es wichtig, die einzelnen Expansionsvorgänge zu unterscheiden – nach ihrem jeweiligen historisch-chronologischen Zusammenhang und ihrer geographischen Bewegungsrichtung. Keiner Erläuterung bedarf, dass bei der östlichen und südöstlichen Ausweitung des Moskauer Herrschaftsraumes durchaus andere Faktoren wirksam waren als bei der Erweiterung des Reichsterritoriums nach Westen hin, die sich im Rahmen des europäischen Staatensystems vollzog und Russland als europäische Großmacht in Erscheinung brachte.

Für die östlich-asiatische Expansionsgeschichte, die auf die Beherrschung nichtchristlicher Bevölkerungen gerichtet war, haben vor allem zwei ineinandergreifende Faktoren eine Rolle gespielt: *erstens*, der Zerfall der *Goldenen Horde* als Voraussetzung der Raumeroberung und Raumerschließung und, *zweitens*, die soziale Mobilität der bäuerlichen Untertanen im Moskauer Staat. Nimmt man zunächst die sozialgeschichtlichen Probleme in den Blick, so lässt sich von der Fortsetzung der ostslawischen Siedlungs- und Kolonisationsbewegung sprechen, die noch vor dem Mongoleneinfall (1237) in Gang gekommen war. Sie wurde markiert durch die Verlagerung des politischen Machtzentrums von Kiew nach Nordosten, in die Waldzone zwischen Oka und oberer Wolga, in jene Region, in der zweihundert Jahre später der Aufstieg Moskaus beginnen sollte. Kljutschewskijs vielzitierter Satz, dass die Geschichte Russlands mit der Geschichte seiner Kolonisation identisch sei, hat diesen Vorgang auf den Punkt gebracht.

Die Konsolidierung des Moskauer Großfürstentums von der Mitte des 15. bis zur Mitte des 16. Jahrhunderts, eine Machtballung, die relativen Schutz vor innerer und äußerer Bedrohung bot, hatte wirtschaftliche Kräfte freigesetzt und, wie die Siedlungsgeschichte zeigt, ein rasches Wachstum der Bevölkerung begünstigt. Solange wegen der Tatarengefahr Ausweichmöglichkeiten in die Waldsteppe und die Steppe nicht gegeben waren, staute sich der Bevölkerungszuwachs in einer kaum mehr als 350.000 Quadratkilometer umfassenden Mischwaldzone. Für die 5,5 bis 6,5 Millionen Menschen, die um 1500 dort lebten, waren nur kümmerliche Existenz- und Ernährungsgrundlagen vorhanden. Nahezu jeder Fetzen nutzbaren Ackerbodens, den es gab, scheint damals bearbeitet worden zu sein.

Die Enge des Nahrungsspielraums macht erklärlich, weshalb sich nach der Liquidierung der Khanate Kasan und Astrachan eine anhaltende Wanderungs- und Siedlungsbewegung entfaltete, die aus dem übersetzten Moskauer Kernraum in die fruchtbaren Grau- und Schwarzerdegebiete am Südstrand des Reiches strebte. Die Bevölkerungsverschiebung war so beträchtlich, dass große Landstriche im Nordwesten und im Zentrum des Moskauer Staatsgebiets entvölkert wurden.

In Gang gehalten wurde dieser Prozess durch die Lasten und Verwüstungen, die Iwan Grosnyj seinen Untertanen auferlegte, durch die Zeit der Wirren und die polnisch-schwedischen Interventionskriege in den ersten beiden Dekaden des 17. Jahrhunderts. Kolonisation und Fluchtbewegung gingen dabei eng zusammen. Sie waren Ursache und Begleiterscheinung einer Raumerschließung, die zum Ural und über ihn hinweg die Weiten Sibiriens durchdrang und bis an die pazifische Küste führte. Sie bildete den sozial- und siedlungsgeschichtlichen Untergrund für die Expansion der Moskauer Herrschaft nach Osten und Südosten – für die Entstehung *Russisch-Asiens*, wie man im 19. Jahrhundert sagte. Voraussetzung dieser Expansion, die in der Mitte des 16. Jahrhunderts mit der Unterwerfung Kasans und Astrachans begann und alsbald zu Festungsbauten Anlass gab (1586 wurden Ufa im Ural und Tobolsk in Westsibirien gegründet), war die militärische Überlegenheit Moskaus oder, anders gesagt, die Unfähigkeit der tatarischen Herrscher, die zersplitterte Hinterlassenschaft der Goldenen Horde noch einmal zu einer handlungsfähigen Einheit zusammenzufassen.

Die Unterwerfung der tatarisch beherrschten Steppengebiete in dem gigantischen Raum zwischen dem baschkirischen Ural und der transkaspischen Steppe einerseits und dem Dnjestr andererseits hat sich als ein langfristiger Prozess erwiesen. Im Süden und Südosten wurde er erst Ende des 18. Jahrhunderts mit der

Liquidierung der Khanate der Krimtataren und der Kalmücken abgeschlossen. Seither waren die Zugänge zum Kaspischen wie zum Schwarzen Meer dauerhaft gesichert. Bereits Ende des 17. Jahrhunderts hatte man im Osten die Mongolensteppe und damit die Grenzen des chinesischen Reiches erreicht. 1689 wurde in Nertschinsk ein erster moskowitisch-chinesischer Grenzvertrag unterschrieben.

Die Moskauer Steppenpolitik ging in schubweisen Vorstößen vonstatten. Ihre Methoden passten sich dem Grad des Widerstandes oder der Kooperationsbereitschaft der Gegenseite an. Wo immer möglich, versuchten die Russen, tatarische Herrscher durch Druck und Versprechungen für ein Protektoratsverhältnis zu gewinnen. Wo diese Form der Loyalitätssicherung gelang, wurde die lokale Herrschafts- und Sozialverfassung unangetastet gelassen und die Verwaltung des Landes der einheimischen Elite anvertraut. Oft half die Methode des *divide et impera*. Widerstand wurde durch Eroberungs- und Verwüstungsfeldzüge gebrochen und die russische Oberherrschaft durch militärisch befestigte Plätze und Wehrsiedlungen zur Geltung gebracht. Das geschah zumeist mit Hilfe von Kosakenverbänden, denen die Aufgaben des Grenzschutzes übertragen waren.

Das wirtschaftliche Interesse, das die Expansion begleitete, blieb dem Primat der militärischen und politischen Einflusssicherung untergeordnet. Es war darauf gerichtet, die Handelsplätze an der Wolga und die Fischgründe des Kaspischen Meeres zu gewinnen, die Bodenschätze im Ural (wo Peter der Große die ersten Berg- und Hüttenwerke errichten ließ) und das Monopol für den sibirischen Pelzhandel noch dazu. Zobelpelze waren das übliche Zahlungsmittel im Außenhandel dieser Zeit. Die bäuerliche Kolonisation drängte zu den fruchtbaren Böden an der Steppengrenze hin.

Dieser flexiblen und behutsamen Eingliederungspolitik stand jedoch in der Praxis nicht selten die Willkür einzelner Militärbefehlshaber und Administratoren entgegen. Zahlreiche Aufstände der unterworfenen Bevölkerung führten der russischen Regierung vor Augen, dass die eroberten Territorien nur durch ein gut ausgebautes militärisches Sicherheitssystem pazifiziert zu halten waren. So wurde das Gouvernement Orenburg, das 1744 eingerichtet worden ist, bereits wenige Jahre später durch einen raumgreifenden Aufruhr der Baschkiren erschüttert. Die Anführer kamen aus der muslimischen Geistlichkeit und riefen im Namen des Propheten zum *Heiligen Krieg gegen die Ungläubigen* auf, so nannten sie die russischen Unterdrücker. Dabei hofften sie, auch die eben erst unterworfenen kirgisischen Stämme (die heute Kasachen heißen) zu gewinnen. Nur durch den Einsatz regulärer Regimenter aus den inneren Gouvernements und vom Don herangeführter Kosakenverbände konnte der Aufstand schließlich niedergeschlagen werden. Kaum zwanzig Jahre später waren die Baschkiren an dem gewaltigen, von Pugatschow geführten Kosaken- und Bauernkrieg beteiligt, der für die Dauer eines Jahres zwischen Orenburg und Kasan vom russischen Staat nichts übrig ließ.

Auch diese Erfahrungen sprechen dafür, dass der Verwaltungsausbau im Zug der Gouvernementsreform von 1775 an den Peripherien des Reiches ein Sicherheitsproblem erster Ordnung war. Am weitesten war das Bemühen, Loyalität zu stiften, im Verhältnis zu den Tataren gediehen, wo es einen landbesitzenden Militäradel gab. Hier wurde im Lauf des 18. Jahrhunderts der überwiegende Teil der traditionellen Elite in den russischen Reichsadel eingegliedert, ein Vorgang, zu dem in der Regel auch die Annahme des russisch-orthodoxen Glaubens gehörte. Von Maßnahmen, die islamische Bevölkerung zur Taufe zu zwingen, wurde nur selten Gebrauch gemacht. Wo es zu solchen Versuchen kam, wurden sie binnen kurzem wieder aufgegeben. Dem Gedanken, die Muslime Russlands zu rechtgläubigen Christen zu machen, standen Hindernisse entgegen, die sich aus der Sache selbst ergaben. Der Missionsarbeit der orthodoxen Staatskirche waren keine sonderlichen Erfolge beschieden. Keineswegs kann man sagen, dass die russische Kolonialpolitik auf Integration durch Christianisierung oder Russifizierung ausgegangen wäre.

Eine der wichtigsten Ursachen für die relative Toleranz gegenüber dem Islam war, dass der zarischen Regierung daran lag, die tatarischen Mullahs, Kaufleute und die aristokratische Elite im Interesse der imperialen Asienpolitik einzusetzen, um mit ihrer Hilfe die politische und wirtschaftliche Durchdringung der kirgisischen Nomadengebiete voranzutreiben und sie langfristig auch auf die mittelasiatischen Khanate Chiwa, Kokand und Buchara, gelegen im heutigen Usbekistan, zu erweitern. Erst in der zweiten Hälfte des 19. Jahrhunderts wurde dieses weitgesteckte Ziel erreicht.

Man übertreibt nicht, wenn man sagt, dass die Regierung und die russische Adelswelt wenig Mühe hatten, die konfessionelle und kulturelle Vielfalt des imperialen Herrschaftsraums dem Grundsatz nach zu akzeptieren. Solange die Masse des russischen Bauernvolkes noch unter der Leibeigenschaftsordnung lebte, die auch das Gros der städtischen Bevölkerung der Kollektivhaftung unterwarf, gab es zwischen dem Grad der Unfreiheit und Bedrückung, der das Leben der russisch-orthodoxen und das der nichtchristlichen Untertanen bestimmte, keine erheblichen Unterschiede. Dass es im Wolga- und Uralgebiet eine überkonfessionelle und multiethnische Solidarität der Unterschichten gab, zeigt das Zusammenwirken russischer Kosaken und Bauern mit islamischen Völkern und Stämmen im Widerstand gegen die autokratische Staatsgewalt.

Die russische Expansion in machtentleerte Räume der asiatischen Peripherie brachte eine eigene Variante jener Kolonialideologie hervor, mit der die europäischen Großmächte ihre überseeischen Besitzungen zu legitimieren pflegten. Bei der Pazifikation der kaukasischen Bergvölker, die Nikolaus I. seit den

1830er Jahren mit großer Hartnäckigkeit betrieb, hatte sich die Petersburger Politik den zivilisatorischen Missionsgedanken schon vollkommen einverleibt. Vollends nach dem Debakel des Krimkrieges, als die Regierung Alexanders II. die im 16. Jahrhundert begonnene Ostexpansion wiederaufnahm und Mittelasien bis zur afghanischen Grenze unter ihre Herrschaft brachte, hat sich die russische Diplomatie ganz auf der Argumentationsebene der europäischen Kolonialpolitik bewegt. Die berühmte Zirkulardepesche[91], die Fürst Alexander Gortschakow, der Staatskanzler, 1864 kurz vor dem Fall Taschkents verschickte, spiegelt eine Bewusstseinslage, die sich seit der Katharina-Zeit in der russischen Asienpolitik herausgebildet hatte. Gortschakow verglich die Situation Russlands mit der Lage aller „zivilisierten Staaten", die sich in Kontakt mit rohen, nomadisierenden Völkern befänden. „Wie die Vereinigten Staaten in Nordamerika, Frankreich in Afrika, Holland in seinen Kolonien, England in Ostindien" werde auch Russland „weniger aus Ehrgeiz denn aus unbedingter Notwendigkeit auf einem Wege fortgerissen, wo die größte Schwierigkeit darin besteht, stehenbleiben zu können"[92].

Hier wurde das suggestive Bild einer Expansion wider Willen entworfen: Expansion als Fatum zivilisierter Ordnungsmächte. Von hier aus hat Joseph A. Schumpeter seine Imperialismustheorie[93] entwickelt, die in dem Diktum aufgeht, dass der Imperialismus ein atavistischer, kriegerischer Expansionstrieb „ohne angebbare Grenze" sei. Auch die Neigung, die russische Ostexpansion mit der Eroberung und Erschließung des amerikanischen Westens zu vergleichen, mit der „Jagd nach der Grenze"[94] im Sinn der Frontier-Theorie Frederick Turners, ist in wissenschaftlichen Deutungsversuchen immer wieder aufgetaucht. Die russische Expansion nach Westen, das Thema der folgenden Ausführungen, stand unter gänzlich anderen Rahmenbedingungen. Sie vollzog sich im Kontext des europäischen Staatensystems, dem Russland seit dem ausgehenden 17. Jahrhundert angehörte.

4.2 Livländischer Krieg und Kosaken-Ukraine

Im Westen war alles anders. Hier haben für die russische Expansion ohne Zweifel andere Rahmenbedingungen gegolten als für die Übernahme des Erbes der Goldenen Horde, andere Bedingungen als beim Vorstoß in die Weite des sibirischen Raumes bis nach Kamtschatka und zur chinesischen Grenze. Zu den unmittelbaren Folgen der Westausdehnung gehörte der Aufstieg Russlands zur europäischen Großmacht, der Eintritt dieses Reiches in die Welt des *Ius publicum Europaeum*, in die Gemeinschaft des europäischen Völkerrechts.

Was sich anbahnte im Lauf des 17. Jahrhunderts, war eine Revolution der Großen Politik – die nachhaltige Umgestaltung des europäischen Staatensystems von der Ostsee bis zum Schwarzen Meer. Als die Zeit Peters des Großen zu Ende ging, standen die ersten Ergebnisse schon vor aller Augen. Voraussetzung dafür, dass es dazu kommen konnte, waren zwei Vorgänge, an denen die militärische Potenz des Zarenreiches den größten Anteil hatte: der Verfall der polnisch-litauischen Adelsrepublik und das Ende der schwedischen Vorherrschaft im Ostseeraum. Hinzu kam, dass die Expansionskraft des Osmanischen Reiches Ende des 17. Jahrhunderts merklich geschwunden war. Dank der Schwächung des türkischen Erbfeindes öffneten sich der russischen Großmacht neue, ungeahnte Bewegungsmöglichkeiten. In formelhafter Kürze kann man also sagen, dass Russland auf Kosten Schwedens, Polen-Litauens und der Osmanischen Türkei zu einem europäischen Imperium geworden ist. Auch die Präsenz der russischen Macht in den deutschen Reichsangelegenheiten, die erst Mitte des 19. Jahrhunderts verloren ging, war ein Zeichen dieser grundstürzenden Veränderung.

Um zu verdeutlichen, wie sich Gleichgewicht und Hegemonie im europäischen Mächtesystem damals verschoben haben, mag eine knapp gefasste Orientierung über die Etappen und Ergebnisse der russischen Westexpansion von Nutzen sein. Im Anschluss daran sollen dann die Methoden beschrieben werden, mit denen die zarische Regierung in den hinzugewonnenen Gebieten ihre Herrschaft zu sichern verstand.

Die ältesten Versuche, Russland nach Westen auszudehnen, zielten auf die Eroberung Livlands, der nördlichsten Provinz des Deutschen Ritterordens, des Siedlungsgebiets lettischer und estnischer Bevölkerung. Seit dem ausgehenden 15. Jahrhundert war das Moskauer Interesse, zur Ostseeküste vorzustoßen, nicht mehr abgeklungen. Nach der Unterwerfung der alten Stadtrepubliken Nowgorod (1478) und Pskow (1510) ergab sich dieses Verlangen wie von selbst: aus der wirtschaftlichen Bedeutung der Häfen und Handelsplätze der Deutschen Hanse, aus dem Niedergang der hansischen Kaufmannschaften, vor allem aber aus dem Machtverfall des Deutschen Ritterordens nach der Säkularisierung des Ordenslandes (1525). Diese Vorgänge hatten Livland, dieses Außenland des Heiligen Römischen Reiches Deutscher Nation, dem Zugriff der benachbarten Mächte geöffnet, den konkurrierenden Ambitionen Polen-Litauens, Schwedens, Dänemarks und Moskowiens natürlich auch.

Unter Iwan III. (1462–1505), dem Großvater Iwans dem Schrecklichen, hatte sich der Moskauer Staat durch militärische Vorstöße in die Rivalitäten und Auseinandersetzungen um Livland erstmals eingeschaltet. Mit der Errichtung Iwangorods, einer moskowitischen Festung, die 1492 in greifbarer Nähe der deutschen Ordensfeste Narwa entstand, begann der Moskauer Großfürst, den Anspruch auf sein livisches *Vätererbe* nicht nur symbolisch zu unterstreichen. Nachdem die lutherische Reformationsbewegung in den 1520er Jahren auch Livland überzogen hatte, war die Widerstandskraft des Ritterordens, der sich in Fehden mit den bischöflichen Herrschaften und den Stadtobrigkeiten Revals und Rigas verfing, schon nahezu gebrochen. Die Provinz war zu einem Spielball ihrer Nachbarn geworden.

1558, wenige Jahre nach der Unterwerfung Kasans und Astrachans, war Iwan Grosnyj, von tatarischen Hilfstruppen unterstützt, zur Eroberung Livlands aufgebrochen. Damit hatte er sich zu einem Unternehmen entschlossen, das zu langen, kräfteverzehrenden Verwicklungen mit Polen-Litauen und Schweden führte. Im Januar 1582 war der Zar gezwungen, mit Stefan Báthory, dem Polenkönig, in Jam Zapolski einen zehnjährigen Waffenstillstand zu schließen und seine Truppen nicht nur aus dem verwüsteten Ordensland, sondern auch aus Polozk abzuziehen. Im Jahr darauf musste Iwan IV. Estland und Ingermanland dem schwedischen König überlassen, sodass der Moskauer Staat von der Ostseeküste vollends abgeschnitten war. Mithin endete der erste Vorstoß ins Baltikum nach mehr als zwanzig Jahren mit einer schweren Niederlage.

Obwohl es Mitte der 1590er Jahre zur Rückgewinnung Iwangorods und einiger Küstenplätze kam, konnte sich Moskau gegen Schweden und Polen-Litauen auf Dauer nicht behaupten. In der *Zeit der Wirren* zu Beginn des 17. Jahrhunderts, gingen die umstrittenen Gebiete abermals verloren, selbst Nowgorod geriet in schwedische Hand. 1610 zogen die Polen gar in den Moskauer Kreml ein. Als sich Władysław IV., Sohn König Sigismunds III., um den verwaisten Zarenthron bewarb und die Bojaren durch Wahlkapitulationen zu gewinnen suchte, konnte es scheinen, als ob die Autokratie als Herrschaftsform in Frage stehe.

Dass es nicht dazu kam, ist bereits ausreichend beschrieben worden. Es genügt, daran zu erinnern, dass Zar Michail Fjodorowitsch, der erste Romanow, für den Frieden mit den feindlichen Nachbarn herbe Verluste hinzunehmen hatte. Im Vertrag von Stolbowo, der 1617 mit Schweden zustande kam, erhielten die Russen zwar Nowgorod zurück, doch von der Ostsee blieben sie noch lange abgeschnitten. Erst mit Peter dem Großen wandte sich das Blatt.

Zwei Jahre nach Stolbowo konnten die Moskowiter auch mit Polen Frieden schließen, abermals zu einem hohen Preis. Im Vertrag von Deulino im Dezember 1618 musste die zarische Regierung auf das Smolensker Gebiet und auf die sogenannten sewerischen Städte (Tschernigow u. a.) verzichten, auf Territorien, die von Iwan III. für Moskau gewonnen worden waren. Auch in den Auseinandersetzungen mit Polen hat erst die petrinische Zeit die Wende gebracht und der russischen Expansion wieder breite Bahn gebrochen. Doch dieser Wende war die zunehmende Schwächung der polnisch-litauischen Staatenunion vorausgegangen. Ein markantes Zeichen dafür war der Abfall des Kosakenhetmanats in der Dnjepr-Ukraine. 1654 warf Hetman Bogdan Chmelnizkij (oder in ukrainischer

Schreibweise Bohdan Chmelnyzkyj) die polnische Oberherrschaft ab und unterstellte sich der Schutzherrschaft des orthodoxen Zaren.

Auf die kontroverse Geschichte dieses Vorgangs kann hier nur in gedrängter Kürze eingegangen werden.[95] Unerlässlich dafür ist auch hier ein Blick zurück. Seit dem 16. Jahrhundert hatten sich die Saporoger Kosaken (genannt nach den Stromschnellen am Unterlauf des Dnjepr) in lockerer Bindung an die polnische Krone zu einem eigenwilligen Machtfaktor entwickelt. Ihre Militär- und Sozialverfassung war den kosakischen Kriegergemeinschaften ähnlich, die am Don, an der Wolga und am Ural im Auftrag des Zaren die Steppengrenze sicherten. Sie hatten sich an polnischen Feldzügen gegen Moskau beteiligt und auf ihren Booten Raubzüge in den Herrschaftsbereich des Krimkhans übernommen, eines Vasallen des Sultans, der die Steppengebiete nördlich der Schwarzmeerküste in Unruhe hielt. Dank eines der Meisterwerke Ilja Repins aus dem Jahr 1891 (*Die Saporoger Kosaken schreiben einen Brief an den türkischen Sultan*) prägt sich in Russland und der Ukraine die Erinnerung an ihre Epoche noch heute jedem Schulkind ein.

Seit die rechtsufrige Ukraine mit dem polnisch-litauischen Unionsvertrag von 1569, der sogenannten Lubliner Union, Teil des polnischen Königsreichs geworden war, hatte sich der polnisch-katholische Einfluss ausgebreitet und im Fortgang der Zeit die Polonisierung und Konversion des orthodoxen Adels zur katholischen Kirche bewirkt. Die Kosakenschaft des Hetmanats dagegen beharrte nicht nur auf ihrer Rechtgläubigkeit, der Zugehörigkeit zur Kiewer orthodoxen Metropolie, sondern, mit nicht geringerem Eigensinn, auch auf ihren autonomen Rechten: ihrer Heeresverfassung, Selbstverwaltung, Gerichtsbarkeit, steuerlichen Immunität und auf den ländlichen Besitzverhältnissen, die von der polnischen Krone garantiert worden waren. Durch die fortgehende Ausdehnung des polnisch-katholischen Einflusses auf die Ukraine fand sich die militärische Führungsschicht der Kosaken – die Atamane und Starschiny mit dem frei gewählten Hetman an der Spitze – in ihrer Freiheit bedroht und in ihrem Selbstbewusstsein tief getroffen. Sie hatten sich darauf versteift, der polnischen Adelsnation nicht subordiniert, sondern ebenbürtig zu sein und als eigenständige Nation zu gelten.

1648 war der Unmut so weit gediehen, dass sich die Kosaken unter Hetman Chmelnizkij zum Aufstand gegen die polnischen Kronbeamten, Schlachtizen und Kleriker erhoben und der polnischen Herrschaft in weiten Teilen der Dnjepr-Ukraine ein Ende setzten. Von diesen Insurrektionskriegen waren außer den Polen vor allem die Juden getroffen: Händler und Handwerker, die in den ukrainischen Städten lebten oder als Verwalter, Pächter, Schankwirte, Steuereintreiber und dergleichen im Dienst polnischer Magnaten standen. Hunderttausende wurden auf grausigste Weise umgebracht.

Nach diesem Vernichtungs- und Vertreibungskrieg hatten die Kosaken nichts Gutes zu erwarten. Um militärischen Gegenschlägen der Polen gewachsen zu sein, versuchte Chmelnizkij Verbündete zu gewinnen – den Krimkhan und den Sultan oder, was noch näher lag, die Moskowiter. Nur bei ihnen kam er zum Zug. Nach langem Zögern ließ sich Alexej Michailowitsch, der Vater Peter des Großen, schließlich dazu herbei, das Hetmanat unter seinen Schutz zu stellen und die aus polnischer Zeit überkommenen Kosakenprivilegien zu garantieren. Anfang 1654 schworen Chmelnizkij und sein Heeresverband in Perejaslaw dem Zaren ewige Treue und Waffendienst.

Die Kontroversen um diesen Vorgang, dessen Bedeutung zwischen russischen und ukrainischen Historikern noch immer strittig ist, haben ihre eigene Geschichte. Während die Moskauer Regierung die Eidesleistung des Hetmans im Sinne ihrer Steppenpolitik interpretierte, nämlich als einen Gnadenakt, der die Kosaken auf ewige Zeiten zu Untertanen des autokratischen Zaren machte, wurde Perejaslawl von der kosakischen Elite keineswegs als Unterwerfung verstanden, sondern als ein Bündnis, das auf Gleichberechtigung und wechselseitiger Treue beruhe. Da der Zar nicht daran dachte, seinerseits einen Eid zu leisten, ergab sich eine asymmetrische Beziehung, die viel Konfliktstoff in sich trug. Zwei Jahre später schon, 1656, galten die Abreden nichts mehr. Der Zar stellte den Krieg gegen Polen ein, und Chmelnizkij verbündete sich mit den Schweden.

Nach dem Tod des Hetmans im Jahr darauf versuchten seine Nachfolger, durch eine Pendelpolitik zwischen den Polen, Osmanen und Moskowitern die eigene Freiheit zu sichern. Mit diesem Experiment hatten sie ihre Kräfte bei weitem überschätzt. Über mehrere Wechselfälle hinweg, die hier übergangen werden können, endeten die Auseinandersetzungen mit einer russisch-polnischen Einigung zu Lasten der Kosaken. 1667, im Vertrag von Andrussowo, wurde das Hetmanat zwischen der Krone Polens und dem Moskauer Staat geteilt. Versuche, mit türkischer Hilfe und mit der Hilfe des Krimkhans die Einheit wiederherzustellen, misslangen. Die Teilungsgrenze war der Dnjepr, sodass die linksufrige Ukraine, also ihr östlicher Teil, unter russische Herrschaft geriet, auf dem rechten Dnjeprufer kam Kiew, die Mutter der russischen Städte, hinzu. Im Übrigen blieb die rechtsufrige Ukraine in polnischer Hand. Erst 1772, also mehr als ein Jahrhundert später, kamen im Gefolge der ersten Teilung Polens die getrennten Teile der Ukraine unter russischer Herrschaft wieder zusammen, während der Westen um Lemberg als Galizien bei Österreich/Ungarn blieb.

Seit Andrussowo waren in den dem Zaren zugeschlagenen Gebieten russische Garnisonen stationiert, doch die innere Organisation des Kosakenheeres wurde davon nicht berührt. Die Versammlung aller Kosaken, der sogenannte Heeresoder Generalrat, etwa 30.000 Leute, wählte den Hetman, *Seiner Erlauchten Zarischen Majestät Hetman des Saporoger Heeres* – so sein Titel in zeitgenössisch deutscher Version. Die Hetmane regierten mit Hilfe eines Offiziersrats und der sogenannten *Generalna Starschyna*. Die Privilegien dieser militärischen Elite, der vornehmen Heeresgenossen, wurden durch Vergabe von Grundbesitz mit schollenpflichtigen Bauern so ausgebaut, dass die kosakische Oberschicht allmählich ein Profil gewann, das sie dem russischen Landadel immer ähnlicher werden ließ. Obwohl das Hetmanat von einem Moskauer Zentralamt, dem Kleinrussischen (*Malorossijskij*) *Prikas*, kontrolliert wurde, blieben seiner Führung doch eigene Bewegungsräume offen. Deshalb kann man, bis in die petrinische Zeit hinein, von einem vergleichsweise losen Abhängigkeitsverhältnis sprechen, von einer Autonomie, die sich zum einen aus dem beschränkten Potential erklärt, über das der Moskauer Staat in der Ukraine damals verfügte, zum anderen aus dem Interesse der Zarenregierung, das Kosakenheer zwischen Dnjepr und Don zur militärischen Sicherung der südlichen Steppengrenze einzusetzen, gegen die wiederkehrenden Raubzüge der Krimtataren vor allem.

Um die Wende vom 17. zum 18. Jahrhundert hat die linksufrige Ukraine unter dem Hetman Iwan Masepa eine Zeit wirtschaftlicher Erholung, relativer Ruhe und kultureller Blüte erlebt. Das traditionsreiche Kollegium in Kiew wurde 1701 in den Rang einer Theologischen Akademie erhoben, für die es nach Anspruch und Niveau in Moskau keine Parallele gab. Im ostslawischen Raum war sie die einzige orthodoxe Hochschule, die sich an westlichen Standards messen konnte. Dank der breiten philosophischen Bildung, die hier vermittelt wurde, vermochten Lehrer und Absolventen der Akademie auf die beginnenden Erneuerungsprozesse nachhaltig einzuwirken. Zu diesen Ausstrahlungen hatte beigetragen, dass 1685 die Kiewer Metropolie dem Moskauer Patriarchat unterstellt worden war. Als Zar Peter sich anschickte, die russische Kirche dem Staatszweck zu unterwerfen, wurde ein Großteil der Bischofsstühle mit Geistlichen aus dem europäisch gebildeten ukrainischen Klerus besetzt. Auch Stefan Jaworski, seit 1700 Patriarchatsverweser, und Feofan Prokopowitsch, der Theoretiker der monarchischen Souveränität im Dienst des Zaren, kamen aus der Kiewer Akademie.

Aber auch die großen Entscheidungen, die in Russland damals getroffen wurden, wirkten auf die Geschicke der Kosaken-Ukraine ein, keine verheerender als die, die Nord- und Osteuropa für mehr als zwanzig Jahre mit Krieg überziehen sollten. Wie bekannt, verlief dieser Krieg für Russland zunächst so unglücklich, dass Peters wichtigster Verbündeter, August der Starke, Kurfürst von Sachsen und König in Polen, vom Schwedenkönig Karl XII. binnen weniger Jahre aus Polen vertrieben und 1706 zu einem demütigenden Frieden gezwungen wurde. Bald danach setzte König Karl, um die Russen zu schlagen, seine Truppen nach Osten in Marsch. Als sie in die Dnjepr-Ukraine kamen, entschloss sich Hetman Masepa, die Front zu wechseln und vom Zaren abzufallen. Er tat dies, weil er hoffte, dass es mit schwedischer Hilfe gelingen könnte, die seit 1667 getrennten Teile der Ukraine wieder zusammenzuführen und die Freiheit des vereinigten Kosakenstaates dauerhaft zu sichern.

Dass diese Rechnung nicht aufging, zeigte der russische Sieg bei Poltawa, südöstlich von Kiew gelegen, im Sommer 1709. Der Ausgang dieser Schlacht, die den Krieg zugunsten des Zaren entschied, hat das Schicksal Masepas besiegelt. Während der schwedische König Karl sich unter den Schutz des Sultans stellte, kam der Hetman auf der Flucht ums Leben: von den Russen als „*gotteslästerlicher Verräter*" geschmäht, von den Eigenen verehrt als Held und Märtyrer einer freien Ukraine.

Für das Kosakenheer bedeutete Poltawa den Anfang vom Ende der Eigenständigkeit. Als Faktor der Großen Politik zwischen Schweden, Polen, Russen und Osmanen hatte das Hetmanat vorerst ausgespielt. Erst 1722 erlaubte der Zar, einen neuen Hetman zu wählen, einen freilich, der seines Vertrauens würdig war. Die kosakischen Heereseinrichtungen wurden an das Militärwesen des Imperiums noch fester angebunden als zuvor. Der Kleinrussische Prikas wurde mit Russen besetzt und residierte in Kiew wie eine Statthalterei der Zarenmacht. Diesen Maßnahmen entsprach, dass der Angleichungsprozess der kosakischen Oberschichten an den landbesitzenden russischen Dienstadel nun beschleunigt weiterging. Auch russischen Edelleuten wurden jetzt Güter im Hetmanatsgebiet verliehen.

Da sich die Loyalität der Kosakenelite auf solche Weise sichern ließ, blieb der Sonderstatus der Dnjepr-Ukraine bis in die Katharinazeit hinein erhalten, wenn auch zunehmend nur noch in zeremoniöser Form. 1764 starb mit Hetman Kirill Rasumowskij der letzte, den es gab. Mit seinem Tod begann die Liquidierung der Kosakenautonomie, ein Vorgang, der Ende der 1770er Jahre im Wesentlichen abgeschlossen war. Damals wurde die innere Verwaltung den neuen Gouvernementsordnungen angepasst und die allgemeine Reichsgesetzgebung auf die Ukraine übertragen. Die kosakische Oberschicht wurde nun auch im juristischen Sinn in den russischen Reichsadel aufgenommen, wie das mit dem tatarischen Militäradel bereits geschehen war. Die Reste des Kosakenheeres mussten die Ukraine verlassen und wurden mit ihren Familien an den Kuban geschickt. Die bäuerliche Bevölkerung wurde in die Kategorie der Staatsbauern überführt oder, wenn sie russischen Gutsherren gehörte, zu Leibeigenen gemacht. Auf solche Weise verschwand die Ukraine zunächst von der historischen Bühne. Erst Jahrzehnte später, als junge Nationalbewegungen in Russland von sich reden machten, tauchte sie als politischer Entwurf wieder auf.

Nur im Vorübergehen sei erwähnt, dass die von Katharina II. verfolgte Unifizierungspolitik auch das Gebiet von Smolensk betraf, das 1654 (in jenem Jahr, in dem Chmelnizkij dem Zaren Treue schwor) durch moskowitische Truppen der polnisch-litauischen Adelsrepublik entrissen worden war. Im Vertrag von Andrussowo 1667 hatte Zar Alexej Michailowitsch der dort ansässigen Szlachta die von der polnischen Krone gewährten Besitzrechte und Privilegien bestätigt, darunter das Recht, Adelssöhne auf Jesuitenkollegs nach Litauen zu schicken und katholische Priester von dort ins Land zu holen. Obwohl die Smolensker Szlachta, anders als das Kosakenheer, keine eigenständigen Verwaltungsorgane und Gerichtsstätten besaß, hat sie sich bis ins 18. Jahrhundert hinein eine gewisse Sonderstellung bewahrt. Auch hier war es die nivellierende Wirkung der Gouvernementsgesetze von 1775, die den Sonderverhältnissen ein Ende machten. Das von weißrussischen Bauern besiedelte Gebiet wurde mit moskowitischen Territorien zusammengelegt. In dem neugebildeten Gouvernement Smolensk, das auf diese Weise entstand, waren Spuren polnischer Herrschaft nur noch für Kundige zu sehen.

Die junge ukrainische Nationalbewegung des 19. Jahrhunderts dagegen hat das Kosakenhetmanat, wie angedeutet, ihrem Geschichtsbild ohne Mühe hinzugefügt. Im Rekurs auf verschüttete Traditionen des 16. und 17. Jahrhunderts wurden die ideologischen Grundmuster entwickelt, auf die sich die Abgrenzung der Ukraine von dem übermächtigen Russland stützen sollte. Idealbilder der Kosakenfreiheit und der Kosakendemokratie wurden der moskowitischen Autokratie und Despotie entgegengesetzt, einer Zwangsgewalt, die mit wortbrüchiger Brutalität die freie Ukraine in den russischen Völkerkerker eingeschlossen habe. Die nationalrussische Geschichtsdeutung dagegen knüpfte an die Moskauer Argumente des 17. Jahrhunderts an, deren Sinn es war, die Ukraine als kleinrussisches Vätererbe für das Zarenreich zu reklamieren und auf der ungebrochenen Kontinuität russischer Staatlichkeit von der Kiewer Rus bis zum Moskauer Reich zu bestehen. Bis zuletzt galt das ukrainische Volk für die autokratische Staatsideologie nur als kleinrussischer Zweig des einen und unteilbaren Russentums. In diesem historischen Dissens sind bereits Konflikte angelegt, die in der Untergangsgeschichte der Sowjetunion wieder aufbrachen.

4.3 Die baltischen Provinzen

Die Eingliederung Estlands, Livlands und Kurlands in das russische Imperium und die Sonderstellung dieser Provinzen im Zarenreich: das sind die Themen, die nun zur Sprache kommen. Von den baltischen Eroberungen war bereits die Rede. Ihre Geschichte hatte mit dem missglückten Versuch Iwan Grosnyjs begonnen, an der Ostsee Fuß zu fassen und das zwischen Schweden und Polen geteilte Livland dem moskowitischen *Vätererbe* einzuverleiben. Erst Peter dem Großen gelang es, im Krieg gegen Schweden das Ziel seiner Vorfahren zu erreichen. Von da an haben die baltischen Provinzen zweihundert Jahre lang zu Russland gehört. Was danach kam, ist hier nur eben anzudeuten: Auf den Untergang des Zarenimperiums im Ersten Weltkrieg folgten zwei Jahrzehnte staatlicher Unabhängigkeit, dann, im

Zeichen deutsch-sowjetischer Kumpanei, die erneute Annexion, auch diesmal durch den mächtigen Nachbarn im Osten. Erst fünfzig Jahre später, als die Sowjetunion zusammenbrach, wurden die baltischen Länder wieder frei.

Wie andernorts bereits erwähnt, hatte Poltawa, die Wende im Großen Nordischen Krieg, dem Zaren mit den Kapitulationen von 1710 die Herrschaft über Estland und Livland eingetragen. Zwar hatte er Livland ursprünglich seinem sächsischen Verbündeten, August dem Starken, zugesagt, doch als es zum Schwur kam, war davon keine Rede mehr. Im Frieden von Nystadt 1721 wurde die Zugehörigkeit der baltischen Landesstaaten zu Russland auch völkerrechtlich abgesichert. Hinzu kamen Wiborg, ein Teil Kareliens und Ingermanland mit der Newa-Mündung, an der Peters neue Hauptstadt entstand.

Der dritte Landesstaat der deutsch-baltischen Ritterschaften, das Herzogtum Kurland mit der Hauptstadt Mitau, fiel Russland erst 1795 mit der dritten Teilung Polens zu. Bis dahin war Kurland ein Lehen der polnischen Krone geblieben. Doch schon seit dem Nordischen Krieg konnte an der Dominanz des russischen Einflusses nicht mehr gerüttelt werden. 1710 hatte der Zar eine seiner Stiefnichten, Anna Iwanowna, in Sankt Petersburg mit dem kurländischen Herzog Friedrich Wilhelm vermählt, einem blutjungen Hohenzollern, der die aufreibenden Hochzeitsfeierlichkeiten nicht lange überlebte. Diese Anna war es, die nach langer Witwenschaft 1730 auf den russischen Kaiserthron geriet und das Reich hernach zehn Jahre lang selbstherrscherlich regierte.

Der Sieg über Schweden hatte Peter zum Herrn der Ostseeprovinzen gemacht. Erst dadurch wurde das vielzitierte *Fenster nach Europa*, das in Petersburg geöffnet werden sollte, weit und unwiderruflich aufgestoßen. Zum ersten Mal waren damals historische Landschaften und Städte unter russische Herrschaft gelangt, die nach ihrer politischen Verfassung und kulturellen Prägung zur alteuropäischen Städtewelt gehörten. Die Kulturgrenze, die das autokratische Russland auf dem Weg nach Westen überschritt, war im Baltikum ungleich schärfer markiert als die zwischen dem Moskauer Staat und der Dnjepr-Ukraine. Anders als das Hetmanat der Kosaken, deren Loyalität sich auf den gemeinsamen Glauben und auf die trotz mancher Eigenheiten gemeinsame Sprache stützen konnte, waren Estland und Livland, von Russland her gesehen, eine durchaus fremde Welt. Die Herrenschichten und Bürgerschaften der Städte waren deutsch und lutherisch. Das unterständische Volk, estnische und lettische Bauern – leibeigene Gutsuntertanen, für deren Idiom und Lebensart sich im 18. Jahrhundert allenfalls einige deutsche Pastoren interessierten – waren in ethnischer, sprachlicher und konfessioneller Hinsicht von russischen Bauern scharf unterschieden.

Dass Peter der Große und seine Nachfolger (bis zu Alexander III.) nicht daran dachten, die überkommenen Landesverfassungen anzutasten, sondern sie bei jedem Herrscherwechsel von neuem garantierten, dafür gab es gute Gründe – zu

Beginn des 18. Jahrhunderts und auch später noch. Das Garantieversprechen bezog sich auf die historischen Privilegien der deutschen Ritterschaften, die Magistratsordnungen der Städte und die Rechte der lutherischen Landeskirche. Sonderlich überraschend waren diese Zusagen nicht, denn die Konservierung der lokalen Verwaltung, der Schutz der Eigentumsrechte und die Kooperation mit einheimischen Eliten gehörten seit dem 16. Jahrhundert zu den russischen Herrschaftsmethoden in eroberten Gebieten.

Im Baltikum kamen andere Faktoren hinzu: die Tatsache, dass der Erwerb Estlands und Livlands nicht allein kraft militärischer Eroberung vor sich ging, sondern als Besitzübertragung nach den Normen des europäischen Völkerrechts, auf der Grundlage des Nystadter Friedensvertrags von 1721. Dieser Vertrag, im Original in deutscher Sprache abgefasst, hatte ausdrücklich bestätigt, dass den Ritterschaften und den Städten Reval und Riga bereits 1710, in den sogenannten Kapitulationsurkunden, vom Zaren „auf ewig" (also auch seine Nachfolger bindend) folgende Punkte konfirmiert worden waren: „alle ihre vorhin wohl erworbene Privilegia, Statuten, Ritterrechte, Immunitäten, Gerechtigkeiten, Freyheiten, rechtmäßige Possessiones und Eigentümer", dazu die deutsche Amts- und Gerichtssprache, die „exercirte Evangelische Religion" und Kirche nach Augsburgischem Bekenntnis, sowie die Eigenständigkeit der Universität Dorpat, einer schwedischen Gründung, die von da an bis zu ihrer Russifizierung 1893 in deutschen Händen blieb.[96]

Loyalitätsverstärkend wirkte, dass Peter die von der schwedischen Krone verfügten Güterreduktionen rückgängig machen ließ. Insofern durfte er behaupten, die wohlgeborene Ritter- und Landschaft vom schwedischen Joch erlöst zu haben. Annexion wurde, wie man sieht, als Befreiung gedeutet. Landbesitz in den baltischen Provinzen stand ausschließlich deutschen immatrikulierten Edelleuten zu, städtische Selbstverwaltung nur den vollberechtigten Gliedern der deutschen Bürgerschaft. Über die Letten und Esten, die Undeutschen, wie man sie nannte, hatten die Kapitulationsurkunden von 1710 und der Friedensvertrag von 1721 kein Wort verloren. An ihrer Untertänigkeit, die der russischen Leibeigenschaft in vielem glich, wurde nicht gerührt. Das Volk blieb außerhalb der rechtlich verfassten Welt.

Ein zweiter Beweggrund, der für die Konservierung der deutschen Landesverfassung sprach, war dadurch gegeben, dass Peter die estländischen und livländischen Verhältnisse als Muster für seine Reformunternehmen in Russland ausprobieren wollte. Solche Modellbedeutung kam zum einen den deutschen Stadtmagistraten von Riga und Reval zu, die der petrinischen Stadtreform zum Vorbild dienten, zum anderen galt sie für bestimmte Elemente der ritterschaftlichen Selbstverwaltung, vor allem für das Institut der vom Adel gewählten Landräte, von dem Peter hoffte, dass es in die russischen Provinzen zu verpflanzen wäre. Indessen sollten beide, die Magistratsverfassung wie die adligen Landräte, im eigentlichen Russland totgeborene Kinder bleiben – Kunstprodukte, die in einem Reich ohne ständisch-kooperative Traditionen nicht gedeihen konnten.

Trotz solcher Enttäuschungen hat Peter und haben auch seine Nachfolger die deutsch-baltischen Einrichtungen fortbestehen lassen. Als sich Katharina II. von ihrem Selbstgefühl dazu verführen ließ, die russische Gouvernementsverordnung auf die baltischen Provinzen zu übertragen, scheiterte sie so kläglich, dass ihr Nachfolger, Paul I., die alten Verhältnisse sogleich wieder herzustellen befahl. Zweifellos hatte auch die ökonomische, zumal die handelspolitische Bedeutung des Baltikums großen Anteil daran, dass die autokratische Regierung davon absah, Estland und Livland den innerrussischen Verhältnissen gleichzumachen. Zu den Ausnahmen gehörte die russische Kopfsteuer und seit Paul dann auch die Pflicht, Rekruten zu stellen. Doch beide Lasten trafen nicht die Deutschen, sondern das estnische und lettische Bauernvolk.

Die Immediatverbindung zwischen dem Herrscher und den baltischen Landesstaaten wurde durch die vom Zaren ernannten Gouverneure hergestellt, zeitweilig auch durch einen Generalgouverneur. Diese Herren waren nicht etwa Russen, sondern kamen zumeist aus deutschem, mitunter auch aus schwedischem Adel. Von Fremdherrschaft im modernen, nationalen Sinn kann also keine Rede sein. Loyalität und Gehorsam der deutschen Ritter, Pastoren und Stadtbürger galten im Übrigen ja einer Dynastie, die sich seit Peter III. und Katharina II. durchweg aus deutschen Prinzen und Prinzessinnen rekrutierte. Aber nicht nur am russischen Hof, auch in den hohen Rängen des russischen Staatsdienstes, der Beamtenschaft, Generalität und Diplomatie, waren deutsche Standesgenossen und Familien allenthalben anzutreffen. Der russländische Reichsadel, die kosmopolitische Elite des Imperiums, war nicht nach nationalen Kriterien, sondern nach Rang und Vermögen sortiert. Erst im Gefolge der Bauernbefreiung, als der Adel seine leibeigenen Seelen verlor, traten nationale Unterscheidungen deutlicher hervor und konnten im Fortgang der Zeit zu einer Quelle schwerer Spannungen werden.

Die Lage der bäuerlichen Bevölkerung im Baltikum hat sich von der Lage russischer Leibeigener im 18. Jahrhundert kaum unterschieden. In den baltischen Rechtsordnungen war die Verfügungsgewalt der Rittergutsbesitzer über Land und Leute ganz im Sinn römisch-rechtlicher Eigentumsbegriffe beschrieben. Die russische Obrigkeit hatte daran nichts auszusetzen. Die Rechtlosigkeit der estnischen und lettischen Gutsuntertanen äußerte sich in allen Dingen: Der Verkauf, auch die öffentliche Versteigerung von Bauern waren übliche Praxis, desgleichen das sogenannte Bauernlegen, der Einzug von Bauernland durch das Rittergut, was die Betroffenen zu landlosen Knechten machte.

Wie in Russland gab es auch im Baltikum keine rechtsverbindliche Normierung der bäuerlichen Frondienste und Abgaben, ihr Umfang wurde vom Gutsherrn nach freiem Ermessen festgesetzt. Die Hauszucht, also die Strafgewalt des Adels über sein lebendes Eigentum, war durch die ritterschaftliche Kriminalgerichtsbarkeit zwar eingeschränkt, doch da die Bauern, wie in Russland, gegenüber ihrer Gutsherrschaft kein Klagerecht besaßen, wurden grobe Misshandlungen nur dann bekannt, wenn die deutschen Landesbehörden an Übergriffen Anstoß nahmen.

Zeitgenössische Zeugnisse belegen, dass es nicht wenige estnische und lettische Bauern gab, die ihre armselige Lage nicht nur als Schickung Gottes, sondern als Knechtschaft und Unrecht empfanden. Für ein solches Verständnis hielt das lutherische Christentum auslegungsfähige Begriffe bereit. Trotz des Gebots, der gottgewollten Obrigkeit treu zu dienen, waren Gehorsamsverweigerungen und Aufsässigkeit nicht ungewöhnlich. 1784, zehn Jahre nach Pugatschow, kulminierte die bäuerliche Renitenz in einer Aufstandsbewegung, die weite Teile Livlands ergriff. Damals entschloss sich die Ritterschaft, russische Truppen ins Land zu rufen, die den Aufruhr unterdrückten und die Anführer an den Galgen brachten. Man liebte die Russen nicht, doch man mochte sie auch nicht entbehren. Noch 1905, als die Gutshöfe in den baltischen Provinzen brannten, sollten die Deutschen zu diesem Rettungsanker greifen.

Stärker als in Russland selber hatten sich im baltischen Milieu seit den 1760er Jahren die Moralbegriffe der Aufklärung ausgewirkt. In der deutschen Bildungsschicht, vor allem unter evangelischen Pastoren (katholische gab es längst nicht mehr) mehrten sich die Stimmen, die an der elenden Lage der Gutsuntertanen Anstoß nahmen und darauf drängten, das Bauernvolk aus seinem Sklavendasein herauszuführen: durch die gesetzliche Fixierung der Frondienste und Abgaben, durch die Zuerkennung von Eigentumsrechten an beweglicher Habe (nicht an Grund und Boden!) und von bedingten Erbrechten für die Bauernkate mit etwas Gartenland. Angestrebt wurden Formen des Bauernschutzes, wie sie für die Guts- und Domänenbauern im friderizianischen Preußen und im josephinischen Österreich schon erprobt worden waren.

Nach zahlreichen Appellen an die christliche Nächstenliebe, an die Bereitschaft, in den Bauern keine Sachen, sondern Menschen mit natürlichen Rechten zu sehen, hatte sich die Kritik an der Leibeigenschaft in der öffentlichen Meinung der baltischen Provinzen gegen Ende des 18. Jahrhunderts so zugespitzt, dass sie von den Ritterschaften nicht länger ignoriert werden konnte. Unter dem Eindruck der liberalen Atmosphäre, die sich nach der Thronbesteigung Alexanders I. in Petersburg ausgebreitet hatte, gewannen Reformkräfte auf den ritterschaftlichen Landtagen in Estland und Livland allmählich die Oberhand. Sie waren entschlossen, über regionale Teillösungen hinauszukommen und die Aufhebung der

Leibeigenschaft mit Billigung des Kaisers durchzusetzen. Doch erst nach der Vertreibung Napoleons reifte die Zeit dafür heran. Die dafür nötigen Gesetze wurden 1816 für Estland und 1819 für Livland erlassen – spät, aber doch beträchtlich früher in Russland selbst.

Wer die baltische Agrargesetzgebung kritisch würdigen möchte, kommt an der Einsicht nicht vorbei, dass mit der gewährten Freiheit für die Bauern nicht viel gewonnen war. Die Verordnungen folgten dem preußischen Muster, sie machten die bisherigen Gutsuntertanen zwar persönlich frei und standen ihnen das Recht auf Familiennamen zu, die für sie bisher nicht vorgesehen waren. Was ihnen jedoch versagt blieb, waren leidlich gesicherte Existenzgrundlagen, und dieses Defizit wog schwer. Den liberalen Prinzipien der Reformer entsprach, dass an der Unantastbarkeit der gutsherrlichen Eigentumsrechte festgehalten wurde und der Verzicht des Adels auf die Verfügungsgewalt über die Bauern der Entschädigung unterlag.

Erst seit den 1840er Jahren begann sich in den Ritterschaften die Einsicht durchzusetzen, dass die Schutzlosigkeit und Armut der Landbevölkerung dem eigenen Interesse zuwider sei und zu sozialen Unruhen führen könnte. Keinen geringen Anteil an dem Entschluss, Abhilfe zu schaffen, hatte die sogenannte Konversionsbewegung, eine Erfindung des Grafen Uwarow, die darauf ausging, die lettischen und estnischen Bauern für die orthodoxe Staatskirche zu gewinnen. Da die lutherische Kirche eine Säule der adligen Landesherrschaft war, weil Rittergutsbesitz und Kirchenpatronat zusammenhingen, wäre bei einem Glaubenswechsel das Volk der deutschen Herrenklasse vollends entzogen worden. Angesichts so bedrohlicher Perspektiven gewannen in den Landtagen die Argumente der Reformer an Überzeugungskraft.

Zum Vorbild für das, was in Zukunft zu geschehen hätte, wurden 1842 die von Baron Wilhelm Hamilkar von Fölkersahm für Livland entworfenen Agrar- und Bauernverordnungen, deren Absicht es war, Wege zur Schaffung bäuerlichen Grundeigentums zu öffnen. In einem ersten Schritt sollte die Trennung von Guts- und Bauernland vollzogen und in Katastern festgeschrieben werden, um den Mitgliedern der Landgemeinden das Nutzungsrecht für genau vermessene Bodenstücke zu garantieren, ein Recht, das nicht mehr an Frondienste, sondern an normierte Pachtverträge gebunden wäre. Mit Krediten einer neugegründeten ritterschaftlichen Rentenbank sollte das von Bauern genutzte Land durch förmliche Kaufverträge als privates Eigentum erworben werden können. Diese Neuerungen kamen jedoch nur schleppend in Gang. In einzelnen Regionen begannen sie erst zu greifen, als im Frühjahr 1861 die Bauernbefreiung für Russland selber neue Zeichen setzte und das Prinzip der Landausstattung und des Loskaufs zur allgemeinen Regel machte.

Dennoch waren in Estland, Livland und Kurland, nach langen Jahren frustrierender Debatten, Voraussetzungen für eine agrarische Entwicklung geschaffen worden, die sich von der russischen auch weiterhin in vieler Hinsicht unterschied. Wichtig dafür war das im bäuerlichen Milieu von alters her geltende Anerbenrecht, das, im Gegensatz zu der in Russland üblichen Realteilung, der Besitzersplitterung entgegenwirkte. So konnte im Fortgang der Zeit unter den Letten und Esten eine mittelbäuerliche Schicht entstehen, die geeignet war, zum sozialen Fundament der jungen Nationalbewegungen auf dem flachen Land zu werden.

Dass der Prozess moderner Nationsbildung im Baltikum trotz mancher Widerstände gedieh, war nicht zuletzt dem Ausbau des Elementarschulwesens zu danken, einer Volksbildungspolitik, die in den Händen der deutschen Ritterschaften und Kirchenbehörden lag und seit den Agrarreformen von 1816/19 mit einiger Konsequenz betrieben worden war. Die Ergebnisse konnten sich sehen lassen. Um 1850 hatte der Alphabetisierungsgrad der Esten und Letten bereits mitteleuropäisches Niveau erreicht, eilte den Verhältnissen also weit voraus, die für das russische Imperium im Ganzen galten. Dort waren bis zur Revolutionszeit 80 bis 85 Prozent der Bevölkerung analphabetisch geblieben.

Auf die lange Vorgeschichte der russischen Bauernbefreiung hat der Weg, der beim Abbau der alten Untertanenverhältnisse im Baltikum beschritten worden war, nur geringe Wirkungen ausgeübt. Seit den 1830er Jahren hatte die Kisseljowsche Staatsbauernreform wahrscheinlich werden lassen, dass die Emanzipation der Bauern in Russland anderen Methoden und Zielen folgen werde als in den ständerechtlich geprägten Ostseeprovinzen. Angelpunkt der russischen Neuordnung wurde die überkommene Dorfgemeinde mit kollektiver Verfügung über das Bauernland und kollektiver Haftung der Gemeindemitglieder gegenüber der Obrigkeit. Dagegen stand das im Baltikum gewährte Nutzungs- und Loskaufrecht nicht der Gemeinde zu, sondern dem einzelnen Bauern und seiner Familie. Während die Loskaufoperation in Russland die dörfliche *obschtschina* zum kollektiven Eigentümer machte, brachte sie im Baltikum den Bauern als individuellen Eigentümer hervor. Dieser strukturelle Unterschied sollte den Zusammenbruch des Zarenreichs überdauern.

Andere Unterschiede kamen hinzu. Zwei davon sind hier zu nennen: zum einen die sozialen Kosten der Emanzipation, die der Gesetzgeber in Russland mehr oder minder gleichmäßig auf die Bauern verteilte. Im Baltikum dagegen begann, „der Boden zum besten Wirt" zu wandern – nach den Regeln der Ertrags- und Marktfähigkeit der einzelnen Bauernhöfe. Zu nennen ist *zweitens* die russische Gemeindeverfassung. Sie überdauerte das Ende der Leibeigenschaft und bewirkte, dass die Bauern bis ins 20. Jahrhundert, bis zu den Stolypinschen Reformen, eine relativ geschlossene Untertanenklasse blieben. Das Landvolk in Estland und Livland dagegen spaltete sich in eigenständige Landwirte und eigentumslose Landarbeiter auf. Damit entstand eine zur Differenzierung neigende ländliche Gesellschaft, aus der sich jene Schicht indigenen Kleinbürgertums rekrutierte, die bis zur Jahrhundertwende im Handwerk, Handel und Gewerbe immer mehr zu Kräften kam. Das Selbstbewusstsein ihrer Sprecher reichte aus, um in den bisher deutsch bestimmten Kommunen für Esten und Letten gleiche Bürgerrechte einzufordern.

Außer Frage steht, dass die soziale Emanzipation der Esten und Letten dem Verlangen nach nationaler Emanzipation Auftrieb gab, außer Frage auch, dass die deutsch-baltische Bildungsschicht – die Literaten, Pastoren, Lehrer und Dorpater Professoren – seit dem ausgehenden 18. Jahrhundert wichtige Vorarbeit dazu geleistet hatten: durch ihr waches, romantisch gestimmtes Interesse für die Volkskultur und die Sprachen der beiden Bauernvölker, durch die Gründung gelehrter Gesellschaften (1824 war eine *Lettisch-literärische Gesellschaft*, 1838 eine *Gelehrte Estnische Gesellschaft* entstanden), durch die Förderung einer anfänglich schmalen Intelligenz aus bäuerlichem Milieu, die entschlossen war, in der deutschen Kultursphäre nicht aufzugehen, sondern sich als Sprecher des eigenen Volkes zu begreifen, als Repräsentanten einer jungen Nation, die zum Bewusstsein ihrer selbst noch nicht gekommen war.

4.4 Das Ende der polnisch-litauischen Adelsrepublik

In jedem Schulbuch steht, wie Polen im ausgehenden 18. Jahrhundert dem Druck der angrenzenden Imperien nachgab und unterging. Entscheidend waren die Teilungsakte von 1772, 1793 und 1795. Sie beruhten auf Verträgen zwischen den absolutistischen Nachbarmächten der polnisch-litauischen Adelsunion, den drei *Schwarzen Adlern* der russischen, preußischen und österreichischen Monarchie. Das Zarenreich bekam den Löwenanteil an den Ländern der Republik: rund 80 Prozent des Staatsterritoriums von 1772. Etwa 10 Prozent gingen an Österreich, 8 Prozent an Preußen. Mit dem Dreischritt der Teilungen wurde ein weiträumiges Staatsgebilde von der Landkarte gelöscht, ein *Commonwealth of Nations* mit eigener politischer Kultur, das seit dem Spätmittelalter zu den Großmächten im Osten Europas gehörte. Über die Jahrhunderte hin hatten die adligen Reichsbürger der Republik den Anspruch hochgehalten, ein Hort ständischer Libertät zu sein, eine *Vormauer des Christentums* gegen asiatische Despotie und Barbarei.

Für Liquidationsakte solcher Größenordnung gab es in der bisherigen Geschichte des Völkerrechts keine Parallele. In historischer Perspektive ist die Vernichtung Polen-Litauens im Zeitrahmen jenes säkularen Umbruchs zu sehen, der, durch die Expansion des revolutionären Frankreichs angestoßen, das alte Europa aus den Angeln hob. Insoweit stehen die französische Revolutionsgeschichte und die polnische Teilungsgeschichte miteinander im Konzert. Schon deshalb war es unvermeidlich, dass die polnische Frage nach dem Ende der napoleonischen Kriege von neuem auf die Tagesordnung kam. Es war der Wiener Kongress, der schließlich eine vierte Teilung Polens brachte.

Auch von dieser Teilung, das steht außer Frage, hat Russland am meisten profitiert. Aus den polnischen Gebieten, die Preußen und Österreich zwanzig Jahre zuvor gewonnen hatten, wurde 1815 ein *Königreich Polen* gebildet, kaum größer als das Herzogtum Warschau, Napoleons Kunstschöpfung von 1807, etwa ein Sechstel des Territoriums, das Polen-Litauen vor 1772 eingenommen hatte. In diesem Kongresspolen, das die Russen *Zartum (zarstwo)* nannten, war Alexander I., der russische Kaiser, König. Hier herrschte er, anders als im eigenen Imperium, nicht als Autokrat, sondern als konstitutioneller Monarch, gebunden an die von den Wiener Signatarmächten sanktionierte Verfassung des Königreiches, auf die er sich vor dem Reichstag in Warschau eidlich zu verpflichten hatte.

Das konstitutionelle Experiment, so folgenreich für Russland es womöglich hätte werden können, dauerte indes nicht lang. Nach dem polnischen Aufstand 1830/31 wurde die Verfassung von 1815 durch Kaiser Nikolaj I. außer Kraft gesetzt. Die Reste polnischer Sonderrechte, die dann noch blieben, verschwanden nach dem Aufstand von 1863/64. Nun sollten die kongresspolnischen Verhältnisse den innerrussischen weit möglichst angeglichen werden. Was das Königreich Polen gewesen war, hieß fortan *Weichselland*, es bestand aus zehn Gouvernements, die in die russische Reichsverwaltung vollkommen eingeschmolzen waren.

Von der kongresspolnischen Verfassung waren die übrigen Gebiete, die Russland aus der Konkursmasse der Adelsrepublik gewonnen hatte, unberührt geblieben. Die Petersburger Regierung hatte nicht daran gedacht, Litauen, Weißrussland und der rechtsufrigen Ukraine autonome Rechte einzuräumen. Dass diese Territorien bis in die 1860er Jahre ihr polnisches Kolorit dennoch erhalten konnten, hing mit der agrarischen Verfassung zusammen, mit dem Tatbestand, dass die Guts- und Grundherrschaft in den Siedlungsgebieten litauischer, weißrussischer und ukrainischer Bauern in den Händen polnischer Edelleute war. Wie in Estland und Livland ging auch hier die sozioethnische Gliederung der Bevölkerung mit dem Verhältnis von Herr und Knecht überein; sie entsprach den Beziehungen, die zwischen deutsch-baltischen Rittergutsbesitzern und *nichtdeutschen* Bauern bestanden. In Teilen Weißrusslands und der Ukraine wurde dieser Gegensatz durch konfessionelle Unterschiede noch verstärkt, denn die polnischen Edelleute waren katholisch und die Bauern russisch-orthodox oder griechisch-katholisch. Letztere, die *Unierten*, gehörten seit 1596 zur Papstkirche, ohne ihren slawischen Ritus aufgegeben zu haben.

Wann die Untergangsgeschichte der Adelsrepublik begann, lässt sich exakt nicht sagen. Dass der Große Nordische Krieg daran keinen geringen Anteil hatte, ist gewiss. Nach dem Sieg von Poltawa 1709 war es den Russen rasch gelungen, die Schweden aus Polen zu vertreiben und den von Karl XII. verjagten, durch einen Gegenkönig ersetzten August den Starken auf den polnischen Thron zurückzuholen. Doch gegen die Hegemonie der russischen Militärmacht im Lande vermochte König August ebenso wenig auszurichten wie der Reichstag, der *Sejm* der polnisch-litauischen Adelsnation. Auch er, der in rivalisierende Fraktionen gespalten war, blieb der Gnade des Zaren ausgesetzt. 1717, in der Endphase des Nordischen Krieges, zwang Peter dem Sejm, der damals in Grodno zusammentrat und als stummer Reichstag in die Geschichte einging, auch förmlich seinen Willen auf. Die Truppenstärke Polens und Litauens wurde auf 10.000 Leute beschränkt, das kam einer faktischen Entwaffnung der Republik schon ziemlich nahe. Dass sich damals noch kein nennenswerter Widerstand erhob, hatte viel damit zu tun, dass der Zar die uneingeschränkte Fortgeltung der polnischen Verfassungsgesetze samt der goldenen Freiheiten des Adelsstandes garantierte.

Diese Garantie bedeutete aber auch, dass das altertümliche Staatswesen im Zustand permanenter Macht- und Bewegungslosigkeit verblieb. Was die europäischen Publizisten damals unter polnischer Anarchie verstanden oder unter dem Satz *Polonia confusione regitur*, verwies auf die Eigentümlichkeiten der republikanischen Adelsdemokratie. Ein extremeres Gegenbild zur russischen Dienstadelsverfassung war im östlichen Europa nicht zu finden. Polen-Litauen war keine Erbmonarchie, sondern seit 1572, dem Ende der Jagiellonen-Dynastie, ein Wahlkönigreich. Die Träger der Königswürde wurden auf tausendköpfigen Versammlungen des Reichsadels unter freiem Himmel gewählt und durch Eid auf ausgehandelte Kapitulationen verpflichtet, deren Sinn es war, die Privilegien und Freiheiten der Adelsnation ungeschmälert zu erhalten. Insofern lässt sich sagen: nicht der König, sondern der Adel war in Polen an der Macht; er allein war die Nation.

Ohne Zustimmung des Reichstags, der sogenannten Landbotenkammer und des Senats, vermochte der König nichts zu bewirken. Er war kein Souverän, sondern der erste Stand der Republik. Die faktische Gewalt lag nicht bei ihm, sondern bei einigen reichen Magnatenfamilien, deren Macht darauf beruhte, die Masse der Szlachta in Klientel- und Patronageverbänden hinter sich sammeln zu können. Die Quelle adligen Selbstbewusstseins war die rechtliche Gleichheit aller Glieder der Nation, ein Prinzip, das wegen der krassen Sozial- und Besitzunterschiede zum Mythos verkommen war. Der Szlachta hatten vor der ersten Teilung etwa 700.000 Menschen angehört, bei einer Gesamtbevölkerung von 11,5 Millionen waren das an die 8 Prozent aller Landesbewohner. In einigen Regionen soll der adlige Anteil beträchtlich höher gewesen sein. Jedenfalls hatte Polen die größte Adelsdichte, die es in Europa jemals gab. In Russland, in den deutschen

Ländern und in Frankreich schwankte der Anteil zwischen einem und anderthalb Prozent.

Der polnische Adel war also eine Gesellschaft für sich, nach Besitz und Vermögen stark differenziert und auf die Rechtsgleichheit der Reichsbürger *(obywateli)* fixiert. 15 Prozent der Edelleute gehörten zur begüterten Großgrundbesitzerklasse, zu den *bene possessionati*, 40 Prozent zum Kleinadel mit geringem Besitz (in der Regel kleiner als ein durchschnittliches deutsches Rittergut); der Rest bestand je zur Hälfte aus eigentumslosen adligen Pächtern, die faktisch in bäuerlichen Verhältnissen lebten, und aus Adelsproletariat, Kostgängern und Dienstvolk der eigenen Standesgenossen. Diese Ungleichheit der Lebenslagen hat die Verfassungsnorm der Rechtsgleichheit – das Prinzip, dass jeder Szlachtiz, ob arm oder reich, der gleichen politischen Rechte teilhaftig sei – nur als Fiktion bestehen lassen und die Magnatenoligarchie der *großen Familien* zu eigentlichen Entscheidungsträgern in der Republik gemacht.[97]

Seit der zweiten Hälfte des 17. Jahrhunderts war die Handlungsfähigkeit der parlamentarischen Institutionen noch dadurch geschwächt, dass Reichstagsbeschlüsse an das Prinzip der Einstimmigkeit gebunden waren, an das *Liberum veto*, wie man damals sagte. Eine einzige Gegenstimme genügte, um Beschlüsse des Reichstags wirkungslos zu machen und rivalisierende Adelsparteien zu veranlassen, die Entscheidung nicht länger im Parlament zu suchen, sondern sie durch militärische Konföderationen zu erzwingen. Unter diesen Umständen fiel es den Nachbarmächten, und Russland vor allem, nicht schwer, ihre Interessen durchzusetzen, sei es mit blanker Gewalt oder mit Bestechungen und Drohungen, mit Mitteln, die darauf zielten, Frontbildungen im Milieu des Adels für die eigene Sache zu nutzen.

Mit solchen Methoden war es den russischen Botschaftern in Warschau seit Peters Zeiten mehr und mehr gelungen, auf die polnische Politik Einfluss zu gewinnen. 1764, als August III., der letzte Sachsenkönig auf dem polnischen Thron, verschied, hatte Katharina II. wenig Mühe, Stanisław Poniatowski, einem ihrer ehemaligen Favoriten, zur Krone zu verhelfen und der russischen Hegemonialstellung ein festes Fundament zu geben. Abermals garantierte Russland die polnische Verfassung mit all ihren Schwächen und übernahm den Schutz der Rechte der sogenannten *Dissidenten*, also der nichtkatholischen Bevölkerung der Republik, zumal der orthodoxen Glaubens. Gegenüber den protestantischen Bevölkerungsteilen machte vor allem Preußen von diesem Druckmittel Gebrauch. Als 1768 eine Adelsfronde, die Konföderation von Bar, gegen die russische Vorherrschaft zu den Waffen griff, war Russland durch den gleichzeitigen Türkenkrieg gebunden. Dennoch fiel es nicht schwer, die Aufrührer mit militärischen Mitteln zur Räson zu bringen.

Der vier Jahre später gefasste Entschluss, das polnische Staatsgebiet im Einvernehmen mit Preußen und Österreich empfindlich zu beschneiden, gehört zu den weiterwirkenden Folgen dieser Intervention. Bei der Ersten Teilung 1772 verlor das Königreich etwa ein Drittel seines Territoriums und seiner Bevölkerung. An Russland fielen die östlichen Gebiete bis zur Düna und zum oberen Dnjepr – mit weißrussischen Bauern, einer dünnen Schicht polnischen Landadels und mit städtischer Bevölkerung, deren größten Gruppe Juden waren. Von den Problemen der Eingliederung wird noch zu sprechen sein. Zunächst ist der Weg bis zur endgültigen Liquidierung Polens zu skizzieren, um die Umrisse des gesamten Annexionsvorgangs ins Bild zu bringen.

Nach dem Schock von 1772 war es in Polen selbst zu dem äußerst schwierigen Versuch gekommen, die Republik durch innere Reformen zu erneuern und dem Staat aus seiner Schwachheit aufzuhelfen. Von König Stanisław August unterstützt, waren aufgeklärte Köpfe aus der Mitte des Adels und der Geistlichkeit daran gegangen, in dem zerrütteten Land Voraussetzungen für den Aufbau eines leidlich funktionsfähigen Staatswesens zu schaffen. Dass Russland und die anderen beiden Nachbarmächte alle Schritte, die in diese Richtung wiesen, mit größten Argwohn verfolgten, ist leicht einzusehen, denn ihr Einfluss beruhte auf der Unverrückbarkeit der überkommenen Verfassungszustände, auf der Perpetuierung jener Zustände zumal, die Begriffe wie *polnische Anarchie* und *polnische Wirtschaft* in ganz Europa zu Erkennungszeichen hatten werden lassen. Alle Experimente einer inneren Reformpolitik in Polen waren deshalb mit hohem Risiko belastet – mit der Gefahr, neue Interventionen von außen zu provozieren, nicht zuletzt von russischer Seite her. Auch die politische Zerrissenheit der polnischen Adelsgesellschaft, das Gegeneinander der Adelsparteien und Magnatenfamilien, die in ihrer Mehrheit von den alten Privilegien und Freiheiten nicht lassen wollten und jeglicher Stärkung der Staatsgewalt hartnäckig widerstrebten – auch diese traditionellen Übel haben den reformgesinnten Gruppen nur geringe Erfolgschancen gegeben. Generell galt, dass ohne den Konsens mit der russischen Macht nichts Wesentliches auszurichten war.

Erst in den späten achtziger Jahren schien sich der Spielraum für eine durchgreifende Erneuerung der polnischen Verfassung zu erweitern. Russland stand abermals im Krieg mit der Türkei, im letzten großen Türkenkrieg des 18. Jahrhunderts, und Katharina war damit beschäftigt, die Voraussetzungen für eine Militärkoalition gegen das revolutionäre Frankreich zu schaffen. Insoweit war der Zusammenhang zwischen der französischen Revolution und den Vorgängen in Polen evident. Im Windschatten der großen Politik wurde von den polnischen Reformgruppen darum gekämpft, im Vierjährigen Reichstag (1788 – 1791) den Entwurf einer neuen Staatsverfassung für Polen durchzusetzen. Das

Ergebnis war die Konstitution vom 3. Mai 1791, noch heute das Datum für einen Staatsfeiertag der Polnischen Republik.

Die sogenannte Mai-Verfassung wurde, wenige Monate vor der ersten französischen Revolutionsverfassung, in einer handstreichartigen parlamentarischen Prozedur gegen den Widerstand starker, mit Russland kollaborierender Adelsparteien durch König Stanisław II. August verkündet. Mit diesem äußerst gewagten Schritt wurde Polen zu einer konstitutionellen Erbmonarchie erklärt. Wenn Stanisław August, der ohne Nachkommen geblieben war, je zum Sterben käme, sollte die Krone Polens mit den Wettinern, dem sächsischen Herrscherhaus, erneut verbunden werden. Wichtiger war die Abschaffung des *Liberum Veto*, das den polnischen Adelsparlamentarismus zur Farce hatte werden lassen, und die Annahme des Mehrheitsprinzips. Haupt der Exekutive war der König. Die Rechte der von ihm geleiteten Regierung wurden nach dem Grundsatz der Gewaltenteilung klar bestimmt, sodass die staatliche Handlungsfähigkeit auch im Bereich der Finanzen und des Militärs als gesichert gelten konnte – unter der Voraussetzung natürlich, dass sich die Verfassung als praktizierbar erwies.

Was die traditionellen Vorrechte des Adels anbetraf, so waren die Verfassungsväter ungemein zurückhaltend verfahren. An das wichtigste Privileg, das adlige Grundbesitzmonopol mit der Verfügung über leibeigene Bauern, wurde nicht gerührt. Ebenso wenig wurde den Edelleuten streitig gemacht, dass nur sie allein im Besitz der vollen Bürgerrechte waren. Sieht man davon ab, dass die Mai-Verfassung den königlichen Städten eine eng umgrenzte Mitwirkung im Reichstag zusprach, nämlich beschränkt auf ihre eigenen Belange, so zeigt sich, dass der Begriff der Nation mit der Szlachta im Grund identisch geblieben war. Da die Mehrzahl der Städte auf polnisch-litauischem Territorium den Magnaten und dem Adel gehörte – ähnliches gab es in Russland seit 1649 nicht mehr –, blieben die Städter, nicht anders als die Bauern, außerhalb der Staatsbürgerschaft. Die allermeisten Landesbewohner waren weder Bürger noch staatsunmittelbare Untertanen, sondern Untertanen adliger Eigentümer.

Wie man sieht, war das Verfassungswerk des sogenannten Vierjährigen Reichstags den adelsständischen Traditionen der alten Republik näher als den französischen oder amerikanischen Prinzipien der Volkssouveränität. Dennoch bedeutete die neue Konstitution für die zarische Politik eine schwer erträgliche Herausforderung, denn sie stellte die russische Hegemonie im westlichen Vorfeld des Imperiums in Frage. Katharina II. hat die Mai-Verfassung als „Frucht der französischen Pest", als „Produkt des jakobinischen Bazillus", aufs schärfste verdammt und den innerpolnischen Gegenkräften militärische und politische Hilfe geleistet. Unterstützt wurde von russischer Seite die Adelskonföderation von Targowice, die gegen die Verfassungspartei Front zu machen begann.

Das Ende des Türkenkrieges 1792 sollte die Entscheidung bringen. Was folgte, war eine massive russische Militärintervention, die den polnischen König zwang, sich von der Verfassung loszusagen, und die Bahn frei machte für den russisch-preußischen Vertrag vom Januar 1793. Dieser Vertrag (dem Österreich fernblieb) besiegelte die Zweite Teilung, bei der Russland sich alle weißrussischen und ukrainischen Gebiete und den größten Teil Litauens einverleibte. Der kümmerliche Rest, der Polen damals noch verblieb, war als Staatswesen nicht mehr lebensfähig. Der berühmte Aufstand, der im Frühjahr 1794 unter der Führung Tadeusz Kościuszkos (der als General im amerikanischen Unabhängigkeitskrieg zu hohem Ansehen gekommen war) von Krakau aus nach Warschau übergriff, brachte ein letztes verzweifeltes Aufbäumen gegen die Übermacht der antipolnischen Allianz. Kaum ein Jahr verging, bis Russland, Preußen und Österreich den polnischen Rumpfstaat endgültig liquidierten.

Im Blick auf die Erfahrungen und Peripetien der polnischen Untergangsgeschichte lässt sich ermessen, dass es nicht leicht sein konnte, die riesigen Territorien, die Russland zugefallen waren, und etwa sieben Millionen Menschen in den imperialen Staatszusammenhang einzugliedern. Am schwierigsten war zweifellos, die polnischen Edelleute aus freien Reichsbürgern der Republik zu loyalen Untertanen der russischen Autokratie zu machen. Schon infolge ihrer numerischen Größe war diese Adelsgesellschaft polnisch-katholischer Kultur mit dem russländischen, überwiegend orthodoxen Reichsadel nicht umstandslos zusammenzuführen, mit einer Dienstklasse, die ständisch-korporative Traditionen nicht kannte und die eben erst, durch Katharinas Gnadenurkunde von 1785, angewiesen worden war, sich im lokalen Rahmen gesellschaftlich zu organisieren.

Ungefähr 150.000 russischen Edelleuten stand etwa die vierfache Menge polnischer Szlachtizen gegenüber, eine *communauté*, die sich in den Reichsadel nur durch ein strenges, an der Vermögenslage orientiertes Selektionsverfahren integrieren ließ. Tatsächlich wurde nur den landbesitzenden Edelleuten das Adelsprädikat belassen, während man das Gros der armen und der eigentumslosen Szlachta deklassierte und in die Untertanenkategorie der Staatsbauern versetzte. Aber auch ein so rigides Ausschlussverfahren konnte nicht verhindern, dass sich die ethnische und konfessionelle Struktur des russländischen Reichsadels gründlich verschob. 1795 wurden im Zarenreich zwei Drittel des erblichen Adels von polnischen Edelleuten gestellt, und selbst 1850, also kurz vor der Bauernbefreiung, haben noch immer 55 Prozent aller Edelleute in Russland ihre ständische Qualität aus polnischen Adelsdiplomen bezogen.

Allein dieser Sachverhalt hat die Petersburger Regierung gezwungen, in den ihr zugefallenen Territorien dem Adel nicht nur die grundherrschaftlichen Rechte zu belassen, sondern ihm auch die lokale Verwaltung zu übertragen – in Formen, die den Gouvernementsverordnungen von 1775 entsprechen sollten. Die Kooperation mit der polnischen Adelselite war auch deshalb unentbehrlich, weil die Autokratie sich außerstande sah, die Verwaltung und Sicherung der neugewonnenen Gebiete – von Litauen über Weißrussland bis in die rechtsufrige Ukraine – russischen Karrierebeamten zu übertragen. Das dafür erforderliche Beamtenreservoir war nicht zur Hand.

Auch in kultureller Hinsicht blieben die Territorien der ehemaligen Adelsrepublik polnisch geprägt. 1803 gestattete Alexander I. die Wiedereröffnung der Universität Wilna, einer während der Gegenreformation von Jesuiten gegründeten Hochschule, die sich unter Leitung des Fürsten Adam Czartoryski bald zu einem weit ausstrahlenden Zentrum polnischer Literatur und Wissenschaft entwickelte. Adam Mickiewicz, der leuchtkräftigste Stern der polnischen Nationalliteratur, kam von dort und pflegte Litauen als sein Vaterland zu preisen. Auch im Gouvernement Charkow stand ein polnischer Magnat, Graf Severin Potocki, an der Spitze des Bildungs- und Erziehungswesens. 1804 stieg Czartoryski, ein Jugendfreund des Kaisers, sogar zum Außenminister des Imperiums auf, doch gelang es ihm und seinen Standesgenossen nicht, für die nun russischen Teile des alten Polens – etwa nach dem Muster der deutschen Ostseeprovinzen – einen Sonderstatus zu erwirken.

Wichtig war die Regulierung der konfessionellen Probleme. In den Teilungsakten hatte die russische Regierung den Untertanen aller Stände die uneingeschränkte Freiheit der öffentlichen Religionsausübung zugesagt. Da alle Polen und Litauer und etwa ein Viertel der Weißrussen katholisch waren, gewannen die Beziehungen der russischen Autokratie zur römischen Kirche erhebliche politische Bedeutung. Obwohl die Petersburger Regierung bei der Einsetzung katholischer Bischöfe und der Neueinrichtung katholischer Bistümer den Papst regelmäßig überging, gab es in der Zusammenarbeit mit dem höheren Klerus zunächst keine ernsteren Konflikte. Weniger störungsfrei entwickelte sich das Verhältnis zur griechisch-katholischen Unionskirche, der die Mehrheit des weißrussischen und des ukrainischen Bauernvolkes angehörte. Nach Ansicht der russischen Staatskirche war die Kirchenunion von Brest (1596) ein Akt brutaler Gewalt gewesen, der die orthodoxen Glaubensbrüder in den Ländern der von Polen okkupierten Rus dem Schoß ihrer Mutterkirche entrissen hatte. Der Wunsch, die verirrte Herde in Weißrussland und der Ukraine zum orthodoxen Glauben zurückzuführen, ergab sich daraus. Obwohl die Konversionspolitik dem Gedanken aufgeklärter Toleranz widersprach, ist Katharina dieser Linie gefolgt, sodass es zur Auflösung einiger uniierter Bistümer kam, in der Regel durch Umwandlung in orthodoxe Diözesen. Nachdem unter Paul I. und Alexander I., also zwischen 1796 und 1825, auf Einschmelzungsversuche verzichtet worden war, nahm Nikolaus I. Ende der dreißiger Jahre die Reorthodoxisierung wieder auf. Mit der Auflösung der Unionskirche entsprach er der damals gezimmerten Staatsideologie, die auf der Trinität von Rechtgläubigkeit, Autokratie und Volkstum beruhte.

Seitdem konnte die uniierte Kirche nur unter österreichischer Herrschaft fortbestehen, im östlichen Galizien mit dem Zentrum in Lemberg. Für die galizischen Ukrainer, die damals Ruthenen hießen, sollte die Einheit von Konfession und Nationalität seit 1848 das Fundament für die Entfaltung einer nationalen Bewegung bieten, die gegen die polnischen Herrenschichten gerichtet war und erst im ausgehenden 19. Jahrhundert auch in die Dnjepr-Ukraine kam.

5 Von den Napoleonischen Kriegen zum Krimkrieg

5.1 Die Erben des aufgeklärten Absolutismus

Gegenstand der vorangegangenen Darlegungen war die territoriale Expansion des Zarenstaates, ein Vorgang, der Russland in zweihundertfünfzig Jahren nach Osten, Süden und nach Westen hin so wachsen ließ, dass das Imperium, als Napoleon unterging, zur bestimmenden Kontinentalmacht in Europa werden konnte: zum leuchtkräftigsten Symbol monarchischer Legitimität in der Heiligen Allianz der Fürsten und Völker. In der Tat wirkte das Zarenreich zwischen 1815 und 1848 als mächtiges Bollwerk der Restauration im Kampf gegen die bewegenden Tendenzen der Zeit: gegen die liberalen, demokratischen und nationalen Kräfte, die sich im Namen des „jungen Europa" der Idee des Fortschritts und der Völkerfreiheit verschrieben hatten. Bei alledem war Russland selbst gegen subversives Denken durchaus nicht immun. Dass es Feinde im eigenen Lande hatte, zeigten der Aufstand der Dekabristen 1825 in Sankt Petersburg und fünf Jahre später, noch eindrucksvoller, der polnische Aufstandskrieg gegen die russische Macht.

Bemerkenswert war, dass die Zarenregierung damals noch wenig Mühe hatte, solche Gefahren abzuwehren und aufrührerische Geister stumm zu machen. Wer Trost bei der bekannten, aus dem Vormärz stammenden Formel suchte, dass Russland ein „Koloß auf tönernen Füßen" sei, unterschätzte die Widerstandsfähigkeit und Zählebigkeit dieser historisch verankerten Herrschaftskultur. Die Autokratie war konfliktanfällig, doch ihre Fundamente blieben unerschütterlich. Offensichtlich war die Verklammerung der Adelsinteressen mit der autokratischen Staatsanstalt – jenem Verbundsystem, das auf dem Institut der Leibeigenschaft und der Kopfsteuerverfassung beruhte – hinreichend belastungsfähig, um die enormen Kosten zu tragen, die zur Erhaltung des Imperiums nötig waren. Man denke an die Reihe aufreibender Koalitionskriege gegen das revolutionäre Frankreich, an die Abwehr der napoleonischen Militärinvasion im Vaterländischen Krieg von 1812, an den massiven Anteil, den die russische Armee sodann an der Befreiung Deutschlands und Europas hatte. Auch zur Sicherung der Wiener Friedensordnung waren erhebliche militärische und finanzielle Mittel aufzubringen. Nach 1815 kam es darauf an, die Belange des Zarenreiches in der europäischen Pentarchie, dem von den fünf Großmächten gehaltenen Staatensystem, wirksam zu vertreten und das hieß: die eigene Machtsphäre zu behaupten und sie, wenn möglich, auszudehnen.

Die imperialen Interessen Russlands waren an natürliche Grenzen nicht gebunden. Sie äußerten sich in dem Bestreben, die Vielvölkerzone des Kaukasus (Georgien, Armenien und die muslimischen Khanate des heutigen Aserbaidschan) zu gewinnen, und führten zu Kriegen mit Persien und dem Osmanischen Reich. Kämpfe mit den nordkaukasischen Bergvölkern, die den russischen Eroberern den „heiligen Krieg" erklärten, gingen damit einher – grausame, im Namen der europäischen Zivilisation betriebene Pazifizierungsaktionen, die den Widerstand der Aufständischen erst in den sechziger Jahren zum Erlöschen brachten.

In ungleich größere Dimensionen wuchs die sogenannte Orientalische Frage hinein: der russische Dauerkonflikt mit Großbritannien und Frankreich im Zugriff auf die zerrinnende Macht des Osmanischen Reiches. Petersburg strebte danach, die Hegemonie über die Meerengen zu gewinnen und russische Protektorenrechte über die Balkanchristen geltend zu machen. Nimmt man die Belastungen hinzu, die sich für Russland aus der polnischen Erhebung von 1830/31 ergaben und 1849 aus der Militärintervention in den ungarischen Aufstandskrieg, dann lässt sich ermessen, welche Kosten die Autokratie ihren Untertanen abverlangte, um das Vielvölkerimperium auf dem Niveau einer militärisch handlungsfähigen Großmacht leidlich stabil zu halten. Für die Zeit bis zum Krimkrieg (1853–1856) wird auf die russische Machtpolitik in- und außerhalb Europas noch einmal zurückzukommen sein.

Im Folgenden sollen Schlüsselfragen der russischen Binnengeschichte erneut ins Zentrum treten, was nicht heißen soll, dass die große Politik vollkommen ausgeklammert bleibt. Zu beschreiben ist, wie die zarische Selbstherrschaft auf die Herausforderungen reagierte, die ihr seit dem ausgehenden 18. Jahrhundert im eigenen Land erwachsen waren. Dabei werden Themen wiederaufgenommen, von denen schon die Rede war. Es handelt sich um Fragen nach der Reformfähigkeit und den Reformblockaden, die sich aus der neuregulierten Staats- und Sozialverfassung ergaben, aus der von der Leibeigenschaft befestigten Interessenkonkordanz zwischen autokratischer Herrschaft und adliger Gesellschaft und aus den Widersprüchen, die diese auf Unfreiheit und Gehorsam beruhende Verknüpfung schon unter dem aufgeklärten Absolutismus Katharinas hervorgetrieben hatte.

Auszugehen ist von den Jahren, in denen Russland in die Kriege mit Frankreich verwickelt war und durch den Vorstoß Napoleons nach Moskau schließlich in so dramatische Gefahren geriet, dass über bange Wochen hin eine demütigende Niederlage nicht ausgeschlossen werden konnte. Als der Korse geschlagen war, wurde unter dem bestimmenden Einfluss der russischen Diplomatie auf dem Wiener Kongress jene europäische Friedensordnung geschaffen, die trotz aller Erschütterungen und Fragwürdigkeiten erst im Krimkrieg umgebrochen wurde.

Um die Rückwirkung dieser umstürzenden Vorgänge auf die innere Entwicklung Russlands zu zeigen, ist es angebracht, in der Regierungszeit Kaiser Pauls I. anzusetzen. Unter dessen Herrschaft blieb das Zarenreich in die Auseinandersetzungen verstrickt, die von der Französischen Revolution ausgegangen waren. Auch der gewaltsame Tod dieses seltsamen Herrschers, eines psychopathologisch auffälligen Menschen, der im März 1801 einer Palastrevolution zum Opfer fiel, war mit dem Ringen um die außenpolitische Orientierung Russlands verknüpft, mit dem Entschluss des Zaren, die von Großbritannien gestiftete Mächtekoalition gegen Frankreich zu verlassen und ein Bündnis mit Napoleon einzugehen. Die Verschwörung, in die auch der Thronfolger Alexander einbezogen war, durfte breiter Zustimmung sicher sein, denn Pauls despotischer Regierungsstil hatte in der russischen Hofgesellschaft und im Militäradel Missmut, ja Entsetzen und Widerstand geweckt.

Paul, der ungeliebte Sohn Katharinas II. und des 1762 ermordeten Kaisers Peter III., war in unverhohlener Opposition gegen seine Mutter aufgewachsen. Katharina hatte ihrerseits alles getan, ihren Sprössling von Staatsgeschäften fern zu halten, und ihm, wenn irgend möglich, das Anrecht auf den Thron zugunsten ihres Enkels Alexander zu entziehen. Seit sie ihn 1776 – nach dem frühen Tod seiner ersten Frau, einer Prinzessin aus dem Haus Hessen-Darmstadt – mit Sophia Dorothea, einer Tochter des Württembergischen Herzogs, verheiratet hatte, lebte Paul als Thronfolger über die Jahre hin isoliert auf dem Landsitz Gatschina in der Nähe Petersburgs. Wie sein Vater war er ein eigensinniger, ja fanatischer Bewunderer Friedrichs des Großen, ein Fetischist mechanischer Regelhaftigkeit, preußischer Militärdisziplin und Gesetzesstrenge. Von solchen Musterbildern hatte Paul seine Ideale bezogen, ein Kontrastprogramm, das gegen die großgeschnittene Lässigkeit, die exorbitante Prachtentfaltung und die Favoritenwirtschaft seiner Mutter gerichtet war. Von peinlich genauen Instruktionen und scharfen Reglements erwartete er viel: die Hebung des Diensteifers, des Pflichtbewusstseins und der Staatsgesinnung, das Ende aller Missbräuche und aller Sittenlosigkeit, die er in Petersburg und anderwärts grassieren sah. Er nahm die Staatsmaschine, die ihm vor Augen schwebte, dort vor allem wahr, wo das Exerzierreglement auf den Paradeplätzen die gedrillte Armee in geordnete Bewegung setzte, dort, wo das Kommando und der Korporalstock den Effekt des Befehls im Handumdrehen sinnfällig werden ließen: Militarisierung des Staatslebens als Vehikel des autokratischen Willens, die Militärkolonie als Phantombild des wohlgeordneten Staates – man übertreibt nicht sehr, wenn man die Träume dieses Autokraten auf solche Formeln bringt.

Als Katharina am 5. November 1796 gestorben war, kam Paul, von langer Wartezeit frustriert, mit preußisch uniformierten Offizieren nach Petersburg, um auf seine Weise Ordnung zu schaffen. Schon seine ersten Ukase demonstrierten, dass er die Hofgesellschaft und den hohen Adel in den alten Verhältnissen nicht würde weiterleben lassen, dass er den Potjomkinschen Geist, der die großzügige Lebenswelt der Aristokratie erfüllte, aus dem Lande treiben werde. Nowikow und Radischtschew, Opfer der Katharinazeit, wurden begnadigt und in die Hauptstadt zurückgeholt. Dem letzten Polenkönig Stanisław II. August bot der Kaiser Gastrecht in Russland an, Tadeusz Kościuszko, die Symbolfigur polnischen Freiheitswillens, wurde aus der Festung Schlüsselburg befreit und mit einer Pension aus der kaiserlichen Schatulle ausgestattet. All dies geschah, obwohl dem Herrscher die Revolutionsfurcht in den Gliedern saß und er allenthalben argwöhnte, dass sich hinter seinem Rücken Verschwörung und Aufruhr zusammenballten. Scharfe Zensurbestimmungen und Reiseverbote ins Ausland kamen hinzu.

Eines der ersten Fundamentalgesetze, das Paul anlässlich seiner Krönung am 5. April 1797 verkünden ließ, war eine Thronfolgeordnung, die erste, auf die ein russischer Autokrat seine Kinder und Kindeskinder verpflichtete. Nach dem Sukzessionswirrwarr, das Peter der Große angerichtet hatte, kehrte die Romanow-Dynastie zur Primogenitur zurück und legte für alle Zeiten die Rechte und Pflichten der Mitglieder des kaiserlichen Hauses fest. Das Gesetz war eine Charta monarchischer Legitimität aus dem Geist des Ancien Régime. Es richtete sich gegen die Erben der Französischen Revolution und, nicht weniger eindeutig, gegen die Missachtung der legitimistischen Prinzipien in Russland selbst: in Erinnerung an die Palastrevolution von 1762, an die Ermordung Peters III. und an die Usurpation des Throns durch Katharina, die Mutter des jetzt regierenden Kaisers. Durch die Zeremonien der heiligen Salbung und Krönung wurde die Person des Herrschers in eine unmittelbare Beziehung zu Gott und zur rechtgläubigen Kirche gesetzt. „Haupt der Kirche" hat sich Paul in diesem Gesetz genannt und die neue Kirchlichkeit im Sinn des monarchischen Ideals vom christlichen Herrscher verstanden – eine Anschauung, die dem aufgeklärten Denken Katharinas fremd gewesen war.

An der Unantastbarkeit des eigenen autokratischen Machtanspruchs erlaubte der Kaiser keinen Zweifel. In brüsker Wendung gegen die vorherige Regierung bekam dies vor allem der Adel zu spüren. Die Privilegien, die dem russischen Reichsadel 1785 zugesprochen worden waren, wurden empfindlich beschnitten, die Selbstverwaltung der Adelsgesellschaften eingeschränkt und scharfen bürokratischen Kontrollen unterworfen. Zahlreiche Wahlämter, für den Adel eingerichtet, wurden aufgehoben und Karrierebeamten, die aus der Hauptstadt kamen, anvertraut. Besonders massiv fand sich der wohlgeborene Stand in seinen Ehrbegriffen durch die Anordnung getroffen, dass bei schweren Kriminalvergehen auch Edelleute von Knute und Folter nicht länger ausgenommen werden sollten. Das war ein Rückfall in die petrinische Zeit. Auch die seit 1762 bestehende Freiheit der Edelleute, aus dem Militär- und Staatsdienst auszuscheiden, wurde durch eng gefasste Vorschriften beträchtlich eingeschränkt. Ähnliches galt für die Karrierebedingungen, die es den Söhnen hoher Würdenträger und aristokratischer Familien ermöglicht hatten, schon in zartem Kindesalter zu Offiziersrängen zu kommen und sodann rasch zu avancieren. Als äußerst anstößig empfunden wurde in der Adelsgesellschaft, dass der Kaiser sehr unmittelbar in das Herrschaftsverhältnis zwischen Gutsbesitzern und leibeigenen Bauern eingriff und damit den Eindruck erweckte, als sage sich die Autokratie von der Wahrung elementarer Adelsinteressen los und strebe danach, die staatliche Kontrolle, nach dem Vorbild der fridrizianischen und josefinischen Bauernschutzpolitik, auch auf die Adelsdörfer auszudehnen. Diese Tendenz kam in demonstrativer Weise dadurch zum Ausdruck, dass Paul I. als erster russischer Selbstherrscher auch die Leibeigenen, das lebende Eigentum der adligen Gutsbesitzer, auf seine Person vereidigen ließ. Damit wurde ein unmittelbares Untertanenverhältnis zwischen der autokratischen Gewalt und den leibeigenen Bauern begründet, das den adligen Gutsherrn nur mehr als funktionales Zwischenglied benutzte.

Schon im Krönungsmanifest hatte Paul I. kundgetan, dass es niemand wagen dürfe, seine Bauern an Sonn- und Feiertagen zur Arbeit heranzuziehen. Noch wichtiger war die Verfügung, die Arbeitswoche auf dem Lande so einzurichten, dass der Frondienst auf den Gütern drei Tage pro Woche nicht überschreite. Mit dieser Normierung der bäuerlichen Leistungen war ein Bereich berührt, der bisher allein dem Ermessen der Gutsherren oder gewohnheitsrechtlichen Ordnungen überlassen war. Auch für die Staatsbauern traten erstmals einheitliche Verfügungen in Kraft: Die herkömmliche Gemeindeverwaltung wurde, jedenfalls auf dem Papier, bis ins Einzelne reguliert und nach polizeistaatlichen und kameralistischen Grundsätzen gestaltet.

In der Praxis haben diese Reformansätze wenig bewirkt. Doch der grobschlächtige Regierungsstil, mit dem der Kaiser kundtat, dass er die Untertanen aller Ränge und Stände, vom Adel bis zu den leibeigenen Bauern, seiner souveränen Gewalt zu unterwerfen und seine Gewalt durch Bürokratie und Polizei zu exekutieren willens sei – solche auf Disziplin und Gehorsam justierten Methoden haben in der verwöhnten Adelswelt viel böses Blut gemacht und die Befürchtung geweckt, aus einem nun schon verklärten goldenen Zeitalter in eine Zeit roher Despotie zurückgeworfen zu werden.

In den auswärtigen Beziehungen hat sich Paul I. erst nach langem Zögern, im Spätherbst 1797, der von England ausgehenden zweiten Koalition gegen Frankreich angeschlossen. Aber auch hier weckte er durch eigenwillige und sprunghafte Entscheidungen und überspannte Projekte bei den verbündeten Mächten wenig Vertrauen, sondern Irritation. Zwar schien seine prinzipielle Gegnerschaft gegen die Expansion des revolutionären Frankreich nicht in Frage zu stehen: Er hatte Truppen der französischen Royalisten in russische Dienste übernommen und dem Bruder des hingerichteten Bourbonenkönigs (dem späteren Ludwig XVIII.) im kurländischen Herzogsschloss zu Mitau Asyl gewährt.

Im November 1797 ließ Paul sich zum Schutzherrn des von der französischen Flotte bedrohten Ordensstaates der Johanniter auf Malta erklären. Im Jahr darauf, als die Insel von Napoleon besetzt worden war, übernahm er sogar das Amt des Großmeisters des größten römisch-katholischen Ritterordens jener Zeit. Der aristokratische, mittelalterlich stilisierte Tugendkatalog der Malteser hat den orthodoxen Zaren offenbar so fasziniert, dass er außenpolitische Entscheidungen, die er im Namen Russlands traf, von seiner Eigenschaft als Souverän der Insel Malta bestimmen ließ. Offensichtlich sah er sich in dieser Funktion an der Spitze des europäischen Legitimismus stehen, denn nun erst begann er, die militärischen Kräfte seines Imperiums auch faktisch gegen Frankreich zu lenken. An der Vertreibung der Franzosen aus Italien im Sommer 1799 waren starke russische Truppenkontingente unter dem legendären Feldmarschall Suworow beteiligt, doch noch im gleichen Jahr zog sich Paul, wohl enttäuscht über die mangelnde Unterstützung seiner Armeen, aus der Koalition mit Wien und London zurück, um sich zum hellen Entsetzen seiner Verbündeten Napoleon zu nähern.

Dieser jähe Frontwechsel, mit dem sich Russland Ende 1799 gegen das mit Napoleon verfeindete Großbritannien stellte, kam nicht von ungefähr. Provoziert wurde er durch die britische Flotte, die die Franzosen aus Malta vertrieb, ohne auf die Souveränitätsrechte Pauls Rücksicht zu nehmen und die Insel dem Zaren zu überlassen. Napoleon dagegen hatte die Gunst der Stunde genutzt und den russischen Kaiser wissen lassen, dass er ihn als Herrn von Malta anerkenne und alles tun werde, um die Insel den Engländern zu entreißen. Auch Napoleons Diktum, dass die Revolution beendet sei (1799 nach dem Sturz des Direktoriums abgegeben), mag Paul dazu veranlasst haben, die Wiederherstellung der aus den Fugen geratenen Staatenordnung jetzt an der Seite Napoleons zu suchen. Im März 1800 brach Petersburg die diplomatischen Beziehungen mit England ab, sperrte die russischen Häfen für englische Schiffe und Waren und trat der Kontinentalsperre gegen Großbritannien bei.

Als sich im Februar 1801 Österreich zum Frieden mit Frankreich gezwungen sah, im Vertrag von Lunéville, schien England tatsächlich isoliert zu sein. Paul gab sich damals abenteuerlichen Planspielen hin, so dem Projekt, eine Offensive gegen England mit einem russischen Vorstoß gegen die britische Stellung in Indien zu kombinieren. Tatsächlich wurden über 20.000 Donkosaken auf den Weg geschickt, doch Ende März (sie hatten die Wolga gerade passiert) von kaiserlichen Kurieren wieder zurückgerufen, nachdem Kaiser Paul in der Nacht vom 23. zum 24. März 1801 durch hochrangige Verschwörer im Schlafgemach seines Petersburger Palasts ermordet worden war.

Die Akteure dieses Tyrannenmords, wie man in eingeweihten Kreisen sagte, kamen aus der unmittelbaren Umgebung des Kaisers. Und wiederum, wie schon 1730, 1741 und 1762, genügten auch diesmal eine Handvoll entschlossener Leute und ein Garderegiment, um den verhassten Autokraten zu stürzen und eine von Sympathien und hohen Erwartungen getragene Person an die Macht zu bringen: den 23jährigen Thronfolger Alexander Pawlowitsch. Der politische Kopf der Verschwörung war Graf Nikita Panin, der Vizekanzler und Außenminister des Kaisers; er fühlte sich durch den Frontwechsel Pauls zu Napoleon hin brüskiert und hatte im Zusammenspiel mit dem britischen Gesandten Withworth alle Unzufriedenen, auf die es ankam, zusammengeführt. Ursprünglich war lediglich daran gedacht, den Kaiser für geisteskrank zu erklären und ihn durch einen Staatsstreich abzusetzen. Alexander war in den Plan eingeweiht. Ob er je daran dachte, dass die Aktion seinem Vater das Leben kosten könnte, ist mit Gewissheit nicht zu sagen.

Alexander war ein aufgeschlossener, bildsamer Charakter, eine begeisterungsfähige Natur, doch, wie sich zeigte, unstet, oberflächlich und ohne festen Kern. Frédéric Laharpe, sein Schweizer Erzieher, hatte ihn für die humanistischen und freiheitlichen Ideen der Aufklärung gewonnen. Charakteristisch für seine Anfänge war, dass er sich mit einer kleinen Gruppe junger Freunde umgab, die den Stil und die politische Richtung der ersten Regierungsjahre mitbestimmten. Diesem erlesenen Kreis gehörten an: der schon genannte polnische Magnatensohn Fürst Adam Czartoryski, den Alexander wenig später zum Außenminister des Reiches machte; der in Paris erzogene, jakobinischer Ideen verdächtigte Graf Pawel Stroganow, Spross einer der reichsten Familien der Katharinazeit; der in diplomatischen Diensten bewährte Graf Wiktor Kotschubej, der als Vizekanzler bei Paul in Ungnade gefallen war; schließlich der vierzigjährige Nikolaj Nowosilzew, ein geistvoller und im Staatsdienst erfahrenen Kopf, das älteste Mitglied dieses Kreises.

Diese vier Herren traten unter Leitung Alexanders als Geheimkomitee (*neglasnyj komitet*) zusammen, um die wichtigsten Schritte der neuen Regierung vorzubereiten. Das erste kaiserliche Manifest versprach, „Uns von Gott anvertraute Volk" nach den Gesetzen und „dem Herzen der großen Katharina" zu regieren.[98] Und in der Tat wurden nun alle Privilegien restituiert, die Paul dem Adel entzogen hatte. Auch die entlassenen Generäle und hohen Beamten kehrten in den Militär- und Staatsdienst zurück. Eine Amnestie kam hinzu, der junge Zar tat alles, was in seinen Kräften stand, um den hochgespannten Erwartungen der Adelsgesellschaft zu entsprechen.

In der Außenpolitik begann sich Alexander von dem England feindlichen Kurs seines Vaters zu lösen, ohne die Verbindung zur französischen Politik ganz aufzugeben. Jetzt ging die Petersburger Diplomatie unter Wahrung der russischen

Großmachtinteressen darauf aus, einen Ausgleich zwischen London und Paris zu vermitteln. Das Vorhaben gelang binnen eines Jahres, mit dem britisch-französischen Frieden von Amiens (25. März 1802). Hinter dem Wunsch, das kostspielige militärische Dauerengagement Russlands zu begrenzen, stand die Überzeugung, dass den gewaltigen Aufgaben, die im Inneren des Reiches zu lösen waren, Vorrang zu geben sei.

Schon im ersten Memorandum des Geheimkomitees, von Panin im März 1801 verfasst, war diese Einsicht ausgedrückt: Russland müsse sich darauf konzentrieren, „Eroberungen auf seinem eigenen Territorium zu machen". Selbst ein gewonnener Krieg werde dem Land schwere Verluste bringen und den Fortschritt der Zivilisation und der Blüte des Handels, der Industrie und Landwirtschaft abträglich sein. Deshalb müsse „die Erhaltung des Friedens das erste Prinzip für das politische System des russischen Imperiums sein" – mit anderen Worten: die Regierung bekannte sich zum „Primat der Innenpolitik"[99], zum Vorrang der Staatsreform, um Russlands innere Verhältnisse auf das Niveau der europäischen Zeit zu bringen.

Muster für eine moderne Staatsorganisation, die sich den Russen damals angeboten haben, kamen im Wesentlichen von zwei Seiten: zum einen vom Allgemeinen Landrecht für die Preußischen Staaten in den Redaktionen von 1791 und 1794, einem Modell, das die Bauelemente des monarchischen Rechtsstaats beschrieb. Dieser Kodex band den Willen des Monarchen an die Unumstößlichkeit von Fundamentalgesetzen und übertrug die Staatstätigkeit, die Beförderung staatsbürgerlicher Wohlfahrt, einem fachlich qualifizierten Beamtenkorps. Diese Beamten aber sollten – über alle ständischen und partikularen Interessen, auch über die des Adels hinweg – allein dem Monarchen verpflichtet sein und sollten mit dem Staatswohl zugleich das öffentliche Wohl besorgen. Der monarchische Rechtsstaat dieses Typs wurde nicht durch intermediäre Gewalten nach Art ständischer Kooperation reguliert, sondern durch die bürokratisch verfahrende Exekutivgewalt der Beamtenschaft auf der Grundlage gesetzlicher Normen.

Das zweite Muster, das es für Staatsreformen damals gab, war der französische Verwaltungszentralismus. Als Geschöpf der Revolution hatte sich Napoleon aller in Preußen noch bestehenden Bindungen an ständische Vorrechte und feudale Privilegien entledigt. Er hatte mit dem *Code Civil* die Rechtsfigur einer *Société Civile* beschrieben, die den *Citoyen*, den Staatsbürger, nach Kriterien des privaten Eigentums definierte und bürgerliche Gesellschaft nicht mehr als eine Gesellschaft der Stände, sondern der Eigentümer begriff.

5.2 Grenzen des gouvernementalen Liberalismus

In Analogie zur preußischen Reformgeschichte unter Stein und Hardenberg lässt sich der Begriff des *gouvernementalen Liberalismus* auch auf das Russland dieser Zeit beziehen. Was er bedeutet, ist schon angedeutet worden. Angestrebt wurde die Erneuerung der Behördenorganisation, die Beförderung bürgerlicher Wohlfahrt, die Vervollkommnung einer monarchischen Regierung, die auf den unerschütterlichen Grundlagen des Rechts beruhe. Als Vehikel der Veränderung galt die Beamtenschaft, ein Stand für sich, fachlich kompetent, zu rationaler Arbeit fähig – eine moderne Bürokratie nach Max Weber, die in Russland damals noch im Larvenstadium steckte.

Bei Regierungsantritt war Kaiser Alexander vierundzwanzig Jahre alt. In dem genannten Geheimkomitee war ihm und seinen Freunden darum zu tun, die russische Staatsanstalt auf neue Füße zu setzen. Anders als die ersten Ankündigungen vermuten ließen, dachten die jungen Herren nicht daran, jenes goldene Zeitalter zurückzuholen, das der begüterte Teil des Adels vor Augen hatte – in Erinnerung an Alexanders hochselige Großmutter, *die in Gott ruhende große Katharina*. Es ging nicht nur darum, die rabiaten Eingriffe Pauls I. ungeschehen zu machen, sondern entschiedene Schritte in ein neues Zeitalter zu tun.

In welcher Weise die leitenden Tendenzen der neuen Ära zutage kamen, lässt sich an drei Ukasen aus dem Jahr 1802 exemplarisch zeigen. Der erste Ukas, von dem zu sprechen ist, betraf die Neuorganisation des Regierenden Senats, jener von Peter 1711 gegründeten Oberbehörde, die in allen Staatssachen als *Auge des Herrschers* hatte fungieren sollen. Unter Katharina war der Senat zu einem ebenso mächtigen wie schwer beweglichen Kontroll- und Steuerungsorgan der gesamten Reichsverwaltung geworden. Neben den jeweiligen Favoriten der Kaiserin waren die aus dem Hochadel rekrutierten Senatoren die einflussreichsten Figuren im Umkreis der Macht. Verständlich, dass ihnen das Willkürregime Pauls I. schwer auf der Seele lag. Nun, nachdem der nicht mehr lebte, erwarteten sie vom neuen Herrscher eine Stärkung ihrer Position. Der Senat sollte nicht nur exekutive und kontrollierende Vollmachten für alle Bereiche der Verwaltung, Gesetzgebung und Rechtsprechung erhalten, sondern sollte, nach dem Muster des britischen Oberhauses, zugleich eine Vertretungskörperschaft der hohen Adelsränge sein, besetzt mit Senatoren, die vom Gouvernementsadel dem Kaiser vorzuschlagen wären.

Auch der zweite Ukas war ein Kontrastprogramm zu den Vorstellungen der aristokratischen Partei. Er folgte dem Entschluss des Zaren, eine starke Zentralverwaltung in Gestalt von acht Fachministerien zu schaffen. Die aus petrinischer Zeit stammende Kollegialverfassung sollte in eine zentralistische Behördenhierarchie französischen Musters umgebildet werden – mit klarer Alleinverantwortung der einzelnen Ressortminister gegenüber dem Zaren und mit ungeteilter

Weisungsbefugnis der Minister gegenüber den ihnen nachgeordneten Behörden. Jeder Ukas, den der Kaiser künftig erließ, bedurfte der Gegenzeichnung des Ministers, jede Ministerverordnung musste vom Kaiser abgezeichnet sein. Hier wurden bürokratische Prozeduren eingerichtet, die den Kaiser in den Gang der Geschäfte einbezogen und die Exekution seiner Allgewalt an formulierte Regeln banden. Ein Ministerkabinett mit einem Premierminister war nicht vorgesehen; wie in Preußen und in Österreich agierte der Herrscher als sein eigener Premier; wie eh und je besaß er die alleinige Entscheidungsmacht und war doch zugleich ein Teil der Staatsanstalt.

Mit diesem Neubeginn löste sich die Autokratie tendenziell aus der bisherigen Verklammerung mit der Adelsgesellschaft. Der Beamtenapparat wurde zum eigentlichen Träger der Staatstätigkeit. Doch was die Reformer brauchten, wenn sie etwas bewirken wollten, war eine professionalisierte, juristisch gebildete Fachbeamtenschaft, die den neuen Anforderungen gewachsen gewesen wäre – das hatten sie nicht zur Hand. Noch immer wurden, um im Zivildienst aufzusteigen, keine Bildungspatente oder Universitätsdiplome gebraucht. Eine Fachausbildung, gar ein Fachstudium zum Beamten gab es nicht. Die meisten Inhaber hoher Staatsämter kamen aus militärischen Rängen. In der Provinzverwaltung dominierten verabschiedete Offiziere, die für den Truppendienst nicht mehr geeignet waren.

Dass die Reformer von diesen Mängeln wussten, zeigt der dritte Ukas, der in den hier erörterten Zusammenhang gehört. Um fähige Staatsdiener heranzuziehen, befahl der Zar, ein neuzeitliches Bildungs- und Unterrichtswesen zu schaffen, das dem Ministerium für Volksaufklärung (*Ministerstwo narodnogo prosweschtschenija*) übertragen werden sollte, einer Neuschöpfung französischer Provenienz. Zu diesem Zweck wurde das Reichsgebiet in sechs große Lehrbezirke eingeteilt, die jeweils mehrere Gouvernements umfassten und je eine Universität erhalten sollten. Den Kuratoren der Universitäten war die Leitung der Lehrbezirke anvertraut. Ihre Aufgaben umfassten die Aufsicht und Kontrolle über alle nachgeordneten Schul- und Bildungseinrichtungen von den Gymnasien in den Gouvernementszentren über die städtischen Kreisschulen bis zu den Pfarrschulen auf dem flachen Land und, nicht zu vergessen, die Wahrnehmung der Aufgaben, die sich aus den Zensurgesetzen ergaben.

Neben der einzigen Universität, die es in Russland bisher gegeben hatte, der 1755 gegründeten Moskauer Universität, wurden neue Hochschulen errichtet. Bereits 1803 und 1804 kam es zur Wiedereröffnung der Universitäten in Wilna und Dorpat, die in schwedischer bzw. polnischer Zeit entstanden und nach der Annexion Estlands und Litauens geschlossen worden waren. Bemerkenswert bleibt, dass der Universitätsaufbau in Russland mit einer polnischen Universität jesuitischer Provenienz und einer deutschen Universität evangelisch-lutherischer

Konfession begann. 1804 und 1805 folgten zwei russische Neugründungen, auch sie nicht im Zentrum des Reiches, sondern an der Peripherie: die eine im kleinrussischen Charkow, die andere in Kasan an der Wolga im Umfeld tatarisch-muslimischer Bevölkerung. Erst 1819, also Jahre nach den napoleonischen Kriegen, kam es dazu, dass auch in Sankt Petersburg, der kaiserlichen Haupt- und Residenzstadt, eine Universität entstand.

Es entsprach den Bedürfnissen der Zeit, dass sich die Lehrpläne der Universitäten darauf konzentrierten, Juristen und Mediziner für den Staatsdienst auszubilden. Freie Berufe in modernem Sinn, Advokaten oder niedergelassene Ärzte, gab es in Russland erst nach der Bauernbefreiung, und auch dann nur in größeren Städten. Jede Universität erhielt ein Pädagogisches Institut, an dem Lehrer herangebildet werden sollten. 42 Gymnasien und über 400 Kreisschulen waren im Bildungsplan von 1802 veranschlagt worden. Der Bedarf an Lehrern war also nicht weniger groß als der an fachlich geschulten Beamten. Die Finanzierung der Universitäten und der Gymnasien oblag dem Staat. Die Kreisschulen sollten von den Stadtgemeinden unterhalten werden – ein untauglicher Einfall angesichts der kümmerlichen Finanzausstattung der Kommunen. Auch wie das ländliche Elementarschulwesen zu finanzieren sei, konnte damals niemand sagen. Die Regierung konnte zwar für Schulen in Staatsbauerndörfern Anordnungen treffen, weil die dort lebenden Menschen dem Fiskus selbst gehörten, doch für Schulen auf Adelsgütern ließ sich nichts anderes tun, als an die aufgeklärte und wohlmeinende Fürsorge der Gutsherren zu appellieren.

Obwohl die niedere Volksbildung unter Alexander I. über erbärmliche Verhältnisse nicht hinauskam, haben die Neuerungen für die gymnasiale und universitäre Vorbereitung zum Staatsdienst dennoch unübersehbare Fortschritte gebracht. Wichtig war, dass der Zugang zu den Gymnasien und Universitäten nicht nur Edelleuten freistand, sondern Söhnen aller Stände, soweit sie nicht zu den leibeigenen Seelen gehörten. Fortan sollte – anstelle ererbter ständischer Privilegien – Privilegienerwerb durch Bildung möglich werden. In keinem Gouvernement, hieß es, dürfe künftig jemand eine Beamtenstelle erhalten, der nicht an einer öffentlichen Lehranstalt ein Studium erfolgreich abgeschlossen habe. Jedes Universitätsdiplom war, je nach dem akademischen Grad, mit der Zuweisung eines staatlichen Dienstrangs verbunden. Wer den Doktorgrad erwarb, dem wurde die achte Rangklasse zuerkannt, die automatisch zugleich den erblichen Adel brachte.

In den folgenden Jahren versuchte die Regierung, Bildungsgang und Avancement noch enger miteinander zu verknüpfen. Zu diesem Zweck wurde das Anciennitätsprinzip entwertet, das für die Beförderung von Beamten bisher gegolten hatte. 1809 gelang es Michail Speranski (1772–1839), einem zum Staatssekretär Alexanders aufgestiegenen Popensohn, als Regel durchzusetzen, dass die Ernennung in hohe Beamtenränge künftig von speziellen Examina abhängig zu machen sei. Auch sollten die Titel des Hofdienstes, Kammerjunker, Kammerherr und dergleichen, nicht länger bloße Ehrentitel sein, sondern mit konkreten Dienstaufgaben verbunden werden. Wie zu erwarten, war der Adel, dessen Selbstbewusstsein auf dem ererbten Sozialstatus beruhte, von solchen Neuerungen nicht erbaut.

Mit dem Examensukas hatte Speranski die Befürchtung genährt, dass das neue, auf Fachkompetenz gegründete Beamtenkorps die traditionelle Vorzugsstellung des adligen Standes ablösen und sich als die eigentlich regierende Klasse in Russland konstituieren werde. Es sei das Ziel der Reformer – so ein zeitgenössischer Kritiker – den Stand der Bürokraten so stark zu machen, dass er ganz Russland wie mit einem Spinnennetz überziehen könne. Obwohl derlei Ängste der tatsächlichen Entwicklung vorausgriffen, spiegelten sie doch eine der leitenden Tendenzen, die in den Reformkonzepten damals enthalten waren. Anstoß erregte ein Liberalismus, der darauf ausging, den autokratischen Staat und die mit ihm verklammerte Sozialverfassung von der Bindung an Adelsinteressen zu befreien und moderne Formen der Staatsbürgerschaft zu begründen. Letztlich sollten über den sozialen Status nicht mehr die ständische Zugehörigkeit entscheiden, sondern Bildung und privates Eigentum.

Nicht verwundern kann, dass die Vorhaben dieses Beamtenliberalismus unter den Verhältnissen, die in Russland bestanden, rasch an schwer übersteigbare Grenzen stießen. Solange die Leibeigenschaft in Geltung blieb und die Mehrheit der bäuerlichen Bevölkerung Privateigentum des land- und seelenbesitzenden Adels war, solange war an eine moderne Rechtsordnung ernsthaft nicht zu denken. Niemand konnte damit rechnen, dass die gutsherrliche Gewalt über die leibeigenen Bauern durch staatliche Behörden ersetzt werden könnte. Dafür haben alle Voraussetzungen gefehlt. Selbst zur adligen Dilettantenverwaltung auf Kreis- und Gouvernementsebene gab es keine Alternative. Professionell trainierte Karrierebeamte, die dafür nötig gewesen wären, hatte der Kaiser nicht zur Hand.

Auch die ökonomischen Folgen, die ein Verzicht auf die Leibeigenschaft hervorgerufen hätte, schienen nichts Gutes zu versprechen. Für die Ansicht, dass das Ende der agrarischen Untertanenverfassung den Ruin der Landwirtschaft bedeuten werde, gab es gute Argumente. Nur von einer Minderheit durfte erwartet werden, dass sie ihre Gutsbetriebe von der mehr oder minder kostenlosen Arbeit leibeigener Untertanen auf die Bedingungen marktabhängiger Lohnarbeit umstellen könnten. Die meisten Landedelleute fürchteten, Bankrott zu gehen, und sie fürchteten dies zu Recht.

Die Bauernpolitik Alexanders I. begann noch im Jahr der Thronbesteigung. Am Anfang stand der Verzicht auf die von Katharina und Paul noch freigiebig gehandhabte Übung, besiedeltes Kronland an Günstlinge oder an verdiente

Würdenträger zu verschenken und Hunderttausende von Bauern auf diese Weise zu Leibeigenen zu machen. Dieser Entschluss war ehrenwert, aber er betraf nur den Herrscher und die kaiserliche Familie. In die Verfügungsrechte des Landadels wagte der Zar nicht einzugreifen. So wies er den Vorschlag zurück, den Einzelverkauf von Leibeigenen und den Verkauf von Bauern ohne Land zu verbieten, obwohl er gestand, dass das Verfahren, Menschen wie Pferde oder Ziegenböcke zu veräußern, dem Gebot der christlichen Menschenliebe widerspreche.

Gegen Zugeständnisse an die Bauern wurde geltend gemacht, dass das Volk zu falschen Hoffnungen verleitet und womöglich in Unruhe versetzt werden könnte. So blieb es bei eher symbolischen Gesten, wie der Anordnung, keine Anzeigen mehr zu drucken, in denen Leibeigene ohne Land zum Verkauf angeboten würden. Von grundsätzlicher Bedeutung war eine andere Verfügung: Erstmals wurde auch nichtadligen Untertanen erlaubt, auf dem Lande Grund und Boden zu erwerben – allerdings nur dann, wenn es um unbesiedelten Boden ging. Mit anderen Worten: Von der Aufhebung des adligen Grundbesitzmonopols blieb das Monopol des Adels, Leibeigene zu besitzen, unberührt. Für die große Mehrheit der Bauern war diese Neuerung ohnehin von geringem Belang. Nur die Wenigen, die zu Wohlstand gekommen waren, konnten Landeigentum erwerben.

Nicht viel wirkungsvoller war der Ukas vom 20. Februar 1803 über die sogenannten freien Ackerbauern. Die Quintessenz des Gesetzes, das damals großes Aufsehen und Besorgnisse erregte, lässt sich wie folgt zusammenfassen: Zum ersten Mal wurde den Gutsbesitzern gestattet, vorausgesetzt, dass es ihr freier Wille sei, einzelne Leibeigene, aber auch ganze Dorfgemeinden in die Freiheit zu entlassen. Geschehen sollte das aufgrund von Verträgen, die der Gutsherr mit den betreffenden Bauern jeweils zu schließen hätte. In diesen Verträgen war festzulegen, zu welchen Bedingungen er seinen Untertanen die persönliche Freiheit und, falls gewünscht, ein Stück Ackerland zu verkaufen willens sei. Richtpreise wurden von der Regierung nicht genannt. Die Bauern sollten die vereinbarte Summe sofort oder in Raten zahlen. Staatliche Kredite zur Unterstützung solcher Loskaufoperationen waren nicht vorgesehen. Wer auf diese Weise der Leibeigenschaft entkam, hatte die Wahl, entweder in die städtische Untertanenklasse der Kleinbürger (*meschtschane*) einzutreten oder in die neu geschaffene Untertanenkategorie der *freien Ackerbauern*. Der Kaiser behielt sich in jedem Einzelfall die Genehmigung solcher Loskaufverträge vor.

In prinzipieller Hinsicht war die neue Regelung von weiterwirkender Bedeutung, denn sie zeigte, an den Grundsatz der Freiwilligkeit geknüpft, dass es Wege aus der Leibeigenschaft hinaus geben sollte. Wichtig war auch, dass der Ukas von 1803 einen Modus der Befreiung entwarf, der an der Unverletzlichkeit privaten Eigentums nicht zweifeln ließ und dem Geist der liberalen Ideen der Zeit Genüge tat. Freiheit wurde nicht vom Staat erzwungen oder vom Gutsherrn geschenkt, sondern Freiheit und Landausstattung konnten im Rahmen eines Kaufvertrages erworben werden.

Für die Masse der leibeigenen Bauern war dieses Angebot naturgemäß nur wenig wert. Zwischen 1803 und 1825 machten nur 140 Gutsbesitzer davon Gebrauch, so dass sich von den rund 16 Millionen leibeigenen Bauern, die es in Russland damals gab, nicht mehr als 47.153 Revisionsseelen freikaufen konnten. Wie man sieht, eine höchst bescheidene Bilanz. Immerhin hatte die Regierung mit dem genannten Ukas freie Formen bäuerlicher Existenz als möglich anerkannt: einen freien Bauernstand, der, mit Eigentum an Grund und Boden versehen, neben den leibeigenen Gutsbauern und neben der Staatsbauernschaft in der Untertanenordnung Russlands Platz finden sollte. Viel mehr als eine Geste war das nicht, denn der erdrückenden Mehrheit der Bauern fehlten die Mittel, um sich loszukaufen, und dem Staat fehlten sie auch, um Loskaufoperationen im großen Umfang durch Kredite zu stützen, so wie das bei der großen Agrarreform von 1861 geschehen sollte.

Auch die Wirkung, die von der Bereitschaft einiger Landbesitzer ausging, ihre Leibeigenen zu freien Ackerbauern zu machen, trug nicht weit. Jedenfalls war sie ungeeignet, um Russland aus der Zeit der Leibeigenschaft herauszuführen. Nur die deutschbaltischen Ritterschaften waren fähig, *in corpore* weitertragende Entscheidungen zu treffen. Zwischen 1816 und 1819 entschlossen sie sich, dem preußischen Muster zu folgen und ihre Bauern persönlich frei zu machen. Doch die negativen Folgen einer solchen Befreiung, einer Befreiung ohne Landausstattung, waren nicht zu übersehen. Rasch wurde klar, dass sich die baltische Lösung auf Russland nicht übertragen ließ. Die russischen *muschiki* zu landlosen Paupern zu machen und den Dorfgemeinden das Recht auf Bodennutzung zu entziehen, hätte Unruhe und Elend heraufbeschworen, die kein noch so liberaler Reformer auf sein Gewissen laden wollte. Aus Befürchtungen solcher Art erklärt sich denn auch, weshalb die Erneuerungsprojekte, die Speranski zwischen 1803 und 1810 entwarf, nicht darauf setzten, die Leibeigenschaft kurzerhand abbauen zu können. Dieser scharfsinnige Kopf hatte begriffen, dass sie als notwendiges Übel vorerst hinzunehmen war, und so hatte er langfristige Reformperspektiven entwickelt, bei denen die Aufhebung der Leibeigenschaft als eine Aufgabe mehrerer Generationen erschien.

Bezeichnend für Speranski war, dass sich seine großen Denkschriften ganz auf die Reform der Staatsorganisation konzentrierten: *erstens*, auf die schon erwähnte Heranbildung eines modernen Fachbeamtentums, das zum Motor der Erneuerung werden sollte; *zweitens* darauf, unumstößliche gesetzliche Grundlagen für einen monarchischen Rechtsstaat zu schaffen, was ohne eine umfassende Rechtskodifizierung nicht möglich war. Als Vorbilder standen ihm das *Allgemeine preußische Landrecht* und Napoleons *Code Civil* vor Augen. *Drittens* hing Speranski an der Idee, die von Katharina für den Adel und die Städte eingeführten Formen ständischer Selbstverwaltung und ständischer Gerichtsbarkeit durch Wahl- und Vertretungskörperschaften zu ersetzen, die nicht auf ständischen Kriterien beruhten, sondern auf einem Eigentums- und Bildungszensus. Speranskis Idealbild für die weitere Zukunft war eine – wie er sagte – echte Monarchie. Sie sollte nach britischem Muster geschnitten sein, also zivile Freiheit verbürgen, die Gewaltenteilung sichern und die begrenzte Mitwirkung freier Bürger an den staatlichen Dingen möglich machen. Es sei Aufgabe der Autokratie, Russland in einem langen Prozess der Aufklärung, Erziehung und Bildung auf diesen Weg zu bringen.

Vom russischen Adel in seiner überkommenen Gestalt meinte Speranski, nichts Weiterführendes erwarten zu dürfen; derlei abfällige Urteile waren im Kreis der Reformer nicht ungewöhnlich. So plädierte er dafür, einen Adel neuer Art zu schaffen, eine besondere Klasse, die durch Eigentum und Bildung ausgezeichnet sei und fähig wäre, zwischen der Autokratie und der Masse des Volkes zu vermitteln, fähig auch dazu, die Wünsche und Bedürfnisse des Volkes gegenüber der Regierung zu vertreten. Diese Gedanken nährten sich von den Reformprojekten des Freiherrn vom Stein. Im Anschluss an diese Überlegungen entwarf Speranski 1809 ein vielgliedriges Stufensystem repräsentativer Körperschaften. Für die unterste Ebene, die Amtsbezirke (*wolosti*), war eine *Wolostnaja duma* vorgesehen, eine Vertretungskörperschaft, deren Aufgabe es wäre, Deputierte in den Kreistag (*Uesdnaja duma*) zu entsenden; aus Vertretern dieser Kreistage sollte eine Duma des Gouvernements gebildet werden, eine Art Provinziallandtag nach preußischer Terminologie. Gekrönt werden sollte diese Pyramide sich selbstverwaltender Repräsentativorgane durch eine Staatsduma mit dem Sitz in der Reichshauptstadt Sankt Petersburg. Wer in dieser Duma sitzen dürfe, das würde der Kaiser aufgrund von Kandidatenlisten entscheiden, die ihm die Gouvernementsdumen vorzulegen hätten.

Bei alledem war an eine verfassungsrechtliche Beschränkung der Autokratie im Sinn des modernen Konstitutionalismus nicht gedacht. Der Staatsduma blieb das Recht der Gesetzesinitiative, der Gesetzesberatung und der Steuerbewilligung versagt. Ihre Kompetenz sollte sich darauf beschränken, dem Kaiser Petitionen einreichen zu dürfen und der Regierung auf diese Weise die Meinung des Landes und die Bedürfnisse seiner Bevölkerung nahe zu bringen. Speranskis Projekt einer Nationalrepräsentanz, bei der eine Gesellschaft der Eigentümer und Bildungsbürger das Volk vertrat und das Entscheidungsmonopol der Selbstherrschaft unangetastet blieb, markiert die Grenzen, die das Verfassungsdenken des gouvernementalen Liberalismus damals nicht überschritt. Die Selbstherrschaft blieb auf Gesetze verpflichtet, die zu erlassen niemanden anderem als ihr oblag.

Von Speranski stammte noch ein anderes Projekt. Er hatte vorgeschlagen, die drei Säulen des Staatsaufbaus: Verwaltung, Judikative und Staatsduma durch einen Staatsrat (*Gosudarstwennyj sowjet*) zu ergänzen, der die genannten Bereiche koordinieren, bündeln und mit der Person des Kaisers unmittelbar verknüpfen sollte. Präsident dieses Staatsrats war der Herrscher selbst, der auch die Mitglieder ernannte; die Minister gehörten *ex officio* dazu. Die eigentliche Gesetzesarbeit sollte in diesem Staatsrat vor sich gehen, die Entwürfe in fünf Fachdepartements (für Staatsökonomie, Rechtskodifikation, Militär, Justiz, Innere Verwaltung) präpariert und dann der Plenarversammlung zur Beratung vorgelegt werden. Über die Annahme der Gesetze wurde zwar abgestimmt, doch blieb es dem Kaiser unbenommen, sich der Minderheit anzuschließen, denn allein sein Votum entschied.

Im Januar 1810 trat der eben beschriebene Staatsrat unter dem Vorsitz des Kaisers zu einer ersten Sitzung zusammen. Doch der Unterbau, der dazu gehörte, das Stufensystem der Vertretungskörperschaften von den Amtsbezirken und Kreisen über die Gouvernements bis zur Staatsduma hin, dieser Unterbau war noch nicht da. Auch später kam er in der vorgesehenen Weise nicht zustande. Über fünfzig Jahre vergingen, bis 1864 mit den allständischen Selbstverwaltungsinstitutionen des *Semstwo* Ideen Speranskis wieder aufgegriffen wurden: beschränkt auf die Kreis- und Gouvernementsebene, ohne dass der Aufbau durch ein gesamtstaatliches Dach, eine Staatsduma oder eine Semskaja duma gekrönt worden wäre.

Der Umstand, dass der Kaiser den begabtesten seiner Berater im Frühjahr 1812 fallen ließ, hing mit dem Widerstand zusammen, die Speranskis Projekte und seine einzigartige Stellung in der Petersburger Gesellschaft weckten. Für diese Kreise galt er als Protagonist einer bonapartistischen, an Frankreich orientierten Reform- und Regierungspraxis, als Zerstörer der überkommenen Grundlagen der russischen Staatsverfassung. Als die Beziehungen zwischen Napoleon und Alexander ins Trudeln gerieten und sich der französische Kaiser schließlich gegen Russland wandte, war Speranskis Sturz besiegelt. Warum seine Konzepte nicht wieder aufgenommen wurden, als die *Grande Armée* aus Russland vertrieben und Napoleon von der politischen Bühne verschwunden war, wird noch zu erörtern sein.

5.3 Vaterländischer Krieg und Heilige Allianz

Unzulänglich wäre, den beschränkten Handlungsspielraum der russischen Reformer zu beklagen, ohne das schlichte Faktum zu bedenken, dass das Zarenreich in der hier betrachteten Zeit fast pausenlos in das Kriegsgeschehen verwickelt war, mit dem Napoleon weite Teile des Kontinents damals überzog. Dem Korsen lag daran, vor aller Welt zu demonstrieren, dass er – seit 1804 der selbstgekrönte Kaiser der Franzosen – die allein entscheidende Ordnungsmacht in ganz Europa sei. Alexander I. aber war nicht dafür gemacht, die mitbestimmende Großmachtrolle Russlands aufzugeben, deren Erbe er geworden war. Für den Zaren verstand sich von selbst, dass er dagegenhalten musste, um die russischen Interessen in einer beispiellosen Umbruchszeit zu wahren.

Bei alledem hatte die anhaltende Beteiligung Russlands an den Koalitionskriegen gegen Frankreich nichts gebracht, was die gewaltigen Menschenopfer und Kosten auch nur symbolisch aufgewogen hätte. Geblieben war der Ruhm, den der Alpenübergang zarischer Truppen (September 1799) in einigen Bergtälern der Helvetischen Republik hinterlassen hatte. Der alte Suworow, ein hochdekorierter Feldherr aus Katharinas Zeiten, hatte eine Armee abgekämpfter Männer von Oberitalien über den verschneiten St. Gotthard geführt. Zehn Jahre danach aber war längst klar, dass sich mit verwehten Erinnerungen an solche Großtaten auf den Schlachtfeldern des neuen Jahrhunderts wenig ausrichten ließ. Die gegen England verhängte Kontinentalsperre schädigte den Außenhandel. Am heftigsten aber schmerzte die wachsende Zahl militärischer Niederlagen, die der junge Zar inzwischen hatte hinnehmen müssen.

Um die Misere verständlich zu machen, mag es genügen, einige Schlüsseldaten aufzurufen: an *erster* Stelle die für Russland verheerende Dreikaiserschlacht bei Austerlitz im Dezember 1805. Diese Katastrophe hatte den österreichischen Partner des Zaren kampfunfähig gemacht und die Konkursmasse des ehedem Heiligen Römischen Reiches deutscher Nation dem von Napoleon dirigierten Rheinbund überlassen, jenem Fürstenverband, dessen Mitglieder verpflichtet waren, dem Emporkömmling aus Korsika gut ausgerüstete Hilfstruppen zu stellen.

Zu nennen ist *zweitens* die Schlacht von Jena und Auerstedt im Oktober 1806 – das militärische Kathargo Preußens, dessen völliger Niedergang nur deshalb abzuwenden war, weil die russische Armee unter großen Opfern dafür sorgte, dass Bonaparte nun einen Modus vivendi auch mit dem Zaren suchte. Im Tilsiter Frieden, auf theatralisch dekorierten Kähnen inmitten des Memelflusses ausgehandelt, wurde am 7. Juli 1807 festgeschrieben, was den beiden Monarchen damals gerade noch als hinnehmbar erschien. Dazu gehörte, dass zwei Tage später König Friedrich Wilhelm III. einen Diktatfrieden unterschreiben musste, der das preußische Staatsgebiet um mehr als die Hälfte beschnitt. Vergebens hatte die schöne, von Schwindsucht geschwächte Königin Louise den Franzosenkaiser angefleht, Milde walten zu lassen. Die geforderten Kontributionen blieben dennoch erdrückend; links der Elbe gab es keine preußischen Territorien mehr. Aus dem Anteil, der bei der Zweiten und Dritten Teilung Polens (1793/95) an Preußen gefallen war, sollte ein von Napoleon installiertes Herzogtum Warschau entstehen, der Nucleus eines demnächst freien Polen, von dem in den Vertragstexten und in öffentlichen Erklärungen freilich keine Rede war.

Zu erinnern ist *drittens* an die krachende Niederlage, die Österreich im fünften Koalitionskrieg gegen Frankreich erlitt, ein Ereignis, das den russischen Interessen höchst zuwider war, weil der Frieden von Schönbrunn (14. Oktober 1809) die polnische Frage noch weiter aktualisierte. Da Napoleon nun auch den Habsburger Gebietsanteil an der Konkursmasse Polens dem Herzogtum Warschau zuschlagen ließ, wuchs für Russland die Gefahr, demnächst einen französisch dominierten Satellitenstaat als Nachbarn zu haben, dessen polnische Elite ihr Vaterland nicht denken konnten, ohne – und sei es im Traum – nach den Ostgrenzen der alten *Rzeczpospolita* zu greifen.

Äußerst belastend für Russland war *viertens*, dass der osmanische Sultan das Kriegsgeschehen in Europa dafür nutzte, die Positionen der Hohen Pforte an den Meerengen und auf dem Balkan zu verbessern. Nach dem Debakel von Austerlitz forderte er den Zaren dadurch heraus, dass er die ihm tributpflichtigen Fürsten der Moldau und der Walachei absetzen ließ und damit einen Krieg provozierte, der beide Donaufürstentümer für einige Jahre unter russische Besatzungsherrschaft brachte. Wenn immer förmliche Schlachten ausgefochten wurden, trugen die Russen den Sieg davon. Gleiches zeigte sich auf See, wo die osmanische Flotte vor den Dardanellen und vor Athos vernichtet wurde. Weil dieser Krieg sich dennoch in die Länge zog, machte erst der geordnete Rückzug der russischen Donauarmee nach Bessarabien (zwischen Pruth und Dnjestr) den Weg zum Frieden frei. Nach langen Verhandlungen konnte General Michail Kutusow am 28. Mai 1812 in Bukarest den Vertragstext unterschreiben. Zwei Wochen später setzte Napoleon seinen Russlandfeldzug in Gang.

Ob Alexander I. nach den Tilsiter Verträgen je geneigt war, den Frieden mit Frankreich für dauerhaft zu halten, ist denkbar, aber nicht wahrscheinlich. Seit das Haus Romanow die Herzogtümer Oldenburg und Holstein verloren hatte, war Russland in deutschen Angelegenheiten nicht mehr unmittelbar präsent. Kompensationen ergaben sich im Ostseeraum durch den Entschluss des Zaren, zum Schutz St. Petersburgs und der baltischen Küste der schwedischen Krone ganz Finnland zu entreißen. Wie sich zeigte, konnte dieser kurze Krieg (1808/09) mit relativ geringem Truppeneinsatz gewonnen werden, zumal britische Interventionsversuche erfolglos geblieben waren. Gegen den Anspruch Alexanders, fortan als Großfürst von Finnland die altständische Landesverfassung zu schützen, hatte Napoleon offenbar nichts einzuwenden. Doch als Freundschaftsbeweis war das nicht zu werten. Da in Stockholm wenig später Jean Baptiste Bernadotte regierte, ein früherer, nun als Verräter geschmähter Marschall des Korsen, war der Verdacht nicht abzuweisen, dass der Zar mit dem Griff nach Finnland einer der zahlreichen Phobien Napoleons entgegenkam.

Wie immer die Situation vor Beginn des Russlandfeldzugs beurteilt werden mag: außer Zweifel steht, dass Frankreich zwischen 1805 und 1809 zur Hegemonialmacht Kontinentaleuropas aufgestiegen war. Selbst England vermochte gegen dieses Faktum nichts Entscheidendes auszurichten. Von einem Mächtegleichgewicht zwischen Russland und Frankreich konnte keine Rede sein. Für den Zaren war dies auch deshalb schwer erträglich, weil es schlagkräftige Alliierte für ihn nicht mehr gab. Das Haus Habsburg, seiner italienischen Besitzungen beraubt, hatte in Schönbrunn dem Wunsch Napoleons entsprochen, ihm die junge Erzherzogin Marie Louise, eine Kaisertochter, als Ehefrau zu überlassen. So tief war der österreichische Hof gesunken! Von Metternich, dem neuen Außenminister, dazu gedrängt, hatte Franz I. überdies eine Militärallianz mit Frankreich schließen müssen, sodass der bis 1806 letzte römische Kaiser deutscher Nation fortan mit seinem eigenen Schwiegersohn verbündet war.

Außer Zweifel steht, dass Napoleon nach dem Frieden von Schönbrunn zunächst an eine Landung auf den britischen Inseln dachte. Doch, wie bekannt, entschloss er sich alsbald, den Zaren mit Unterstützung der Rheinbundstaaten durch eine massive Militärinvasion zur Räson zu bringen. Selbst das gedemütigte Preußen wurde genötigt, für die *Grande Armée* ein Truppenkontingent zu stellen. Die Vorbereitungen auf diesen Krieg waren schon 1810 nicht mehr zu verkennen. Das galt auch für die russische Seite. An dem Versuch Bonapartes, Russland militärisch gefügig zu machen, war Alexander insofern beteiligt, als er sich nicht scheute, seinen maßlosen Kontrahenten mit eigenen Forderungen zu brüskieren und ihm klar zu machen, dass er sich einem französisch dominierten Europa nicht fügen werde. Wichtiger als die Weigerung, dem Korsen eine seiner Schwestern zur Frau zu geben, war der Entschluss des Zaren, Napoleon aufzufordern, die französischen Truppen aus Preußen abzuziehen. Sein Ultimatum vom 8. April 1812 zeigte, dass es zwischen beiden Herrschern nichts mehr zu verhandeln gab. Am 24. Juni überschritten die Spitzen der *Großen Armee* den Njemen in Richtung Wilna, um dort das vorläufige Hauptquartier für ihren Kaiser einzurichten.

Historiker aller beteiligten Länder haben den Russlandfeldzug Napoleons seit zweihundert Jahren aufs Gründlichste erforscht und in allen Facetten wieder und wieder beschrieben – die Invasion der Franzosen und ihrer vielen Verbündeten, die binnen dreier Monate bis nach Moskau und in den Kreml führte: geplagt von Versorgungsnöten, Krankheiten und Gewaltmärschen auf verschlammten Wegen, dezimiert durch verlustreiche Kämpfe wie die um Smolensk und Witebsk, vor allem aber (am 14. September) durch die Schlacht bei Borodino. Als die Avantgarde des Kaisers eine Woche später das freigeräumte Moskau erreichte, brannte die ganze Stadt. Auch Napoleon, der von den Sperlingsbergen aus das Flammenmeer besah, verstand sogleich, dass dies kein Ort zum Überwintern war. Noch im Oktober befahl er seinen Generälen, sich auf den Rückzug einzustellen. Er selbst bestieg am 7. Dezember inkognito eine Kutsche und fuhr in größter Eile nach Paris zurück, um im Frühjahr 1813 mit einer frischrekrutierten Armee auf dem nach Deutschland verlegten Kriegstheater erneut präsent zu sein.

Es ist hier nicht der Ort zu schildern, wie die Reste, die von der riesigen Streitmacht Frankreichs und des Rheinbunds übrig geblieben waren, durch Frost und Schnee in Richtung Westen entkamen. Dabei blieben sie den Angriffen feindlicher Kavallerie und Kosaken ausgesetzt, auch den Überfällen bäuerlicher Partisanen, deren adlige Eigentümer ihre Revisionsseelen zur Rettung des Vaterlandes freigegeben hatten. Die Verluste auf beiden Seiten waren horrend.

Vor dem Hintergrund des *Vaterländischen Krieges* wird verständlich, dass die Reformpolitik der frühen Alexanderzeit stillgestellt werden musste, als Napoleons Entschluss, nach Russland zu ziehen, nicht mehr in Frage stand. Für die Entlassung Speranskis gab es jedoch auch innenpolitische Gründe. Einer der wichtigsten war, dass die staatstragenden Adelsschichten in der Umgebung des Hofes den Reformplänen heftigen Widerstand entgegensetzten: Widerstand gegen die Tendenz, eine von adligen Interessen emanzipierte Beamtenbürokratie zur bewegenden Kraft im Staat zu machen; Widerstand gegen den Abbau der Exklusivität des Adelsstandes zugunsten einer Gesellschaft, in der über den Status des Einzelnen nicht vornehme Abstammung, sondern Eigentum und Bildung entscheiden würden; Widerstand gegen die Ansicht der Reformer, dass die Leibeigenschaft mit den Prinzipien eines monarchischen Rechtsstaates unvereinbar und deshalb nicht von Dauer sei.

Seit der Kompromiss, den Alexander und Napoleon 1807 in Tilsit geschlossen hatten, brüchig geworden war, kam die Gefahr eines neuerlichen Krieges mit Frankreich hinzu. Je klarer wurde, dass dem militärischen Zusammenstoß nicht zu entrinnen sei, desto größer wurde der Auftrieb, den die innerrussische Opposition erhielt: die konservative Abwehrfront gegen ein Modernisierungskonzept, das die überkommenen Verhältnisse umzuwerfen drohte und fremden, gar revolutionären Mustern zu folgen schien. 1810 war der Punkt erreicht, an dem sich die konservative Fronde in einer Flut von Eingaben und Denkschriften unmissverständlich zu erkennen gab.

Der patrimoniale Konservatismus, der sich in solchen Denkschriften äußerte, wurde in einem Traktat verdichtet, das Nikolaj Karamsin, der bekannte Schriftsteller und Hofhistoriograph, im März 1811 an den Zaren gelangen ließ. In dieser *„Aufzeichnung über das Alte und Neue Russland"* (*Sapiska o drewnej i nowoj Rossii*) versuchte er zu zeigen, dass Russland auf einen gefährlichen Abweg geraten sei. Die seit 1801 in Gang gebrachten Reformen und die weiteren Absichten der Regierung, so Karamsin, verletzten das heilige Lebensprinzip des russländischen Staates, das Prinzip der Selbstherrschaft, „das Paladium Russlands"[100], von dessen Unversehrtheit das Glück und die Wohlfahrt des Reiches abhängig seien. Russland dürfe nicht fremden Modellen und Vorbildern folgen, sondern allein seinen eigenen Regeln und Traditionen.

Hier klangen bereits jene Argumente an, die seit den 1830er Jahren im Milieu der so genannten Slawophilen bestimmend werden sollten – Vorstellungen davon, dass es die Bestimmung Russlands sei, einen Sonderweg in der Geschichte zu gehen. Schon Peter der Große, so Karamsin, habe der russischen Lebensordnung schweren Schaden zugefügt: „Wir wurden Weltbürger, aber hörten in gewisser Hinsicht auf, Bürger Russlands zu sein."[101] Leichtfertige Leute hätten begonnen, die schädliche Meinung auszustreuen, dass das Gesetz höher stehe als die autokratische Gewalt, dass der Selbstherrschaft Schranken gezogen seien – nicht allein durch das göttliche Gesetz und das Gewissen des Monarchen, sondern durch geschriebene, aus fremdem Geist stammende Gesetze. Sollte diese Meinung obsiegen, dann sei es Pflicht jedes „wahren Sohns des Vaterlandes" dem Zaren zuzurufen: „Herr, Du überschreitest die Grenzen Deiner Gewalt. Durch lange Leiden belehrt, hat Russland vor dem heiligen Altar Deinen Vorfahren die Selbstherrschaft übertragen. Dieser Bund ist der Ursprung Deiner Gewalt, eine andere hast Du nicht. Du darfst alles, aber Du darfst sie nicht gesetzlich beschränken. Du darfst die Selbstherrschaft nicht abschaffen."[102]

Wohl am schärfsten wandte sich Karamsin gegen den Entwurf eines neuen Zivilgesetzbuchs, der von der Kodifizierungskommission 1810 vorgelegt worden war. Der wortmächtige Kritiker verwarf diesen Entwurf als Übersetzung des Napoleonischen *Code Civil*, als fremdes Machwerk, das der historisch gewachsenen Rechtsauffassung Russlands zuwider sei. „Gottlob sind wir noch kein Westphalen [gemeint ist das Königreich unter dem Bruder Jérôme mit der Hauptstadt Kassel – D.G.], kein italienisches Königreich [wo Napoleon andere Verwandte und verdiente Marschälle unterbrachte – D.G.], kein Herzogtum Warschau! Mühen wir uns deshalb seit hundert Jahren mit der Herstellung eines Gesetzbuchs ab, um schließlich unser graues Haupt unter ein Pariser Fabrikat zu beugen, dass von sechs oder sieben Exjakobinern zurechtgezimmert worden ist?! (...) Darf man den Russen in jetziger Zeit überhaupt französische Gesetze vorlegen, selbst wenn sie unseren zivilen Verhältnissen anzupassen wären?"[103] In Russland habe es niemals Gesetze gegeben, in denen von bürgerlichen Rechten die Rede gewesen sei. Wir kennen nur die besonderen Rechte verschiedener staatlicher Stände: für Edelleute, für Kaufleute, Stadtbewohner, Bauern und so fort. Sie haben ihre besonderen Rechte, nichts gilt für alle gemeinsam, mit Ausnahme der Bezeichnung „Russland". Statt Napoleons Gesetze zu kopieren, solle man daran gehen, die alten und alle bisherigen russischen Gesetze zu sammeln und sie in einem vollständigen Kodex russischer Gesetze zusammenzufassen.

Mit Karamsin sprach ein Mann, der die Katharinazeit idealisierte und die verklärte Vergangenheit zurückholen wollte, ein „Sohn des Vaterlandes", der in der Solidarität zwischen Autokratie und Adel und der patriarchalischen Untertänigkeit des leibeigenen Bauernvolkes die historischen Lebensprinzipien Russlands vor sich sah: Vervollkommnung des Überlieferten, Bewahrung der von der Geschichte geheiligten Formen staatlichen und gesellschaftlichen Lebens, keine Neuerungen, die dem Lebensgesetz des russischen Landes zuwiderlaufen – das war ein romantisch eingefärbter, konservativer Patriotismus, der sich im Vergleich mit der nationalen Hypertrophie, die etwa Fichtes *Reden an die Deutsche Nation*[104] durchzieht, noch harmlos ausnehmen mag. Dennoch stehen diese Gefühlslagen in jenem großen geistesgeschichtlichen Zusammenhang, aus dem der moderne Nationalismus auch nach Russland kam.

Man kann zwar nicht sagen, dass Speranski durch Karamsin gestürzt worden sei. Aber der Widerwille gegen seinen innenpolitischen Kurs ging doch so tief und war so allgemein, dass die Symbolfigur dieses Kurses nicht mehr zu halten war, als das Blatt sich wandte und die außenpolitische Entwicklung dem Bruch mit Napoleon entgegenging. Intrigen unschönster Art kamen hinzu. Speranski wurde noch in der Nacht nach seiner Entlassung unter Polizeibedeckung nach Nischni Nowgorod gebracht und von dort in die Verbannung nach Perm. Drei Wochen später begab sich Alexander I. in das Hauptquartier der russischen Armee nach Wilna, weil Napoleon dabei war, die Grande Armée zu sammeln und nach Russland zu ziehen.

Der Verlauf des Vaterländischen Krieges ist hier nicht darzustellen. Die Zerschlagung der Großen Armee, die erfolgreiche Abwehr des Aggressors, der im September 1812 in Moskau einzog, ohne dass Napoleon den Zaren zum Frieden hätte zwingen können – all das war nicht allein dem russischen Winter zu danken, nicht allein dem strategischen Genie des Fürsten Kutusow, der die feindliche Armee und ihre Hilfstruppen in der Tiefe des russischen Raumes ins Leere laufen und sich dort erschöpfen ließ. Gleichermaßen wichtig war, dass die napoleonische Invasion in Russland den Patriotismus breiter Schichten weckte, die Bereitschaft zu entschlossenem Widerstand, dem sich nicht nur der Adel und die orthodoxe Kirche anschlossen, sondern auch die städtischen Klassen und, was den Ausschlag gab, der überwiegende Teil des bäuerlichen Volkes. Dass es gelang, Hunderttausende leibeigener Bauern, oftmals unter Führung ihrer Gutsbesitzer, in einer Art Landwehr (*opoltschenie*) zur Verteidigung des Vaterlandes zu sammeln, war von erheblicher Bedeutung.

Napoleon selber hatte keinen geringen Anteil daran, dass die patriotische Front zustande kam. Er hatte darauf verzichtet, den Feldzug gegen Russland durch Subversionsstrategien zu unterstützen und sich auf eine ideologisch fundierte Kriegführung einzulassen – etwa dadurch, dass er den leibeigenen Bauern Russlands die Befreiung von der Gutsherrschaft versprochen hätte. Das tat er nicht. Er war nicht als Befreier, nicht als Erbe der Revolution, sondern als Eroberer gekommen. Auch der Beitrag zum Sieg, der der russisch-orthodoxen Kirche zu danken war, wog nicht gering. Die rechtgläubige Geistlichkeit ließ Napoleon vor dem gläubigen Volk als *Antichrist* erscheinen und wurde nicht müde, den russischen Herrscher als sakrale Kultfigur zu preisen, als die vom Allerhöchsten gesalbte, apostelgleiche Verkörperung des Gottessohns. Auch der Begriff *Russland* und der des *Vaterlandes* wurden in die Sphäre der Heiligkeit gerückt.

All das erklärt, weshalb der russischen Autokratie und ihren Generälen, die selber Leibeigenenbesitzer waren, die patriotische Zusammenfassung aller Volkskräfte gelang, weshalb die russischen Bauern nicht darauf verfielen, ihre Erwartungen und Hoffnungen mit Napoleon zu verbinden. Im Gegenteil, es war Alexander, der russische Autokrat, der im Vaterländischen Krieg vor dem eigenen Volk und bald auch in den von Frankreich unterworfenen Ländern als Befreier der Völker erschien und zum Hoffnungsträger aller europäischen Patrioten wurde. Alexander hatte sich seit 1812 offensichtlich ganz in diese Rolle eingelebt, in den Gedanken, von der Vorsehung dafür bestimmt zu sein, nicht nur der Retter Russlands, sondern der Retter Europas zu werden.

Dieses Gefühl der göttlichen Berufung, einer heiligen Mission, hat den Zaren von den liberalen, aufgeklärten Wertbegriffen seiner Jugend und seiner ersten Regierungsjahre abgezogen und zu einer spiritualistisch aufgeladenen Sakralisierung seines Weltbildes geführt, zu einem überkonfessionellen biblizistischen Christentum, das von exaltierten mystischen Glaubensüberzeugungen getragen war und chiliastische Elemente der südwestdeutschen Erweckungsbewegung und des religiösen Romantizismus (Franz Baader, Johann Heinrich Jung-Stilling u. a.) in sich aufnahm. Was herauskam, war ein neues anti-rationalistisches, anti-aufklärerisches Verständnis von der innigen Verbindung zwischen Religion und Politik. Es gab dem Zaren den Gedanken ein, von Gott auserwählt zu sein, damit die Welt im christlichen Sinne neu geboren werde.

Alexander hat diese Auffassung in jene mehrfach umredigierten Entwürfe eingebracht, aus denen im Herbst 1815 die Prinzipiendeklaration der Heiligen Allianz hervorging. In dieser Erklärung wurden die Monarchen als *Delegierte der Vorsehung* begriffen, die ihre Staaten und Völker nach den Geboten brüderlicher Liebe als Glieder einer einzigen, christlichen Nation zu regieren versprachen. Diese „eine christliche Nation" habe keinen anderen Souverän über sich als „unseren göttlichen Heiland, (...) die Parole des Lebens"[105]. Den Majestäten sei aufgetragen, ihre Völker zur alltäglichen Befolgung der christlichen Prinzipien anzuhalten, „weil sie nur so jenen Frieden genießen, der aus dem guten Gewissen kommt"[106].

Die Geschichte der Heiligen Allianz weiter zu erzählen, ist hier nicht der Ort. Für den innerrussischen Problemzusammenhang bleibt wichtig, dass der Zar nach 1815 als Folge seines religiösen Erweckungserlebnisses von den liberalen Träumen seiner Jugend Abschied nahm und im eigenen Land seither einen Kurs verfolgte, der für hochfliegende Reformideen keinen Platz mehr ließ. So konnte auch das großangelegte Projekt einer Verfassungsreform für Russland nicht gedeihen, das Nikolaj Nowosilzew 1816 in Angriff genommen und drei Jahre später dem Zaren vorgelegt hatte. Sein Kerngedanke war, das im Königreich Polen realisierte konstitutionelle Modell auf das Imperium im Ganzen zu übertragen. Das Russische Reich sollte in Statthalterschaften, in große Territorialeinheiten, gegliedert werden, die nicht mehr zentralistisch, sondern in föderativen Formen zusammenzuhalten wären: durch einen gemeinsamen Reichstag und durch die Person des Herrschers als Staatsoberhaupt und alleiniger Quelle der Macht. Wie die Dinge lagen, gab es für diesen Entwurf einer neuen Staatsorganisation damals keine Realisierungschancen mehr.

Die retrograden und obskuranten Züge, die für die letzten Regierungsjahre Alexanders charakteristisch waren, zeigten sich vor allem in der Bildungspolitik und in der Kirchenpolitik. Kennzeichnend dafür war, dass das Ministerium für Volksaufklärung, 1802 nach französischem Muster gebaut, 1817 zu einem Ministerium für geistliche Angelegenheiten erweitert und mit dem Allerheiligsten Synod, der obersten Staatsbehörde für die orthodoxe Kirche zusammengelegt wurde. Gleiches galt für die kleiner geschnittenen Generalverwaltungen, die für die nichtorthodoxen Konfessionen in Russland damals bestanden. Grundlage wahrer Aufklärung und Volksbildung sollte fortan allein die christliche Frömmigkeit sein, gemeinsames Gebet und Bibellektüre an Schulen und Universitäten.

Alexanders überkonfessionelles Christentum, spiritualistisch vorgetragen, wurde durch den neuen Minister, den Fürsten Alexander Golizyn, auf die Lehrprogramme des Unterrichtswesens übertragen. Dass dies bei den orthodoxen Bischöfen auf wenig Gegenliebe stieß, war nicht verwunderlich. Die offiziell geförderte religiöse Schwärmerei drängte, nach dem Beispiel der von Alexander unterstützten Bibelgesellschaften, auf die ökumenische Vereinigung der christlichen Kirchen, eine Zielrichtung, die dem Selbstverständnis der rechtgläubigen Kirche zutiefst zuwider war. Der Kaiser selber schien die Einzigartigkeit des russischen Glaubens in Zweifel zu ziehen und die traditionelle Symbiose von Orthodoxie und Autokratie aufzulösen. Für die russische Kirche war das eine beispiellose Herausforderung. Noch in der bereits ausführlich geschilderten Trinitätsformel von 1839, die Rechtgläubigkeit, Autokratie und Volkstum miteinander verband, klingt die Erregung nach, die Alexanders überkonfessionelles Christentum hinterlassen hatte.

In der Tat sollte die offizielle Kirchenpolitik des Zaren durch den Widerstand des orthodoxen Episkopats bald aus dem Tritt geraten. Was blieb, war ein von Revolutionsfurcht genährter, gegen alle Freigeisterei gerichteter Kurs an den Universitäten und Gymnasien. Gedankenkontrollen und Polizeiüberwachung wurden verschärft, Naturrechtslehren und Staatswissenschaften aus den Universitäten verbannt, verdächtige Lehrer und Professoren entlassen und der Verfolgung ausgesetzt. Doch das Unterdrückungsregime griff noch weiter aus. In seinen letzten Regierungsjahren vertraute der Kaiser die Exekution der inneren Politik einem seiner Generaladjutanten an, dem wegen despotischer Neigungen und groben Manieren gefürchteten General Alexei Araktschejew. Über die Zeiten hin blieb der Name dieses Mannes in Erinnerung – als Inbegriff für ein reaktionäres, auf die Spitze getriebenes Polizei- und Militärregime.

Ohne Zweifel hat die *Araktschejewschtschina* den Regierungsstil, der für Nikolaj I. nach 1825 charakteristisch werden sollte, in vielem schon vorweggenommen. Mit dem Entschluss, etwa 750.000 Staatsbauern mit Familien in Militärkolonien zu überführen und dort einem pedantischen Reglement für den Exerzierdienst und die Feldarbeit zu unterwerfen, wurden soziale Protestbewegungen zum ersten Mal seit langem wieder aufgerührt. Als es 1819 im Gouvernement Charkow zu einem Massenaufruhr zwangsangesiedelter Militärkolonisten kam, schlug Araktschejew mit großer Härte zu und ließ Hunderte von Leuten durch Spießruten laufen und mit Knutenhieben strafen. Auch die revolutionären Aktionspläne, die im so genannten Dekabristenaufstand von 1825 kulminierten, sind auf dem Hintergrund der tiefgehenden Entfremdung zu sehen, die zwischen der Regierung Alexanders und dem aufgeklärten, liberal gesonnenen Teil der Gesellschaft entstanden war. Im Widerstand gegen die bürokratische, militärische und geistige Despotie zeigte sich die enttäuschende Bilanz einer Epoche, die mit großen, ja allzu großen Hoffnungen begonnen hatte.

5.4 Dekabristen und Geheimbünde

Die Geschichte revolutionärer Bewegungen, die aus den Erfahrungen des europäischen Revolutionszeitalters schöpften, begann in Russland mit den so genannten Dekabristen. Der Name verweist auf ein Netzwerk geheimer Gesellschaften, deren langjährige Aktivitäten schließlich in einem missglückten Aufstand kulminierten: in der Rebellion Petersburger Gardeoffiziere am 14. Dezember 1825.

Alle revolutionären Gruppen, die nach der Bauernbefreiung entstanden und sich in je eigener Weise zu orientieren suchten – die Narodniki auf das Bauernvolk, die Marxisten auf das Proletariat, die liberale Intelligenz auf die fortschrittlichen Kräfte der Gesellschaft – sie alle haben sich auf die Dekabristen berufen, auf diese Adelsrevolutionäre als erstes großes Beispiel für die selbstlose Bereitschaft privilegierter Intelligenz, im Kampf gegen die verhasste Autokratie das eigene Leben nicht zu schonen. Entsprechend groß war das Interesse, das die historische Forschung diesen Kultfiguren entgegenbrachte. Zumal die sowjetische Geschichtswissenschaft hierin eines ihrer großen Themen fand. Aus der Fülle der Quelleneditionen, Monographien und Memoiren, die bis zum Ende der kommunistischen Zeit erschienen, lässt sich mühelos eine ansehnliche Bibliothek zusammenstellen. Die instruktivste Untersuchung in deutscher Sprache ist mehr als vierzig Jahre alt: Hans Lembergs Dissertation *„Die nationale Gedankenwelt der Dekabristen"*[107].

Kein Zufall war es, dass dieser Aufstand mit dem Ende der Regierung Kaiser Alexanders zusammenfiel. Der Herrscher starb, erst achtundvierzig Jahre alt, am 19. November 1825, weit ab von Petersburg in Taganrog am Asowschen Meer. Er starb unerwartet und unter Umständen, die der Mystifizierung seines Endes günstig waren. Seine Kinder aus der Ehe mit Elisaweta Aleksejewna, einer badischen Prinzessin, hatten nicht überlebt. Für alle Welt galt es deshalb als ausgemacht, dass sein zwei Jahre jüngerer Bruder, Großfürst Konstantin Pawlowitsch, kaiserlicher Statthalter und Oberbefehlshaber im Königreich Polen, mit einer Polin verheiratet, also in Mésalliance befindlich, dass dieser Bruder als Thronfolger ausersehen sei. Den dafür vorgeschriebenen Titel eines Zäsarewitsch trug er schon seit Langem. Indessen war nicht bekannt, dass Alexander 1823 seinen fast zwanzig Jahre jüngeren Bruder Nikolaj Pawlowitsch zur Nachfolge bestimmt hatte. Dies geschah teils auf Drängen Konstantins, der offenbar nicht Herrscher werden wollte, teils auf Drängen seiner Mutter, der Kaiserinwitwe Marija Fjodorowna, die wollte, dass Konstantin auf den Thron verzichte. Ein entsprechendes Manifest war entworfen, aber geheim gehalten worden. Selbst Nikolaj war nicht sicher, welche Entscheidung der Kaiser tatsächlich getroffen hatte.

Es entsprach dem merkwürdigen Stil der Geheimhaltung, den Alexander in seinen letzten Lebensjahren pflegte, dass das ominöse Manifest, das Nikolaj zum Nachfolger erklärte, erst gefunden wurde, als weite Teile der Armee und auch Nikolaj selbst den Treueid auf den Kaiser Konstantin schon geleistet hatten. In diese Verwirrung hinein war der Aufstand der Gardeoffiziere in St. Petersburg gestoßen. Am Vormittag des 14. Dezember, als Nikolaj endlich entschlossen war, die Untertanen auf seine Person vereidigen zu lassen, gelang es einer Handvoll junger Offiziere, etwa 3000 Soldaten auf dem Senatsplatz in Petersburg am Reiterstandbild Peters des Großen im Karrée aufzustellen und sie zu veranlassen, den Eid auf Nikolaj zu verweigern und für Konstantin zu optieren: für „Konstantin und Konstituzija"[108]. Die braven Soldaten, die da in der Kälte standen, meinten, es gehe um den Treueschwur für den rechtmäßigen Kaiser Konstantin und dessen Frau, die Konstituzija. Im Übrigen wusste niemand, was zu tun sei.

Der Petersburger Generalgouverneur, Graf Michail Miloradowitsch, ein Held der Befreiungskriege, wurde vom Pferd geschossen, als er versuchte, die Aufsässigen durch gutes Zureden zur Räson zu bringen. Als der junge Zar Nikolaj auf dem Senatsplatz erschien, rührte sich gegen ihn keine Hand. Am späten Nachmittag kam die Gardeartillerie. Als Kartätschen greifbar waren, wurden drei Salven gegen die Aufständischen abgefeuert. Das genügte, um die rebellierenden Soldaten in die Flucht zu treiben. Auch die Volksmenge, die sich tagsüber angesammelt hatte, um – nicht ohne Bewunderung und alkoholisierten Übermut – dem Schauspiel zuzusehen, lief in Panik auseinander. Etwa einhundert Tote und Verwundete sollen auf dem Platz geblieben sein und die beteiligten Offiziere in ihren Wohnungen ihre Verhaftung abgewartet haben.

Um herauszufinden, welche Bedeutung diesen Männern in historischer Perspektive zugemessen werden kann, ist vorab noch einmal an die Vorgeschichte zu erinnern. Ohne Zweifel war die Verschwörung eine Reaktion auf die Regierung Alexanders I., die im Zeichen der europäischen Restauration zu scharfen Maßnahmen gegriffen hatte: zu bürokratischer Gängelung, zur Unterdrückung gesellschaftlicher Regungen, zur Reglementierung geistiger Selbsttätigkeit. Der religiöse Obskurantismus, das despotische Regime des Grafen Araktschejew, die Richtungslosigkeit und Widersprüchlichkeit der Gesetzgebung – all das hatte Hoffnungen erstickt, die von Alexander anfangs geweckt worden waren: die Erwartung auf Fortschritt, bürgerliche Freiheit und rechtsstaatliche Ordnung, die Zuversicht, dass das Imperium nach liberalen Grundsätzen zu regieren sei. Es war eine ähnliche Enttäuschung und Verbitterung, wie sie im Westen unter den Wirkungen der Metternichschen Reaktion um sich griff und zu mannigfachen Manifestationen im Namen der Freiheit führte. Überall in Europa begannen damals die gleichen Ideen zu wirken. Doch von einer Bewegung, die die Gesellschaft oder gar das Volk ergriffen hätte, konnte in Russland keine Rede sein.

Wer sich im Zarenreich zu Protest und Widerstand entschloss, entschloss sich zur Isolation, und das sollte so bleiben, über das 19. Jahrhundert weit hinaus. Die Programme, die in den Geheimbünden entworfen wurden, wirkten nicht in die Breite und konnten die Massenstimmung nicht bestimmen. Während die nationalen, liberalen und demokratischen Bewegungen in Westeuropa zumeist eine städtisch-bürgerliche Basis hatten, kam der Widerstand gegen das herrschende Regime in Russland weit überwiegend aus dem Adel. Unter den etwa einhundertzwanzig Männern, die nach dem Aufstand vor Gericht gezogen wurden, waren sieben mit altrussischem Fürstentitel, zwei Grafen, drei Barone, zwei Generäle, dreizehn Obristen – eine ganze Plejade russischer Edelleute, Angehörige angesehener Familien neben Söhnen aus weniger begüterten, ja verarmtem Adel. Was durchweg fehlte, war eine nennenswerte Verankerung der Bewegung in der sozialen Welt. Die Verschwörer repräsentierten im Grunde nur sich selbst, einen kleinen, überwiegend jungen Teil der russischen Adelselite.

Es ist oft gesagt worden, dass das prägende Erlebnis der Dekabristen die Napoleonischen Kriege gewesen seien. Die Mehrheit der Männer, die nach dem 14. Dezember zur Rechenschaft gezogen wurde, war indes zu jung, um im Vaterländischen Krieg und in den Befreiungskriegen noch dabei gewesen zu sein. Über die Hälfte dieser *Staatsverbrecher*, wie die Anklage sie nannte, waren 1812 erst zwischen zehn und fünfzehn Jahre alt. Zwei Drittel der verurteilten Dekabristen hatten das westliche Europa nicht kennengelernt. So war das verbindende Element der Verschwörung nicht so sehr die Enttäuschung, um die Früchte des Sieges betrogen worden zu sein. Was diese Konspirateure verband, war die Idee der Freiheit aus dem Geist der Aufklärung und der Revolutionsepoche – ein Freiheitspathos, das in der russischen Wirklichkeit damals kein in die Breite ausstrahlendes Echo fand. Aber auch das reaktionäre Europa Metternichschen Zuschnitts konnte für die Dekabristen kein Vorbild sein. Wenn es überhaupt ein Land gab, das diese Männer faszinierte, dann die Vereinigten Staaten von Nordamerika, und in der Tat hat ein idealisiertes Amerikabild ihre Vorstellungen und Zielsetzungen mitbestimmt.

Die Organisationsform der russischen Konspirateure war der Geheimbund – auch dies keine typisch russische, sondern eine gemeineuropäische Erscheinung, an der sich die Revolutionsfurcht der herrschenden Gewalten damals immer wieder neu entzündete. Die Geheimbünde nährten den Eindruck, dass über Europa hin ein konspirativer Zusammenhang bestehe, in den nicht nur Spanien, Italien, Frankreich und Deutschland einbezogen seien, sondern auch das Russische Imperium. Aus der Sicht der Regierungen schien Europa einem Verschwörernetz von Doktrinären ausgesetzt zu sein, denen Aufstand, Umsturz und Revolution zum Beruf geworden war. Auch die russischen Dekabristen fühlten sich dieser internationalen Bewegung revolutionärer Geister zugehörig: Von einem Ende Europas zum anderen, meinte Oberst Pestel, einer ihrer radikalsten Köpfe, von Portugal bis nach Russland sei der revolutionäre Gedanke lebendig geworden.

Die ersten Geheimgesellschaften auf dem Territorium des Zarenreiches waren unmittelbar nach Kriegsende entstanden. Sie waren beeinflusst vor allem von freimaurerischem und philanthropischem Gedankengut, das aus dem 18. Jahrhundert kam und zeitweilig auch in unmittelbarer Umgebung Kaiser Alexanders wirksam wurde. 1816 hatten sechs Gardeoffiziere in Petersburg einen *Bund der Rettung* (*Sojus spasenija*) gegründet, der sich auch *Gesellschaft der echten und treuen Söhne des Vaterlandes* nannte – einen politischen Club, der sich nicht nur von französischen Vorbildern, sondern auch vom Beispiel des preußischen *Tugendbundes* leiten ließ. Etwa fünfundzwanzig bis dreißig Mitglieder sollen ihm schließlich angehört haben.

Schon 1817 hatte sich der *Rettungsbund* aufgelöst. Um der Isolierung zu entkommen, tauchte er ein Jahr später unter dem Namen *Wohlfahrtsbund (Sojus blagodenstwija)* wieder auf. Zwischen 1818 und 1821 wirkte er auch über Petersburg hinaus. An konkrete Aktionen war vorerst nicht gedacht. Worum es ging, war revolutionäre Propaganda, war der geduldige Versuch, zunächst die Köpfe aufzuklären. Man meinte, dass an die zwanzig Jahre nötig wären, bis die *Revolution der Geister* zum Abschluss käme und die Zeit reif sei für die revolutionäre Aktion gegen die Autokratie. Um 1820 soll es in Russland etwa fünfzehn Zellen des Wohlfahrtsbundes mit ungefähr zweihundert Mitgliedern gegeben haben; die Berechnungen schwanken, aber von der Größenordnung vermitteln sie einen Begriff.

Die politische Polizei hatte von Beginn an Nachrichten über den Wohlfahrtsbund gesammelt und die Mitglieder zu überwachen versucht. Als Kaiser Alexander 1821 von der Konferenz aus Laibach zurückkam, wo die Intervention der Großmächte in Italien und Spanien zur Debatte stand, wurde ihm vom damaligen Stabschef des Gardekorps, Graf Alexander Benkendorff, ein detailliertes Dossier über die Geheimbündler übergeben. Der Kaiser verzichtete jedoch darauf, durchgreifende Maßnahmen anzuordnen, und auch später, als sich die Berichte verdichteten, schien er merkwürdig untätig zu bleiben. Es gibt Anhaltspunkte dafür, dass er sich selbst von Schuld nicht frei fühlte, dass er es ablehnte, gegen Männer vorzugehen, deren Hoffnungen er vordem geteilt und diese wohl auch ermutigt hatte.

In Kreisen des *Wohlfahrtsbundes* war die Gefahr der Liquidierung dennoch sehr ernst genommen worden. Möglichkeiten zur Verfeinerung der konspirativen Technik wurden neu durchdacht. Zugleich hatten sich unter dem Einfluss der Ereignisse in Spanien und Griechenland die republikanischen Tendenzen unter den russischen Gardeoffizieren verstärkt. 1820 schlug ein Mitglied sogar die Ermordung des Zaren vor. Aufs Ganze gesehen, zeigte sich ein Drängen nach aktivem politischem Handeln, nach kritischer Überprüfung einer Praxis, die sich bisher auf Propaganda und Aufklärungsarbeit beschränkt hatte. Auch die schon erwähnte Meuterei des Semjonowschen Garderegiments trug dazu bei, dass der Gedanke an einen Militäraufstand an Gewicht gewann und die Hoffnung stieg, dass es den Offizieren gelingen könnte, sich an die Spitze beträchtlicher Teile der Armee zu setzen und die niederen Ränge und das Soldatenvolk zum Aufstand gegen die herrschenden Gewalten mitzureißen.

So waren, als sich der Wohlfahrtsbund 1821 in der bisherigen Form aufzulösen begann, organisatorische und programmatische Überlegungen zusammengekommen. An seine Stelle traten noch im gleichen Jahr zwei regional getrennte Geheimgesellschaften, die durch Kontakte und Zusammenkünfte ihre Tätigkeit zu koordinieren suchten: die sogenannte *Nordgesellschaft* mit dem Zentrum in Petersburg und die *Südgesellschaft*, die ihre Zentrale in der Nähe von Kiew hatte, am Standort des II. Armeekommandos, wo Oberst Pestel seit 1818 zur dominierenden Figur der revolutionären Kleinkreise geworden war. An die Südgesellschaft sollte später, 1825, noch ein anderer, dritter Geheimbund Anschluss finden: die *Gesellschaft der Vereinten Slawen* (*Obschtschestwo soedinennych slawjan*), die über gute Verbindungen zu polnischen Revolutionszirkeln verfügte. Alle Beschuldigten, die vor den Obersten Kriminalgerichtshof gezogen wurden, hatten einer dieser drei Gesellschaften angehört.

Der überragende Kopf der Südgesellschaft war der schon genannte Oberst Pawel Pestel, Sohn des sibirischen Generalgouverneurs, 1793 geboren – eine Führerpersönlichkeit jakobinischen Zuschnitts, die den Geheimbund in der Dnjepr-Ukraine fest an sich gebunden hatte. Pestel war von ganzer Seele Republikaner. Für ihn führte der Weg zur Republik mit Notwendigkeit über den gewaltsamen Umsturz und die Beseitigung des Zaren. Die Freiheit der Bürger sollte das Werk eines starken Staates sein. Der Zentralstaat galt ihm als Voraussetzung für die Beförderung der Wohlfahrt, der Sittlichkeit und des Glücks. Alle öffentliche Wirksamkeit sollte allein von der Regierung ausgehen. Der Einzelne hatte sich den Anordnungen der republikanischen Obrigkeit zu fügen. Auch dies zeigt, dass die Dekabristen dem 18. Jahrhundert näher standen als dem 19. Jahrhundert.

Pestel hatte seine Gedanken 1824 in einem Verfassungsprojekt niedergelegt, in einer Instruktion für die künftige Regierung, deren umständlicher Titel an den berühmten altrussischen Rechtskodex der Kiewer Zeit erinnert: „Russkaja Prawda oder Staatsgrundgesetz des großen russischen Volkes als Gebot zur Vervollkommnung des staatlichen Aufbaus Russlands, enthaltend eine Wahrhafte Instruktion sowohl für das Volk als auch für die Provisorische Oberste Regierung."[109]

Für Pestel war der neue Staat, anders als in der liberalen Ideologie, kein Nachtwächterstaat, kein bloßer Zweckverband zum Schutz des bürgerlichen Eigentums und des allgemeinen Wohls. Vielmehr steht sein Staatsbegriff über allen Erwägungen, denen es um die Freiheit partikularer Interessen geht. Der Staat wird von der *volonté générale* im Sinne Rousseaus getragen, er beruht auf einem Gleichgewichtsverhältnis zwischen Regierung und Volk oder, wie Pestel formuliert: zwischen Gebietenden und Gehorchenden. Es sei die sittliche Pflicht jedes Bürgers, den Staat als Vaterland zu lieben, ihm zu dienen und ihm Opfer zu bringen. Der Staat gilt als das große, allem übergeordnete Allgemeine, das die Wohlfahrt des Einzelnen sichert und bewirkt. Im Grunde hat Pestel aus dem absolutistischen Fürstenstaat den Fürsten lediglich herausgenommen. Was bleibt, ist ein Staatsabsolutismus neuer Art, in den *das Große Russische Volk* eintreten soll, um diesen Staat zu tragen.

Hier, in der Verbindung von Volk und Staat, nimmt das Ordnungsdenken Pestels ausgeprägt russisch-patriotische Züge an, die mit großer Unduldsamkeit verbunden sind. Ein Staatspatriotismus tritt hervor, der den von Herder geprägten Volksbegriff noch nicht aufgesogen hatte, wie dies wenig später die sogenannten *Slawophilen* taten. Wohl aber sind in der Utopie Pestels viele Elemente bereits angelegt, die erst im modernen Nationalismus und Chauvinismus in Erscheinung treten sollten. Pestel hielt es für das selbstverständliche Recht des starken, einheitlich regierten Staates, andere Volksstämme, die auf dem Territorium Russlands leben, zu assimilieren und in das Russentum einzuschmelzen. Nur den Polen wollte er das Recht belassen, eine eigenständige Nation zu sein. Die Idee eines föderativen Staatsaufbaus, wie er in der nördlichen Gesellschaft erwogen wurde, lag Pestel fern: Alle Stämme, so verlangte er, „müssen zu einem Volk verschmolzen werden, es gelte, aus allen Völkern und Stämmen unverzüglich nur ein (einziges) Volk zu schaffen, so dass die Bewohner des ganzen Gebiets des russischen Reiches alle Russen werden"[110].

Drei Prinzipien gab es, die nach Ansicht Pestels die Größe des zukünftigen russischen Staates garantierten: Homogenität (*jedinorodstwo*), Uniformität (*jedinoobrasie*) und einheitliches Denken (*jedinomyslija*). Wie man sieht, wird hier die Utopie von der Machbarkeit der menschlichen Freiheit und Glückseligkeit so radikalisiert, dass sie sich von selber aufzuheben scheint. Dem von Pestel bestimmten Programm der Südgesellschaft stehen in der sogenannten nördlichen Gesellschaft ungleich gemäßigtere Zukunftsentwürfe entgegen. Hier will die Mehrheit der Verschwörer weder den zentralistischen Einheitsstaat, noch will sie die demokratische Republik. Das neue Russland soll eine konstitutionelle Monarchie sein und die Freiheit der Bürger durch eine föderative Verfassung sichern, durch ein Kontrastprogramm zu dem, was unter der Autokratie in Russland herrschend war. Insofern standen diese Auffassungen den Verfassungsplänen nahe, die Nowosilzew dem Kaiser 1819 vorgelegt hatte. Zwischen den Projektionen dieser Dekabristen und dem Reformdenken des Beamtenliberalismus gab es damals keine scharf gezogenen Grenzen.

Der bedeutendste Verfassungsentwurf aus dem Petersburger Nordbund stammt von Nikita Murawjow. Über weite Strecken hin folgt er der amerikanischen Bundesverfassung. Die Rechte des konstitutionellen Monarchen erinnern an die des amerikanischen Präsidenten. Die Eidesformel gleicht der amerikanischen. Auch die vorgesehenen Repräsentativkörperschaften, eine oberste Duma und die so genannte *Predstawitelnaja duma*, sind dem Senat und dem Repräsentantenhaus der Vereinigten Staaten nachgebildet. Aus dreizehn autonomen Staaten sollte Murawjows Vereinigtes slawisch-russisches Kaiserreich bestehen. Aus dreizehn Staaten hatte auch der Kern der amerikanischen Union bestanden. Die Hauptstadt wollte er von Petersburg ins Landesinnere verlegen, nicht nach Moskau, sondern nach Nischni Nowgorod an der Wolga, er wollte sie mit einem besonders herausgehobenen Gebiet umgeben, ähnlich dem Bundesdistrikt Columbia in Washington, D.C. und versehen mit dem Namen *Slawische Provinz*. Für das Wahlrecht zum Repräsentantenhaus und zu den Landtagen der Einzelstaaten war ein hoher Besitzzensus vorgesehen.

Merkwürdig ist zu sehen, wie sich in diesen Projekten zeitgenössische Verfassungsmuster mit einer romantischen Auslegung altrussischer Traditionen verbanden. Dabei erschienen zumal die mittelalterlichen Stadtrepubliken Nowgorod und Pskow in verklärtem Licht. Die von der Autokratie noch unberührten Freiheiten, als deren Ausdruck die burgstädtische Volksversammlung (*wetsche*) galt, wurden im Sinn des modernen Freiheitsbegriffs umgedeutet. Die russische Geschichte wurde auf ihre freiheitlichen Traditionen hin befragt und in gewisser Weise neu erfunden. In Umkehrung des Karamsinschen Satzes hieß es hier nicht, dass die Geschichte Russlands dem Zaren gehöre und mit der Autokratie identisch sei, sondern es hieß, dass diese Geschichte dem Volk gehöre und dass der Staat für die Freiheit des Volkes einzustehen habe. Bezeichnend war, dass Murawjow das Zentrum des slawisch-russischen Föderativstaates weder in Petersburg noch in Moskau platzieren wollte, sondern im Zentrum des russischen Landes. Offensichtlich lag ihm daran zu unterstreichen, dass das freie Russland vom petrinischen wie vom moskowitischen Russland Abschied genommen habe. Bei dem jungen Dichter Kondrati Rylejew, einem der fünf Männer, die Zar Nikolaj nach dem Aufstand am Galgen sterben ließ, mischten sich Amerika-Sympathien besonders deutlich mit patriotischem Stolz auf die Freiheitstraditionen der russischen Volksgeschichte, symbolisiert in der Wetsche-Glocke, die das Volk zur Versammlung und Beratung rief.

Ebenso zur Dekabristenbewegung gehörte die schon erwähnte, 1823 entstandene *Gesellschaft der Vereinten Slawen*, die aus einer in Poltawa bestehenden Freimaurerloge hervorgegangen war. Auch dort wurden föderative Gedanken erwogen, allerdings radikalere als in Petersburg. Im Bekenntnis zur Republik stimmte man mit Pestel überein. Ziel war die Schaffung einer föderativen Republik der slawischen Staaten, der nicht nur Russland und Polen angehören sollten, sondern auch Böhmen und Mähren, die Lausitzer Wenden, Kroatien, Serbien, Bulgarien, die Donaufürstentümer sowie Ungarn.

Es lag im Interesse der russischen Dekabristenbünde, in Kontakt mit den polnischen Geheimgesellschaften zu kommen, die im Königreich, aber auch in den russischen Westgouvernements, den ehedem polnischen Ostprovinzen, bestanden. Die Gesellschaft der Vereinten Slawen, die auch Polen aufnahm, und der Südbund Pestels hatten mehrfach Verhandlungen mit polnischen Vertretern geführt, ohne dass es zu einer wirksamen Koordination gekommen wäre. Während das Verfassungsprojekt Murawjows die polnische Frage überhaupt nicht erwähnte, war Pestels Entschluss, Polen nicht in sein zentralistisches Staatsgebilde einzubeziehen, zweifellos durch Rücksichten auf die polnischen Patrioten bestimmt. Im Übrigen war bemerkenswert, dass die russischen Revolutionäre ihre abweichenden Meinungen über die Gestaltung Russlands in den Hintergrund treten ließen, als es um die konkrete Planung des Aufstands ging.

Wie sich zeigen sollte, waren es nicht Meinungsdifferenzen, sondern die Ereignisse selber, die die überregionale Aufstandsplanung durcheinander brachten. Schon vor dem 14. Dezember hatte die Polizei im Süden zugegriffen und neben vielen anderen auch Pestel verhaftet. Seither standen die Petersburger Verschwörer unter äußerstem Handlungsdruck, unter dem Zwang des Jetzt oder Nie. So günstig der Zeitpunkt auch sein mochte, solang der neue Herrscher noch nicht fest im Sattel saß, ließ die operative Hilflosigkeit, mit der die Aktion in Gang kam, schwerlich einen Erfolg erwarten. Der als Militärbefehlshaber der Aufständischen vorgesehene Fürst Sergej Trubezkoi trat auf dem Senatsplatz überhaupt nicht in Erscheinung, und niemand wusste offenbar, was zu tun und was zu lassen sei.

Wer, so konnte einer der Dekabristen fragen: „Wer waren unsere Vorläufer und wer sind unsere Nachfolger? Niemand! Wir haben angefangen und mit uns ist alles für alle Ewigkeit zu Ende."[111] Das dem nicht so war und der Aufstandsversuch der Dekabristen weiterwirkte, das steht im Blick auf die fortgehende Geschichte der revolutionären Bewegung außer Zweifel. Von dieser Kontinuität, aber auch von Brüchen und von Veränderungen wird in den folgenden Ausführungen noch die Rede sein.

5.5 Nikolaj I. und die Schaffung der Geheimpolizei

Wer eine Autokratie beschreibt, kann den Autokraten und dessen Familiengeschichten nicht beiseitelassen. Das gilt auch für Kaiser Nikolaj den Ersten (1798–1855), den jüngsten Sohn des Zaren Paul und seiner zweiten Gemahlin, der württembergischen Prinzessin Sophie Dorothee (1759–1828), die beim obligatorischen Übertritt zum russisch-orthodoxen Glauben den Taufnamen Maria Fjodorowna erhalten hatte. Die pietistisch erzogene Württembergerin überlebte nicht nur ihren 1801 erdrosselten Gemahl, sondern auch ihren ältesten Sohn Alexander, den Bezwinger Napoleons und Erfinder der *Heiligen Allianz*. Bis zu ihrem Ende wurde sie nicht müde, der Welt das weit ausstrahlende Musterbild einer karitativ tätigen Kaiserin-Witwe zu bieten.

Als der kinderlos gebliebene Alexander am 1. Dezember 1825 auf einer Krimreise zu Tode kam, konnte Nikolaj nicht wissen, dass sein ältester Bruder ihn testamentarisch dazu verpflichtet hatte, im Fall seines Todes Kaiser und Selbstherrscher des Russländischen Imperiums zu werden. Auch war dem damals 27jährigen offensichtlich unbekannt, dass sein fast zwanzig Jahre älterer Bruder Großfürst Konstantin (der als Statthalter im Königreich Polen amtierte) auf die ihm gesetzlich zustehende Thronfolge verzichtet hatte. Nur so konnte es geschehen, dass Nikolaj nicht zögerte, den Untertaneneid auf Konstantin zu leisten, als ihn die Todesnachricht aus Taganrog erreichte. Kein Wunder, dass dieser folgenreiche Irrtum zu der allgemeinen Wirrnis beigetragen hat, die für den Herrscherwechsel im Schatten der Dekabristenrevolte charakteristisch war.

Von Gottes Gnaden Kaiser und Selbstherrscher zu sein und Haupt der russisch-orthodoxen Kirche dazu, auf diese Aufgabe war Nikolaj nicht vorbereitet worden. Er hatte die für Zarensöhne obligatorische Ausbildung zum Offizier erhalten und war glücklich, im exklusiven Milieu der Garderegimenter dem Vaterland zu dienen. Auf Auslandsreisen hatte der wohlgestaltete Jüngling an deutschen Höfen, aber auch in England etliche Prinzessinnen kennengelernt und 1817 schließlich ein preußisches Königskind als Ehefrau gewonnen: Charlotte, die damals 19jährige Tochter Friedrich Wilhelms III. und der 1810 verstorbenen Königin Luise. Als Alexandra Fjodorowna (so ihr neuer Taufname) sieben Jahre später an der Seite Nikolajs unversehens auf den Thron geriet, hatte das hohe Paar bereits fünf Kinder zur Welt gebracht, als erstes den künftigen Erben, Alexander Nikolajewitsch (1818–1881), der nach seinem gewaltsamen Tod als Zar-Befreier in die Geschichtsbücher eingehen sollte.

Nikolaj I., auf den es hier ankommt, war eine trainierte Kommandantennatur mit festen Grundsätzen, kein ausschweifender Kopf, der sich – wie sein kaiserlicher Bruder – von Machtphantasien, Geltungssucht und mystischer Sinnsuche hätte treiben lassen. Ob im Anitschkowpalais, im Winterpalast oder wo es sonst noch ging: zur Nacht blieb er im Arbeitszimmer, wo er sein schlichtes Feldbett hatte aufschlagen lassen. Dass die Autokratie für Russland die gottgewollte Staatsform sei, stand für ihn so wenig in Frage wie der orthodoxe Glaube als Wurzelgrund gottgefälligen Russischseins. Die Familie war für ihn ein Mikrokosmos der sozialen Welt, und das Volk, das er als gestrenger *Pater familias* regierte, hatte der dreieinige Gott ihm ganz alleine anvertraut. Wer sich an dieser Ordnung verging, musste mit harten Strafen rechnen; wer rebellierte, ob bewaffnet oder auch nur aufrührerischen Sinns, der verdiente den Tod. Nur der Gnade des Herrschers war es zu danken, wenn Staatsverbrecher nicht an den Galgen, sondern zur Zwangsarbeit nach Sibirien kamen.

Die Spannweite zwischen Schuld und Sühne wurde in Untersuchungskommissionen und Strafverfahren gegen die Dekabristen ausgemessen, und der Zar persönlich kontrollierte, was im Einzelnen und Ganzen dabei vor sich ging. Besonders betroffen machte ihn der Tatbestand, dass die Verschwörung von Angehörigen des Offiziersadels getragen worden war, darunter Söhne angesehener aristokratischer Familien. Auch die Anteilnahme, die das Schicksal der Verurteilten selbst in besten Kreisen der Gesellschaft weckte, ließ für ihn und sein Machtsystem nichts Gutes ahnen. Hinzu kam, dass ein gutes Dutzend junger Ehefrauen das Schicksal ihrer verfemten Männer teilen wollten. Das weckte Bewunderung und Mitgefühl in einer Zeit, in der die romantische Liebe das Heiratsverhalten des Adels allmählich mitzubestimmen begann.[112]

Kaiser Nikolaj war kein Mann mit ausschweifenden Visionen. Was er im Inneren praktizierte, war eine spezifisch russische Variante konservativer Restaurationspolitik im Europa Metternichs, zu deren Praxis die geheimpolizeiliche Überwachung der Gesellschaft gehörte. Hinzu kamen verschärfte Methoden der Zensur, die Unterdrückung missliebiger Gedanken und der Versuch, öffentliche Meinung zu steuern oder am besten selber herzustellen. Bezeichnend war, dass diese Aufgaben nicht den bestehenden Ministerien und Gouvernementsbehörden übertragen wurden, sondern einer besonderen, stark erweiterten Instanz: Seiner Kaiserlichen Majestät Höchsteigener Kanzlei, die als geheim arbeitende Kontrollbehörde der regulären Bürokratie übergeordnet war. Zur III. Abteilung dieser Kanzlei gehörte ein Gendarmeriekorps und eine Sicherheitspolizei, die mit einem Heer von Spitzeln und Agenten als „moralischer Arzt des Volkes"[113] wirken sollte.

Alexander von Benkendorff, den der Zar an die Spitze seines rasch wachsenden Überwachungsstaates stellte, kam aus der baltendeutschen Ritterschaft; er hatte sich als Generaladjutant das Vertrauen des jungen Nikolaj erworben. Der 1833 in den Grafenstand promovierte Herr war ein glänzender Hofgeneral mit tadellosen Manieren und vielfältigen Verbindungen. Dank der Geheimberichte aus seinem neuen Amt konnte es leicht geschehen, dass Benkendorff auch zum moralischen Arzt des Kaisers wurde.

Tatsächlich war dem Chef der später sogenannten *Ochrana* nicht daran gelegen, dem Zaren in amtlichen Rapporten das Panorama einer heilen Welt zu zeichnen. Ihm ging es darum, eine Topographie der öffentlichen Meinung zu vermitteln, die zu kennen für die oberste Gewalt so unentbehrlich sei wie eine topographische Karte für den Oberkommandierenden einer kriegführenden Armee. Schon von Benkendorffs erster Bericht über das Jahr 1827 zeichnete ein Bild, das ganz auf die Mentalität des Zaren zugeschnitten war: Nichts war gut im Russischen Reich. Die Kaiserliche Hofgesellschaft habe ihre Attraktivität für das Publikum weitgehend eingebüßt; ihr Einfluss auf die öffentliche Meinung sei minimal – eine geschlossene Kaste, eine Sekte ohne Ausstrahlungskraft, belanglos für die Stimmung in der Hauptstadt wie in der Provinz. Unter den Würdenträgern gebe es zwar Leute, die dem Zaren wohlgesonnen seien, wohl aber auch solche, von denen höchst schädliche Wirkungen ausgingen: Parteien, angeführt von angesehenen Persönlichkeiten, die aus bloßer Eigenliebe und Popularitätssucht gegen die bestehenden Verhältnisse intrigieren.

Für die Seele des Imperiums hielt von Benkendorff die mittlere Klasse: die in den Städten lebenden Gutsbesitzer und den privatisierenden Adel, auch Kaufleute der ersten Gilde und gebildete Leute, einige Literaten eingeschlossen. Obwohl der Herrscher große Verehrung und Liebe genieße, gebe es auch hier viele unruhige Köpfe. Das gelte zumal für die Masse der Adelssöhne zwischen 17 und 25 Jahren. Hier sei eine gefährliche Eiterbeule am Körper des Reiches entstanden: Jakobinertum und revolutionäre Gesinnungen hätten derart exaltierte Leute zu wahren Carbonari gemacht. Hier träume man von einer Konstitution, von der Abschaffung des Rangsystems, von einer Freiheit ohne jegliche Subordination. Der Samen der Geheimgesellschaften wirke weiter unter der Maske des russischen Patriotismus, im Gewand der Moralphilosophie, der Theosophie und anderer mystischer Unarten. Höchst abträgliche Folgen kämen dabei den Einflüssen des Auslandes zu. Nicht weniger Alarmierendes hatte von Benkendorff von der Stimmung unter den jungen Offizieren zu berichten. Sie seien noch immer von den Ideen Pestels verwirrt; viele gebärdeten sich als Liberale und könnten sich nicht genug tun mit ihrem Geschrei über Politik. Überhaupt tue der Friedenszustand der Armee nicht gut.

Alarmierender noch wurde die Lage der bäuerlichen Bevölkerung dargestellt. Hier sei der aufrührerische Geist Pugatschows noch wach. Das Sektenwesen breite sich ebenso aus wie die Einsicht, dass das leibeigene Bauernvolk im Sklavenstand gehalten werde und seinen Befreier ersehne – wie die Juden ihren Messias. Vollends die Beamtenschaft, das Heer der Staatsdiener schien dem Berichterstatter moralisch so verdorben zu sein, dass von hier aus keine Heilung der Schäden erwartet werden dürfe. Die unteren und mittleren Ränge lebten von Bestechungen und Unterschlagungen, vom willkürlichen Umgang mit den Gesetzen, in Kenntnis aller Schliche und Kniffe des bürokratischen Systems. Nichts werde hier mehr gefürchtet als die Einführung rechtsstaatlicher Grundsätze und die Austilgung der Korruption. Die wohltätigen Anordnungen der Regierung würden hier systematisch ignoriert. Einzelnen wenigen ordentlichen Leuten stünden ganze Kader Unzufriedener gegenüber, die alles hassen, was gegen den herrschenden Schlendrian gerichtet sei.[114] Aus zahllosen Einzelbefunden zog Benkendorff schließlich das folgende Resümee: „Das Kennzeichen unseres Jahrhunderts ist seine Aktivität. Die Federn der Regierungsmaschine haben in der Mehrzahl der Fälle schlecht gearbeitet; der Gang der Dinge ist in Verfall gekommen; die ersten Stellungen wurden von unfähigen oder verdrießlichen Leuten eingenommen (...). Das ist die Ursache jener Unzufriedenheit, jener krankhaften Stimmung der Geister, welche in den letzten zwei Jahren so verderblich in Erscheinung getreten ist. Man muss die Maschine wieder in Gang setzen, die Schlüssel dafür sind Rechtssicherheit und Industrie (...). Alle Wohlmeinenden verzehren sich in der

Hoffnung auf Besserung und hören nicht auf zu wiederholen: Wenn der Herrscher Russland nicht reformiert, wird niemand den Untergang aufhalten. Der russische Kaiser braucht dazu nichts als Verstand, Festigkeit und Willenskraft, und unser Herrscher verfügt über diese Eigenschaften in aller Fülle!"[115]

Aus diesen Prämissen der neuen Ordnungspolizei wird der Charakter der Regierungszeit Nikolajs deutlich: das Imperium war nach einerseits nach außen wie nach Innen auf Machterhalt und Machterweiterung aus. Zur Konservierung der Selbstherrschaft mussten neue Ressourcen aufgeboten werden, um den Zumutungen revolutionärer Schwärmer und liberaler Freidenker Einhalt zu gebieten. Andererseits war unverkennbar, dass die zarische Ordnung dringend reformbedürftig war. Dies trat im Krimkrieg als einer Art Brenntiegel europäischer militärischer und wirtschaftlicher Mächtekonkurrenz offen zutage. Benkendorffs gab – ohne das darin seine Intention lag – eine Zustandsbeschreibung einer überkommenen Ordnung, die, wenn sie nicht entscheidend reformiert werden würde, als Korsett des imperialen Russlands keinen Halt zur Absicherung der Zarenherrschaft mehr versprach.

Mit diesem Befund endet – zumindest nach der hier gewählten Periodisierung russischer Geschichte – zugleich eine Epoche von dreihundert Jahren: von der Mitte des 16. Jahrhunderts 1547 als dem kleinen Iwan, dem späteren „schrecklichen" Zaren, die Krone des Monomachs auf Haupt gesetzt wurde bis zum Ende des Krimkrieges 1855. Drei Elemente historischer Kontinuität von langer Dauer haben diesen Zeitraum geprägt. *Erstens* hatte die Kontinuität der Autokratie den Wandel der Zeiten vom Moskauer Staat, über die petrinische Zeit bis in das Imperium unbeschädigt überdauert und den Aufstieg Russlands zur europäischen Groß- und Hegemonialmacht seit dem 18. Jahrhundert begleitet. Die Selbstherrschaft erwies sich als eine Herrschaftsform von erstaunlicher Anpassungsfähigkeit und Zählebigkeit über die Zeiten hin dadurch, dass sich die Legitimitätsgrundlagen der Herrschaft von der theokratischen Begründung hin zur naturrechtlichen Begründung der Herrschaft im Europäischen Absolutismus wandelten. Die Autokratie bleibt auch in der sich anschließenden Epoche nahezu unversehrt. Erst 1905 sieht sich die zarische Ordnung gezwungen, gegenüber einer entfesselten Gesellschaft Zugeständnisse zu machen, sodass wir in den letzten Jahren des Zarenreiches eine nicht vollausgebildete konstitutionelle Autokratie vor uns haben.

Das *zweite* Element historischer Kontinuität über die dreihundert Jahre hinweg ist die Sozialverfassung, die ihren Kern in der Leibeigenschaftsordnung gehabt hat, einer Ordnung, die zugleich die Interessen des Adels mit der Staatsanstalt verklammerte. Auch hier ließen sich keine Elemente von Emanzipation, keine gesellschaftlichen Gegengewichte ausbilden, sieht man von archaischen Ausprägungen ab, wie sie im Pugatschow-Aufstand zutage gekommen sind. Mit der Aufhebung der Leibeigenschaft 1861 sollte ein ganz wesentliches Element entfallen, auf dem die Autokratie beruhte. Dieser Vorgang ließ wie kein anderer die sozialen Grundlagen, auf denen sich die Herrschaftsform in Russland seit dem 16. Jahrhundert ausgeprägt hat, erodieren. Der Weg für sozialen Wandel und wirtschaftliche Modernisierung wird damit zwar frei; allerdings im dauerhaften Widerstreit mit der Beharrungskraft der Autokratie.

Ein *drittes* Element, das die zurückliegende Epoche prägte, ist in der territorialen Expansion des Reiches zu sehen, in der Ausbildung des Vielvölkerimperiums wie es im 19. Jahrhunderts vor uns steht. Russland agiert in Europa seit dem 18. Jahrhundert als Großmacht, ohne die keine relevanten machtpolitischen Entscheidungen mehr getroffen werden konnten. Diese fortgehende Expansion und die Kosten der Machtpolitik bewirkten zugleich eine innere Destabilisierung und eine Überanstrengung der Kräfte des Landes zur Behauptung dieser Position im internationalen Zusammenhang. Im bevorstehenden Zeitalter des Imperialismus hat sich dieser Faktor des internationalen Machtengagements freilich weiter verstärkt. Das russische Imperium beginnt jetzt, die Mächtekonkurrenz zwischen den imperial geprägten Staaten Europas und Amerikas aufzunehmen bis nach Ostasien hin. Der Russische-Japanische Krieg mit seinen Rückwirkungen auf Russland und seinen Anstößen für die inneren Destabilisierung vor 1905 sollte den Zusammenhang von Innen- und Außenpolitik vor aller Augen führen.

Von den weiterführenden Kontinuitäten und Brüchen im Russischen Imperium, von der Fortdauer und Veränderung dieser drei strukturellen Elemente seiner Ordnung soll in den folgenden Ausführungen zum Spannungsverhältnis von Reform und Revolution die Rede sein.

Zweiter Teil **Zwischen Reform und Revolution 1855–1917**

1 Autokratie und Emanzipation

1.1 Umrisse des Reformproblems

Alexander II., der Großvater des letzten Herrschers der Romanow-Dynastie, war die wichtigste personale Vorbedingung für die heraufziehenden Veränderungen. Denn im autokratischen Russland blieb für Staats- und Sozialreformen, welcher Art auch immer, der Kaiser unentbehrlich. Gegen seinen Willen ließ sich nichts bewirken, was der Rede wert gewesen wäre. Die Kräfte, die nach dem Debakel des Krimkrieges auf raschen Wandel drängten, kamen überwiegend aus den oberen Beamtenrängen. Selbst bei kleinen Schritten bedurften sie der allerhöchsten Zustimmung. Kein Minister konnte handlungsfähig bleiben, wenn der Zar ihm seine Huld entzog oder gar geruhte, den treuen Diener auf seine Güter zu entlassen.

Alexander war ein Enkel des Preußenkönigs Friedrich Wilhelm III. und der Königin Luise, jener eminenten Kultfigur des Preußentums, die Patriotenherzen heute noch immer wärmen kann. Wilhelm I., der erste deutsche Kaiser, war sein Onkel. Diese Sachlage erklärt, weshalb die dynastischen Beziehungen zum preußischen Hof, aber auch zu kleineren protestantischen Höfen in Deutschland, für Russland zu den Konstanten auswärtiger Politik gehörten. Obwohl unter Alexander III., der eine dänische Prinzessin zur Frau nahm und 1891 den Bund mit Frankreich schloss, die familiäre Intimität der Monarchen an Herzlichkeit verlor, blieb das russisch-deutsche Sonderverhältnis bis zum Ersten Weltkrieg auf die Verwandtschaft der Höfe gegründet.

Alexander ist als Zar-Befreier (*Zar Oswoboditel*) in die Geschichte Russlands eingegangen. Liberale Historiker sorgten dafür, dass ihm dieses Prädikat trotz wachsender Enttäuschung nicht verloren ging. Auch außerhalb Russlands kann man den Herrscher heute noch auf Denkmalssockeln finden: in Helsinki, schwedisch Helsingfors, ist er als Großfürst zu sehen, der 1863 seinen finnländischen Untertanen ihren Landtag wiedergab, in Sofia blieb er als Befreier der Bulgaren von den Türken in Erinnerung. Vor allem aber wurde Alexander II. in Russland selbst verehrt, weil er der bäuerlichen Leibeigenschaft ein Ende setzte und Bahn brach für die Epoche der großen Reformen.

Dass solche Verehrung nicht allgemein war, zeigte der gewaltsame Tod des Kaisers. Seit Jahren von Terroristenkommandos verfolgt, kam er am 13. März 1881 durch einen Bombenanschlag revolutionärer Narodowolzen in St. Petersburg ums Leben. Die radikale Intelligenz, aus deren Milieu die Attentäter kamen, bestritt den Anspruch des Zaren, das Wohl des Volkes zu besorgen. Im Interesse ebendieses Volkes riefen sie dazu auf, die Selbstherrschaft bis aufs Messer zu bekämpfen und den Tyrannenmord zu wagen. Merkwürdig bleibt, dass die russisch-orthodoxe Kirche Alexander als Märtyrer-Zar nicht heiliggesprochen hat, anders als sie nach dem Ende des Kommunismus mit seinem Enkel Nikolaj, dem letzten Romanow, verfuhr.

In ihren epochalen Dimensionen lässt sich die Reformzeit Alexanders II. den petrinischen Reformen an die Seite setzen, dem Versuch dieses großen Zaren, das Moskauer Russland aufs Niveau des neuzeitlichen Absolutismus zu bringen. Im zeitgenössischen Zusammenhang ist die Reformzeit mit den Veränderungen vergleichbar, die sich seit Ende der 1860er Jahre in Japan vollzogen – mit dem Ende des Shogunats, des japanischen Feudalsystems, und dem Beginn des Modernisierungsprozesses im Bereich der Wirtschaft, der Militärverfassung, der Staatsordnung und Verwaltung. Dass zwei Länder – das eine an der Peripherie Europas und als Großmacht in den europäischen Zusammenhang fest einbezogen, das andere im Fernen Osten, gegen außen bisher vollkommen abgeschlossen – nahezu gleichzeitig den Modernisierungspfad betreten, ist ein Tatbestand für sich. Diese merkwürdige Koinzidenz hat manchen Historikern Anlass gegeben, die beiden Parallelvorgänge nach ihren Voraussetzungen, ihrem Verlauf und ihren höchst unterschiedlichen Ergebnissen miteinander zu vergleichen. Welche Kriterien man auch immer anlegen mag, um den Erfolg von Modernisierungsprozessen zu bemessen – außer Frage steht, dass der japanische Weg erfolgreicher war als der, den Russland ging. Jedenfalls ergeben sich von hier aus neue Einsichten, weil bei dem, was in Russland geschieht, in aller Regel nur an westlichen Modellen Maß genommen wird.

Nicht übersehen werden darf, dass sich das russische Reformproblem keineswegs allein auf die agrarischen Verhältnisse bezieht. Die Sache war mit der Bauernbefreiung bei weitem noch nicht ausgestanden. Da die Leibeigenschaftsordnung etwa dreihundert Jahre lang mit der autokratischen Herrschaftsverfassung eng verklammert war, hat die rechtliche Freisetzung der Masse der Untertanen den Umbau der gesamten staatlichen Infrastruktur nach sich gezogen. Tatsächlich ist den Bauerngesetzen vom Februar 1861 ein ganzer Blütenkranz wichtiger Reformen gefolgt, die in engster Verbindung mit den Veränderungen auf dem Lande standen. Unerlässlich war eine Polizei- und Verwaltungsreform, weil sich die Bauernbefreiung als ein administratives Problem erster Ordnung erwies. Mit der Aufhebung der Leibeigenschaft entfiel die hoheitliche Gewalt der Gutsherren, deren Aufsichtspflicht und Verantwortung für ihre leibeigenen Seelen, und diese Verquickung warf ungezählte Fragen auf: Wer übernimmt die Funktionen der alten Herrenklasse? Wer sorgt dafür, dass die Bauern unter Aufsicht bleiben, Steuern zahlen und Rekruten stellen? Wer garantiert, dass auf dem Land die Anarchie nicht um sich greift?

Aus alledem ergab sich, dass um der öffentlichen Ordnung willen Verwaltungsreformen im lokalen Bereich überfällig wurden. Unter solchem Problemdruck sollten im autokratischen Russland seit 1864 neue Selbstverwaltungsorgane entstehen, die sogenannten *Semstwo*-Institutionen, die ersten allständischen Einrichtungen in der russischen Geschichte. Zum ersten Mal saßen in den *Semstwo*-Versammlungen adlige Grundbesitzer, Stadtbürger und Bauern an einem Tisch, auf Kreis- und Gouvernementsebene nach einem Zensus gewählt, der sicherstellte, dass die Bauern und ihre einstigen Herren fast in gleicher Zahl vertreten waren (beide stellten etwa 40 bis 45 Prozent, die Stadtbürger circa zehn Prozent) – ein Hinweis darauf, dass die Standesschranken zwar nicht aufgehoben, aber porös geworden waren, und dass es nun erstmals institutionelle Voraussetzungen dafür gab, durch Kommunikation über Ständegrenzen hinweg zivile Gesellschaft auszubilden – in Auseinandersetzung mit der staatlichen Bürokratie und mit den widerstreitenden Interessen im *Semstwo* selbst.

Die politische Brisanz der Selbstverwaltung war darin zu sehen, dass sie Perspektiven boten für ein liberal-konstitutionelles Programm. Was der Zar der Gesellschaft auf lokaler Ebene zugestand, in den Gouvernements und Kreisen, das sollte zu gegebener Zeit durch ein allständisches Repräsentationsorgan auf gesamtstaatlicher Ebene seine Krönung finden: durch eine *Semskaja duma*, deren Aufgabe es wäre, alle Schichten der bürgerlichen Gesellschaft gegenüber der Staatsspitze zu vertreten. Insofern waren im *Semstwo* Voraussetzungen angelegt, um in kleinen Schritten zu einer konstitutionellen Monarchie zu kommen, zu einem Verfassungsstaat mit Partizipationsrechten eigener Art.

Ein weiterer wichtiger Bereich der Reformtätigkeit betraf die Umgestaltung der Justiz, und tatsächlich hing der Aufbau einer eigenständigen Judikatur mit dem Ende der gutsherrlich-bäuerlichen Herrschaftsverhältnisse zusammen. Seit der Katharinazeit war das russische Gerichtssystem entsprechend der ständisch ressortierten Sozialordnung auch ständisch gegliedert gewesen. Es gab spezielle Gerichte für den Adel, aus Adelswahlen rekrutiert, es gab städtische Gerichte für die städtische Bevölkerung und bäuerliche Gerichte im Rahmen der dörflichen Gemeindeverfassung. 1864, drei Jahre nach der Bauernbefreiung, wurde nach westeuropäischen Mustern eine neue Gerichtsordnung erlassen, die prinzipiell für alle Staatsbürger gelten sollte. Nur die niedere Gerichtsbarkeit im bäuerlichen Milieu war davon ausgenommen. Kernstück der Reform war die Unabhängigkeit der Rechtsprechung und die Unabsetzbarkeit der Richter. Geschworenengerichte wurden eingeführt, die mündliche Verhandlung vorgeschrieben, das Gerichtswesen von der Aufsicht des Gouverneurs befreit. Auch ein neuer akademischer Beruf entstand, der Advokat mit Universitätsdiplom, den es unter der alten Verfassung nicht gegeben hatte.

Auch die Stadtverfassung wurde umgebaut. Ein entsprechendes Gesetz, 1870 vom Kaiser unterschrieben, gab dem Begriff des Bürgers einen neuen Sinn. Nun sollten alle Stadtbewohner, welcher Standeszugehörigkeit auch immer, an der kommunalen Selbstverwaltung Anteil haben, vorausgesetzt, dass sie den Besitzzensus erfüllten. Zum ersten Mal konnten jetzt auch in den Städten ansässige Edelleute Bürger werden. Die städtische Obrigkeit, die bisher vor allem die kopfsteuerpflichtigen Kleinbürger (*meschtschane*) administrierte, wurde mit ungleich größeren Kompetenzen ausgestattet. Jetzt war die Zeit vorbei, in der eine schmale Schicht begüterter Kaufleute im Benehmen mit dem Stadthauptmann über kommunale Belange entschied.

Seit langem überfällig war eine Militärreform. Nach der Bauernbefreiung wurde sie zu einem der dringlichsten Desiderate der inneren Erneuerung. Bisher hatte sich Russland mit einer von adligen Offizieren geführten Leibeigenenarmee beholfen. Militärdienstpflichtig waren allein die Bauern und die städtischen Unterschichten, die der Kopfsteuer unterlagen. Aus diesem Reservoir von *Revisionsseelen* hatten die Stadtgemeinden und Dorfgemeinden nach bestimmten Quoten Rekruten zu stellen, die für fünfundzwanzig Jahre in der Armee verschwanden. Der Krimkrieg hatte gezeigt, dass dieses Militärsystem der Konkurrenz mit den modernen Heeren der Westmächte nicht gewachsen war. Nach langwierigen Beratungen entschloss sich der Zar, mit Beginn des Jahres 1874 die Wehrpflicht einzuführen, der mit Ausnahme der Geistlichkeiten die männlichen Untertanen aller Stände unterworfen werden sollten. Drei Jahre Militärdienst war die allgemeine Norm. Doch wie in anderen Staaten, die über eine Wehrpflichtigenarmee verfügten, sollten auch in Russland Bildungsprivilegien gelten. Wer die mittlere Reife hatte und bereit war, für Uniform und Fourage selbst zu zahlen, musste nur zwölf Monate bei der Truppe dienen.

Kein Zweifel, dass die Reformen für die Autokratie ein außerordentliches Wagnis waren. An der Einsicht, dass die Leibeigenschaft überständig sei, sich mit den Großmachtinteressen Russlands nicht vertrage und dem wirtschaftlichen wie dem kulturellen Fortschritt entgegenstehe – an dieser Einsicht hatte es in den herrschenden Kreisen nicht gefehlt. Seit der Katharinazeit, vollends unter Alexander I., waren die Krebsschäden dieser Einrichtung immer deutlicher geworden. Nur hatte der Zar mit seinen Beratern nicht gewagt, dem Adel zuzumuten, auf die Verfügung über sein lebendes Eigentum zu verzichten. Unverständlich war dieser Mangel an Courage nicht, denn Privateigentum nach römisch-rechtlichen Begriffen durfte durch Reformen liberaler Intention nicht angetastet werden. Auch die Frage nach der Entschädigung des Adels hatte sich gestellt. Doch noch wichtiger für das Zögern der Regierung war, dass sie die Loyalität des Adels nicht riskieren wollte, denn sie wusste, der Adel, die soziale Stütze der Autokratie, war zum Verzicht auf Eigentums- und Hoheitsrechte nicht bereit.

Erst unter dem Schock der Niederlage im Krimkrieg hat sich Alexander II. gegen eigene Bedenken und Ängste zu weittragenden Entscheidungen gezwungen gesehen, zu einem Experiment mit hohem Risiko, das die soziale Basis untergrub, auf der die Selbstherrschaft bisher beruhte. Offen war, ob und in welcher Weise es gelingen könnte, für dieses Fundament Äquivalente zu finden und die entbundenen sozialen Kräfte in neuer Weise zu kanalisieren. Der Verzicht auf die Leibeigenschaft brachte Probleme beispielloser Art: Sicherheitsprobleme, bei denen es vor allem darum ging, die Bauern in einer Zeit des Umbruchs ruhig zu halten; administrative Probleme, denn für die Funktionen, die von der Gutsherrschaft bis dahin wahrgenommen worden waren, musste Ersatz gefunden werden; finanzielle Probleme, bei denen es herauszufinden galt, wer die Kosten der Reform zu tragen habe und wie der Landadel für die Zumutungen und Verluste entschädigt werden könnte, die ihm die Reformgesetze brachten.

1.2 Das Ende der Leibeigenschaft

Die Aufhebung der Leibeigenschaft, Kernstück der Großen Reformen, gehört zu den Schlüsselereignissen der neueren russischen Geschichte. Was um der Befreiung der Bauern willen geschehen sollte, wurde in den Agrarordnungen vom 19. Februar 1861 festgelegt. Das umfangreiche Gesetzeswerk war ein Wagnis von hohem Risiko, denn es warf Probleme auf, für die es einfache Lösungen nicht gab. Zu entscheiden war, wie die staatliche Autorität auf dem Lande künftig durchzusetzen sei, wie das Bauernvolk ruhig zu stellen, der Adel zu entschädigen und wie sich auf ungezählte andere komplizierte Fragen brauchbare Antworten finden ließen. Besonders schwierig war zu entscheiden, wer die Kosten der Reform zu übernehmen hätte – in einer Zeit, in der der Staatsbankrott wie ein Menetekel über Russland hing.

Wie gezeigt, kann man nicht sagen, dass das Ende der Leibeigenschaft von sozialökonomischen Gesetzmäßigkeiten, gar von Kapitalinteressen der russischen Bourgeoisie erzwungen worden wäre. Auch die Welle bäuerlicher Proteste und die Aktivität revolutionärer Untergrundzirkel spielten für die Entscheidungen der Regierung nur eine marginale Rolle. Vielmehr kam der Entschluss, die Bauern freizusetzen und die staatliche Infrastruktur (Verwaltung, Justizwesen, Militärverfassung usw.) zu modernisieren, aus der Einsicht bürokratischer Eliten, dass ohne tiefgreifende Neuerungen, ohne die fortgehende Angleichung der Binnenverhältnisse an das Niveau des Westens, Russland außerstande bliebe, seine imperiale Stellung in der internationalen Mächtekonkurrenz zu behaupten.

Die Promotoren der Reformen rekrutierten sich aus den oberen Rängen der Beamtenschaft und des hohen Offizierskorps, auch der kaiserlichen Marine. Sie stellten den Fortbestand der Autokratie nicht in Frage, sondern setzten ihn voraus. Ohne den persönlichen Beistand des Herrschers hätte sich der Widerstand der Adelsmehrheit gegen die Reformgesetze nicht überwinden lassen. Insofern war der vom Kaiser gestützte Beamtenliberalismus das funktionale Äquivalent für die Schwäche zivilgesellschaftlicher Kräfte, die als Motor der Veränderung hätten wirken können.

Dennoch hat es Anstöße gegeben, die nicht von oben, sondern aus der Gesellschaft selber kamen. Im Milieu des Landadels hatte sich eine Minderheit zu aktiver Mitarbeit bereitgefunden, eine schmale Schicht gebildeter Edelleute, denen daran lag, Russland auf das zivilisatorische Niveau der modernen Zeit zu bringen. Wichtiger noch war die neue Öffentlichkeit (*obschtschestwennost*): räsonierendes Publikum, das sich unter erleichterten Zensurbedingungen über Ständegrenzen hinweg zu erweitern und Publizität (*glasnost*) einzufordern begann. Dabei wurden ökonomische, politische und sozialethische Argumente zur Sprache gebracht. Stimmführer der öffentlichen Meinung verwarfen die Leibeigenschaft als Sklavensystem, als himmelschreiende Verletzung des Gebots der Menschenwürde.

Derlei Ansichten waren nicht neu, doch in neuer Weise aktuell geworden, denn die Debatten, die sich an sie knüpften, standen jetzt, anders als vordem, in einem größeren Zusammenhang. Sie fielen in eine Zeit, in der die Vereinigten Staaten im Kampf gegen die Sklaverei dem blutigsten Bürgerkrieg ihrer bisherigen Geschichte entgegengingen. Kein Wunder, dass die Koinzidenz von russischer Bauernbefreiung und amerikanischer Sklavenbefreiung immer wieder Anlass zu vergleichenden Betrachtungen gab.

Die Vorbereitung der Agrargesetze hatte sich über Jahre hingezogen. 1857 war die Arbeit auf Befehl des Kaisers durch Beamtenkommissionen aufgenommen worden. Rasch hatte sich herausgestellt, dass zumindest drei Grundsätzen Rechnung zu tragen war. Der erste ergab sich aus der Einsicht, dass Russland dem preußischen (auch dem deutschbaltischen) Emanzipationsmodell nicht folgen dürfe und unbedingt vermeiden müsse, die Bauern im buchstäblichen Sinne freizusetzen. Es sollte kein Bauernlegen geben, keinen Einzug des Bauernlandes durch den Gutsbesitzer. Keine Bauernfamilie sollte von Haus und Hof vertrieben werden, keine ihr Dach über dem Kopf verlieren, sondern jede, nach regional differenzierten Quoten, mit Land zur ewigen Nutzung ausgestattet werden. Auf diese Weise hoffte die Regierung, die Proletarisierung der ländlichen Bevölkerung abzuwenden und die Schrecken einer Revolution zu bannen, die bei einer massenhaften Entwurzelung des Bauernvolkes unvermeidlich über Russland käme.

Der zweite Grundsatz hing mit dem ersten eng zusammen, er betraf die administrative Problematik der Reform. Befreiung sollte nicht heißen, die traditionelle Bindung der Bauern an die Dorfgemeinde, an *mir* und *obschtschina*, aufzugeben und das Volk ungeschützt in die Freiheit zu entlassen. Vielmehr kam es darauf an, dieses altertümliche Element der ländlichen Verfassung gesetzlich zu normieren und ihm Dauer zu verleihen. Die Dorfgemeinde, ihr amtlicher Name war dörfliche Gesellschaft *(selskoe obschtschestwo)*, sollte die kleinste Zelle des Behördenstaates sein, zuständig allein für Untertanen des bäuerlichen Standes. Sie sollte als Auftragsverwaltung mit gewählten Ältesten fortbestehen und außer den alten Aufgaben neue übernehmen, die sich aus der Reform ergaben.

Von elementarer Bedeutung war, dass die Dorfgemeinde Umteilungs- und Feldgemeinschaft blieb, zuständig für den Grund und Boden, der ihr nach der Seelenzahl der bäuerlichen Haushalte überlassen werden sollte – zu ewiger Nutzung, das war obligatorisch und musste durch jährliche Zinszahlungen (*obrok*) an den Gutsbesitzer abgegolten werden. Zulässig war, nach einer bestimmten Frist, auch der Übergang dieses Landes in bäuerliches Eigentum, das allerdings setzte einen in freier Entscheidung geschlossenen Loskaufvertrag mit der Gutsherrschaft voraus. Doch sollte das Bauernland auch dann nicht zu einer beliebig verfügbaren Ware werden. Den Gemeindegenossen wurde das ihnen zustehende Acker- und Wiesenland von der Versammlung der Familienvorstände zugewiesen. Sie waren nicht Privateigentümer, sondern Anteilseigner, die ihre Bodenstücke nicht veräußern durften. Eigentümer im privatrechtlichen Sinn sollte die Gemeinde sein. Sie allein war der rechtsfähige Partner, wenn es um die vertragliche Separation des Bauernlandes vom Herrenlande ging, um die Beurkundung im amtlichen Bodenkataster und den Abschluss von Loskaufverträgen. Und schließlich ging es beim Erwerb des Bauernlandes um die kollektive Haftung für den Schuldendienst, den die Gemeinde in maximal 49 Jahresraten gegenüber dem Fiskus zu erbringen hatte.

Damit ist der dritte Grundsatz schon berührt, der für die neuen Agrargesetze charakteristisch war. Auch künftig sollte die Gemeinde haftbar sein für staatliche Steuern und Abgaben aller Art, auch für die Abgabe von Rekruten und, nach 1874, für die Realisierung der allgemeinen Wehrpflicht. Die Gemeinde, als öffentlichrechtliches Institut gestärkt, mediatisierte wie eh und je die Beziehungen zwischen den bäuerlichen Untertanen und der staatlichen Gewalt. Sie war ein Relikt der alten Zeit, Produkt polizeilichen und fiskalischen Interesses – ein vielsagendes Zeichen dafür, dass die Bauern in Russland auch nach ihrer Befreiung nicht zu vollberechtigten Bürgern wurden, sondern, in ihrer Freizügigkeit gehemmt, am Rande der Gesellschaft blieben.

Bei der Würdigung der Agrargesetze von 1861 darf nicht vergessen werden, dass der Anteil der leibeigenen Bauern an der Gesamtzahl der bäuerlichen Bevölkerung am Vorabend der Reform nur etwa 42 Prozent betrug. Ein fast ebenso großer Teil, etwa 40 Prozent, waren Staatsbauern und unterstanden der unmittelbaren Aufsicht und Kontrolle der regionalen Finanzbehörden. Den Staatsbauern hinzuzurechnen ist die wesentlich kleinere Gruppe der sogenannten Kronbauern, die auf Domänen oder Gütern der kaiserlichen Familie lebten, und schließlich noch eine dritte Kategorie: die sogenannten Hofleute (*dworowye*), leibeigenes Gesinde ohne Land, etwa 1,4 Millionen Seelen. Wie an anderer Stelle schon gesagt, waren wichtige Elemente der Neuordnung, die das Befreiungsgesetz den vordem leibeigenen Menschen brachte, von den Kiseljowschen Reformen der 1840er Jahre für die Staats- und Kronbauern schon vorweg genommen worden. Nach 1861 bot sich die Chance, eine Rechtsvereinheitlichung für die Bauernschaft im Ganzen durchzusetzen. Das geschah durch spezielle Verordnungen, ohne dass es dabei zu nennenswerten Kontroversen kam: für die Kronbauern und die Hofleute 1863, für die Staatsbauern 1866.

Das Modell für diesen Anpassungsvorgang war das umfassende, aus mehr als zwanzig Einzelverordnungen bestehende Gesetzeswerk, das Alexander II. durch ein Manifest verkündet hatte. Kein Zweifel, dass der juristische Sprachstil dieses gewaltigen Kompendiums die Fassungskraft der Bauern bei weitem überstieg. Umso wichtiger war die Rolle, die bei der Transmission des Herrscherwillens auf die Dörfer die Geistlichkeit zu übernehmen hatte. Die Priester wurden angewiesen, die Allerhöchste Botschaft in den Kirchen mehrfach zu verlesen und die gläubige Herde zu ermahnen, sich durch untertänigsten Gehorsam der Gnade des Zaren als würdig zu erweisen.

Aufschlussreicher als die Chronologie der Reformarbeit sind die Methoden, die für die Vorbereitung des Gesetzeswerks bestimmend gewesen waren. Diese Arbeit hatte, wie gesagt, in den Händen der Ministerialbürokratie gelegen – in dem 1857 eingesetzten *Hauptkomitee für Bauernsachen* und in den später errichteten Redaktionskommissionen. Den Vorsitz hatten Würdenträger, die das persönliche Vertrauen des Zaren besaßen. Allen Beteiligten war klar, dass sich Gesetze von solchem Gewicht über die Köpfe des Adels hinweg nicht vorbereiten, geschweige denn durchführen ließen. Doch die Bereitschaft der alten Herrenklasse, an der Abschaffung ihrer Privilegien mitzuwirken, war gering. Daher entschloss sich die Regierung, diesem Defizit durch eine Kombination von Druck und Anreizen abzuhelfen. Dem Landadel sollte das Gefühl vermittelt werden, dass der Zar keineswegs gesonnen sei, den vornehmsten Stand des Reiches bei der Vorbereitung der Gesetze zu übergehen.

Dieser Versuch begann im November 1857 mit kaiserlichen Reskripten, die sich zunächst auf einige, wenig später auf alle Gouvernements bezogen. Den Gouverneuren wurde aufgetragen, den lokalen Adelsgesellschaften zu gestatten, aus ihrer Mitte Spezialkomitees zu wählen und zu ermitteln, wie die Lage der Bauern zu verbessern sei. *Verbesserung*, nicht *Befreiung* hieß die Zielvorgabe. Klar war auch, dass die Regierung von den Adelskomitees keine ins Politische ausschweifenden Memoranden erwartete, sondern statistisch gestützte, auf die jeweilige Region beschränkte Antworten auf vorformulierte Fragen. Die meisten Komitees hielten sich daran. Nur wenige riskierten den Konflikt und nahmen

Allerhöchsten Tadel, oft auch die administrative Verbannung ihrer Stimmführer in Kauf.

Auf diese Weise erhielt die Staatsspitze aus dem ganzen Reichsgebiet gewaltige Mengen statistischen Materials, detaillierte Unterlagen, die unerlässlich waren, um bei der Gesetzgebung regionale Unterschiede und Besonderheiten zu bedenken. Als sie erkannte, dass Unruhe und Argwohn von den Gutsbesitzern nicht weichen wollten, ging sie über die kümmerlichen Partizipationsformen, die die kaiserlichen Reskripte eröffnet hatten, noch einen Schritt hinaus. 1858 wurden aus den rund fünfzig Gouvernements, die es in Russland damals gab, je zwei Adelsdeputierte nach Petersburg geladen. Ein Vorgang, der mancherorts den Anschein nährte, es könne womöglich ein Adelsparlament entstehen und Gelegenheit haben, in freier Diskussion auf die Entscheidungen der Regierung einzuwirken. Aus liberaler Sicht indes handelte es sich um bloße Augenwischerei, und dafür gab es gute Gründe. Rasch kam heraus, dass sich die Deputierten, die in zwei Schüben nach Petersburg befohlen wurden, dort nicht versammeln durften. Die zuständigen Behördenvertreter wollten mit ihnen nicht diskutieren, sondern verlangten Antworten auf konkrete Fragen.

Ziel dieser Anhörungen war herauszufinden, was dem Adel in besonders prekären Bereichen des Reformwerks zuzumuten sei, welche Reaktionen zu erwarten wären, wenn sich die Regierung so oder so entscheide. Deputierten, die versuchten, politische Probleme zu berühren, wurde das Wort sogleich entzogen. Von Partizipation des Adels zu sprechen oder gar davon, dass damals Umrisse einer gesamtrussischen Deputiertenversammlung sichtbar geworden seien, wäre deshalb eine grobe Übertreibung. Die Regierung wollte die Autokratie nicht beschädigen, sondern stärken. Niemand in der Umgebung des Kaisers dachte daran, Russland, mit welchen Zwischenschritten auch immer, auf den Weg einer konstitutionellen Monarchie zu bringen. Kein Wunder also, dass diese Form der Deputiertenberufung dem liberalen Teil des Landadels herbe Enttäuschungen brachte und eingewachsene Vorurteile gegenüber der Bürokratenherrschaft größer werden ließ, als sie ohnedies schon waren. Das konnte nichts Gutes bedeuten in einer Zeit, in der alles darauf ankam, die fortschrittlichen Kräfte nicht zu entmutigen, sondern für die Erneuerung Russlands zu gewinnen.

Der wichtigste Inhalt der Agrargesetze von 1861 kann hier nur in äußerster Verkürzung wiedergegeben werden, konzentriert auf sechs zentrale Punkte. Der erste geht in der Bestimmung auf, die leibeigenen Bauern binnen zweier Jahre persönlich zu befreien, aus ihnen freie Dorfbewohner (*swobodnye selskie obywateli*) zu machen. Aus lebendem Privateigentum adliger Gutsbesitzer sollten rechtsfähige Personen werden, und die Regierung war couragiert genug, vom Adel zu verlangen, dass er auf die Verfügung über seine Leute entschädigungslos verzichtete.

Der zweite Punkt betrifft den Fürsorgegedanken, der mit dem fiskalischen Interesse des Staates eng zusammenging. Es galt sicherzustellen, dass die Bauern unter den neuen Bedingungen lebensfähig blieben und ihren Abgabe- und Steuerpflichten genügen konnten. Daher mussten sie (ob sie wollten oder nicht) ihr Häuschen, ihre *usadba*, mit etwas Gartenland behalten und dafür eine (auch nach bäuerlichen Begriffen geringfügige) Summe zahlen.

Ein dritter Fundamentalsatz des Reformwerks sprach den Bauern im Rahmen der Dorfgemeinde das Anrecht auf ein Bodenstück (*nadel*) zur ewigen Nutzung zu. Ewige Nutzung – das war die Lösung, die es der Staatsgewalt ersparte, privaten Grundbesitz förmlich zu enteignen. Was dem Landadel zugemutet wurde, war allerdings, für einen Teil seines Eigentums die Nutzungsrechte abzugeben – nicht entschädigungslos, sondern gegen Zins- oder Arbeitsleistungen. Für deren Erfüllung hatte die jeweilige Gemeinde solidarisch haftend einzustehen.

Wichtigstes Kriterium für den Umfang des Landes, das den Gemeinden zu überlassen war, blieb die Zahl der männlichen Seelen. Unterschieden wurde außerdem nach Qualität und Ertragfähigkeit der Böden, so dass die Zuteilungsquoten pro Kopf zwischen einer und sieben Desjatinen schwanken konnten. In den fruchtbaren Schwarzerdezonen waren sie ungleich geringer als in den agrarisch wenig ergiebigen Gewerbegebieten, wo Gutsbetriebe in aller Regel unrentabel waren. Im Zug der Landvermessung kam heraus, dass die Bauern durchweg kleinere Bodenstücke erhielten, als sie unter der Leibeigenschaft bearbeitet hatten. Die Minderung konnte zwischen 15 und 30 Prozent betragen. Wenig spricht dafür, dass dieser Verlust aus bäuerlicher Sicht durch die Garantie des Nutzungsrechtes aufgewogen worden wäre. Zu dem Eindruck, übervorteilt worden zu sein, trug bei, dass der Gutsbesitzer frei entscheiden konnte, welche Bodenstücke er den Gemeinden überließ.

Warum der Gesetzgeber nicht großzügiger verfuhr, hatte viele Gründe. Einer der wichtigsten ergab sich aus den ökonomischen Problemen der Gutswirtschaften. Um ihnen billige Arbeitskräfte zu sichern, sollten die Bauern auch weiterhin gezwungen sein, auf den Gütern zu arbeiten oder Adelsland hinzuzupachten.

Die Übergabe von Bodenstücken in bäuerliche Nutzung machte umfangreiche Separationsarbeiten erforderlich. Das erklärt, weshalb der Beruf des Landvermessers in Russland damals expandierte. Gutsland und Bauernland waren in weiten Teilen des Reiches nicht nur ökonomisch, sondern auch topographisch miteinander verflochten. Was bislang Gewohnheit oder Willkür geregelt hatten, das wurde jetzt exakt getrennt und juristischer Überprüfung ausgesetzt. Der Separationsprozess sollte binnen zweier Jahre abgeschlossen und beglaubigt sein – durch privatrechtliche Verträge zwischen Gutsbesitzern und Bauerngemeinden.

Die neue Agrarordnung veränderte auch die ständische Nomenklatur der ländlichen Bevölkerung. Mit dem Befreiungsakt von 1861 wurden die bisher leibeigenen Seelen in den Stand der freien Landbewohner überführt. Wer durch Nutzungsverträge mit Land ausgestattet war, wurde der neuen Untertanenkategorie der zeitweilig verpflichteten Bauern zugeschlagen, denen also, die als Gemeindeglieder zur Zinsleistung an den Eigentümer verpflichtet waren.

Die provinzialen Adelskomitees und ihre nach Petersburg entsandten Deputierten hatten sich dem Vorschlag energisch widersetzt, den Bauerngemeinden zu gestatten, ihr Land nicht nur zu nutzen, sondern es mit Hilfe staatlicher Kredite auch käuflich zu erwerben. Nur zwei von 48 Komitees sprachen sich dafür aus, den Loskauf (*otkup*) obligatorisch zu machen. Diese massive Abwehrfront hatte bewirkt, dass das Gesetz von 1861 Eigentumsübertragungen gegen den Willen des Gutsherrn nicht zuließ. Um der fehlenden Bereitschaft abzuhelfen, bot die Regierung denen Anreize an, die sich entschlossen, auf Loskaufwünsche bäuerlicher Gemeinden einzugehen. Der Erfolg dieser Strategie war größer, als man erwartet hatte. Rascher als gedacht, wurde den meisten Gutsbesitzern klar, dass es töricht wäre, die finanziellen Vorteile nicht zu nutzen, die ihnen der Staat gewährte. 1881, zwanzig Jahre nach der Bauernbefreiung, war es für die Regierung schon kein Wagnis mehr, den Verkauf des noch nicht abgelösten Bauernlandes gesetzlich anzuordnen.

Niemand hatte erwarten dürfen, dass das kapitalarme oder von Kapital gänzlich entleerte Dorf imstande wäre, die Mittel zum Erwerb des Bauernlandes aufzubringen. Dass es dennoch gelang, den Loskauf in Gang zu setzen, war der Entscheidung der Regierung zu danken, 80 Prozent der dafür erforderlichen Summe in Form von Kreditpapieren an die Gutsbesitzer auszuzahlen. Dieses Verfahren bewirkte, dass die Bauern zu Schuldnern des Staates wurden. Die Abzahlungsfrist wurde auf 49 Jahre festgelegt.

Warum die Loskaufoperation für den Adel so attraktiv erschien, lässt sich an regionalen Beispielen verdeutlichen. So waren den Bauern im Moskauer Gouvernement 1861 durchschnittlich vier Desjatinen pro männlicher Seele zur Nutzung zugewiesen worden. Für ein Bodenstück dieser Größe hatten sie dem Gutsbesitzer jährlich zwischen acht bis zwölf Rubel an Zins (*obrok*) zu zahlen. Wenn ein Loskauf vereinbart werden sollte, wurde durch Kapitalisierung des Obrok ein Bodenwert ermittelt, der pro Desjatine 41,4 Rubel betrug und um etwa ein Drittel höher als der tatsächliche Marktpreis lag. Da der Fiskus davon vier Fünftel übernahm und die Bauern das restliche Fünftel aufzubringen hatten, konnte der bisherige Eigentümer beim Vertragsabschluss eine Entschädigung erwarten, die sich bei einem normalen Verkauf niemals hätte erzielen lassen. Für die Bauern dagegen nahm sich die Bilanz ungleich schlechter aus. Für die Loskaufsumme, die sie über 49 Jahre hinweg in Raten zahlen sollten, waren sechs Prozent Zinsen per annum zu entrichten. Das ergab einen Gesamtbetrag, der den Marktpreis von 1861 um das Achtfache überstieg.

Unter diesen Bedingungen war der Loskauf vergleichsweise rasch in Gang gekommen, so dass ihn die Regierung 1881 sogar obligatorisch machen konnte. Damit entstand in Russland eine neue Eigentumskategorie: bäuerliches Gemeindeeigentum, über die Zarenzeit hinaus eines der wichtigsten Merkmale der russischen Agrarverfassung. Der Bauerngemeinde als kollektivem Eigentümer oblag es, den ihr zur Verfügung stehenden Boden nach alterprobten Verfahren an die zugehörigen Familien zu verteilen. Als herkömmliche Maßeinheit für die Zuteilung galt in den Kerngebieten Russlands das *tjaglo*, d.h. ein arbeitsfähiges Paar – ein Verfahren, das den Bauern von jeher Anreiz geboten hatte, Schwiegertöchter schon in möglichst zartem Alter ins Haus zu holen.

Über die Bodenzuteilung hinaus hatte die Dorfgemeinde eine Fülle anderer Funktionen. Auf die drei wichtigsten sei hier noch einmal hingewiesen: 1. Die Dorfgemeinde fungierte als Institut bäuerlicher Selbstverwaltung. Was bisher eine gewohnheitsrechtliche Übung war, war seit 1861 gesetzlich normiert. Wo es die Dorfgemeinde russischen Typs bisher nicht gab, wie etwa in der rechtsufrigen Ukraine, wurde sie obligatorisch eingeführt. 2. Die Bauerngemeinde übernahm polizeiliche und richterliche Funktionen, die bisher der Gutsherr innehatte. 3. Als Umteilungsgemeinde und kollektiver Eigentümer haftete sie nach wie vor für Steuern und Abgaben, für alle Verpflichtungen, die auf der Gesamtheit der Dorfgenossen lagen. Dank dieser Form der Solidarhaftung (*krugowaja poruka*) blieben die einzelnen Bauern an die Gemeinde gebunden. Erst 1902 wurde die Haftungsgemeinschaft abgeschafft und der Bauer auch in diesem Sinne frei.

In der Agrarfrage, die alle anderen Sozialprobleme Russlands überschattete, sind die Loskaufverpflichtungen für die Bauern am drückendsten gewesen. Die Möglichkeiten des Fiskus, Rückstände durch Zwangsmaßnahmen einzutreiben, blieben begrenzt. Erst 1905, als weite Teile des Reiches in Aufruhr waren, wurden den Bauern die verbliebenen Schulden erlassen.

1.3 Dorfgemeinde und Bauernverwaltung

Eines der wichtigsten Ergebnisse der Agrarreform von 1861 war der Ausbau der bäuerlichen Selbstverwaltung, die Institutionalisierung jenes zweistufigen Systems, das in Gestalt der Dorfgemeinden und Amtsbezirke (*wolosti*) den weitaus größten Teil der ländlichen Bevölkerung umfasste. Hinzu kam die Figur des *Friedensmittlers*. Dieser aus dem Adel rekrutierte Mediator sollte dafür sorgen, dass das neue, privatrechtlich geordnete Verhältnis zwischen Gutsherren und Bauern nicht zu unsteuerbaren Konflikten führe. Die Autorität dieses Amtes beruhte auf der weitgehenden Unabhängigkeit von den lokalen Behörden und den eigenen Standesgenossen. Insofern war er eine idealtypische Verkörperung dessen, was damals als Gegenbegriff zur Figur des Beamten (*tschinownik*) galt: das Musterbild eines *obschtschestwennyj dejatel*, dessen Reputation daran hing, kein Bürokrat zu sein, sondern ein Ehrenmann im selbstlosen Dienst für die Gesellschaft und für das einfache Volk.

Staatliche Kontrollinstanzen für Bauernsachen gab es erst auf der Ebene der Gouvernements. Der Staat war schwach in der Provinz und der Welt des Dorfes weit entrückt, noch immer außerstande, das flache Land mit Ämtern und Behörden zu durchdringen. Diese Unterentwicklung wurde umso offensichtlicher, je mehr der Transformationsprozess, den die Reformen angestoßen hatten, an Dynamik gewann und die Steuerungsprobleme ins Ungemessene wuchsen. Stärker als je zuvor war die Regierung deshalb darauf angewiesen, die Untertanen zur Mitwirkung an den öffentlichen Dingen heranzuziehen. Von den Dörfern bis zur Gouvernementsebene hin mussten staatliche Aufgaben an Selbstverwaltungsorgane abgegeben werden, von denen sich nicht sagen ließ, ob sie hinreichend zu kontrollieren wären. Konservative Beobachter waren in großer Sorge, dass die Autokratie in Widerspruch zu ihren eigenen Prinzipien geraten könnte, und für diese Sorge gab es gute Gründe. Blickt man auf die Revolution von 1905 voraus, dann liegt zutage, wie groß der Anteil war, den der Kosmos der Selbstverwaltung an der wachsenden Konfrontation zwischen Staat und Gesellschaft hatte.

Eine der wichtigsten Folgerungen, die die Regierung aus den Zwängen der Reformzeit zog, war die Einführung des *Semstwo*, einer neuartigen Form landschaftlicher Selbstverwaltung, an der nicht nur der Adel, sondern alle Untertanenschaften beteiligt werden sollten. Das dafür erforderliche Gesetz trat am 1. Januar 1864 in Kraft, kurz vor Ablauf jener Zweijahresperiode, in der die Separation des Bauernlandes vom Herrenland besiegelt und die Polizeigewalt der Gutsbesitzer vollends aufgehoben werden sollten.

Die *Semstwo*-Institutionen führten Adel, Bauern und Städter zusammen. Für Russland war dies eine beispiellose Neuerung. Denn, wie an anderer Stelle gezeigt, waren die einzelnen Stände (*soslowija*) bislang in allen wesentlichen Bereichen scharf voneinander geschieden. Sie hatten keine Möglichkeit gehabt, sich über Ständegrenzen hinweg als *Gesellschaft* im modernen Sinne zu erfahren. Im Rahmen des *Semstwo* konnte dies nun zum ersten Mal geschehen. Was im Lauf der Zeit zum Vorschein kam, war freilich noch nicht viel, war eine *Zivilgesellschaft* im Larvenstadium, die es schwer hatte im autokratischen Staat, sich in leidlicher Freiheit zu entfalten.

Über die Frage, welche Gestalt das *Semstwo* erhalten sollte, war seit Ende der fünfziger Jahre anhaltend beraten worden. Als klar wurde, dass die Bauernbefreiung unabwendbar sei, hatte sich die Ministerialbürokratie bemüht herauszufinden, wie der institutionellen Unterversorgung des imperialen Herrschaftsraumes abzuhelfen wäre. Die überragende Figur war Nikolaj Miljutin, ein Speranski auf dem Niveau der neuen Zeit. Sein Bruder Dmitrij vertrat als Kriegsminister die Belange der Armee. Der Gedanke, die provinzialen Angelegenheiten durchweg lokalen Staatsbehörden anzuvertrauen, war in den Debatten rasch verworfen worden, schon deshalb, weil sich der Mangel an qualifizierten Leuten im Beamtenapparat kurzfristig nicht beheben ließ. Das russische Universitätswesen, in Sonderheit die juristischen Fakultäten, begannen gerade erst zu expandieren. So gingen Jahre ins Land, bis ein Reservoir akademisch gebildeter Staatsdiener verfügbar war, das dem wachsenden Bedarf leidlich entsprechen konnte.

1862, ein Jahr nach der Bauernbefreiung, entschloss sich die Regierung, mit einer Polizeireform auf lokaler Ebene zu beginnen. Wie bisher sollte als Vertreter der Staatgewalt im Kreisgebiet ein Polizeihauptmann (*semskij isprawnik*) amtieren, doch gemessen an dem, was vorher war (in Fortsetzung dessen, was Katharina II. geschaffen hatte), wurden diesem Amt nun andere Konturen gegeben. Der Polizeibegriff des 18. Jahrhunderts (*polizija, blagotschinie*) war auf alle Bereiche staatlicher Tätigkeit bezogen worden, so dass *gute Policey* das *gemeine Beste* und die *Glückseligkeit* der Bürger besorgen sollte. Dieser umfassende Anspruch wurde jetzt zurückgenommen. Das Gesetz von 1862 beschränkte die Polizei darauf, die öffentliche Ruhe und Ordnung zu sichern und Hilfsorgan der Justiz zu sein, deren Neuordnung nach liberalen Grundsätzen damals in Vorbereitung war.

Der Polizeihauptmann blieb der einzige Repräsentant der Staatsautorität im Kreisgebiet. Er verfügte über einige Kanzleischreiber und eine Handvoll Gendarmen. Mit einer so dürftigen Ausstattung war es unmöglich, das flache Land pazifiziert zu halten. Wenn es zu Unruhen kam, musste Militär angefordert werden. Bis die Truppen an Ort und Stelle waren, konnten zwei oder drei Wochen vergehen. Dann geschah, was in solchen Fällen gang und gäbe war. Die Aufrührer wurden arretiert und die männliche Bevölkerung den üblichen Prügelstrafen unterworfen. War die Ruhe wiederhergestellt, kehrten die Soldaten in ihre Quartiere zurück.

Außerhalb der Kreisstädte waren die Polizeifunktionen vom landsässigen Adel wahrgenommen worden; die Modalitäten, die seit Katharina II. dafür galten, sind in den entsprechenden Kapiteln nachzulesen. Als die Gutsbesitzer 1861 ihre traditionelle Herrschaftsposition verloren, taugten sie dafür nicht mehr. Das war der Tatbestand, aus dem das *Semstwo* seine Legitimation bezog. Was dem Adel in der lokalen Sphäre bisher überlassen war, das sollte in erweiterter Form jetzt vom *allständischen Semstwo* übernommen werden: Verantwortung für die lokale Ökonomie, für Wege und Straßen, Steuern und Provinzialabgaben, Vorratshaltung für Hungersnöte, Seuchenbekämpfung und Brandschutz, Hilfe bei Naturkatastrophen, Zuständigkeit für soziale Fürsorge, für den Betrieb von Schulen, Krankenhäusern, Altersheimen, Waisenhäusern und dergleichen.

Die *Semstwo*-Institutionen wurden, wie die Adelsgesellschaften, auf Kreis- und Gouvernementsebene eingerichtet. Aus politischen Gründen geschah dies nicht im gesamten Reichsgebiet, sondern zunächst nur in dreiunddreißig Gouvernements, nur dort, wo die Hegemonie des russisch-orthodoxen Adels auf dem Lande außer Frage stand. Dass die sogenannten Westgebiete ausgeschlossen blieben, war nicht verwunderlich. Denn das *Semstwo*-Gesetz trat in Kraft, als es der Regierung unter dem Eindruck des polnischen Aufstands darum ging, die Bauern Kongresspolens von der Gutsherrschaft zu befreien, um der aufsässigen Szlachta das Genick zu brechen.

Zur Grundausstattung des *Semstwo* in den Kreis- und Gouvernementsstädten gehörte eine Versammlung (*Semskoe sobranie*), deren Mitglieder in dreijährigem Turnus gewählt werden sollten. Die Deputierten hießen *glasnye*, und der Begriff der *Glasnost* kommt von dort. Zur Erledigung der laufenden Geschäfte gab es jeweils ein *Semstwo*-Amt (*Semskaja uprava*), das mit einem Vorsitzenden, einigen Beisitzern und Schreibern ausgestattet war. Es versteht sich, dass der Gesetzgeber über die soziale Zusammensetzung und die Kompetenzen der *Semstwo*-Organe genaue Verfügungen getroffen hatte. Niemand hatte daran gedacht, zur Ermittlung der Deputierten das allgemeine und gleiche (Männer-)Wahlrecht vorzusehen. Nach den Maßstäben der Zeit und der tatsächlichen Gegebenheiten kam allein ein Kurienwahlrecht in Betracht.

Die *Erste Kurie* war für den Adel bestimmt, wenn auch nicht für ihn allein. Der Gesetzestext sprach nicht von Edelleuten, sondern von *privaten Landeigentümern*, die Standeszugehörigkeit wurde nicht berührt. Kein Zweifel, dass diese semantische Unterscheidung ein Spiegel der Gesinnung war, von der sich die Reformer leiten ließen. An die Stelle des Geburtsstands trat der Besitzstand, der Vermögensstand im liberalen Sinn. Maßgebend für die Zurechnung war das Eigentum, und dabei wusste man sehr gut, dass in dieser Hinsicht auf dem flachen Land auch künftig der Adel dominieren werde. Um in die erste Kurie zu gelangen, war ein Landbesitz von mindestens 200 Desjatinen nachzuweisen. Gleiches galt für die, die Immobilien anderer Art im Wert von 15000 Rubel oder einen Jahresumsatz von 6000 Rubel geltend machen konnten. Wer diese Bedingungen nicht erfüllte, konnte sich mit anderen zu einer vollen Zensuseinheit zusammentun, um das Recht auf eine kollektive Stimme zu erhalten.

Die *Zweite Kurie* war für den begüterten Teil der Stadtbevölkerung gedacht, für Kaufleute mit einem jährlichen Kapitalumsatz von mindestens 6000 Rubel oder Immobilien im Wert zwischen 500 und 3000 Rubel, gestaffelt je nach Größe der Stadt. Aus dieser Bestimmung ergab sich, dass die Masse der Stadtbewohner von der Mitwirkung am *Semstwo* ausgeschlossen blieb.

Die *Dritte Kurie* war den Dorfgemeinden vorbehalten und *per definitionem* ständisch-exklusiv. An einen Besitzzensus war sie nicht gebunden. Die Wahl der Deputierten fand auf Wahlmännerversammlungen in den bäuerlichen Amtsbezirken statt, sodass die Selbstverwaltungsordnung, die 1861 verbindlich geworden war, zu den strukturellen Voraussetzungen des allständischen *Semstwo* gehörte. Den Wahlmännern stand es frei, anstelle eines Bauern auch einen Geistlichen oder Landbesitzer zu entsenden. Dem Quotierungsschlüssel der Wahlordnung war zu entnehmen, dass auf einen Kreisdeputierten der Dritten Kurie im Schnitt etwa 300 Bauernfamilien kamen.

1865 sollte die erste Dreijahresperiode des *Semstwo* beginnen. Zur Vorbereitung der Wahlen blieb also wenig Zeit. Doch das Experiment gelang. Binnen kurzem ließen sich Millionen Untertanen dazu bewegen mitzutun, ohne dass es zu nennenswerten Störungen gekommen wäre. Die Wahlergebnisse bestätigten, was die Gesetzeskonstrukteure beabsichtigt hatten. Von der ersten Kurie, den privaten Landeigentümern, wurde knapp die Hälfte (47 Prozent) aller *Semstwo*-Abgeordneten gestellt, drei Viertel davon waren Edelleute. Dieser Mittelwert, der sich auf alle mit *Semstwo*-Institutionen ausgestatteten Gouvernements bezieht, besagt im Einzelnen nicht viel, weil der private Landbesitz regional höchst unterschiedlich verbreitet war. Dennoch ist unbestritten, dass die privaten, überwiegend adligen Landeigentümer fast überall die dominierende Gruppe stellten.

Kaum geringer (zwischen 40 und 45 Prozent) war der Anteil derer, die aus der Bauernkurie in die *Semstwo*-Gremien kamen, doch diese quantitative Balance gegenüber den Gutsbesitzern war für die Machtverhältnisse von geringem Belang. Das enorme Kulturgefälle zwischen der alten Herrenschicht und den eben erst freigewordenen Bauern ließ sich nicht überbrücken, sodass die Hegemonie der Erstgenannten nicht in Frage stand.

Aus der zweiten Kurie stammten zehn bis zwölf Prozent der Delegierten. Wäre das *Semstwo* parlamentarisch verfasst gewesen, hätten die städtischen Vertreter womöglich als Zünglein an der Waage agieren können. Doch so standen die Dinge nicht. Das relative Gleichgewicht, von dem die Rede war, wirkte sich allenfalls auf Kreisebene aus. Auf der Gouvernementsebene herrschten in den *Semstwo*-Organen ganz andere Relationen. Hier saßen Deputierte, die aus der Mitte der Kreisversammlungen entsandt worden waren: fast drei Viertel davon Edelleute oder Beamte aus der ersten Kurie. Anders als die Delegierten der zweiten Kurie, die ihren Anteil auch im Gouvernements-*Semstwo* halten konnten, sank die Bauernvertretung so stark herab, dass das dörfliche Russland nur ein Zehntel der Plätze besetzen konnte. Als Grundregel gilt, dass das bäuerliche Element umso schwächer wurde, je weiter die allständische Selbstverwaltung sich vom Dorf entfernte. Bezeichnend dafür blieb, dass in den *Semstwo*-Ämtern, den *uprawy*, in denen der Adelsmarschall mit zwei oder drei besoldeten Mitarbeitern die Geschäfte führte, Bauern in der Regel nicht zu finden waren.

Das Netz der neuen Selbstverwaltungsorgane, das parallel zu den regionalen Institutionen des Behördenstaates eingerichtet wurde, führte zu einer asymmetrischen Koexistenz. Spannungen und Konflikte waren unvermeidlich. Die Behörden dachten nicht daran, Macht und Kompetenzen abzugeben. Sie betrachteten die *Semstwo*-Organe als subordinierte Anhängsel, die genau fixierte Pflichten zu erfüllen hätten. Die *Semzy* dagegen verstanden sich in aller Regel als Sachwalter allständischer Interessen. Sie pflegten ihr Selbstbewusstsein aus der Überzeugung zu ziehen, dass sie als Kontrahenten der Bürokratie dazu berufen seien, den legitimen Bedürfnissen der *Semstwo*-Gesellschaft Geltung zu verschaffen.

Die Tätigkeit des *Semstwo* sollte sich auf soziale und wirtschaftliche Angelegenheiten beschränken. Politische Erörterungen, gar solche, die den lokalen Rahmen überschritten, waren untersagt. Gleiches galt für Versuche, mit *Semstwo*-Organen anderer Gouvernements zu kooperieren oder gar gesamtstaatliche Verbindungen anzustreben.

Trotz aller Einengung und Kontrolle war das Aufgabenfeld, das die Selbstverwaltung auszufüllen hatte, nicht klein. Es umfasste die Verantwortung für die lokale Ökonomie, für Sozialfürsorge, Schulbildung, Gesundheitswesen und andere, ähnlich vernachlässigte Bereiche alltäglichen Lebens. Das Vorhaben, die ländlichen Verhältnisse aus ihrer Armseligkeit herauszuführen, konnte leicht über die eigenen Kräfte gehen. Gefordert waren Eigeninitiative, Hartnäckigkeit und Organisationstalent, von finanziellen Mitteln ganz zu schweigen. So wuchs im *Semstwo* mit der Zeit ein beträchtlicher Apparat heran, in dem nicht selten die bürokratischen Verfahrensmuster des Behördenstaates wiederkehrten. Jedenfalls begann ein Heer besoldeter Angestellter über weite Teile des Reichsgebietes hin im Dienst der *Semstwo*-Gesellschaft zu wirken: als Lehrer, Ärzte, Agronomen, Techniker, Ingenieure und so dergleichen. 1905 standen bei den Selbstverwaltungsorganen etwa 500.000 Menschen in Lohn und Brot, kaum weniger als die Zahl der Rangklassenbeamten, die in staatlichen Ämtern und Kanzleien saßen.

So lässt sich auch die Professionalisierungsgeschichte der meisten modernen Berufe in Russland ohne Rekurs auf das *Semstwo* und seine Tätigkeit nicht schreiben. Das gilt nicht zuletzt für den medizinischen und pädagogischen Bereich, wo auch Frauen, akademisch gebildete Ärztinnen und Lehrerinnen, unterkamen. Hier, im Milieu der *Semstwo*-Angestellten, entstand eine Intelligenzija eigener Art. Diese stach weit ab von überkommenen Klischees, die den Intelligenzbegriff mit dem freischwebenden, wurzellosen, auf Umsturz sinnenden *Nihilisten* zu verbinden suchten.

Der Zustrom fachlich geschulten, mit Bildungspatenten versehenen Personals hat der politischen Orientierung der *Semstwo*-Gesellschaft demokratische Züge mitgeteilt, die sich von den liberalkonservativen Auffassungen adliger Honoratioren deutlich unterschieden. Der wachsende Einfluss dieses dritten Elements hat den russischen Liberalismus über die honetten Formen der alten Gesellschaft hinausgetrieben und ihn für radikales Denken anfällig werden lassen, für eine Konfrontation mit dem autokratischen Regime, die keine Kompromisse kannte. So besehen, liegt es nahe, zwei Formen des *Semstwo*-Liberalismus voneinander abzuheben: eine vom Landadel bestimmte Richtung, die an ihrer Loyalität gegenüber dem Zaren nicht zweifeln mochte, und eine von der berufsständischen Intelligenz getragene Richtung, die ihre Arbeit im *Semstwo* als Hebel begriff, um einschneidende politische Veränderungen durchzusetzen. Es versteht sich, dass der Hinweis auf diese beiden Flügel nur eine vergröbernde Orientierung über die Binnenwelt der sich selbst verwaltenden Gesellschaft vermitteln kann. Gleichwohl kehrte dieses Modell 1905 auf dem Höhepunkt des revolutionären Aufruhrs im Gegeneinander zweier politischer Parteien wieder, die nach dem Oktobermanifest des Kaisers aus der Illegalität hervorgetreten waren: die eine, die liberalkonservative *Union des 17. Oktober* (die sogenannten *Oktobristen*) versprach, auf der Grundlage der Allerhöchsten Zusagen zu loyaler Mitarbeit bereit zu sein, die andere, die *Partei der Volksfreiheit* (auch: *Partei der Konstitutionellen Demokraten*), verlangte nach einer parlamentarischen Verfassung, die von der Autokratie nichts übrig gelassen hätte.

2 Sozialstruktur und Industrialisierung

2.1 Gesellschaft im Übergang: Adel und Semstwo-Gesellschaft

Wie gezeigt, hatte die Neuregelung der ländlichen Verhältnisse in die Sozialverfassung des Landes nachhaltig eingegriffen – mit fortwirkenden Folgen nicht nur für die Lebenswelt der bäuerlichen Bevölkerung, sondern auch der anderen Stände, des landbesitzenden Adels vor allem. Mit dem *Semstwo* wurden die Umrisse einer *allständischen* Gesellschaft erkennbar. In den Institutionen der landschaftlichen Selbstverwaltung wirkten gewählte Vertreter aus allen Bevölkerungsschichten zusammen – unterschieden nicht mehr nach dem Geburtsstand, sondern nach Kriterien des Berufs, des Eigentums und der Klassenlage. Als Stand für sich trat der Adel im *Semstwo* nur noch in der Figur des Adelsmarschalls auf, der die Kreis- bzw. Gouvernementsversammlungen und die dazugehörigen Kanzleien zu leiten hatte. Im Übrigen wurde der Landadel der Kategorie der privaten Grundeigentümer zugeordnet, denn nun waren die Gutsbesitzer nicht mehr Inhaber von Herrschaftsrechten, sondern Landwirte oder Agrarier, mit der bäuerlichen Welt zwar ökonomisch verflochten, doch in rechtlicher Hinsicht deutlich abgesetzt.

Auch in der Stadt zählte bei der Zuteilung bürgerlicher Rechte (etwa des passiven und aktiven Wahlrechts für die kommunalen Institutionen) nicht mehr die Zugehörigkeit zum Kaufmannstand oder zur Kleinbürgerschaft (*meschtschanstwo*); was zählte, war der Nachweis von Kapitalvermögen oder Eigentum auf städtischem Grund. Seit 1870, dem Jahr der Stadtreform, gehörten selbst Edelleute, die den städtischen Zensus erfüllten, der stadtbürgerlichen Gemeinde an – ein Zeichen für die schwindende Bedeutung der alten Standesgrenzen, für die Erosion jener Grundkategorien, die bis zum Ende der Leibeigenschaft für die Sozialverfassung in Russland bestimmend gewesen waren. Allein die bäuerliche Bevölkerung blieb Sonderbedingungen unterworfen, die das ständische Prinzip vormodernen Typs bestehen ließen. Der markanteste Ausdruck dafür war die Bindung der Bauern an die Dorfgemeinde und an die gesonderte Gerichtsbarkeit, die durch die Befreiungsgesetze von 1861 eingerichtet worden war.

Wie man sieht, waren im Reformwerk der sechziger Jahre traditionale und moderne Organisationsmuster miteinander verquickt, so dass die Transformation der russischen Sozialverfassung mit schwer auflösbaren Widersprüchen belastet blieb. Das galt auch für die neue Justizverfassung, die am 20. November 1864 Gesetzeskraft erhielt. Der Umbau des alten Gerichtswesens hatte sich mit einiger

Logik aus den Veränderungen ergeben, die durch die Bauernbefreiung angestoßen worden waren. Neben den Agrargesetzen und den *Semstwo*-Verordnungen wurde damit eine dritte Säule des Reformwerks gebaut, mit dem die Regierung Alexanders II. Russland zu verändern begonnen hatte.[116]

Die neue Gerichtsverfassung war nach westlichen Vorbildern geschnitten und folgte vor allem Rechtskategorien französischer und deutscher Provenienz. Eines ihrer leitenden Prinzipien war die Unabhängigkeit der Justiz von der staatlichen Verwaltung. Diese Form der Gewaltenteilung hätte den *Geist der Gesetze* in Russland schon seit Katharinas Zeiten bestimmen sollen, wenn sie von der Rhetorik der hohen Frau nicht aufgesogen worden wäre. Erst jetzt, 1864, wurde das Gerichtswesen von administrativer Aufsicht frei und der Polizeigewalt der Gouverneure entzogen. Anders als bisher sollten die neuen Gerichtsstätten für alle Untertanen, gleich welchen Standes, zuständig sein. Nur für Alltagsstreitigkeiten und kleine Vergehen im bäuerlichen Milieu wurde, als Ersatz für die gutsherrliche Gewalt, eine gesonderte, mit der Gemeinde- und *wolost*-Verfassung verbundene Gerichtsbarkeit geschaffen. Erst wenn ein Bauer mit einem Menschen nichtbäuerlichen Standes in Konflikt geriet, kam er vor die allgemeinen Gerichte.

Unbestreitbar ist, dass die Unabhängigkeit der Richter, die das Gesetz garantierte, mehr als eine bloße Phrase war. An Beispielen, die zeigen, dass die Rechtsprechung unter der neuen Gerichtsverfassung auf die Interessen der Autokratie und der Bürokratie wenig Rücksicht nahm, herrscht kein Mangel. Was dem Polizeistaat blieb, um das Staatsinteresse dennoch durchzusetzen, war die Möglichkeit, in politisch besonders anstößigen Fällen sich der administrativen Justiz zu bedienen. Einer der berühmtesten Anlässe, dies zu tun, war der Fall der Wera Sassulitsch. Die junge Frau war 1878 beim Petersburger Stadtpolizeihauptmann in der Sprechstunde erschienen, um ihm durch einen Pistolenschuss heimzuzahlen, dass er einen Studenten hatte prügeln lassen. Vor einem ordentlichen Gericht war sie freigesprochen worden und war dem Zugriff der Polizeiorgane durch die Flucht ins Ausland entkommen.

Die Verbannungsstrafe für politische Straftäter war eine der gebräuchlichsten Methoden, mit denen der autokratische Staat die Widersprüche zu lindern suchte, die er durch die liberale Justizordnung selbst geschaffen hatte. In der Regel war das Schicksal der administrativ Verschickten alles andere als angenehm, doch mit den barbarischen Verhältnissen früherer Zeiten nicht zu vergleichen. Lenin zum Beispiel, 1895 nach Ostsibirien verbannt, konnte dort mit regulärer Post die *Frankfurter Zeitung* beziehen, auch die *Neue Zeit*, das theoretische Organ der deutschen Sozialdemokratie, und die damals maßgebenden sozialwissenschaftlichen Zeitschriften.

Wichtig im Blick auf die weitere Entwicklung war, dass sich seit der Justizreform der neue Stand des Rechtsanwalts entwickeln konnte, den es in Russland bis dahin nicht gegeben hatte: der Advokatenstand als freier akademischer Beruf. Bisher waren alle Gerichtsverfahren einer Prozessordnung gefolgt, bei der allein nach Aktenlage entschieden wurde. Jetzt war die mündliche Verhandlung vorgeschrieben und der Prozess grundsätzlich öffentlich zu führen.

Zwei weitere Kernstücke der Justizreform sind noch zu nennen: Zum ersten das Institut des *Friedensrichters*, den die *Semstwo*-Versammlungen auf Kreisebene aus den Reihen des Adels zu wählen hatten. Damit wurde die niedere Gerichtsbarkeit in Straf- und Zivilsachen mit der allständischen Selbstverwaltung verklammert. Das neue Wahlamt war nicht nur an Grundbesitz, sondern auch an einen Bildungszensus gebunden: Gefordert war der Abschluss einer höheren Lehranstalt; ein Jurastudium zu verlangen, wäre ganz illusorisch gewesen. Der Friedensrichter durfte kleinere Strafen verhängen: bei Vergehen bis zu drei Tagen Arrest und fünfzehn Rubel, im Zivilprozess standen ihm Entscheidungen bis zu einem Streitwert von 500 Rubel zu. Im Übrigen hatte er unbeschränkte Vollmachten, um als Schiedsinstanz in Streitfällen eine gütliche Regelung herbeizuführen. Zehn Jahre nach Einführung der neuen Justizverfassung wurden den Friedensrichtern auch die Aufgaben übertragen, die im Zug der Bauernbefreiung von den sogenannten Friedensmittlern, den *posredniki*, wahrgenommen worden waren.

Politisch brisanter war die Einrichtung der sogenannten Geschworenengerichte. Auch hier entstand ein Institut, das den beruflich ausgebildeten Richter nicht voraussetzte. Wie die Friedensrichter wurden auch die Geschworenen von den *Semstwo*-Versammlungen ausgewählt. Als wählbar galten Männer jeglichen Standes, soweit sie im Kreisgebiet ansässig waren. Sie durften nicht jünger als zwanzig und älter als siebzig Jahre sein. Einen Besitz- oder Bildungszensus gab es nicht. Für die einzelnen Kreise waren pro Jahr zwischen 200 und 400 Personen namhaft zu machen, die den Gerichten als Geschworene zur Verfügung stehen sollten. Damit entstand ein bürgerlicher, auch die Bauern umfassender Ehrendienst, wie es ihn in Russland bisher noch nicht gegeben hatte. Wie die Statistik ausweist, wurden im gesamten Reichsgebiet in den siebziger Jahren etwa 100.000 Menschen für diese richterlichen Aufgaben erfasst.

Außer Frage steht, dass die neue Art der Verknüpfung von Staat und Gesellschaft, die in den *Semstwo*-Organen und im Gerichtswesen sichtbar wurde, modernen Denkmustern folgte. Hier wurde nicht mehr polizeistaatlich gedacht. Vielmehr wurde der Untertan als Citoyen begriffen, auch wenn er in der Realität des Landes vorerst nur ein Staatsbürger im embryonalen Stadium war. Was in Gang kam, war eine schleppende Entwicklung, die bis zum Ersten Weltkrieg bei weitem noch nicht abgeschlossen werden konnte.

Leichtfertig wäre, die dysfunktionalen Elemente der neuen Einrichtungen zu übersehen. Die Partizipationsformen, die der (männlichen) Bevölkerung eröffnet worden waren, standen den Prinzipien der Autokratie und der Praxis bürokratischer Apparate klar entgegen. Auch das enorme kulturelle Gefälle zwischen oben und unten, das für Russland charakteristisch war, hat sich durch allständische Institutionen und liberale Normen westlicher Provenienz nicht aufheben lassen. Insofern griffen die Reformen unter der Regierung Alexanders II. den tatsächlichen Gegebenheiten weit voraus.

Der Transformationsprozess, der in den 1860er Jahren angestoßen wurde, gehört zu den sozialgeschichtlichen Voraussetzungen der russischen Revolutionsgeschichte. Schon deshalb ist im Folgenden auf die Probleme der Sozialstruktur und der Gesellschaftsverfassung näher einzugehen – zunächst mit einigen Bemerkungen zur veränderten Lage, in der sich der Adel nach 1861 befand und zu den Entwicklungstrends, die im Milieu der alten Herrenklasse sichtbar wurden.

Wie berichtet, war die hoheitliche Stellung des gutsbesitzenden Adels zwei Jahre nach Aufhebung der Leibeigenschaft vollends dahin. Der *pomeschtschik* hatte keine Gewalt mehr über seine Leute, auch lebende (oder tote) Seelen besaß er seitdem nicht mehr. Wer sich umzustellen verstand auf eine Gutswirtschaft mit Lohnarbeit, weil es unbezahlte Arbeit nicht länger gab, der wurde zum Agrarier, zum landwirtschaftlichen Unternehmer und war der Konkurrenz des Marktes ausgesetzt. Als kapitalistisch agierender Landwirt vertrat er nicht mehr adelsständische, sondern agrarische Interessen, wie dies in Deutschland der 1891 gegründete *Bund der Landwirte* in großem Stile tat. Die Semantik dieser Interessenvertretung war auf Wehklagen und dramatisierende Prognosen eingestimmt. Die Landwirtschaft, so der Kammerton, gehe dem Ruin entgegen, der Grundbesitz sei fortgehender Verarmung ausgesetzt, die Monarchie verliere damit ihre sicherste soziale Stütze.

In der Tat muss man sehen, dass der adlige Grundbesitz nach 1861 beträchtlich schrumpfte. Zwischen 1860 und 1905, also in 45 Jahren, ging er um etwa 40 Prozent zurück. Das heißt, in Zahlen ausgedrückt: 1860 waren noch rund 87 Millionen Desjatinen in adliger Hand, 1905 nur noch rund 50 Millionen. Man muss bei alledem berücksichtigen, dass auch diejenigen, die ihre Güter auf kapitalistische Wirtschaftsweisen umzustellen versuchten, an den Problemen der Gutsökonomie nur selten mehr als beiläufiges Interesse hatten. Zwar war dieses Interesse auf Ertragssteigerung gerichtet, doch die Gewinne wurden in aller Regel nicht reinvestiert, sondern zu einem erheblichen Teil verbraucht, auch in deutschen Bädern und Spielcasinos.

Wichtig ist, dass der Landwirtschaft kein Kapital von privater Seite zufloss, das erheblich gewesen wäre und zu deren Modernisierung nachhaltig beigetragen hätte. Wer sein Kapital nicht verbrauchte, legte es in hohen Anteilen im Ausland an. So ging die russische Agrargeschichte mit Kapitalflucht zusammen, mit dem

Abzug des Kapitals, weil es unter den Gutsbesitzern keine positive oder optimistische Einstellung gab gegenüber dem, was Russlands Zukunft sei. In den Zusammenhang fortwirkender Hindernisse gehört, dass landwirtschaftliche Bildungsstätten, Fachschulen und Fakultäten, erst entwickelt werden mussten, um ein professionalisiertes agrarisches Unternehmertum in Russland großzuziehen. Hinzu kam die starke Besitzdifferenzierung, die für die adlige Gutswirtschaft charakteristisch blieb. Anfang der 90er Jahre konnten über 60 Prozent der Landbesitzer von ihren Gütern allein nicht leben, das heißt, dass ein erheblicher Teil von ihnen nach wie vor in den Staatsdienst ging. Nur 8,4 Prozent der adligen Gutsbesitzer besaßen Latifundien über 1000 Desjatinen, 71 Prozent des privaten Landeigentums verblieb in den Händen einer Minderheit, die über erhebliche ökonomische Macht verfügte.

Als Zwischenbilanz ist festzuhalten: Landbesitz wird nicht allein durch den Adel definiert, es treten Landbesitzer aus städtischen Klassen hinzu, und auch im bäuerlichen Milieu entsteht neben dem Gemeindeeigentum allmählich privates Eigentum. Aus der Statistik seien dazu nur zwei Zahlen genannt. Zum Zeitpunkt der Reform waren 80 Prozent der erblichen Adligen Gutsbesitzer, ein erheblicher Teil von ihnen stand im staatlichen Dienst. 1905 waren dies nur noch 55 Prozent, d. h. wenig mehr als die Hälfte des Erbadels hatte noch Verbindungen zum Land, hatte persönliches Interesse an der Meliorisierung der Gutswirtschaft.

Trotz des Verbots politischer Parteien wurden die Großagrarier faktisch doch zu einer Art Interessenpartei, bildeten eine einflussreiche Klientel, die ihre Belange gegenüber der Bürokratie vertreten konnte, nicht zuletzt gegenüber dem Finanzminister. Erfolge in dieser Richtung waren jedoch alles andere als sicher. Denn die Industrialisierung, wie gesondert zu zeigen sein wird, hatte inzwischen Priorität gewonnen. Unter den Agrariern wuchs das Gefühl der Benachteiligung in einem Maße, das nach einem Interessenausgleich verlangte. Doch anders als im deutschen Kaiserreich, wo es unter Bismarck – vermittelt durch den Schutzzoll seit 1879 – zu einer Konkordanz zwischen industriellen und großagrarischen Interessen kam, klafften diese Interessen in Russland auseinander und trugen in das politische System permanente Spannungen hinein.

Wie reagierte die Regierung? Wie reagierte der Zar? Den Machthabern war klar, dass die Autokratie auch in Zukunft die moralische und politische Unterstützung durch den Adel nicht entbehren konnte. Ein Wirtschaftsbürgertum, das diese Funktion hätte übernehmen können, war nicht zur Hand. So gab es für die Autokratie keine andere Alternative als die zu versuchen, auch unter den neuen Bedingungen Interessensolidarität zu stiften und die Wunden des Adels zu balsamieren. Das geschah nach der Ermordung Alexanders II., dessen Sohn und Nachfolger, Alexander III. alles tat, um die Erosion der sozialen Fundamente, auf denen die Stabilität der Autokratie beruhte, aufzuhalten und, wenn möglich, rückgängig zu machen.

Dieser Sachlage entsprach es, dass die Regierung Maßnahmen ergriff, die den Adel beruhigen sollten, damit er auch künftig der obersten Gewalt loyal verbunden bleibe. Diese Tendenz hat sich in einer Reihe von Gesetzen ausgesprochen, die in der liberalen russischen Geschichtsschreibung, vor allem aber in der sowjetischen, den Begriff der *Konterreform* auf sich gezogen haben.

Ein erstes Beispiel zur Stärkung des adligen Elements brachte 1889 die Einsetzung von Landeshauptleuten, von Beamten, die aus dem ortsansässigen Adel gezogen, vom Gouverneur zu nominieren und vom Innenminister zu ernennen waren. Diesen sogenannten *Semskie natschalniki*, einer neuen Polizeifigur, sollte die Kontrolle und Aufsicht über die lokale bäuerliche Welt übertragen werden, Aufgaben, die bisher einem vom *Semstwo* gewählten Edelmann zugewiesen waren. Diese Einschränkung der Selbstverwaltung sollte das Polizeiregiment verstärken und Ruhe und Ordnung auf dem Lande sichern.

Ein zweites Beispiel, das diese Zielsetzung belegt, war ein Wahlgesetz von 1890, das die Zusammensetzung der *Semstwo*-Institutionen zu Gunsten des Adels veränderte. Aus der ersten Kurie, der Vertretung des privaten Landeigentums, wurden jetzt alle nichtadligen Landbesitzer ausgeschlossen, so dass sie allein dem Adel vorbehalten blieb. Wieder war das ein Schritt zurück, der liquidierte, was 1864 gewagt worden war. Die Obrigkeit hatte Angst vor der Courage ihrer Väter, der Anteil des Adels in den *Semstwo*-Einrichtungen wurde beträchtlich erhöht. Hatte es bisher auf Kreisebene mit je etwa 40 Prozent ein ungefähres Gleichgewicht zwischen Bauern- und Adelsvertretern gegeben, so wurde das bäuerliche Element nun auf etwa 10 Prozent zurückgedrängt.

Das dritte Beispiel bezieht sich auf die Stärkung der adelsständischen Selbstverwaltung, die Katharina II. auf Kreis- und Gouvernementsebene in Gestalt der Adelsgesellschaft (*dworjanskoe obschtschestwo*) mit dem Adelsmarschall an der Spitze eingerichtet hatte. Seit der Schaffung des allständischen *Semstwo* waren diese exklusiven Institutionen in Gefahr geraten, marginalisiert zu werden. Die Stärkung, die der Adel nun erfuhr, konzentrierte sich auf symbolische Akte, die das Sozialprestige des vornehmsten Standes heben sollten: durch das Recht, Familienwappen zu führen, durch eine Fülle neuer Orden und Titel, durch das Gewicht, das der standesgemäßen Anrede der Edelleute gegeben wurde.

Im Ganzen waren das Versuche, die die Entfaltung moderner Gesellschaft zwar verlangsamt und erschwert, aber doch nicht aufgehalten haben. Im Staatsdienst selber ist zu sehen, dass die Veränderungen ihre Wirkung taten. Obwohl das Regime darauf sah, dass für den Adel einige exklusive höhere Schulen erhalten blieben, das berühmte Lyzeum von Zarskoe Selo, das Pagenkorps, das Kadettenkorps und dergleichen, ließ sich nicht ungeschehen machen, dass die obersten Ränge der russischen Bürokratie nicht mehr mit dem Landbesitz verbunden waren. Nur etwa 30 Prozent der oberen vier Rangklassen hatten nach der Jahrhundertwende überhaupt noch Eigentum an Land, das heißt viele hohe Würdenträger, die den Kurs der Regierung mitbestimmten, waren keine Grundbesitzer mehr. Staatsbürokratie und agrarisches Interesse fielen auseinander.

Der Adel, als Stand gesetzlich fixiert, blieb als solcher der erste vornehmste Stand und dies bis 1917. Das galt auch für Deutschland und für andere Monarchien. Aber auch in Russland begann ein erheblicher Teil des Adels in der Welt der modernen Berufe aufzugehen, in den expandierenden freien Berufen, als Ärzte und Advokaten, in der Wirtschaft wie in der Wissenschaft und in künstlerischen Bereichen.[117] Lenin war bekanntlich erblicher Edelmann und Advokat. Der Adel befand sich, so kann man sagen, auf dem Weg von einem Herrschaftsstand der traditionellen Gesellschaft zu einer Leistungselite der im Entstehen begriffenen bürgerlichen Gesellschaft.

2.2 Städteordnung und Urbanisierung

Zu den zentralen Problemen Russlands im ausgehenden 19. Jahrhundert gehört das massive Wachstum der Städte. Beschleunigte Industrialisierung und Urbanisierung wirkten zusammen und trieben einander wechselseitig voran. Im Zug der Großen Reformen hatten die Städte 1870 eine neue Verfassung bekommen. Die kommunalen Institutionen, die damals geschaffen wurden, folgten im Wesentlichen dem Muster der ländlichen Selbstverwaltung, von der oben ausführlich schon die Rede war. Das galt auch für die Kriterien, die dem Wahlzensus zugrunde lagen und die Rechtsstellung der einzelnen Bürger in den städtischen Einrichtungen bestimmten. Leitend dafür waren nicht mehr die alten sozialständischen Gruppen, die Gildenkaufleute und die kleinbürgerlichen Mittel- und Unterschichten, sondern die modernere Kategorie des privaten Einkommens und Vermögens. Eigentum war wichtiger als ständische Zugehörigkeit. Das aber hieß, dass in der städtischen Selbstverwaltung das Besitzbürgertum dominieren sollte.

Parallelen zur ländlichen Selbstverwaltung waren auch in anderer Hinsicht nicht zu übersehen. Die Stadtverordnetenversammlung (*Gorodskaja duma*) entsprach als kommunales Wahl- und Beschlussorgan den *Semstwo*-Versammlungen der Kreise und Gouvernements. Gewählt wurde in drei getrennten Besitz- und Steuerklassen. Diese Bindung bewirkte, dass in Petersburg und Moskau noch nicht einmal fünf Prozent der Einwohner in den Genuss des Wahlrechts kamen. Als ständiges Organ, auch dies parallel zum *Semstwo*-Aufbau, fungierte die Stadtverwaltung (*Gorodskaja uprawa*) mit dem Stadtoberhaupt (*Gorodskoj golowa*) an der Spitze, einem Kommunalbeamten nach Art der deutschen Bürger-

oder Oberbürgermeister. Die städtische Obrigkeit alten Typs, den Stadtpolizeihauptmann, der obligatorisch aus dem Adel kam, gab es nicht mehr. Auch das war ein Indiz für den erweiterten Bewegungsspielraum, den die von staatlichen Behörden klar unterschiedene Kommunalverwaltung damals erhielt.

Die Finanzausstattung der Städte war im Allgemeinen nicht gut. Auf welche Weise sie zu bessern sei, blieb eine der schwierigsten Fragen, mit denen die Repräsentanten der Kommunen zu ringen hatten. Schon die Armut, die für die Masse der Stadtbewohner charakteristisch war, setzte der Erhebung gesonderter städtischer Steuern enge Grenzen. Dabei ist zu bedenken, dass die meisten Städte nach dem Ende der Leibeigenschaft vor gewaltigen Problemen standen. Sie hatten den wachsenden Zustrom von Menschen zu bewältigen, die das flache Land verließen, um in den Städten Arbeit und Unterkommen zu suchen. Die Spannungslagen, die daraus erwuchsen, haben sich bis zum Ende der Zarenzeit nicht entschärfen lassen. Auch deshalb ist es unerlässlich, von den Institutionen auf die soziale Entwicklung zu sehen und Stadtgeschichte als Sozialgeschichte zu beschreiben.

Die Abwanderung aus den ländlichen Regionen war eine Konsequenz der sozialen Not, ein Ausdruck dafür, dass es auf dem Lande Millionen überzähliger Esser gab, die von den Bodenstücken nicht leben konnten, die ihnen vom Gemeindeverband zugewiesen worden waren. Das Heer bäuerlicher Migranten – unerschöpfliches Arbeitskräftereservoir für die rasch expandierende Industrie – ist von dem komplexen Urbanisierungsprozess nicht fortzudenken, der nun auch in Russland moderne Produzenten- und Konsumentenstädte entstehen ließ. Das war die Entwicklungstendenz, die bis zum Ersten Weltkrieg hin in den industriellen Zentren immer deutlicher hervortrat – in den beiden Hauptstädten zumal, den wichtigsten Industriezentren des Landes.

Unerlässlich ist ein Blick auf die demographische Situation, die nach der Bauernbefreiung entstanden war. Wie erwähnt, hatte die Aufhebung der bäuerlichen Untertänigkeit auch in Russland einen gewaltigen Prozess der Bevölkerungszunahme in Gang gesetzt, und in der Tat ist der soziale Wandel in den Städten von dem, was auf dem Lande vor sich ging, nicht zu trennen. Die Sozialgeschichte der Stadt bleibt mit der des Dorfes eng verknüpft. Der instruktive Beitrag, den Ralph Melville und Thomas Steffens im *Handbuch der Geschichte Russlands* zur demographischen Entwicklung gegeben haben, gibt von den quantitativen Relationen einen klaren Begriff.[118]

Zwischen 1863 und 1913 ist die Bevölkerung des Reiches, bedingt durch hohe Geburtenüberschüsse, um mehr als das Doppelte gewachsen, von 61 auf 122 Millionen Menschen. Im europäischen Vergleich gehörten die Geburtenraten damals zu den Spitzenwerten und das trotz der unvermindert hohen Sterblichkeit, besonders bei Säuglingen und Kindern. Von 100 Neugeborenen starben im ersten

Lebensjahr 27 Kinder, 15 weitere starben in den folgenden vier Lebensjahren. Besonders hoch war die Kindersterblichkeit in den städtischen Zentren. Auch die hohe, durch Hunger und Seuchen verursachte Mortalität gehört ins Bild, obschon selbst so entsetzliche Katastrophen, wie die Hungersnot und Choleraepidemie von 1891/92, die im Ganzen steigende Tendenz nicht nachhaltig unterbrechen konnten. Die Geburtenrate, die 1860 12 auf 1000 betragen hatte, war bis 1905 auf 15 angestiegen.

Wie sich zeigt, wurde die demographische Situation nach wie vor durch die Fortwirkung traditionellen Heiratsverhaltens und traditioneller Familienstrukturen bestimmt. Kennzeichnend dafür waren das niedrige Heiratsalter und eine äußerst geringe Quote unverheiratet bleibender Frauen. In den 1860er Jahren heirateten fast 60 Prozent aller Frauen, noch ehe sie ihr 20. Lebensjahr erreichten. Natürlich gab es auch regionale Unterschiede, besonders markant im Baltikum, in Finnland und Kongresspolen, wo die Befunde mitteleuropäischen Werten glichen.

Keine Frage, dass in den osteuropäischen Agrarlandschaften die Familienstrukturen patriarchalisch blieben. Drei oder mehr Generationen wohnten unter einem Dach, in einem Haushalt mit angeheirateten Paaren und ihren Kindern zusammen, denn im agrarischen Russland setzte Heirat die Gründung eines selbstständigen Haushalts nicht voraus. Die sozialen Folgen des Bevölkerungswachstums wurden auch nicht dadurch aufgefangen, dass der Landfonds der Gemeinde, aus dem die bäuerlichen Landanteile kamen, erweitert worden wäre. Insofern ist die fortgehende Bindung an die *obschtschina* für die Kontinuität des demographischen Grundmusters, das in Russland galt, mitverantwortlich zu machen.

In den Städten sahen die Verhältnisse anders aus als auf dem flachen Land. Zu den Merkmalen gehörten ein höheres Heiratsalter, höhere Ledigenquoten und niedrigere Geburtenraten. Wie die stadtgeschichtliche Forschung, zumal die moderne, interdisziplinär verfahrende *Urban History* zeigen kann, hatte der Bevölkerungsanstieg vor allem in den beiden Hauptstädten besorgniserregende Folgen. Die Einwohnerschaft Petersburgs nahm zwischen 1870 und 1914 um 1,5 Millionen Menschen zu. Der Hauptzustrom erfolgte in den neunziger Jahren, als Sergej Witte, der Finanzminister, Russland in eine beispiellose Phase forcierter Industrialisierung trieb. 1910 waren 68 Prozent der Petersburger Stadtbewohner Menschen bäuerlichen Standes, die zur Arbeit in die Stadt gezogen waren, ohne dass sie die Zugehörigkeit zu ihrer dörflichen Gemeinde aufgegeben hätten. In Moskau stieg die Einwohnerzahl zwischen 1863 und 1914 von 460.000 auf 1,76 Millionen.

Diese Angaben lassen ahnen, wie prekär die sozialen Probleme waren, die der Urbanisierungsprozess in Russland entstehen ließ. Die Behörden, die für Ruhe und Ordnung zu sorgen hatten, waren diesem Zustrom nicht gewachsen. Die

Masse der zugewanderten Bauern ließ sich nicht integrieren. Soziales Elend, Wohnungsnot, hohe Krankheitsraten, Seuchengefahr und Hunger kennzeichneten die Lage. Auch die patriarchalische Familienstruktur begann sich aufzulösen. Charakteristisch für die Städte war der hohe Männerüberschuss. In den 1880er Jahren waren 60 Prozent der Moskauer Einwohner männlichen Geschlechts, zwei Drittel lebten von ihren Familien getrennt, 12 Prozent im Haushalt ihres Arbeitgebers, 20 in nach Geschlechtern geschiedenen Massenunterkünften auf dem Gelände der Fabriken oder in deren unmittelbarer Nähe. Hoch war der Anteil unehelich geborener Kinder: 12 Prozent in den Industriestädten, im gesamtrussischen Durchschnitt nur 2,3. Abtreibung, Kindesaussetzung, auch Kindestötung waren Massenphänomene, nicht anders als Prostitution ein Ausdruck sozialer Not gewesen ist.

Der Zusammenhang zwischen Bevölkerungsentwicklung, Urbanisierung und Industrialisierung verweist auf den sozialen Wandel, der sich in den städtischen und industriellen Zentren damals vollzog. Dieser Wandel war folgenreich für die Lebensbedingungen der städtischen Unterschichten, der Industriearbeiter zumal, aber auch für das entstehende Wirtschaftsbürgertum, für jene Schicht moderner Unternehmer, die den Industrialisierungsprozess mit massiver staatlicher Unterstützung vorangetrieben haben.

Für die Industriearbeiter gibt es nur eine dürftige Datenbasis. Der Zensus von 1897, die einzige allgemeine Volkszählung, die im Russischen Imperium je stattgefunden hat, wies 1,9 Millionen Industriearbeiter aus. Das war der Grundstock jener sozialen Basis, die von der Sozialdemokratie als Proletariat in Anspruch genommen wurde, wenn es darum ging, die Arbeiterbewegung in Russland – Seite an Seite mit den internationalen Klassenbrüdern – in den Kampf gegen den Zarismus und gegen das Kapital zu führen. Das Tempo, mit dem die Industriearbeiterschaft wuchs, war abhängig von der Konjunkturentwicklung und folgte den Schüben des Industrieausbaus. Charakteristisch waren die junge Altersstruktur dieser Klasse und der hohe Frauenanteil in einzelnen Branchen, vor allem in der Textil- und in der Tabakindustrie.

Aus gutem Grund wurde in der sozialgeschichtlichen Forschung immer wieder gefragt, wie weit in der ausgehenden Zarenzeit der Ablösungsprozess gediehen war, der in den Städten des Reiches das proletarische Milieu vom ländlich-bäuerlichen trennte, inwiefern sich davon sprechen lasse, dass Proletariat entstanden sei, das als Klasse für sich zu betrachten wäre. Bei der Masse der Arbeitskräfte, die in der Industrie beschäftigt waren, wirkte die bäuerliche Mentalität ohne Zweifel fort. Etwa ein Drittel der Industriearbeiter verfügte über Anteilrechte am gemeinsamen Bodenbesitz der Dorfgemeinde. Das hieß, dass diese Arbeiter im Jahreszyklus von Aussaat und Ernte zurück auf die Dörfer gingen, um dort zu tun, was um der Versorgung ihrer Familien willen nötig war.

Naturgemäß schwankte die Zahl *erblichen Proletariats*, also jener Arbeiter, deren Eltern bereits in der Fabrik aufgewachsen waren, regional sehr stark. Im Moskauer Gouvernement war der Anteil relativ hoch, betraf etwa 50 Prozent der Fabrikarbeiter. Im Durchschnitt darf ein Wert von 20 Prozent angenommen werden.

Mit anderen Worten, das Proletariat im Sinne des marxistischen Klassenbegriffs hat erst in der späten Zarenzeit allmählich festere Konturen gewonnen. Bis 1905 war die Schicht, die allein und auf Dauer vom Verkauf ihrer Arbeitskraft lebte und deren Klassenlage durch Lohnarbeit in den Fabriken definiert war, in den Zentren der Industrialisierung bereits in Umrissen zu erkennen. Für die sozialgeschichtliche Forschung bleibt es wichtig, die Sozialisationsformen zu beschreiben, die für den Urbanisierungsvorgang charakteristisch waren: die Erosion traditioneller, dörflich geprägter kultureller Werte und die Entstehung typischer, mit westlichen Mustern vergleichbarer Verhaltensweisen. In der marxistischen Semantik wurde dieser Vorgang in der Rede vom wachsenden oder fehlenden Klassenbewusstsein des russländischen Proletariats ausgedrückt.

Der Qualifizierungsgrad der Arbeiterschaft war bescheiden, die Alphabetisierungsrate jedoch beträchtlich höher als im Dorf. Die Volkszählung von 1897 weist aus, dass in den Städten rund 60 Prozent der männlichen und etwa 35 der weiblichen Arbeiter lesen und schreiben konnten. Daraus folgt, dass für die revolutionäre Intelligenz die Chance bestand, einen nicht geringen Teil der Arbeiterschaft durch Agitationsmaterial zu erreichen: durch Flugblätter, Zeitungen und Broschüren, deren Inhalt auf die Lebens- und Begriffswelt der Industriearbeiter zugeschnitten war. Die Sozialdemokraten wie die Sozialrevolutionäre haben sich dies zunutze gemacht.

Das Lohnniveau der Arbeiterschaft war äußerst niedrig, zeigte jedoch eine leicht steigende Tendenz. Charakteristisch blieb, dass in der Schwerindustrie, in der Metallurgie vor allem, die Löhne bis zu 50 Prozent höher waren als in der Textilindustrie und in anderen rückständigen Industriezweigen. Die gleichen Unterschiede ergaben sich bei der Regulierung der Arbeitszeit. 1897 wurde sie durch ein Reichsgesetz auf 11,5 Stunden beschränkt. Das war ein beachtlicher Fortschritt auch im europäischen Vergleich, wenn man bedenkt, dass der von den Sozialdemokraten unablässig geforderte Achtstundentag selbst in Deutschland bis 1918 auf sich warten ließ.

Noch einige Bemerkungen zu den städtischen Mittel- und Unterschichten. Die ständische Ordnung hatte bis zu den Stadtreformen von 1870 Kaufmannschaft und Kleinbürgertum, *kupetschestwo* und *meschtschantswo*, voneinander unterschieden. Zur Kategorie der Kleinbürger, die wie die Bauern der Kopfsteuer unterlagen, gehörten größere und kleinere Händlerexistenzen, Ladenbesitzer, Handwerker, Gastwirte, Droschkenkutscher, deklassierte Kaufleute und gewerbetreibende Leute unterschiedlicher Provenienz, eine expandierende, heterogene

Schicht, die zwischen Kaufmannschaft und Arbeiterbauern oszillierte und vom begüterten Mittelstand bis zum Pauper reichte. Der Zensus von 1897 wies im Ganzen 7,5 Millionen Menschen als *meschtschane* aus, das entsprach 44 Prozent der städtischen Bevölkerung. Ein beträchtlicher Teil davon stand in Lohnarbeit und Fabrikarbeit, so dass diese städtische Schicht nach der Bauernschaft die wichtigste Rekrutierungsbasis für industrielle Arbeit geworden ist.

Auch bei der Kaufmannschaft und beim Adel konnten ständische Zuschreibung und Berufstätigkeit auseinander klaffen. Leute, die in ihrem Pass als Kaufleute (*kupzy*) eingetragen waren, konnten Fabrikarbeiter sein; Edelleute gab es, erbliche oder persönliche, die als Advokaten, Ingenieure oder in freien Berufen tätig waren. Kein Zweifel, dass in den Städten die Inkongruenz von ständischer und beruflicher Struktur besonders krass zutage trat. Zu denken ist an die Kümmerexistenzen, die im Kleinbürgerstand kein Unterkommen fanden: an Menschen aus verarmtem Adel, entlassene Beamte oder Geistliche, relegierte Studenten, ehemalige Soldaten und deren Familien – an jene sozialen Verlierer der Gesellschaft, die Dostojewskij, Maxim Gorki und viele andere in ihren Romanen beschrieben haben.

Bei den Wirtschaftsbürgern und Unternehmern, jener Klasse, die von der sowjetischen Forschung als Großbourgeoisie (*krupnaja burschuasija*) bezeichnet wurde, handelt es sich um eine dünne, begüterte Oberschicht. Die Schätzungen schwanken zwischen zwei und vier Prozent der Stadtbevölkerung. Ihr wichtigstes Rekrutierungsfeld war die alte Kaufmannschaft, jener traditionale Stand, dessen Rechtslage unter Peter dem Großen fixiert und durch Katharina II. aufgewertet worden war. Die Mehrheit dieser Menschen war auch im Zeitalter der Industrialisierung streng religiös geblieben und dem altgläubigen Schisma zugetan. Hinzu kamen jüdische Bankiers und Industrielle, die aufgrund ihres Reichtums nicht im Ansiedlungsrayon der Westgebiete bleiben mussten, sondern sich in den beiden Hauptstädten und in anderen Städten Kernrusslands niederlassen durften.

Edelleute waren in der Unternehmerschaft nur eine marginale Größe, konzentriert auf die Zuckerindustrie, die Holzverarbeitung, die Mühlenindustrie und die Schnapsbrennerei, die dank des in den 1890er Jahren eingeführten staatlichen Alkoholmonopols etwa ein Viertel der Staatseinnahmen brachte. Alle Klagen von kirchlicher Seite, von honorigen Bürgern, verängstigten Eltern und Frauen, die unter der Trunksucht ihrer Männer litten, waren deshalb in den Wind gesprochen, weil der Finanzminister auf die Alkoholeinnahmen nicht verzichten konnte.

Zum Rekrutierungsfeld der neuen Bourgeoisie haben nicht zuletzt ausländische Unternehmer gehört, deren vielfältige Aktivitäten vom Industrieaufbau in Russland so wenig wegzudenken sind wie ausländisches Kapital und ausländische Direktinvestitionen. Insbesondere galt das für die Elektroindustrie, die zu etwa 85 Prozent von Siemens initiiert und getragen wurde, und für Teile der neu entstehenden Chemieindustrie. Neben dem dominierenden deutschen Kapital wirkten belgisches und französisches Kapital als wichtigste Finanziers der russischen Industrie. Dieser Sachverhalt hat in wachsender Zahl Ausländer, auch solche, die (wie viele Reichsdeutsche) die russische Staatsbürgerschaft gar nicht erwerben wollten, mit dem Sozialmilieu des bourgeoisen Russlands in Verbindung gebracht.

Unterschiede im Blick auf die innere Struktur der neu entstehenden Bourgeoisie treten am deutlichsten hervor, wenn man die Verhältnisse in Petersburg und Moskau miteinander vergleicht. In Moskau, wo die Textilindustrie und der Großhandel, also vergleichsweise rückständige Sektoren, dominierten, wurde die neue Unternehmerklasse von der traditionsgebundenen Kaufmannschaft geprägt. So war es auch kein Zufall, dass die nationalrussische Bewegung aus der Moskauer Bourgeoisie damals ihre stärksten Anstöße empfing. In Petersburg dagegen war die Bourgeoisie wesentlich moderner und nach Westen orientiert. Petersburg war die Hauptstadt des Bankenwesens und das Zentrum der russischen Metallindustrie. Hier saßen die Eisenbahnkönige und die Schiffsbauunternehmer – Industriebarone, die an den enormen Ausbauprogrammen teilhatten und von ihnen profitierten. Und ungleich größer als in Moskau war in der Newa-Metropole auch der Anteil von Ausländern an der Bourgeoisie. Die Petersburger Industrie lebte vor allem von Staatsaufträgen und, nicht zu vergessen, von den Rüstungsprogrammen der Regierung. Ungleich stärker als die Moskauer Bourgeoisie war sie ein Produkt der staatlich initiierten Industrialisierungspolitik, die in der Hochkonjunktur der neunziger Jahre zu schwindelerregenden Erfolgen kam.

Nicht verwundern kann, dass die Unternehmerschaft sich zu organisieren begann, um ihre ökonomische Macht und ihre Interessen gegenüber der Regierung zu vertreten. Das geschah durch die Gründung von Börsenkomitees und von Industriellenverbänden, nicht wesentlich anders als in der Modernisierungsgeschichte westlicher Länder. Und die Macht dieser Zusammenschlüsse, Aktien- und Handelsbanken inbegriffen, reichte weit – bis in die neuerschlossenen südrussischen Bergbaureviere zwischen Donez und Don. Bei den Bemühungen, das industrielle Interesse gegenüber der Regierung zur Geltung zu bringen, waren Konflikte mit den überwiegend adligen Agrariern unvermeidlich.

1905 kam es zu ersten Versuchen, die regionalen Industrie- und Handelstage zu einer gesamtrussischen Vertreterorganisation des Großbürgertums zusammenzufassen. Dabei war charakteristisch, dass vorerst keine politische Partei entstand, deren zentrale Funktion darin bestanden hätte, die Interessen der Industrie und des Kapitals zu vertreten. Die russische Industrie und Bankenwelt war einflussreich genug, um mit den Ministerien unmittelbar zu kommunizieren. Sie musste das nicht über eigene politische Parteien tun.

2.3 Verkehrsausbau und verzögerte Modernisierung

Wer waren in Russland die Agenten der Industrialisierung und Modernisierung, in einem Imperium, dessen sozialkulturelle und ökonomische Rückständigkeit im Vergleich mit den anderen europäischen Großmächten außer Frage stand? Für eine selbstbewusste Unternehmerklasse, eine Bourgeoisie im westlichen Sinn, die fähig gewesen wäre, die ökonomische Entwicklung des Reiches aufs Niveau der europäischen Zeit zu bringen – für eine solche Klasse gab es in Russland noch keine hinreichend starken Fundamente. Modernes Unternehmertum hat sich hier nur schleppend entwickelt, und was gegen Ende des neunzehnten Jahrhunderts davon sichtbar war, rekrutierte sich, wie bereits gesagt, überwiegend aus dem alten Kaufmannsstand. Hinzu kamen, von einzelnen Bauern abgesehen, vor allem Aufsteiger aus dem Kleinbürgertum, den mittleren und unteren Schichten der Stadt, jüdische Geschäftsleute und Bankiers sowie ausländische Unternehmer, die in Russland damals ihr Glück versuchten.

Von fundamentaler Bedeutung war, dass sich die Herausbildung einer Wirtschaftsbourgeoisie in enger Abhängigkeit von der zarischen Regierung vollzog, von deren Finanz- und Industriepolitik vor allem. Wichtigster Agent der Industrialisierung und Modernisierung in Russland war der autokratische Behördenstaat. Der Industrieausbau, durch Entscheidungen des Herrschers angestoßen, wurde entsprechend reglementiert und staatlichen, nicht zuletzt militärischen Zwecken unterworfen. Initiatoren und Geschäftsführer dieser Politik waren die Finanzminister. Die überragende Rolle, die diese Herren in politischer Hinsicht spielten, stand der der Kriegs- oder Außenminister nicht nach. Ihr Interesse galt vorab der finanziellen Sanierung des Staatshaushalts, der Stabilisierung und Konvertibilität des Rubels auf den internationalen Kapitalmärkten und der Drosselung des seit dem Krimkrieg ins Unermessliche angeschwollenen Geldumlaufs.

Zu den Fundamentalbedingungen der Industrialisierung Russlands gehörte aber auch die Verkehrserschließung des weiten Landes, vor allem der Eisenbahnbau. Von der Erweiterung des Streckennetzes wurde die sukzessive Steigerung des Getreideexports erwartet, des gewinnbringendsten Guts, das Russlands Außenhandel anzubieten hatte. Die Exporterlöse waren die wichtige Finanzierungsquelle für alles, was um der Modernisierung und der industriellen Entwicklung willen damals in Gang gesetzt wurde.

Die Grenzen der Modernisierungsfähigkeit des Zarenreiches wurden im Wesentlichen durch drei Faktoren bestimmt: Zu verweisen ist *erstens* auf die Armut des weithin agrarisch gebliebenen Landes und die dadurch bedingte geringe Steuerleistung der Bevölkerung. Die chronische Kapitalarmut der Staatskasse hatte hier ihren Grund. Wie an anderer Stelle schon berichtet, hatte sich nach den

Agrargesetzen der 1860er Jahre kein Weg geöffnet, der eine blühende, Ertrag bringende Landwirtschaft hätte erwarten lassen. Das galt nicht nur für die bäuerliche Ökonomie, sondern auch für die Masse adliger Grundbesitzer. So war vorauszusehen, dass sich der Agrarexport als Quelle der Staatseinnahmen nicht beliebig würde steigern lassen.

Aus der Kapitalarmut des Reiches und der Masse seiner Bevölkerung ergab sich *zweitens*, dass die Regierung, wenn sie Eisenbahnen bauen und die Industrie entwickeln wollte, in hohem Maß vom europäischen Kapitalmarkt abhängig war. Und in der Tat wurde, um dieser Ziele willen, eine exorbitante Auslandsverschuldung in Kauf genommen. Bis zum Krisenjahr 1887, als Bismarck die deutschen Börsen für russische Wertpapiere sperren ließ, war das von Russland benötigte Kapital überwiegend aus Berlin gekommen. Die deutschen Großbanken waren bis dahin die Hauptfinanziers des russischen Eisenbahn- und Industrieausbaus gewesen. Seitdem wurde diese Rolle vom französischen Kapitalmarkt übernommen, ein Vorgang, dem ein Umbruch in der europäischen Mächtepolitik folgen sollte: das Ende des deutsch-russischen Sonderverhältnisses durch Nichtverlängerung des Rückversicherungsvertrags und der Abschluss des russisch-französischen Zweibundes, der 1893 zu einer Militärallianz erweitert wurde. Damit waren die macht- und militärpolitischen Konstellationen bereits vorgezeichnet, die in der Vorgeschichte des Ersten Weltkrieges immer deutlicher in Erscheinung traten.

Ein *dritter* Faktor kam hinzu: Kapitalabhängigkeit der Industriepolitik bedeutete Abhängigkeit vom Kurszettel der internationalen Börsen, von der internationalen Reputation, die Russland im Ausland genoss, von der Zuversicht der ausländischen Banken, dass die Verhältnisse im Zarenreich auf Dauer stabil zu halten seien. Durch seine Kapital- und Exportabhängigkeit war Russland seit der Reformzeit auch in die großen Konjunktur- und Krisenentwicklungen der Weltwirtschaft einbezogen worden. Russland war kein isolierter Raum mehr, sondern zunehmend mit der modernen Welt verflochten. Das bedeutete zugleich, dass es zwischen der russischen Außen- und Finanzpolitik außerordentlich enge und sensible Wechselbeziehungen gab. So waren die Finanzminister im Interesse des eigenen Ressorts gehalten, auf die auswärtige Politik des Reiches maßstabsetzend einzuwirken. Sie konnten nicht wünschen, dass Russland etwa durch militärisch gestützte Expansionsunternehmen einen Krieg riskierte, weil dies alle Finanzplanungen durchgestrichen hätte. Deshalb wehrten sie sich gegen die ständig wiederkehrenden Forderungen der Militärs, den Wehretat zu erhöhen und ihn den Rüstungshaushalten der anderen Großmächte anzupassen.

Wie gezeigt, war die ökonomische Modernisierung Russlands mit vielen Faktoren verflochten, die sich dem Zugriff der Regierung entzogen. Zu beschreiben ist zunächst die Ausgangslage in den ersten zwei Jahrzehnten nach der

Bauernbefreiung. In dieser Zeit stand die russische Finanz- und Wirtschaftspolitik unter der Leitung von Michail Reutern, eines qualifizierten Beamten deutscher Herkunft, der schon 1859 an die Spitze des Ministeriums getreten war und bis 1878 in diesem Amt verblieb. Man ersieht hieraus, dass die Petersburger Finanzpolitik nicht primär nationalrussischen, sondern imperialen Interessen folgte. Nach wie vor kamen die zarischen Machteliten aus einer polyethnischen und multikonfessionellen Oberschicht, deren Loyalität der Person des Monarchen galt.

Was konnte Reutern tun? Wie konnte er nach dem ruinösen Krimkrieg zu einer Währungsstabilisierung kommen und dem Eisenbahnbau kräftige Anstöße geben? Drei theoretisch denkbare Wege schieden in der Praxis aus. Dazu zählte auch die Idee, die Staatsfinanzen durch eine einschneidende Änderung der aus dem 18. Jahrhundert überkommenen Steuerverfassung zu sanieren. Massive Erhöhungen verboten sich aus vielen Gründen. Um innere Unruhen zu vermeiden, wagte die Regierung seit 1862 von den kopfsteuerpflichtigen Bauern und Städtern pro Jahr nicht mehr als 15 Kopeken zusätzlich zu verlangen. An eines der Privilegien, die dem Adel noch verblieben waren, an seine Steuerfreiheit, wollte man nicht rühren. Mit der Bauernbefreiung war dem wohlgeborenen Stand ohnedies schon Außerordentliches zugemutet worden. Auch zur Einführung einer Einkommensteuer für die Untertanen aller Stände sollte es während der Zarenzeit nicht kommen.

Der Gedanke, die Staatskasse durch eine fühlbare Steigerung der Einfuhrzölle aus ihrer Misere herauszubringen, schied ebenfalls aus. Mit den Kräften der russischen Industrie, die nach dem Fortfall leibeigener Arbeit ins Trudeln geraten war, konnte das kostspielige Eisenbahnprogramm der Regierung nicht verwirklicht werden. Insofern sprach alles für einen liberalen Zolltarif, der, 1857 erstmals in Kraft gesetzt, die Einfuhr der notwendigen Güter erleichtern sollte. Vorauszusehen war, dass die Öffnung der Grenzen bei vielen russischen Unternehmern keinen sonderlichen Enthusiasmus weckte. Vor allem die Moskauer Textilproduzenten und Handelskreise sahen sich hart getroffen und sagten den Ruin der vaterländischen Industrie voraus.

Als undurchführbar erwies sich auch eine Währungsreform. Eine Stabilisierung des Silberrubels, der in den 1840er Jahren eingeführt worden war, erschien vorderhand unmöglich zu sein, nicht zu reden davon, den Rubel an den Goldstandard anzuschließen. Letzteres konnte erst 1897 unter dem Finanzminister Witte geschehen, in einer Zeit beispiellosen Aufschwungs, die den Begriff der industriellen Revolution auf sich gezogen hat. Zu den Faktoren, die eine Sanierung der Staatsfinanzen erschwerten, gehörten die kümmerlichen Erträge des russischen Exports. Hohe Außenhandelsüberschüsse aber waren eine der wichtigsten Voraussetzungen der Währungsstabilisierung.

Was blieb, um die Reformen und den Verkehrsausbau zu finanzieren, war in der Tat nicht viel. Am nächsten lag der Versuch, das russische Banken- und Kreditsystem auf neue Füße zu setzen, das hieß Vorkehrungen dafür zu treffen, das bisher in staatlicher Regie befindliche Bank- und Kreditwesen zu privatisieren und ein Aktien- und Wechselrecht zu schaffen, das für ausländische wie inländische Kapitalanleger Anreize bieten könnte. In eben dieser Richtung ist Reutern als Finanzminister vorgegangen. Sein Ziel war die weitgehende Privatisierung des russischen Kapitalmarkts. Was er dabei zustande brachte, hat tatsächlich dazu beigetragen, dass das Eisenbahngeschäft zu florieren begann – unter der Regie ausländischer Bankhäuser und von Aktiengesellschaften getragen. All das war in Russland vordem unbekannt gewesen: Der Staat garantierte den Eisenbahnkonzessionären einen Minimalprofit, in der Regel 5 Prozent des Anlagekapitals. Hinzu kam die zollfreie Einfuhr von Schienen, Waggons, Lokomotiven und anderem Material.

Die erste große russische Eisenbahngesellschaft war bereits im Januar 1857 gegründet worden, unmittelbar nach dem Krimkrieg, noch vor Aufhebung der Bauernbefreiung. Hinter dieser Eisenbahngesellschaft standen Pariser, Amsterdamer und Londoner Banken. Zum ersten Mal wurde die russische Geschäftswelt damals vom Eisenbahnfieber ergriffen. Kurd von Schlözer, unter Bismarck Sekretär der preußischen Gesandtschaft in St. Petersburg, war bei der Emission der ersten Eisenbahnpapiere vor Ort. Das Gedränge, schrieb er, sei so stark gewesen, dass Türen durchbrochen wurden und die Menschen gewaltsam zurückgehalten werden mussten.

Bekanntlich haben alle Länder, die der Kapitalismus im 19. Jahrhundert erfasste, jene Umwälzung der Raum- und Zeitbegriffe erlebt, die von Wirtschaftshistorikern als *Transportrevolution* bezeichnet wird. Doch nirgendwo sonst war der Verkehrsausbau ein so unmittelbares Produkt staatlicher Initiative wie im Zarenreich. Nach der Krimkriegsniederlage begann die Autokratie zu begreifen, dass die Eisenbahnen eine der wichtigsten Voraussetzungen dafür waren, die traditionelle Großmachtposition Russlands zu restaurieren und auf Dauer sichern zu können. 1866 hat eine eigens gebildete Kommission dem Zaren diesen Sachverhalt wie folgt erklärt: „Je länger wir hierin zaudern, desto mehr werden wir hinter Westeuropa zurückbleiben, desto weniger werden wir im Stande sein, unsere Landwirtschaft zu entwickeln, ja diese Landwirtschaft auch nur vor dem Verfall zu bewahren. Die ungenügende Entwicklung unseres Eisenbahnnetzes gefährdet die Einheit und Integrität des Staates."[119]

Obwohl der Ausbau des Schienennetzes zunächst privaten Aktiengesellschaften übertragen wurde und der Fiskus sich sogar dazu entschloss, die älteren Staatsbahnen zu privatisieren, blieb die Regierung, wie die erwähnte Garantie von Minimaldividenden und die Importprivilegien zeigen, als zahlende und als lenkende Kraft im Spiel. Der Staat trat für Verluste ein, die den Konzessionären entstehen konnten. Dieser kostspielige Protektionismus war nicht allein Ausdruck des fiskalischen Charakters der Autokratie, sondern war zugleich eine Konsequenz, die sich aus der ökonomischen Rückständigkeit Russlands ergab. Das Interesse ausländischen Kapitals, in einem armen und politisch instabilen Land zu investieren, war nur dann zu wecken, wenn den Investoren und Unternehmern ungewöhnliche Profitchancen eingeräumt wurden. Extreme Auslandsabhängigkeit ist für die Eisenbahnfinanzierung auch in den folgenden Jahren kennzeichnend geblieben. Die Zukunft des autokratischen Regimes war zu einem guten Teil am Börsenzettel festgemacht.

Zugleich kam zutage, wie eng das machtpolitische Interesse des Imperiums mit der Entwicklung der Eisenbahnen zusammenhing. Bei der Konzessionsvergabe hatte sich die Regierung die Planungshoheit vorbehalten. Sie bestimmte, welche Bahnlinien gebaut wurden und entschied über die Details der Streckenführung. Nicht nur die Erfahrungen des Krimkrieges, auch die des polnischen Aufstands von 1863 hatten gezeigt, dass vom Verkehrsausbau „Einheit und Integrität des Staates" abhängig waren. Um für den Kriegsfall und gegen aufständische Bewegungen an der Peripherie besser als bisher gerüstet zu sein, war nichts dringlicher, als die Mobilität der Armee zu erhöhen. So hatte die Regierung bei der Planung neuer Bahnlinien zwischen ökonomischer Rationalität und sicherheitspolitischem Interesse abzuwägen.

Was Finanzkrise und Kapitalarmut bedeuteten, hat Reutern im September 1866, zehn Jahre nach dem Pariser Frieden, dem Zaren in einer großen Denkschrift dargestellt. Nach wie vor, so erklärte er, sei die Desorganisation des Geldumlaufs das Kainszeichen Russlands. Staatskasse und Privatpersonen, insbesondere Grundbesitzer, fänden nur noch unter ruinösesten Bedingungen Kredit, weil die Zinssätze angesichts des großen Kapitalbedarfs enorm gestiegen seien. Auch sei es illusorisch zu glauben, dass Russland von revolutionären Umtrieben und finanziellen Krisen verschont bleiben könne. Schon jetzt lasse die galoppierende Kapitalflucht um die Zahlungsfähigkeit des Staates fürchten. Wenn diese Entwicklung anhalte, werde der russische Kredit im Ausland vollends verloren gehen und Russland zu einer zweitrangigen Macht degradiert. Aus alledem ergab sich für Reutern ein hartes Sparprogramm, mit einschneidenden Kürzungen auch für die Etats des Kriegs- und des Marineministeriums. Im Einzelnen empfahl er, neue Staatsanleihen zu vermeiden, auf kostspielige Reformen zu verzichten, den Import zu drosseln und den Export zu steigern, die Kopfsteuer um weitere 40 Prozent zu erhöhen. Auch der Verkauf Alaskas an die Vereinigten Staaten 1867, der dem russischen Fiskus 7,2 Millionen Dollar brachte, ist im Licht des fiskalischen Notstands zu sehen.[120]

Der finanziellen Dauerkrise ungeachtet schien der Staatszweck in den Eisenbahnen nahezu vollkommen aufzugehen. Ohne die verkehrsmäßige Erschließung auch der entlegenen Getreideanbaugebiete war an eine kraftvolle Steigerung der Agrarexporte nicht zu denken. Hier gehe es, so Reutern, nicht nur um die Zukunft der russischen Valuta und des Rubelkurses, sondern um die wirtschaftliche und politische Potenz des Reiches überhaupt: Unsere ganze Zukunft hängt von den Eisenbahnen ab.

Um den Staatskredit wiederherzustellen und die innere Sicherheit zu garantieren, waren entschiedene Folgerungen vonnöten. Als unerlässlich galt für Reutern (auch für seine Amtsnachfolger) eine auf Konfliktvermeidung bedachte Außenpolitik, der Verzicht auf jegliche Einmischung in die Streitigkeiten anderer Mächte. Ans Licht kamen aber auch die Kosten der inneren Veränderungen. Die schon erwähnte Kapitalflucht hatte gezeigt, wie gering das Vertrauen der besitzenden Klassen, zumal des begüterten Landadels, in die Reformpolitik des Kaisers war. Hinzu kam, dass seit den ausgehenden 1860er Jahren auch die großen weltwirtschaftlichen Krisenbewegungen auf Russland durchgeschlagen waren. Konkurse bedeutender europäischer Bankhäuser hatten die Finanzlage Russlands immer wieder verschärft, weil Anleihen zu vertretbaren Bedingungen nicht mehr unterzubringen waren.

Trotz dieser Hindernisse ist nicht zu übersehen, dass die russische Industrieentwicklung zwischen 1867 und dem internationalen Börsenkrach von 1873 eine erste Hochkonjunktur erlebte. Diese Aufschwungsphase, die den deutschen Ausdruck *Gründerzeit* (*grjunderstwo*) übernommen hat, war einem ganzen Faktorenbündel zuzuschreiben, allem voran dem finanzpolitischen Stabilisierungskurs, mit dem die Regierung damals neue Investitionsanreize schaffen konnte. Unproduktive Ausgaben wurden eingeschränkt, die Kopfsteuersätze erhöht und einige Akzisen eingefroren. Nach einem ersten Attentat auf den Zaren, das 1866 die Gemüter erregte, konnten auch die inneren Reformen gedrosselt werden. Wichtig war, dass es Reutern damals gelang, für den Verkehrsausbau neue Mittel aufzubringen. Das geschah nicht zuletzt durch die Privatisierung der bisher in staatlicher Regie gebauten Eisenbahnen – auch der berühmten großen Magistrale, die seit 1852 Petersburg und Moskau miteinander verband.

Flankiert wurde die Reutersche Konjunkturpolitik durch hohe Importzölle. Ziel dieses Protektionismus war es, die zentralrussische Industrie, vor allem aber die hoffnungslos rückständigen Eisenhütten und Walzwerke, gegen ausländische Konkurrenz zu schützen und die *vaterländische Produktion* überhaupt erst entwicklungsfähig zu machen. Tatsächlich wurde der Schutzzoll zu einem der wichtigsten Steuerungsmittel der Industrialisierung. Dabei ergab sich, dass die Eisenbahnen im Zarenreich, wie 25 Jahre zuvor in Deutschland, als Leitsektor der industriellen Expansion fungierten. Um die Mitte der 70er Jahre hat die eigene

Lokomotiven- und Waggonproduktion zum ersten Mal die Einfuhr überstiegen. Die Kohleförderung war über den Stand von 1860 schon um das Sechsfache hinausgewachsen.

Der Ertrag dieser russischen Gründerzeit kann zeigen, dass – neben dem Aufblühen der Aktiengesellschaften, des Bankenwesens und rüder Spekulation – ein kräftiger Durchbruch zur Verkehrserschließung des Landes gelungen war. In wachsender Zahl waren auch *Semstwo*-Organe, Institutionen der landschaftlichen Selbstverwaltung, mit eigenem Kapital ins Eisenbahngeschäft eingestiegen, darunter auch Vertretungen der deutschbaltischen Ritterschaften. Das Schienennetz hatte sich zwischen 1868 und 1871 um fast 9000 Kilometer vergrößert. 1875 waren die Südbahnen vollendet und die Verbindung der Getreideanbaugebiete mit den Schwarzmeerhäfen hergestellt. Für die Regierung ergab sich daraus das Interesse, ihren Einfluss auf die türkische Politik dauerhaft gesichert zu sehen und zumal Vorsorge für den Fall zu treffen, dass der Sultan darauf käme, die Meerengen für fremde Schiffe zu sperren (wie das 1877 während des Balkankrieges tatsächlich geschah). Durch die Eisenbahn waren inzwischen auch die baltischen Häfen an die inneren, Getreide produzierenden Gouvernements angeschlossen und die mittlere Wolga mit Saratow und Zarizyn erreichbar. Selbst in den Kaukasus kam man mit der Bahn seit 1871 schon bis Wladikawkas und von Tiflis nach dem Schwarzmeerhafen Poti.

Hinzuzurechnen ist, dass seit der Aufhebung der Leibeigenschaft die Marktleistung der Landwirtschaft kontinuierlich zugenommen hatte und damit auch der Umfang des russischen Agrarexports. Zu danken war dies nicht allein den verbesserten Transportbedingungen und den wachsenden Leistungen agrarischen Unternehmertums. Nicht weniger wichtig war, dass Steuerauflagen und Ablösungszahlungen die Masse bäuerlicher Kleinproduzenten dazu zwangen, ihre Ernte nicht zu verzehren, sondern auf den Markt zu bringen. Wegen erhöhter indirekter Steuern brauchten die Bauern Geld und waren veranlasst, einen Teil ihrer Erträge zu verkaufen – nicht selten gerade dann, wenn die äußerst schwankenden Getreidepreise niedrig waren.

Aus alledem ist ersichtlich, dass unter dem Finanzminister Reutern, durch die Weltwirtschaftskrise von 1873 nur kurzzeitig unterbrochen, eine Sanierungs- und Entwicklungspolitik in Gang gekommen war, die Russland dem Niveau der europäischen Industriemächte näher brachte. Für diese Modernisierungsstrategie verheerend war der Entschluss des Zaren, im April 1877 den Krieg gegen die Türkei zu eröffnen und damit aufs Spiel zu setzen, was bis dahin erreicht worden war. Bei der Entscheidung, in den Krieg zu gehen, stand Alexander II. unter dem Druck einer nationalistisch und panslawisch neurotisierten Öffentlichkeit. Seit 1876 in Bosnien und Bulgarien Aufstände gegen die türkische Herrschaft ausgebrochen waren, hatte diese gesellschaftliche Bewegung vom Herrscher verlangt, die slawischen Brudervölker, die unter dem Joch des Sultans zu verbluten drohten, unter russischen Schutz zu nehmen. Damit begann ein Krieg mit hohem Risiko, der durch die Intervention der Mächte die panslawischen Träume nicht erfüllte. Auf dem Berliner Kongress im Sommer 1878 hat auch Bismarck als ehrlicher Makler für Russland nicht retten können, was durch eine ideologisch überspannte Großmachtpolitik verspielt worden war. Der russische Finanzhaushalt war ruiniert, der Aufstieg des Reiches aus der Rückständigkeit aufgehalten.

Erst in den neunziger Jahren, unter dem Finanzminister Sergei Witte, sollte es zu einer neuen Phase industriellen Aufschwungs kommen. Sie war verbunden mit einer machtpolitischen Expansion des Reiches nach dem Fernen Osten hin, seit 1891 markiert durch den Bau der Transsibirischen Eisenbahn, einer Magistrale, die über die chinesische Mandschurei bis an die Küste des Gelben Meeres führte. Damit begann die Vorgeschichte eines neuen Krieges und einer noch ungleich empfindlicheren Niederlage: die Vorgeschichte des russisch-japanischen Krieges, der im Zarenreich die Revolution von 1905 hervorgetrieben hat.

2.4 Finanzpolitik und industrielle Expansion

Die industrielle Entwicklung Russlands nach der Bauernbefreiung war staatlich induziert. Angestoßen und vorangebracht wurde sie nicht von einer landeseigenen Bourgeoisie, sondern vom Finanzministerium des Zaren. Die Staatsintervention blieb das Kennzeichen eines Versuchs, unter den Bedingungen ökonomischer Rückständigkeit zu einer partiellen Modernisierung zu kommen. Zu den Hemmnissen gehörte die Kapitalarmut des Landes; daraus ergab sich die fortgehende Auslandsabhängigkeit der Finanz- und Industriepolitik. Die Exporterlöse waren die einzigen Quellen von Belang, aus dem staatliche Mittel zur Industrieförderung gewonnen werden konnten. Daher war es so wichtig, den Export von Getreide und anderen agrarischen Produkten zu steigern. Steigerung des Agrarexports: diese Maxime erklärt, dass sich die Finanzpolitik seit dem Krimkrieg auf die Verkehrserschließung des Reiches konzentrierte und den Eisenbahnbau zum Leitsektor der russischen Industrialisierung werden ließ. Das galt noch für die Amtszeit des Finanzministers Sergei Witte (1892–1903), der die politische Richtlinienkompetenz weit über sein Ressort hinaus für sich in Anspruch nahm.

Das Bild, das die Bürokratie im Zarenreich ausländischen Beobachtern bot, stimmte freilich alles andere als optimistisch. Auch in der historischen Forschung zählt die Bewegungsschwäche des Behördenstaates zu den Konstanten der russländischen Geschichte. Dennoch darf man nicht übersehen, dass dies für das Finanzministerium nicht galt. Dieses Ressort war kein mit Dilettanten besetztes

Sanatorium für ausgediente Würdenträger, sondern die qualifizierteste Fachbehörde der autokratischen Staatsanstalt, der modernste Zweig der inneren Reichsverwaltung. Die leitenden Beamten in den Departements des Ministeriums waren versierte Experten, vertraut mit allen Finessen der Steuer- und Zollpolitik, der Kapitalmärkte und des Börsengeschäfts und mit der gesellschaftlichen Verankerung wirtschaftlicher Interessen.

Schmerzlich blieb, dass die Abhängigkeit der russischen Modernisierungspolitik auch durch exzellente Beamte nicht aufgehoben werden konnte. Diese Politik blieb abhängig von der Mobilisierbarkeit von Anleihekapital wie von den schwankenden Weltmarktpreisen für Getreide. Mitte der 1870er Jahre begann der amerikanische und kanadische Getreideexport auf die Preise zu drücken und die Erwartungen zu schmälern, die der Finanzminister mit den Exporterlösen verband. Hinzu kamen die Kosten, die der Zar für unerlässlich hielt, um die machtpolitische Position des Imperiums auf Dauer zu erhalten.

Nichts hat die Abhängigkeit der Finanzpolitik von der Außen- und der Militärpolitik deutlicher gemacht als der Krieg, den Russland seit dem Frühjahr 1877 gegen die Hohe Pforte führte – zur Sicherung seiner balkanischen Interessen, seiner Hegemonialstellung an den Meerengen und damit zugleich des russischen Getreideexports. Reutern war ein energischer Gegner dieser militärischen Intervention gewesen. Der enorme Finanzbedarf, den die Kriegführung hervorrief, vernichtete den Staatskredit und ließ die Sanierungspolitik des Ministers zuschanden gehen. 1878 trat Reutern von seinem Amt zurück.

Nikolaj Bunge, sein Nachfolger, bisher Nationalökonom an der Kiewer Universität, übernahm Aufgaben, um die er nicht zu beneiden war. Er hatte den Bankrott der Staatsfinanzen abzuwenden, den aufgeschwemmten Papiergeldumlauf einzudämmen, die enorme Staatsschuld, wenn möglich, in vertretbaren Zeiträumen abzutragen und den tief gesunkenen Rubelkurs zu stabilisieren. Um das zu erreichen, hatte er keine anderen Instrumente zur Hand als Reutern in den Jahren zuvor. Was Bunge bis zum Ende seiner Amtszeit (1886) durchsetzen konnte, war denn auch nicht viel: eine geringfügige Minderung des Geldumlaufs und der Staatsschuld bei der Reichsbank, dazu die Erhöhung der Einfuhrzölle, um die sinkenden Exporterträge einigermaßen wettzumachen.

Die schlimmsten Belastungen hatte der Balkankrieg gebracht, dessen für Russland unglücklicher Ausgang auf dem Berliner Kongress zutage kam. Unter dem Druck der Großmächte hatte der Zar auf die Kernstücke des Präliminarfriedens von San Stefano, der dem Sultan im Hochgefühl des Sieges diktiert worden war, verzichten müssen; darunter auf jenes Großbulgarien, das als Schutzstaat des russischen Imperiums bis nach Saloniki und Mazedonien reichen sollte. Durch diese Niederlage war das Prestige Petersburgs so empfindlich getroffen, dass sich auf dem internationalen Kapitalmarkt zu vertretbaren Bedingungen kaum noch Geld mobilisieren ließ. Nur Bismarck sorgte dafür, dass deutsche Großbanken, das Bankhaus Mendelssohn voran, den Russen kurzfristige, aber hochverzinsliche Anleihen gewährten.

1881/82 war der internationale Finanzboykott, den die westeuropäische Bankenwelt, angeführt von den Londoner und Pariser Rothschilds, gegen das Zarenreich verhängte, nahezu vollkommen. Diese Blockade war eine Antwort auf die diskriminierende Judenpolitik der Regierung Alexanders III., vor allem auf die Pogrome, die damals die europäische Öffentlichkeit erregten und es jüdischen Bankiers unmöglich machten, sich an der Finanzierung der russischen Industrialisierung zu beteiligen. Mitte der 80er Jahre war die Staatsverschuldung so hoch, dass die Schuldzinsen und Tilgungen den Umfang des Kriegsetats überschritten. Das Defizit der Zahlungsbilanz entsprach den Jahreseinnahmen des Staatshaushalts. Gegen das weitere Sinken des Rubelkurses schien es kein Rezept zu geben.

Bunge, auch am Widerstand agrarischer Interessengruppen gescheitert, musste 1886 gehen. Der neue Finanzminister, Iwan Wyschnegradskij, war anders als sein Vorgänger, ein Schutzzöllner aus Überzeugung, entschlossen, die russische Industrie durch Zollmauern abzuschirmen und den Staatsfinanzen dadurch zusätzliche Einnahmequellen zu erschließen. Ausländischen Beobachtern konnte es scheinen, als habe sich mit diesem Mann das industrielle Interesse selber in den Ministersessel gesetzt, als sei eine Ära angebrochen, deren Kennzeichen die vollkommene Verschmelzung des industriellen Interesses mit dem Staatsinteresse sei.

Tatsächlich gelang es der rigorosen Haushaltspolitik Wyschnegradskijs, die fiskalischen Grundlagen für eine spürbare Belebung der Industrie zu schaffen. Dass der Minister keine Sympathien im agrarischen Lager, bei den marktproduzierenden Großgrundbesitzern, gewinnen konnte, ist leicht zu verstehen. Was die Agrarier gegen Wyschnegradskij aufbrachte, waren nicht allein die mehrfach erhöhten Einfuhrzölle für landwirtschaftliche Maschinen, die diese Leute brauchten, um ihre Betriebe zu modernisieren. Zur Last gelegt wurde ihm auch, dass Bismarck die Agrarzölle immer höher schraubte, um die ostelbischen Rittergüter vor der russischen *Getreideflut* zu schützen. Die ökonomische Konkurrenz zwischen Russland und Deutschland, die sich im Hochprotektionismus dieser Jahre aussprach, sollte schließlich zu einem förmlichen Zollkrieg führen.

Die Krönung dieser Politik auf russischer Seite brachte im Juni 1891 ein neuer Zolltarif. Er sollte den Schutz der vaterländischen Industrie verstärken und die Einfuhr von Industriewaren bis zu einem Drittel des Warenwertes belasten. Bei einigen Importgütern hatte dies sogar prohibitive Wirkung. So wurden durch den neuen Roheisenzoll nicht nur die englischen Marktpreise übertroffen, sondern auch die Selbstkosten, die den neuerrichteten Eisenhütten in Russland damals entstanden. Die Zollmauern, hinter denen die Schwerindustrie groß werden sollte, wurden immer undurchdringlicher gemacht. Bei alledem darf nicht vergessen werden, dass der Protektionismus ein allgemeiner Tatbestand in der Industrialisierungs- und Handelsgeschichte dieser Zeit gewesen ist. Fast alle großen Staaten mit Ausnahme Englands haben sich damals durch hochgetriebene Schutzzölle gegen die ausländische Konkurrenz abzuschirmen versucht. Das galt nicht zuletzt für Frankreich, aber auch für Amerika.

Der Ertrag, den der Schutzzoll für den russischen Staatshaushalt erbrachte, war relativ bescheiden, vor allem dann, wenn man die hohen Entwicklungsprämien bedenkt, die das Finanzministerium der Schwerindustrie gewährte. Außer Zweifel steht aber, dass die protektionistische Entwicklungsstrategie der russischen Wirtschaft zu einer beträchtlichen Konjunkturbelebung verhalf. Dabei kam den Bemühungen Wyschnegradskijs eine weltwirtschaftliche Aufschwungperiode entgegen. Seit 1887/88 fand die Roheisenproduktion in Russland, bald auch die Stahlerzeugung aus der Flaute der vergangenen Jahre heraus und trat in eine Phase kontinuierlichen Wachstums ein. Auch die Kohleförderung wies erhebliche Zuwachsraten auf. Die Liquidität der europäischen Kapitalmärkte erleichterte die Kreditaufnahmen, verbesserte die Anleihebedingungen und verstärkte die Anreize für russische Kapitalgeber, im eigenen Land zu investieren.

Es ist wichtig zu sehen, dass Wyschnegradskijs Amtszeit den Zusammenhang zwischen industrieller Entwicklung, auswärtiger Finanzpolitik und imperialer Machtpolitik wieder deutlicher zum Vorschein brachte. Der Kapitalimport gehörte auch weiterhin zu den fundamentalen Bedingungen der industriellen Entwicklung. Wie sich zeigte, gelang es dem Minister, die von Bismarck 1887 gegen russische Anleihen verhängte Börsensperre erfolgreich zu konterkarieren. Die Pressionen des deutschen Kanzlers, der verhindern wollte, dass Russland sich neu orientiere und auf die Seite Frankreichs überschwenke, gingen deshalb ins Leere, weil es Wyschnegradskij binnen weniger Monate gelang, die Masse der russischen Wertpapiere aus Berlin abzuziehen und in Paris unterzubringen. Bald wurde klar, dass nicht mehr der deutsche, sondern der französische Kapitalmarkt als Hauptfinanzier der russischen Industrialisierung fungierte. Als nach Bismarcks Abgang der Rückversicherungsvertrag mit dem deutschen Kaiserreich erlosch, war auch die russische Außen- und Militärpolitik bereit, eine Partnerschaft mit dem bisher gemiedenen Frankreich zu suchen. 1891 erschien ein Flottengeschwader erstmals in Kronstadt und St. Petersburg. Marseillaise und Zarenhymne, Trikolore und Doppeladler – Symbole für die neue Verbindung zwischen dem autokratischen Russland und der französischen Republik. Das politische Bündnis, das zunächst zustande kam, wurde zwei Jahre später durch eine Militärallianz ergänzt.

Wie krisenanfällig die russische Finanzlage trotz aller Erfolge geblieben war, hatte die Hungerkatastrophe von 1891/92 gezeigt. Ihre Ursache war eine Missernte vor allem in den getreideproduzierenden Gebieten, die den Agrarexport zum Erliegen brachte. Rückwirkungen auf die Finanzwirtschaft waren unvermeidlich. Wyschnegradskij, dem vorgeworfen wurde, er betreibe Hungerexport, musste 1892 – gegen das fiskalische Interesse, das er zu vertreten hatte – ein Ausfuhrverbot erlassen. Damit war er als Politiker gescheitert.

Sein Nachfolger Sergei Witte war, wie gesagt, ein Staatsmann von außerordentlichem Format, der Architekt eines rasanten wirtschaftlichen Aufstiegs in der zweiten Hälfte der 90er Jahre, einer *industriellen Revolution* im Zarenreich, die den Fortschritt gleichsam von selber weitertrug. Wie zahlreiche Denkschriften an den Zaren zeigen, hatte sich der neue Minister vorgenommen, das im Lauf eines 200jährigen wirtschaftlichen Schlafes in Russland Versäumte nachzuholen, und dies so rasch wie irgend möglich. Wittes eigene Karriere sprach für sich: Mehrere Jahre hatte er der größten privaten Eisenbahngesellschaft Russlands vorgestanden, war im August 1892 zum Verkehrsminister berufen worden und schon wenige Wochen später an die Spitze des Finanzressorts gelangt. In dieser Schlüsselfunktion hat er keineswegs daran gedacht, das protektionistische System seines Vorgängers abzubauen und durch neue Methoden und Strategien zu ersetzen. Vielmehr war er entschlossen, die übernommenen Instrumente weiterzuentwickeln, zu verfeinern und im großen Stil zur Wirkung zu bringen. Diese Kontinuität war allenthalben zu sehen: im Beharren auf den extrem Zolltarif von 1891, in der Intensivierung der auswärtigen Anleihepolitik, im vermehrten Einsatz fiskalischer Mittel zur Sanierung der Staatsfinanzen. In Russland hat es damals keinen dynamischeren Agitator für rasches, industrielles Wachstum gegeben als diesen Mann, keinen ausdrucksstärkeren Apologeten des Industrieprotektionismus, des Kapitalimports und ausländischer Direktinvestitionen. Witte ließ keine Zweifel zu, dass der Staat bei der Kapitalisierung der Wirtschaft die entscheidende Rolle zu übernehmen habe, ja dass die Staatsintervention in dem Maße zunehmen müsse, in dem der Kapitalismus sich entfalte.[121]

Aber nicht nur die strategischen Muster, auch die Gefahren, denen Wyschnegradskij erlegen war, haben seine Amtszeit überdauert. Durch die Erfolge, die Witte vorweisen konnte, wurden die Risiken des Scheiterns nicht geringer. Die Erfolge freilich konnten sich sehen lassen. Sie wurden durch weltwirtschaftliche Faktoren begünstigt, weil Mitte der 1890er Jahre die *Große Depression* zu Ende ging. Von der nun einsetzenden allgemeinen Belebung konnte sich die beispiellose industrielle Hochkonjunktur in Russland tragen lassen – mit durchschnittlichen Wachstumsraten zwischen 7 und 10 Prozent, wie sie damals keine andere europäische Großmacht aufweisen konnte. Leitsektor der Konjunktur waren nach wie vor die Eisenbahnen, deren rapide Expansion zeitweilig sogar die des amerikanischen und kanadischen Schienennetzes übertrafen. Zwischen 1860 und 1900 wurden rund 55.000 Streckenkilometer in Betrieb genommen, davon im letzten Jahrfünft fast 20.000. Tatsächlich hatte Witte bei seinen Plänen und Visionen Amerika vor Augen. Das galt für sein Zeitgefühl wie für die räumlichen Dimensionen, die ihm die kontinentale Ausdehnung des russischen Imperiums nahe legte. Von seiner Aufgabe dachte der Minister nicht gering. Er agierte vor weitgespannten Horizonten, wie es den zeitgenössischen Maßstäben imperialistischen Denkens entsprach.

Mit dem Versuch, die Wirtschaftlichkeit der vom Staat betriebenen Unternehmen zu steigern, wurden große Erwartungen verbunden, und ohne Zweifel wirkte die durch den Eisenbahnbau verstärkte Nachfrage auf die Schwerindustrie positiv zurück. Bis zur Jahrhundertwende stieg die Roheisenerzeugung, die unter Wyschnegradskij verdoppelt worden war, noch einmal um 100 Prozent und markierte damit einen Höchststand, der erst in der nächsten hochkonjunkturellen Phase, zwischen 1908 und 1914, noch einmal erreicht werden konnte. Die Stahlproduktion stieg von 1890 bis zur Jahrhundertwende um 200 Prozent. Nahezu gleiche Expansionsraten gab es bei der Kohleförderung. All dies trieb in Russland den Prozess der Urbanisierung voran, sodass es zu einer beispiellosen Belebung des Baugewerbes kam, das nicht nur vom Städtebau profitierte, sondern auch von der Expansion der Industrie und der Erschließung neuer Industriezentren wie des Donez-Reviers. Zoll- und Handelspolitik, auswärtige Kreditschöpfung, Investitionsförderung und Verkehrserschließung griffen ineinander. Auch in der Zunahme des staatlichen Haushaltsvolumens spiegelte sich die Phase des *Take-off*, eines sich selbst tragenden wirtschaftlichen Aufstiegs.

Witte gab seine Entwicklungsstrategie als eine Fundamentalbedingung dafür aus, dass die weltpolitische Großmachtstellung und die autokratische Regierungsform des Zarenimperiums erhalten blieben. Komme der ökonomische Fortschritt nicht entscheidend voran, werde das Reich gefährdet sein und die Selbstherrschaft dazu. Diesen Zusammenhang hat Witte immer wieder hervorgehoben, nirgends eindringlicher als im Verweis auf das gewaltigste Entwicklungsprojekt seiner Zeit: auf die Transsibirische Eisenbahn, deren Bau über chinesisches Territorium hinweg die ausgreifenden Ambitionen seiner Politik vor Augen führte.

Zur Finanzierung der industriellen Expansion hat Witte das fiskalische System aus seiner Sicht verfeinert und für wachsende Staatseinnahmen gesorgt. Das geschah nicht durch Erhöhung der direkten Steuern, die in Russland ohnehin eine sehr geringe Rolle spielten, sondern durch Erhöhung der indirekten Steuern auf Konsumwaren aller Art. Wie erwähnt, wurde 1894 das Alkoholmonopol von Witte eingeführt, das der Staatskasse enorme Zugewinne brachte. Etwa ein Viertel der Einnahmen kamen seither aus dieser Quelle. Bedenkt man die überkommene Anfälligkeit zumal der männlichen Bevölkerung für Alkoholexzesse, so lässt sich ohne sonderliche Übertreibung sagen: der Ruin der Volksgesundheit war an dem

Eisenbahn- und Industrieprogramm der russischen Regierung zu einem guten Teile festgemacht. Auch Industriezölle und andere Möglichkeiten der Geldschöpfung wurden ausgenutzt. Vor allem aber war Witte darum zu tun, ausländisches Kapital für Russland flott zu machen und zu Direktinvestitionen anzureizen. Dabei war ihm klar, dass ohne den Anschluss des Rubels an den internationalen Goldstandard die russische Währung nicht zu stabilisieren sei.

Dass dieser Schritt 1897 tatsächlich gelang, war für die Jahre bis zum Weltkrieg von schwer zu überschätzender Bedeutung. Mit der Einführung des Goldrubels kam die russische Finanzpolitik auf modernes kapitalistisches Niveau. Sie konnte der weltwirtschaftlichen Verflechtung, in die das Zarenreich seit langem einbezogen war, fortan angemessener als bisher Rechnung tragen. Damit stieg freilich auch die Krisenanfälligkeit der Volkswirtschaft. Wirtschaftskrisen, die jenseits der Reichsgrenzen ihren Ursprung hatten, schlugen auf die russische Entwicklung zurück.

Um die Jahrhundertwende, als es nach Jahren rasanten Aufschwungs zu einer weltwirtschaftlichen Flaute kam, war dieser Zusammenhang abermals zu sehen. Nicht die geringste Folge davon war, dass Witte 1903 das Amt des Finanzministers verlor. Kein Zweifel, bei seiner Entlassung spielten auch andere Faktoren eine Rolle. So war sein ehrgeiziges Programm in Russland selbst auf Widerstand gestoßen, vor allem beim Landadel und bei anderen Vertretern agrarischer Interessen, die sich durch die Bevorzugung der Industrie erniedrigt und beleidigt fühlten. Witte war daher immer wieder zur Rundumverteidigung seiner Politik gezwungen. Vor allem hatte er sich gegen den Vorwurf zu wehren, er betreibe den Ausverkauf Russlands im Interesse des ausländischen Kapitals. Zahlreiche Denkschriften aus der Mitte der 90er Jahre zeigen, dass der Minister seine Position selbstbewusst zu vertreten verstand:

„Das Kapital hat wie das Wissen kein Vaterland. (...) Man behauptet, der Zustrom ausländischer Kapitalien bedrohe die Unabhängigkeit unseres Landes und man könnte, wenn man nichts überstürze, auch mit eigenen Kapitalien auskommen. Aber ein großes Land kann nicht warten (...) Um den wachsenden Interessen entgegenzukommen, um die Produktivität der bei uns in Überfülle vorhandenen Arbeit zu mehren und dadurch den Prozess der Anhäufung von Reichtum und die Steigerung des Volkswohlstandes im Lande zu beschleunigen, ist das allerwirksamste Mittel die Heranziehung von ausländischen Kapitalien. Dass dies für die Selbständigkeit eines Landes keine Gefahr bedeutet, wird durch Beispiele wie England, Deutschland, Frankreich, die Vereinigen Staaten und andere bewiesen, durch Staaten, die ihre Selbständigkeit dadurch, dass sie ihre Industrie mit Hilfe fremder Kapitalien schufen, nicht eingebüßt haben. Dass Opfer zu bringen sind, ist klar. Nichts in der Welt ist umsonst zu haben."[122]

Dass die politische Unabhängigkeit Russlands ungesichert sei, solange die ökonomische Abhängigkeit fortbestehe, hat Witte nicht geleugnet, sondern in unverblümten Erklärungen immer wieder dargetan. Als Beleg dazu eine klassische Passage aus einer Denkschrift an den Zaren von 1896: „Die wirtschaftlichen Beziehungen Russlands zu Westeuropa ähneln noch vollkommen den Beziehungen der Kolonialländer zu ihren Metropolen. Die letzteren betrachten ihre Kolonien als günstigen Markt, wo sie die Produkte ihrer Arbeit, ihrer Industrie ungehindert absetzen und aus denen sie mit harter Hand die ihnen notwendigen Rohstoffe herausziehen können (...) Darauf stützen die Staaten Westeuropas ihre ökonomische Macht und der Schutz oder die Eroberung neuer Kolonien ist dafür das hauptsächliche Mittel. Russland ist auch jetzt noch in gewissem Grad für alle industriell entwickelten Staaten eine solche Kolonie, die jene Staaten freigiebig mit den billigen Produkten ihres Landes versorgt und für die Erzeugnisse der Arbeit der Industrieländer teuer bezahlt. Doch im Vergleich zur Lage der Kolonien gibt es einen wesentlichen Unterschied. Russland ist ein politisch unabhängiger, ein mächtiger Staat, es hat das Recht und hat die Kraft, nicht der ewige Schuldner der ökonomisch entwickelten Staaten zu bleiben. Russland will selbst eine Metropole sein und will auf dem Boden der von leibeigenen Fesseln befreiten Volksarbeit eine eigene nationale Industrie zum Wachsen bringen. Eine Industrie, die ein hoffnungsvolles Gegengewicht gegen die ausländische Vorherrschaft zu werden verspricht."[123]

Wie man sieht, hat Witte keine Dramatisierung gescheut, um die von ihm als koloniale Abhängigkeit bezeichnete Unterentwicklung und Rückständigkeit zu überwinden. Im Namen Russlands forderte er Parität mit der entwickelten Welt. Aus dem Bestreben, das Zarenreich nach den Maßstäben der westlichen Kolonialmächte zur Metropole zu machen, ergab sich Wittes Expansionsstrategie. Der Bau der Transsibirischen Eisenbahn sollte der jungen russischen Industrie in Ostasien große Absatzmärkte öffnen und durch wachsende Exporterträge die weitere Entwicklung steuern und finanzieren helfen. Gleichberechtigte Teilnahme an der *friedlichen Durchdringung* der asiatischen Räume – das war Wittes große Vision. Sie verschärfte die Rivalität der sich überschneidenden Großmachtinteressen im Fernen Osten und gehört zur Vorgeschichte des russisch-japanischen Krieges, dessen Verlauf die Revolution im Zarenstaat hervorgetrieben hat.

3 Opposition und revolutionäre Bewegung

3.1 Grenzen des Liberalismus: Zum Problem der Intelligenzija

Die großangelegten Reform- und Modernisierungsversuche, die von der Autokratie im Zug der Bauernbefreiung unternommen wurden, hatten zum Ziel, das Imperium aus seiner ökonomischen, sozialkulturellen und militärischen Rückständigkeit herauszuführen und den Großmachtstatus Russlands in der Konkurrenzfähigkeit mit den fortgeschritteneren Staaten des Westens zu erhalten. Die Amtszeit Wittes als Finanzminister (1892–1903) hatte einen Höhepunkt dieser Strategie gebracht und den Begriff der *industriellen Revolution* angeheftet bekommen. Dabei baute der Minister auf den massiven Einsatz ausländischen Kapitals, auf hochgezogene Zollmauern und darauf, dass die Transsibirische Eisenbahn der einheimischen Industrie dazu verhelfen werde, neue Absatzmärkte im Fernen Osten zu erschließen. Russland, dessen ökonomischen Status Witte mit dem einer Ausbeutungskolonie der Industrieländer verglich, sollte selbst zu einem Metropolstaat werden. Überdies versprach er, dass sich auf diesem Weg der Volkswohlstand heben und die armselige Lage der Bauernschaft lindern lasse.

Witte gehörte in den 90er Jahren zu den wenigen Spitzenbeamten, die begriffen hatten, wie gefährlich die Sprengkraft war, die sich in der Agrar- und Bauerngesellschaft des Reiches angesammelt hatte. Und tatsächlich begann mit Wittes ausgreifenden Projekten zugleich die Vorgeschichte der Stolypinschen Reform, jenes letzten durchgreifenden Modernisierungsversuchs, den das alte Regime nach der Niederlage gegen Japan und den Erfahrungen der Revolution unternahm. Bis dahin hatten die zarischen Reformeliten das Axiom bestehen lassen, dass bei allem Wandel das Herrschaftsmonopol der Autokratie nicht angetastet werden dürfe. Ob dieser Grundsatz im 20. Jahrhundert noch Zukunft habe, war seit dem Umbruch von 1905 zweifelhaft geworden. Solange diese Frage nicht entschieden war, konnte es für die Gesellschaft keine weitertragenden Perspektiven geben, keine Aussicht auf Partizipation, keine Mitwirkungsrechte an der Gestaltung der Politik.

Diese Entwicklungsblockade zeigte sich in der Renitenz der Autokratie gegenüber Verfassungsreformen, gegenüber der Tendenz zumal, Russland in eine konstitutionelle Monarchie zu verwandeln, wenn möglich in eine, die nach britischem Muster geschnitten wäre. Erst 1905, mit dem sogenannten *Oktobermanifest*, war der Zar soweit, politische und zivile Freiheiten zu gewähren und den Weg zu rechtsstaatlichen Reformen freizugeben. Am 23. April 1906 trat ein Grundgesetz in Kraft, demzufolge Russland in Gestalt der Staatsduma ein nach Kurienwahlrecht beschicktes Parlament erhalten sollte, eine Nationalvertretung mit dem allerhöchst verbürgten Recht, am Gesetzgebungsprozess in beschränktem Umfang mitzuwirken.

Die Konsequenzen, die sich aus der neuen Reichsverfassung für die oppositionellen und revolutionären Kräfte ergaben, wogen nicht gering. Zum ersten Mal hatten sie die Möglichkeit, aus der Illegalität herauszutreten und öffentlich für sich zu werben. Rekrutiert hatte sich der Widerstand gegen die Autokratie von jeher aus einer schwer abgrenzbaren sozialen Schicht, die unter der Bezeichnung *Intelligenzija* in der politischen Sprache noch heute weiterlebt. Dieser vieldeutige Begriff war in den 1860er Jahren aus dem Französischen übernommen und in der Öffentlichkeit alsbald zu einem Schlagwort geworden. In einer Definition, die auf Bildungspatente und akademische Berufe verweist, ging sein Sinngehalt nicht auf. Vielmehr war Intelligenzija vorab als Gesinnungsgemeinschaft zu verstehen, als lockerer, in sich vielfach gespaltener Ideenverband, dessen Mitglieder darauf bedacht waren, sich in ihren Wertmaßstäben und in ihrem Habitus von der etablierten Gesellschaft prinzipiell zu unterscheiden. Wer sich der Intelligenzija zurechnete, war in aller Regel davon überzeugt, dass nicht fortdauern könne, was im autokratischen Russland bisher als unantastbar gegolten hatte.

Trotz dieser normativen Ausweitung ist Intelligenzija im Russischen auch als soziologischer Begriff tauglich geblieben. In diesem Sinn meint er die berufsständische Intelligenz, die Schicht der seit den Großen Reformen expandierenden akademischen Berufe: Ärzte, Rechtsanwälte, Ingenieure, Gymnasial- und Hochschullehrer, Wissenschaftler, Künstler, Schriftsteller und so fort. Auch der akademisch gebildete Teil der Beamtenschaft wäre noch hinzunehmen, obwohl sich das im russischen Sprachgebrauch durchaus noch nicht von selbst versteht. Aufgrund der Berufsstatistik, die sich aus dem Zensus von 1897 ziehen lässt, kann die Zahl der akademisch qualifizierten Menschen in Russland (ohne Finnland und Polen) auf etwa 500.000 Personen veranschlagt werden – bei einer Gesamtbevölkerung von 60 Millionen.

Soziologisch verstanden, gehört die Geschichte der Intelligenzija in Russland mithin zur Bildungsgeschichte, zu jenem Untersuchungsfeld, das in der sozialhistorischen Forschung *Professionalisierung* heißt und sich auf die Ausdifferenzierung der *freien Berufe* bezieht. Die Geschichte der Professionalisierung geht mit dem um 1860 einsetzenden Modernisierungsprozess zusammen, mit der Expansion des Bildungs- und Universitätswesens vor allem. 1865 gab es 4.100 Studenten im Russischen Reich, um die Jahrhundertwende 17.000, unmittelbar vor dem Ersten Weltkrieg 34.000 – also nochmals eine nach den Maßstäben der Zeit gewaltige Expansion. Nicht zu übersehen ist, dass seit den 1870er und 1880er Jahren auch das Frauenstudium in Entwicklung begriffen war, in sogenannten Frauenkursen, separiert vom Männerstudium an den Universitäten, doch auf akademischem Niveau.

Aus gutem Grund ist die berufsständische Intelligenzija in Russland als soziale Zwischenschicht bezeichnet worden. Sie kam aus allen vom Staat regulierten Ständen, aus allen Ecken und Enden der sozialen Welt, überwiegend aus dem Beamtenadel und der Geistlichkeit, weniger aus den städtischen Klassen und dem bäuerlichen Stand. Doch anders als in Deutschland war dieser Berufsstand nicht eingebunden in ein breit gefächertes Bürgertum, so dass auch der deutsche Begriff des *Bildungsbürgertums* auf Russland nicht umstandslos übertragen werden kann. Die Wertvorstellungen und Verhaltensweisen, die in der Welt der freien Berufe galten, blieben überwiegend antibürgerlich.[124]

Diese eigentümliche Prägung, Folge unterentwickelter Bürgerlichkeit, hat die Maßstäbe des russischen Liberalismus mitbestimmt. Es gab auch keinen Akademikerstand mit eigenem Selbstbewusstsein und eigenen Ehrbegriffen, keine Sozialisierungsinstanzen der akademisch Gebildeten, wie sie in Deutschland durch das studentische Korporationswesen und das Reserveoffizierskorps wirksam waren. All das gab es in Russland nicht. Hier wurde der gesellschaftliche Status nach wie vor durch den Dienstrang bestimmt. Bis zum Ende des 19. Jahrhunderts war akademische Bildung keine Voraussetzung für den Aufstieg in den höheren Beamtendienst. Die unbürgerlichen, ja antibürgerlichen Orientierungen der berufsständischen Intelligenz schärften sich in der Konfrontation mit den sozialen Massenproblemen und dem politischen System der Autokratie.

Wer sich zur Intelligenzija zählte, dem galt das *Ancien Régime* als Inkarnation von Rückständigkeit, Reaktion und Unkultur. So gingen denn auch die Interessen dieser Schicht in allgemeineren, gesellschaftlichen Interessen weithin auf, in einem politisierten Verständnis akademischer Berufsrollen, das typisch war für einen großen Teil der Anwälte, der Ärzte, auch der Professoren. Die Forderung nach Freiheit, nach akademischer Freiheit, nach Freiheit von Forschung und Lehre war von politischer Brisanz. Die Forderung nach der Unabhängigkeit des Advokatenstandes setzte Rechtsstaatlichkeit und bürgerliche Freiheit voraus. Auch im Blick auf den russischen Ärztestand kommt heraus, dass die Mehrheit seiner Angehörigen sich von der Verpflichtung leiten ließ, der Volksgesundheit zu dienen und ihren Beruf als Sozialmedizin zu begreifen. So waren 1905 die Ärzteverbände an den Vorbereitungen zum Generalstreik beteiligt, zu einer Massenaktion, die nicht auf den eigenen Stand, sondern auf die Arbeiterklasse und das einfache Volk bezogen war. Wie die anderen Berufsverbände in Russland wünschten sie nichts für sich, sondern verlangten nach einer liberalen Staatsverfassung, die allen zugutekommen sollte. Von einem vergleichbaren Grad der Politisierung konnte bei den gleichzeitigen Protestmaßnahmen deutscher Ärzteverbände keine Rede sein. Ihnen ging es um bessere Verträge mit den Krankenkassen. In dieser Differenz spiegelte sich die russische Sonderlage. Hier standen die akademischen Berufe, zumal die sogenannten freien, in einem Dauerkonflikt mit der Staatsgewalt.

Intelligenzija im Russischen ist, wie gezeigt, ein mehrdeutiger Begriff. Er meint nicht nur die akademischen Professionen, deren Soziologie aus der Berufsstatistik eindeutig zu ermitteln wäre. Für die Zurechnung entscheidend sind vielmehr subjektive, ideologisch aufgeladene Kriterien. In diesem erweiterten Sinn ist Intelligenzija die Bezeichnung, auch Selbstbezeichnung eines heterogenen Gesinnungsverbandes, der nicht nach Bildungspatenten fragt, sondern nach politischer Gesinnung und moralischer Überzeugung. So gesehen, steht Intelligenzija quer zur etablierten Gesellschaft und wird durch Verneinung definiert. Die Figur des Nihilisten, literarisch durch Turgenjews Basarow erstmals vorgestellt, zeigt den Habitus dieser Protestanten (*Väter und Söhne*, 1858). Die Gegensätze reichen in die Familien hinein. Studentinnen rauchen, schneiden sich die Zöpfe ab, verletzen in Kleidung und Benehmen die Etikette.

Intelligenzija meint das Reservoir der oppositionellen und revolutionären Bewegung, die sich seit den 60er Jahren zu organisieren begann: nicht nur im Milieu des *Semstwo*, der legalen Selbstverwaltungsinstitutionen, die man als Infrastruktur politischer Gegenmacht erprobt, sondern auch in der Illegalität, im Untergrund und im Exil. Was eint, ist die Bereitschaft zum Widerstand, zum Kampf für eine von Grund auf veränderte Ordnung. Die Intelligenzija war das Rekrutierungsfeld für die drei wichtigsten Ideenrichtungen, die in der zweiten Jahrhunderthälfte gegen die Autokratie Stellung bezogen: für den Liberalismus, den Populismus (*Narodnitschestwo*) und den Marxismus. Wer aus seinem Bekenntnis politische Konsequenzen zieht, will auf Dauer nicht alleine stehen, nicht im Kolloquium mit sich selber bleiben, sondern verlangt nach einer möglichst breiten sozialen Basis.

Die Liberalen appellieren an die *gesunden Kräfte der Gesellschaft,* an jene, denen unterstellt wird, dass ihnen Freiheit, Recht und Kultur am Herzen liegen. Sie identifizieren sich mit Interessen, die sie in wertbesetzten, gedanklichen Konstrukten unterbringen: mit *Rossija, nazija* und *narod* – mit Begriffen, die einen weiten Mantel haben. Volk im liberalen Sinn meint nicht nur einfaches Volk, sondern bezieht die Intelligenzija ein und geht mit der Gesellschaft zusammen, mit der klassischen Idee, wonach der Staat als Institution von Herrschaft in der Selbstverwaltung der *Societas civilis* aufzuheben sei. Was den Staat legitimiert, sind seine Schutzfunktionen. Sein Daseinszweck ist die Sorge für Ruhe und Ordnung und die Sicherheit des bürgerlichen Eigentums.

Anders als die Liberalen haben die Populisten, die *narodniki,* einen exklusiven Volksbegriff. Er schließt aus, was nach herkömmlichen Verständnis Gesellschaft heißt: die offiziellen Sphären, die Welt der Beamten, der Gutsbesitzer und Kapitalisten. Die Populisten sind auf das arbeitende Volk fixiert, das in seiner überwältigenden Mehrheit aus Bauern besteht und definiert wird durch Armut, Ausbeutung und Unterdrückung. Ihre Mission ist es, diesen Massen klar zu machen, dass sie nicht zur Sklaverei, sondern zur Freiheit geboren seien.

Wer Marxist sein wollte, hatte Sozialdemokrat zu werden und sich dem Anspruch der Lehren gewachsen zu zeigen. Sozialdemokraten setzen nicht auf das Bauernvolk, sondern auf das Proletariat, die junge Industriearbeiterklasse, die sich seit den Streikbewegungen der 1890er Jahre auch in Russland nicht länger ignorieren ließ. Die Emanzipation dieser Klasse sei, so heißt es, aufgrund der ehernen Gesetze der Geschichte unausweichlich und die Emanzipation der ganzen Menschheit in ihr aufgehoben.

Bevor die Narodniki und die marxistische Intelligenz eingehender behandelt werden, ist zunächst auf einige Spezifika des russischen Liberalismus zurückzukommen. Diese Besonderheiten liegen in einer eigenen Vorgeschichte, die Anfang des 19. Jahrhunderts als gouvernementaler Liberalismus erstmals in Erscheinung trat, repräsentiert durch eine europäisch gebildete Beamtenelite. Von diesem Beamtenliberalismus waren die Reformer geprägt, die nach dem Krimkrieg, von einer Minderheit des Adels unterstützt, Russland auf neue Füße setzen wollten. Nur in diesem eingeschränkten Sinne lässt sich sagen, dass es im Zarenreich der 1860er und 1870er Jahre nicht nur einen Liberalismus von oben gab, sondern auch einen, der in Teilen der alten Gesellschaft verankert war. In vergleichender Betrachtung kann dieser Adelsliberalismus als funktionales Äquivalent für das in Russland unterentwickelte Bürgertum angesehen werden, als Ersatz für das klassische Reservoir der liberalen Parteien im Westen.

Ein neues Element, das die sozialen Fundamente des Liberalismus verbreitert, entstand in den 1880er und 1890er Jahren mit der Expansion der Industrie, dem Ausbau des höheren Bildungswesens und dem wachsenden Gewicht akademischer Professionen. Dieses „dritte Element" wurde von berufsständischer Intelligenz gestellt, die im Dienst des *Semstwo* tätig war und dem Liberalismus radikalere Züge verlieh, als sie von dem Honoratiorenliberalismus des Landadels je zu erwarten gewesen wären. Dass sich das liberale Reservoir aus disparaten Quellen nährte, kam 1905 vor aller Augen, als es darum ging, politische Überzeugungen in politischen Parteien zu erfassen.

Ausgangspunkt des gesellschaftlich fundierten Liberalismus war das *Semstwo*, in dem zunächst der Adel dominierte. Als liberal galt, wer entschlossen war, der Selbstverwaltung gegenüber dem staatlichen Behördenapparat zu größerer Autonomie zu verhelfen und der Bildungsarbeit, Sozialarbeit und Kulturarbeit zugunsten der bäuerlichen Bevölkerung Priorität zu geben. Die Bewegungsspielräume der sich selbstverwaltenden Gesellschaft sollten rechtsstaatlich gesichert und nach zwei Seiten hin erweitert werden. Nach unten hin dadurch, dass das *Semstwo* auch auf die *wolosti*, die bisher ausschließlich bäuerlichen Amtsbezirke, auszudehnen und für alle im Kreisgebiet ansässigen Bürger zu öffnen sei. Die *wolosti* sollten allständische Organe werden – die kleinsten Einheiten einer staatsbürgerlich gedachten Selbstverwaltung, die nicht in der Kreisstadt endet, sondern auch auf dem Dorf, in den Bärenwinkeln der russischen Provinz, vertreten wäre.

Die andere Bewegungsrichtung, die für liberales Denken charakteristisch war, wollte den *Semstwo*-Aufbau nach oben hin erweitern. Dazu war es nötig, die Selbstverwaltung aus ihrer lokalen Isolierung zu befreien, das Kommunikationsverbot zwischen den einzelnen Gouvernements-*Semstwos* aufzuheben und über die administrativen Grenzen hinweg horizontale Strukturen zu schaffen. Schließlich sollte das *Semstwo*-Gebäude ein krönendes Dach erhalten – in Gestalt einer Landesversammlung, für die der historisierende Begriff *Semskaja duma* vorgesehen war – als Ausdruck für eine konstitutionelle Monarchie im Larvenstadium. Der Weg dorthin sollte durch friedliche Reformen geebnet werden, wenn immer möglich auf legale Weise, im Konsens mit dem Zaren und seiner Regierung, in klarer Abgrenzung von den Revolutionären, die sich dem Umsturz und der Vernichtung der alten Herrschafts- und Sozialordnung verschrieben hatten.

Die Intelligenzija, die seit den 1880er und 1890er Jahren hinzutrat, hat eine Radikalisierung des russischen Liberalismus bewirkt. So war es kein Zufall, dass die Vorgeschichte einer linksliberalen Organisation, der späteren *Partei der Volksfreiheit* (auch: Partei der Konstitutionellen Demokraten, kurz: Kadetten), nicht in der legalen Welt des *Semstwo* begann, sondern im konspirativen Milieu des Exils. Die erste Zeitschrift der radikaldemokratischen Liberalen erschien 1902 unter dem Titel *Oswoboschdenie* (Befreiung) bei J.H.W. Dietz in Stuttgart, dem Parteiverlag der deutschen Sozialdemokratie. Erst energische Proteste russischer Sozialdemokraten machten dem deutschen Parteivorstand klar, dass die Leute, die in diesem Blatt die Befreiung Russlands verlangten, keine Genossen waren.

In der Tradition des *Semstwo*, auf liberalkonservativen Landadel gestützt, sollte sich eine andere politische Organisation entwickeln, eine Partei, die sogenannten *Oktobristen*, eine nationalliberale Partei, die sich auf der Grundlage des Oktobermanifests von 1905 dazu entschloss, als loyale Opposition im Rahmen der neuen Staatsverfassung tätig zu werden. Aus der berufsständischen Intelligenz kam Opposition in liberaldemokratischer Gesinnung. Mit ihren freiheitlichen Forderungen hat sie den regimekonformen Beamtenliberalismus ebenso überholt wie den Adelsliberalismus, der seine Positionen in den *Semstwo*-Institutionen hatte. 1905 sammelte sich die radikale Richtung in der *Partei der Volksfreiheit* (*Partija narodnoj swobody*). Die Anhänger dieser *Konstitutionellen Demokraten* (*Kadety*) verlangten für Russland eine Staatsverfassung, die nicht als Oktroi von oben, sondern die von unten kommen sollte, als Willenserklärung einer demokratisch gewählten Volksvertretung. Anders als die liberalkonservative Richtung, die *Oktobristen,* wollten sie die volle Parlamentarisierung der Reichsverfassung, keine halbherzige Selbstbeschränkung der autokratischen Macht. Dabei folgten sie im Wesentlichen dem britischen Modell, wie überhaupt westliche Vorbilder – der moderne Rechts- und Kulturstaat und ein in sozialer Hinsicht gezähmter Kapitalismus – für diese Linksliberalen kennzeichnend blieben.

Die radikalere Kadettenpartei wurde überwiegend von Professoren und Advokaten geführt. Ihre Dumafraktion bestand zu 73 Prozent aus Akademikern, während der Akademikeranteil des gesamten Parlaments 47 Prozent betrug. Dieser Liberalismus sah sich nicht nur gegen die alte Staatsgewalt und die alte Gesellschaft stehen. Er grenzte sich auch von jenen Kräften russischer Intelligenzija ab, die sich um die Jahrhundertwende in revolutionären Parteien neuen Typs zu sammeln begannen: von den *Sozialrevolutionären* in der Tradition des *Narodnitschestwo* und von den Sozialdemokraten, die Anspruch machten, das Proletariat des Zarenreiches zu vertreten. Die Frage, wie die Beziehungen der Liberalen zu den vielfach gespaltenen Revolutionsparteien zu regulieren seien und ob Bündnisse oder Koalitionen gegen die Autokratie denkbar oder zu verwerfen wären – diese Frage hat bis zum Ende der Zarenzeit zu den Fundamentalproblemen der oppositionellen wie auch der revolutionären Bewegung gehört.

Weder der russische Liberalismus in seiner radikalen Form, noch die Sozialrevolutionäre und die Sozialdemokraten, verfügten über in sich schlüssige außenpolitische Konzeptionen. Unter der Autokratie gab es ja selbst für regimetreue Untertanen keine Partizipationsmöglichkeiten am Entscheidungsprozess. Nicht verwunderlich, dass die liberalen Sympathien in Europa nicht dem deutschen Kaiserreiche galten, sondern der französischen Republik oder der parlamentarischen Monarchie in Großbritannien. Die antideutsche Grundhaltung wandte sich gegen die Solidarität der monarchischen Höfe, gegen die Sonderbeziehungen zwischen Petersburg, Berlin und Wien. Da der Liberalismus in Russland mit der Industriebourgeoisie nicht unmittelbar verbunden war, vertrat er keine ausgeprägt ökonomischen Interessen, die sich in außenpolitischen Strategien niedergeschlagen hätten. Das Interesse für Handels- und Kapitalpolitik war gering.

Die Erörterungen, die dem Liberalismus, dem Agrarsozialismus und den Anfängen der Sozialdemokratie in Russland galten, haben gezeigt, dass sich deren Zukunftsvorstellungen keineswegs auf den imperialen Raum des Zarenreiches beschränkten. Die internationalen Bezüge ihrer Denkmuster waren evident und berührten mithin auch das System der großen Mächte. Nicht nur Russland, sondern Europa und die Welt im Ganzen sollten verändert werden.

Für den Liberalismus verstand sich dieser übergreifende Zusammenhang von selbst. Die Modelle des bürgerlichen Rechtsstaats, von denen beide Parteien sich leiten ließen, wurden aus dem Westen bezogen: die Idee der bürgerlichen Freiheit ebenso wie die Idee der sich selbstverwaltenden Gesellschaft, die den Polizeistaat bürokratischen Stils aufheben sollte. Für den Begriff des Kulturfortschritts galt das gleiche. Russland sollte auf das Niveau der modernen, durch europäische Maßstäbe bestimmten Zivilisation gelangen. Auch die Forderung, aus der Autokratie eine konstitutionelle Monarchie zu machen, wies über Russland hinaus. Mithin stellte der Liberalismus nicht nur die innere Ordnung in Frage, sondern auch die internationalen Beziehungen, in denen sich das Imperium bewegte.

Charakteristischer für die russischen Liberalen war ihre Anfälligkeit für nationalistische und imperiale Ideologien. Sie waren gewohnt, im Namen der nationalen Interessen des Volkes zu sprechen, was immer das in diesem Vielvölkerreich bedeuten mochte. Mit der entschiedenen Absage an das autokratische System und der Forderung, den Kulturfortschritt in Russland zu fördern und die Nation auf europäisches Niveau zu bringen, wandten sie sich zugleich gegen die traditionellen Führungsschichten, gegen die Agrarier, die konservativen Vertreter der hohen Bürokratie, der Diplomatie und des Militärs. Im Krieg mit Japan 1904/05 versuchten sie, ihre Frontstellung gegen den Zarismus mit der Bejahung der Vaterlandsverteidigung zu verbinden. Dass sie damit Schiffbruch erlitten, ist leicht einzusehen, spricht jedoch für die Widersprüche und Aporien dieser Zeit.

3.2 Populismus im späten Zarenreich – Das Narodnitschestwo

Aus der Intelligenzija, verstanden als ideologisch definierte Zwischenschicht, kamen die revolutionären Gruppen und Parteien, die seit den 1890er Jahren zumal die Folgen der industriellen Revolution zu verarbeiten hatten. Wer sich zur revolutionären Bewegung zählte, verfocht keine Reformpolitik im Rahmen der Legalität, sondern bekannte sich zur Konspiration und war entschlossen, der Selbstherrschaft notfalls ein gewaltsames Ende zu setzen – durch einen revolutionären Umsturz, der vom Volk getragen oder doch im Namen dieses Volkes zu exekutieren wäre. Die *Narodniki* – im Deutschen nennt man sie *Volkstümler*, im Englischen *Populists* – wollten sich, wie ihr Name sagt, auf das Volk (*narod*) beziehen, die marxistischen Sozialdemokraten dagegen auf die Arbeiterklasse, das industrielle Proletariat. Ziel der Revolutionäre aller Sorten war nicht die parlamentarische Demokratie, sondern eine sozialistische, von Ausbeutung und Unterdrückung freie Gesellschaft.

Das *Narodnitschestwo* war die eigentlich russische Version des neuzeitlichen Sozialismus. Zwischen den 1860er und 1890er Jahren war sie die beherrschende Ideenrichtung der revolutionären Intelligenz. In der kaum noch überschaubaren Forschungsliteratur hat Francesco Venturis *Il populismo russo* den Rang eines Klassikers erlangt (engl. Übersetzung des 1952 erschienenen Originals: *The Routes of Revolution*, 1960).[125] Idealfigur der Narodniki war nicht der Parlamentarier, sondern der Revolutionär, ein Mensch, der die Revolution als Profession betrieb. Über die Zeiten hin galten die *Schestidesjatniki*, die Leute der 1860er Jahre, als Vorbild der studentischen, zum Kampf gegen die Autokratie entschlossenen Jugend. Noch in spätsowjetischer Zeit, in der ersten Phase der Entzauberung des Stalinkults, wirkte dieser Mythos fort. Junge Leute, die unter Chruschtschow auf einschneidende Veränderungen setzten, sahen sich in der Kontinuität der *Schestidesjatniki* und beanspruchten deren Namen für sich.

Tatsächlich war das Narodnitschestwo vor allem eine Jugendbewegung. Sie bezog ungewöhnlich viele Frauen ein und konnte Menschen für ein ganzes Leben prägen, auch solche, die später in honorigen bürgerlichen Berufen unterkamen. Sie galten als Rebellen und waren an ihrem Habitus leicht zu erkennen. Ihr Abscheu galt nicht allein dem Zarismus, sondern den gesellschaftlichen Konventionen überhaupt, nicht zuletzt den Regeln des Familienlebens in den eigenen Elternhäusern. So konnte Nikolaj Tschernyschewskijs zählederner Roman *Was tun?* (1863) zum Kultbuch mehrerer Jugendgenerationen werden, denn er entwarf das Bild eines Neuen Menschen, und auf den vor allem kam es an.

Tatsächlich hat die Intelligenzija, seit der Kapitalismus dabei war, Russland zu verwandeln, einen Großteil ihrer Energien im Kampf um die rechte Lehre verbraucht. In den 1890er Jahren gerieten die Narodniki in ein neues Koordinatensystem prinzipieller Auseinandersetzungen: in die Konkurrenz mit den ökonomischen und sozialen Theorien des Marxismus, dem letzten Wort der modernen Sozialwissenschaften, wie es damals schien. Dabei kann man nicht sagen, dass die Denkmuster der Volkstümler nun durch marxistische ersetzt worden wären. Das Gegenteil war der Fall. Bis zur Revolution vom 1917, ja über diese Revolution hinweg, wirkte die Konfrontation zwischen populistisch und marxistisch geprägten Geschichtsauffassungen, Gesellschaftsbildern und Sozialutopien unvermindert fort.

Das Narodnitschestwo war, wie erwähnt, vor allem auf das Volk fixiert, nicht auf die Gesellschaft, in die das Volk, wie es dem liberalen Ideal entsprach, allmählich hätte hineinwachsen sollen. Doch der Mantel, der den Begriff *narod* umhüllte, war so füllig und so weit gespannt, dass ihn auch die Ideologen der russischen Selbstherrschaft für sich in Anspruch nahmen. Am einprägsamsten erschien er in der schon erwähnten Uwarowschen Trinitätsformel, in der die Begriffe Orthodoxie, Autokratie und Volkstum (*narodnost*) unlösbar verklammert waren.

Den Narodniki kam es darauf an, das Volk aus diesen armseligen und erniedrigenden Verhältnissen herauszureißen. Was sie *Volk* nannten, war bei ihnen, anders als bei Marxisten, durch Klassengrenzen nicht getrennt; Volk wurde ganzheitlich begriffen – als ein einheitlicher, nicht parzellierbarer Organismus, dem auch die neuentstehende Industriearbeiterklasse zugehörte. Das Proletariat galt nicht als eine Klasse für sich, nicht als ein soziales Substrat, das vom werktätigen Volk getrennt zu denken wäre. Proletarier waren nichts anderes als Bauern, vom Dorf in die Fabrik versetzt und gleichwohl Teil des unteilbaren Volks geblieben. Vom Volk ausgeschlossen war die durch Besitz und Vermögen privilegierte Gesellschaft, waren Gutsbesitzer und Kapitalisten, Bürokratie und Polizei, Militärs und hohe Geistlichkeit. *Narod* meinte immer nur die kleinen Leute, das leidende Volk, die ausgebeuteten Massen in Dorf und Stadt.

Auch Liberale pflegten vom Volk zu reden, doch bei ihnen oszillierte der Begriff. Mitunter war das einfache Volk gemeint, die große Masse der Bevölkerung, die wegen ihrer Armut, mangelnden Bildung und Kultur noch keinen Zugang zur Gesellschaft gefunden hatte. Immer wieder gebrauchten liberale Redner und Schreiber den Volksbegriff aber auch als Synonym für die Gesellschaft im Ganzen, als semantisches Äquivalent für die Nation (*nazija*).

Der Populismus, Inbegriff des russischen Sozialismus, hatte Denkmuster übernommen und im Weitergehen transformiert, die in den 1830er und 1840er Jahren von den sogenannten Slawophilen entfaltet worden waren, von einer kleinen Bildungselite, die den geschichtlichen Weg Russlands als einen Sonderweg vor Augen hatte – getrennt von der westlichen Welt, vom christlichen Abendland, von dem Europa der romanisch-germanischen Völker. Was die Narodniki von den Slawophilen unterschied, war die Abwesenheit jeglicher religiösen Begründung. Sie waren dezidiert atheistisch, ja antireligiös. Für sie gab es keinen Gott. Das eigentlich Russische an Russland hatte nach ihrer Überzeugung mit dem orthodoxen Glauben, mit östlichem Christsein, nichts zu tun.

Kein Wunder, dass von einem so prinzipiellen Unterschied auch der Volksbegriff betroffen war. Beide, Slawophile wie Volkstümler, idealisierten den *narod*. Doch für die *Slawenfreunde* war das Volk Träger der göttlichen Verheißung, der Erlösung Russlands von allen Übeln dieser Welt. Dem konnte die Narodniki-Intelligenz naturgemäß nicht folgen, weil für sie die Idee der Freiheit und der freien sozialistischen Gesellschaft nichts Metaphysisches an sich hatte.

Bei der Ausbildung seiner Ideen empfing das *Narodnitschestwo* wesentliche Anstöße und Anregungen aus dem Westen, die vor allem aus zwei Quellen kamen: zum einen aus dem französischen Sozialismus, den man auch als *Frühsozialismus* oder *utopischen Sozialismus* verzeichnet finden kann, zum anderen aus dem linken Hegelianertum und der materialistischen Philosophie mit Ludwig Büchner, Ludwig Feuerbach und anderen, die mit dem Erbe des deutschen Idealismus gebrochen hatten. In der intellektuellen Durchdringung des Problems ist eine ältere deutsche Arbeit unübertroffen geblieben: Peter Scheiberts Werk *Von Bakunin zu Lenin* (1956). Auch die Essays von Isaiah Berlin, auf Deutsch unter dem Titel *Russische Denker* (1981), zählen zu den Klassikern auf diesem Feld.[126]

Eine seiner spezifischen Prägungen hat der russische Populismus durch eine Institution erhalten, deren ideologisch aufgeladene Bedeutung abermals auf die Slawophilie zurückverweist: die Dorfgemeinde, die *obschtschina*, von der an anderer Stelle schon die Rede war. Sie, die das Ende der Leibeigenschaft überdauert hatte, galt als Wurzelgrund und Keimzelle der Zukunftsgesellschaft, weil in ihr der Sozialismus im Embryonalstadium schon enthalten sei. Bereits August von Haxthausen hatte diese Solidarhaftungs- und Umteilungsgemeinde in seinen *Studien über das russische Volksleben* (1847) so verklärt, dass das Idealbild den Erwartungen der Narodniki weit entgegenkam: ihrem Verlangen nach einer Gesellschaft ohne privates Eigentum, die auf Wahrheit und Gerechtigkeit (*prawda i sprawedliwost*) gegründet wäre.

Um zum Sozialismus zu gelangen, kam es den Volkstümlern darauf an, die *obschtschina* von allen Fesseln zu befreien: von der Herrschaft der staatlichen Bürokratie und vom ausbeuterischen Joch der Gutsbesitzer. Nach Lage der Dinge könne dies nur mit Gewalt geschehen, nur durch eine Revolution, deren Aufgabe es wäre, die alte Herrschaftsordnung hinwegzufegen. Die neue Gesellschaft werde dann von unten her entstehen – aus der Assoziation freier Bauerngemeinden, bei der sich die lokalen bäuerlichen Selbstverwaltungsbezirke, die *wolosti*, zu einer russländischen Föderation zusammenschlössen. Alexander Herzen und Michail Bakunin, denen die Narodnikibewegung nachhaltige Inspirationen verdankt, bezogen diese Idee auf die Zukunft der slawischen Völker im Ganzen. Insoweit haben sie zu den Vätern des *Panslawismus* gehört. Während des polnischen Aufstands von 1863 verlangten sie, den europäischen Teil des Zarenimperiums in eine allslawische Föderation zu überführen. Der Staat als Herrschaftsapparat sollte zerschlagen werden, die Zukunftsgesellschaft herrschaftsfrei und ohne dirigierende Zentralmacht bleiben. Dabei wirkten unverkennbar anarchistische Ideen mit. Bakunins Schrift *Staatlichkeit und Anarchie* (1873) zeigte das in wünschenswerter Deutlichkeit und markierte zugleich den Gegensatz zur Marxschen Revolutions- und Gesellschaftstheorie.

Die Zukunftsgesellschaft, die den Narodniki vor Augen stand, widersprach den marxistischen Axiomen auch noch in einem anderen Sinn. Da in der russischen Agrarkommune der Sozialismus bereits vorbereitet war, konnte im Ost-West-Vergleich von einer Rückständigkeit Russlands keine Rede sein. Denn Russland müsse nicht imitieren, was im Westen vor sich ging, müsse die kapitalistische Entwicklungsphase nicht erst durchschreiten, um zum Sozialismus zu gelangen. Der Kapitalismus sei keineswegs, wie die Marxisten postulierten, eine *historische Notwendigkeit*; vielmehr könne Russland von seinen eigenen Grundlagen her durch einen revolutionären Sprung ins Reich der Freiheit kommen – vielleicht sogar eher als das übrige Europa. Von Inferioritätskomplexen gegenüber dem Westen, wie sie in dem oft devoten Verhalten russischer Sozialdemokraten gegenüber den Autoritäten der europäischen Bruderparteien zum Ausdruck kamen, wurden die Narodniki und ihre Nachfolger, die Sozialrevolutionäre, offensichtlich nicht gequält. Sie empfanden sich nicht als Zurückgebliebene, die nur nachlernen und nachvollziehen müssten, was in Deutschland oder Frankreich schon geschehen sei. Ihr Selbstgefühl beruhte auf der Überzeugung, dass Russland auf dem Weg zum Sozialismus eigenen Gesetzen folge und dass es deshalb nicht angehe, Russland im universalen Geschichtszusammenhang als rückständig und noch nicht reif für den Sozialismus zu diffamieren. Das auch im linken Milieu des Westens verbreitete Klischee, wonach der russische Mensch nicht zur Freiheit, sondern zur Sklaverei geboren sei, wurde mit Entschiedenheit verworfen. Im Gegenteil, während der Westen pharisäerhaft und philisterhaft in satter Spießbürgerlichkeit verkomme, sei das russische Volk jung und voller unbändiger Energie, eine starke elementare Kraft, die den Revolutionsprozess im Zarenreich vorantreiben werde.

Selbstbewusst fassten die Narodniki auch in der Welt des europäischen Sozialismus Fuß. Bei ihrem Eintritt in die 1889 gegründete *Sozialistische Arbeiter- und Gewerkschaftsinternationale* wurde von der eisernen Regel abgewichen, dass jedes Land nur durch eine einzige Partei vertreten werden dürfe. So kam es, dass in den Gremien dieser *Zweiten Internationale* Delegierte der Sozialrevolutionäre wie der Sozialdemokraten Russlands saßen. Pjotr Lawrow, einer der herausragenden Narodniki-Emigranten, genoss seit den Tagen der Pariser Commune im Westen ein so hohes Ansehen, dass die russischen Marxisten dagegen nicht aufkommen konnten.

Was blieb, war die Frage, wie die Revolution in Russland in Gang zu bringen sei und wer die führende Rolle beim Sturz der alten Ordnung spielen werde. An dieser Frage schieden sich die Geister, sodass im Lauf der 1870er Jahre auch im Lager der Narodniki voneinander abgegrenzte Organisationen entstanden. Mit der Frage, wem es zukomme, über Revolution nicht bloß zu reden, sondern sie tatsächlich auch zu machen, musste zugleich beantwortet werden, ob das Volk – angesichts der Unterdrückung, des Elends, der Unbildung und des Aberglaubens, mit denen es geschlagen sei – überhaupt fähig wäre, seine historische Bestimmung zu erkennen und ohne Hilfe von außen zur Freiheit zu kommen. Die Meinung, dass das Volk allein dies nicht leisten könne, überwog. Dem Volk zu helfen, galt daher als die spezifische Mission der revolutionären Intelligenz, jener kritisch denkenden Persönlichkeiten, die begriffen hätten, was zu tun jeweils geboten sei. Dabei waren zwei Begriffe, die sich komplementär zueinander verhielten, von herausragender Bedeutung: der Begriff des *Bewusstseins (sosnatelnost)* und der der *Spontaneität (stichijnost)*. Der erste bezog sich auf die spezifische Qualität der Intelligenz, der andere auf die Elementarkräfte, die man im Volke schlummern sah und die in einer Massenerhebung entfesselt werden sollten.

Die Frage, wie dieser *Dienst am Volk* praktisch zu leisten sei, ließ die unterschiedlichsten Reaktionen zu. Die beiden wichtigsten waren schon in den 1860er Jahren zu erkennen und begleiteten die Geschichte des *Narodnitschestwo* bis in die Revolutionszeit hinein. In der ersten konspirativen Organisation, die von einiger Dauer war, *Land und Freiheit* (*Semlja i wolja*), waren beide Richtungen noch ungeschieden beieinander: die eine, sozialistisch und demokratisch und anarchistischen Ideen zugeneigt, die andere, autoritär und auf die revolutionäre Tat fixiert, mit Vorstellungen, die in der Tradition der Jakobiner standen.

Die erstgenannte Tendenz, die sozialistisch-demokratische, hat 1874 unter der lernenden Jugend, Studenten und Gymnasiasten beiderlei Geschlechts, eine förmliche Bewegung ausgelöst, die unter der Bezeichnung *Gang ins Volk* (*choschdenie v narod*) emblematisch werden sollte. Es war der Versuch, in den langen Sommerferien revolutionäre Aufklärungs-, Bildungs- und Kulturarbeit auf dem Lande zu erproben und sich in solcher Praxis zu bewähren. Studenten und Studentinnen wollten dem Volke dienen, ihm alltägliche Hilfe leisten, ihm nicht vorauseilen mit Aktionen, die in Verschwörerzirkeln ausgedacht worden waren. Sie wollten nicht Revolution machen über die Köpfe des Volkes hinweg, nicht diktieren, was der Wille des Volkes sei, sondern wollten durch beharrliche Aufklärung dafür wirken, dass das Volk zum Bewusstsein seiner selbst gelange, zu der Einsicht, dass Freiheit und Gerechtigkeit nur durch den revolutionären Volksaufstand zu gewinnen sei. Das war die eine Grundauffassung, die das *Narodnitschestwo* bestimmte. Aus der Spaltung der Partei *Land und Freiheit* ist 1879 eine spezielle Gruppierung hervorgegangen, die sich *Schwarze Umteilung* (*Tschornyj peredel*) nannte und den Primat der Aufklärungs- und Bildungsarbeit auch weiterhin verfocht.

Gegen diese aufklärerische Variante stand die jakobinische Tendenz. Auch für deren Anhänger war klar, dass die Intelligenz dem Volk zu dienen habe. Doch galt es für sie als ausgemacht, dass die Revolutionäre nicht warten dürften, bis das Volk seine historische Mission begriffen habe. Für solchen Attentismus bleibe keine Zeit. Der Aufstand der Massen komme nicht von selbst, sondern setze die Aktion der revolutionären Partei voraus. Daher sei es Pflicht der kritisch denkenden Minderheit, dem Volk vorauszugehen und den Kampf gegen das herrschende Regime zu eröffnen, nicht bloß auf dem Papier, sondern im handgreiflichsten Sinn, mit terroristischen Mitteln, durch den Einsatz von Bomben und Pistolen sollten Vertreter des alten Regimes gerichtet werden.

Der Terror als revolutionäre Taktik sollte das Regime destabilisieren, seine Autorität untergraben und zumal dann, wenn es gelänge, den Zaren zu treffen, als Initialzündung wirken für den erwarteten großen Volksaufstand. Der Terror sollte den Massen zeigen, dass es Menschen gab, die zum Selbstopfer bereit waren, um die Verbrechen der Herrschenden zu rächen und den Sinn für Wahrheit und

Gerechtigkeit im Volke wach zu halten. Diese merkwürdige Psychologie, die für die Terroristenkomitees charakteristisch war, hat in der Gesellschaft nicht nur Abscheu, sondern mitunter auch Bewunderung geweckt. Bis Ende der 1870er Jahre waren beide Denkrichtungen unter dem weit gespannten Dach der Geheimorganisation *Land und Freiheit* beieinander geblieben. Dann bildeten sich auf dieser Grundlage zwei voneinander getrennte Parteien aus. Die eine, die schon erwähnte *Schwarze Umteilung* mit dem Primat der Aufklärungsarbeit, die andere, eine Kampforganisation mit Namen *Narodnaja wolja* (*Volkswille* oder *Volksfreiheit*) mit dem Terror als wichtigstem Kampfesmittel und dem Staatsstreich als Nahziel vor Augen.

3.3 Marxismus und Sozialdemokratie

Der Marxismus in Russland hat sich seit den 1880er Jahren als Reflex der ökonomischen und sozialen Veränderungen entwickelt, die der forcierte Industrie- und Verkehrsausbau bewirkte. Die konsequentesten Marx-Schüler begriffen sich als Sozialdemokraten und betrieben als erstes Etappenziel im politischen Kampf die Gründung einer sozialdemokratischen Arbeiterpartei. Sie boten damit ein Gegenmodell zum *Narodnitschestwo*, ohne dieses ersetzen zu können. Die beiden Richtungen existierten als Konkurrenten nebeneinander, oft auch gegeneinander. Am nachhaltigsten zeigte sich das in der Gegnerschaft zwischen der 1898 gegründeten *Sozialdemokratischen Arbeiterpartei Russlands* und der 1901/02 entstandenen neopopulistischen *Partei der russischen Sozialrevolutionäre*.

Die Marxisten hatten ein anderes Bild von der Zukunft Russlands und von den Aufgaben der revolutionären Intelligenz. Kräftige Anstöße zum Umdenken kamen aus der fortschreitenden Industrialisierung, aus der Expansion des Kapitalismus, dessen ökonomische und soziale Wirkungen sich nicht mehr leugnen ließen. Hinzu kam die Krise des *Narodnitschestwo*: der Orientierungsnotstand der Partei *Narodnaja Wolja* nach der Ermordung Alexander II. (1881). Bedingt war diese Krise nicht allein durch den reaktionären Kurs des neuen Zaren Alexander III., sondern nicht minder durch die Erfahrung, dass nach der Liquidierung eines Despoten ein neuer Despot den Thron bestieg, und dass auch jeder getötete Gouverneur oder Polizeihauptmann durch einen neuen ersetzt werden konnte.

Die ersten russischen Marxisten hatten der sozialistisch-demokratisch orientierten Richtung des *Narodnitschestwo* angehört, der 1879 gegründeten Gruppe *Schwarze Umteilung*. Deren Gründungsvater war Georgij Plechanow (1856–1918), der seit 1883 mit einem kleinen Kreis von Vertrauten in Genf eine Organisation anführte, die sich durch ihr rückhaltloses Bekenntnis zu Marx und den Marxschen Lehren zu erkennen gab. Gemeint ist der *Bund Befreiung der Arbeit* (*Sojus os-*

woboschdenie truda), dessen Gegner spöttelnd sagten, dass er bequem in einem Ruderboot auf dem Genfer See kursieren könnte. Und in der Tat, die Anfänge waren unscheinbar. Das galt freilich ebenso für alle anderen revolutionären Zirkel, die unter konspirativen Bedingungen damals um Anhänger warben. Zu Plechanows Befreiungsbund gehörte der 1850 geborene Pawel Akselrod, ein jüdischer Revolutionär aus Südrussland, der sich an der Aufklärungsarbeit der Narodniki-Bewegung aktiv beteiligt hatte, desgleichen die schon erwähnte Wera Sassulitsch, die 1878 den Petersburger Polizeichef mit einem Revolverschuss schwer verwundet hatte – revolutionäre Selbstjustiz, die klarmachen wollte, dass niemand einen gefangenen Studenten ungestraft verprügeln lassen dürfe. Ein Geschworenengericht neuen Typs hatte Freispruch verfügt, sodass die von Sympasisanten umjubelte Täterin ins schweizerische Exil hatte flüchten können.

Am Anfang des revolutionären Marxismus in Russland stand Plechanows Programmschrift *Sozialismus und politischer Kampf* (1883), in der die Ideen des Narodnitschestwo als illusionär verworfen wurden. Der Kapitalismus, so die Botschaft, sei auch in Russland Realität und sei schon dabei, die dörfliche Gemeinde, die vermeintliche Urzelle der sozialistischen Gesellschaft, zu zerstören. Niemand vermöchte diesen Zersetzungsprozess aufzuhalten, geschweige denn rückgängig zu machen. Die neue Klasse, das Industrieproletariat, werde an die Spitze des Kampfes gegen den Zarismus treten. Ihr, nicht dem Bauernvolk, werde die Zukunft gehören. Die Emanzipation des Proletariats werde Auftakt zur Emanzipation der Menschheit sein.

Überflüssig zu sagen, wie schroff dieses Denken dem der Narodniki entgegenstand. Die Geschichte, hieß es, werde durch historische Gesetze bestimmt, die den Revolutionären keinen beliebigen Handlungsspielraum ließen. Auf die Kenntnis dieser Gesetze komme es an. Der Kampf um die Freiheit müsse sich von der Einsicht in die Notwendigkeit leiten lassen. Auch der Kapitalismus in Russland unterliege diesen Gesetzen, und so verstehe es sich von selbst, dass das Zarenreich den gleichen Weg gehen werde, den die fortgeschrittenen Staaten des Westens bereits gegangen sind. Es gebe keine russischen Besonderheiten im historischen Prozess, und da das Kapital wie das Proletariat kein Vaterland besitze, werde der Kampf gegen diesen Feind im internationalen Rahmen vor sich gehen. Die Revolution in Russland sei als isolierte Revolution nicht vorstellbar, nicht loszulösen aus ihren internationalen, wesentlich westeuropäisch geprägten Zusammenhängen.

Russland folge dem Westen mit einer gewissen Phasenverschiebung, mit Verzögerungen temporärer, nicht prinzipieller Art. Grund dafür sei die russische Rückständigkeit, die relative Unterentwicklung der kapitalistischen Elemente. Deshalb sei es verfehlt, das Leiden des Volkes dem Kapitalismus zuzuschreiben. Dieses Elend beruhe vielmehr darauf, dass es nicht zu viel, sondern zu wenig

Kapitalismus gebe: Russland müsse nachvollziehen, was in den fortgeschritteneren Ländern schon geschehen sei. Bei alledem wirke der Zarismus – Ironie der Geschichte! – als Agent des historischen Fortschritts, denn seine Industrie- und Finanzpolitik treibe den Kapitalismus voran und ziehe in Gestalt des Proletariats seine eigenen Totengräber groß.

Welche Konsequenzen ergaben sich aus solcher Einsicht für die revolutionäre Praxis? Für Plechanow und seine Genossen gab es auch in dieser Hinsicht keine Zweifel. Eine Partei, die über Einsicht in die historischen Gesetze verfügt, könne in Russland nichts anderes sein als eine Arbeiterpartei nach dem Muster der europäischen, zumal der deutschen Sozialdemokratie. Eine solche Partei werde naturgemäß unter den schwierigen Sonderbedingungen arbeiten müssen, die für jede politische Arbeit in Russland gelte. Auch die deutschen Sozialdemokraten lebten ja, bedingt durch die Bismarckschen Sozialistengesetze, seit 1878 in einer Ausnahmesituation. Es gab zwar eine Reichstagsfraktion, und die Partei war ein Wahlverein, aber ihre politischen Zentren samt der Parteipresse saßen im Ausland. Dort, zumeist in der Schweiz, hatten die Spitzen der deutschen Partei – Kautsky, Bernstein, Bebel und andere – ihre russischen Genossen kennengelernt, so gut, dass persönliche, auch freundschaftliche Verbindungen entstanden.

Plechanow und seine Gruppe riefen die Narodniki-Intelligenz zum Umdenken auf. Russland könne nicht kraft einer gewaltigen Volksrevolution, begleitet von Aktionen der revolutionären Partei, unmittelbar ins *Reich der Freiheit* kommen. Wer Freiheit und Sozialismus tatsächlich wolle, müsse sich einlassen auf einen langfristigen Prozess des Nachholens, müsse dem Kapitalismus in Russland zur freien Entfaltung verhelfen. Deshalb sei es die erste Aufgabe der revolutionären Partei, das autokratische System zu stürzen – nicht in der trügerischen Erwartung, dann sogleich den Sozialismus einführen zu können. Vielmehr müsse sich dieses erste Stadium revolutionärer Praxis darauf richten, die bürgerlichen und politischen Freiheiten zu erkämpfen, in einer Revolution, die nachzuholen hätte, was in den meisten westeuropäischen Staaten bereits 1830 oder 1848 geschehen war.

Das Nahziel war also nicht die sozialistische, sondern die *bürgerliche Revolution*, und so wurde denn auch die Revolution von 1905 in diesem Sinne definiert. Erst dann, wenn die politische Freiheit errungen sei, werde die Sozialdemokratie den Klassenkampf auf der Grundlage des bürgerlichen Klassenstaates führen können. Erst dann werde die Arbeiterklasse Russlands in die Lage versetzt, „Schulter an Schulter mit dem europäischen Proletariat"[127] dem Sozialismus entgegenzugehen. Sie werde sich dann auf dem Niveau bewegen, auf dem die deutsche Sozialdemokratie nach Aufhebung der Bismarckschen Sozialistengesetze (1891) angekommen sei. Die internationale Klassensolidarität über die Staatsgrenzen hinweg werde dem russischen Proletariat die Unterstützung des Proletariats der fortgeschritteneren Länder bringen, die Hilfe der erfahreneren sozialdemokratischen Parteien und Arbeiter des Westens. Mit anderen Worten: Die russische Revolution steht nicht allein, sie ist Teil der internationalen Klassenbewegung des Proletariats.

Diese Absage an einen russischen Sonderweg, wie ihn die Narodniki vertraten, ist in den 1890er Jahren von einem nicht geringen Teil junger Intelligenzija aufgenommen worden, gefühlt und verstanden als Ausbruch aus der Randständigkeit und Isolierung. Die revolutionäre Sozialdemokratie in Russland müsse als Arbeiterpartei entstehen, oder es werde sie nicht geben. Die Frage blieb, welche Formen politischer Praxis unter der noch immer unangefochtenen Autokratie in Russland möglich wären. Die Sozialdemokraten sollten eine doppelte Aufgabe für sich akzeptieren. Die vordringlichste Aufgabe war die, im Kampf gegen den Zarismus die führende Rolle zu übernehmen, denn das Proletariat sei in Russland die einzige revolutionäre Klasse; keine andere Klasse sei da, die diese Aufgabe übernehmen könne. Da die russische Bourgeoisie schwach und feige sei, müssten sich die Sozialdemokraten an die Spitze aller Kräfte setzen, die gegen die Autokratie mobil zu machen wären. Vorbedingung jeglicher Kooperation, etwa mit den Bildungsschichten oder den Liberalen sei, dass von diesen zeitweiligen Partnern die Hegemonie, die führende Rolle des Proletariats im Kampf gegen die Autokratie nicht angezweifelt werde.

Die politischen Aufgaben der Sozialdemokratie in der Phase der bürgerlichen Revolution waren also von den Interessen des Proletariats allein nicht abzuleiten. Eine nicht minder elementare Aufgabe der Partei war es, den proletarischen Klassenkampf zu steuern, das Proletariat zu organisieren und dessen hegemoniale Rolle in Bezug auf die gesamte gesellschaftliche Bewegung zu sichern. Die Partei, die Avantgarde des Proletariats, erhob den Anspruch, Hegemon aller an Freiheit interessierten Kräfte der Gesellschaft zu sein. Diese Vorstellungen waren frühzeitig angelegt und wurden von der zweiten Generation russischer Sozialdemokraten aufgenommen. Ihr sind nicht nur Lenin (1870–1924) und Trotzki (1879–1940) zuzurechnen, sondern auch ihre späteren Gegner: herausragende Menschewisten wie der schon erwähnte Pawel Axelrod und Jurij Martow (1873–1923) oder junge Liberale wie Peter Struwe (1871–1944), der Autor des Gründungsmanifests der *Russländischen Sozialdemokratischen Arbeiterpartei* von 1898. Selbst künftige Religionsphilosophen wie Nikolaj Berdjajew (1874–1948) und gelehrte Theologen wie Sergei Bogdanow (1871–1944) machten damals als Marx-Schüler von sich reden.

Tatsächlich galt der Marxismus um 1900 als letztes Wort der modernen Sozialwissenschaften und faszinierte einen erheblichen Teil der lernenden Jugend. Dabei nahm er mitunter auch modische Züge an. Über den Grad der Verbindlichkeit wurde erst entschieden, wenn es um praktische Konsequenzen ging, um die Frage, welche Folgerungen der oder die Einzelne aus der Kenntnis der geschichtsgesetzlichen Entwicklung für sich selber zog. Wer sich zum Marxismus bekannte, hatte Sozialdemokrat zu sein, hatte bereit zu sein, illegal zu arbeiten und sich womöglich konspirativen Zirkeln anzuschließen. So ging es nicht nur um theoretische Orientierung, sondern zugleich um Entscheidungen, die die eigene Lebensführung betrafen.

Die Probleme sozialdemokratischer Praxis unter den in Russland herrschenden Bedingungen ist von der um 1870 geborenen Generation ausgiebig diskutiert worden – im Zusammenhang mit den Streikbewegungen von 1895/96. Diese Streiks waren nicht das Produkt revolutionärer Agitation der Intelligenzija, sondern hatten sich aus den Lebens- und Arbeitsbedingungen in den Fabriken selbst entwickelt. Hier wurden Formen und Erfahrungen der Interessenvertretung übernommen, die in der russischen Dorfverfassung und im bäuerlichen Heimgewerbe gelernt worden waren. Die Arbeiter hatten *Starosten* gewählt, die sich als Sprecher gegenüber der Fabrikobrigkeit zu behaupten hatten.

Als diese Streikbewegung zu einer öffentlichen Angelegenheit wurde, entwarfen marxistische Intellektuelle Regeln und Prioritäten der praktischen Arbeit. Dabei wurde der Agitation unter den Arbeitern Vorrang eingeräumt. Auch zeitweilige Bündnisse mit Vertretern anderer Gesellschaftsklassen wurden durchdacht, politische Aktionen gegen die Autokratie, gegen das herrschende System. Doch der Primat galt vorab dem ökonomischen Kampf, der die unmittelbaren, alltäglichen, aus der Arbeitswelt kommenden Nöte lindern sollte. Interpretiert wurde diese Taktik als Schule zur Entwicklung proletarischen Bewusstseins, als eine erste Stufe in der Erwartung, dass durch die Auseinandersetzungen in den Fabriken auch politisches Bewusstsein zu wachsen beginne, dann nämlich, wenn die Arbeiter erführen, dass hinter der Fabrikobrigkeit der autokratische Staat, der Polizeistaat stehe, dass sich ökonomischer Kampf ohne politischen Kampf nicht führen lasse.

Die agitatorische Richtung vertraute also auf einen Lernprozess und vermochte mit ihren Handzetteln und Flugschriften auch unter den Arbeitern Aufmerksamkeit zu erregen. Wichtig wurde dabei eine in Wilna geschriebene Broschüre *Über Agitation*, an der auch einer der späteren Menschewistenführer Martow beteiligt war. Erprobt wurde die Agitationsmethode vor allem unter dem jüdischen Proletariat der Westgebiete. Der *Allgemeine jüdische Arbeiterbund für Litauen, Polen und Russland*, 1897 in Wilna gegründet, im sogenannten jüdischen Ansiedlungsrayon, wo die Masse der jüdischen Bevölkerung des Reiches festgehalten wurde. Dieses gewaltige Territorium war geographisch nahezu deckungsgleich mit den ehemaligen Ostprovinzen des alten polnisch-litauischen Adelsstaates, die Ende des 18. Jahrhunderts im Dreischritt der Teilungen Polens an Russland gefallen waren. Man kann sagen, dass der jüdische *Bund* bis 1905 die stärkste Arbeiterorganisation im Verband des Zarenreichs gewesen ist. Seine Organisationskraft beruhte auf dem relativ hohen Bildungsstand der Arbeiterschaft, die zumal aus dem ruinierten Kleinhandwerk der jüdischen Städte kam.

In der oben genannten Schrift *Über Agitation* war zu lesen: „Der wissenschaftliche Sozialismus, der im Westen als theoretischer Ausdruck der Arbeiterbewegung erschien, wird bei uns [gemeint ist durch die Intelligenzija – D.G.] in eine abstrakte Theorie verwandelt, die aus den Wolkenhöhen wissenschaftlicher Verallgemeinerung nicht herabzusteigen wünscht. Bei dieser Sachlage degeneriert der Sozialismus zu einer Sekte, lässt die Massen völlig beiseite, betrachtet sie als bloßes Material."[128] Die theoretischen Diskussionen der Intelligenzija seien nicht Sache des Proletariats. Aufgabe der Sozialdemokraten müsse es deshalb sein, eine beständige Agitation unter den Fabrikarbeitern auf dem Boden ihrer realen kleinen Nöte und Forderungen ins Werk zu setzen. Utopisch sei es zu glauben, dass die Arbeiter in ihrer Masse den politischen Kampf führen könnten, solange ihnen diese Notwendigkeit nicht von ihren ureigenen Interessen her deutlich geworden sei. Fortwirkungen jener Narodniki-Richtung, die nicht dem Terror, sondern der Aufklärung der Massen höchste Priorität einräumte, sind hier nicht zu übersehen.

Mitte der 1890er Jahre kam es im Zusammenhang mit Streikbewegungen in einzelnen Städten, in Petersburg, Moskau, Jekaterinoslaw und Kiew zur Gründung von *Kampfbünden für die Befreiung der Arbeiterklasse*, angestoßen durch die Intelligenz, nicht durch die Arbeiter selbst. Diese Bünde nahmen die Traditionen der älteren marxistischen Emigranten auf. Das geschah in strikter Wendung gegen die, wie es verächtlich hieß, bloß gewerkschaftliche, tradeunionistische Tendenz, deren Hauptaugenmerk auf die Groscheninteressen der Arbeiter gerichtet sei, während der politische Kampf vernachlässigt werde. Die Praxis der Agitatoren wurde als Ökonomismus verdammt und der Primat des politischen Kampfes vertreten. An diesen Auseinandersetzungen war auf Seiten der *politiki* auch der junge Lenin führend beteiligt.

Eine sozialdemokratische Partei wurde im Frühjahr 1898 – entfernt von den Hauptstädten – in Minsk von neun Genossen gegründet. Ihr offizieller Name, *Sozialdemokratische Arbeiterpartei Russlands (Rossijskaja Sozialdemokratischeskaja Rabotschaja Partija)* hatte programmatische Bedeutung, denn er besagte, dass die Partei sich nicht als russische, sondern als internationale Partei verstand und Anspruch machte, alle Proletarier des Vielvölkerreiches zu vertreten, also auch das jüdische Proletariat, das polnische Proletariat und die Arbeiter aller anderen Nationalitäten, die unter dem Zarismus lebten. Die Minsker Parteigründung hat keine Woche überdauert, dann waren die Genossen, die sich dort versammelt hatten, von der Geheimpolizei arretiert worden.

Doch das Manifest, mit dem sie an die Öffentlichkeit traten, wirkte weiter, es stand programmatisch nicht für die tradeunionistische Taktik, sondern für den

Primat des politischen Kampfes ein. Im Manifest des Gründungsparteitags wurde verkündet, dass die Partei als sozialistische Bewegung an die Traditionen der gesamten vorangegangenen revolutionären Bewegungen in Russland anknüpfe und ihre Sache weiterführe: „Doch wie vieles fehlt noch der russischen Arbeiterklasse, sie entbehrt der Rechte, in deren Besitz sich ihre westeuropäischen Brüder befinden. Teilnahme an der Verwaltung des Staates, Freiheit des gesprochenen und geschriebenen Wortes, Versammlungsfreiheit, Freiheit sich zu vereinigen, mit einem Wort: alle Mittel und Wege, mit deren Hilfe das europäische und amerikanische Proletariat seine Lage verbessert und für seine endgültige Befreiung kämpft gegen Privateigentum, für Sozialismus. Das russische Proletariat braucht die völlige Freiheit, wie reine Luft für gesundes Atmen". Diese Freiheit aber müsse das Proletariat sich selbst erkämpfen: „Je weiter nach dem Osten Europas, umso schwächer, feiger, niederträchtiger ist die Bourgeoisie, und umso größere kulturelle und politische Aufgaben fallen dem Proletariat zu. Die russische Arbeiterklasse muss die Sache der Eroberung der politischen Freiheit auf ihren starken Schultern tragen. Dies ist ein notwendiger erster Schritt zur Verwirklichung der großen historischen Mission des Proletariats, zur Errichtung einer sozialen Ordnung, in der für die Ausbeutung der Menschen untereinander kein Raum mehr sein wird."[129]

Damit war gesagt, dass die Sozialdemokratie die Geschäfte der Bourgeoisie mitzubesorgen habe, die Aufgabe zu lösen habe, bürgerliche Revolution zu machen. Was im Westen die Bourgeoisie durch die Eroberung der politischen Freiheit geleistet habe, das habe in Russland das Proletariat zu tun. Das war, knapp zusammengefasst, das Konzept der neuen Partei, und die Spaltungserscheinungen von 1903, die zur Konfrontation zwischen Bolschewiki und Menschewiki führen sollten, setzten genau an diesem Punkte an: hier die Leninschen Bolschewiki mit dem Primat des politischen Kampfes, von Berufsrevolutionären gesteuert, die als die führende Gruppe, als Volkstribunen, an der Spitze aller gesellschaftlichen Kräfte gegen den Zarismus stehen, dort die Menschewiki, der Tradition einer sozialdemokratischen Praxis verhaftet, die die Dichotomie zwischen Partei und Klasse nicht kannte, sondern die Sozialdemokratie als Klassenpartei im westeuropäischen Sinne begriff.

Noch stärker galt das für die Sozialutopie des *Narodnitschestwo* und seiner Nachfolger, der Sozialrevolutionären Partei, die sich in zeitlicher Parallele zur Sozialdemokratischen Arbeiterpartei Russlands gebildet hatte. Hier war die Auffassung, dass Russland einen eigenen Weg zum Sozialismus gehen werde, keineswegs mit dem Gedanken verbunden, dass das freie, das sozialistische Russland vom übrigen Europa abgeschnitten wäre. Die Narodniki wie die Sozialrevolutionäre haben sich – ungeachtet ihrer Sonderwegstheorie – in die große, auch die Vereinigten Staaten von Amerika umfassende Welt des europäischen Sozialismus eingebettet gesehen. Die Sozialrevolutionäre waren Mitglieder der Sozialistischen Internationale. Sie fühlten sich als Teilhaber des historischen Fortschritts, den sie durch föderalistische Konzepte zu bereichern suchten.

Für die Sozialdemokraten ergab sich der über Russland hinausgreifende Bezug aus dem Bekenntnis zum proletarischen Internationalismus, zur internationalen Solidarität der proletarischen Klasse über alle nationalen und staatlichen Grenzen hinweg. Die proletarische Klassensolidarität wirkte als Kontrapunkt zum Kapitalismus, der als ökonomisches und machtpolitisches System den Erdball umgriff. Die Vorstellungen vom Weg zum Sozialismus waren nicht loszulösen von der internationalen Arena des Klassenkampfes und von der Kooperation mit den großen sozialistischen Parteien, nicht zuletzt mit der deutschen Sozialdemokratie.

Für die russischen Sozialrevolutionäre und die Sozialdemokraten galt, ähnlich wie für ihre deutschen Genossen, eine auffällige Distanz zu allen Fragen der Großen Politik. Das war ein Bereich, der an der alten Gesellschaft klebte, war Sache der alten Mächte. Die beste Außenpolitik, so hatte Wilhelm Liebknecht einmal gesagt, sei keine. Das Proletariat habe keinen Anlass, sich auf geheime Kabinetts- und Mächtepolitik einzulassen. Die Revolution werde allen diesen Übeln – Machtpolitik, Großmachtstreben, Militarismus, Kolonialismus, Imperialismus und dergleichen – ohnedies ein Ende setzen. Die überkommene Mächtekonkurrenz werde nach dem Sieg des Sozialismus in der Solidarität der befreiten Menschheit aufgehoben sein.

Im internationalen Verband der Zweiten, 1889 gegründeten Arbeiter-Internationale haben die russischen Sozialdemokraten und Sozialrevolutionäre natürlich wahrgenommen, dass die westlichen Genossen das Zarenreich als ärgsten Feind der europäischen Arbeiterbewegung betrachteten. Die Auffassung aus den 1840er Jahren, wonach Russland als stärkste Bastion der europäischen Reaktion zu bekämpfen sei, wirkte über die Jahrhundertwende in der Internationale fort. Noch war die von Marx und Engels vertretene Auffassung in Kraft, jeden Krieg gegen das Zarenreich für einen gerechten Krieg zu halten.

Die Folgen dieser Überzeugung kamen bald ans Licht. Die Spannung, in die die russischen Genossen im russisch-japanischen Krieg gerieten, kam aus der Frage, welche Position die Sozialisten zu beziehen hätten. Lenin sprach sich entschieden dafür aus, für die Niederlage des Zarismus im Krieg gegen Japan einzutreten; der japanischen Kriegsführung sprach er eine höhere Qualität im Sinne des historischen Fortschritts zu als der russischen. Japan sei eine fortschrittlichere Macht als das Zarenreich. Tatsächlich ließen sich die Leninisten von der Hoffnung leiten, dass der Zarismus diesen Krieg nicht überleben werde. Die Menschewiki, sozialdemokratisch orientiert, nahmen eine pazifistische Haltung ein und erklärten die Beendigung des Krieges zur Voraussetzung für die Weiterführung des Klassenkampfes.

4 Außenpolitik und russischer Imperialismus

4.1 Auswärtige Politik und panslawische Mobilisierung

Wie gezeigt, schlug die Großmachtpolitik, gar die Kriegführung, unmittelbar auf die Orientierung der oppositionellen wie der revolutionären Parteien durch. Daher mag es angebracht sein, einige knapp gefasste Bemerkungen zur Außenpolitik der ausgehenden Zarenzeit anzuschließen. Der Krimkrieg hatte der bis dahin unumstrittenen Hegemonialstellung Russlands auf dem europäischen Kontinent ein Ende gesetzt. Die Folgerungen, die die zarische Regierung aus der Kriegsniederlage gezogen hatte, galten der Erneuerung der Infrastruktur des Reiches durch weitgespannte Reformen. Russland sollte sich, soweit irgend möglich, auf sich selbst zurückziehen und sich auf die inneren Probleme konzentrieren. Demgemäß sprachen sich die Finanzminister dafür aus, unter allen Umständen eine Politik der Friedenswahrung, der Konflikt- und Kriegsvermeidung zu betreiben.

Bis zum Ende der Zarenzeit hat die Formulierung und Implementierung der auswärtigen Politik ganz in den Händen des Zaren gelegen. Wie die Militärpolitik gehörte sie zum Arkanbereich des Herrschers. Auch nach 1905, trotz der Staatsgrundgesetze und der Staatsduma, blieben diese Prärogativen dem Zaren vorbehalten. Die Leitung der diplomatischen Geschäfte war dem Außenminister übertragen. Er stand in einem Immediatverhältnis zum Zaren, d.h. er hatte direkten Zugang zum Machthaber. Die überragende Figur in der Zeit nach dem Krimkrieg war der Staatskanzler gewesen, Fürst Alexander Gortschakow, der Antipode und Sparringspartner Bismarcks, in den 1880er Jahren dann – ohne vergleichbares Gewicht – Nikolaj Giers, der die Kontinuität einer defensiven Politik aufrecht zu erhalten suchte.

Das diplomatische Korps in Russland war ein gesellschaftlich exklusiver Verein, wie in den meisten anderen Staaten auch. Beträchtlich war der Anteil von Nichtrussen in hohen diplomatischen Stellungen, nicht zuletzt von Mitgliedern der baltendeutschen Ritterschaften. Die imperiale Politik war also nicht identisch mit dem, was der nationalistisch aufgeladene Teil der Öffentlichkeit für nationalrussisches Interesse hielt.

Was an der Sängerbrücke in St. Petersburg, dem Sitz des Außenministeriums, formuliert und von einem Heer von Botschaftern und Gesandten praktiziert wurde, war vielen konkurrierenden Kräften ausgesetzt – nicht nur der veröffentlichten Meinung, sondern Ansprüchen, die aus den Ressorts der Regierung selber kamen. An erster Stelle zu nennen ist der Finanzminister, der die Zoll- und Anleihepolitik betrieb und durch die Eisenbahn- und Industriepolitik mit dem europäischen Kapitalmarkt zu kooperieren hatte und abhängig war vom Wohlwollen der europäischen Hochfinanz. Was sich von hier aus ergab, stimmte mit den Prioritäten der Außenpolitik im traditionellen Sinn nicht immer überein.

Ein dritter Faktor, der die russische Diplomatie beeinflussen und sich als Druckmittel erweisen konnte, war das Kriegsministerium, war das Interesse der Militärs, mit der internationalen Rüstungsentwicklung Schritt zu halten. Das gab dem Militär ein Eigengewicht, das sich bei Entscheidungen über Krieg oder Kriegsvermeidung nicht ignorieren ließ. Man denke an die Militärexpansion nach Zentralasien oder an die Belastungen, die aus der Balkanpolitik erwuchsen. Da es ein verantwortliches Ministerkabinett mit einem Premier vor 1905 nicht gab, hatte der Zar die Aufgabe, die Arbeit der getrennten Ressorts zu koordinieren. Kein Wunder, dass er häufig überfordert war. Es gab viele Widersprüche und Gegensätze, die der Herrscher durch Allerhöchste Entscheidungen nicht lösen, sondern allenfalls provisorisch überbrücken konnte.

Hinzu kam ein vierter Faktor, der neben Diplomatie, Finanzpolitik und Militärpolitik auf die Außenpolitik Russlands Einfluss nahm: die Presse und das Publikum. Öffentliche Meinung (*obschtschestwennoe mnenie*) war in Russland nach der Krimkriegsniederlage aufgekommen – nicht nur als Begriff, sondern als wirksame Kraft im Streit um die Definition nationaler und imperialer Interessen. Die Vorzensur für Zeitungen war 1865 gemildert worden, doch die behördliche Aufsicht über die Presse war geblieben. Dennoch wurden über Zeitungen und Zeitschriften aller Sorten Stimmungen ausgedrückt, die in der gebildeten Gesellschaft, im hauptstädtischen und provinzialen Adel und in der Kaufmannschaft lebendig waren.

Die Wirkung der öffentlichen Meinung auf die Außenpolitik zeigt sich besonders eindrucksvoll, wenn man auf die zweite Hälfte der 1870er Jahre sieht. Hier lässt sich beobachten, wie die sich äußerst langsam vom Staat emanzipierenden Rudimente bürgerlicher Gesellschaft zu Trägern slawophiler, panslawischer und nationaler Bewegungen und Agitationskampagnen wurden. Dabei kam heraus, dass die offizielle Großmachtpolitik durchaus der Kritik unterlag und einige herausragende Presseorgane ungleich aggressivere, aktivistischere Strategien empfahlen als die Herren an der Sängerbrücke. Einer der Zeitungszaren dieser Zeit, Michail Katkow, war eine politische Potenz, die auf den außenpolitischen Entscheidungsprozess in eigener Weise Einfluss nahm.

Die Autokratie reagierte seit der Bauernbefreiung auf die Stimmungen in der Gesellschaft außerordentlich sensibel, denn sie war auf Konsens mit den tragenden sozialen Schichten bedacht. Daher konnte durchaus eine von Zeit zu Zeit unterschiedlich starke Abhängigkeit entstehen. Wie bekannt, war für die slawophile oder panslawische Bewegung (von ihr ist der Begriff des *Panslawismus* abgeleitet) Russland das Zentrum der slawischen Welt. Sie trat vehement dafür ein, dass Russland seine Protektorenrolle für alle Slawen wahrnehme, die unter fremder Herrschaft lebten – für die slawischen Völker in der Habsburger Monarchie wie für die unter osmanischer Herrschaft.

Diese Forderung verletzte einen kategorischen Imperativ russischer Politik, denn sie widersprach der monarchischen Solidarität und stellte das Habsburger Vielvölkerreich in Frage. Das Eintreten für die orthodoxen Glaubensbrüder auf dem Balkan bedeutete, dass die russische Führung in der sogenannten orientalischen Frage von der öffentlichen Meinung zu einem Dauerengagement angehalten wurde. Das betraf das Schicksal des Osmanischen Reiches, des kranken Manns am Bosporus, während des ganzen 19. Jahrhunderts, besonders aber seit dem Russisch-Türkischen Krieg von 1877/78. Die europäischen Mächte, Russland eingeschlossen, waren seit langem darauf eingestellt, an der Konkursmasse des Osmanischen Reiches zu partizipieren, und so wurde der Balkan, wurden weite Teile des Türkischen Imperiums zu Überschneidungszonen internationaler Mächtekonkurrenz.

An der wachsenden Bedeutung, die der öffentlichen Meinung zukam, waren auch liberal gesinnte Kreise beteiligt. Dies führte dazu, dass das von der Heiratspolitik gestützte Sonderverhältnis, in dem das Haus Romanow zur Hohenzollerndynastie und zu kleineren deutschen Höfen stand, mehr und mehr Anstoß erregte. Die Geheimpolitik zwischen den Monarchen, ausgedrückt in den berühmten Verträgen der Bismarckzeit (Dreikaiservertrag von 1873, erneuert 1881, Rückversicherungsvertrag von 1887), wurde immer fragwürdiger, weil die öffentliche Meinung, aufgeladen durch ökonomische Interessen, die Exklusivität der Außenpolitik in Zweifel zog. Immer mehr gesellschaftliche Kräfte erhoben den Anspruch, bei der Formulierung der Interessen Russlands mitzusprechen.

Am deutlichsten ist dieser Sachverhalt zu Beginn der 1890er Jahre in der „Revolution der Bündnisse" hervorgetreten. Die Nichtverlängerung des Rückversicherungsvertrags nach dem Abgang Bismarcks bewog die russische Regierung, mit Frankreich 1891 einen Bündnisvertrag zu schließen und zwei Jahre später eine Militärkonvention. Das orthodoxe Russland wurde zum Partner der französischen Republik. Zarenhymne und Marseillaise klangen 1891 beim französischen Flottenbesuch in Kronstadt zum ersten Mal zusammen und dokumentierten das Ende der traditionellen Politik, die auf die Solidarität der Monarchen gegründet war. Diese Wendung nach Frankreich hin bereitete zugleich die bündnispolitischen Konstellationen vor, die zur Vorgeschichte des Ersten Weltkrieges gehören.

All das zeigt, dass Russland trotz seines Ruhebedürfnisses im Blick auf die inneren Reformen von seiner überkommenen Großmachtstellung nicht umstandslos Abschied nehmen konnte. Die kontinentalen Dimensionen dieses Imperiums ließen einen Rückzug auf die innerrussischen Probleme nicht zu. Russland blieb über die Jahrhundertwende hinweg in der Großen Politik engagiert in

Europa, im Orient, in Mittelasien, im Fernen Osten. Das Imperium war zur Weltpolitik verurteilt auf Grund der Interessenlage ihrer Führungsschichten.

Nicht zu vergessen ist, dass die Vielvölkerstruktur das Russische Reich außerordentlich empfindlich und konfliktanfällig werden ließ in einer Zeit, in der die Nationalbewegungen und der Nationalismus in Europa einen ihrer Höhepunkte erreichte. Diese Empfindlichkeit zeigte sich am polnischen Problem, auch noch nach dem Aufstandskrieg von 1863. Es zeigte sich im Baltikum im Blick auf die von den deutschen Ritterschaften und den deutschen Magistraten beherrschten Ostseeprovinzen Estland, Livland und Kurland und zeigte sich in der Verbindung Russlands mit der slawischen Welt außerhalb der Grenzen des Imperiums.

Wie gezeigt, wurde die Erörterung innerrussischer Entwicklungsprobleme mit Problemen der Außenpolitik verknüpft, die in bloßer Diplomatiegeschichte nicht aufgehen wollte. Das Interesse galt den innergesellschaftlichen Voraussetzungen auswärtiger Politik und den Rückwirkungen auf die innerrussische Szene. Die Krisenlage, in der sich das Zarenreich befand, hatte der russischen Diplomatie eine möglichst rational kalkulierte, defensive Strategie nahegelegt, eine Politik der Konfliktvermeidung und der Kriegsvermeidung vor allem. Das hieß zugleich, dass Russland darauf angewiesen war, seine Interessen auf dem Balkan, in Zentralasien und in Ostasien im Konsens mit den europäischen Großmächten zu verfolgen. Seit dem Pariser Frieden von 1855 gab es immerhin ein Instrument zur Herstellung dieses Einvernehmens: die Londoner Botschafterkonferenz, auf der sich die Großmächte mühten, auftretende Konflikte ruhig zu stellen und einen Ausgleich zu finden.

Gegen solche Bemühungen sprachen innerrussische Gegebenheiten. Der Zerfall der alten Sozialordnung, die ökonomische Depression, der Orientierungsnotstand der Oberschichten, die Autoritätskrise der Autokratie – all diese Erscheinungen nährten die Furcht, dass die überkommene Großmachtstellung Russlands leicht verloren gehen könnte. Das Gefühl der Bedrohung hat erhebliche Teile der Gesellschaft anfällig gemacht für die Simulation einer Politik der Stärke, für eine Politik der großen Tritte, für Demonstrationen der Macht und Größe Russlands als Kompensation für die Demütigungen, die der russischen Nation nach dem Krimkrieg zugefügt worden waren. Die Versuchung war groß, innere Konfliktpotentiale in die internationale Politik abzuleiten, um so den fehlenden oder nur schwach entwickelten innerpolitischen Konsens zu stärken. Diese Anfälligkeit für Machtpolitik konnte die militärischen, ökonomischen und finanziellen Möglichkeiten Russlands leicht überfordern, zumal auch aus der Mitte der Gesellschaft immer häufiger der Anspruch kam mitzuformulieren, was das Interesse Russlands sei und dessen „heilige Mission". Wer so sprach oder schrieb, der wollte das Definitionsmonopol im Blick auf das, was um der Ehre, der Würde, der Größe Russlands willen nötig sei, nicht der Autokratie überlassen. Der gesellschaftlich fundierte Nationalismus, der im Ausland große Besorgnis weckte, wurde zu einem neuen Faktor bei der Formulierung der Außenpolitik.

Worum es ging, mag an zwei Beispielen verdeutlicht werden. Der Kriegsminister Dmitrij Miljutin war in den 1870er Jahren eben erst dabei, die seit langem ausstehende Militärreform durchzuführen, die alte Wehrverfassung, die noch auf das Leibeigenschaftsrecht gegründet war, durch die allgemeine Wehrpflicht zu ersetzen. Das russische Militär befand sich in einem Stadium der Umorganisation und war eigentlich nicht kriegsbereit. Trotz dieser Behinderung hat die Staatsführung eine aktive Politik auf dem Balkan betrieben und sich 1877 nicht gescheut, den Krieg gegen die osmanische Pforte zu eröffnen, um den aufständischen Glaubensbrüdern in Bulgarien und Serbien zu Hilfe zu kommen. Der Entschluss zum Krieg war nicht zuletzt auf den Druck zurückzuführen, der aus der Gesellschaft kam und in der Forderung gipfelte, durch einen Befreiungskrieg die historische Bestimmung Russlands zu erfüllen. Das war ein Bewegungsfeld russischer Politik, das den innergesellschaftlichen, ökonomischen und militärischen Voraussetzungen widersprach.

Ein zweites Beispiel bietet die raumgreifende Expansionsbewegung, die die russische Militärmacht zwischen 1864 und 1885 mit dem Ziel entfaltete, weite Teile Zentralasiens dem Reich zu unterwerfen – den Raum östlich des Kaspischen Meeres bis hin zur afghanischen Grenze, ein Machtvakuum der großen Politik. Unschwer vorauszusehen war, dass diese Eroberungspolitik Russland in scharfen Gegensatz zu Großbritannien bringen würde. Die russisch-britische Konfrontation, die damit entstand, weitete sich bis nach Ostasien aus und konnte erst 1907 beendet werden – durch einen Vertrag zwischen Petersburg und London über die Interessenabgrenzung zwischen beiden Imperien in Afghanistan, in Tibet und in Persien.

Wie bekannt, hing der Krimkrieg mit den traditionellen Balkaninteressen Russlands aufs engste zusammen. Der Anspruch, die Schutzherrschaft über die christliche Bevölkerung im Osmanischen Reich wahrzunehmen, geht bis in die Zeit der drei Türkenkriege zurück, die Katharina II. während ihrer langen Herrschaft führte. Auch nach dem Krimkrieg war die orientalische Frage ein Dauerproblem der internationalen Politik geblieben. Dieses Problem wurde dadurch aktualisiert, dass die balkanischen Völker Anstalten machten, durch bewaffnete Aufstandskriege die türkische Herrschaft abzuschütteln und dafür die Hilfe Russlands zu gewinnen. Dem Fürstentum Serbien war dies bereits 1830 gelungen.

In Russland hat, von jeher eine große Sensibilität für das Schicksal der orthodoxen Glaubensbrüder gegeben. Das Zarenreich war der einzige orthodoxe Staat, alle anderen Slawen lebten unter fremdem Regiment – in der österreichisch-ungarischen Monarchie und im Machtbereich des Sultans. Dieses Gefühl der Verantwortung für das Schicksal der orthodoxen Brüder, der Bulgaren und Serben, war besonders groß. Es verband sich mit der kühnen Idee, dass Russland beim weiteren Zerfall des Osmanischen Reiches Anspruch auf das byzantinische Erbe habe, von dem die Christianisierung des Kiewer Reiches ausgegangen war. Konstantinopel für sich zu gewinnen, den türkischen Halbmond von der Sophienkathedrale der Kaiserstadt herunterzuholen und durch das orthodoxe Doppelkreuz zu ersetzen – diese Vorstellungen wurden zu einer fixen Idee, die zu erfüllen die militärische Potenz Russlands nicht ausreichte – nicht zuletzt wegen des Widerstandes, den England und Frankreich einer russischen Inbesitznahme Konstantinopels und der Meerengen entgegensetzten.

Die Ideenrichtung, die den panslawischen Gedanken besonders pflegte, war eine spezifische Erscheinungsform des russischen Nationalismus in den 1860er und 1870er Jahren und – trotz allen Formwandels – weit über diese Zeit hinaus. Der Panslawismus strebte nach der Zusammenfassung aller Slawen unter russischem Protektorat, unter der Herrschaft des orthodoxen Zaren. Diese Idee hat in der zeitgenössischen Publizistik die unterschiedlichsten Auslegungen, Herleitungen und Begründungen gefunden. Unmöglich, die Facetten dieser Diskussion im Einzelnen hier wiederzugeben. Doch ein berühmtes Beispiel lässt sich nicht übergehen: eine Schrift von Nikolaj Danilewskij, die als *Bibel des Panslawismus* galt. Von diesem 1869 als Artikelserie in der Petersburger Zeitschrift *Sarja*, 1871 dann als Buch erschienenen Text gibt es eine gekürzte deutsche Übersetzung von Karl Noetzel unter dem Titel *Russland und Europa* (1920).[130]

Dem Buch liegt eine komplizierte biologistische, sozialdarwinistisch imprägnierte Geschichtstheorie zugrunde, eine sogenannte Kulturtypenlehre, die den Lauf der Weltgeschichte als Abfolge aufsteigender, vorherrschender und vergehender Kulturkreise beschrieb. Mit Danilewskijs Ansatz ist auch die Geschichtsphilosophie Oswald Spenglers verglichen worden, dessen *Untergang des Abendlandes* von 1918 ein Kultbuch aus der Zeit der deutschen Kriegsniederlage war. Vor diesem Hintergrund wurde die These entfaltet, dass Europa, der germanisch-romanische Kulturkreis, durch die moderne Zivilisation zerfressen sei, vom Kapitalismus zersetzt, durch den Zerfall der christlichen Werte bedroht. Daher werde die Zukunft nicht dem europäischen, sondern dem slawischen Kulturkreis gehören, der Vereinigung der slawischen Völker unter russischer Führung.

Danilewskij unterstellte, dass am Gegensatz zwischen Russland und Europa nicht zu deuteln sei: „Man darf sich nicht selbst betrügen. Die Feindschaft Europas ist zu offensichtlich. Sie liegt nicht in zufälligen Kombinationen der europäischen Politik, nicht im Ehrgeiz dieses oder jenes Staatsmannes, vielmehr liegt sie gerade in seinen Fundamentalinteressen." Gemeint ist der historisch fundierte Gegensatz zwischen dem Slawentum und dem germano-romanischen Westen: „Europa wird sich wieder mit all seinen Kräften und Gedanken gegen Russland wenden, das es für seinen natürlich geborenen Feind hält. Wenn Russland seine Berufung nicht verstehen wird, wird es unvermeidlich das Schicksal alles Veralteten, Überflüssigen, Unnötigen teilen. Beständig abnehmend in seiner historischen Rolle wird es dann sein Haupt neigen müssen vor den Forderungen Europas. Europa, das nicht nur einerseits mit Hilfe seiner türkischen, deutschen, magyarischen, italienischen, polnischen Helfershelfer, die immer bereit sind, den noch nicht zusammengeschlossenen slawischen Leib zu zerfressen. Anderseits wird Europa mit seinen politischen und zivilisatorischen Verführungen die Seele des Slawentums selbst stürmen, bis es auseinanderfällt, sich auflöst im Europäertum und nur seinen Boden düngt. Ein Russland aber, das seine historische Bestimmung nicht erfüllte, und gerade dadurch seine Daseinsberechtigung verlieren würde, seine lebendige Wesenheit, seine Idee, einem solchen Russland würde nichts übrigbleiben, als ruhmlos ein jämmerliches Leben zu Ende zu führen, zu vermodern wie historischer Plunder, beraubt des Sinnes und der Bedeutung oder eine leblose Masse bilden, einen unbeseelten Körper, ethnographisches Material."[131]

Diesem Schicksal könne, meint Danilewskij, Russland nur entkommen, wenn es sich rüste auf den unvermeidlichen Kampf: „Früher oder später, ob wir es wollen oder nicht, ist der Kampf mit Europa unvermeidlich um der orientalischen Frage willen. D.h. um die Freiheit und Unabhängigkeit der Slawen und die Herrschaft über die Zarenstadt, um alles das, was nach der Meinung Europas den Gegenstand unberechtigter Ehrsucht Russlands ausmacht, hingegen nach der Meinung jedes Russen, der dieses Namen, würdig ist, die unerlässliche Forderung seiner historischen Berufung bedeutet. Man kann zögern, man kann die schreckliche Stunde des Kampfbeginns zwischen Slawen und Europa hinausschieben, sowohl von unserer als von politischer Seite, aber letztendlich wird dieser Kampf unvermeidbar sein."[132]

Man sieht an diesem Beispiel, dass sich das traditionelle, aus dem 18. Jahrhundert überkommene machtpolitische Interesse des Zarenimperiums mit einer Kreuzzugsideologie zur Befreiung der Slawen verbindet. Russland kann nicht weiterleben, wenn es nicht alle Slawen um sich sammelt. Nur die Polen – Vertreter römisch-katholischer Latinität, ein Pfahl im Fleisch des Slawentums – gehörten nach Danilewskij nicht dazu, sie gehörten dem russlandfeindlichen Europa an.

Nicht übersehen werden darf, dass der Panslawismus für die russische Autokratie eine kaum verhüllte Herausforderung bedeutete, denn er stellte das Entscheidungsmonopol des Zaren in Frage. Und tatsächlich geriet die Regierung Alexanders II. unter Druck. 1877, als es zum Krieg gegen die Türkei kam, wurden elementare Entscheidungen von den Begriffen, Zielsetzungen und Missionsideen der panslawischen Bewegung mitbestimmt.

In den 1860er Jahren war die defensive Balkanpolitik, die den Anforderungen der Reformzeit entsprach, noch leidlich durchgehalten worden. Auf Risiken wurde verzichtet. Rumänien wurde 1859 durch den Zusammenschluss der beiden Donaufürstentümer Moldau und Walachei geschaffen und warf 1866, nach der Entsendung eines katholischen Hohenzollernprinzen aus Sigmaringen, die türkische Oberherrschaft ab, ohne dass es zu russischen Interventionen gekommen wäre. 1867 gab es einen Aufstand der Griechen gegen die Türken auf Kreta. Die russische Zensur ließ zu, dass die Presse die Aufständischen ermunterte, aber die offizielle Politik blieb auf Nichteinmischung festgelegt. Im gleichen Jahr, 1867, kam es zum ersten Mal seit 1848 zu einem Slawenkongress, zu einer Versammlung von Vertretern slawischer Völker, wiederum ohne die Polen wie 1848 in Prag. Jetzt traf man sich in Moskau aus Anlass einer ethnographischen Ausstellung zur Kultur der Slawen. Vertreten waren die tschechische und die kroatische Nationalbewegung und Repräsentanten der südslawischen Völker, die mit den Russen den orthodoxen Glauben teilten. Russische Panslawisten hatten versucht, den Kongress als eine Heerschau des Slawentums aufzuziehen, doch der Zar und seine Minister übten Zurückhaltung, nicht zuletzt im Blick auf die Folgen, die eine Parteinahme für das Verhältnis zu Österreich-Ungarn gehabt hätte – mit Weiterungen, die auch Frankreich und Großbritannien nicht gleichgültig gelassen hätten.

1870/71 schien dieser defensive Kurs Früchte zu tragen. Russland hat sich in den Deutsch-Französischen Krieg nicht eingemischt, hat gegenüber Deutschland wohlwollende Neutralität bewahrt und die Situation dazu genutzt, durch einen einseitigen Schritt Erblasten des Pariser Friedens von 1856 abzuwerfen. In erster Linie ging es um die Kündigung der sogenannten Pontusklausel, des Verbots, russische Kriegsschiffe und Kriegshäfen am Schwarzen Meer zu unterhalten – eine Bestimmung, die das russische Selbstbewusstsein seit der Krimkriegsniederlage ungemein belastet hatte.

Die Abwendung von der Defensivstrategie, die schließlich zum Krieg Russlands gegen die Hohe Pforte führte, lässt sich ziemlich genau datieren. Die Anstöße kamen von außen, von der Aufstandsbewegung im Sommer 1875 in Bosnien-Herzegowina, einer damals noch türkischen Provinz. Die Erwartungen der Aufständischen waren nicht nur darauf gerichtet, Serbien und Montenegro in den Krieg gegen die Türken zu ziehen. Vielmehr ging es ihnen darum, in Russland aktive Unterstützung zu finden. Der Druck, der von den bosnischen Aufständischen und der serbischen Regierung auf Petersburg ausging, nahm zu, als Serbien und Montenegro im Sommer 1876 den Krieg gegen die Türkei in Erwartung russischen militärischen Beistands eröffneten. Hinzu kam, dass sich seit April 1876 Bulgarien im Aufstand gegen die Türken befand, womit sich die moralischen Pressionen auf Petersburg noch verschärften. Der panslawisch gestimmte Teil der öffentlichen Meinung drängte immer entschiedener darauf, dass der Zar sich ermanne, der heiligen Verpflichtung Russlands Genüge zu tun und den slawischen Glaubensbrüdern auf dem Balkan beizustehen.

In der Tat war seit 1876 die orientalische Frage in der europäischen Politik auf die Tagesordnung getreten, und zwar in ihrem ganzen Umfang, mit all ihren Verwicklungen und Gefahren. Die Frage nach der Zukunft des Osmanischen Reiches im Ganzen war gestellt, die Frage des Zugriffs auf die Meerengen in neuer Weise aktualisiert. Seither war Russlands militärische Verwicklung nicht mehr auszuschließen. Die Petersburger Diplomatie tat viel dafür, um in Abstimmung mit den anderen Großmächten die türkische Regierung zu veranlassen, in Bosnien-Herzegowina Reformen durchzuführen und den Forderungen der bulgarischen Aufständischen entgegenzukommen. Klar war, dass eine Niederlage Serbiens und Montenegros gegenüber den Türken das russische Prestige aufs empfindlichste beschädigt hätte.

Was das Zögern Petersburgs erklärt, sofort in den Krieg zu ziehen, wird klar, wenn man auf die innerrussische Lage sieht. Dmitrij Miljutin, der Kriegsminister, und Finanzminister Reutern plädierten in drastischen Formulierungen gegen den Kriegseintritt. Reutern schrieb dem Zaren: „Ich bin überzeugt, dass nicht nur ein Krieg, sondern sogar die Fortdauer der ungewissen politischen Lage Russlands auf dem Balkan, Russland dem schlimmsten Ruin entgegenführt. Finanzieller Bankrott und wirtschaftliche Zerrüttung, Entfremdung der konservativen Gutsbesitzerklasse vom autokratischen Staat, eine Krise, die einen günstigen Nährboden für revolutionäre und sozialistische Propaganda schaffen würde."[133] Der Finanzminister argumentierte also mit der in die Blutbahn der Machteliten eingelassenen Revolutionsfurcht: Russland dürfe sich nicht engagieren, weil es Bankrott erleiden werde, selbst ohne Krieg. Das werde der revolutionären Bewegung Auftrieb geben. Der Kriegsminister Miljutin, alles andere als ein zögerlicher General, argumentiert ähnlich: „Die innere und wirtschaftliche Umgestaltung Russlands befindet sich in einer Phase, wo jegliche äußere Störung zu einer überaus anhaltenden Zerrüttung des staatlichen Organismus führen kann. Keine einzige der in Gang gebrachten Reformen ist abgeschlossen. Ein Krieg unter diesen Umständen würde für uns ein wahrhaft großes Unglück sein. Der schreckliche Kräfteverschleiß im Inneren würde durch die äußeren Anstrengungen vergrößert."[134]

Wie man sieht, nicht die Regierung drängte zum Krieg, sondern die seit Herbst 1876 aufschießende und in die Breite wachsende slawische Bewegung. Von Moskau ausgehend, hatten sich in vielen russischen Städten slawische Komitees gebildet. Eine Welle der Hilfsbereitschaft ging über das Land, Geldsammlungen allerorten, dazu Büros zur Anwerbung von Freiwilligen, die an der Seite Serbiens kämpfen sollten. Etwa 600 russische Offiziere und einige Tausend russische

Soldaten sollen damals mit Duldung des Kriegsministers als Freiwillige nach Serbien gegangen sein. General Tschernjajew, der Eroberer von Taschkent 1864, Held der turkestanischen Feldzüge, übernahm den Oberbefehl über die serbische Armee. Noch immer wurde vermieden, die russische Regierung unmittelbar in den Krieg hineinzuziehen. Ausländische Beobachter sprachen von einer förmlichen *Slawomanie*, die die Gesellschaft ergriffen habe, von hochgradiger Erregung und panslawischer Erhitzung.

Unter diesem Druck entschloss sich Alexander am 13. November 1876 die Teilmobilisierung der russischen Armee anzuordnen, außerdem bulgarische Hilfstruppen in Bessarabien, das seit 1812 zu Russland gehörte, auszubilden. Die russische Politik suchte die Verständigung mit Österreich, das ja auf dem Balkan durch traditionelle Interessen gleichfalls verwickelt war. Für den Fall eines Krieges gegen die Türkei sagte Alexander II. dem Habsburger Kaiser die Verfügung über Bosnien-Herzegowina zu, ein Interessenarrangement, das 1878 zur Okkupation der Provinzen und 30 Jahre später zur Annexion durch Österreich führte.

Die russische Teilmobilisierung hat eine eigene Schwerkraft entfaltet. Als sich die türkische Regierung weiterhin weigerte, die Forderungen der Londoner Botschafterkonferenz nach Reformen in Bosnien und Bulgarien zu erfüllen, kam im April 1877 die russische Kriegserklärung. Russland ging gegen die osmanische Türkei allein in den Krieg, nur dürftig abgesichert durch Absprachen mit Österreich, nicht aber mit Großbritannien. Damit begann eine Kriegsgeschichte, die in der russischen Öffentlichkeit als Befreiungskrieg begrüßt und nationalen Konsens zwischen Autokratie und Gesellschaft gestiftet hat: Der *Zar-Befreier*, der die russischen Bauern zur Freiheit führte, würde nun den Slawen jenseits der Grenzen Russlands die Freiheit bringen. Solche Erwartungen waren weit überzogen. Kriegsziel war die Errichtung eines großbulgarischen Staates mit breiten Zugängen zur Ägäis unter Einschluss Mazedoniens, ein Großbulgarien unter russischem Protektorat. Hinzu kam das Ziel, die Meerengen zu beherrschen und sich in Konstantinopel festzusetzen. Die militärischen Operationen gingen quälend langsam voran und bestätigten, was Miljutin befürchtet hatte.

Dietrich Beyrau hat in seinem Buch *Militär und Gesellschaft im vorrevolutionären Russland* die Rückständigkeit der russischen Militärmaschine im Einzelnen aufgezeigt.[135] Erst nach Einnahme von Plewna, Ende 1877, rückte eine Situation heran, in der die Kapitulation der Türken zu erwarten war. Die Russen standen vor den Toren Konstantinopels. Eine Besetzung der Stadt war nicht möglich, weil die britische Regierung drohte, im Fall einer russischen Truppenlandung ihre Flotte einzusetzen. Seit Januar 1878 gab es einen Waffenstillstand, dann wurde von russischer Seite der Präliminarfriede von San Stefano präsentiert, ein Friedensdiktat, das die russischen Kriegsziele tatsächlich einzutreiben versprach. Diese Ambition scheiterte am Widerstand und Widerspruch der europäischen Mächte, zumal Frankreichs und vor allem Großbritanniens, und sollte auf dem Berliner Kongress im Sommer 1878 unter dem „ehrlichen Makler" Bismarck kräftig beschnitten werden.

4.2. Vom Balkankrieg zum Wechsel der Bündnisse

Im letzten Abschnitt kam es darauf an herauszubringen, dass sich die Autokratie unter dem Druck einer nationalistischen, panslawisch aufgeladenen Öffentlichkeit dazu bestimmen ließ, eine fundamental wichtige Entscheidung zu treffen, nämlich die, in den Krieg zu ziehen und dies gegen alle ökonomische Vernunft, gegen die Warnungen des Finanzministers und des Kriegsministers gleichermaßen. Der Zar ging in den Krieg, um seine lädierte Autorität wieder aufzurichten, indem er den Konsens mit der panslawischen Bewegung suchte, mit einer Bewegung, die in die städtischen Schichten hineinreichte und, vermittelt durch die orthodoxe Priesterschaft, auch ins bäuerliche Milieu. Das geschah unter der Devise, dass es Christenpflicht sei, für die von den Ungläubigen bedrängten Brüder auf dem Balkan einzustehen und ihnen zur Freiheit zu verhelfen.

Mithin zeigt sich, dass die Autokratie in zentralen Entscheidungen die öffentliche Meinung nicht ignorieren konnte. Der Zar machte sich daran, die Befreierrolle, die er für seine eigenen Bauern übernommen hatte, jetzt auch für die bedrängten Bulgaren, Serben und Bosniaken zu übernehmen. Die Entscheidung zum Krieg gegen die Türkei war auf dem Hintergrund einer mehrschichtigen Krise gefallen. Es war die Zeit der sogenannten Nihilistenprozesse gegen Angehörige des *Narodnitschestwo*, deren Verlauf dank der neuen Gerichtsordnung gegen die Öffentlichkeit nicht abgeschottet werden konnte. Im Frühjahr 1877 standen 193 junge Leute vor Gericht. Sie trugen ihre Anklagen gegen das herrschende Regime in einer Weise vor, die selbst loyale Untertanen in Erregung versetzte.

Wie schon ausgeführt, hatte die russische Diplomatie im März 1878 versucht, die weitgreifenden Erwartungen der Öffentlichkeit im Frieden von San Stefano unterzubringen. Dieses großgeschnittene, von Selbstüberschätzung berstende Friedensdiktat musste unter dem Druck der Mächte zurückgenommen werden. Im Juli endete der Berliner Kongress mit einer tiefen Demütigung der Petersburger Politik, mit einer schweren Enttäuschung der russischen Öffentlichkeit. Die Autoritätskrise des Systems lag vollends bloß. Die Regierung und die Diplomatie wurden in der Presse angeklagt, die russischen Interessen einem billigen Kompromiss zum Opfer gebracht zu haben.

Zeitgleich im Jahr der Niederlage begann die „Hochzeit des Terrors", des Versuchs revolutionärer Gruppen, das Regime durch eine Kette von Terrorakten ins Wanken zu bringen. Alexander II. befahl, den Ausnahmezustand einzuführen.

Dem Innenminister wurde anvertraut, die Ruhe wiederherzustellen und die Ängste in der Gesellschaft zu dämpfen. Überdies wurden Anstalten gemacht, den konstitutionellen Forderungen der liberalen Bewegung entgegenzukommen. Es wurden Projekte vorgelegt, den Reichsrat, ein beratendes Gremium an der Seite des Zaren, durch *Semstwo*-Vertreter zu verstärken, so dass die Stimme des Landes an den Stufen des Throns anwesend wäre. Das waren äußerst bescheidene, im Horizont der Autokratie jedoch durchaus riskante Schritte zur Stabilisierung der Lage. Hinzu kam die entschlossene Unterdrückung der revolutionären, zumal der terroristischen Gruppen. Diese Verbindung der Repressionspolitik mit einer versöhnlichen *Diktatur des Herzens* war zu Ende, als Alexander II. im März 1881 ermordet wurde.

Sein Sohn und Nachfolger, Alexander III., hat keine Reformstrategie entwickelt, die im liberalen Lager Gefallen gefunden hätte. Vielmehr hat er, beraten von Konstantin Pobedonoszew und anderen Konservativen, einen reaktionären Kurs gesteuert, der darauf abgestellt war, die Folgen der seit 1861 in Gang gesetzten Reformen einzugrenzen und womöglich gar zurückzunehmen. Bei der Beschreibung der einzelnen Reformen, etwa der *Semstwo*-Gesetze von 1864, wurde schon darauf hingewiesen, dass die Stellung des Adels in den 1880er Jahren wieder gestärkt wurde, wodurch die landschaftliche Selbstverwaltung ihre liberalen Konturen mehr und mehr verlor. Parallel dazu ging der Versuch, die innere Unzufriedenheit gegen die Juden zu lenken durch eine von Teilen der rechtgläubigen Kirche gestützte antisemitische Politik.

Zusammenhänge zwischen Außenpolitik und innergesellschaftlichen Krisenfaktoren ergaben sich aus ökonomischen Gegebenheiten, aus der Abhängigkeit Russlands von ausländischem Kapital, aus der Rückständigkeit, die für die russische Binnenentwicklung prägend waren. Das ist beispielhaft deutlich zu machen an den deutsch-russischen Beziehungen seit den 1860er Jahren. Zum ABC der Bismarckschen Russlandpolitik gehört das preußisch-russische Sonderverhältnis, das auf verwandtschaftliche Beziehungen gegründet und nach der Bauernbefreiung fortgesetzt und gestärkt worden war. Am Anfang steht die sogenannte Alvenslebensche Konvention von 1863, in der Preußen dem Zaren Unterstützung bei der Niederwerfung des polnischen Aufstands versprach. Polen blieb eine Klammer des preußisch-russischen Verhältnisses. In den sogenannten Einigungskriegen – 1864 gegen Dänemark, 1866 gegen Österreich, 1870/71 gegen Frankreich – hatte Petersburg eine Position wohlwollender Neutralität bezogen. Die deutsche Reichsgründung ließ für die europäische Politik dann überhaupt neue Koordinaten und Bedingungen entstehen, vor allem den dauerhaften Gegensatz zwischen Frankreich und dem Bismarckschen Reich. Das hatte es in solcher Ausprägung vorher nicht gegeben.

Die deutsch-französische Feindschaft wirkte auf das deutsch-russische Verhältnis unmittelbar zurück. Die Präsenz einer deutschen Großmacht in der Mitte Europas löste nicht nur in der russischen Öffentlichkeit Unruhe aus, sondern auch im Generalstab. Seither nahm das Kriegsministerium für seine Planungen und finanziellen Forderungen Maß an den deutschen Rüstungen, an den wiederkehrenden Wehrvorlagen im deutschen Reichstag. Regulierend wirkte das berühmte Drei-Kaiser-Abkommen von 1873, das Versprechen der Monarchen, sich wechselseitig zu konsultieren und Neutralität zu wahren. Das ist hier im Einzelnen nicht auszuführen.

Nach dem Berliner Kongress, angesichts der wachsenden Verstimmung, die in der russischen Öffentlichkeit gegenüber Deutschland herrschte, wurde die Schuld am Scheitern der russischen Kriegsziele Bismarck zugeschrieben. Der aber meinte, auf dem Berliner Kongress als „ehrlicher Makler" gehandelt und für seine Leistung eigentlich den russischen Adlerorden mit Brillanten verdient zu haben. Diese Trübung des Verhältnisses gab unter anderem Anlass für den sogenannten Zweibund, für die Option Bismarcks, mit Österreich zusammenzugehen. Die Irritationen, die dieser Schritt in Petersburg auslöste, wurden durch den Drei-Kaiser-Vertrag von 1881, eine Neutralitätsvereinbarung zwischen Österreich, Russland und Deutschland, scheinbar wieder ausgeglichen. Für den Fall eines deutsch-französischen Krieges versprach Russland wohlwollende Neutralität; Deutschland und Österreich versprachen Russland das gleiche für den Fall, dass es zu einem Krieg mit Großbritannien käme. 1887, als das russisch-österreichische Verhältnis, bedingt durch die bulgarische Krise, von neuem schwer belastet war, kam es dann nur noch zu einem zweiseitigen Geheimvertrag zwischen Russland und Deutschland, dem sogenannten Rückversicherungsvertrag, der 1890, nach der Entlassung Bismarcks, nicht verlängert wurde. Das war der bündnispolitische Hintergrund, der die russisch-deutschen Beziehungen beeinflusst hat.

Bei der Beschreibung der russischen Industrialisierungsgeschichte wurde schon darauf hingewiesen, dass das deutsche Kapital bis Ende der 1880er Jahre der Hauptfinanzier des russischen Eisenbahnbaus gewesen ist. Damals lagen russische Wertpapiere im Wert von zwei Milliarden Goldmark in deutschen Portefeuilles – mehr als das Anderthalbfache der jährlichen Staatseinnahmen des Russischen Reiches, eine enorme Summe, die das Ausmaß der Kapitalabhängigkeit Russlands von der deutschen Bankwelt belegt. Hinzu kam, dass die deutsche Schwerindustrie der Hauptlieferant für industrielle Rohstoffe, Maschinenausrüstungen und technisches Know-how in Russland war. Diese Vorrangstellung auf dem russischen Markt ist bis 1914 erhalten geblieben.

Umgekehrt war der deutsche Markt für den russischen Getreideexport der wichtigste Abnehmer. Mit den Exporterlösen wurden die Zinsleistungen für die Anleihen beglichen, sie waren die wichtigste Voraussetzung für die Finanzierung russischer Wirtschaftspolitik. Die deutsche Schwerindustrie war ihrerseits natürlich außerordentlich daran interessiert, den russischen Markt für sich zu erhalten. Der Exportzwang auf russischer Seite, was das Getreide angeht, auf deutscher Seite Industrieexport, hat im Lauf der Zeit weiter zugenommen und ein Verhältnis wechselseitiger Abhängigkeit begründet. Die Wirtschafts- und Kapitalverflechtung hat das Sonderverhältnis zwischen den Höfen und zwischen den Regierungen zusätzlich gestützt. Man kann von einem Verbundsystem sprechen zwischen politischer Zusammenarbeit und ökonomischer Abhängigkeit. Diese Verflechtung war die gefestigte Unterlage für das Sonderverhältnis zwischen beiden Kaiserreichen.

Zugleich muss man sehen, dass die Verflechtung von Wirtschaft und Bündnispolitik die deutsch-russischen Beziehungen außerordentlich konfliktanfällig werden ließ, denn die ökonomischen Beziehungen waren in die Krisenbewegungen der Wirtschaft einbezogen und boten keine Garantien für Kontinuität. Wer von wechselseitiger Abhängigkeit spricht, hat freilich zu bedenken, dass dieses Abhängigkeitsverhältnis durchaus asymmetrisch war und zu Lasten Russlands ging. Für Russlands Finanz-, Industrie- und Eisenbahnpolitik gab es damals keine anderen Alternativen als die, sich auf den deutschen Markt zu orientieren. Aber auch für die russische Außenpolitik war Deutschland ein Bündnispartner, der nicht leicht ersetzt werden konnte. Der Gegensatz gegenüber England war scharf und durch die russische Expansion in Zentralasien zusätzlich aufgeladen worden. Frankreich war nach dem verlorenen Krieg gegen Deutschland noch schwach und galt aus gesellschaftspolitischen Gründen, als Republik und Verkörperung liberaler und demokratischer Ideen, im amtlichen Petersburg als höchst fragwürdige Größe, mit der sich gegen Deutschland zu verbünden als nahezu undenkbar erschien. Schließlich brachte das Sonderverhältnis mit Berlin Russland auch Sicherungen im Blick auf die russisch-österreichische Konkurrenz und Rivalität auf dem Balkan. Insofern war der Grad der Abhängigkeit Russlands von Deutschland zweifellos stärker als die Abhängigkeit Deutschlands vom Fortbestand der deutsch-russischen Partnerschaft. Russland war für Deutschland wichtig in Bezug auf die französisch-deutschen Spannungen zur Disziplinierung des französischen Revisionismus, der Elsass-Lothringen wiederhaben und Rache für Sedan nehmen wollte.

Diese wechselseitige Verflechtung hat die deutsch-russischen Beziehungen getragen, aber auch verwundbar gemacht. Ihre Achillesferse war seit Ausgang der 1870er Jahre die Schutzzollpolitik beider Regierungen. 1879 begann Bismarck die Zollmauern gegen das russische Getreide hochzuziehen. Damit gab er dem Druck der ostelbischen Agrarier nach, die sich durch die „russische Getreideflut" geschädigt fanden. Im innerdeutschen Kontext war der Bismarcksche Schutzzoll vor allem ein Instrument zur Versöhnung industrieller und agrarischer Interessen, so dass Historiker gelegentlich von einer *zweiten Reichsgründung* sprachen. Als Folge der deutschen Getreidezölle wurden die russischen Exportchancen empfindlich betroffen, die Exporterlöse gingen spürbar zurück. Die russische Seite reagierte mit der Erhöhung der Einfuhrzölle für Industriewaren und landwirtschaftliche Maschinen. Der Schutzzoll war für die russischen Finanzminister ein unentbehrliches Instrument zur Industrieförderung und zur Haushaltssanierung im eigenen Land.

Die Tatsache, dass deutsche Exportinteressen durch den russischen Schutzzoll und russische Exportinteressen durch die deutschen Getreidezölle geschädigt wurden, hat wechselseitige Aversionen weit in die Gesellschaft hineingetragen. Die russischen Agrarier, an sich ja eine eher konservative Gesellschaftsschicht, begannen eine antideutsche Agitation zu entwickeln. Auch auf deutscher Seite konnte angesichts des russischen Industrieprotektionismus die Stimmung nicht freundlicher werden. Ende der 1880er und Anfang der 1890er Jahre führten diese Auseinandersetzungen zu einem kontinuierlichen Hochschaukeln der Zolltarife auf beiden Seiten, zu einem Zollkrieg, der erst 1894 nach aufreibenden Verhandlungen zwischen Witte und Caprivi durch einen neuen Handelsvertrag beigelegt werden konnte.

Die ökonomischen Gegensätze hatten 1887 eine Zuspitzung erfahren und waren ins Politische umgeschlagen, in einem Krisenjahr der europäischen Politik, der deutsch-französischen und der deutsch-russischen Beziehungen gleichermaßen. Das Jahr brachte einen jähen Rückgang des deutschen Russlandgeschäfts. Die Industrieexporte sanken damals um ein Drittel. Der Roheisenexport betrug 1888 nur noch ein Siebtel dessen, was Jahre zuvor noch ausgeführt worden war. Woran Bismarck besonders Anstoß nahm, war die antideutsche Stimmung, die sich in der russischen Öffentlichkeit ausgebreitet hatte. 1887 kam es – auf dem Hintergrund der ökonomischen Gegensätze – zu einem förmlichen Zeitungskrieg zwischen deutschen regierungsgelenkten Blättern und der russischen Presse. Ein zweites Konfliktfeld war dadurch gegeben, dass die deutsche Orientierung der russischen Außenpolitik in der Öffentlichkeit keinen Konsens mehr fand. Die öffentliche Stimmung stand quer dazu und erhob den Vorwurf, Russland von Deutschland abhängig zu machen.

Vor diesem Hintergrund kam es auf militärischer wie auf diplomatischer Ebene zu ersten Kontakten zwischen Petersburg und Paris. In der Presse wurde bereits von einer Annäherung Russlands an Frankreich gesprochen. Bismarck entschloss sich daraufhin zu einer Politik scharfer Pressionen. Unter dem Druck der deutschen exportorientierten Industrie wurde eine sogenannte Lombardsperre verhängt und die deutschen Börsen für russische Wertpapiere gesperrt. Das geschah in der Hoffnung, dass Russland sich auf diese Weise disziplinieren lasse und die Beziehungen zu Berlin pfleglicher behandeln werde. Im gleichen Jahr

1887 fanden im deutschen Generalstab Planspiele statt, die mit der Idee eines Präventivkrieges gegen Russland hantierten. Dabei wurde argumentiert, dass jetzt noch Zeit sei, Russland militärisch zur Räson zu bringen. Wenn Russland erst mit Frankreich verbündet wäre, würde Deutschland zu einem riskanten Zweifrontenkrieg gezwungen sein.

Es ergab sich also eine höchst gefährliche Situation, die durch den Rückversicherungsvertrag von 1887 mühsam entschärft werden konnte, durch einen Geheimvertrag zwischen den beiden Höfen, der den österreichischen Kaiser ausschloss. Bestätigt wurde, dass Deutschland in einem Konflikt zwischen Russland und Großbritannien und zwischen Russland und Österreich Neutralität wahren werde. Russland garantierte die eigene Neutralität für den Fall eines deutsch-französischen Krieges. Die Ahnung, dass ein solcher Krieg unabwendbar sei, hat in den Verhandlungen eine große Rolle gespielt. Die zutiefst widersprüchliche und komplizierte Konstellation, die Bismarck hinterließ, wurde von Wilhelm II. aufzulösen versucht. Der junge Kaiser weigerte sich, den Rückversicherungsvertrag von 1887 zu verlängern, wie es die russische Diplomatie gewünscht hatte.

Diese Ereignisse, der Abgang Bismarcks, die Nichtverlängerung des Rückversicherungsvertrags und die deutschen Pressionen gegen die russischen Wertpapiere, haben in der Tat einen Orientierungswechsel der russischen Politik bewirkt: das Umschwenken Russlands von Berlin hin nach Paris. Diese Wende vollzog sich in parallelen Prozessen. Einmal auf der Ebene der Kapitalbeziehungen. Wyschnegradskij, dem Finanzminister, gelang es verhältnismäßig rasch, die russischen Wertpapiere nach Paris zu verlagern, so dass seit Ende der achtziger Jahre der französische Kapitalmarkt die Funktion des deutschen übernahm, der wichtigste Geldgeber der russischen Industrialisierung zu sein. Die zweite Parallelentwicklung zur Umorientierung nach Frankreich hin fand auf politischer Ebene statt. Gegen das Zögern des Zaren und des Außenministers Giers setzte der russische Generalstab zwischen 1891 und 1893 schließlich durch, über ein politisches Bündnis mit Frankreich hinauszugehen und eine Militärallianz anzustreben, die man als ein Defensivabkommen beschreiben kann. Im Fall eines deutschen Angriffs auf Frankreich sollten die Russen mit 700.000 bis 800.000 Mann gegen Deutschland vorgehen. Bei einem deutschen Angriff auf Russland oder einem österreichischen Angriff, der von Deutschland unterstützt würde, hätte Frankreich 1,3 Millionen Mann gegen Deutschland ins Feld zu schicken.

Wie man sieht, wurde zu Beginn der 1890er Jahre das deutsch-russische Verbundsystem zwischen Ökonomie, Kapital, Militär und Diplomatie ersetzt durch ein ähnliches System bündnispolitischer, militärpolitischer und kapitalökonomischer Art zwischen Frankreich und Russland. In den Diplomatiegeschichten wurde diesem Zusammenhang lange nur geringe Aufmerksamkeit geschenkt, aber ihn aufzuzeigen ist unerlässlich, um die Tiefendimensionen der Gegensätze und Abhängigkeiten zu verstehen.

4.3. Zentralasiatische und fernöstliche Expansion

Der Zusammenhang zwischen innerer und auswärtiger Politik Russlands nach der Reformzeit wurde bisher im Blick auf die europäischen Affären diskutiert. Am Beispiel der Balkanpolitik und des Krieges von 1877/78 wurde deutlich, wie gering die Bewegungsfähigkeit russischer Machtpolitik damals war. Die Erwartung, die Vormacht über die Meerengen, gar Konstantinopel zu gewinnen, hatte sich als trügerisch erwiesen. Desgleichen war das großbulgarische Konzept gescheitert. Auf das neue Bulgarien unter Alexander von Battenberg, das Mitte der 80er Jahre durch die Vereinigung mit Ostrumelien entstand, hatte Petersburg keinen Zugriff mehr.

Hier zeigte sich, wie stark die russische Politik auf den Konsens mit den anderen Großmächten angewiesen war, den zu finden durch die fortschreitende Erosion des Osmanischen Reiches nicht erleichtert wurde. Nachzutragen bleibt, dass Russland, anders als die westlichen Großmächte, seine Balkanpolitik durch eigenen Kapitaleinsatz nicht stützen und sich deshalb auch an dem einsetzenden Eisenbahnbau nicht beteiligen konnte. Die balkanischen Eisenbahnen wurden mit österreichischem und französischem, zum Teil auch britischem Kapital finanziert.

Für die europäische Politik war wichtig, dass es in den Beziehungen Russlands zu Deutschland und Frankreich gegen Ende der 1880er Jahre zu einem Wechsel der Orientierung und Bündnisse kam, zu einer Umorientierung Russlands nach Frankreich hin. Dazu muss man sagen, dass Russland – trotz der Kapitalabhängigkeit von Frankreich und auch weiterhin von Deutschland – nicht auf das Niveau einer zweitrangigen Macht herabsank, also nicht zu einer Kolonie ausländischer Macht- und Wirtschaftsinteressen wurde, wie das etwa für das Osmanische Reich gegolten hat, das seit 1878 unter internationaler Schuldenverwaltung stand. Vollends mit der Stellung Chinas als Interessen- und Ausbeutungszone der Großmächte lässt sich Russland nicht vergleichen.

Trotz seiner relativen Rückständigkeit blieb Russland eine Großmacht eigenen Rangs und konnte sich nach 1890 den fortbestehenden französisch-deutschen Gegensatz und die Rivalität des französischen und deutschen Bankenkapitals zunutze machen, konnte also Berlin und Paris mitunter gegeneinander ausspielen. Für Frankreich blieb das russische Bündnis unentbehrlich wegen der fortgehenden Frontstellung gegen das Deutsche Reich, so dass man von einer wechselseitigen Abhängigkeit sprechen kann, die freilich asymmetrisch blieb. Es war eine Abhängigkeit, die Russland in das französische Allianzsystem gegen Deutschland einband und 1901 sogar die Frontstellung gegen Großbritannien einbezog. Russland verpflichtete sich, bei einem französisch-britischen Konflikt an der Seite Frankreichs zu stehen. Diese Konstellation hat sich nach 1904, nach der *Entente cordiale* zwischen Paris und London, rasch abgeschliffen und 1907 sogar zu einem Interessenarrangement zwischen Petersburg und London geführt.

Generell aber bleibt festzuhalten, dass das internationale Dauerengagement Russlands auf die inneren Verhältnisse zurückschlug und eine permanente Überanstrengung der Möglichkeiten und Kräfte des Landes bewirkte. Das galt auch für die russische Asienpolitik. Hier war seit 1860 deutlich geworden, dass das russische Imperium im Osten ungleich bewegungsfähiger war als im europäischen Zusammenhang, ja dass die russische Politik eine expansive Dynamik entwickeln konnte, die zwischen 1864 und 1885 auf die Eroberung der zentralasiatischen Emirate zielte, in den 1890er Jahren mit dem Bau der Transsibirischen Eisenbahn auf die Erschließung Sibiriens, dann auf die sogenannte „friedliche Durchdringung" Nordchinas, die Errichtung einer dauerhaften Vormachtposition in der Mandschurei.

In Asien war dieses, gemessen an europäischen Normen, rückständige Russland durchaus überlegen und konnte, verglichen mit den dort bestehenden Verhältnissen, keineswegs als rückständig gelten. Wie sich zeigte, ließen sich Erfolge mit relativ geringen militärischen Kräften zumal dort erringen, wo die Konkurrenz mit anderen Großmächten nicht unmittelbar gegeben war. Das war in Zentralasien, in Turkestan, der Fall, nicht aber in der Mandschurei und in Korea.

Die Stationen der russischen Expansionspolitik sind hier nur in Stichworten zu nennen. Nach dem Ende des Krimkrieges, in einer Zeit, in der China durch den zweiten Opiumkrieg geschwächt war, hatte die Pekinger Regierung in den Verträgen von Aigun (1858) und Peking (1860) verhältnismäßig leicht zur Abtretung des Amurgebiets und der Küstenprovinz an Russland veranlasst werden können. Hier hat Petersburg dann eigene, zunächst eher symbolische Zeichen seiner Macht gesetzt, durch die Gründung des Kriegshafens Wladiwostok (1862) und den allmählichen Aufbau einer russischen Fernostflotte. Wladiwostok: schon der Name (*Beherrsche den Osten*) machte klar, dass Russland sich aus diesen Gebieten nicht mehr zurückzuziehen gedachte. Eine weitergreifende Expansionsstrategie war damals freilich noch nicht zu erkennen. Der Verkauf Alaskas an die Vereinigten Staaten, zu dem sich die russische Regierung 1867 entschloss, kann zeigen, dass man sich der Grenzen der eigenen Möglichkeiten durchaus bewusst war. Auch mit dem japanischen Inselreich, das seit Ende der 1860er Jahre einen Modernisierungsprozess einzuleiten begann, hat Russland anfänglich eine Politik der Interessenabstimmung betrieben. Das zeigte sich 1875 durch die Einigung über die Insel Sachalin. Japan gab die Insel für Russland frei und erhielt dafür die Inselkette der Kurilen.

Zu bedenken ist, dass diese Phase russischer Fernostpolitik noch ganz im Schatten des Vorstoßes nach Mittelasien stand, eines raumgreifenden Eroberungszugs nach Turkestan, über die mittelasiatische Militärgrenze zwischen Aralsee und der neusibirischen Grenzlinie hinweg. Dieser Vorstoß, zwischen 1864 und 1885 exekutiert, wurde durch die Eroberung der turkestanischen Emirate und der Wüstenoasen Transkaspiens abgeschlossen und hat die russische Macht bis zur afghanischen und chinesischen Grenze ausgeweitet. Die Expansion lässt sich als eine Reihe von Militärexpeditionen beschreiben in relativ machtentleerte Räume hinein. Man hat von einem Konquistadorentum gesprochen, das durch leichte Siege die Demütigungen vergessen machen wollte, die die russische Armee im Krimkrieg und dann im Balkankrieg erlitten hatte. 1867 wurden die eroberten Gebiete zum Militärgouvernement Turkestan zusammengefasst, das schließlich nahezu alle Gebiete der späteren zentralasiatischen Sowjetrepubliken, mit Ausnahme Kasachstans, umschloss. Teile der kasachischen Wüstensteppen waren durch russische Bauern schon vorher besiedelt worden.

Dem Militärgouvernement wurden in den 1870er Jahren die bis dahin selbstständigen Emirate Chiva und Buchara unterstellt, während Kokand, das dritte und größte Emirat in Mittelasien, aufgelöst wurde und den territorialen Grundstock des Militärgouvernements Turkestan bildete. Buchara und Chiva als russische Protektorate blieben in ihren Binnenverhältnissen weitgehend unberührt. Die zarische Politik wurde nicht müde, die zivilisatorische und kulturelle Mission zu betonen, die Russland in diesen Gebieten halbwilder Völkerschaften wahrzunehmen habe – auch dies ein kompensatorisches Element für die Rückständigkeit im europäischen Vergleich.

Die Expansion war von der Erwartung begleitet worden, in Zentralasien günstige Bedingungen für den russischen Handel zu schaffen und Rohstoffquellen und Absatzmärkte zu gewinnen. Seit den achtziger Jahren begann die Kolonialverwaltung den Baumwollanbau energisch voranzutreiben, um die russische Textilindustrie von der amerikanischen Baumwolleinfuhr unabhängig zu machen. Diese ökonomischen Erwartungen aber hingen in der Luft, weil sie damals noch nicht von breiteren industriellen und handelspolitischen Interessen getragen wurden. In der Literatur ist die russische Zentralasienexpansion häufig mit der Erschließung des amerikanischen Westens verglichen worden, aber man darf jedoch die wesentlichen Unterschiede dabei nicht übersehen. In Amerika handelte es sich um die Expansion eines freien, agrarkapitalistisch orientierten Farmertums, während in Russland eine Militärexpansion voranging, von der erwartet wurde, dass die vaterländische Wirtschaft davon profitieren werde.

Das russische Vordringen in Mittelasien hat vor allem in England Aufsehen erregt, weil man die eigenen Positionen in Afghanistan bedroht sah und eine Gefährdung der britischen Beherrschung Indiens befürchtete. In Petersburg wurde großer Wert darauf gelegt, diese Expansion gegenüber den westlichen Mächten zu rechtfertigen. Erinnert sei an eine berühmte Zirkulardepesche Gortschakows, aus der sich ersehen lässt, dass der russische Staatskanzler das, was Russland hier betrieb, zur Kolonialpolitik der europäischen Mächte in Beziehung setzte:

„Die Situation Russlands in Zentralasien ist die aller zivilisierten Staaten, welche sich in Kontakt mit nomadisierenden halbwilden Völkerschaften ohne feste Organisation befindet. Die Sicherheit der Grenzen und des Handels verlangt in einem solchen Fall, dass der zivilisierte Staat ein gewisses Übergewicht über seine Nachbarn ausübt. Zunächst sind alle Einfälle und Plünderungen zurückzuweisen. Um denselben ein Ende zu machen, ist man genötigt, die Grenzbevölkerung zu einer mehr oder minder direkten Unterwerfung zu zwingen. Ist dieses Resultat erreicht, so nehmen die Grenzbewohner ruhigere und sesshaftere Gewohnheiten an, dafür werden sie aber nunmehr von ferner lebenden Stämmen beunruhigt. Der Staat ist verpflichtet, jene zu schützen und diese zu züchtigen. (...) Ein Rückschreiten aber gibt es nicht, weil die Asiaten das für Schwäche ansehen würden. Sie achten nur die fühlbare und greifbare Gewalt. Das war das Los aller Staaten, die den gleichen Bedingungen unterlagen. Die Vereinigten Staaten von Amerika, Frankreich und Afrika, Holland in seinen Kolonien, England in Ostindien, alle ließen sich weniger aus Ehrgeiz, als aus unbedingter Notwendigkeit unaufhörlich vorwärts reißen auf diesem Wege, wo die größte Schwierigkeit in der Fähigkeit besteht, stehen zu bleiben."[136]

Der Expansion wird also etwas Zwanghaftes, etwas Nötigendes gegeben, und es wird Wert darauf gelegt zu sagen, dass Russland nicht anders reagiere als die anderen Kolonialmächte auch. Dabei war für die russische Militärexpansion in Zentralasien das ökonomische Interesse in Russland selbst gering. Der Finanzminister war nicht sonderlich entzückt und legte dem Kriegsminister die Verpflichtung auf, alle Kosten der Unternehmung aus dem Etat des Kriegsministeriums zu bestreiten. Auch in der russischen Kaufmannschaft regte sich kein Enthusiasmus. Noch Ende der 80er Jahre gingen nur drei Prozent des russischen Exports nach Zentralasien. Erst zehn Jahre später, eine Begleiterscheinung der Industrialisierungspolitik Wittes, kam es zu energischeren Versuchen, Turkestan zu einer Ausbeutungskolonie zu machen, vor allem im Blick auf den Baumwollbedarf der russischen Textilindustrie. Hinsichtlich der Verkehrserschließung Zentralasiens ist, abgesehen von einer militärischen Kolonialbahn, bis zum Ende des Jahrhunderts nichts Durchgreifendes geschehen. Erst 1899 wurde diese Bahnlinie über Samarkand hinausgeführt und 1905 über Taschkent und Orenburg mit dem innerrussischen Streckennetz verbunden. Wirtschaftliche Unternehmungen folgten den militärischen Eroberungen mit erheblichen Verzögerungen.

Angesichts der Belastungen der britisch-russischen Beziehungen hat Gortschakow immer wieder versucht, die Militärs zu bremsen und das Krisenniveau im Verhältnis zu London klein zu halten. Bei dem abschließenden militärischen Akt, der Eroberung der historischen Seidenstraßenmetropole Merv 1884 in Turkestan, kam es zu einem schweren Konflikt mit Großbritannien, der nahe daran war, in bewaffnete Auseinandersetzungen umzuschlagen. In dieser gefährlichen Lage hat Russland eingelenkt und 1885 durch ein Abkommen mit London eine Verständigung über die afghanisch-russische Grenze herbeigeführt. Petersburg bekundete sein Desinteresse an Afghanistan, das sich seit 1879 faktisch unter dem Protektorat Großbritanniens befand.

Obwohl es hier zu einer Abgrenzung der Interessensphären kam, muss man sehen, dass der russische Vorstoß in die transkaspischen Gebiete Zentralasiens die russisch-englische Konfrontation über diese Region hinaus erweitert hat. Das Konfliktfeld Persien kam hinzu. Die russischen Einwirkungsmöglichkeiten auf das Reich des Pfauenthrons ergaben sich aus dem Besitz und der Vorherrschaft über die turkestanischen und turkmenischen Gebiete. Der russisch-britische Gegensatz in Persien führt zu einer faktischen Teilung des Landes in Interessensphären. Der russischen Vorherrschaft in Nordpersien kamen die Standortvorteile der geographischen Lage entgegen, während der britische Einfluss sich auf den Süden konzentrierte. Diese Konfrontation der beiden Mächte konnte, wie erwähnt, erst 1907 durch eine förmliche Interessenteilung gemildert werden.

Fragt man nach der Resonanz, die die zentralasiatischen Eroberungen in Russland fanden, so war von dem geringen Interesse der Kaufmannschaft und der Zurückhaltung des Finanzministers schon die Rede. Vergleichen wir das Engagement, das die öffentliche Meinung in Russland an den balkanischen Ereignissen erkennen ließ, so ist der Unterschied schnell auszumachen. Die zentralasiatische Expansion wurde von gesellschaftlichen Kräften in Russland nicht getragen, geschweige denn vorangetrieben. Der wortmächtigste und einflussreichste Journalist dieser Zeit, Michail Katkow, der seit den 1860er Jahren bis zu seinem Tod 1886 die Regierung stets dazu angehalten hat, eine Politik der Stärke in Europa zu betreiben und sich nicht in Abhängigkeit von Deutschland zu begeben, hat die Ereignisse in Zentralasien mit äußerst skeptischen und kritischen Kommentaren begleitet.

Charakteristisch dafür ist eine Stellungnahme von 1865: „Was dort in Asien Russland größer werden lässt, schwächt es in Europa. Nicht in Asien liegt Russlands Charakter als Großmacht, sondern in seiner Herrschaft über die westlichen Grenzmarken und in seiner Stellung am Schwarzen Meer. Unsere Geschichte vollzieht sich in Europa und nicht in Asien. Russland wäre und bliebe auch ohne

Zentralasien dasselbe Russland. Was aber wäre England ohne Indien?"[137] Hier wird klar zu machen versucht, dass die russische Großmachtstellung von der Beherrschung Zentralasiens in keiner Weise abhängig sei, sondern dass Russland auf Grund seiner Geschichte, seiner Tradition, seiner Interessen den Primat der europäischen Politik zu akzeptieren habe.

Im Fernen Osten ergab sich dagegen eine durchaus andere Konstellation. Nach den relativ moderaten Anfängen der Machtsicherung an der Pazifikküste, von denen oben schon die Rede war, begann Russland in den 1890er Jahren in Richtung China eine Expansion von gewaltigen Dimensionen einzuleiten – in eine Expansion, in der es nicht darum ging, die militärische Vorherrschaft in Teilen Chinas zu gewinnen, sondern die nordchinesischen Territorien, wie man sagte, friedlich und das hieß ökonomisch zu durchdringen. Ein Jahr nach dem ersten Spatenstich zum Bau der Transsibirischen Eisenbahn, begann Witte seine weitgespannte Industrialisierungsstrategie mit einer raumgreifenden ökonomischen Expansionsstrategie über Sibirien hinweg nach Osten zu verbinden. Die Transsibirische Eisenbahn, deren Bau kurz vor Beginn des russisch-japanischen Krieges 1904 leidlich abgeschlossen war und den Fernen Osten mit dem europäischen Russland verband, dieses gewaltige Unternehmen sollte das Vehikel für die Erschließung Sibiriens und das weitere Vordringen in Ostasien sein.

Es ging hier, anders als in Zentralasien, von vornherein um eine Konzeption, die den Begriffen, den Normen und Methoden des modernen Imperialismus entsprach, oder diese Methoden doch zu imitieren suchte. Wer von modernem Imperialismus in Bezug auf Russland spricht, muss seine Aufmerksamkeit vor allem auf diese Vorgänge richten. Der Primat der Ökonomie, der sich aus der Zielsetzung ergab, die Rückständigkeit Russlands zu überwinden und der jungen Industrie des Reiches in Ostasien einen unermesslichen Markt zu erschließen, wurde von Seiten der russischen Militärs in Frage gestellt, doch bis zum russisch-japanischen Krieg nicht aufgehoben. Eine Wende kündigte sich schon an, als 1903 Witte auf Druck seiner innenpolitischen Gegner das Finanzministerium verlor – in einer Zeit, in der der Konflikt mit Japan schon vor aller Augen lag.

Die Militärs hatten Wittes über den Eisenbahnbau gesteuerten Kurs der „friedlichen Durchdringung" durch eigene Aktionen begleitet. Dazu gehörte, über den Ausbau von Wladiwostok hinaus, vor allem die Inbesitznahme des Hafens Port Arthur, den die Japaner 1897 räumen mussten. Witte wurde dabei nicht gefragt, doch angesichts des Einflusses, den das Militär beim Zaren genoss, hatte er mit solchen Störungen rechnen müssen. Er versuchte, für Russland machtpolitische Verstrickungen zu vermeiden. Deshalb die ständige Betonung der *pénétration pacifique*. All das stand im Zusammenhang mit dem Konzept Wittes, Russland selber zu einem Metropolstaat zu machen, der nicht länger den höher entwickelten Ländern nur Rohstoffe liefert, sondern eigene wirtschaftliche Potenz entfaltet und Russland auf diese Weise im Rahmen der imperialistischen Weltpolitik einen Platz an der Sonne zu sichern. Russland sollte nicht nur Durchgangsland für den internationalen Handel sein, sondern sollte als Großproduzent und Konsument mit eigenem Gewicht in Ostasien erscheinen. In diesem Sinne hat Witte das Transsibirische Eisenbahnprogramm als ein Weltereignis bezeichnet, das eine neue Epoche in der Geschichte der Völker einleite und die wirtschaftlichen Beziehungen zwischen den Staaten von Grund auf verändern werde. Zugleich griff Witte die traditionellen Rechtfertigungsmuster russischer Expansionspolitik wieder auf, die das Vordringen nach Zentralasien begleitet hatten, die Formeln von der historischen Mission Kulturmission Russlands gegenüber den asiatischen Völkern.

Damals hat das Bahnbauprojekt zahllose Projektemacher und Spekulanten nach Russland gelockt, die Einfluss bei Hofe suchten. So bot der Buriatmongole Badmajew 1893 seine Mitwirkung an mit dem Versprechen, Tibetaner, Mongolen und Chinesen zum Aufstand gegen die Mandschu-Dynastie zu führen, China dem „weißen Zaren" untertan zu machen und diesen Machtgewinn durch eine, mit der sibirischen Bahn zu verbindende weitere Bahn tief ins Innere China hinein abzusichern. Wenn dies gelinge, so trug Witte dem Zaren vor, werde Russland, im Besitz des Raumes zwischen den Küsten des Pazifiks und den Gipfeln des Himalaja, nicht nur über die asiatischen, sondern gleichermaßen über die europäischen Angelegenheiten gebieten. Noch in den Vorlesungen, die Witte 1901 und 1902 dem Thronfolger Michail Alexandrowitsch über die russische Staatswirtschaft und Staatspolitik hielt, vertrat er die Meinung, Russland brauche keine Kolonialpolitik. Im Gegensatz zum Streben der westeuropäischen Mächte nach wirtschaftlicher und oft auch politischer Unterjochung der Völker des Ostens habe Russlands Mission eine schützende und kulturbildende zu sein.

Der Bau der Transsibirischen Eisenbahn wurde von Westsibirien aus seit Mitte der 1890er Jahre mit großer Energie vorangetrieben. Witte hatte den Bahnbau mit dem Projekt verbunden, in einem etwa 100 km breiten Streifen entlang dieser Linie russische Bauern anzusiedeln und damit zugleich die übervölkerten Kerngebiete des Reiches zu entlasten. Überdies wollte er hier Versorgungsbetriebe und Werkstätten errichtet sehen, von denen aus mit der Nutzung der unermesslichen Rohstofflagerstätten und der gewaltigen sibirischen Ströme begonnen werden sollte. Witte vertraute auf den stimulierenden Effekt dieses Streckenbaus, einer Linie von etwa 7000 km Länge. Industrielle Erschließung und bäuerliche Kolonisation sollten dabei zusammengehen. Dieses Projekt schlug in die Außenpolitik um und wurde zu einem Problem der russisch-chinesischen und russisch-japanischen Beziehungen, als sich Witte entschloss, die Transsibirische Eisenbahn nicht auf russischem Gebiet nach Wladiwostok zu führen, sondern von Tschita aus über mandschurisches, also chinesisches Territorium. Dieses Vorhaben gab

Anlass, die russische Chinapolitik so zu aktivieren, dass die Mächtekonkurrenz in Ostasien unmittelbar betroffen wurde.

4.4. Russland und China: Aspekte „friedlicher Durchdringung"

Chinapolitik, das hieß nach den gegebenen Voraussetzungen, die ökonomische Expansionsstrategie Wittes mit den militärischen und machtpolitischen Interessen Russlands zu verbinden. Es handelte sich um imperialistische Prozeduren, die europäischen und amerikanischen Mustern folgten. Sie lassen sich als „geborgter Imperialismus" bezeichnen, denn diese kostspieligen Unternehmen wurden mit ausländischem Kapital finanziert. Wie erwähnt, lebte die russische Kreditfähigkeit in erster Linie von der Bereitschaft der Pariser Regierung, die französische Bankenwelt zu ermutigen, nicht nur die Industrialisierung Russlands zu unterstützen, sondern auch russische Aktionen in Ostasien.

Der Zeitpunkt, zu dem Wittes Politik „friedlicher Durchdringung" über die Grenzen griff, fiel mit einer Zeit zusammen, in der sich China in einem äußersten Schwächezustand befand. Das Reich der Mitte hatte 1894/95 einen Krieg mit Japan zu bestehen, mit einer Macht, die sich damals anschickte, in die Mächtekonkurrenz im Fernen Osten auch militärisch einzugreifen. Der Krieg endete mit einer Niederlage der Chinesen, denen die japanische Regierung im Frieden von Shimonoseki 1895 harte Bedingungen auferlegte: hohe Entschädigungszahlungen, die Forderung nach Port Arthur auf der Halbinsel Liaotung und Bedingungen, die den japanischen Einfluss auf Korea sichern sollten, das noch immer zu China gehörte.

Für die russische Strategie im Fernen Osten war bezeichnend, dass sich der Zar und seine Berater damals dazu entschlossen, zu Gunsten Chinas und gegen die Interessen Japans zu intervenieren. Russland tat dies nicht allein, sondern wurde von der französischen Regierung ermutigt und begleitet. Das russisch-französische Bündnis im europäischen Kontext bekam damit eine ostasiatische Komponente – ein interessanter Zusammenhang, der die weiten Dimensionen der russischen Politik erklärt. Russland war imstande, sich an dieser Intervention zu beteiligen, weil es Kapital aus Frankreich zur Verfügung hatte und die russischen und französischen Interessen im Fernen Osten zusammenstimmten. Zwischen Frankreich und Großbritannien und zwischen Russland und Großbritannien bestanden dauerhafte Gegensätze. Die französisch-britischen gründeten sich auf die Rivalität in Afrika, die britisch-russischen auf die zentralasiatische Expansion des Zarenreiches. Seit 1898, nach Inbesitznahme der Philippinen durch die Vereinigten Staaten, griff auch die amerikanische Politik in Ostasien mit eigenen Initiativen ein, die unter dem Schlagwort der „offenen Tür" vorgetragen wurden. Mit dieser *Open door policy* wandte sich das amerikanische Handelskapital gegen die Tendenz der europäischen Mächte, in China eigene Interessensphären zu schaffen und diese nach außen abzuschotten.

Der erste Schritt, den Russland im Blick auf China mit französischer Hilfe tat, bestand darin, dass Witte eine Anleihe vermittelte, die Peking in die Lage versetzen sollte, die Kriegskosten und die Entschädigungen für Japan aus dem Frieden von Shimonoseki zu bezahlen. Dem schlossen sich alsbald Pressionen Frankreichs und Russlands mit dem Ziel an, Japan vom chinesischen Festland zu vertreiben und zur Aufgabe des Stützpunkts Port Arthur zu zwingen. Die weiteren Schritte der russischen Chinapolitik, mit großem Selbstbewusstsein und Erfolg entfaltet, war der Abschluss eines russisch-chinesischen Defensivbündnisses, eines im Juni 1896 geschlossenen Beistandsvertrags, der die Gefahr eines neuerlichen japanischen Angriffs auf China abwehren sollte. Die russische Regierung garantierte dabei zugleich die Souveränität und territoriale Integrität Chinas.

Witte hat sich diese Garantien von den Chinesen bezahlen lassen durch einen Konzessionsvertrag, der im September 1896 geschlossen wurde und die Errichtung einer russisch-chinesischen Bank ermöglichte, deren Kapital aus der russischen Staatskasse kam. Diese Bank wurde vor allem errichtet, um die Ostsibirische Eisenbahn fertig zu stellen. Im Dezember 1896 folgte ein eingehend durchformulierter Vertrag über die Bildung einer Ostchinesischen Eisenbahngesellschaft unter russischer Dominanz. Die Beteiligung von Chinesen hatte eher ornamentale Bedeutung. Damit entstand eine russisch gelenkte Eisenbahngesellschaft in der Mandschurei mit dem Auftrag, die Ostsibirische Eisenbahn von Tschita aus über mandschurisches Gebiet nach Wladiwostok zu führen. Jeder Blick auf den Atlas zeigt die geopolitischen und geostrategischen Konsequenzen dieses Vertrags. Ähnlich wie das für die Transsibirische Eisenbahn auf russischem Territorium galt, war zur Besiedlung und Erschließung ein Gebietsstreifen vorgesehen – bis zu 30 km breit, in dem die Russen exterritoriale Rechte genießen sollten. Zum Schutz der Ostchinesischen Bahn durften sie eine eigene Bahnpolizei unterhalten.

Damit waren für Russland Grundlagen für eine expansive Politik gelegt, die den japanischen Ambitionen enge Grenzen setzten. Tatsächlich sah sich Tokio gezwungen, die wechselseitigen Interessen im Fernen Osten mit Russland umgehend vertraglich abzustimmen, wie provisorisch das Ergebnis auch immer ausfallen mochte. Das geschah, sechs Tage nach dem russisch-chinesischen Beistandspakt, in dem sogenannten Moskauer Protokoll, in dem Japan versicherte, die Integrität und Unabhängigkeit Koreas zu achten. Das Protokoll ist ein Beleg dafür, dass der russische Zugriff auf die Mandschurei zugleich darauf ausging, das nördliche Korea gleichfalls zu einer Einflusszone zu machen, ohne diesen Versuch mit großen Eisenbahnprojekten zu verbinden. Im September 1897 errichtete Witte eine russisch-koreanische Bank. Ein zweiter Schritt, der die relative Schwäche Japans in dieser Zeit kenntlich macht, in einer Situation, in der Frankreich und Russland zusammenstanden, war darin zu sehen, dass Japan nun in der Tat die Halbinsel Liaotung mit Port Arthur zu räumen hatte. Mit der Räumung dieses Flottenstützpunkts Ende 1897 war die Sache jedoch nicht abgetan. Dreieinhalb Monate später konnte Witte die chinesische Regierung dazu bewegen, einem Pachtvertrag zuzustimmen, der Port Arthur und die Halbinsel, auf der sodann der Handelshafen Dalnij entstand, Russland für neunzig Jahre zu überlassen. Russland rückte also in die von den Japanern geräumten Positionen ein und gewann damit neben dem 1860 gegründeten Wladiwostok eine zweite Flottenbasis an der Pazifikküste mit Ausgriffsmöglichkeiten auf Korea. Der letzte wichtige Schritt, der die Etappen der russischen Politik in der Mandschurei beschreibt, ist die Ergänzung der Eisenbahnkonzession, die bisher für die Ostchinesische Eisenbahn galt, für die Strecke von Tschita nach Wladiwostok. Auf halbem Wege, in der mandschurischen Stadt Charbin, konnte Russland jetzt eine Südbahn bauen, die die Transsibirische Eisenbahn über den ostchinesisch-mandschurischen Zweig hinweg mit Port Arthur verbinden sollte.

Damit war die verkehrsmäßige Infrastruktur für die Politik der ökonomischen Durchdringung Nordchinas und womöglich auch des nördlichen Koreas um die Jahrhundertwende im Wesentlichen abgeschlossen und stand, wie es schien, auf festem Grund – ein gewaltiger Ausgriff mit hohem Risiko, verbunden mit militärischen Interessen, gerechtfertigt mit dem Schutz der Eisenbahnen, ergänzt durch eine Flottenpolitik, die sich aus der Festsetzung in Port Arthur ergab. Wittes Strategie der „friedlichen Durchdringung" wurde also von Beginn an ergänzt und, wie man sagen kann, auch durchkreuzt durch die Militär- und Flottenpolitik, die diesem *Informal Empire* Russlands im Fernen Osten Halt geben sollte. Es lässt sich absehen, dass diese Schritte für Japan eine ungeheure Provokation bedeuteten, und dass auch Großbritannien die russische Aktivität im Fernen Osten mit größtem Misstrauen verfolgte.

An der Jahrhundertwende geriet die Wittesche Expansionspolitik zum ersten Mal aus dem Tritt. Im Sommer 1900 hatte der sogenannte Boxeraufstand die Mandschurei erfasst, ein Aufstand, der sich gegen die Vorherrschaft der Fremden, der „langnasigen weißen Teufel", richtete und große Resonanz in weiten Teilen Chinas fand. In der chinesischen Nationalgeschichte gilt diese Insurrektion als ein erster wichtiger Schritt zur Emanzipation Chinas von fremden imperialistischen Einflüssen. Durch diesen Aufstand geriet das noch gar nicht voll ausgebaute informelle Imperium Wittes in größte Gefahr. Zur Sicherung dieser Wirtschaftskolonie sah sich Russland gezwungen, die Mandschurei militärisch zu besetzen. Anfang des Jahres 1901 standen 170.000 Mann russischer Truppen in der Mandschurei. Seither gab es im Fernen Osten, abgesehen von der japanischen Macht, keine andere militärische Potenz, die dem Engagement Russlands auch nur annähernd entsprochen hätte. Auch deshalb kam es damals zu einer internationalen Militärintervention in China mit Alfred Graf von Waldersee an der Spitze. Die berühmte Hunnenrede Wilhelms II. zur Abwehr der „gelben Gefahr" gehörte in diesen Zusammenhang.

Faktisch ging es den europäischen Mächten bei dieser Intervention jedoch nicht so sehr darum, Russland zu entlasten, sondern vielmehr darum zu versuchen, die einzigartige russische Militärposition in der Mandschurei zu begrenzen. Den Russen sollte die Pazifizierung Nordchinas nicht überlassen werden, denn dies hätte deren Hegemonialstellung auf Kosten der westlichen Mächte gestärkt. Durch den Boxeraufstand erlitt indessen nicht nur das mandschurische Imperium Wittes schweren Schaden. Vielmehr geriet Russland nun in den Sog der Weltpolitik. Eine der Folgen war, dass Japan und Großbritannien im Januar 1902 eine Allianz gegen Russland schlossen, die sich, wie die Dinge lagen, auch gegen Frankreich richtete. Mit anderen Worten: die europäischen Bündnissysteme reproduzierten sich im Fernen Osten.

Witte drängte angesichts der fernöstlichen Konfliktsituation darauf, sein industrielles Entwicklungsprogramm in maximalem Tempo weiterzuführen, um die ökonomische Unabhängigkeit des Reiches zu sichern und die fortdauernde Kapitalabhängigkeit Russlands zumindest zu mildern. So schrieb er im Februar 1900 in einem Alleruntertänigsten Bericht an den Zaren: „Die internationale Konkurrenz wartet nicht. Wenn jetzt nicht energische Maßnahmen ergriffen werden, um in den nächsten Jahrzehnten unsere Industrie instand zu setzen, mit ihren Produkten die Bedürfnisse Russlands und die Bedürfnisse der asiatischen Länder zu decken, die unter unserem Einfluss stehen, dann wird die rasch wachsende ausländische Industrie unsere Zollmauern durchbrechen, in unser Vaterland eindringen wie in die genannten asiatischen Länder, und sie kann dann schrittweise auch den noch gefährlicheren politischen Einflüssen des Auslands den Weg bahnen. Denn die Herrschaft der Metropolen über die Kolonien wird jetzt ungleich stärker durch die Kraft nicht der Waffen, sondern des Handels gefestigt und mich betrübt der Gedanke, dass das langsame Anwachsen unserer Industrie die Erfüllung dieser großen politischen Aufgaben erschweren könnte, dass die anhaltende industrielle Gefangenschaft des russischen Volkes seine politische Macht schwächen wird, dass das Ungenügen der ökonomischen Entwicklung sowohl die politische wie kulturelle Rückständigkeit des Landes verewigen wird."[138]

Wie man sieht, veranlasste die in Ostasien entstandene Lage Witte dazu, die Priorität seines Industrialisierungsprogramms besonders zu unterstreichen, damit Russland die ihm zugefallenen Einflusssphären auch für die Dauer sicher machen und womöglich noch erweitern könne. Die Besetzung der Mandschurei durch russische Truppen, das wurde schon erwähnt, war ein gewaltiges Unternehmen zur Sicherung des russischen Eisenbahnimperiums. Hinzu kamen die Kosten für die Niederschlagung der Aufständischen. Überhaupt war all das, was Witte in Ostasien unternahm, ein kostspieliger Zuschussbetrieb des Finanzministeriums.

Die staatlichen Ausgaben im Fernen Osten in den fünf Jahren zwischen 1897 und 1902 betrugen 1,14 Milliarden Rubel. Das entsprach dem Volumen des Staatsbudgets von 1902. Bei alledem haben sich die hochgespannten, vielleicht auch nur zur Legitimierung immer wieder vorgetragenen wirtschaftlichen und handelspolitischen Erwartungen nicht im Entferntesten erfüllt. Die Mandschurei wurde weder überwiegend mit russischen Waren beliefert, wenn man absieht von Wodka und Tabak. Nach wie vor kam der Import der Provinz über die Schifffahrtslinien überwiegend aus den Vereinigten Staaten und aus Europa. Noch kam das Material für den Ausbau Port Arthurs zum russischen Flottenstützpunkt nicht aus Russland, sondern aus Japan und von anderen Lieferanten.

Wie die offizielle Handelsstatistik zeigt, war der Warenverkehr nach wie vor gering. Infolge der relativ starken chinesischen Tee-Exporte blieb die Handelsbilanz für Russland negativ. 1903 erreichte die russische Ausfuhr nach China den Wert von 22 Millionen Rubel. Der chinesische Tee-Export übertraf diese Größe um mehr als die Hälfte. Die Transsibirische Eisenbahn, die, von einem Teilstück am Baikalsee abgesehen, 1901 eröffnet wurde, warf nichts ab, sondern kostete nur Geld. Es war nicht möglich, die Bahn aus den roten Zahlen herauszubringen, weil sie die Konkurrenz mit den Frachttarifen der großen Schifffahrtslinien zu bestehen hatte. Was an russischen Industrieunternehmen in der Mandschurei entstand, blieb unerheblich. Russische Privatinvestitionen betrugen bis 1904, bis zum Ausbruch des Krieges, nicht mehr als 15 Millionen Rubel. Dagegen hat die Ostchinesische Eisenbahn in Port Arthur jährlich 500 Millionen Rubel in Anspruch genommen. Es gab einige leidlich florierende Mühlenbetriebe, es gab in Charbin und dann in Mukden mit dem fortschreitenden Ausbau der Südbahn städtisches Geschäftsleben, das von den russischen Arbeitern und Ingenieuren lebte sowie nach 1900 von der russischen Besatzungsmacht. Es kam zu Bauspekulationen in den mandschurischen Städten, doch Wittes Plan, Nordchina zu einem großen Absatzmarkt für die russische Industrie zu entwickeln, erwies sich als illusorisch.

Zugleich wuchs der politische und militärische Druck auf Russland, die Mandschurei nach der Niederschlagung des Boxeraufstandes wieder zu räumen. Die russische Regierung hat sich gegen diese Forderung gesperrt und erklärt, sie werde die Provinz nur unter der Bedingung räumen, dass feste Garantien für Ruhe und Ordnung gegeben seien, dazu Entschädigungen für die Zerstörungen, die der Aufstand den Bahnanlagen zugefügt hatte. Sie verlangte erweiterte Monopolrechte und Privilegien für die Eisenbahngesellschaft und die russisch-chinesische Bank. Schließlich wollte Petersburg auch neue Eisenbahnkonzessionen, die die Rohstoffausbeutung in der Mongolei und in weiteren chinesischen Provinzen zu Gunsten Russlands regeln sollten.

Japan hat sich in dieser Situation naturgemäß besonders herausgefordert gesehen. Das war der Hintergrund für das schon erwähnte britisch-japanische Bündnis vom Januar 1902. Der Zar und seine Berater zeigten sich steifnackig gegenüber den japanischen Wünschen, die auf ein Interessenarrangement hinausgelaufen wären. Für die Bereitschaft Japans, die Mandschurei der wirtschaftlichen Hegemonie Russlands zu überlassen, sollten die Russen auf jegliches Eindringen in Korea verzichten. Obwohl dieses Angebot dem Prinzip „friedlicher Durchdringung" entsprach, ging Petersburg auf Kompromissangebote nicht ein. Die Lage spitzte sich zu und führte über einige Stationen hinweg im Februar 1904 zum Entschluss der japanischen Regierung, durch den Einsatz von Torpedobooten gegen die in Port Arthur liegenden russischen Kriegsschiffe den Krieg zu eröffnen.

5 Zwei Fronten: Krieg und Revolution 1905

5.1. Der Russisch-Japanische Krieg

Die russische Asienpolitik der „friedlichen Durchdringung" war, kombiniert mit der Besetzung militärischer und maritimer Stützpunkte, seit dem Boxeraufstand aus dem Ruder gelaufen. Diese Insurrektion hatte die russische Regierung dazu genötigt, die Mandschurei zu besetzen mit einer Armada, die sofort das Misstrauen und die Bedrohungsgefühle der an China interessierten Mächte, vor allem der Japaner, weckte. Die Okkupation der Mandschurei war ein kostspieliges Unternehmen, erschien aber unvermeidlich, um von dem im Aufbau begriffenen Eisenbahnimperium zu retten, was vor der Zerstörung noch zu retten war. Die militärische Besetzung führte dazu, dass die britische und die japanische Regierung Petersburg bedrängten, die Mandschurei zu räumen, sobald die Region befriedet wäre. Großbritannien hat dieser Forderung im Januar 1902 durch ein Bündnis mit Japan Nachdruck gegeben, so dass die russische Regierung wenig später versprach, mit dem Truppenrückzug in Etappen zu beginnen.

Der zweite Grund, weshalb sich die russische Militärmacht in der Mandschurei nicht dauerhaft sichern ließ, hing mit dem Tatbestand zusammen, dass Russland ohne weitere Kredite und Anleihen aus Paris seine fernöstlichen Stellungen nicht halten konnte. Frankreich aber weigerte sich und ließ erkennen, dass über Finanzhilfen erst wieder zu reden sei, wenn die russischen Truppen aus der Mandschurei abgezogen wären. Rasch zeigte sich, dass der Abzug ein ebenso langwieriger wie konfliktanfälliger Vorgang war.

Parallel dazu kam es zu russisch-japanischen Verhandlungen mit dem Ziel herauszufinden, ob sich die beiderseitigen Interessen in eine erträgliche Balance bringen ließen. Dieser Versuch ist nicht geglückt. Petersburg widersetzte sich dem japanischen Verlangen, dem Inselreich das alleinige Verfügungsrecht über Korea zuzugestehen und die russischen Ambitionen auf die Mandschurei zu beschränken. Dass die russische Regierung sich weigerte, auf dieses Ansinnen einzugehen, zeigt, wie hochgestochen die Visionen von der Kulturmission des russischen Imperiums in Asien waren. Man hatte eine Strategie vor Augen, die zum einen über die Mandschurei hinaus nach Süden reichte bis nach Schanghai, zum andern aber auch Korea einschloss. Dort hatte Russland seit 1897 durch ein Konsulat, durch Berater und die Gründung einer russisch-koreanischen Bank Zeichen gesetzt, dass zumindest der Nordteil des Landes in die Interessenzone des Reiches einbezogen werden sollte.

Wer sich mit diesen Vorgängen gründlicher befasst, wird rasch darauf kommen, dass Petersburg ein höchst dilettantisches Krisenmanagement betrieb. Die an den ostasiatischen Unternehmungen beteiligten Ressorts blockierten einander wechselseitig. Im August 1903 wurde Witte, der Inspirator der „friedlichen Durchdringung", zum Rücktritt gezwungen und mit dem zwar ehrenvollen, aber nicht sonderlich einflussreichen Vorsitz des Ministerrates abgefunden. Nikolaus II., ein Mann mit begrenzten Fähigkeiten, wurde von seinen Beratern dazu gebracht, alle Kompetenzen der Fernostpolitik dem Statthalter in Port Arthur Admiral Aleksejew zu übertragen. Das führte dazu, dass dieser Herr seine eigene, durch regionale Konstellationen bestimmte Politik betrieb. Das Finanzministerium wie das Kriegsministerium wurden weitgehend ausgeschaltet.

Diese Verlagerung der Entscheidungsmacht hat den im August 1903 beginnenden Notenwechsel zwischen Petersburg und Tokio außerordentlich belastet. Die Japaner drängten auf die Einlösung ihrer Forderungen, stellten schließlich ein Ultimatum, das unbeantwortet blieb, weil Petersburg geneigt war, die eigene militärische Potenz und das Ingenium seiner Diplomatie grandios zu überschätzen. Diese Neigung war keine Eigenheit der Russen. Fast überall galt es als ausgemacht, dass das mächtige russische Imperium natürlich fähig wäre, das gerade erst auf der weltpolitischen Bühne erschienene Japan zu disziplinieren und im Kriegsfall zu besiegen.

Als eine diplomatische Lösung ausblieb, lief das japanische Kalkül darauf hinaus, mit Torpedobooten einen Präventivschlag zu wagen. Der gelang tatsächlich und schickte die in Port Arthur liegende russische Fernostflotte im Februar 1904 auf den Grund. Der Krieg gegen Russland wurde zu einem Zeitpunkt eröffnet, bevor die Transsibirische Eisenbahn vollends einsatzbereit war und die Russen imstande waren, Truppen aus dem inneren Reichsgebiet rascher als bisher nach Osten zu werfen. Außerdem drängte es die Japaner zuzuschlagen, um den weiteren Ausbau einer ostasiatischen Flotte der Russen zu durchkreuzen. Schließlich konnten sie sicher sein, dass nicht nur Großbritannien an ihrer Seite stand, sondern dass auch Frankreich nicht gesonnen war, eine Abenteuerpolitik Russlands mitzutragen.

Zur Kriegsgeschichte selber ist hier nur auf wenige Daten zu verweisen. Dabei geht es darum herauszubringen, wie sich der Kriegsverlauf mit der innerrussischen Krisenentwicklung verbunden hat, mit anderen Worten: welche Wechselbeziehung zwischen dem Krieg und der Revolution von 1905 besteht. Die Daten, die zu nennen sind, zeigen eine nicht abreißende Kette russischer Niederlagen. Es gab in diesem Krieg keine Erfolgserlebnisse – weder für Admiräle, Generäle und die Petersburger Hofgesellschaft noch für die russische Patriotenseele überhaupt. Nach dem Schock vom Februar 1904 folgte der nächste gewaltige Schlag im August, als es der japanischen Flotte vor Port Arthur gelang, das russische Pazifikgeschwader, die maritime Potenz des Imperiums im Kriegsgebiet, zu vernichten. Die Russen konnten ihre Stellungen seitdem nicht mehr von See her sichern. Das war die zweite Katastrophe. Die dritte kam im Dezember 1904 mit der Kapitulation Port Arthurs nach langer Belagerung und dem Verlust des Handelshafens Dalnij, jener beiden Orte, die zum Symbol des russischen Willens zur Weltgeltung im Fernen Osten geworden waren.

Ein viertes Debakel geschah im Februar 1905, als sich der Petersburger Blutsonntag vom 22. Januar bereits als Schubkraft der Revolution erwiesen hatte. Nun ging es nicht mehr um eine russische Niederlage auf See, sondern in der Mandschurei. Bei Mukden, dem Eisenbahnknotenpunkt, von dem aus die Südbahn nach Port Arthur verläuft, brachte das japanische Landungskorps der russischen Armee eine verheerende Niederlage bei. Das Finale kam im Mai 1905, als die russische Ostseeflotte auf ihrem beschwerlichen Weg um Afrika herum endlich vor Japan erschien und in der Straße von Tsushima, attackiert von der japanischen Flotte, mit wehenden Fahnen unterging.

Es versteht sich, dass die russische Militärmacht natürlich niemals vollkommen geschlagen war, doch die Kombination schmählicher Niederlagen zu Wasser und zu Lande lähmte die russische Kriegsführung und ließ ihr Prestige ins Unmessbare sinken. Zwei Daten gehören zur Chronologie des ausgehenden Krieges: Ende Juli 1905 begann die diplomatische Intervention des amerikanischen Präsidenten Theodore Roosevelt mit dem Ziel, einen Friedensschluss herbeizuführen. Nach langem Zögern ließ sich der Zar dazu herbei, auf diese Vermittlung einzugehen und der Unterzeichnung eines Friedensvertrages am 5. September 1905 zuzustimmen. Die Bedingungen, die der reaktivierte Witte in Portsmouth aushandeln konnte, waren erstaunlich moderat, konnten in Russland freilich niemanden entzücken.

Russland hatte auf die Halbinsel Liaotung mit Port Arthur und Dalnij zu verzichten. Es hatte sich mit seinen Eisenbahnprojekten und wirtschaftlichen Unternehmungen fortan auf den nördlichen Teil der Mandschurei zu beschränken. Das hieß zugleich, dass die Südbahn, die die Russen nach Port Arthur gebaut hatten, der chinesischen Regierung übertragen wurde, faktisch jedoch unter japanische Regie geriet. Hinzu kam noch die Abtretung der Südhälfte der Insel Sachalin. Am wichtigsten war, dass die Russen keine finanziellen Entschädigungen zu leisten hatten, was angesichts der Niederlage als Erfolg gelten konnte. Die russische Finanzkasse, die ohnedies auf Krücken ging, war leer, so dass die Kontributionen von Frankreich hätten vorgeschossen werden müssen. Die französische Diplomatie war geschickt genug, Roosevelt dazu zu bringen, auf dem Verzicht der Japaner in diesem Punkt zu bestehen.

Was weiter zu berichten ist, wird sich auf drei Faktoren konzentrieren: auf die imperialistische Politik des Zarenreiches, auf die Prozesse sozialer Revolutionierung und auf die Auswirkungen der wirtschaftlichen Krise in dieser Zeit. Kein Zweifel, dass diese drei Faktoren zu den wesentlichen Voraussetzungen der russischen Revolution gehören. Dem schließen sich konkretere Fragen an. Zum ersten ist zu fragen, welchen Anteil der Krieg an der Entfaltung der Revolutionsbewegung und der Regimekrise in Russland hatte. Ist dieser Krieg der Hebel der Revolution von 1905 gewesen, so wie ein solcher Zusammenhang im Blick auf 1917 klar vor Augen steht? Nach dem missglückten Balkankrieg 1877/78 entstand zwar eine Systemkrise, die aber unter Kontrolle gehalten werden konnte. Nun also sollte erstmals eine Revolution als Produkt einer Kriegsniederlage entstehen, die weite Teile des Reiches erfassen könnte?

Die zweite Frage, die zu erörtern ist, gilt dem Anteil, den diese Revolutions- und Krisengeschichte an dem Entschluss des Zaren hatte, den Krieg einzustellen und Frieden zu schließen. Inwieweit erzwang die Revolution den Frieden und damit das Ende der ausgreifenden russischen Ostasienpolitik? Schließlich ist zu fragen, welchen Anteil der Friedensschluss vom September 1905 am Ausgang des Existenzkampfes des alten Regimes hatte, an dem gelungenen Versuch, die Revolution niederzuschlagen, den Finanzbankrott des Reiches abzuwenden und sich selbst dabei zu retten?

Zunächst ein Wort zum Krieg als Hebel der Revolutionsgeschichte. Dazu muss man sehen, dass ökonomische Krisenerscheinungen und soziale Unruhen schon vor Kriegsbeginn nicht mehr zu übersehen waren. An der Jahrhundertwende war die Konjunktur in Russland eingebrochen: wirtschaftlicher Abschwung, Börsenkrise, Rückgang der Staatsaufträge, depressive Stimmungen in der Unternehmerschaft. Die soziale Seite der Krise zeigte sich im Aufleben der Streikbewegung, die zwar noch keinen gesamtrussischen Charakter hatte, wohl aber spüren ließ, dass das Protestpotential in den Fabrikzentren sich wieder regte. Hinzu kamen 1901 und 1902, durch Missernten bedingt, Bauernunruhen in den südrussischen Gouvernements. Die Streiks und Bauernunruhen fielen zeitlich mit Studentendemonstrationen an zahlreichen russischen Universitäten zusammen und mit dem Wiederaufleben von Terroraktionen, mit denen die „Kampforganisation" der Sozialrevolutionäre auf sich aufmerksam machte. 1902 kam ein Bildungsminister, der für die Universitäten verantwortlich war, ums Leben, 1902 und 1904 zwei Innenminister, ganz abgesehen davon, was an weniger herausragendem Personal im Dienst des Zaren den Terroristen zum Opfer fiel. All dies erinnerte die Gesellschaft und die Machtelite daran, dass die Revolutionsgefahr allgegenwärtig war. Umso verwunderlicher bleibt, dass die imperialistischen Ostasien-Projekte nicht zurückgeschnitten wurden.

Die ersten Jahre des neuen Jahrhunderts waren weiter gekennzeichnet durch die organisatorische Sammlung und Konstituierung der revolutionären Kräfte. Zum ABC ihrer Geschichte gehört, dass Lenin in dieser Zeit aus München und London die russische Sozialdemokratie in den Griff zu bekommen versuchte. 1903 folgte die berühmte Parteispaltung, die Entstehung des bolschewistischen und des menschewistischen Flügels. Auch die Sozialrevolutionäre Partei, von deren Terrortaktik soeben die Rede war, begann sich 1902 in neuer Weise zu formieren. Doch nicht nur die Revolutionäre, Sozialdemokraten wie Sozialrevolutionäre, drängten auf eine organisatorische Konsolidierung, die über verbale, in illegalen Intelligenzblättern erörterte Strategiedebatten hinausführen und der Neubestimmung der revolutionären Praxis dienen sollte.

Ähnliches galt auch für die liberale Bewegung. Im Milieu der *Semstwo*-Gesellschaft, wo der Adelsliberalismus ein Unterkommen gefunden hatte, gab die berufsständische, akademisch gebildete Intelligenz, das sogenannte „dritte Element", einer stärker radikaldemokratischen Richtung klarere Konturen. Diese Gegner des Regimes, die auf den friedlichen Abbau der Selbstherrschaft setzten, organisierten sich neu und starteten eine Bewegung zur Verwandlung Russlands in einen Verfassungsstaat. Bis 1904 wurde die liberale Bewegung zur bestimmenden politischen Kraft der oppositionellen Gesellschaft. Die Regierung ließ in dieser Zeit kein Reformkonzept erkennen, das geeignet gewesen wäre, die Unruhe zu dämpfen. Sie hatte nur die Bürokratie, die Polizei und allenfalls Militär zur Hand. Aber um massenhafte Unruhen zu zerschlagen, war selbst das militärische Reservoir nicht groß genug, denn der fernöstliche Krieg hatte alles, was an den Westgrenzen zur Sicherung gegen Österreich, Deutschland und zur Niederhaltung der Polen nicht unbedingt gebraucht wurde, nach dem Fernen Osten transportiert. Der russische Innenminister Plehwe, der im Juli 1904 einem Bombenattentat zum Opfer fiel, hat im Frühjahr 1904 angeblich gesagt: Russland brauche „einen kleinen siegreichen Krieg", um durch äußere Erfolge die Revolutionsgefahren abzuwenden. Der Kriegsverlauf widerlegte dieses Kalkül.

Die Leute aus dem konstitutionellen Lager, die die sogenannte Verfassungsbewegung trugen, wollten keine Revolutionäre sein, sondern loyale Bürger, an deren Patriotismus zu zweifeln absurd gewesen wäre. Auf den Kriegsausbruch hatten sie mit einiger Irritation reagiert, so dass es zu einer kurzzeitigen Lähmung oppositioneller Kräfte kam, ja zu einem Aufflammen patriotischer Gefühle. Das äußerte sich in der Bereitschaft, beim Roten Kreuz mitzuwirken, Hilfsaktionen für die Verwundeten, für die Kriegswitwen im *Semstwo* einzuleiten und gelegentlich dem Zaren in Ergebenheitsadressen zu versichern, das Vaterland in der Stunde der Gefahr nicht im Stich zu lassen.

Doch diese Grundstimmung, die auch die liberale Gesellschaft ergriffen hatte, währte nicht lang. Dass sie abflaute, lag nicht nur an den militärischen Niederlagen, sondern nicht zuletzt daran, dass die *Semstwo*-Vertreter und die liberale Intelligenzija in der Erwartung lebten, die Selbstherrschaft werde diesen Krieg ohne Unterstützung der Gesellschaft nicht überstehen und deshalb veranlasst sein, politische Zugeständnisse zu machen, eine *Semskaja duma* zuzulassen, ein Repräsentationsorgan der Gesellschaft, das den Anstoß geben sollte, die Autokratie allmählich in eine konstitutionelle Monarchie umzubilden. Indessen kam rasch heraus, dass die Regierung keine Anstalten machte, in dieser Richtung mitzugehen. Bis zum Fall von Port Arthur gab es keinerlei Anzeichen, dass das Regime gesonnen wäre, die Pressezensur zu lockern, Versammlungen zuzulassen oder öffentliche Aktionen zu genehmigen. Diese Harthörigkeit steigerte die Frustrationen.

Im November 1904 kam es gegen den Willen der Regierung zu einem ersten großen *Semstwo*-Kongress auf gesamtstaatlicher Ebene. Dort wurden unter dem Eindruck des Kriegsverlaufs und seiner Rückwirkungen Wahlen zu einer Volksvertretung gefordert und mit einer Kampagne für das sogenannte vierschwänzige Wahlrecht verbunden, d. h. für gleiche, direkte, geheime und freie Wahlen. Bankettkampagnen kamen hinzu. Die Herren mit ihren Gattinnen trafen sich auf großen Banketten, wo feurige Reden gehalten wurden. Von Seiten der Obrigkeit blieben Antworten aus, außer Mahnungen, Strafandrohungen, Verbannungsurteilen für einzelne *Semstwo*-Vertreter oder Vertreter städtischer Kommunen hatte der Staat nichts anzubieten.

Zu einer ersten Reaktion des Zaren kam es erst, als eine dreifache Ereignisfolge abgelaufen war: der Fall von Port Arthur, der Petersburger Blutsonntag und die Ermordung des Onkels des Zaren, des Großfürsten Sergej Aleksandrowitsch in Moskau. In einem Reskript an den neuen Innenminister Bulygin vom 18. Februar 1905 wurde mitgeteilt, dass der Herrscher gedenke, eine beratende Duma an seine Seite zu rufen, besetzt mit würdigen Personen, die durch Wahlen mit dem Vertrauen der Bevölkerung ausgestattet seien. Das war eine sehr verklausulierte Andeutung, dass der Zar überhaupt daran dachte, Forderungen aus der Mitte der Gesellschaft zur Kenntnis zu nehmen. Offensichtlich hatten die genannten Ereignisse ihm zu der Einsicht verholfen, dass Russland in Revolution befindlich sei.

5.2. Krieg und Revolution 1905

Die anfänglich patriotische Stimmung der liberalen Opposition war nach den ersten militärischen Niederlagen rasch verflogen, was dazu führte, dass sich die liberale *Semstwo*-Gesellschaft mehr und mehr politisierte – in entschiedener Frontstellung gegen den Krieg und gegen das Regime, das diesen Krieg getragen hat. Seit dem Sommer 1904 hatte der linksliberale *Bund der Befreiung*, der im Vorjahr in Schaffhausen gegründet worden war, die These vertreten, dass die Autokratie für die Sache der Freiheit gefährlicher als das kaiserliche Japan sei. Auch erhebliche Teile des *Semstwo*, die gemäßigten Kreise des liberalen Adels, begannen mehr und mehr gegen den sinnlosen Krieg zu sprechen. Die Antikriegsstimmung verband sich mit entschiedenen Forderungen nach einer Verfassung, bis hin zur Kampfparole: Nieder mit der Selbstherrschaft!

Die Regierung hatte nach der Ermordung des Innenministers Plehwe im Juli 1904 unter dessen Nachfolger, dem Fürsten Pjotr Swjatopolk-Mirski, die Bereitschaft zu Zugeständnissen signalisiert, ohne mit solchen Andeutungen glaubwürdig zu werden. Im Gegenteil, die Mobilisierung der Gesellschaft nahm zu, ergriff die Universitäten, die Studenten und einen erheblichen Teil der Professorenschaft. Sie erfasste die Verbände der professionellen Intelligenz, der Ärzte, Lehrer, Advokaten, Ingenieure und anderer freien Berufe. Diese Verbände schlossen sich zu einem *Bund der Bünde* zusammen, der die Verfassungsbewegung bis zu Generalstreikplänen weitertrieb und zur Konfrontation zwischen Gesellschaft und Autokratie erheblich beigetragen hat. Der erste Allrussische *Semstwo*-Kongress im November 1904, die Zusammenfassung der *Semstwo*-Vertretungen auf gesamtstaatlicher Ebene, wurde schon erwähnt. Diese Versammlung spiegelte das breite Spektrum des russischen Liberalismus wider, forderte freie Wahlen zu einer Volksvertretung und verlangte eine Verfassung, die nicht von oben als Geschenk des Zaren käme, sondern aus der Mitte der gewählten Volksvertretung.

Erwähnt wurde auch, dass die Regierung erst zu reagieren begann, nachdem der Fall von Port Arthur die militärische Unterlegenheit Russlands demonstriert und das Blutbad in St. Petersburg am 22. Januar 1905 in aller Welt Empörung ausgelöst hatte. Dass die Polizeibehörden sich entschlossen, einen in die Hunderttausende gehenden, von dem Priester Gapon geführten Demonstrationszug zum Winterpalais nicht nur aufzuhalten, sondern das Feuer auf die Demonstranten zu eröffnen, so dass über 100 Tote und unzählige Verletzte zu beklagen waren – das zeigte die Kopflosigkeit des Regimes in der Konfrontation mit dem Volk, auf dessen Ergebenheit die Regierung sich immer wieder berufen hatte.

Erst am 18. Februar 1905, nach der Ermordung des Großfürsten Sergei Aleksandrowitsch, des Moskauer Generalgouverneurs, folgte das erwähnte Bulyginsche Reskript, eine Weisung des Zaren an den Innenminister, Wahlen für eine Volksvertretung mit beratenden Funktionen vorzubereiten. Dieses Reskript blieb im liberalen Lager ohne Resonanz, zu schweigen von der Reaktion der Revolutionäre. Die allerhöchste Anordnung wurde als Halbheit, ja als Betrug verworfen, schuf jedenfalls kein Vertrauen. Tatsächlich waren die Erwartungen und Forderungen inzwischen weit über das hinweggegangen, was der Zar als das Äußerste an Zugeständnissen und Gnadenerweisen der in Unruhe geratenen Bevölkerung anbot. Der Petersburger Blutsonntag hatte den Anstoß für einen mächtigen Aufschwung der Arbeiterbewegung gegeben. Er hatte in vielen Fabrikzentren Streikaktionen ausgelöst, die sich von Petersburg und Moskau aus rasch auf die russischen Provinzstädte ausbreiteten, nicht zuletzt auch auf Kongresspolen, das seit 1864 ohnehin unter permanentem Kriegsrecht stand. Auf dem Land dagegen blieb es damals noch vergleichsweise ruhig. Die großen Bauernaufstände brachen erst nach der Ernte aus.

Durch die Streikwelle im Frühjahr 1905 hatte die Verfassungsbewegung neue Schubkraft erhalten. Die Linksliberalen formulierten die Essenz dessen, was sie aus den Forderungen der Arbeiterschaft herauslasen und verbanden sie mit den eigenen Erwartungen. Zugleich aber hatten die Unruhen in den Fabrikzentren unter den Semstwo-Liberalen konservativen Zuschnitts auch Befürchtungen geweckt. Die Sorge wuchs, dass die Unruhen auf das platte Land übergreifen könnten und Russland womöglich in Chaos und Anarchie versinken werde. Hier kam die alte Urangst vor dem Massenaufruhr wieder auf, vor einer neuen *Pugatschowschtschina*.

Die russischen Linksliberalen haben auf die Furcht, von der revolutionären Welle verschlungen zu werden, in anderer Weise reagiert. Im Befreiungsbund wuchs die Überzeugung, der russische Liberalismus müsse die sozialen Belange der Arbeiterklasse wie die Nöte der Bauern zu seiner eigenen Sache machen. Tatsächlich kam es nun dazu, dass die liberaldemokratischen Gruppen einschließlich der *Semstwo*-Intelligenz sozialpolitische Reformen in ihre Programme schrieben, bis hin zu traditionellen Forderungen der europäischen Arbeiterbewegung wie dem Achtstundentag. Vor allem aber bekannten sich diese Liberalen zur Notwendigkeit einer durchgreifenden Landreform, zu einer Reform, die die Enteignung von Teilen des Großgrundbesitzes einschloss, um die Landarmut der Bauern zu dämpfen und eine Agrarrevolution von unten abzuwenden. Enteignungen sollten jedoch nur gegen Entschädigung auf rechtsstaatlicher Grundlage geschehen.

Die revolutionären Parteien, die Sozialrevolutionäre und die beiden Flügel der Sozialdemokratie, betrieben im Frühjahr 1905 die Mobilisierung der Massen zum Kampf gegen die Autokratie mit dem Ziel, die herrschende Ordnung durch einen bewaffneten Volksaufstand zu stürzen. Die Sozialrevolutionäre wollten eine revolutionäre Regierung, keine parlamentarische nach verfassungsstaatlichem Muster, sondern eine, die die Diktatur der werktätigen Massen zum Ausdruck brächte. Unsicherer waren sie, wenn es darum ging zu sagen, was mit dem Kapitalismus in Russland geschehen sollte. Im industriellen Bereich sollte die kapitalistische Wirtschaftsweise für unbestimmbare Zeit noch fortbestehen, weil sie sich ohne Schaden nicht einfach wegdekretieren lasse. Dagegen sollte auf dem Dorf eine sozialistische, mit der *obschtschina* verknüpfte freie Gesellschaft entstehen, die imstande wäre, die Industriezentren vom Lande her einzukreisen und unter der Kontrolle des Volkes zu halten.

Die sozialdemokratischen Menschewiki waren dafür, die revolutionäre Dynamik der Arbeiterklasse mit der liberalen Bewegung zu koordinieren. Im Kampf gegen die Autokratie sollten die Arbeiterpartei und das liberale Lager getrennt marschieren, aber vereint schlagen. Diese Bündniskonzeption folgte dem marxistischen Stadiengesetz, wonach im rückständigen Russland vorerst keine sozialistische, sondern eine *bürgerliche Revolution* auf der Tagesordnung stünde. In einer bürgerlichen Revolution, so der Gedankengang, sei es Pflicht und Schuldigkeit der Bourgeoisie, die Macht zu übernehmen. Angesichts der Schwäche der bürgerlichen Klasse in Russland und ihrer Neigung zu Kompromissen habe die Sozialdemokratie jedoch die Aufgabe, die Bourgeoisie so unter Druck zu setzen, dass sie ihre geschichtsgesetzliche Mission erfülle: nämlich eine bürgerliche Revolution zu entfachen, politische Freiheiten durchzusetzen und Russland insoweit europäischen Verhältnissen anzugleichen. Hernach werde sich dann unter neuen, ungleich günstigeren Bedingungen der proletarische Klassenkampf entfalten, so dass die russische Arbeiterbewegung im Verband der europäischen Arbeiterinternationale den Klassenkampf gegen die Bourgeoisie und gegen die kapitalistische Wirtschaftsordnung weiterführen könne – mit allen Konsequenzen, die im Erfurter Programm der deutschen Sozialdemokratie nachzulesen waren. Naturnotwendig – so hieß es da – gehe das kapitalistische System über Krisen hinweg seinem unvermeidlichen Zusammenbruch entgegen. Wenn „der große Kladderadatsch" komme, werde das Proletariat die einzige Kraft sein, die fähig wäre, die Macht, die der Bourgeoisie entgleitet, in die Hände zu nehmen.

Die Bolschewiki hatten seit Anfang des Jahrhunderts eine andere Vorstellung von dem, was gemeinhin *bürgerliche Revolution* in Russland hieß. Eindeutiger als je zuvor hatte sich Lenin mit seiner Fraktion vom russischen Liberalismus abgegrenzt. Die Liberalen galten, anders als für die Menschewiki, nicht als bündnisfähig, sondern galten als Lakaien des alten Regimes, als Feinde – jeder Zeit bereit, die Arbeiterklasse zu verraten. Bündnisfähig war für Lenin die Bauernschaft, weil die dörflichen Massen nach wie vor vom Großgrundbesitz ausgebeutet würden. Deshalb hätten die Bauern ein elementares Interesse daran, die Überreste feudaler Unterdrückung loszuwerden und den politischen Umsturz mitzumachen. Für den Sozialismus jedoch sei die Bauernschaft – wegen ihrer kleinbürgerlichen Klasseninstinkte – nicht zu gewinnen, so dass sich die Interessenkonkordanz mit dem Proletariat auf die gemeinsame Frontstellung gegen den Zarismus beschränke. Dennoch ging Lenins Begriff der *bürgerlich-demokratischen Revolution* über die Vorstellungen weit hinaus, die dem liberalen Modell entsprachen, denn er schloss das Bürgertum als Bündnispartner aus und ersetzte es durch die Bauernschaft. Von einem anderen Standpunkt aus hatte Trotzki damals den Begriff der *permanenten Revolution* geprägt. Auch er sagte voraus, dass die russische Revolution in ihrem bürgerlichen Stadium nicht stehen bleiben werde, aber dies nicht dank der aufsässigen Bauernmassen, sondern dank der unlöslichen Verbindung zwischen dem russischen und dem europäischen Proletariat.

Die Stellung zum Krieg war im revolutionären Lager nicht weniger unterschiedlich. Bei den Menschewiki galt der in die Zweite Internationale eingebaute Sozialpazifismus, die entschiedene Ablehnung aller Kriege, des Militarismus, Marinismus und dergleichen. Die russische wie die japanische Kriegführung wurden gleichermaßen abgelehnt. Ganz anders Lenin, der, wie manche andere Genossen, in diesem Krieg den Anfang vom Ende des Zarismus sah. Lenin nahm Partei in diesem Krieg. Er schrieb dem Krieg der japanischen Bourgeoisie gewaltige progressive Bedeutung zu, denn in Gestalt der japanischen Militärmacht bringe das fortschrittliche Asien dem rückständigen Europa schwere Schläge bei. Dieser *historische Krieg*, so Lenin, „spielt eine gewaltige revolutionäre Rolle": Jeder Schritt zu seiner Verlängerung „bringt uns einem neuen gewaltigen Krieg näher, dem Krieg des Volkes gegen die Selbstherrschaft, dem Krieg des Proletariats für die Freiheit"[139].

Tatsächlich hatte sich der Revolutionsprozess seit dem Frühjahr 1905 mehr und mehr zu verselbständigen begonnen. Nach der Vernichtung der russischen Ostseeflotte in der Straße von Tsushima (27. Mai) wurde die Regierung zu neuen Entschlüssen getrieben. Im Kreis der militärischen Eliten wurde erstmals die Frage gestellt, ob angesichts der inneren Erschütterungen ein Friedensschluss geboten sei, einfach deshalb geboten, weil die Beendigung des Krieges neue Chancen böte, die Autokratie vor der Revolution zu retten.

Außer Frage steht, dass die revolutionäre Entwicklung im Frühjahr und Sommer 1905 großen Anteil daran hatte, dass dieser Krieg zu Ende ging, aber dieser Anteil war begrenzt. Nicht weniger wichtig war die Finanzkrise, von der die russische Regierung in dieser Zeit betroffen war. Nach der Seeschlacht von Tsushima war sie außerstande, den Krieg weiter zu finanzieren, zumal Frankreich weitere Anleihen verweigerte. Ein Blick auf die Finanzgeschichte des Krieges zeigt diese Verlegenheit. Bei Kriegsbeginn war Russland schon hoch verschuldet. Obwohl die Schuldenlast etwa das Dreifache eines normalen Staatshaushalts betrug, war Russland nach wie vor auf dem europäischen Kapitalmarkt für kreditwürdig gehalten worden, weil im Westen mit Sicherheit damit gerechnet wurde, dass Russland gegen Japan bestehen werde. Zum anderen deshalb, weil das Interesse groß war, einen Finanzbankrott zu vermeiden, um das investierte Geld nicht abschreiben zu müssen.

Tatsächlich hatte Finanzminister Kokowzow in den ersten Kriegsmonaten aus dem laufenden Haushalt Geldmittel zuschießen können, doch schon im April 1904 musste er den Krieg mit fremdem Kapital finanzieren. 300 Millionen Rubel bekam er damals in Paris. Im Herbst 1904 gab es eine Anleihe deutscher Großbanken von 230 Millionen Rubel für den Krieg. Die deutsche Politik unter Wilhelm II. war sehr daran interessiert, Russland im Fernen Osten zu binden, während der russische Kriegsminister besorgt blieb, dass die Kosten der Witteschen

Unternehmungen die europäische Stellung des Zarenreiches schwächen werden. Doch je länger der Krieg dauerte, umso schwieriger wurde es, weitere Kredite zu erlangen, und seit dem Petersburger Blutsonntag gaben die französischen Banken nichts mehr her – nicht aus Gewissensgründen, sondern weil in der französischen Öffentlichkeit eine scharf antirussische Stimmung um sich gegriffen hatte. Maxim Gorki, der nach Paris gekommen war, tat das Seine dazu.

Auf Demonstrationen und anderen Großveranstaltungen forderte eine von Linken und Radikalen getragene Protestbewegung, die „Schlächter des Volkes" zu ächten und den Finanzboykott gegen den Zarismus zu verhängen. Die Kriegsniederlagen verstärkten diesen Trend. Anleiheverhandlungen mit Pariser Bankiers wurden abgebrochen. Nur das Berliner Bankhaus Mendelssohn gab im April 1905 noch einmal 150 Millionen Goldmark frei, doch zu Bedingungen, die in normalen Zeiten völlig unakzeptabel gewesen wären. Kokowzow, der Finanzminister, wusste nun keinen Ausweg mehr. In Paris wurde erklärt, dass vor einem Friedensschluss an Kredite nicht mehr zu denken sei. Nach dem Untergang der Ostseeflotte wuchs in Petersburg vollends der Druck, einen Weg zur Beendigung des Krieges zu suchen. Selbst Wilhelm II., der noch im Februar 1905 seinen Cousin Nikolaj beschworen hatte, den Krieg gegen „die gelben Affen" fortzuführen und im Moskauer Kreml „vom Klerus mit Bannern, Kreuzen, Weihrauchkesseln und Heiligenbildern umgeben," seinem Volk zu verkünden, dass er, der Zar, entschlossen sei, um des „heiligen Krieges" willen zu seiner tapferen Armee zu gehen, selbst Kaiser Wilhelm drängte jetzt zum Frieden.

In dieser Situation gewann auch Sergej Witte wieder neues Gewicht, er bombardierte den Zaren mit Denkschriften und sagte „schreckliche Katastrophen" und „gewaltige Unruhen" voraus: „Um den Krieg fortzusetzen sind riesige Geldmittel und umfangreiche Neurekrutierungen nötig. Weitere Ausgaben aber werden die finanzielle und wirtschaftliche Lage des Imperiums zerrütten (...) Die Armut der Bevölkerung, und, parallel dazu, die Verbitterung und Verfinsterung der Stimmung werden zunehmen. Russland wird den Kredit verlieren und die ausländischen Besitzer unserer Wertpapiere, (u. a. die gesamte französische Bourgeoisie) werden zu unseren Feinden werden (...). Überhaupt brauchen wir die Armee gegenwärtig in Russland selber"[140] – gegen die Revolution.

Der Kriegsrat trat im Mai zusammen und gab Empfehlungen, die in die gleiche Richtung gingen. Ein Onkel des Zaren, Mitglied des Kriegsrats, Großfürst Wladimir Aleksandrowitsch sagte dazu: „Die Situation ist so ernst, dass wir alle aus dem Konzept geraten sind, so können wir nicht weiterleben. Russland befindet sich in einer so verzweifelten oder jedenfalls doch so schwierigen Lage, dass unser innerer Wohlstand wichtiger ist als der Sieg. Wir leben in einem anormalen Zustand, es ist unumgänglich die innere Ruhe

Russlands wiederherzustellen." Jede weitere Niederlage werde die japanischen Friedensbedingungen so verschärfen, „dass sie kein Russe mehr zu akzeptieren bereit wäre"[141].

Solche Hinweise auf die innere Lage, den drohenden Finanzbankrott und die Aussichtslosigkeit der Kriegführung haben auch die Generäle schließlich weich gemacht. Sie hatten große Mühe, die Ausweglosigkeit zu begreifen, denn der Gedanke, diesen Krieg ohne einen einzigen Sieg, ohne den kleinsten Erfolg zu Ende bringen zu müssen, hielten sie für eine unerträgliche Schmach. Im Kriegsrat wurde über den mangelnden Enthusiasmus und Patriotismus des Volkes geklagt. Japan dagegen führe einen wahrhaft nationalen Krieg. Als es schließlich doch zum Frieden kam, wurde eine Legende konstruiert – eine Art Dolchstoßlegende, die besagte, dass die Revolutionäre der im Felde unbesiegten Armee in den Rücken gefallen seien.

Auf dem Hintergrund dieser Situation kam es zu den schon erwähnten Friedensverhandlungen unter Vermittlung Roosevelts mit den bekannten Folgen. Der Krieg wurde stillgestellt. Nun aber zeigte sich, dass der Friedensvertrag von Portsmouth (5. September 1905) die revolutionäre Bewegung keineswegs lähmte, sondern dass – nach der Ernte – auch weite Teile des bäuerlichen Landes in die Bewegung gegen den Zarismus einbezogen wurden. Ihren Höhepunkt erreichte die Revolution im Oktober 1905 mit dem berühmten Generalstreik und der Bildung des ersten Petersburger Arbeiterrates. Abgefangen wurde sie durch eine Mischung von Zugeständnissen und schärfsten Repressionen. Kennzeichnend für die politischen Zugeständnisse waren die Versprechungen des kaiserlichen Oktobermanifests. Kennzeichnend für die Repressionen waren die Feldkriegsgerichte, die ihr eigenes Verständnis von Ruhe und Ordnung durchsetzen konnten.

Es wurde immer deutlicher, dass das Pendel zwischen Reform und Revolution sich im Zarenreich auf einen größeren Bruch zubewegte und zur Revolution auszuschlagen drohte. Der Reformclan des zarischen Regimes war in Krieg und ökonomischen Krisen erlahmt. Der Zar war zu Zugeständnissen gezwungen, doch es drohte weit größeres Ungemach.

Dritter Teil **Russland unter kommunistischer Herrschaft 1917 – 1991**

1 Oktoberrevolution und Bürgerkrieg

Begonnen sei der dritte und letzte Teil meiner Ausführungen mit einem gerafften Rückblick auf die Geschichte der Sowjetunion zunächst von ihrem Ende her, konzentriert auf die vergleichende Betrachtung jener drei Epochenbrüche, die den Verlauf des zwanzigsten Jahrhunderts gezeichnet haben. Der erste Epochenbruch ist gekennzeichnet durch den Ersten Weltkrieg und die beiden Revolutionsschübe, die diesem Krieg entsprangen. Sie brachten nicht nur den Sturz der Monarchie, sondern auch den Zerfall des Russländischen Vielvölkerreiches. Der Bürgerkrieg, der den imperialen Zerfall begleitet, ging mit der bolschewistischen *Reconquista* eines erheblichen Teils des alten Reichsgebiets zu Ende und führte binnen weniger Jahre zur Reintegration der abgefallenen Territorien, deren staatliches Gehäuse die *Union der Sozialistischen Sowjetrepubliken* war.

Den zweiten epochalen Umbruch hat der Zweite Weltkrieg bewirkt. Zunächst durch die Erweiterung des sowjetischen Herrschaftsraums in der Kumpanei mit Hitler-Deutschland (1939/41), seit dem deutschen Angriff vom 22. Juni 1941 durch den *Großen Vaterländischen Krieg*. Zu den Ergebnissen dieses Krieges gehörte die Bewahrung und Kräftigung der unter Stalin regenerierten imperialen Macht, die sowjetische Hegemonie in Osteuropa mit dem Aufbau eines *äußeren Imperiums* von der Elbe bis zur Adria. 1948/49, in der Frühzeit des Kalten Krieges, definierte sich das sowjetisch dominierte Machtgebilde als demokratisches Lager, wenig später, im Licht des Warschauer Pakts von 1955, als *Sozialistische Staatengemeinschaft*.

Die dritte große Zäsur, deren Augenzeugen wir geworden sind, hat zwischen 1989 und 1991 den Zerfall des kommunistisch beherrschten Machtkomplexes bewirkt: den Zerfall zunächst des Ostblocks und dann des Sowjetimperiums selber. Eine der wichtigsten Ursachen dafür war, dass die UdSSR die Fähigkeit verlor, die enormen Kosten der globalen Mächtekonkurrenz zu tragen, ohne dabei selbst verlorenzugehen. Charakteristisch für die Untergangsgeschichte war die fortgehende Beschleunigung der inneren, zumal der ökonomischen Desintegrationsprozesse. Als Treibsatz wirkte der Versuch einer Selbsttherapie, auf den sich Gorbatschow mit seiner *Perestrojka* eingelassen hatte. Dieses Experiment, als radikaler Umbau, ja als Revolution von oben vorgestellt, war darauf aus, den Realsozialismus nicht etwa abzuschaffen, sondern ihn zu erneuern und auf ein Niveau zu bringen, das den Herausforderungen des 21. Jahrhunderts gewachsen wäre.

Schon ein so gedrängter Rückblick wie dieser macht darauf aufmerksam, dass die genannten drei Epochenbrüche kontinentale, ja universale Dimensionen hatten. Sie kamen nicht allein aus der russischen bzw. sowjetischen Geschichte, sondern aus der globalen Verknüpfung der historischen Prozesse in der modernen Welt. Konzentrierter Ausdruck für diese Verknüpfung waren die beiden Weltkriege im 20. Jahrhundert. Auch beim dritten Epochenbruch, dessen Folgen die Jahrhundertwende überdauern werden, waren die übergreifenden Zusammenhänge nicht zu übersehen. Bekanntlich fiel die Untergangsgeschichte der Sowjetunion mit dem Ende der bipolaren Ost-Westkonfrontation zusammen, deren Signatur über vier Jahrzehnte hin das atomare *Gleichgewicht des Schreckens* gewesen war. Nicht vergessen werden darf, dass mit dem Umbruch auch das marxistisch-leninistische Weltmodell vollends zu Schaden ging, das seit 1917 als die große, wissenschaftlich begründete Alternative zum kapitalistisch-liberaldemokratischen Westen hochgehalten worden war.

Während des Ersten Weltkrieges hatten Lenin, der Bolschewistenführer, und Woodrow Wilson, der amerikanische Präsident, Ordnungsprogramme für die Zukunft der Menschheit entworfen, Visionen, die sich vielfach überschnitten, doch miteinander nicht versöhnen ließen. Bei Lenin ging es um den Aufbau einer revolutionären, den Globus umspannenden Weltrepublik der Sowjets im Zeichen allgemeiner Emanzipation, bei Wilson mit dem Kriegseintritt Amerikas im Frühjahr 1917 um die Ordnung der Welt nach den Prinzipien der Demokratie und Selbstbestimmung und um die Öffnung der Weltmärkte für die kapitalistische Wirtschaft. Als dieser Gegensatz nach siebzig Jahren wie ein Spuk verflog, war der Überraschungseffekt so groß, dass das Wort vom *Ende der Geschichte* in viele, sogar in manche klugen Köpfe drang.

Die folgende Erörterung wird sich vor allem mit vier Ereigniskomplexen befassen: mit dem Untergang des alten Russländischen Imperiums, mit der Großen Sozialistischen Oktoberrevolution sowie mit den weltrevolutionären Perspektiven nicht nur für Russland, sondern für die Menschheit im Ganzen. Und schließlich geht es um die bolschewistische Übernahme des imperialen Erbes nach dem Sieg im Bürgerkrieg und um den neuen imperialen Machtzusammenhang, der Ende Dezember 1922 mit der neugegründeten Sowjetunion hervorzutreten begann. Die Erörterung konzentriert sich auf einige Schlüsselprobleme und Grundsatzfragen in der Erwartung, wesentliche Strukturmerkmale des Geschichtsverlaufs herauszubringen.

Wer das heute versucht, der kann schon Erfahrungen verwerten, die erst die dritte Umbruchszeit des 20. Jahrhunderts zu Bewusstsein brachte. Seither gehört die veränderte Bewegungsrichtung der Geschichte zu den offenen Fragen unserer Gegenwart und der Zukunft gleichermaßen. Der Perspektivenwechsel, den die Umwälzungen von 1989/91 brachten, wird die zeitgeschichtliche Forschung noch lange Zeit beschäftigt halten. Für Zeitzeugen der demokratischen Revolutionen des ausgehenden Jahrhunderts hat die Geschichte sich gewendet. Wer die Folgen der Umwälzungen vor Augen hat, lernt das, was vordem war, in anderem Licht zu sehen. Unübersehbar ist die Revolution der Begriff, mit denen die Signatur der Zeitgeschichte bisher beschrieben worden war. Nun wurde deutlicher als zuvor, wie abhängig die Maßstäbe und Urteile der Historiker von den Erfahrungen sind, die diese in der Spanne ihres eigenen Lebens machen.

1.1 Der Zusammenbruch des Zarenreiches

Am Anfang steht der Zerfall des russländischen Vielvölkerimperiums in Einzelteile, in Nachfolgestaaten zumindest virtueller Qualität, die sich national zu definieren und von den anderen abzugrenzen pflegten. Der Vorgang selber ist vom Verlauf des Weltkrieges nicht loszumachen, obwohl wir inzwischen wissen, dass die Bruchlinien, die sich dabei zeigten, siebzig Jahre später, beim Untergang der Sowjetunion, erneut hervorgetreten sind.

Der Große Krieg und die Belastungen, die er brachte, wirkten als Hebel für die beiden Revolutionsschübe, von denen Russland im Jahre 1917 erschüttert und umgeworfen worden ist: für die sogenannte Februarrevolution, die den Sturz der Monarchie und den Beginn des Experiments markiert, das alte Vielvölkerreich demokratisch und föderalistisch neu zu ordnen und seine Bevölkerungen über nationale und kulturelle Unterschiede hinweg beisammen zu halten. Ferner wirkte der Krieg, der weiterging, als Vehikel für den Umsturz im Oktober. Der Sieg der Bolschewiki in Petrograd zeigte den Fehlschlag der im Frühjahr improvisierten Demokratie, der es verwehrt geblieben war, unter den Bedingungen des fortgehenden Krieges festen Fuß zu fassen. Wenig mehr als ein halbes Jahr verging, bis die Provisorische Regierung (als Vertretung der liberalen Dumaopposition) und die basisdemokratisch gewählten Arbeiter-, Soldaten- und Bauernräte (als Vertretungen der „breiten Massen") sich wechselseitig aufgerieben hatten.

Die bolschewistisch dominierte Sowjetmacht gab sozialistischen Perspektiven Raum. Sie präsentierte sich als Kontrastmodell zur bürgerlichen Demokratie mit dem Ziel, den Erdball im Ganzen von der kapitalistischen Klassenherrschaft frei zu räumen. Ihre Sprecher gaben der Verheißung nach, dass mit der bolschewistischen Revolution die internationale Revolution begonnen habe, eine Umwälzung der Verhältnisse, deren Ziel es wäre, aus dem imperialistischen Krieg den Bürgerkrieg *gegen* den Imperialismus hervorzutreiben. Das waren die Thesen der Leninschen Imperialismustheorie: Die Revolution ist auf Russland keineswegs beschränkt, sondern dabei, sich unablässig zu erweitern. Sie führt mit geschichtsgesetzlicher Notwendigkeit zum Untergang der Weltbourgeoisie, zur Liquidierung der Macht des Kapitals und der Bourgeoisie, jener Kräfte also, die, indem sie den Krieg begannen, zu ihren eigenen Totengräbern wurden.

Für die historische Forschung ist der Untergang der zarischen Monarchie und der Zerfall des Vielvölkerimperiums ein großes Thema geblieben, seit den Jahren der Perestroika auch eines der großen Themen in der innerrussischen Debatte um die Vaterländische Geschichte. In den Auseinandersetzungen geht es vor allem um zwei Fragen: um die Frage nach den Ursachen für den Zusammenbruch des zarischen Regimes, das 1913 eben erst das dreihundertste Jahresfest der Romanow-Dynastie begangen hatte, und zweitens um die Frage nach den Ursachen für das Scheitern der demokratischen Neuordnung und für den Sieg der Bolschewiki. Die erste Frage wird ausgetragen in den Kontroversen um die Reformfähigkeit bzw. Reformunfähigkeit der alten Ordnung. Sie greift in die Geschichte weit zurück, zumindest bis in die sechziger des 19. Jahrhunderts, bis zur Bauernbefreiung und zu den anderen Reformen der Regierung Alexanders II. Das Interesse gilt den Ergebnissen und Folgen dieses großangelegten, langfristig angesetzten und vielfach blockierten Modernisierungsversuchs, gilt den Grenzen und Möglichkeiten einer Entwicklung, die Russland von der autokratischen Verfassung zum liberal-konstitutionellen Rechtsstaat hätte führen können, von einer ständisch ressortierten Untertanenordnung zu einer berufsständischen Bürgergesellschaft – einer zivilen Gesellschaft, die zu politischer Partizipation nach Vorbildern imstande wäre, wie sie in den klassischen Ländern der parlamentarischen Demokratie in Geltung waren.

Diese Debatten galten und gelten den Problemen, die mit dem Einbruch und der Expansion kapitalistischer Wirtschafts- und Verkehrsformen in Russland verbunden waren, mit der Industrialisierungsgeschichte der ausgehenden Zarenzeit, mit partiellen Modernisierungsvorgängen in einem überwiegend agrarischen Land, das mit vielen Fäden noch an traditionalen, ja mittelalterlich geprägten Sozialbeziehungen und Lebensweisen hing. Russland galt als rückständig, und das hieß, bedenkt man die Maßstäbe der europäischen Linken, dass es noch nicht reif war für eine Revolution, die mit der Demokratie zugleich den Sozialismus brächte. Die Ansichten über den Untergang des Zarismus sind naturgemäß kontrovers und widersprüchlich geblieben, nicht nur in der Forschung, sondern besonders nachhaltig in der Publizistik – überall dort, wo es um die Beurteilung der Vergangenheit geht, um Schuld und Verantwortung für das, was nicht Wenige heute als Katastrophe, Verhängnis oder Tragödie der russischen Geschichte begreifen.

Mit Blick auf die Opfer, auf die sozialen und humanen Kosten, auf den Absturz in den Bürgerkrieg und in den Terror der Stalinzeit ist im postsowjetischen Russland die Neigung groß geworden, das alte Regime zu rehabilitieren und die staatliche Reformpolitik in positivem Licht zu sehen, jedenfalls positiver als je zuvor. Nicht selten wurden herausragende Politiker der ausgehenden Zarenzeit seither zu patriotischen Kultfiguren aufgebaut. Ein Paradebeispiel für solche

Verklärung ist Pjotr Stolypin, Ministerpräsident von 1906 bis 1911. Mit ihm war der letzte Großversuch verbunden, Russland zu erneuern und die bäuerliche Agrarverfassung marktwirtschaftlichen Formen anzupassen.

Schuld und Verantwortung für den Untergang des alten Staates werden – je nach der politischen oder ideologischen Position der Betrachter – nicht der Regierung zugeschrieben, auch nicht dem unglücklichen Zaren Nikolaj II., der im patriotischen und kirchlich-orthodoxen Milieu als Märtyrer, als Heiliger erscheint, sondern bis ins liberale und demokratische Lager hinein vor allem der radikalen Intelligenzija, jenem ideologisch zerklüfteten Gesinnungsverband, zu dessen Kainszeichen Staatsferne und Staatsfeindschaft, Extremismus und Intoleranz, Kompromisslosigkeit, Besessenheit und Selbstbezogenheit gehörten, die Mentalität einer (wie man sagte) wurzellosen, dem Volk entfremdete Schicht, unfähig und unwillig, die Ideale des Rechtsstaats, der Freiheit und der Humanität hochzuhalten, geschweige denn, ihnen zum Durchbruch zu verhelfen. Diese Intelligenzija habe nichts getan, um den Weg Russlands ins Verhängnis abzuwenden, nichts, was geeignet gewesen wäre, das Volk vor Revolution und Bürgerkrieg zu bewahren.

Argumentationsketten wie diese machen erklärlich, weshalb die erste umfassende und radikale Selbstkritik, ein berühmter Sammelband namhafter Intellektueller, der 1909 unter dem Titel „Wegzeichen" (*Wechi*) erschien, nach dem Zusammenbruch des Kommunismus zu einem Kultbuch werden konnte. Auch die viel beachtete Revolutionsgeschichte, die Richard Pipes vorgelegt hat, ist von diesen Gedanken ganz erfüllt. Hier wird die Intelligenzija angeklagt, und zwar nicht nur die bolschewistische, nicht nur die Leninsche mit ihren Prätorianern. Angeklagt werden vielmehr die russischen Linken überhaupt, bis hin zu den Liberalen. Die Partei der konstitutionellen Demokraten, heißt es hier, habe mit ihrem Kampf gegen die überkommene Staatsautorität den zerstörerischen Kräften zugearbeitet und Schuld für den Untergang Russlands in der Revolution auf sich geladen.[142]

Im Milieu der russischen extremen Rechten wurden solche Vorwürfe auf die banale These zugespitzt, dass die Zersetzung und Zerstörung des Reiches das Werk einer jüdisch-freimaurerischen Verschwörung gewesen sei, das Ergebnis eines Komplotts dunkler Mächte, denen es darum ging, Russland zu vernichten, den genetischen Fonds des russischen Volkes zu vergiften und die russische Seele dazu.

Es kann kein Zweifel bestehen, dass die Anstrengungen des alten Regimes, Russland auf den Weg zur Moderne zu bringen und nach zeitgenössischen Mustern des Rechtsstaats, der Zivilgesellschaft und der kapitalistischen Marktwirtschaft zu verwandeln, eine ernsthafte Würdigung verdienen. Das gilt zumal für den Reformversuch, den Stolypin zwischen 1906 und 1911 (dem Jahr seines gewaltsamen Todes) unternahm, um den Anschluss Russlands an die moderne Weltzivilisation zu erreichen. Mit dem bloßen Hinweis auf die blutigen Repressionen, mit denen der Ministerpräsident die revolutionären Kräfte zu vernichten suchte, sind seine Leistungen gewiss nicht abzutun. Ihm ging es vor allem darum, eine selbständige, hinreichend breite bäuerliche Schicht zu schaffen, die zur Marktproduktion fähig wäre und der Autokratie auf dem Lande festere Fundamente geben könnte.

Klar ist, dass die Strategie Stolypins nicht isoliert betrachtet werden darf. Wenigstens zwei Argumente lassen zweifeln, dass das alte Regime durch langfristig angelegte Reformen einer Revolution hätte entgehen können. Das erste verweist auf die innere Politik nach 1905. Selbst wenn man den Agrargesetzen Erfolgschancen einräumt und nicht ausschließt, dass Russland von der Selbstherrschaft zur konstitutionellen Monarchie hätte kommen können. Selbst dann darf nicht übersehen werden, dass die russische Regierung in Bezug auf andere Existenzfragen des Imperiums über kein Konzept verfügte. So ist schwer vorstellbar, wie sie die Probleme hätte lösen können, die sich aus der multinationalen Struktur des Reiches ergaben.

Der soziale und ökonomische Wandel seit der Bauernbefreiung hatte nicht nur unter den nichtrussischen Völkern Nationsbildungsprozesse in Gang gebracht, sondern auch unter den Russen selbst – Prozesse nationaler Emanzipation, auf die es auch in anderen Vielvölkerstaaten wie in Österreich-Ungarn und dem Osmanischen Reich keine sichere Antwort gab. Die Regierung blieb auf „das eine und unteilbare Russland" fixiert, ohne nationale Autonomie, gar nationale Emanzipation im Rahmen des Imperiums zuzulassen. Das einzige Ziel, das sie bis in den Ersten Weltkrieg hinein verfolgte, war auf die Integration der Nationalitäten aus, auf ihre Einschmelzung in den großrussischen Staatsverband. Wenn dies auf Widerstand stieß, hatte die Obrigkeit zumeist nichts anderes als Repressionen, Verbote und Verfolgungen zur Hand.

Anders als die Sprengkraft, die in den ungelösten sozialen Fragen lag, in der ländlichen Armut wie in der industriellen Arbeitswelt, wurden die Nationalitätenfragen als Fundamentalproblem des Reiches von den politischen Eliten nicht erkannt, geschweige denn in weiterführende Strategien eingebaut. Stattdessen wurden sie tabuisiert oder galten als bloße Polizeiprobleme im Bereich der inneren Sicherheit. Ob es in dieser Hinsicht überhaupt brauchbarere Methoden gab, steht dahin. Auch Vergleiche führen nicht voran. Zwar hatte die Habsburger Monarchie zur Entschärfung der nationalen Frage ungleich seriösere und nachdrücklichere Anstrengungen unternommen, doch tragfähige Lösungen waren dennoch ausgeblieben. Die Politik konnte den Teufelskreis nicht durchbrechen, der zwischen den Autonomieforderungen der Nationalitäten und der historischen Gliederung der Kronländer und Provinzen bestand. Im Königreich Ungarn galt eine Unifizierungspolitik, deren Tendenz ähnlich darauf hinauslief, die nichtmagyarischen Nationalitäten im Konstrukt der herrschenden Nation aufgehen zu lassen.

Das zarische Russland hat Kronländer österreichischen Musters nicht gekannt. Wo Reste ständischer Landesautonomien überdauert hatten, man denke an Finnland oder an die baltischen Provinzen, so waren sie noch vor dem Ersten Weltkrieg eingedrückt und eingeebnet worden. Die imperiale Tradition blieb der kräftigste Widerhaken gegen alle Versuche zur Föderalisierung oder Autonomisierung. Selbst die russischen Liberalen, die konstitutionellen Demokraten, waren auf die staatliche Einheit und die Dominanz der Staatsnation fixiert; allenfalls für Finnland und das sogenannte Kongresspolen meinten sie, Autonomielösungen in Kauf nehmen zu dürfen. Im Übrigen vertrauten sie darauf (wie später Gorbatschow), dass das Nationalitätenproblem durch die Gewährung gleicher individueller Bürgerrechte zu lösen sei. Wie sich zeigen sollte, war diese Hoffnung trügerisch. Der multinationale Staat ließ sich auch durch zivile Formen auf Dauer nicht zusammenhalten.

Das zweite Argument, das neben der Aporie der Nationalitätenprobleme an der Reformfähigkeit der Regierung zweifeln lässt, betrifft die sogenannte Große Politik. Ohne Frage hat in der Untergangsgeschichte des alten Regimes die macht- und militärpolitische Verflechtung des Imperiums eine kaum zu überschätzende Rolle gespielt. Aus Sicht der zarischen Eliten war die politische, ökonomische und soziokulturelle Modernisierung vor allem durch das Großmachtinteresse Russlands legitimiert, und dabei setzten sie die eigenen Interessen mit den gesamtgesellschaftlichen Interessen gleich. Die Überwindung der Rückständigkeit galt als Voraussetzung dafür, dass der russische Großmachtstatus erhalten und das Reich in der imperialistischen Weltpolitik konkurrenzfähig bleibe. Nach dem Debakel von 1905 war die Befürchtung groß gewesen, dass Russland auf das Niveau einer drittklassigen Macht absinken könnte, auf das des chinesischen Reiches oder der osmanischen Türkei. Russland sollte Großmacht sein: für die politische Führungsschicht war das ein Axiom. Militärisch und ökonomisch gestützte Weltpolitik mitzumachen, galt als kategorischer Imperativ der staatsloyalen Eliten.

Die Militärallianz mit Frankreich, die Verständigung mit Großbritannien, die Konfrontation mit Deutschland und Österreich-Ungarn, der Zugriff auf die Meerengen, ja auf die Konkursmasse des kranken Manns am Bosporus, und schließlich die mitbestimmende Rolle auf dem Balkan: all das hat im Machtinteresse Russlands gelegen. Und dieses Interesse griff über die russischen Interessen in Europa weit hinaus. Es war auf die Mandschurei bezogen, machte sich geltend in der Mongolei, zeigte sich in der russischen Dominanz in der Nordhälfte Persiens. Im

Kräftespiel des imperialistischen Zeitalters gab es keinen Abschied von der Großmachtpolitik.

Der Primat imperialer Machtsicherung in der Weltpolitik hat die inneren Reformen in Russland zwar nicht still gestellt, doch letztlich als Aufgaben sekundären Rangs erscheinen lassen. Die Kosten der Wiederaufrüstung nach der Niederlage von 1905 und ein aufwendiges Flottenprogramm im Stil der Zeit haben die finanziellen Kräfte des Landes so in Anspruch genommen, dass für Investitionen zur Sanierung der bäuerlichen Wirtschaft nur wenig übrigblieb. Was veranschlagt worden war, wurde auf lange Zeiten hingestreckt. Erforderlich war eine lange Friedenszeit, um zu vollenden, was die Stolypinschen Reformen begonnen hatten. Doch die Regierung erkannte nicht oder doch nicht mit hinreichender Deutlichkeit, dass die Erhaltung und Modernisierung des Imperiums unter allen Umständen eine Politik der Friedenssicherung und Kriegsvermeidung erfordert hätten. So hat die Regierung in der Julikrise von 1914 um Serbiens Willen den Großen Krieg riskiert, im Vertrauen auf das Militärbündnis mit Frankreich, auf die Unterstützung Großbritanniens und in der Erwartung, dass sich nicht wiederholen werde, was zehn Jahre zuvor im Krieg gegen Japan zutage gekommen war, die Entfesselung der Revolution durch einen unglücklich verlaufenden Krieg. Dass der Zar und die Führungseliten des Reiches die Lehren von 1905 verdrängten und im Sommer 1914 den Krieg auf sich nahmen, weil sie die russischen Lebensinteressen auf dem Balkan gefährdet sahen – das ist ein eindrucksvoller Beweis dafür, wie unauflöslich das alte Regime an imperiale Großmachtpolitik und imperiales Großmachtdenken gefesselt war.

Zur Frage der Reform- und Entwicklungsfähigkeit Russlands ergibt sich daher, dass alle Prognosen nichts taugen, die die Modernisierungschancen von den imperialen und machtpolitischen Ambitionen des alten Regimes isoliert betrachten. Die innere Entwicklung Russlands blieb an den Primat der Großmachtpolitik gebunden. Das aber heißt zugleich, dass die Verwicklung des Reiches in den Großen Krieg kein bloßer Zufall war, kein Unfall der Geschichte, sondern dass dieses Verhängnis seine eigene Logik hatte.

1.2 Von der Februarrevolution zum Roten Oktober

Das Zarenreich war krisenanfällig. Das hatte sich vor dem Weltkrieg hinlänglich gezeigt, besonders nachhaltig in den sozialen und politischen Erschütterungen von 1905. Schon damals hatte ein Krieg weit ausgreifende Protest- und Aufstandsbewegungen ausgelöst, in denen die Grundmuster von 1917 zum ersten Mal zum Vorschein kamen. Wie damals wirkten bei der Destabilisierung des alten Regimes vor allem drei Faktoren zusammen: *erstens* der Aufruhr der Arbeiterschaft in den Industriezentren mit der Wendung gegen kapitalistische Ausbeutungsformen, *zweitens*, seit dem Sommer 1905, die Rebellion bäuerlicher Bevölkerung mit der Forderung nach Land und Freiheit, und schließlich *drittens* der Widerstand und Aufbruch der nichtrussischen Nationalitäten des Reiches, damals noch nicht mit dem Ziel, sich von diesem Reich zu lösen, sondern im Rahmen einer föderativen Staatsordnung nationale Autonomie zu finden.

Was der alten Staatsgewalt 1905 ein letztes Mal gelungen war – den Aufstand niederzuschlagen und die Protestbewegung zu isolieren, indem die Regierung den durch Besitz und Bildung privilegierten Klassen entgegenkam – eine ähnlich wirksame Pazifikation gelang unter den Bedingungen des Weltkrieges nicht mehr. Der Zarismus, seine Repräsentanten, der Kaiser voran, zeigten sich im Winter 1916/17 außerstande, den Ernst der Lage zu begreifen. Noch ehe das Frühjahr kam, brach das Regime wie ein Kartenhaus zusammen. Seither konnte selbst im Volk von Sehnsucht nach dem Zaren nicht die Rede sein.

Nach dem Untergang der Monarchie war der Sieg der Bolschewiki noch keineswegs entschieden. Bekanntlich ging im Ersten Weltkrieg nicht nur in Russland die Monarchie zu Bruch, sondern kaum weniger dramatisch auch anderswo: in Deutschland, Österreich-Ungarn und in der Osmanischen Türkei. Doch anders als in Russland konnte dort keine dem Bolschewismus vergleichbare Revolutionspartei die Macht erringen. Das Problem spitzt sich also auf die Frage zu, welche Kräfte auf dem Territorium des alten Imperiums um das Erbe des Zaren konkurrierten, und welche dieser Kräfte dank welcher Programme und Strategien Aussicht hatten, die Erwartungen der Massen auf sich zu ziehen.

Wichtig ist zu sehen, dass die Losungen, mit denen das revolutionäre Volk – Arbeiter, Soldaten, dann auch Bauern – seit dem Frühjahr 1917 auf die Straßen ging, nichts spezifisch Bolschewistisches an sich hatten. Nicht Parolen einer Diktatur des Proletariats standen auf den Plakaten, Flugblättern und Transparenten, sondern Parolen der Demokratie – „revolutionärer Demokratie" als Synonym für Freiheit von Unterdrückung und sozialer Not und für das Ende des mörderischen Krieges.

Das Demokratieverständnis der Februarrevolution war ein Gegenbegriff zu dem, was vorher war, gerichtet gegen die Autokratie und die Herrschaft der privilegierten Klassen. Dort, wo es um proletarische Interessen ging, kamen die Forderungen aus der europäischen Arbeiterbewegung und waren im traditionellen Sinn sozialdemokratisch eingefärbt. Formulierungshilfe wurde damals von Genossen geleistet, die nach dem Sturz des Zaren aus Gefängnissen, Isolierungslagern und Verbannungsorten in die Hauptstädte zurückgekehrt waren. Auch Bolschewiki wie Stalin waren unter ihnen.

Mit dem sozialdemokratischen Vokabular mischten sich sozialistische Losungen anderer Herkunft, agrarsozialistische vor allem. Ihr Gewicht beruhte auf dem banalen Tatbestand, dass die weit überwiegende Mehrheit der Bevölkerung Russlands noch immer Bauern waren. Die Grundbegriffe stammten aus der Tradition des *Narodnitschestwo*, des russischen Populismus, jener agrarsozialistischen, seit den 1860er Jahren von der Intelligenzija getragenen Bewegung, deren Hauptstrom sich nach der Jahrhundertwende mit der neugegründeten Partei der Sozialrevolutionäre verbunden hatte. Von jeher war das Ziel dieser heterogenen Strömung die Revolutionierung des Bauernvolks gewesen, und ein Zufall konnte es nicht sein, dass im Frühjahr 1917 die Ideen einer Bauerndemokratie mit der Parole *Land und Freiheit* den größten Massenanhang auf sich zogen. Noch im November, nach dem Sturz der Provisorischen Regierung, waren die Sozialrevolutionäre bei den Wahlen zur Allrussischen Verfassungsgebenden Versammlung stärker als jede andere Partei.

Sozialdemokratische und agrarsozialistische Forderungen, die in der Februarrevolution zusammenkamen, waren mitunter kaum voneinander zu unterscheiden. Das Verlangen nach Frieden, Freiheit und Demokratie hatte sich in Arbeiter-, Soldaten- und Bauernräten Auslauf verschafft – in lokalen, bald auch in zentralen Sowjetorganen, in Formen direkter Demokratie, wie sie 1905, besonders markant in Gestalt des Petersburger Arbeiterrates, erstmals aufgekommen waren. Von der Rätebewegung wurde im Frühjahr 1917 nicht nur die Masse der Arbeiter erfasst, sondern auch die Masse der Soldaten, weit überwiegend Bauern in Uniform. Obwohl gegen die lawinenartig ausgreifende Demokratisierungswelle kein Kraut gewachsen schien, ging aus dieser Bewegung noch keine Räterepublik hervor, nicht einmal im Sinn einer Losung, die die nächsten Ziele bezeichnet hätte. Der Zarismus wurde nicht durch eine Räteregierung abgelöst, sondern durch die sogenannte Provisorische Regierung. In ihr saßen, mit Ausnahme Alexander Kerenskis, durchweg Honoratioren aus dem liberalen Lager, Männer mit politischer Erfahrung, die zuvor in der Staatsduma, dem Reichsparlament, als Oppositionelle aufgetreten waren.

Im Februar 1917 hatten diese Herren den Zaren vergeblich beschworen, einer parlamentarischen Regierung Raum zu geben. Nur eine Regierung, die das Vertrauen des Volkes habe, könnte den Krieg gegen Deutschland und die Mittelmächte siegreich bestehen, nur sie hätte Aussicht, die Revolutionsgefahr zu bannen und Russland vor dem Absturz in die Katastrophe zu bewahren. Diese Parlamentarier, Vertreter der gebildeten und besitzenden Klassen, nicht wenige Professoren darunter, hatten sich angewöhnt, im Namen des Volkes und der Nation zu reden. Doch Zar Nikolaj, von seiner hessischen Gemahlin Alexandra unversöhnlich gehalten, war diesem Verlangen nicht gefolgt. Ob es damals überhaupt noch realistisch war, unter der Monarchie an eine Verfassungsreform zu denken, ist eher zweifelhaft als sicher.

Im Frühjahr 1917, als das Volk in Petrograd und anderwärts rebellierte und die Monarchie am Ende war, gerieten die liberalen Honoratioren in äußerste Verlegenheit. Jetzt wurden sie von der Revolution sozusagen auf die Schultern genommen, von einer Revolution, die sie nicht haben wollten, sondern gefürchtet hatten. Sie hatten gehofft, dass es durch eine Reform von oben möglich sei, zu einer Parlamentarisierung der Reichsverfassung zu kommen. Jetzt mussten sie versuchen, die Elementarkraft dieser Revolution zu dämpfen und eine Ordnung zu schaffen, die Aussicht auf innere Stabilisierung böte und eine reale Perspektive in Richtung auf eine parlamentarische Demokratie. Wenn dies nicht gelänge, und die Befürchtungen waren von Beginn an groß, dann war im Grunde verloren, was die Liberalen nach wie vor für das Lebensinteresse Russlands hielten, dann war die Möglichkeit vertan, den Krieg an der Seite Englands und Frankreichs erfolgreich fortzusetzen, die Großmachtstellung des Reiches zu erhalten und rechtsstaatliche Verhältnisse unter einer bürgerlich-demokratischen Verfassung zu schaffen.

Ob das Programm der Provisorischen Regierung in Einklang zu bringen war mit den Erwartungen der Arbeiter, Bauern und Soldaten, die sich in Räten (*Sowjets*) organisierten, ob sich ein Modus vivendi finden lasse, eine Koexistenz zwischen der revolutionären Demokratie, vertreten durch die Räteführung, und der bürgerlichen Demokratie, vertreten durch die Regierung, war eine offene und höchst prekäre Frage. Dass es nach dem Sturz des Zaren anfänglich scheinen konnte, als ob dies möglich sei, dafür gab es viele Gründe. Zwei davon sind hier zu nennen. Es zeigte sich, dass die große Mehrheit der Genossen, die in den Räteorganen saßen – Sozialrevolutionäre aller Schattierungen und Sozialdemokraten mit den Bolschewiki am linken Rand –, der Meinung waren, dass in Russland die Zeit für den Sozialismus, für eine sozialistische Revolution noch nicht gekommen sei. Die Revolution, die sie erlebten, verstanden sie als nachholende Revolution im bürgerlichen Sinn. Jetzt geschah, was im Westen 1848 schon geschehen war. Man hatte das Stadiendenken, das die Sozialphilosophie, nicht nur die marxistische, im 19. Jahrhundert beherrschte, zutiefst verinnerlicht. Unter der Herrschaft des Kapitals sei es die Pflicht und Schuldigkeit der Bourgeoisie, ans Ruder zu gehen. Erst wenn die kapitalistischen Verhältnisse ausgereift wären, reife die Stunde der Revolution heran. Erst dann könne, ja müsse das Proletariat die Macht übernehmen, denn nun falle sie ihm naturnotwendig zu.

Für Russland hieß das, dass nach dem Ende der Zarenzeit nicht die Sozialisten, sondern die Liberalen, die *Konstitutionellen Demokraten* vor allem, staatliche Verantwortung zu übernehmen hätten. Die Mehrheit der Linken war bereit, eine solche Regierung auf Zeit zu dulden – ein geschäftsführendes Kabinett, das sie unter die Kontrolle des revolutionären Volkes zu stellen gedachten. Die Volksrechte und demokratischen Freiheiten sollten durch eine *Allrussische Ver-*

fassungsgebende Versammlung (Konstituante) abgesichert werden, und niemand mochte daran zweifeln, dass eine Wahl nach dem Prinzip „one man, one vote" dazu führen werde, nicht den besitzenden Klassen, sondern den werktätigen Massen die Mehrheit zu bringen. Doch, wie gesagt, die Genossen wollten noch nicht in die Regierung gehen.

Die zweite wichtige Voraussetzung für eine begrenzte, höchst fragile Koexistenz und Kooperation zwischen revolutionärer und bürgerlicher Demokratie war die gemeinsame Überzeugung, dass man den Großen Krieg nach Lage der Dinge nicht umstandslos beenden könne. Die liberalen Politiker zogen ihr Selbstbewusstsein aus der Allianz mit den Westmächten, mächtig verstärkt durch den Kriegseintritt der Vereinigten Staaten, deren Truppen mit dem demokratisch gefärbten Kreuzzugsprogramm ihres Präsidenten auf den Schlachtfeldern erschienen: „to make the world save for democracy".

Die sozialistischen Räteparteien, Bolschewisten ausgenommen, versuchten auf andere Weise zu legitimieren, warum der Krieg nach dem Sturz des Zaren unvermindert fortzusetzen sei. Sie hielten sich für verpflichtet, die Errungenschaften der Revolution zu verteidigen, die russische Demokratie gegen den „germanischen Imperialismus" zu schützen, gegen die Armeen der Mittelmächte, die weite Gebiete Russlands damals unter ihren Stiefeln hatten. Daraus ergab sich ein eigentümliches Bekenntnis zur Vaterlandsverteidigung. Was hinzu trat, war der Aufruf zum Frieden. Die Friedensappelle, im Namen des Petrograder Sowjets erlassen, gingen nicht an die Regierungen, sondern an die Völker, an die der kriegführenden Länder.

Das erste große Manifest wandte sich am 14. März an die deutschen Klassenbrüder in den Schützengräben und forderten sie auf, es den Russen gleichzutun: „Befreit euch vom Joch eures halbautokratischen Regimes, so wie sich das russische Volk der zaristischen Autokratie befreit hat. (...) Weigert euch, zum Werkzeug der Eroberung und Gewalttätigkeiten in den Händen von Königen, Gutsbesitzern und Bankiers zu werden. Dann werden wir in gemeinsamer Anstrengung der fürchterlichen Schlächterei ein Ende setzen, dieser Schande für die Menschheit, die den Anbruch der russischen Freiheit verdüstert. Arbeiter aller Länder, wir reichen euch brüderlich die Hand. Über Berge von gefallenen Brüdern, über Ströme von Tränen und unschuldigem Blut, über rauchenden Ruinen der Städte und Dörfer, über die Schutthaufen der Kultur hinweg, fordern wir euch auf, die internationale Einigkeit wiederherzustellen und zu stärken. Darin liegt die Garantie unserer zukünftigen Siege und für die völlige Befreiung der Menschheit. Proletarier aller Länder vereinigt euch."[143]

Das Vokabular, das hier verwendet wurde, war nicht neu. Es kam aus der sozialistischen Friedensbewegung, aus dem Material der Konferenzen von Zimmerwald (5. bis 8. September 1915) und Kienthal (24. bis 30. April 1916) und zielte darauf ab, die Sozialistische Internationale, die mit Kriegsbeginn zerbrochen war, wiederherzustellen, die Solidarität der arbeitenden Massen zu stärken und alle Kräfte gegen den Krieg zu wenden. Das Pathos dieser Friedenssehnsucht lässt ahnen, dass der Burgfriede zwischen der Provisorischen Regierung und den Räten überaus verletzlich war. In der Tat, schon im April hatten Arbeiter und Soldaten gegen die „kapitalistischen Minister" demonstriert, die den Krieg bis zum siegreichen Ende fortsetzen wollten. Anlass war eine Depesche des Außenministers Miljukow an die Alliierten, in der er versicherte, dass Russland kämpfen werde bis zum Sieg.

Vaterlandsverteidigung ließ sich für die Räte nur dann plausibel machen, wenn das Ende des Krieges für alle spürbar näher rückte. Davon konnte aber, wie sich zeigte, im Frühjahr und Sommer 1917 noch keine Rede sein. Im Gegenteil. Auf Drängen der Alliierten fand sich die Provisorische Regierung bereit, die russischen Frontarmeen für eine neue Offensive gegen die Deutschen zu rüsten. Als diese Angriffsoperation Anfang Juli begann, lief sie sich binnen weniger Tage in einem blutigen Debakel fest. Rasch stellte sich heraus, dass die Regierung zu neuen militärischen Anstrengungen nicht mehr fähig war, und das Fatale an der Sache blieb, dass die Regierung, in der seit Mai 1917 auch einige sozialistische Minister saßen, nicht die Kraft gefunden hat, Russland aus dem Krieg zu ziehen. Ihre Handlungsfähigkeit war blockiert, weil sie vom Bündnis mit den demokratischen Mächten nicht lassen wollte und darauf eingeschworen war, die revolutionären Errungenschaften gegen die Deutschen zu verteidigen. Die aber standen tief im Land.

Die permanenten Krisen, in denen die Februar-Demokratie verkam, waren zu einem guten Teil durch den fortgehenden Krieg bedingt. Wer sich zum Primat der Vaterlandsverteidigung bekannte, der konnte die Erwartungen der Bevölkerung nicht erfüllen. Die große Agrarreform, die Landverteilung an die Bauern, musste zurückgestellt werden, so lange es darauf ankam, die wehrfähigen Männer an der Front zu halten. Jedes Signal für den Beginn der Agrarreform hätte die Bauernsoldaten aus den Schützengräben getrieben, denn sie wollten bei der Landverteilung in ihrem Heimatdorf an Ort und Stelle sein. Wenn die Kriegsindustrie produktionsfähig bleiben sollte, dann mussten die Arbeiter zur Disziplin veranlasst werden, zum Verzicht auf Streiks und auf Versuche, die Fabriken in die eigenen Hände zu nehmen. Auch das Selbstbestimmungsrecht für die nichtrussischen Nationalitäten ließ sich unter den Bedingungen des Krieges nicht verwirklichen. Niemand wollte verantworten, dass das Reich mit Billigung der Regierung mitten im Krieg in seine nationalen Bestandteile auseinanderfiel. Mit Vertröstungen, Beschwörungen und Strafmaßnahmen (auch mit der Todesstrafe gegen Deserteure) war nichts auszurichten.

So streikten denn die Arbeiter gegen die neue Regierung, und auf den Dörfern nahmen sich die Bauern selbst das Land. Tausende von Soldaten strömten nach Hause. In den Randgebieten wie in der Ukraine, aber nicht nur dort, bildeten sich nationale Regierungen. Sie verlangten eigene Truppen, Verwaltungshoheit und Autonomie gegenüber der Zentralgewalt. Damit begann die Dekomposition des Reichszusammenhangs, ein Prozess der Staatsauflösung, den die Provisorische Regierung nicht aufhalten, geschweige denn rückgängig machen konnte. Russland wurde mehr und mehr unregierbar. Auch Alexander Kerenski, seit Juli 1917 Ministerpräsident, ein begnadeter Redner, dessen Charisma indessen rasch verblühte, vermochte das Schicksal nicht zu wenden.

Wer von der Lage profitierte, waren die Bolschewiki. Im Sommer 1917, nicht zuletzt durch den Fehlschlag der Kerenski-Offensive, wuchsen ihnen beträchtliche Erfolgschancen zu. Sie waren nach dem Sturz der Monarchie die Einzigen gewesen, die radikale Alternativen angeboten hatten: ein entschiedenes Gegenprogramm zu dem, womit die Provisorische Regierung angetreten war. Anfang April war Lenin über Stockholm nach Russland zurückgekommen. Noch von Zürich aus hatte er seine Partei auf einen scharfen Kollisionskurs verpflichtet, auf den Kampf nicht allein gegen die Provisorische Regierung, sondern auch gegen die Räteparteien, die diese Regierung trugen.

In den sogenannten *Aprilthesen* sprach Lenin seine Botschaft aus: Der Sturz des Zarismus sei nur die erste Etappe der Revolution gewesen. Sie habe nicht das Volk, sondern die Bourgeoisie und das internationale Finanzkapital ans Ruder gebracht. Diese Wahrheit hätten die proletarischen Massen nicht erkannt. Sie hätten sich der Illusion hingegeben, dass ihre Forderungen unter den neuen Verhältnissen zu erfüllen wären. In den Räten dominiere jedoch ein Block kleinbürgerlicher, opportunistischer Elemente, die dem Einfluss der Bourgeoisie erlegen seien. Daher sei es Aufgabe der Bolschewiki, die Massen aufzuklären, ihnen die Einsicht zu vermitteln, dass der Krieg, den Russland weiterführe, ein imperialistischer Krieg geblieben sei. Dieser Krieg könne nur beendet werden durch den Sturz der Provisorischen Regierung, durch das Weitertreiben der Revolution in eine zweite, die sozialistische Etappe – in eine Revolution, die den bürgerlichen Staat zerstöre, die bürgerliche Staatsmaschine zerbreche und sie durch die Macht der Räte ersetze, durch einen *Kommunestaat*, eine *Räterepublik* der Arbeiter, Soldaten und Bauern. Nur wenn dies geschähe, könnten die Erwartungen und Forderungen des Volkes erfüllt werden. Die Losung *Alle Macht den Räten* ergab sich daraus. Bei Lenin zumal ging dieser Gedanke mit der Vorstellung zusammen, dass es unerlässlich sei, die Räte zu bolschewisieren. Die Menschewiki und Sozialrevolutionäre hielt er für unfähig, etwas anderes als Lakaien der Bourgeoisie zu sein.

Aus den Aprilthesen wurden alle Einzelforderungen abgeleitet, mit denen die Bolschewiki im Sommer 1917 Aufmerksamkeit erregten. Sie lauteten: sofortiges Angebot eines allgemeinen Friedens, Aufruf an die Frontarmeen zur Verbrüderung über die Schützengräben hinweg, allgemeine Volksbewaffnung und Auflösung der alten Armee, sofortige Enteignung des Großgrundbesitzes, Nationalisierung von Grund und Boden sowie Übergabe des Landes an die Bauern und Landarbeiterräte. Hinzu kam die Forderung nach Nationalisierung der Banken, Arbeiterkontrolle über die Produktion, Verteilung der Gutswirtschaften auf dem Land. Auch in der Nationalitätenfrage hat Lenins Partei mit Parolen agitiert, die in ihrer Radikalität uneinholbar waren: mit der Losung, dass das nationale Selbstbestimmungsrecht der Völker nicht nur anzuerkennen, sondern im radikalsten Sinne auszulegen sei, bis hin zur staatlichen Loslösung der nichtrussischen Nationalitäten vom russisch dominierten Reichszusammenhang.

Wie man sieht, waren die Bolschewiki auf die vollständige Entmachtung aller Kräfte aus, die die Februarrevolution getragen hatten. Sie zielten auf die Zersetzung der Armee und der politischen Autoritäten, bauten auf eine wilde Agrarrevolution, den Zusammenbruch der Kriegsindustrie, auf die nationale Dekomposition des Vielvölkerreiches. Sie bestärkten die elementaren Erwartungen der Bevölkerungsmehrheit, von denen klar war, dass die Regierung sie nicht erfüllen konnte.

Wie damals nichtbolschewistische Sozialisten über Lenin dachten, zeigt ein Kommentar Viktor Tschernows, eines prominenten Sozialrevolutionärs, der seit Mai 1917 Landwirtschaftsminister in der Provisorischen Regierung war. Anlass waren die Aprilthesen des Bolschewistenführers: „Lenin ist ein typisches Erzeugnis, ja ein Opfer der unnormalen Bedingungen, die in Russland bisher geherrscht haben. Lenin ist seinen Anlagen nach eine bedeutende Figur, doch schonungslos zerbröckelt und verunstaltet durch die unnormalen Bedingungen jener Zeit. Lenin ist der revolutionären Sache ergeben, aber die Revolution verkörpert sich für ihn in seiner eigenen Person. Indem er die alte Formel paraphrasiert: ‚Der Staat, das bin ich', sagt er mit jeder Bewegung, mit jeder Geste: ‚Die Revolution, das bin ich'. Lenin hält sich für ein so reines Gefäß der Revolution, dass es für ihn keinen Unterschied gibt zwischen seiner persönlichen Politik und dem Interesse der Partei, dem Interesse des Sozialismus. In den Willenstendenzen Lenins liegt fast immer irgendein Kern unbezweifelbarer Wahrheit. Aber, mein Gott, was macht er nicht alles mit dieser armen Wahrheit? Er hält sie fest, wie der Strick den Gehängten. Möge man sich nicht schrecken lassen von den Maßlosigkeiten Lenins. Das Maß ihres Einflusses ist gering, ist sehr begrenzt und die Gefahr wird lokalisierbar sein."[144]

1.3 1917 und die Grenzen der weltrevolutionären Mobilisierung

Lenin hatte in seinen Aprilthesen verlangt, die Revolution in ihr zweites Stadium zu treiben, bis zum Sturz der Provisorischen Regierung und zur Errichtung eines Rätestaats. Nur dann, wenn die Räte alle Macht bei sich versammelt hätten, werde es möglich sein, den imperialistischen Krieg mit einem demokratischen, einem Völkerfrieden zu beenden. Da es solche Räte inzwischen gebe, sei Russland über das Stadium der bürgerlichen Demokratie bereits hinaus. Ein Parlament nach dem vierschwänzigen Wahlrecht würde daher einen Rückschritt bedeuten.

Mit diesen Behauptungen hatte Lenin anfänglich selbst bei den eigenen Genossen wenig Resonanz gefunden. Noch im Juni, als Vertreter der lokalen Räte aus dem ganzen Land und von den Frontarmeen in Petrograd zum *Ersten Allrussischen Rätekongress* zusammenkamen, stieß er auf höhnisches Gelächter, als er erklärte, seine Partei sei jederzeit bereit, die ganze Macht allein zu übernehmen. Wenig später, in den krisenhaften Julitagen, als der Fehlschlag der Kerenski-Offensive schon vor aller Augen lag, sollte seinen Gegnern das Lachen rasch vergehen. Denn nun brachten bolschewistische Agitatoren in Petrograd bereits Hunderttausende auf die Straßen und probten den Aufstand gegen die Provisorische Regierung. Lenin hatte große Mühe, die Masse bewaffneter Arbeiter von Gewaltaktionen abzuhalten. Für eine Machtübernahme schien ihm die Zeit damals noch nicht reif zu sein. Aber offenkundig war, wie unmittelbar die Bolschewiki von den Niederlagen profitierten, die die Regierung und die Rätemehrheit zu verantworten hatten.

Je weiter die Zeit voran schritt, umso leichter wurde es, den Parolen Lenins Resonanz zu verschaffen. Wieder und wieder wurde den Massen eingehämmert: Diese Regierung kann keinen Frieden bringen, denn sie ist räuberisch, imperialistisch, kapitalistisch und von tausend Teufeln besessen. Diese Regierung wird den Boden nicht den Bauern geben, sondern ihn den Gutsbesitzern lassen, denn der fortgehende Krieg schließt jede Landverteilung aus. Diese Regierung betrügt das Volk, denn sie besteht aus Opportunisten, aus Lakaien der Bourgeoisie, und verrät die Revolution.

Wenn man diese Thesen, die im Sommer in die Breite zu wirken begannen, mit den Verlautbarungen der Regierung und der Rätemehrheit vergleicht, so zeigt sich, dass diese vom Primat der Landesverteidigung nicht lassen mochten. Ihre Politik blieb schwankend und zerfahren, ihr Autoritätsschwund war offensichtlich nicht mehr aufzuhalten, weil sich die Regierung vom Krieg nicht lösen und sich zu einschneidenden Entschlüssen nicht durchringen konnte – weder in der Agrarpolitik, noch in der Sozialpolitik und auch nicht in der Nationalitätenfrage. Der beträchtliche Anhang, den Lenins Partei damals zu sammeln verstand, begann auch dann nicht abzufallen, als Kerenski namhafte Bolschewiki verhaften ließ, als er die *Prawda* verbot und Lenin, der nach Finnland geflüchtet war, zusammen mit anderen Genossen unter Anklage stellte, bezahlte deutsche Agenten zu sein. Dieser Vorwurf meinte Geldzahlungen der Reichsregierung an bolschewistische Mittelsmänner, meinte vor allem aber auch den ominösen plombierten Wagen, in dem Lenin mit einem Schweif seiner Anhänger im April 1917 von Zürich über Frankfurt bis zur Sassnitzer Fähre kam und von dort über Stockholm und Helsingfors nach Petrograd gelangte.

Doch der Plan, die bolschewistischen Spitzenkader als Landesverräter auszuschalten, wurde von den Ereignissen überholt. Als dem Kerenski-Regime im August 1917 ein Militärputsch drohte, der Versuch General Kornilows, dem demokratischen Spuk ein Ende zu machen, da stellte sich heraus, dass die bolschewistischen Genossen zur Abwehr dieser Gefahrenlage unentbehrlich waren. Kerenski kam nicht weit, als er versuchte, mit patriotischen Appellen als Retter des demokratischen Russlands glaubwürdig zu werden. Das verschreckte liberale Lager misstraute ihm, und seine Partner, Sozialdemokraten und Sozialrevolutionäre, rieben sich Flügelkämpfen auf. Linke bzw. internationalistische Fraktionen bildeten sich zu eigenständigen Parteien aus. Tatsächlich war die antibolschewistische Einheitsfront von Anfang an fragil gewesen. Jetzt entpuppte sie sich vollends als Traum und nicht einmal als ein schöner. Noch ehe der September zu Ende ging, hatten die Bolschewiki solide Mehrheiten in zentralen Räteorganen des Landes errungen. Petrograd und Moskau gehörten dazu. Für Lenin war dies Anlass, seine Partei zum Handeln aufzurufen und den bewaffneten Aufstand gegen die Provisorische Regierung auf die Tagesordnung des bolschewistischen Zentralkomitees zu setzen.

Die Vorbereitungen des Aufstands und der Sturz der Provisorischen Regierung sind oft beschrieben worden. Wichtiger als die generalstabsmäßige Planung, die im Wesentlichen bei Trotzki, dem Vorsitzenden des Petrograder Arbeiter- und Soldatenrates lag, wichtiger auch als der nahezu unblutige Verlauf des Regierungssturzes und der Machtübernahme in der Stadt waren die politischen Probleme, die sich mit dieser Militäroperation verbunden hatten.

Nicht übergangen werden darf, dass Lenins Forderung, den Aufstand vorzubereiten, im bolschewistischen Zentralkomitee anfänglich auf Widerspruch und Ablehnung gestoßen war. Manchen Genossen, darunter so bewährten Leninisten wie Sinowjew und Kamenew, war der Gedanke zuwider, einen Staatsstreich ohne Mandat zu machen. Sie wollten keinen Militärputsch, sondern sie wollten einen friedlichen Übergang der Macht. Dieser Übergang sollte, um eine Isolierung der Partei von den Massen zu vermeiden, durch den Allrussischen Rätekongress legitimiert werden. Die Opponenten meinten, dass die Macht nur dann zu halten sei, wenn eine Räteregierung zustande käme, an der alle Kräfte der revolutionären

Demokratie beteiligt wären. Gedacht war an eine sozialistische Allparteienkoalition, an eine Regierung, die der absoluten Mehrheit der Räteorgane sicher wäre.

Für Lenin, der sich kurz vor den entscheidenden Oktobertagen noch in Finnland verborgen hielt, war dies ein so abgefeimter Gedanke, dass er im Umgang mit den Bedenkenträgern alle Contenance verlor. Mit größter Entschiedenheit beschwor er das Zentralkomitee, durch weiteres Abwarten die Revolution nicht zugrunde zu richten. Alle Voraussetzungen für den Erfolg eines Aufstandes seien gegeben. Für Lenin war die Revolution keine Sache, über die Kongressbeschlüsse zu befinden hätten. Für ihn war der bewaffnete Aufstand nichts als ein Problem der Macht – „Politik mit anderen Mitteln, eine Kunst genau wie der Krieg." Bei alledem wurde am Vorabend des Roten Oktober zwischen Lenin und den dissidierenden Genossen noch einmal ausgekämpft, was die bolschewistische Parteigeschichte als Problem von Anbeginn begleitet hatte: der Widerspruch zwischen den sozialdemokratischen Traditionen und dem Absolutheitsanspruch einer Minderheit, für die revolutionäre Diktatur mit Parteidiktatur identisch war.

In diesen Kontroversen, die zwischen dem 20. und 24. Oktober ausgefochten wurden, hat sich Lenin schließlich durchgesetzt. Der Zweite Allrussische Rätekongress, der damals zusammentrat, wurde vor vollendete Tatsachen gestellt. Er wurde nur noch gebraucht, um den bolschewistischen Staatsstreich in demokratische Formeln einzukleiden. Als es zur Abstimmung über die von Lenin vorgelegten Dekrete über den Frieden, die Landaufteilung und die Rechte der Völker Russlands kam, hatte das Gros der menschewistischen und sozialrevolutionären Delegierten den Saal unter Protest bereits verlassen. Nur die linken Sozialrevolutionäre waren bereit, sich an der von Lenin präsidierten Sowjetregierung, dem *Rat der Volkskommissare*, zu beteiligen.

Was die Oktoberrevolution über einen bloßen Militärputsch hinaushob, war der welthistorische Anspruch, mit dem die Sieger ihre Machtübernahme verbanden. Sie legitimierten sich mit dem Verweis auf die internationale Bedeutung dieser Aktion. Nicht allein Russland, hieß es, sei in Revolution befindlich, sondern die Welt im Ganzen. Die Bolschewiki hätten die Ära der internationalen Revolution eröffnet, eine gigantische Umwälzung im Weltmaßstab: die Weltrevolution gegen den Weltimperialismus, gegen das imperialistische Weltsystem, gegen den imperialistischen Krieg. Seit Jahren hatte Lenin diese Behauptung zu untermauern versucht, in theoretischen Studien, die dem Imperialismus galten und in der These aufgingen, dass „der Imperialismus" das „jüngste, letzte und höchste Stadium des Kapitalismus" sei. Danach gebe es für den Kapitalismus kein Weiterleben mehr, denn dann werde er „mit geschichtsgesetzlicher Notwendigkeit"[145] an seinen inneren Widersprüchen zusammenbrechen.

Wie der Imperialismus als Weltsystem den ganzen Erdball umspannt, so stellte Lenin die revolutionäre Gegenfront gleichfalls in globalen Dimensionen vor, als einen Komplex revolutionärer Prozesse, der alle Länder und Kontinente, ihrem sozialökonomischen Entwicklungsgrad entsprechend, in unterschiedlicher Weise erfasse. Diesen Komplex sah er aus drei Potenzen zusammengesetzt. Als erste und wichtigste Kraft galt die Revolution des Proletariats in den fortgeschritteneren Ländern, als zweite die Revolution der Arbeiter und Bauern in Russland und anderen agrarischen Peripherien der industriellen Welt, als dritte der Aufbruch der vom Imperialismus unterdrückten Völker in Asien, im Orient und in den Kolonien. Aus diesem Verbundsystem hat Lenin als Folge des Weltkrieges den Sieg des Weltsozialismus kommen sehen und diesen Sieg für ebenso unvermeidlich gehalten wie den Zusammenbruch der imperialistischen Mächte.

Dieser Prognose entsprach die Überzeugung der Bolschewiki, ihre Oktoberrevolution habe die Kette des Imperialismus an dessen schwächstem Glied aufgesprengt – in einem Land, in dem alle drei Strukturelemente der antiimperialistischen Weltrevolution verdichtet vorzufinden waren: die proletarisch-sozialistische Revolution der Arbeiterklasse, die agrarisch-antifeudale Revolution der Bauernmassen, die nationale und koloniale Revolution in den Randzonen des russländischen Vielvölkerreiches. So verstanden, trug Russland die Bedingungen der Weltrevolution in sich selber aus. Die Bolschewiki hatten die Initialzündung gegeben. Das von ihnen beherrschte Russland sollte als Transmissionszone wirken zwischen den revolutionären Prozessen im Westen und im Osten, in Europa und in Asien, und auch, wie man hoffte, in Amerika. Lenin konnte die eigene Revolution nicht denken, ohne die internationale Revolution hinzuzudenken. Für ihn galt es als ausgemacht, dass die russische Revolution verloren sei, falls sie für sich alleine bleibe, falls die Welt um Russland herum nur wanke, aber nicht auf neue Fundamente käme.

Die revolutionäre Veränderung der Welt galt als Fundamentalbedingung für die Machtbehauptung der Bolschewiki. Im handgreiflichsten Sinn sollte sich das schon im Winter 1917/18 zeigen, als die Revolution in den anderen kriegführenden Ländern auf sich warten ließ. Lenin hatte geahnt, dass die Bolschewiki für jede Verzögerung einen hohen Preis zu zahlen hätten. Wie hoch dieser Tribut tatsächlich war, brachte der Separatfrieden von Brest-Litowsk ans Licht, den die Sowjetregierung, um ihre eigene Haut zu retten, am 3. März 1918 mit den Mittelmächten schließen musste. Statt eines allgemeinen Völkerfriedens, zu dem das berühmte Friedensdekret aufgerufen hatte, unterschrieben die Bolschewiki nach langem Zögern die ultimativen Forderungen der Obersten Heeresleitung und der Reichsregierung. Nicht nur Russisch-Polen, Finnland und die baltischen Provinzen sollten dem bolschewistischen Russland verloren gehen. Gleiches galt auch für die Ukraine, deren Vertreter im Auftrag der Kiewer Rada am 9. Februar 1918 einen Separatfrieden mit den Mittelmächten abgeschlossen hatten.

Wie die Dinge lagen, hat Lenin den „Schandfrieden" von Brest-Litowsk seiner engsten Umgebung förmlich aufzwingen müssen. Dabei verfuhr er nicht weniger ultimativ als die Deutschen, als sie den Russen ihre Forderungen diktierten. Viele Genossen weigerten sich, den Frieden mit dem deutschen Kaiser zu akzeptieren, weil sie meinten, dass die Schmach, mit einer imperialistischen Macht Frieden zu machen, den Ehrenschild der Revolution beflecken werde. Auch Rosa Luxemburg sah die Bolschewiki in der Versuchung stehen, ihre Herrschaft „unter der Schirmvogtei des deutschen Imperialismus" festzumachen. Es drohe, schrieb sie, eine „groteske Paarung" zwischen Hindenburg und Lenin, eine „Diktatur des Proletariats auf deutschen Bajonetten"[146]. Der Friede von Brest-Litowsk bedeute eine Stärkung der deutschen Militärmacht, kein Ende, sondern eine Verlängerung des Völkermordens.

Was die Bolschewiki über alle Krisen und Zweifel damals hinweg trug, hat Lenin immer wieder in die eine Formel gefasst: „Wenn wir, die bolschewistische Partei, das ganze Werk allein in die Hände genommen haben, so haben wir das in der Überzeugung getan, daß die Revolution in allen Ländern heranreift, daß die internationale sozialistische Revolution (...) kommen wird (...)."[147] Weltrevolution als Prinzip der Hoffnung, als konkrete Utopie, aber die Zeit, die kam, war nicht dazu angetan, diese Hoffnung zu erfüllen. Deutschland hatte von Beginn an im Zentrum der bolschewistischen Erwartung gestanden. Die deutsche Revolution galt als eine Bedingung für den Fortbestand der russischen Rätemacht. „wir werden (...) auf jeden Fall zugrunde gehen," so Lenin im März 1918, „wenn die deutsche Revolution nicht eintritt."[148]

Deutschland als Herzstück der bolschewistischen Revolutionskonzeption – diese Ansicht hatte Lenin in seinen Studien über die Voraussetzungen der Diktatur des Proletariats begründet. Entscheidendes Kriterium für das Gelingen war ein sozioökonomisches Modell, das er „monopolistischen Staatskapitalismus" nannte und in Deutschland am reinsten schon verwirklicht sah. In der deutschen Kriegswirtschaft, gab es bereits, was ihm für den Sozialismus notwendig erschien: bewährte Formen der direkten Erfassung und Lenkung, der Rationierung und Verteilung, der Rechnungslegung und Kontrolle – Instrumente der Zentralisierung, die von der proletarischen Diktatur einfach übernommen werden sollten. In diesem staatskapitalistischen System liege, schrieb Lenin, der proletarische Wirtschaftsstaat der Transformationsperiode bereits fix und fertig vor: eine Staatsanstalt, organisiert wie ein einziges Büro, eine einzige große Fabrik, in der nach der Zerstörung der alten Staatsmaschine die bisher dort tätigen Spezialisten, Techniker, Buchhalter usw. ihre Arbeit unter der Kontrolle des bewaffneten Proletariats fortzusetzen hätten. Es kam also darauf an, diese hochentwickelte Armatur – „die reifste Frucht des Kapitalismus," wie Lenin meinte – für das rückständige Russland und die Welt im Ganzen verfügbar zu machen.

Wie man aus diesen Äußerungen sehen kann, hielt Lenin den Sieg der Weltrevolution für verbürgt, wenn die Vereinigung der bolschewistischen Rätemacht mit dem deutschen Staatskapitalismus zustande käme. Wenn er unterstellte, dass Deutschland für den revolutionären Umsturz reif sei, dann stand ihm die deutsche Arbeiterklasse vor Augen, die in der Vorkriegsinternationale ein ungemein hohes Ansehen genossen hatte. Dabei faszinierte ihn nicht deren revolutionäre Potenz, nicht deren Fähigkeit zur Konspiration, zum Barrikadenkampf oder auch zur Rebellion der Geister. Was ihn faszinierte, waren Bildung, Disziplin und Organisationserfahrung dieser Klasse, ihre Fähigkeit zu korrekter Dienstleistung im Produktionsprozess der staatskapitalistischen Fabrik – Tugenden, die der deutsche Imperialismus mit so erstaunlichem Erfolg bisher für sich verwendet hatte. Am Tag nach der Revolution würde dieses einzigartige Kapital dem proletarischen Staat auch in Sowjetrussland zur Verfügung stehen.

Diese Überzeugung mag erklären, weshalb das deutsche Proletariat in Petrograd und in Moskau Hoffnungen auch dann noch auf sich zog, als die deutsche Revolution für die Bolschewiki wie für die Spartakisten schon verloren war. Wer sich im Sommer 1918 um eine illusionslose Beurteilung der Lage bemühte, der konnte schwerlich Anhaltspunkte dafür finden, dass „Liebknecht uns schon aus der Klemme helfen" werde. Trotz der großen Streiks vom Januar, trotz der sich häufenden Zeichen der Kriegsmüdigkeit, auch des wachsenden Aufbegehrens gegen den Krieg, klangen die deutschen Stimmen, auf die man in Moskau setzte, ungemein kleinlaut, pessimistisch, ja beschämt. Was die Spartakisten, die potentiellen Partner Lenins, bedrückte, das war die Bewegungslosigkeit der Massen, die geradezu lederne Zählebigkeit der altbewährten, von der Sozialdemokratie beherrschten Organisationsstrukturen, Gewerkschaftsverbände eingeschlossen.

So hatte Franz Mehring im Juni 1918 in einem Brief an Lenin geklagt, dass „der alte Regierungssozialismus noch immer wie ein Ölfleck um sich frisst", dass die Unabhängigen Sozialdemokraten unter dem „heiligen Propheten Kautsky"[149] ihren Selbsttäuschungen verhaftet geblieben seien, und dass sich die Gruppe der Internationalisten, also Spartakus und andere, in kaum handlungsfähiger Isolierung befänden. Rosa Luxemburg hat im Sommer 1918 in den von ihr verfassten Teilen der *Spartakusbriefe* ähnlich argumentiert. Ihr schien das deutsche Proletariat in Kadavergehorsam gefangen, mit Blindheit geschlagen, fast verloren schon für den Appell, die historische Bestimmung der Arbeiterklasse zu erfüllen, die Ehre der russischen Revolution zu retten und die eigene Ehre dazu – dadurch zu retten, dass die Proletarier im Soldatenrock ihre Gewehre gegen die Bourgeoisie und gegen die Generäle kehrten.

In der Verachtung der Mehrheitssozialdemokratie, die die Regierung unterstützte und im Oktober 1918 selbst in die Regierung ging, im Hass gegen die Scheidemänner, die Verräter und Lakaien der Bourgeoisie – in solchem Hass stimmten die Bolschewiki mit den Spartakisten überein. Ob es Liebknecht im entscheidenden Moment gelingen könnte, die Massen dennoch um sich zu scharen, bewaffnetes Proletariat, Soldaten, Matrosen, in Räte gesammelt, bereit zum Aufstand für die deutsche Republik – das konnte damals mit Gewissheit niemand sagen. So schwankten die Bolschewiki, als der Zusammenbruch der deutschen Front im Westen abzusehen war, zwischen Hoffnung und Skepsis, zwischen Enthusiasmus und Furcht vor neuen Bedrohungen. Denn ein militärisch geschlagenes Deutschland, ein Deutschland ohne Revolution, in den Händen der Entente, als willenloses Objekt mit den „Scheidemännern" als Agenten, das war eine Perspektive, in der man die eigene Katastrophe abgebildet sah.

Lenins Reaktion auf den beginnenden Zusammenbruch des kaiserlichen Deutschlands, fiel denn auch alarmierend aus und glich einem Aufruf zum letzten Gefecht. Er befahl, die Stärke der Roten Armee zu verzehnfachen, darauf gerüstet zu sein, dass sich der deutsche Imperialismus in letzter Stunde dadurch zu retten suche, dass er sich mit den Siegern des Krieges verbünde und mit ihnen zusammen gegen das bolschewistische Russland ziehen werde. Gemessen an der Gefahr der Erdrosselung Russlands durch einen konzentrischen Angriff von allen Seiten unter deutscher Beteiligung, gemessen daran klang die Versicherung, dass die Revolution allenthalben um sich greife, dass sie die Herrschenden treffen werde, schrecklicher als die spanische Grippe, dass der Bolschewismus zur weltumspannenden Theorie und Taktik des internationalen Proletariats geworden sei, wie eine Beschwörung der eigenen Ängste.

Als in Moskau klar wurde, dass die Dinge in Berlin nicht liefen, wie sie sollten, dass der Rat der Volksbeauftragten zwar von Sozialismus sprach und von der deutschen sozialistischen Republik, doch nicht von Kampfgenossenschaft mit Sowjetrussland, nicht vom Kampf um die Weltrevolution; als man in Moskau hörte, dass Ebert und Haase, die beiden Volksbeauftragten, Getreide und Brot von den Amerikanern lieber als von Lenin nehmen wollten, dass sie die deutschen Grenzen und Frontlinien für bolschewistische Delegationen sperren und (am 5. November) die sowjetrussische Botschaft Unter den Linden schließen ließen; als man in Moskau sah, dass die deutschen Arbeiter- und Soldatenräte Liebknecht nicht, wie erwartet, an ihre Spitze setzten, sondern dass sie sich mit großer Mehrheit für die Nationalversammlung entschieden, d.h. für die parlamentarische Demokratie, da erklärte man sich das Debakel so: Der deutsche November sei eben noch nicht der russische Oktober gewesen, sondern erst der russische Februar. Deutschland stehe noch in der ersten Phase der Revolution, die nun, wie in Russland geschehen, weitergetrieben werden müsse. Der Spartakusaufstand im

Januar 1919 wurde mit dem bolschewistischen Juli-Aufstand von 1917 verglichen. Durch improvisierte Revolutionskomparatistik wurden die deutschen mit den russischen Ereignissen in Verbindung gebracht und die deutsche Revolution als Wiederholung der russischen ausgegeben, als nachholende Revolution, verursacht durch die Allgemeingültigkeit der Geschichtsgesetze.

Auf den deutschen Oktober, wartete man bis 1923, bis zum Krisenjahr der deutschen Republik. Als die Kominternführung dann eine entsprechende Aktion probierte, scheiterte sie kläglich. In Deutschland blieb die junge, Ende Dezember 1918 gegründete Kommunistische Partei (Spartakusbund) die konsequenteste Verfechterin des bolschewistischen Rätemodells. Doch sie war, selbst in der Blütezeit der deutschen Rätebewegung, gegen Sozialdemokraten und Unabhängige nicht aufgekommen und daher immer in der Minderheit geblieben. Sie konnte nicht, wie die russischen Genossen hofften, als revolutionärer Sprengsatz wirken, nicht als Hebel der proletarischen Revolution. So geschah es, dass die sozialdemokratisch dominierten Räte in Deutschland Übergangsphänomene blieben, stabilisierende Elemente im schwierigen Entstehungsprozess der Weimarer Demokratie.

Andere Ursachen hatte die ungarische Räterepublik vom Frühjahr 1919. Sie ergab sich aus der Kapitulation der ungarischen Sozialdemokraten angesichts der Kriegsniederlage, der Dekomposition des historischen Ungarns unter dem Druck der Entente und der anrückenden Rumänen. Sie war ein absichtslos gezeugtes Geschöpf der Alliierten und deren Opfer zugleich. Sowjetungarn blieb ein Probierfeld, von allen Seiten eingeschnürt, auf dem sich aus Moskau gekommene Kommunisten unter Bela Kun mit linken Literaten, Anarchisten und Sozialisten zusammentaten: chancenlos gegenüber der kombinierten Militärintervention seiner Feinde und chancenlos gegenüber der konservativen Front, die in Admiral Horthy, den späteren Reichsverweser, ihren Vater und Führer hatte.

Auch in Polen ließ sich nicht wiederholen, was in Russland möglich gewesen war. Hier wurden die Kommunisten von der patriotischen Welle, die die Wiedergeburt des polnischen Staates ausgelöst hatte, in den Untergrund gespült. Ihre Führungsfiguren verwarfen – gegen den Widerstand Lenins, aber getreu den Prinzipien Rosa Luxemburgs – das Recht der Polen auf ihren eigenen Staat, auf nationale Selbstbestimmung und staatliche Unabhängigkeit. Auch gegen die agrarischen Notstände Polens hatten sie kein Programm, das geeignet gewesen wäre, die Masse der Kleinbauern still zu stellen, sie zumindest nicht den Gegnern zuzutreiben.

Trotz aller Enttäuschungen, die der Gang der Ereignisse jenseits der Grenzen den Bolschewisten bis zum Frühjahr 1919 brachte, haben ihre Führer unverdrossen an der Behauptung festgehalten, dass die Ära der Weltrevolution begonnen habe und der Sieg der Rätemacht in aller Welt nicht aufzuhalten sei.

Grigori Sinowjew, der Vorsitzende des Exekutivkomitees der Kommunistischen Internationale hat diese Perspektiven damals wie folgt beschrieben: „In tollem Tempo saust das alte Europa der internationalen Revolution entgegen. Im historischen Sinne beginnt die gesamte europäische Bourgeoisie ihren Abschied zu nehmen. Der Sieg des Kommunismus in Deutschland ist durchaus unvermeidlich, und die Bewegung geht so schwindelerregend vor sich, dass man mit Gewissheit sagen kann, nach Jahresfrist werden wir bereits zu vergessen beginnen, dass es in Europa einen Kampf um den Kommunismus gegeben hat, denn nach einem Jahr wird ganz Europa kommunistisch sein."[150] Wie man sieht, die Selbstgewissheit der Genossen war nicht klein. Es schien, als ob die Weltrevolution nach dem Prinzip einer sich selbst erfüllenden Prophetie herbeigeredet werden sollte. Tatsächlich im Gang aber war der Bürgerkrieg, in dem es für die bolschewistische Diktatur in Sowjetrussland um Tod und Leben ging, und um Tod und Leben mehrerer Millionen Menschen auch.

1.4 Bürgerkrieg und Reconquista

Im Frühjahr 1919, als Sinowjew vorgab, dass der Sieg des Kommunismus in Europa zum Greifen nahe sei, nahm sich die tatsächliche Lage der Sowjetmacht desolat und deprimierend aus. Die Räterepublik war von der Außenwelt fast völlig abgeschnitten. Zwar waren bolschewistische Truppen in das Machtvakuum hineingestoßen, das der Zusammenbruch des deutschen Militärimperiums hinterlassen hatte, ohne an den in Brest-Litowsk markierten Grenzen Halt zu machen. Im Tross der Roten Armee waren Räteregierungen für die Ukraine, für Weißrussland und Litauen, für Estland und Lettland gebildet worden. Doch sicher konnten die Genossen dort nicht sein.

Um die gleiche Zeit, im Winter 1918/19, hatten antibolschewistische Generäle, von den alliierten Mächten unterstützt, die Fronten des Bürgerkrieges weiter ausgebaut. Nur wenige Wochen vergingen, bis sich der Krieg gegen den Bolschewismus auch im Westen zu entfalten begann. Besonders wirksame Barrieren gegen die rote Expansion hatten die Polen aufgerichtet. Józef Pilsudski, die charismatische Führerfigur der wiedererstandenen Republik, ging darauf aus, die Ostprovinzen des polnisch-litauischen Commonwealth von Wilna bis zur rechtsufrigen Dnjepr-Ukraine in einer großräumigen Föderation zusammenzubringen und unter seinen Schutz zu stellen.

Lenin, die eigene Schwäche vor Augen, meinte im Frühjahr 1919, dass die Sowjetmacht wohl nur durch ein zweites Brest zu retten sei, durch einen nochmaligen Akt zeitweiliger Unterwerfung, der eine neue Atempause brächte, jetzt gestützt auf einen Waffenstillstand mit den Alliierten oder auch nur mit Teilen der antibolschewistischen Front. Auch seine Prognosen klangen düster, denn noch war er davon überzeugt, dass eine Koexistenz der Sowjetrepublik mit den imperialistischen Staaten prinzipiell unmöglich sei, dass vielmehr eine Periode schrecklicher militärischer Zusammenstöße bevorstehe, in der es auf beiden Seiten um Leben und Tod gehe. Tatsächlich war der Verweis auf die herannahende Weltrevolution zu einer bloßen Durchhalteparole geworden, in deren Zentrum das eigene Staats- und Sicherheitsinteresse stand.

Auch das wichtigste Ereignis des Frühjahrs 1919, die Gründung der Kommunistischen Internationale in Moskau, ist in diesem Licht zu sehen. Es ging, wie der erste Komintern-Kongress im März verfügte, um den Zusammenschluss aller revolutionären Kräfte zu einer zentralistisch verfassten, nach bolschewistischem Muster geschnittenen Weltpartei, um die Unterordnung der Interessen der Bewegungen in jedem einzelnen Land unter die Interessen der Revolution im Weltmaßstab. Hinzu kam eine entschiedene Kriegserklärung an die Sozialdemokratie, an die „Verräter und Henker der internationalen Revolution." Doch jenseits der sowjetischen Grenzen war die Komintern noch immer ein kümmerlicher Verein. Von den Parteien und Gruppen, die in Moskau damals vertreten waren, war neben den Bolschewiki nur die schwer angeschlagene, in die Illegalität gedrängte Kommunistische Partei Deutschlands als potentielle Größe anzusehen. Einzelne Genossen aus Westeuropa und Amerika hatten zum Kongress Zugang gefunden, weil sie in Russland lebten, nicht aber wegen ihrer überzeugenden Mandate.

Tatsächlich war die Existenz der KPD das wichtigste Argument, mit dem Lenin und Sinowjew die Kominterngründung legitimierten und den Einwand zu widerlegen suchten, dass diese Organisation wegen ihrer eklatanten Schwäche eine Farce oder doch ein utopisches Gebilde sei. Hier kam zutage, wie sehr sich die weltrevolutionären Perspektiven inzwischen verschoben hatten. Die Bolschewiki mussten als herrschende Partei in Sowjetrussland leben lernen, ohne dass ihnen ein kommunistisches Europa zu Hilfe kam. Sie mussten lernen, sich nicht länger als Frühgeburt der Weltrevolution zu begreifen, sondern als Zentrum einer Geschichte, das mit seiner Revolution leicht auch alleine bleiben könnte.

Wenige Tage nach dem ersten Komintern-Kongress wurden die Delegierten des VIII. Parteitags der russischen Kommunisten mit einem neuen Parteiprogramm bekannt gemacht, dem ersten seit dem Spaltungskongress von 1903. Nikolaj Bucharin, vom Politbüro benannter Referent, hatte keine Bedenken, den Text sogleich zum *Programm des internationalen Proletariats* zu promovieren. Das hieß nichts anderes, als dass das Credo aller anderen kommunistischen Parteien dieser Erde in der russischen Partei schon enthalten sei. Weltrevolution hieß seitdem, den Bolschewismus auf die Welt zu übertragen. Das russische Rätesystem war keine russische Besonderheit, sondern das universal gültige Modell jeglicher proletarischen Diktatur. Dementsprechend wurde Lenin nicht mehr nur als Führer (*woschd*) der russischen, sondern der sich entwickelnden internationalen Revolution gefeiert.

Während die Weltrevolution auf sich warten ließ, kam es darauf an, die Territorien des alten Zarenreiches unter bolschewistische Herrschaft zu zwingen. Die Reconquista des imperialen Staatsgebiets war das wichtigste Ziel des Bürgerkrieges. Es ging um die Zurücknahme des Zerfallsprozesses, den Krieg und Revolution im euroasiatischen Raum verursacht und vorangetrieben hatten. Unmöglich, hier auch nur die wichtigsten Etappen des Bürgerkrieges zu erzählen und jenen wechselvollen Kämpfen nachzugehen, die zwischen 1918 und 1921 der unabhängigen Ukraine, den transkaukasischen Republiken und zahlreichen anderen Staatsbildungen ein Ende setzten: in Sibirien, im Fernen Osten und in den islamisch geprägten Räumen Mittelasiens, im damals so genannten Turkestan. Unsere Erörterung läuft vielmehr auf die Frage zu, wie es geschehen konnte, dass die Bolschewiki im Bürgerkrieg erfolgreich waren, weshalb es ihnen gelang, die nationaldemokratischen und antibolschewistischen Gegenkräfte auszuschalten und große Teile des zerfallenen Imperiums unter ihre Herrschaft zu bringen. Den gesamtstaatlichen Rahmen gab die Ende 1922 gegründete *Union der Sozialistischen Sowjetrepubliken* vor. Territorien, die damals noch draußen blieben – die baltischen Staaten, an Polen und Rumänien abgetretene Gebiete – wurden 1939/ 40 im Zeichen des Hitler-Stalin-Pakts gewaltsam zurückgeholt.

Was aber erklärt die Erfolge der Bolschewiki? Zu einer zulänglichen Antwort kann nicht kommen, wer sich darauf beschränkt, auf die Überlegenheit der Leninschen Revolutionsstrategie zu verweisen, auf die Stärke der Roten Armee, auf das strategische Ingenium roter Kommandeure oder auf den exzessiven Terror, der an und hinter allen Fronten den Bürgerkrieg begleitet hat. Der Sieg der Roten Armee verweist zugleich auf die Schwäche ihrer Gegner, auf die mangelnde Integrations- und Überzeugungskraft des antibolschewistischen Lagers. Das galt für die russischen Bürgerkriegstruppen, die sogenannten Weißen oder Weißgardisten, die aus den Restbeständen der alten Armee rekrutiert und von ehemals zarischen Generälen geführt worden waren. Das galt aber auch für die Kräfte, die eine Reihe anarchischer Sozialbewegungen und nichtrussischer Nationalregierungen für sich aufgeboten hatten. Der Bürgerkrieg wurde von den Bolschewiki vor allem deshalb gewonnen, weil die militärische Konfrontation zugleich ein Kulturkampf war, ein Krieg der politischen und sozialen Interessen. Die Bolschewiki siegten, weil es ihren Gegnern nicht gelang, die von den Lasten und Schrecken des Krieges schwer getroffene Bevölkerung dauerhaft zu mobilisieren und mit ihren Versprechungen glaubwürdiger zu werden als die roten Agitations- und Propagandaoffensiven.

Der Bürgerkrieg zwischen 1918 und 1920 war keine Sache, bei der es allein um Sein oder Nichtsein der von Russland abgefallenen Nationalregierungen gegangen wäre. Der Frontverlauf war ungleich komplizierter. Denn gegen den bolschewistischen Machtanspruch hatten sich nicht nur nationalbewusste Regime erhoben und versucht, ihre Eigenstaatlichkeit durchzusetzen. Nicht weniger wichtig war, dass sich Kräfte bis nach Ostsibirien aus dem Reservoir der konstitutionellen Demokraten, der Sozialrevolutionäre, Sozialdemokraten und anderer Gruppierungen gegen die bolschewistische Macht erhoben hatten. Das Ziel war nicht etwa die Auflösung des Russischen Reiches, sondern die Rettung und Wiederherstellung des imperialen Staatsverbandes. Zu diesem Lager gehörten monarchistisch gesonnene Generäle und Offiziere, Politiker aller Schattierungen, darunter solche, deren Herz an den Traditionen der russischen Freiheitsbewegung hing, auch an revolutionären Errungenschaften wie der Allrussischen Konstituierenden Versammlung, die im November 1917 gewählt, im Januar darauf zusammengetreten und auf Befehl Lenins sogleich auseinandergejagt worden war. Bis zum bitteren Ende blieb die sogenannte *Weiße Bewegung* äußerst heterogen, von scharfen Gegensätzen durchzogen, die sich allenfalls kurzzeitig überbrücken ließen.

Schon eine so flüchtige Orientierung kann zeigen, wie gering die Aussicht war, dieses Kräftekonglomerat zu einer auch nur leidlich geschlossen operierenden Front gegen den Bolschewismus zusammenzuführen und über Krisen und Niederlagen hinweg beieinander zu halten. An eine Einheitsfront gegen die Sowjetmacht, die von Dauer gewesen wäre, war ernsthaft nicht zu denken. Das galt sowohl für die russischen Machtgruppen und Parteien, als auch für die nichtrussischen Nationalbewegungen. Nicht selten geschah es, dass sich antibolschewistische Kräfte gegenseitig in militärische Auseinandersetzungen verstrickten und aufrieben.

Die Zersplitterung der nichtbolschewistischen Front war einer der wichtigsten Gründe für den Erfolg der Bolschewiki. Das bedeutete freilich nicht, dass deren Sieg von vornherein schon ausgemacht gewesen wäre. Davon konnte keine Rede sein. Im Sommer 1919 war es den Militärs der Weißen Bewegung gelungen, die Räterepublik an den Rand der Katastrophe zu bringen. Ihre Armeeeinheiten hatten ihre Basis damals im Süden, in Sibirien und kurzzeitig auch im Baltikum. Unterstützt wurden sie von Militärkontingenten Frankreichs, Großbritanniens, Italiens, Japans und der Vereinigten Staaten. Solange der Krieg gegen die Mittelmächte noch im Gang war, ging es den Alliierten darum, Russland vor den Deutschen zu retten. Nach der deutschen Niederlage gab es nichts Wichtigeres, als mit den Bolschewiki Schluss zu machen. Befehlshaber wie General Denikin und Admiral Koltschak hofften, die Rote Armee mit alliierter Hilfe auf den russischen Kernraum zurückzudrängen und sie dort zu vernichten.

Dass diese Strategie misslang und die Reste der Wrangel-Armee gezwungen waren, zu Hunderttausenden über die Schwarzmeerhäfen ins Exil zu flüchten, sprach nicht nur für die Überlegenheit der Roten Armee, sondern auch dafür, dass die weißen Bürgerkriegsgeneräle ihrem Gegner in politischer Hinsicht nicht gewachsen waren. Sie verfügten über kein Konzept, das Aussicht geboten hätte, der revolutionären Dynamik des Bolschewismus die Spitze abzubrechen. Sie wollten das eine und unteilbare Russland wiederhaben, das multinationale Imperium unter russischer Dominanz. Den nichtrussischen Nationalitäten, die nach Autonomie und Unabhängigkeit verlangten, hatten sie nichts zu sagen, was diese hätte dazu bringen können, der Weißen Bewegung zu vertrauen. Im Gegenteil. Wo immer es die Lage zuließ, nahmen die monarchistisch gesonnenen Generäle im Namen der Reichseinheit den Kampf gegen den Separatismus auf.

Die Bolschewiki dagegen boten ein Kontrastprogramm. Sie behaupteten, dass nur sie allein den Nationalitäten Russlands wirkliche Befreiung aus dem alten Völkerkerker brächten. Nationale Selbstbestimmung werde nur auf dem Boden der Sowjetmacht gedeihen. Dass der Bolschewismus die nationalen Befreiungsparolen aus revolutionsstrategischem Kalkül zu seiner eigenen Sache machte und die Sowjetmacht als radikale Negation der großrussischen Herrschaft erschien, hat ohne Zweifel dazu beigetragen, den antibolschewistischen Kräften das Wasser abzugraben. Doch der Bürgerkrieg als politischer und ideologischer Krieg wurde vor allem im Kampf um die Bauern entschieden, um die weit überwiegende Mehrheit der Bevölkerung.

Die Bauernschaft aber erlebte den Bürgerkrieg wie eine Naturkatastrophe. Von den Verheerungen und Grausamkeiten der Kriegführung war sie besonders schwer betroffen. Die Weiße Bewegung verfügte über kein Programm, das den Bauern garantiert hätte, was ihnen 1917/18 im Zuge der wilden Landumteilung zugefallen war. An konservativen Ordnungsvorstellungen orientiert, wollten sie die Ergebnisse der Agrarrevolution wieder rückgängig machen: die Liquidierung des privaten Grundbesitzes, die Übergabe und Aufteilung der Güter an die Bauerngemeinden, die Inbesitznahme des Landes durch eben jene, die den Boden mit ihrer eigenen Hände Arbeit bebauten. Die Bolschewiki dagegen hatten die schwarze Umteilung noch am Tag des Oktoberumsturzes sanktioniert. Lenins berühmtes Agrardekret bewirkte, dass die bäuerliche Bevölkerung dazu kam, die bolschewistische Herrschaft, wenn schon nicht zu lieben, so doch fürs Erste hinzunehmen. Nahe lag, dass die Sowjetbehörden alles taten, um die Angst vor einer Rückkehr der Gutsbesitzer zu nähren und den ländlichen Massen einzuschärfen, dass die proletarische Diktatur die Einzige sei, die die postrevolutionären Besitzverhältnisse auf dem Lande garantiere.

Ohne Zweifel hat das Fehlen einer glaubwürdigen Bauernpolitik auf antibolschewistischer Seite der psychologischen Kriegsführung der Bolschewisten unschätzbare Vorteile verschafft. Dabei war es nicht etwa so, dass die Masse der Bauern sich nach der neuen Obrigkeit gesehnt und sich ihr umstandslos unterworfen hätte. Wo die roten Kommissare am Ruder waren, wurden die Bauern alles andere als zimperlich behandelt, jedenfalls nicht milder als unter weißgardistischer Besatzung. Während des Bürgerkrieges, in der Zeit des sogenannten Kriegskommunismus, machten Lenin und seine Leute keinen Hehl daraus, dass das dörfliche Russland als Kolonie der proletarischen Diktatur zu betrachten sei, einzig dazu bestimmt, dem Sowjetstaat Getreide, Lebensmittel und nicht zuletzt Soldaten zu liefern. Praktiziert wurde ein rigides System der Konfiskation und des – auch offiziell so genannten – „Agrarterrors," ein Ausbeutungs- und Unterdrückungsregime, das sich nicht allein gegen begüterte, als Kulaken verfemte Minderheiten richtete, sondern gegen die Masse der Bauern, denen begreiflicherweise daran lag, ihren Getreidevorrat samt dem letzten Huhn vor dem Zugriff der Requirierungskommandos zu retten.

Es ist leicht einzusehen, dass sich die Bolschewiki mit ihrer Versorgungsdiktatur auf dem Lande keine Freunde machten. Zahllose Bauernaufstände zeigten in dieser Zeit, dass der von Lenin proklamierte Klassenkampf auf dem Dorf die Landbevölkerung großer Gebiete nahezu geschlossen zum Widerstand gegen die sowjetischen Autoritäten führte. Dennoch steht außer Frage, dass dieser Krieg von den Bolschewiki gewonnen wurde, weil sich das Bauernvolk für die Sache der Weißen nicht gewinnen, geschweige denn dauerhaft mobilisieren ließ. Der Hass gegen die alte Herrenklasse war offensichtlich stärker als die Aversion gegen die neuen Herren, die in Lederjacke und Ballonmütze mit bewaffneten Arbeitern oder Soldaten auf dem Dorf erschienen. Nicht übersehen werden darf, dass die Zusage der Sowjetmacht, den Bauern das Land zu lassen, trotz mancher Einschränkungen immerhin bis zum Beginn der Zwangskollektivierung 1928/29 eingehalten wurde.

Vor allem aber hat die Stärke der Bolschewiki darauf beruht, dass sie einen Großteil der Arbeiterklasse der großen Städte und Industriezentren – wenn auch nicht ständig und überall, so doch an entscheidenden Brennpunkten – auf ihrer Seite hatten. Die Oktoberrevolution war vom Proletariat und vom Soldatenvolk mitentschieden worden. Doch bei den Wahlen zur Konstituante war es den Bolschewiki nicht gelungen, die Mehrheit der Stimmbürger von den Sozialrevolutionären abzuziehen. Immerhin, ein Viertel aller Stimmen hatten sie gewonnen, während ihre sozialdemokratischen Konkurrenten, die Menschewiki, zu einer Randgruppe geschrumpft waren. Wie die Sozialrevolutionäre hatten sie die Provisorische Regierung mitgetragen, gegen den Brester Separatfrieden Front gemacht und ihren Massenanhang vor allem deshalb verloren, weil sie außerstande waren, für das revolutionäre Russland einen dritten, demokratischen Weg zu finden zwischen der bolschewistischen Diktatur und den konterrevolutionären Kräften der Weißen Bewegung.

So war das antibolschewistische Russland in den Bürgerkriegsjahren mehr und mehr aufgerieben worden, Sozialrevolutionäre und Sozialdemokraten waren in konkurrierende Parteiflügel auseinandergebrochen. Die einen setzten darauf, sich in den Institutionen des Sowjetstaates als loyale Opposition zu erproben, um das Regime in demokratischer Richtung zu verwandeln, die anderen gingen in den Untergrund, um dort Widerstand zu leisten, bis die Stunde käme, die rote Diktatur davonzujagen. Tausende dieser Genossen gerieten in die Lager und Gefängnisse der im Dezember 1917 gegründeten *Außerordentlichen Altrussischen Kommission zur Bekämpfung von Konterrevolution, Spekulation und Sabotage* (*Tscheka*), viele fanden dort den Tod und teilten das Schicksal derer, für die als Angehörige feindlicher Klassen, als Bourgeois, Gutsbesitzer oder als Kulaken, kein Platz im Sowjetlande vorgesehen war.

Nationale Eigenstaatlichkeit unter sozialdemokratischer Führung hatte sich nur in Georgien durchgesetzt, von wo die Menschewiki von jeher einen erheblichen Teil ihrer Elite bezogen. Für die Zweite Internationale galt diese transkaukasische Republik als ein sozialdemokratischer Modellstaat sui generis. Karl Kautsky und andere prominente Genossen aus dem Westen kamen zur Beratung und Besichtigung. Erst im Frühjahr 1921, als in Russland der Bürgerkrieg bereits entschieden war, fiel auch das menschewistische Georgien den Bolschewiki zu. Damit war die letzte Bastion antibolschewistischen Widerstandes an der Peripherie des alten Reiches liquidiert.

Armenien, das noch unter dem Schock des Genozids von 1915 stand, hatte sich gegen den Doppeldruck von Seiten des türkischen Nationalstaats und der Roten Armee nicht halten können. Ihre Republik fiel einem Abkommen zum Opfer, mit dem Kemal Atatürk und Lenin ihre widerstreitenden Interessen auf Kosten der Armenier in eine leidlich tragfähige Balance brachten. Noch früher hatte Aserbeidschan seine Unabhängigkeit verloren und war in eine Sowjetrepublik umgemodelt worden. Alle drei kommunistisch beherrschten Staatsgebilde wurden von Stalin zur Transkaukasischen Sozialistischen Föderativen Sowjetrepublik (TSFSR) zusammengefasst und gehörten als solche zur Grundausstattung der Ende 1922 gegründeten UdSSR.

Dass die bolschewistische Staatsmacht einen Großteil des Russischen Reiches an sich ziehen konnte, darüber wurde, schon wegen der Größenverhältnisse, vor allem in der Ukraine entschieden. Auch hier hatte der Sturz der Monarchie die Voraussetzungen für den Weg zu nationaler Eigenstaatlichkeit geschaffen. Als nationale Repräsentation war in Kiew unter sozialdemokratischer und sozialrevolutionärer Führung die *Rada* entstanden, die sich nach der Oktoberrevolution im Namen der *Ukrainischen Volksrepublik* von Russland zu lösen begann. Im Januar 1918, nach ersten Kämpfen mit roten Truppen, wurde das Konzept einer Föderation mit Russland aufgegeben und die Unabhängigkeit der Ukraine proklamiert. Kurz zuvor hatten die Bolschewiki in Charkow eine ukrainische Sowjetregierung gegründet, deren bewaffnete Kräfte Anfang Februar die Rada aus Kiew vertrieben. Das hart bedrängte Staatsgebilde war nur dadurch zu retten, dass Vertreter der Volksrepublik am 9. Februar in Brest-Litowsk einen Separatfrieden mit den Mittelmächten schlossen, zu einer Zeit, in der sich die von Trotzki geführte Moskauer Delegation einem solchen Frieden noch entzog. Als deutsche Truppen wenig später in die Ukraine kamen, um diesen „Brotfrieden" zu sichern, zeigte sich rasch, dass die Rada als Partner für die Besatzungsmacht nicht akzeptabel war. Das erklärt, weshalb die Deutschen einen Militärputsch unterstützten, der Pawlo Skoropadskyj, einen Zarengeneral aus altem Adel, als Hetman an die Spitze der Ukraine brachte. Ohne die fremde Schutzmacht war dieser Staat nicht lebensfähig. Als die Deutschen abzogen, im November 1918, tauchte das Personal der Volksrepublik wieder auf, errichtete ein Direktorium, das im Namen einer freien Ukraine sprach, doch schon im Januar 1919 vor der andrängenden Roten Armee aus Kiew weichen musste.

Erst jetzt wuchs der Bürgerkrieg in der Ukraine in größere Dimensionen hinein. 1919 geriet die ukrainische Nationalarmee unter Symon Petljura zwischen die Frontlinien der Roten und der Weißen, außerstande, sich der überlegenen Macht der einen oder anderen Seite auf Dauer zu erwehren. Im Frühjahr 1920 verband sich das Schicksal der Ukraine mit dem polnisch-sowjetischen Krieg, der Petljura dazu bewog, sich Marschall Piłsudski in höchster Bedrängnis als Partner anzubieten. Dieser Verzweiflungsakt sollte nationalukrainische Einheiten zwar noch einmal für kurze Zeit nach Kiew bringen, doch das Ende war nicht abzuwenden. Im Oktober 1920, als der polnisch-sowjetische Krieg durch einen Waffenstillstand zum Stillstand kam, wurde Petljura von Piłsudski fallengelassen. Als der sowjetrussisch-polnische Friedensvertrag von Riga im März 1921 unterzeichnet war, gab es keine Zweifel mehr, dass der Versuch zur Gründung einer eigenständigen Ukraine auf absehbare Zeit misslungen war. Dass auch andere Experimente, auf dem Territorium des ehemaligen Zarenreiches Nationalstaaten zu gründen, erfolglos blieben, verweist auf die schmale soziale Basis, über die die jungen Nationalbewegungen in Osteuropa verfügten. In der Ukraine waren die meisten Städte russisch und jüdisch dominiert. Ukrainische Bildungseinrichtungen hatte die zarische Politik immer verhindert. Sie konnten deshalb nicht sogleich zu nationalen Stützpunkten eines Volkes werden, das überwiegend bäuerlich geblieben war.

Im Frühjahr 1921 konnte die Lage Sowjetrusslands kaum schlimmer sein. Zwar war es der Roten Armee gelungen, den größten Teil der Konkursmasse des alten Reiches unter kommunistische Herrschaft zu bringen und den Bürgerkrieg im Wesentlichen zu beenden. Zugleich waren damit die Voraussetzungen geschaffen, um die bisher installierten Sowjetrepubliken staats- und völkerrechtlich miteinander zu verbinden. Ende 1922, mit der Gründung der UdSSR, war auch das vollbracht. Doch die Opferbilanz des Bürgerkrieges, der als „heroische Periode" in die sowjetische Geschichte einging, war ungeheuerlich. Neuere Schätzungen haben für die Jahre 1918 bis 1921 rund 4.800.000 Tote genannt, davon 800.000 Militärangehörige. Die gewaltige Mehrheit ging zu Lasten der Zivilbevölkerung, die auch vom Terror, der an allen Fronten herrschte, am härtesten getroffen wurde. Zur Verlustbilanz hinzuzurechnen sind die Toten des großen Hungers von 1921/22, einer von Seuchen begleiteten Katastrophe, für deren Ausmaß es in Russland bis dahin keine Parallele gab. Über fünf Millionen Menschen sollen damals umgekommen sein. Das war ein Aderlass, der die Opfer um das Fünffache überstieg, die 1892 der letzte große Hunger gefordert hatte.

Von erheblicher Bedeutung für die Zukunft des Sowjetstaates blieb, dass die weltrevolutionären Visionen der Bolschewiki getrogen hatten. Die Partei war mit ihrer Revolution allein geblieben, zurückgeworfen auf ein zerrüttetes, im Elend versinkendes Land. Die Industrie lag darnieder, das Transportwesen funktionierte nicht mehr, die bäuerliche Produktion war – Folge des Bürgerkrieges und der kriegskommunistischen Requirierungspraxis – zur bloßen Subsistenzwirtschaft verkümmert, die Städte blieben unversorgt. Moskau und Petersburg, aber auch manche andere große Stadt, hatten zwei Drittel ihrer Einwohner verloren. In den bolschewistisch beherrschten Territorien soll es nur noch 800.000 Fabrikarbeiter gegeben haben, einen Rest jener Klasse, in deren Namen Lenin seine Herrschaft exekutierte. Insofern lässt sich sagen, dass der Diktatur des Proletariats das Proletariat durch Kriegsdienst und Stadtflucht fast abhandengekommen war.

Dass es für die Sieger des Bürgerkrieges keinen Anlass für Triumphgefühle gab, hatten wiederkehrende Wellen von Arbeiterstreiks und Bauernunruhen gezeigt. Der dramatische Höhepunkt des massenhaften Aufruhrs, der Kronstadter Arbeiter- und Matrosenaufstand vom März 1921, lenkte die Aufmerksamkeit auf einen besonders symbolträchtigen Ort – auf jene Petrograd vorgelagerte Flottenbasis, die bisher als eine der ruhmreichsten Bastionen des revolutionären Bolschewismus gegolten hatte. Dass sich Kronstadt jetzt erhob und Räte ohne Kommunisten zu fordern begann, war für Lenin und Genossen so unerträglich, dass sich Kompromisse mit den Aufständischen von selbst verboten.

2 Von Lenins Weltrevolution zum Stalinismus

2.1 „Neue Ökonomische Politik"

Wie gezeigt, war das vom Krieg ausgezehrte Russland, das unter der Roten Fahne zum Sozialismus gelangen sollte, im Frühjahr 1921 dem Chaos und der Anarchie näher als einer Sowjetordnung, wie sie die Bolschewiki vor Augen hatten. Die Gefahr war nicht abzuweisen, dass eine derart katastrophale Lage die Sieger des Bürgerkrieges in den Abgrund reißen könnte, falls es ihnen nicht gelänge, der ausgezehrten, zwischen Wut und Verzweiflung dahinvegetierenden Bevölkerung glaubwürdige Perspektiven zu öffnen.

Nachdem die Parteiführung den Ernst der Lage begriffen hatte, begann sie im März 1921 einen entschiedenen Kurswechsel durchzusetzen, eine für das traditionelle Revolutionsdenken anstößige Strategie, die unter dem Schlagwort *Neue Ökonomische Politik* (NÖP) in Umlauf kam. Verkündet wurde dieser Neubeginn auf dem X. Parteitag, auf dem gleichen Kongress, der Trotzki, dem Kriegskommissar der RSFSR, die Aufgabe übertragen hatte, den Kronstadter Matrosenaufstand mit allen verfügbaren Mitteln niederzuschlagen. Für das Regime stand die NÖP unter dem Primat des Überlebens. Sie sollte die Bauernschaft pazifizieren, die ökonomische Erholung des Landes sichern und Wege zum wirtschaftlichen Wiederaufbau öffnen.

Zur Quintessenz des neuen Kurses gehörte der Entschluss, die bewaffnete Diktatur gegen die Masse der Bauern in den bisher üblichen Formen nicht fortzusetzen. Das bedeutete den Verzicht auf die Zwangsrequirierung der Ernteerträge, auf den Roten Terror als Massenerscheinung, auf den Versuch, aus dem rückständigen, weithin verwüsteten Agrarland den Sozialismus mit Gewalt hervorzutreiben. Die NÖP war darauf aus, mit der Mehrheit der bäuerlichen Bevölkerung zu einem Modus vivendi zu kommen. Gefordert wurde ein Bündnis zwischen Proletariat und Bauernschaft, das jetzt in der Tat die Bauernschaft im Ganzen meinte, nicht nur die Dorfarmut wie in den Jahren davor, als es darum ging, den Klassenkampf aufs Land zu tragen.

Kein Zweifel, dass die Rede vom Bündnis zwischen Proletariat und Bauernschaft, proletarischem Staat und bäuerlicher Gesellschaft, in den zwanziger Jahren nicht nur eine leere Formel war. Sie sollte eine Politik legitimieren, die um der Machtbehauptung willen bereit war, die privatbäuerliche Familienwirtschaft nicht nur zu dulden, sondern sie auch zu fördern, im Interesse der wirtschaftlichen Erholung, der agrarischen Produktion, der Marktbeziehungen und des freien Binnenhandels, der die rigiden Methoden staatlicher Verteilung und Rationierung, soweit es ging, ersetzen sollte. In die gleiche Richtung wies eine Fülle anderer Maßnahmen: die Reprivatisierung der Kleinindustrie, die Wiederzulassung von Lohnarbeit im mittleren und kleinen Gewerbe, die Stabilisierung der Währung durch Einführung des Goldrubels. Dagegen sollten, nach dem Muster der Kriegswirtschaft, Großindustrie, Bankensystem und Außenhandel verstaatlicht bleiben, in Trusts und Syndikaten organisiert.

Sieht man die einzelnen Elemente zusammen, so lässt sich die NÖP im Verständnis ihrer Erfinder als Versuch beschreiben, ein fragiles Gleichgewicht herzustellen, eine Art Koexistenz auf unbestimmte Zeit, während der in der Volkswirtschaft staatliche und private, sozialistische und kapitalistische Sektoren nebeneinander bestehen sollten. Lenin und Genossen haben diesen Kurs als zeitweiligen Rückzug des proletarischen Staates interpretiert, als einen unvermeidbaren Tribut, den der sozialistische Staat wegen der Rückständigkeit des zerrütteten Landes an die kapitalistisch gebliebene Umwelt zu zahlen habe. Von den eigenen Anhängern wurde die Einsicht verlangt, dass die materiellen Voraussetzungen des Sozialismus im gegenwärtigen Russland noch nicht vorhanden seien, sondern durch die staatliche Wirtschafts- und Gesellschaftspolitik in nachholender Entwicklung erst noch geschaffen werden müssten.

Die These vom zeitweiligen Nebeneinander zweier einander prinzipiell feindlicher Wirtschafts- und Gesellschaftsformen war der tragende Grund für die parteioffizielle Sinngebung der NÖP. Sie wurde, und das ist wichtig, nicht nur auf die sowjetische Binnenwelt bezogen, sondern gleichermaßen auf die Welt im Ganzen. So wie in Russland Kapitalismus und Sozialismus koexistieren, so auch in den internationalen Beziehungen, im Verhältnis zwischen Sowjetrussland und den vom Finanzkapital und von der Großbourgeoisie beherrschten Ländern. Seit dem Ende des Bürgerkrieges bestehe auch hier ein Gleichgewicht auf Zeit. Niemand könne sagen, wann eine neue Periode von Kriegen und Revolutionen das Ende der NÖP erzwingen werde. Sicher dagegen sei, dass die jetzt eröffnete Phase globaler Parallelexistenz dem Sowjetstaat die Möglichkeit gebe, Wirtschaftsbeziehungen zu den kapitalistischen Ländern aufzunehmen und sich die inneren Gegensätze in der kapitalistischen Welt zunutze zu machen.

Noch 1921 wurden die ersten Handelsabkommen abgeschlossen, im März mit Großbritannien, im Mai mit der Weimarer Republik. Dass es nicht abwegig war, Gegensätze im kapitalistischen Lager zu nutzen, zeigte sich in der Sonderbeziehung zur Weimarer Republik, die Sowjetrussland in gemeinsamer Frontstellung gegen die Pariser Friedensordnung aufzubauen begann. Der Vertrag von Rapallo (16. April 1922) war das wirksamste Symbol für die Ergiebigkeit dieser Strategie. Auch die Generallinie der Komintern blieb nicht im alten Gleis. Anfänglich ganz auf den Kampf gegen die Sozialistische Internationale zugeschnitten, um die Arbeiterklasse aller Länder den Sozialdemokraten, den Lakaien der Bourgeoisie zu entreißen, wurde seit 1921 die Politik der proletarischen Einheitsfront als Parole ausgegeben. Die neue Strategie sollte Aktionsbündnisse mit nichtkommunistischen Arbeiterparteien und Gewerkschaftsorganisationen möglich machen. Dabei sollten, der jeweiligen Lage angemessen, Bündnisse von unten wie von oben vereinbart werden können und selbst Koalitionsregierungen (Arbeiterregierungen) nicht ausgeschlossen sein.

Nimmt man die hier skizzierten Faktoren zusammen, dann lässt sich die Neue Ökonomische Politik als ein dreifaches Verbundsystem zeitlich prinzipiell begrenzter Koexistenzverhältnisse beschreiben: (1) in Sowjetrussland manifestiert durch das partnerschaftliche Nebeneinander von Proletariat und Bauernschaft, von sozialistischer Staatswirtschaft und kleinkapitalistischer Landwirtschaft samt Handel und Gewerbe; (2) in der internationalen Arena durch die Koexistenz zwischen Sowjetrussland und der kapitalistischen Staatenwelt, gestützt auf Wirtschaftsbeziehungen und die Erwartung, dass die Profitgier der Kapitalisten dem Sowjetstaat zugutekäme; (3) in der von der Komintern verfolgten Kooperation zwischen Kommunisten und Nichtkommunisten im Milieu der Arbeiterklasse.

Hinsichtlich der Zeitperspektive gab es keine Auskünfte, die eindeutig gewesen wären. Fragt man bei Lenin nach, so ist deutlich, dass er für die NÖP einen Zeitrahmen von zehn bis zwanzig Jahren vor Augen hatte, mitunter auch den einer Generation. Die abhängige Variable jeder Prognose ging in der Frage auf, wann und in welcher Weise der Kapitalismus von neuen Krisen und Kriegen ergriffen werde, von einem neuen Zyklus grundstürzender Erschütterungen, der nachhole, was zwischen 1918 und 1921 ausgeblieben war: die internationale Revolution, der Sieg des Sozialismus zunächst in einigen Ländern und dann um den ganzen Erdball herum.

Das Schlüsselproblem der NÖP im eigenen Land ging in der Frage auf, ob und mit welchen Methoden in Russland eine sozialistische Großindustrie zu schaffen sei, die das Land mit moderner Technik, mit Elektrizität und Traktoren versorge, mit den ebenso elementaren wie unerlässlichen Voraussetzungen dessen, was nach Ansicht der bolschewistischen Elite zum ABC des Kommunismus gehörte. Niemand zweifelte daran, dass nichts schwieriger war, als die technischen und materiellen Voraussetzungen für die Umwandlung der bäuerlichen Landwirtschaft in sozialistischer Richtung zu schaffen: für die Aufhebung der klein- und zwergbäuerlichen Familienwirtschaft und ihren Ersatz durch agrarische Großbetriebe, die mit modernster Technik ausgestattet wären.

Wie das unter den gegebenen Bedingungen in Russland zu erreichen sei – auf diese Frage eine Antwort zu geben, die nicht nur vordergründig wäre, war nicht leicht. Lenin hat das Problem auf die vielzitierte Formel *Kto kogo?* gebracht, auf die Frage, *wer wen besiegen* werde. Werden die kapitalistischen Elemente in der sowjetischen Wirtschaft rascher expandieren als die vom proletarischen Staat beherrschte Großindustrie und die anderen verstaatlichten Wirtschaftsbereiche?

Das war die Frage, die Lenin anhaltend beschäftigt hat, zuletzt im März 1923, dann war von dem schwerkranken Führer nichts mehr zu hören. Wie seine späten Diktate zeigen, hat er damals verzweifelt versucht, den gordischen Knoten zu lösen, in dem er sich verfangen hatte. Am 24. Januar 1924 starb er.

Zum einen hatte sich Lenin gegen Kräfte in der eigenen Partei gewandt, denen die NÖP zutiefst zuwider war. Sie meinten, dass die Sowjetmacht daran zugrunde gehen werde, weil die Bauernschaft für den Sozialismus niemals zu gewinnen sei und dem proletarischen Staat nichts anderes bleibe, als diese Klasse durch ökonomischen und außerökonomischen Zwang zu unterwerfen und durch Ausbeutung der Bauern die materiellen Voraussetzungen für den Aufbau der Großindustrie zu schaffen. Das Primat des großindustriellen Aufbaus durch Ausbeutung der Masse der Bevölkerung war das Einmaleins, das die Transformationsmodelle der sogenannten linken Opposition in den zwanziger Jahren bestimmte.

Ein anderer Adressat, gegen den Lenin argumentierte, war das internationale Publikum, soweit es sich den Idealen und Traditionen der Sozialistischen Internationale geöffnet hatte. Deren Stimmführer waren zumal deutsche Sozialdemokraten, die sich in ihrer Überzeugung bestätigt fanden, dass das rückständige Russland für den Sozialismus nicht reif sei, dass sich der Bolschewismus nur auf Bajonetten werde halten können, mit rigidem Terror jakobinischen Musters ohne jede demokratische Legitimation. Diese Ansicht hat in einem beträchtlichen Teil der europäischen Arbeiterschaft Resonanz gefunden. Sie besagte, dass das Lenin-Trotzkische Experiment unvermeidlich scheitern und den Sozialismus, selbst bei der Arbeiterschaft, kompromittieren werde.

Lenins Antwort auf diese doppelte Herausforderung ist in seinen letzten Äußerungen enthalten. Den Argumenten der Zweiten Internationale hielt er entgegen, Russland sei ein Land an der Grenze der zivilisierten Welt, in der Übergangszone zum asiatischen Osten, der mit seiner Revolution einen anderen Weg beschreite als der Westen. Russland unterliege anderen Bedingungen und Gesetzen, es gehe den „Weg des Ostens," der in keinem Lehrbuch stehe und von den Koryphäen der sozialistischen Theorie nicht vorausgesehen worden sei. In Russland, so Lenins These, werde die Zivilisationsstufe, die für den Sozialismus nötig sei, nicht durch den Kapitalismus, sondern durch das revolutionäre Proletariat geschaffen, das sich mit dem Bauernvolk verbünde; nur so sei es 1917 gelungen, den alten Herren die Macht zu entreißen. Nun sei es Aufgabe der proletarischen Staatsmacht, dem Sozialismus in einem nachholenden Prozess der Zivilisierung Bahn zu brechen.

Die NÖP galt als erster Zwischenschritt in diesem längerfristigen Prozess. In den letzten Diktaten, die von Lenin überkommen sind, mühte er sich darum, weitergehende Perspektiven zu entwickeln und den russischen Weg zum Sozialismus klarer als bisher ins Auge zu fassen. Als entscheidende Triebkraft, die das

Verbundsystem der NÖP in sozialistischer Richtung vorwärts brächte, meinte er das russische Genossenschaftswesen entdeckt zu haben, und der Plan über die Kooperativen, den er skizzierte, beruhte auf einer Handvoll nicht sonderlich origineller Prämissen. Die Staatsmacht sollte in den Händen des Proletariats bleiben, über alle großen Produktionsmittel verfügen und den Kleinbauern in besonderer Weise verbunden sein. Die Hegemonie des Proletariats sei die Voraussetzung für den Aufbau einer sozialistischen Gesellschaft.

Was dann noch bleibe, sei die Entwicklung der Genossenschaften, sei die Aufgabe, „unsere Bevölkerung so zivilisiert zu machen, dass sie alle aus der allgemeinen Beteiligung an den Genossenschaften entspringenden Vorteile versteht und die Beteiligung an den Genossenschaften organisiert". Dazu bedürfe es einer Kulturrevolution, einer ganzen Umwälzung, einer ganzen Periode kultureller Entwicklung der gesamten Volksmassen. Für „uns genügt diese Kulturrevolution, um ein vollständiges sozialistisches Land zu werden."[151] Wie improvisiert und ungenau auch immer – die Distanz ist offensichtlich, die diese Sätze von den Traditionen des Kriegskommunismus und des roten Terrors trennt. Sie deuten einen Paradigmenwechsel an, der vom Klassenkampf und Klassenkrieg auf friedliche Kulturarbeit verweist, auf Kulturrevolution und Abwesenheit von Zwang.

Eine andere Frage ist, ob sich die über die Zeiten hin eingewachsenen Traditionen der Gewalt aus der bolschewistischen Partei hätten austreiben lassen. Mehr als Lenins flüchtigen Entwurf gibt es dazu nicht: Volksbildung, Zivilisierung, Abbau der Bürokratie – jener Apparate, die der proletarische Staat vom Zarismus übernommen und „nur ganz leicht mit Sowjetöl gesalbt" habe –, Überwindung der „halbasiatischen Kulturlosigkeit" und Barbarei. Wenn diese Kulturrevolution gelinge, dann werde, schrieb Lenin, die gesamte Bevölkerung sich in Genossenschaften organisieren und schließlich auch zum Sozialismus kommen mit moderner Technik und moderner Wissenschaft, mit Elektrizität und maschineller Großindustrie. „Das sind die hohen Aufgaben", so Lenins letzter Satz, „von denen ich träume"[152].

In den Fraktions- und Oppositionskämpfen, in denen es um die Nachfolge Lenins und den Machtaufstieg Stalins ging, haben diese Träume keine Rolle gespielt. Doch ganz verloren war das Konzept der Zivilisierung noch immer nicht. Über sechzig Jahre später, als der Sowjetsozialismus am Abgrund stand, wurde dieses Erbe der Vergessenheit noch einmal entrissen. Doch mit den alten Rezepten und Illusionen war der Kollaps des kommunistischen Systems nicht mehr abzuwenden.

Als Lenin verstummt war, hatten im Führungskorps der Diadochen vor allem zwei strategische Entwürfe einander unversöhnlich gegenübergestanden. Der erste hielt sich an das klassische Modell der NÖP, verlangte die Förderung der kleinbäuerlichen Familienwirtschaft und setzte voraus, dass die fortschreitende Industrialisierung in Russland nur auf der Grundlage einer marktproduzierenden Landwirtschaft erfolgen könne – in wohldurchdachter Balance mit den Entwicklungsbedingungen des agrarischen Landes. Dieser Kurs, der einen industriellen Aufbau zu Lasten der Landwirtschaft verwarf, wurde bis ins Jahr 1927 hinein von Nikolaj Bucharin vertreten und anfangs auch von Stalin unterstützt.

Für das andere strategische Konzept stand die sogenannte linke Opposition, ein heterogener Gesinnungsverband, dem auch Trotzki angehörte. Der kleinste gemeinsame Nenner der linken Genossen ging in der Überzeugung auf, dass angesichts der Rückständigkeit Russlands eine rasche Industrialisierung nur auf Kosten der kleinbäuerlichen Bauernmassen denkbar sei, nur durch die koloniale Ausbeutung der Mehrheit der Bevölkerung mit den Mitteln der sozialistischen Staatsgewalt. Daraus ergab sich die Forderung, die NÖP so rasch wie möglich abzubauen und zu kriegskommunistischen Methoden zurückzukehren.

Überdies war auf der Linken, in der Auseinandersetzung mit Stalin, der Trotzkische Gedanke der permanenten Revolution wieder aufgekommen, in der These gebündelt, dass der Sieg des Sozialismus in einem einzigen Land unmöglich sei. Abgekoppelt von der internationalen Entwicklung, ohne die Diktatur des Proletariats in den Hauptländern des Westens, müssten sozialistische Experimente, wie die russischen, letztlich „auf dem Halm verfaulen". Als Credo der Linken ergab sich daraus, dass der Primat im proletarischen Kampf nicht dem sozialistischen Aufbau in der UdSSR gehöre, sondern der Revolutionierung der Welt. Dass dies nicht nur schwülstige Rhetorik war, das hatte die Kominternführung im Herbst 1923 ein letztes Mal gezeigt mit dem halsbrecherischen Versuch, aus der Krise der Weimarer Republik den deutschen Oktober hervorzutreiben und, falls irgend möglich, die Weltrevolution in Europa dazu.

2.2 Nationsbildung im sowjetischen Vielvölkerstaat

In den vorangehenden Bemerkungen wurden die Versuche der Bolschewiki skizziert, zu Beginn der zwanziger Jahre Strategien für den Wiederaufbau und für die Zukunft Russlands zu entwickeln, eines vergleichsweise rückständigen Landes, das durch den Weltkrieg und die nachfolgenden Bürgerkriege ausgezehrt und vielerorts verwüstet war. Damals kam es darauf an, unter extrem ungünstigen Bedingungen zu praktizieren, was die regierenden Genossen Diktatur des Proletariats nannten und mit ihrer eigenen Diktatur gleichzusetzen pflegten. Wege mussten gefunden werden, um die Beherrschung des Landes dauerhaft zu sichern und die der Sowjetmacht zugefallenen Territorien Zug um Zug in sozialistischer Richtung zu entwickeln.

2.2 Nationsbildung im sowjetischen Vielvölkerstaat — 333

Wie erwähnt, bestand der strategische Ansatz bolschewistischer Politik seit 1921 in einem Koexistenzmodell, das zwischen der proletarischen Staatsmacht und der bäuerlichen Familienwirtschaft einschließlich des Kleingewerbes einen Modus vivendi stiften sollte, ein Nebeneinander, das auf Zeit berechnet war und gelten sollte, bis ein neuer Zyklus von Krisen und Erschütterungen die bisher ausgebliebene Weltrevolution zustande brächte.

In dieser Zwischenzeit sollten die Bauern sich nicht selber überlassen bleiben. Vielmehr sollten sie dazu angestiftet werden, aus ihrer Rückständigkeit herauszufinden, nicht durch Zwang, gar durch gewaltsame Überführung in Kolchosen, wie das später unter Stalin geschah, sondern durch Volksbildung, und Zivilisierung, durch eine Kulturrevolution (wie Lenin formulierte), einen Lernprozess, der die Bauern zur Einsicht brächte, dass der Sozialismus für sie die einzig denkbare Rettung sei. Wer so dachte, vertraute auf die Überzeugungskraft der Elektrizität, des Traktors, der großen Maschine, der Technik überhaupt, und er vertraute auf die Hebelwirkung entwickelter Genossenschaften im ländlichen Milieu. Dies zusammen lasse erwarten, dass der Bauer von seiner kleinen, armseligen Familienwirtschaft Abschied nehmen und aus eigenem Interesse den Übergang zu landwirtschaftlichen Kollektiv- und Großbetrieben vollziehen werde.

Die Bolschewiki standen damals nicht nur vor der Frage, wie der Sozialismus hinaus aufs Land zu bringen sei. Sie waren die herrschende Partei in einem Vielvölkerstaat, dessen Bevölkerung durch rote Bajonette der sowjetischen Staatsgewalt unterworfen worden war. Sie herrschten in einem multinationalen Staatsgebilde, das über hundert verschiedene Völker und Völkerschaften umschloss – Völker, die sich auf unterschiedlichen, überwiegend agrarisch dominierten Entwicklungsstufen befanden. Das bedeutete zugleich, dass die Agrar- und Bauernfrage in weiten Territorien mit der Nationalitätenfrage zusammenfiel, mit dem Problem vor allem, die multiethnische Struktur in eine sozialistische Perspektive zu rücken.

Aus dem Gesagten ergibt sich, dass die kommunistische Partei nach dem Bürgerkrieg tragfähige Koexistenzbeziehungen nicht nur zwischen Proletariat und Bauernschaft, sondern auch zwischen den vielen Nationalitäten zu sichern hatte, die von den Grenzen der Sowjetunion umschlossen wurden. Auf die Bedeutung, die der bolschewistischen Nationalitätenpolitik bei der Reconquista der alten russischen Reichsterritorien zukam, ist oben bereits hingewiesen worden. Die Partei trug das Selbstbestimmungsrecht der Nationen als Programmpunkt vor sich her, in der Regel ohne dabei zu sagen, dass die Verwirklichung dieses Prinzips an die Bedingungen der proletarischen Revolution gebunden sei. Es entsprach einer alten Übung der Bolschewiki, das nationale Selbstbestimmungsrecht in radikaler Weise auszulegen. So sollte in diesen Begriff das Recht einzelner

Nationen und Nationalitäten eingeschlossen sein, sich vom Russländischen Imperium loszutrennen und einen eigenen Nationalstaat zu begründen.

Diese radikale Auslegung hatte revolutionsstrategische, keine prinzipielle Bedeutung. Die Bolschewiki unterstrichen immer wieder den scharfen Gegensatz ihrer Nationalitätenpolitik zu allen Formen der Unterdrückung, die im Zarenreich gang und gäbe waren. Insofern wollten sie auch den Weg, der Ende Dezember 1922 zur Gründung der *Sowjetunion* führte, als Kontrastprogramm zu dem verstanden sehen, was vordem gegolten hatte. Die UdSSR sollte mithin ein Antiimperium werden. In zahllosen Manifesten, Erklärungen, Agitationsbroschüren und dergleichen wurde unterstrichen, dass unter der Rätemacht die soziale Befreiung von der Unterdrückung durch Bourgeoisie und Gutsbesitzer mit der nationalen Befreiung zusammengehen werde.

Ideologisch spielte hier die Vorstellung Lenins mit, dass „der Weg zur internationalen Vereinigung der arbeitenden Massen" von der Avantgarde des Volkes, vom Proletariat, zu führen sei und das Proletariat von der „Avantgarde des Proletariats"[153], der Kommunistischen Partei. So glasklar drückte sich hierarchisches Denken in bolschewistischen Begriffen aus. Klar war auch, dass die internationale Vereinigung nicht möglich sei, ohne dass zuvor die nationale Befreiung vollzogen wäre. Die Aufhebung der nationalen Unterdrückungsverhältnisse hatte allem anderen vorauszugehen. Marxistisch-leninistisch gesprochen, herrschte ein dialektisches Verhältnis zwischen nationaler Befreiung und internationaler Vereinigung.

Die bolschewistische Strategie war seit 1917 darauf gerichtet, nichtbolschewistische Nationalbewegungen in den Peripherien – vom Baltikum über Weißrussland und die Ukraine bis zum Transkaukasus und in Zentralasien – zu neutralisieren und schließlich zu vernichten. Im Lauf des Bürgerkrieges war das durch die Ausschaltung der Führungsschichten geschehen, die überwiegend Sozialrevolutionäre oder Sozialdemokraten waren. Es kam darauf an, diesem bürgerlichen Nationalismus die Massenbasis zu entziehen und die bolschewistische Staatsmacht von dem Vorwurf zu entlasten, dass sie nur eine Metamorphose der alten russisch-imperialen Herrschaft sei. Unstrittig war für die Bolschewiki, dass das Recht auf Selbstbestimmung kein allgemeines, die Klassen übergreifendes Recht sei, kein Recht von prinzipieller Geltung, sondern dass es vor allem instrumentelle, revolutionsstrategische Funktionen habe. Ebenso verstand sich, dass zur nationalen Selbstbestimmung die proletarische Diktatur gehöre, exekutiert von der bolschewistischen Partei. Sie allein sollte entscheiden, wie das Selbstbestimmungsrecht zu exekutieren wäre.

Der Verlauf des Bürgerkrieges hatte diesen Sachverhalt anschaulich werden lassen. Die Bolschewiki liquidierten die entstandenen nationalen Regierungen an der Peripherie, und sie taten das durch die Sowjetisierung der Ukraine, der transkaukasischen Republiken und der islamischen Gebiete Zentralasiens. Die nationale Selbstbestimmung war also eine Machtfrage, über die letztlich die Rote Armee entschied. Alle nichtbolschewistischen Nationalregierungen galten eo ipso als *konterrevolutionär*, als Geschöpfe eines bürgerlichen Nationalismus, als Teil jenes Unterdrückungsmechanismus, der der kapitalistischen Gesellschaft eigen sei.

Für die Parteiführung hatte sich nach der Oktoberrevolution sogleich die Frage gestellt, wie das Nationalitätenproblem auf dem Territorium Sowjetrusslands praktisch angegangen werden sollte. Unter den ersten Dekreten der Sowjetmacht gab es denn auch zahlreiche Deklarationen über die Rechte der Völker Russlands. Hier wurde das Prinzip der Gleichheit und der Souveränität der Völker vertreten, das freie Selbstbestimmungsrecht bis zur Bildung eigenständiger Staaten, dazu das Ende aller nationalen Privilegien und die freie Entfaltung aller nationalen Minderheiten und ethnischen Gruppen. Das Fernziel blieb indessen nicht die Differenzierung, sondern die Verschmelzung der Nationen.

Verfassungsrechtlich haben die Bolschewiki im Rahmen der Russländischen Sozialistischen Föderativen Sowjetrepublik (RSFSR) die nationale Frage in föderativen Formen zu lösen versucht, zusammengehalten durch die zentralistisch organisierte Kommunistische Partei. Diese Räterepublik der Arbeiter-, Soldaten- und Bauerndeputierten (so wurde die RSFSR zunächst genannt), gründete sich, laut Präambel der Verfassung vom Juli 1918, auf „die freie Vereinigung freier Nationen" zu einem Bund nationaler Räterepubliken. Gebiete, die sich durch besondere Lebensweise und ethnische Zusammensetzung ihrer Bevölkerung auszeichnen, wurden als autonome Sowjetrepubliken etabliert. Das galt für die tatarische, die baschkirische, für die wolgadeutsche und für eine ganze Reihe anderer Republiken.

Bei der Beurteilung dieser Konstruktion ist es wichtig zu beachten, dass es – entgegen der Erklärung von der freien Vereinigung freier Nationen – nicht um eine Föderation von Nationen ging. Nationen und Nationalitäten treten in der Verfassung nicht als kollektive Rechtspersönlichkeiten auf. Vielmehr ging es um eine Föderation von Territorien, denen einzelne Völker als Titularnationen zugewiesen werden, ohne dass in allen Fällen die Titularnation die Mehrheit der Bevölkerung bilden müsste.

Das Grundmuster dieser Organisation, das 1922 auch auf die UdSSR übertragen wurde, hieß also nicht Föderation von Nationen, sondern von Territorien, nicht Personalprinzip, sondern Territorialprinzip, nicht nationale, sondern territoriale Autonomie. Diesem Prinzip folgte auch die Gliederung der herrschenden Partei der Bolschewiki. Wenn von der ukrainischen, georgischen oder von einer nach anderen Nationalitäten benannten Kommunistischen Partei die Rede ist, handelt es sich um subordinierte Territorialeinheiten der einen zentralistisch regierenden Partei.

Mit der Sowjetisierung, der Rückeroberung nichtrussischer Territorien des alten Reiches entstanden – außerhalb der RSFSR und neben ihr – formal unabhängige Räterepubliken, die zunächst durch Wirtschaftsabkommen und Militärbündnisse miteinander verklammert wurden. Das galt für die Ukraine, für Weißrussland und für die drei transkaukasischen Republiken Aserbaidschan, Armenien und Georgien, die im März 1922 auf Anordnung Stalins zu einer Transkaukasischen Sozialistischen Föderativen Sowjetrepublik zusammengeschlossen wurden. Die Gründung der UdSSR im Dezember 1922 wurde, folgt man den offiziellen Dokumenten, nach dem Prinzip der Freiwilligkeit und der Gleichberechtigung vollzogen, verbunden mit dem Recht auf freien Austritt aus der Union. Die Klammer des Ganzen war und blieb die Partei.

Die UdSSR bestand aus der RSFSR, die innerhalb ihres Territoriums schon damals acht autonome Republiken und dreizehn autonome Regionen hatte, aus der Ukrainischen und der Weißrussischen Sowjetrepublik und aus der Transkaukasischen Föderation, die Völker christlicher und islamischer Kultur zusammenschließen sollte. Erst 1925 kamen aus dem Bestand der RSFSR die zentralasiatischen Republiken Usbekistan und Turkmenistan hinzu, 1936 die Republiken Tadschikistan, Kasachstan und Kirgisien. Diese vielfach gestufte Territorialgliederung und die Abgrenzung der administrativen Kompetenzen wurden in der Staatsverfassung der UdSSR von 1924 festgeschrieben. Sie sollte sicherstellen, dass die nationale Frage keine systemgefährdenden oder gar sprengenden Potentiale entfalten konnte.

Die bolschewistische Nationalitätenpolitik hat im Zeichen der NÖP nicht wenig dafür getan, um die nichtrussischen Nationalitäten an die Sowjetherrschaft zu binden. Lenin hatte sich, in seinen letzten Diktaten mit großer Energie dafür verwandt, dass der Sowjetstaat nicht als eine Metamorphose des zarischen Imperiums erscheine. Unter allen Umständen müsse vermieden werden, dass „der typische russische Bürokrat, dieses großrussische, chauvinistische Pack" im Gewand des Sowjetbeamten wiederkehre. In der Tat wurde damals nicht selten von roten Imperialisten gesprochen. Lenin schrieb, die Kommunisten müssten unter allen Umständen die faktische Ungleichheit bedenken, die zwischen dem „Nationalismus einer großen unterdrückenden Nation" – gemeint sind die Russen, bisher die herrschende Nation – und dem „Nationalismus kleiner, bisher unterdrückter Nationen"[154] bestehe.

Diese Asymmetrie hat sich schon aus quantitativen Gründen nicht wegdiskutieren lassen. Das Übergewicht des russischen Elements war vorgegeben, so sehr sich die Russen auch bemühen mochten, spezifisch Russisches an sich selber loszuwerden und als Internationalisten zu erscheinen. Die große Nation, so Lenin, habe den kleineren Nationen mit äußerster Behutsamkeit, Zuvorkommenheit und Nachgiebigkeit zu begegnen. Sie habe die Unzahl der Gewalttaten und der Beleidigungen aufzuwiegen, die den kleinen Nationen der Vergangenheit von der russischen Großmacht zugefügt worden seien. Um jeden Preis müsse verhindert werden, „dass wir selbst in imperialistische Beziehungen zu den unterdrückten Völkerschaften hineinschlittern und dadurch unsere ganze prinzipielle Aufrichtigkeit im Kampf gegen den Imperialismus untergraben". Die formalrechtliche Gleichheit der Nationen, die Gleichberechtigung zwischen Russen und anderen, diese Gleichheit dürfe kein bloßer Fetzen Papier werden[155].

Diese Argumente waren gegen die Praxis der Nationalitätenpolitik gerichtet, die damals von Stalin als Volkskommissar für Nationalitätenfragen exekutiert worden war, vor allem im Kaukasus, wo es damals Ärger und Beschwerden über schreckliche Verhältnisse und Zusammenstöße gab. Die auf Einheit, auf Unifizierung und Zentralisierung gerichteten Tendenzen der Stalinschen Nationalitätenpolitik hat Lenin damals „unzeitgemäß und verderblich" genannt. Bei alledem ist zu bedenken, dass all das, was in Bezug auf die rückständigen Völker und Völkerschaften in der UdSSR geschah, von allergrößter Außenwirkung war, vor allem auf die Völker im Orient und in Asien überhaupt. Die weltrevolutionäre Vision Lenins ging darauf aus, diese Völker für den Sozialismus zu gewinnen und zur Einrichtung von Sowjetorganen anzustiften, um sie – mit Hilfe der proletarischen Revolution im Westen und der russischen Revolution – am Kapitalismus vorbei aufs Niveau der Geschichte zu bringen. China, ja auch Indien spielten in diesen Projektionen eine große Rolle, aber auch Afghanistan, Persien und die neue Türkei. All das, was in der Sowjetunion im Blick auf die Nationalitäten geschah, sollte Modellbedeutung haben für die Welt im Ganzen. Und die Sowjetverfassung hielt sich offen für den Beitritt weiterer Republiken, für den Anschluss neuer Sowjetrepubliken, für die Erweiterung der UdSSR über ihre bisherigen Grenzen hinaus. Dann wäre das russische Element weiter zurückgetreten, so weit zurück, dass der Sitz der Komintern (wie Lenin meinte) alsbald von Moskau nach Berlin, in die Hauptstadt Sowjetdeutschlands, wandern werde.

Ohne Zweifel war die Nationalitätenpolitik in den 20er Jahren darauf bedacht, an jenem Kurs festzuhalten, der die Förderung der nationalen Belange der nichtrussischen und kleinen Völker zu einer wichtigen Aufgabe erklärte. Nicht der Nationalismus der kleinen Völker, sondern der großrussische Chauvinismus, der Imperialismus unter der roten Fahne, galten als die Hauptgefahr. Wie ernst das gemeint war, zeigte eine Resolution des X. Parteitages im März 1921, in der es hieß, dass die Partei den Massen der nichtrussischen Völker helfen müsse, das weiterentwickelte Zentralrussland in ökonomischer und kultureller Hinsicht einzuholen und ihnen zu helfen, ein Pressewesen, Schulen, Theater und andere Kultur- und Bildungseinrichtungen zu entwickeln, nicht in russischer Sprache, sondern in ihrer Muttersprache. Gleiches gelte für Kurse und Schulen allgemeinbildender, berufstechnischer Art. Vergleichbares hatte es in Zentralasien und in weiten Teilen des Kaukasus, in der Ukraine, und Weißrussland bisher noch nicht gegeben.

Noch der XII. Parteitag im April 1923, der erste ohne Lenin, wandte sich gegen bürokratische Tendenzen, die auf einen Einheitsstaat, auf die Einschmelzung der Föderation gerichtet seien und darauf zielten, das föderative Element zur bloßen Fassade zu machen: Die UdSSR werde, so hieß es da, „von einem beträchtlichen Teil der Sowjetbeamten im Zentrum nicht als eine Union gleichberechtigter staatlicher Einheiten betrachtet, die die freie Entwicklung der nationalen Republiken sichern soll, sondern als Schritt zur Liquidierung dieser Republiken, als Beginn zur Bildung eines sogenannten einen und unteilbaren Ganzen, des einen und unteilbaren Russlands"[156].

Auch die erste Verfassung der UdSSR von 1924 hielt in Artikel 54 fest, dass den Republiken ein Einspruchsrecht zustehe gegen Verfügungen der Zentralgewalt. Das Exekutivkomitee einer Sowjetrepublik sollte Anordnungen der Volkskommissare stornieren können, falls diese in Widerspruch stünden zur Unionsverfassung oder zur Gesetzgebung der einzelnen Unionsrepubliken. Das waren gewiss sehr weitmaschige Formulierungen, doch zeigten sie das Bemühen, die Vielgestaltigkeit des Herrschaftsraumes nicht aus dem Blick zu verlieren und ein Mindestmaß von Gegengewichten gegen Tendenzen der Unifizierung und Zentralisierung zu entwickeln. 1936, in der sogenannten Stalin-Verfassung, kam ein folgenreicher Wandel zutage. Nun gab es ein Vetorecht gegen Anordnungen aus der Zentrale nicht mehr. Das Endziel blieb die Verschmelzung der Nationen nach dem Sieg des Sozialismus im Weltmaßstab.

Die NÖP hatte nicht unterstellt, dass in der UdSSR der Sozialismus errichtet sei, vielmehr suchte sie einen Weg, um in diese Richtung zu gehen, einen Weg, der Ende der zwanziger Jahre von Stalin jäh abgebrochen werden sollte. Bis dahin wurde großer Wert darauf gelegt, die Entwicklung des muttersprachlichen Schulwesens in den nichtrussischen Republiken voranzutreiben, um auch nichtrussische Funktionseliten für die Verwaltung zu gewinnen und dafür zu sorgen, dass bei der Ämterbesetzung der nationale Proporz durch ein Quotensystem berücksichtigt werde. Einheimische Kader, soweit vorhanden, sollten russischen Funktionären vorgezogen werden. Diese Anweisung stand nicht bloß auf dem Papier, sondern entsprach in der zweiten Hälfte der 20er Jahre der Generallinie der Partei. Das galt auch für die Alphabetisierung der Bevölkerung, die durchweg in den nationalen Sprachen erfolgen sollte, auch sie war ein wichtiges Element dessen, was Lenin Kulturrevolution oder Prozess der Zivilisierung nannte. Ein mehrsprachiges Mittel- und Hochschulsystems kam hinzu, desgleichen im Bereich der Presse, Verlage, Kultur- und Wissenschaftseinrichtungen aller Art, Schriftsteller- und Künstlerverbände eingeschlossen. Jede Republik erhielt als nationale Grundausstattung nicht nur Staatsballett, Staatsoper und Staatstheater, sondern auch eine Akademie der Wissenschaften, um das, was die Partei Sozialismus nannte, in nationalen Farben zum Blühen zu bringen.

Eine der Hauptparolen dieser Zeit war der Begriff der *korenisazija*, der Verwurzelung der Partei und der Sowjetinstitutionen im jeweiligen nationalen Milieu. Tatsächlich bedeutete diese Politik eine Derussifizierung in allen Bereichen des öffentlichen Lebens außerhalb der eigentlichen russischen Siedlungsgebiete. Man sprach damals in den jeweiligen Sowjetrepubliken von Ukrainisierung, Weißrussifizierung, Usbekisierung etc. im Bereich des Schulwesens, der Verwaltung, ja selbst der Kommunistischen Partei. Der Unterschied zur Zarenzeit konnte schwerlich größer sein. 1929 war die Bürokratie in der Ukraine und in Weißrussland bereits zu 60 Prozent mit einheimischen nationalen Kadern besetzt. Erstmals entstanden breitere Schichten einer ukrainisch sprechenden Elite in der Stadt und Industriearbeiterschaft. Nimmt man die Ergebnisse dieser Politik zusammen, dann lässt sich sagen, dass der Prozess moderner Nationsbildung im nichtrussischen Milieu der UdSSR damals in bisher unbekanntem Tempo vor sich ging.

Im asiatischen Teil Russlands und in den zentralasiatischen Republiken der Union wurde die Nationsbildung unter den tribalistisch verfassten Turkvölkern überhaupt durch diese Politik erst angestoßen. Bis 1930 etwa wurden für 48 Ethnien erstmals neue Schriftsprachen geschaffen, so etwa für die Turkmenen, die Baschkiren, die Tschetschenen und für viele andere kleine Völkerschaften. Im Geist des Internationalismus und der Modernisierung wurde für die Sprachen der muslimischen Völker die lateinische Schrift anstelle der arabischen eingeführt. Das war ein Schritt, der auch darauf bedacht war, die kulturellen Bindungen dieser Völker mit der islamischen Welt und der Tradition des Islam aufzuheben und einen Schritt in Richtung Sozialismus zu tun. Zur selben Zeit verordnete Kemal Atatürk auch der türkischen Sprache die lateinische Schrift. Auch er glaubte, dass dies den Anforderungen der modernen Zeit entspreche.

Wie schon angedeutet, ist die hier skizzierte Richtung der Nationalitätenpolitik in der Zeit der Zwangskollektivierung und der forcierten Industrialisierung untergegangen – ein Ergebnis der Stalinschen *Revolution von oben*, mit der sich der Primat des russischen Elements wieder durchzusetzen begann. In den 1930er Jahren wurde die Schrift der Turksprachen vom Lateinischen aufs Kyrillische umgestellt und das Russische überall als Pflichtsprache eingeführt. Damit begann, was in ausgereifter Form im Zweiten Weltkrieg als Sowjetpatriotismus in Erscheinung trat. Der aber ging vom Konstrukt einer neuen Einheit aus, vom Begriff des *sowetski narod*, des einen und unteilbaren Sowjetvolkes, das für die sogenannte Stalin-Verfassung der UdSSR vom 5. Dezember 1936 erfunden worden war.

2.3 Stalins „Revolution von oben"

Der Aufstieg Stalins zur Macht in der bolschewistischen Partei und schließlich im Sowjetstaat, ist in der historischen Literatur unzählige Male beschrieben worden. Schon 1931 und 1932 kam es im Westen zu einer förmlichen Stalinkonjunktur. Allein in diesen beiden Jahren erschienen in deutscher Sprache zwölf biographisch angelegte Bücher über den sowjetischen Diktator.

Vorab ist in Erinnerung zu bringen, dass Stalin 1922 Generalsekretär der Partei geworden war. Nach Lenins Tod hat er diese Schlüsselstellung ausgebaut und dazu benutzt, die von prominenten Genossen vertretene alte Lenin-Garde binnen weniger Jahre zu marginalisieren und schließlich auszuschalten. Das betraf zunächst die sogenannte linke Opposition samt den von Trotzki repräsentierten Gruppen, Fraktionen und Kleinkreisen, die sich gegen den bürokratischen Führungsstil Stalins wandten, gegen Erscheinungen der Entartung und der Deformation des sowjetischen Arbeiterstaates. Dazu zählten sie die Unterdrückung der innerparteilichen Demokratie, deren Einschränkung eben diese Genossen auf dem X. Parteitag durch ihre Zustimmung zum Fraktionsverbot selbst mitgetragen hatten.

Bei alledem stand die Linksopposition entschieden gegen den von Stalin und Nikolaj Bucharin verfochtenen Kurs der Neuen Ökonomischen Politik. Sie verlangten, das sogenannte Bündnis zwischen Arbeiterklasse und Bauernschaft aufzukündigen und eine forcierte Industrialisierung des Landes zu Lasten der bäuerlichen Massen durchzusetzen. Im Übrigen hatte Trotzki der von Stalin seit 1924/25 propagierten These widersprochen, wonach der Aufbau des Sozialismus auch in einem, mit der Revolution alleingebliebenen Land wie der UdSSR nicht nur möglich, sondern geboten sei. Trotzkis vielbeschriebene, zum Schlagwort verflachte *Theorie der permanenten Revolution* ging von der These aus, dass ein dauerhafter Aufschwung der sozialistischen Wirtschaft mit der entsprechenden Transformation der Gesellschaft erst nach dem Sieg des Proletariats in den wichtigsten europäischen Ländern möglich sei. Trotzki betonte die unmittelbare Abhängigkeit der innersowjetischen Entwicklung von den Revolutionsbewegungen im internationalen Bereich. 1923, dem Krisenjahr der Weimarer Republik, hatte er großen Anteil an dem halsbrecherischen Versuch, mit Hilfe der Komintern und der KPD einen „deutschen Oktober" zuwege zu bringen.

Im Einklang mit Bucharin hatte Stalin seinem Gegner Trotzki Verrat am Leninismus vorgeworfen, Unterschätzung der revolutionären Potenz der Bauernschaft, Unglaube an die Kräfte und Fähigkeiten der Revolution. Nichts anderes habe dieser Verräter im Sinn, als die russische Revolution in Erwartung der Weltrevolution „auf dem Halm verfaulen" zu lassen. Trotzki biete eine Theorie der Hoffnungslosigkeit, der permanenten Aussichtslosigkeit, des Abwartens von Ereignissen, die Russland nicht bestimmen könne. Der Kernsatz, den Stalin als heiliges Vermächtnis Lenins ausgab, lautete, dass die Partei auf die Weltrevolution nicht warten dürfe, sondern mit dem Aufbau des Sozialismus beginnen müsse. Russland von einem Agrarland in ein Industrieland zu verwandeln, sei vordringlich und notwendig – zusammen mit der Bauernschaft unter Führung der Arbeiterklasse und der Hegemonie der Partei. Der Trotzkismus wurde zum Feindbild aufgebaut und als Antileninismus, ja als Menschewismus stigmatisiert.

Mit der Botschaft, dass der Sieg des Sozialismus in einem Lande möglich sei, hat Stalin der Kommunistischen Partei eine optimistische Zukunftsperspektive gegeben und ihr ein Selbstbewusstsein vermittelt, das viele Genossen über die frustrierenden Erfahrungen der 20er Jahre hinwegtragen sollte. Zur Erklärung der wachsenden Machtfülle, die Stalin mit seiner Person verband, ist zu bedenken, dass die Partei nach Lenins Tod in rascher Erweiterung begriffen war. Von dem sogenannten *Leninaufgebot* eingeleitet, wurde sie zwischen 1924 und 1928/29 von einer elitären Kaderpartei, in der die altbolschewistische Intelligenz dominierte, zu einer bürokratisch arbeitenden, hierarchisch strukturierten Funktionärspartei, zu einer Kampforganisation, die immer neue, autoritär fixierte Arbeiter an sich zog. Nur 8 bis 10 Prozent der neuen Mitglieder kamen aus der Bauernschaft. Allein im Jahr 1924/25 hatte sich der Mitgliederbestand der Partei mehr als verdoppelt – von 445.000 Genossen auf über eine Million. Nicht zu vergessen ist, dass die Ausdehnung des Mitgliederbestandes seit 1928/29 von ständigen Säuberungen begleitet war.

Die Partei wurde von Stalin zum Instrument seines Führungswillens gemacht. Er verpflichtete sie auf einen kodifizierten, lehrbuchartig kopierten Leninismus, auf eine Weltanschauungslehre, die sich gegen die opponierende Parteiintelligenz einsetzen ließ. Statt komplizierter theoretischer Deduktionen vermittelte Stalin eine einfache, auf das Parteivolk dieser Millionenpartei zugeschnittene Orientierung, die von einem immer stärker ausufernden und von Stalin manipulierten Leninkult begleitet wurde. Von der Exegese dessen, was Leninismus sei, empfing er seine höheren Weihen.

Tatsächlich hatte Stalin in den großen Auseinandersetzungen der Jahre 1924 bis 1929 auf Parteitagen und Plenarsitzungen des Zentralkomitees die Mehrheit der Genossen stets auf seiner Seite. Er verstand es, die linke Opposition zu isolieren, als Verräter des Leninismus zu diffamieren und ihre führenden Genossen Sinowjew, Kamenew und andere zur Unterwerfung zu zwingen, zu erniedrigenden Loyalitätserklärungen im Stil von Schuldbekenntnissen, die schon etwas von der Atmosphäre der 30er Jahre, des Terrors und der Schauprozesse spüren ließen. Stalin konnte es wagen, 1928 Trotzki in das weit abgelegene, kasachische Alma Ata deportieren zu lassen und ihn im Jahr darauf aus der Sowjetunion zu verbannen. 1940 wurde der Verhasste, die Symbolfigur einer Vierten Internationale, von einem Agenten des NKWD (Innenministerium der UdSSR) im mexikanischen Exil erschlagen.

Zum Bruch Stalins mit der rechten Opposition sind hier nur wenige Bemerkungen anzuschließen. Es ging um Abrechnung mit Bucharin, mit Rykow, dem Nachfolger Lenins im Vorsitz des Rats der Volkskommissare, und mit Tomski, dem Vorsitzenden der Gewerkschaften – mit Genossen also, die nach Lenins Tod mit Stalin zusammengegangen waren, die NÖP weitergetragen und geholfen hatten, die linke Opposition zu zerschlagen. Die Ächtung dieser Genossen war eine Folge des Kurswechsels, den der XV. Parteitag im Dezember 1927 beschlossen hatte. Diese Wendung brachte binnen kurzem den Abschied von der NÖP. Die neue, von Stalin sanktionierte Generallinie hieß umfassende zentrale Wirtschaftsplanung, forcierte Industrialisierung im Rahmen von Fünfjahresplänen und eine rigorose Agrarpolitik mit dem Ziel, die Kollektivierung der privatbäuerlichen Familienwirtschaft kompromisslos durchzusetzen. Die Rechtsopposition, mit Bucharin als geistigem Kopf, hat sich zwei Jahre lang gegen zentrale Aspekte und Methoden des Übergangs zur Industrialisierung und Kollektivierung zu wehren versucht – vergeblich, wie sich zeigte.

Den Anstoß zu rigideren Beschlüssen der Parteiführung hatte die sogenannte Getreidebeschaffungskrise im Winter 1927/28 gegeben. Das Getreideangebot der privatbäuerlichen Wirtschaft war bis Januar 1928 um ein Viertel zurückgegangen und damit auch der Getreideexport, mit dessen Erträgen die UdSSR ihre Importe finanzierte. Die Parteiführung entschloss sich zu Notstandsmaßnahmen, zu hohen Steuerauflagen gegen die begüterteren Bauern, die sogenannten Kulaken, um sie durch Zwangsanleihen, Strafen und Beschlagnahme von Getreidevorräten zur Räson zu bringen. Sie appellierte – ähnlich wie in der Zeit des sogenannten Kriegskommunismus – an die Dorfarmut und rief die armen Bauern dazu auf, den Kampf gegen Kulaken und Spekulanten aufzunehmen. Seit dem Winter 1927/28 richtete sich die Agitation nicht nur gegen die bäuerlichen Elemente, die der Sowjetmacht gegenüber feindlich gesonnen seien, sondern auch gegen „demoralisierte, parteifeindliche, parteifremde Elemente", gegen jede Art versöhnlerischer Politik gegenüber den Kulaken. Der Begriff *Kulak* war ein bloßes Schlagwort zur Stigmatisierung von Bauern geworden, ohne dass es eine eindeutige Definition und Abgrenzung gegeben hätte. Die Partei agitierte dafür, die Getreideerfassung durch Zwangsmaßnahmen zu forcieren und säuberte das Personal, das damit beauftragt war.

Seit dem Sommer 1928 gab es erste Zusammenstöße zwischen Bucharin und den Stalinisten. Sprecher der Parteimehrheit machten keinen Hehl daraus, dass der Klassenkampf auf dem Lande grausam sein werde. Gewalt und Zwang seien ein untrennbarer Teil des Systems zur Getreideerfassung. Noch wurde nicht davon gesprochen, dass auch die Kollektivierung erzwungen werden sollte. Bucharin dagegen warnte vor einer Rückkehr zu den Methoden des Kriegskommunismus und plädierte für die weitere Förderung der marktproduzierenden Mittelbauern. Er forderte eine Wirtschaftspolitik des relativen Gleichgewichts zwischen Industrie und Landwirtschaft, keinen Bruch zugunsten des Primats der Schwerindustrie, keine Politik auf Kosten der Bauern. Schon im November 1928 hatte Stalin die rechte Abweichung mit der Linksopposition gleichgesetzt und erklärt, die Trotzkisten seien im Grunde umgestülpte Rechte, die sich hinter linken Phrasen verbergen. Er führte also die beiden Flügel der Opposition zusammen und setzte seine bisherigen Genossen den Trotzkisten und damit den Verrätern gleich.

Was die Industriepolitik anging, hat die Parteiführung die Gewerkschaften zu mobilisieren versucht und die Parole ausgegeben, das Gesicht der Produktion zuzuwenden und die rechten Elemente aus den Gewerkschaften zu vertreiben. Die Politik des forcierten industriellen Aufbaus wurde seit Anfang 1928 einem neuen Organ übergeben, das die überkommene Plankommission mehr und mehr verdrängte: dem Obersten Volkswirtschaftsrat unter Kuibyschew, dem die Ausarbeitung von Varianten für einen ersten Fünfjahresplan anvertraut worden war. Im Mai 1928 wurde erstmals ein solcher Plan vorgelegt, der hohe Wachstumsraten vorsah, eine Steigerung der Industrieproduktion um 130 Prozent. Die Plankommission hatte viel niedrigere Raten angesetzt und ein Wachstum um maximal 90 Prozent unterstellt.

In der Tat entfaltete sich der Kampf mit der rechten Opposition vor allem als Streit um das Tempo des industriellen Aufbaus, um die Plansätze für den ersten Fünfjahresplan. Die Stalinisten drängten immer stärker auf rigide Methoden, um das Industrialisierungstempo und die Industrieinvestitionen maximal in die Höhe zu treiben. Alles, was damals besprochen wurde, war zugleich dazu bestimmt, Bucharin und seine Leute aus ihren Stellungen zu vertreiben. Stalin erklärte im Mai 1928, die neue Linie nicht durchzusetzen hieße Selbstmord zu begehen, hieße „unser Land in ein Anhängsel des kapitalistischen Weltwirtschaftssystems zu verwandeln"[157].

Diese Absicht wurde der rechten Opposition unterstellt. Bucharin wehrte sich mit entsprechend scharfen Erklärungen. Bis ins Jahr 1929 hinein blieb die Diskussion von der Öffentlichkeit abgeschottet. Bucharin beharrte darauf, dass mit der Wendung gegen die Bauernschaft die Grundlage der sozialistischen Revolution in der UdSSR zusammenbrechen würde. Er warnte vor einer alles durchdringenden Staatsbürokratie, vor einer totalitären Ordnung, einem neuen Leviathan, mit dem verglichen sich die Phantasie von Thomas Hobbes wie ein Kinderspielzeug ausnehmen werde. Hier tauchten die alten Ängste vor der bürokratischen Entartung des Sozialismus wieder auf.

Das Zentralkomitee duldete weder Angst noch Widerspruch. Es billigte im November 1928 einzelne Plansätze und befahl die Überwindung der Rückständigkeit in kürzester Frist. Sogenannte Kontrollziffern des Obersten Volkswirtschaftsrats verordneten Wachstumsraten von 130 Prozent. Die Parole vom „Einholen und Überholen" der kapitalistischen Welt wurde einer der penetrantesten Ohrwürmer jener Zeit. Seit 1928 waren Schauprozesse gegen sogenannte bürgerliche Spezialisten im Gang, die dazu benutzt wurden, die ideologische Nähe der Bucharinisten zu diesen „Schädlingen und Saboteuren des industriellen Aufbaus" zu geißeln. Durch die Säuberung der Staatlichen Plankommission wurden Bucharin und seinen Genossen die letzte institutionelle Basis entzogen.

Ein wichtiges Datum in der Entstehungsgeschichte des Ersten Fünfjahresplans war die 16. Parteikonferenz im April 1929. Hier wurde die Maximalvariante der Planentwürfe gebilligt und, um das Tempo noch zu steigern, rückwirkend ab 1. Oktober 1928 in Kraft gesetzt. Diesen Akt begleitete die Losung, dass es für die Partei keine objektiven Hindernisse gebe; wo sie dennoch entstünden, müssten sie überwunden werden. Sowohl in der Bauernpolitik wie in der Industriepolitik spitzten sich die Gegensätze unaufhaltsam zu.[158]

Im Rahmen des Ersten Fünfjahresplans wurden die Planansätze auch für die Kollektivierung über den Haufen geworfen. Noch am 1. April 1929 war man davon ausgegangen, dass bis 1933, also bis zum Ende der ersten Planperiode, 13 Prozent der Bauernhöfe in Kollektivbetriebe zu überführen wären. Jetzt, Ende 1929, wurde die Parole der „vollständigen Kollektivierung aller Bauernwirtschaften im ganzen Land"[159] ausgegeben, und zwar als eine Zielsetzung, die in kürzester Zeit zu erfüllen sei. Diese Revolution von oben sollte Dreiviertel der sowjetischen Bevölkerung erfassen; weit über 100 Millionen Menschen sollten aus ihren bisherigen Lebensverhältnissen herausgerissen, etwa 25 Millionen Bauernwirtschaften unterschiedlichster Größenordnung aufgehoben werden.

Der Aufruf zur vollständigen Kollektivierung ging zeitlich parallel mit der öffentlichen Unterwerfung Bucharins unter den von Stalin durchgesetzten Kurs. Es wiederholte sich das makabre Schauspiel, das führende Genossen der Linksopposition zwei Jahre zuvor geboten hatten. Bucharin wurde aus dem Politbüro ausgeschlossen, den Vorsitz im Exekutivkomitee der Komintern hatte er schon 1928 verloren. Nun gestand er, dass die Partei und das Zentralkomitee im Recht seien und seine Ansichten und die seiner Genossen sich als falsch erwiesen hätten: „Wir erkennen diese unsere Fehler an und werden alle unsere Kräfte einsetzten, um zusammen mit der Partei einen entschiedenen Kampf gegen alle Abweichungen von der Generallinie der Partei zu führen. Vor allem gegen die rechte Abweichung, um alle Schwierigkeiten zu überwinden, und den vollständigen und schnellsten Sieg des sozialistischen Aufbaus zu gewährleisten."[160]

Ende 1929 wurde die Laufzeit des Fünfjahresplans, angeblich von Anträgen aus der Arbeiterklasse gefordert, auf vier Jahre zurückgenommen, ohne dass die

Planziele entsprechend verändert worden wären. Zugleich wurde die Zwangskollektivierung in Angriff genommen.

Parallel dazu gab der 50. Geburtstag des unangreifbar gewordenen Genrealsekretärs am 21. Dezember 1929 den Anstoß für die Entfaltung eines auf Stalin fixierten Personenkults, in dessen Schatten die Figur Lenins mehr und mehr verblasste. In einer auch in deutscher Sprache erschienenen Festschrift traten führende Genossen als Autoren panegyrischer Suaden auf, die Stalin als Führer (*woschd*) jeder irdischen Zudringlichkeit enthoben sahen, unüberholbar in seiner Einzigartigkeit und Treue zu den Prinzipien Lenins, als bester Schüler des im Mausoleum an der Kremlmauer ausgestellten Toten. Die meisten dieser Gratulanten sollten sechs oder sieben Jahre später in exakt geplanten Schauprozessen als seelisch gebrochene Angeklagte erscheinen und auf Befehl des *Großen Führers und Lehrers* hingerichtet werden.

Gegen Jahresende 1929 waren nicht nur in der Industriepolitik, sondern auch in der Agrar- und Bauernpolitik alle Kriterien ökonomischer Rationalität und Planung aufgegeben worden. Das Land wurde kollektiviert, ohne dass die technischen und organisatorischen Voraussetzungen gegeben waren. Die allermeisten agrarischen Großbetriebe, die damals entstanden, hatten keine landwirtschaftlichen Maschinen. Traktoren wurden nur in Einzelexemplaren mit großem propagandistischem Aufwand vorgeführt. Qualifizierte Kräfte, die fähig gewesen wären, diese großbetrieblichen Wirtschaften zu führen, waren nicht vorhanden. Mit anderen Worten, die Landbevölkerung in der Sowjetunion wurde im Winter 1929/30 in schreckliche, chaotische Verhältnisse hineingetrieben. Die staatlichen Behörden aller Ebenen, mit Drohungen und Warnungen im Rücken, waren außerstande, den Prozess zu steuern oder gar planmäßig zu lenken. Sie waren überfordert und agierten in einer Atmosphäre kollektiver Hysterie, die sich unter dem Druck von oben wechselseitig auflud und außer Gewalt und Terror nichts aufzubieten hatte.

2.4 Terror und ideologische Abrichtung

Mit Recht ist in Bezug auf die dreißiger Jahre der Sowjetgeschichte von einer zweiten Revolution gesprochen worden, auch von einer Revolution von oben. Stalin selbst hat 1938 im Rahmen des *Kurzen Lehrgangs* zur Parteigeschichte, der kodifizierten Geschichte der bolschewistischen Partei, diese Formulierung sanktioniert. Revolution von oben bezieht sich hier auf die Jahre 1929 bis 1932 und meint jene einschneidende und tiefgreifende Umwälzung der Ökonomie und der Gesellschaft, die die Stalinisten damals im Zeichen des Ersten Fünfjahresplans erzwangen. Die einschlägigen Parolen dieser Zeit bezogen sich auf die vollständige Kollektivierung der bäuerlichen Landwirtschaft, einschließlich der Liquidierung der Kulaken als Klasse. Andere Schlagworte hießen sozialistische Industrialisierung, beschleunigter Aufbau des Sozialismus in einem Land. Was bisher Weltrevolution hieß, wurde nun mehr und mehr in Abhängigkeit gesetzt zur wachsenden Macht und Größe der Sowjetunion. Auch der Begriff Vaterland (*otetschestwo*) wurde rehabilitiert und auf den neuen sozialistischen Staatsverband bezogen.

Hinter all diesen Wortgebilden stand der Umsturz der Sozial- und Wirtschaftsverfassung in chaotischen Formen, erzwungen unter Inkaufnahme gewaltiger Opfer. Zu zahlen war ein entsetzlicher Preis an Leib und Leben, an Blut und Tränen und abgebrochenen Biographien. Zwischen fünf und neun Millionen Menschen, vom Massenhunger der Jahre 1932/33 insbesondere in der Ukraine dahingerafft, sind Stalins Kollektivierung zugeschrieben worden.[161] Erst seit 1988 wurde in der UdSSR öffentlich darüber gesprochen und Rechenschaft zu geben versucht über das von Menschen gemachte Unheil, das damals geschah und in der Ukraine seither als Hungermord (*Holodomor*) bezeichnet wird. Ausländische Beobachter haben diese Katastrophe schon damals beschrieben, ohne das ganze Ausmaß des schrecklichen Ausgangs zu erfassen. Hunderttausende Kulaken wurden samt ihren Familien deportiert, oft genug getrennt von ihnen, nicht selten auch physisch vernichtet. Und dies im Namen eines Kampfes, der den Sieg des Sozialismus in der UdSSR an die Liquidierung des Kulakentums – also der freien Bauernschaft – knüpfte, an die „Vernichtung aller Saboteure und Feinde des Volkes". Schädlingsprozesse, von Mobilisierungskampagnen unter der Bevölkerung begleitet, hatten die Verkommenheit des Klassenfeindes zu demonstrieren.

Das Vokabular dieser Revolution war militarisiert. Der sechundzwanzigjährige Klaus Mehnert, seit den 50er Jahren der wohl bekannteste deutsche Russlandkommentator, beschrieb damals in seinem Erlebnisbericht *Die Jugend in Sowjetrussland* (1932): „Die Zeitungen gleichen Kriegsberichten, jedes wirtschaftliche und geistige Geschehen wird zu einer Kampagne an einer Front (man sprach von der ideologischen Front, von der Agrarfront usw.), Armeen schlagen Schlachten, Brigaden stürmen Engpässe, eiserne Bataillone nehmen Gefechtsabschnitte unter Trommelfeuer (die Terminologie des Bürgerkrieges kehrt wieder) Kader werden aufgestellt, Deserteure werden angeprangert, Manöver durchgeführt, die Stäbe verkünden Alarm, mobilisieren Freiwillige, befehlen Attacken auf die Kommandohöhen."[162]

Martialisches Pathos, aber auch Massenverfolgung, Massenterror, Massensterben waren Kennzeichen dieser Jahre. 1928 war zudem der Stalinismus als Kampfbegriff in der westlichen Publizistik aufgekommen, nicht zuletzt unter dem Einfluss von Trotzkis Schriften. Die Umwälzung der Gesellschaft und der Wirtschaft – zusammengepresst auf die Zeit des ersten, vorfristig zu erfüllenden

Fünfjahresplans, das hatte Stalin sich nicht einfach ausgedacht. Denn beide Zielsetzungen, die neue Gesellschaft und die moderne Großindustrie, standen in der Kontinuität der Oktoberrevolution, gehörten zum ABC der bolschewistischen Auffassung von dem, was Sozialismus sei.

Der Aufbau des Sozialismus in diesem Sinne war ein kategorischer Imperativ für alle, denen daran lag, die Oktoberrevolution zu legitimieren vor sich selber, vor der Geschichte und nicht zuletzt vor dem, was man die kommunistische Weltbewegung nannte, die seit 1919 in der Dritten, der Kommunistischen Internationale organisiert und mit der sowjetischen Geschichte eng verklammert war. Die Komintern wurde seit Beginn der 1930er Jahre immer stärker auf die Unterstützung der Entwicklungsziele der Sowjetunion verpflichtet. Die UdSSR zog das Prädikat auf sich, das Vaterland des internationalen Proletariats zu sein. Die Oktoberrevolution sollte also nicht, wie es im kapitalistischen Ausland hieß, als bloßer Umsturz oder als Frucht einer Verschwörung erscheinen, sie sollte als die Große Sozialistische Revolution glaubhaft werden, als Modell der Weltrevolution im Geist des revolutionären Marxismus.

All das geschah in einem Bauernland, dessen Armut, Rückständigkeit und mangelnde Zivilisation vor aller Augen lag. Stalins Revolution von oben galt als die zweite Etappe der Oktoberrevolution. Sie sollte die russische Rückständigkeit überwinden helfen, sollte Russland in ein modernes Industrieland verwandeln, damit die Sowjetunion demnächst fähig würde, „die kapitalistischen Länder einzuholen und zu überholen", und das in kürzest möglicher Frist. Diese Revolution sollte nachliefern, was dem Sowjetland von den geschichtsgesetzlich notwendigen Voraussetzungen für den Sozialismus noch zu fehlen schien. All das stand in Leninscher Tradition, verriet den Leninismus nicht, sondern versuchte, dessen Lehren in Stalinscher Exegese anzuwenden. Alles spricht dafür, dass in diesem Sinn der Stalinismus im Leninismus schon enthalten war. Auch die innersowjetische Geschichtsdebatte in den Jahren der Perestrojka hat die Kontinuität von Lenin zu Stalin zunächst geleugnet, im Lauf der Jahre aber immer deutlicher hervortreten lassen.[163]

Sieht man genauer hin, dann geht der Begriff der Revolution, der diese Umwälzung kennzeichnen soll, in einer Fülle ineinandergreifender Transformationsprozesse auf. Revolution von oben, das hieß gewaltsame Liquidierung der überkommenen Agrarverfassung, einer klein- und kleinstbäuerlichen Verfassung mit absoluter Vorherrschaft des bäuerlichen Familienbetriebs, der bäuerlichen Subsistenzwirtschaft. Liquidiert wurde im Zug der Kollektivierung auch die überkommene russische Dorfgemeinde, die alte Umteilungs- und Solidarhaftungsgemeinde, die *obschtschina*, die sich nach der Zerschlagung des Gutsbesitzes 1917/18 nicht etwa aufgelöst, sondern revitalisiert hatte. Sie war zu einer Schutzgemeinschaft der Bauern gegen den Sowjetstaat geworden, gegen die fremde Macht, die aus den Städten kam, gegen die Funktionäre, die mit Requirierungskommandos, oft genug mit Haftbefehlen auf dem Dorf erschienen. Jetzt gab es diese Schutzgemeinschaft nicht mehr, weil es das bäuerliche, das hölzerne Russland nicht mehr geben sollte.

Revolution von oben bedeutete die Unterwerfung der Bauern, der großen Mehrheit der sowjetischen Bevölkerung, etwa 100 Millionen Menschen, unter die Staatsgewalt, handgreifliche Einbeziehung der Bauern in das System der Planwirtschaft, in den Sowjetstaat, an dessen Rand die Bevölkerungsmehrheit in den 20er Jahren noch gelebt hatte – als Ausbeutungsobjekt der Partei zur Versorgung der Städte, als Kolonialzone der verstaatlichten Industrie. Nun wurde die ländliche Bevölkerung in das neue, noch ganz unerprobte System der Kollektivwirtschaft überführt, in eine vom Staat kontrollierte Arbeitsorganisation mit rigidem Arbeitszwang, Passzwang, fehlender Freizügigkeit, ungesicherter Entlohnung auf erbärmlichem Niveau. In ausländischen Kommentaren wurde damals schon von einer zweiten Leibeigenschaft gesprochen, ein Vergleich, der in der UdSSR erst während der Perestrojka Gorbatschows zur Beschreibung des Kollektivsystems in Umlauf kommen sollte.

Rüder Atheismus, Kampagnen des Verbands der Gottlosen, dem jeder anständige Genosse beizutreten hatte, kamen hinzu. Sie zeigten, dass es bei dieser Umwälzung zugleich um den Kampf gegen die Religion, gegen die Volksfrömmigkeit, gegen die Religion als *Opium für das Volk* ging und um den Kampf gegen die Kirche, vor allem die orthodoxe Kirche. Obwohl der nach dem Tod des im Moskauer Donskoj-Kloster festgesetzten Patriarchen Tichon (1925) als Patriarchatsverweser geduldete Moskauer Metropolit Sergij die Sowjetregierung als gottgewollte Obrigkeit anerkannt hatte (1927), sind mehr als 10.000 Priester in Gefängnissen und Zwangsarbeitslagern zu Grunde gegangen. 1939 amtierten von 85 Bischöfen noch ganze vier. Das zeigt, wie brutal die Kirche damals an den Rand des Untergangs getrieben wurde. Erst im Zweiten Weltkrieg ist sie aus den Katakomben wiederaufgetaucht, als Stalin 1943 die Wahl Sergijs zum Patriarchen zuließ und unter dem Schutz des NKWD den Aufbau einer Kirchenorganisation mit beschränkten Publikationsmöglichkeiten gestattete. Jetzt, im Großen Vaterländischen Krieg, durfte die rechtgläubige Kirche die sowjetischen Waffen segnen, die Ausrüstung einer Panzerdivision finanzieren und beten für den Sieg sowie für die Gesundheit Stalins.

Was an der Wende von den zwanziger zu den dreißiger Jahren begann, bedeutete die totale Mobilisierung der menschlichen Arbeitskraft, die Steigerung der Industrieproduktion, zumal im Bereich der Produktionsgüter und der Rüstung. Es bedeutete auch die äußerste Drosselung des privaten Verbrauchs und den härtesten Zwang zum Konsumverzicht. Das Realeinkommen der städtischen Bevölkerung schrumpfte von 1928 bis 1932 um die Hälfte. Als der zweite Fünfjahresplan

1937 zu Ende ging, waren erst drei Viertel des Standes von 1928 erreicht. Erst in den 1950er Jahren unter Chruschtschow sollten Einkommen und Lebensstandard der städtischen Bevölkerung das Niveau überschreiten, das vor Beginn dieser Umwälzung gegeben war. Die neue Gesellschaft war eine Zwangsdienstgesellschaft, sie war einem ausgeklügelten System des Belohnens und Bestrafens ausgesetzt, dem Ritual von „Kritik und Selbstkritik," den Parolen und Losungen des sozialistischen Wettbewerbs, die von den Siegen an der industriellen Front Kunde gaben, von sagenhaften Erfolgen der sogenannten Stoßarbeiter, deren Elite, die *Stachanowzy*, die normierten Leistungen um das Vielfache übertrafen.

Revolution von oben, das bedeutete rasche Urbanisierung, rapide Vermehrung der städtisch industriellen Bevölkerung durch den anfangs noch ganz ungesteuerten, später immer schärfer kontrollierten Zustrom vom Land in die Stadt und in die Produktionszentren, es hieß rapide Vermehrung der Arbeiterschaft in der Produktion, auch der Angestellten in der Wirtschaftsverwaltung und in der gigantisch expandierenden Bürokratie. Die Zahl der Industriearbeiter in der Sowjetunion stieg zwischen 1928 und 1932 von 10,8 Millionen über das Doppelte auf 23,6 Millionen, bis 1940 gar auf 31,2 Millionen Menschen. Ungefähr 18 Millionen kamen während des ersten Fünfjahresplans in die Städte, angezogen vom Sog der neuen Industrie.

Hinzu kam freilich der überschäumende Enthusiasmus, der diese Zeit erfüllte, hervorgerufen durch bisher unbekannte Chancen des sozialen Aufstiegs über die neuen beruflichen Ausbildungsstätten, über die technischen Fachschulen zum Ingenieur, zum Wirtschaftsführer, in die Spitzenkader der expandierenden Industrie. Was als Intelligenz der neuen Sowjetgesellschaft in Erscheinung trat, entstand in den dreißiger Jahren und breitete sich seither immer weiter aus. Mit dem damals noch dröhnenden Aufbaupathos, mit wachsender sozialer Differenzierung und Ungleichheit, mit zunehmend kleinbürgerlicher Werthaltung, mit bescheidenen Erwartungen an das Leben, an die berufliche Karriere mit materiellem Auskommen, persönlichem Ansehen, mit Familienglück und Träumen, demnächst aus dem Gemeinschaftsquartier, der *Kommunalka*, in eine kleine enge Neubauwohnung umzuziehen.

Auch die Familie, ein Institut der bürgerlichen Gesellschaft nach dem Verständnis des klassischen Marxismus, wurde in den 1930er Jahren rehabilitiert, das Idealbild der kinderreichen Mutter wieder aufgerichtet und – wie das der Traktoristin und Speerwerferin – zur allgemeinen Bewunderung und Verehrung freigegeben. Hinzu kam die Verschärfung der Ehegesetzgebung, der Ehescheidungsgesetze, das Verbot der Abtreibung und so fort – mithin die Abschaffung jener Freiheiten, die in den ersten Jahren der Revolution von der kommunistischen Intelligenzija als Emanzipation beschrieben und begrüßt worden waren. Einzelbeispiele und Einzelbefunde könnten natürlich anschaulicher machen, wie einschneidend dieser Umbruch, wie gewaltsam diese Revolution gewesen ist, ein nachholender Modernisierungsschub, der ohne zeitgenössische Parallelen blieb. Wer nach historischen Beispielen suchte, verglich die Dynamik der Stalinschen Revolution mit den Umstürzen und Neuerungen der petrinischen Zeit. In einem Interview mit dem damals prominenten deutschen Schriftsteller Emil Ludwig, der Stalin 1931 auch nach Peter dem Großen fragte, erhielt der erste russische Imperator eine überraschend positive Bewertung. Sie ließ erkennen, dass sich der Kremlherr in der Kontinuität der russländischen Reichsgeschichte stehen sah. Später, in Sergej Eisensteins Filmen der ausgehenden dreißiger Jahre, hat sich Stalin gar in der Figur Iwan Grosnyjs, dieses furchterregenden großen Herrschers, spiegeln lassen.

Von den Stalinisten wurde nicht gefragt, was machbar und was möglich sei, solche Fragen galten als unziemlich und höchst verdächtig. Das Vertrauen in die Machbarkeit der Sachen war ins Irrationale, ins Barbarische umgeschlagen. Der große Plan entzog sich den Kriterien ökonomischer Vernunft. Hilflosigkeit, Unfähigkeit und permanente Überanstrengung kamen hinzu. Als Wahrheit hatte der Glaube zu gelten, dass der eiserne Wille der Partei und das Ingenium des großen Führers, des weisen Stalin, imstande wären, Berge zu versetzen und jeden Widerstand zu brechen, um welchen Preis auch immer. In seinem schon genannten Buch von 1932 hat Klaus Mehnert, schwankend zwischen Skepsis und Bewunderung, den hochfliegenden Enthusiasmus der jungen stalinistischen Elite höchst eindrucksvoll beschrieben. Als Anhänger des Tat-Kreises, einer konservativen Revolution von rechts, mochte er noch in den Gegensätzen eine emotional verwirrende Wahlverwandtschaft spüren.

Um den Enthusiasmus unter der sowjetischen Jugend in seinem Widerspruch zu sehen, muss man ihm die niederdrückenden Bilder entgegenhalten, die in dieser Zeit die sowjetische Wirklichkeit vermittelte. Anders als Mehnert, den die heroische Askese der studentischen Jugend faszinierte, hat der deutsche Sozialdemokrat Herbert Weichmann in einem Reisebericht von 1932 ein Bild vom Alltag im Sowjetstaat vermittelt, das nichts als Hoffnungslosigkeit und Elend wiedergab: „unendliches Leid der gequälten Kreatur, Hunger, Not, neue Ausbeutung und gnadenlose Gewaltherrschaft"[164]. Von der Stalinschen Revolution von oben mit ihrer Gewaltsamkeit und Bedenkenlosigkeit führte ein gerader Weg zum Massenterror der 30er Jahre, zu den Moskauer Schauprozessen, zu den sogenannten großen Säuberungen. Diesen Hochzeiten des Terrors waren Prozesse gegen bürgerliche Spezialisten und Intellektuelle vorausgegangen. Auch die Elite der nichtmarxistischen Wissenschaftler, darunter prominente Historiker, die im Land geblieben waren, waren schon 1929/30 verhaftet und in entlegene Gegenden verbannt oder zur Zwangsarbeit etwa am Weißmeer-Kanal verurteilt worden.

Wem die Erklärung nicht genügt, dass dieser Terror durch den Machttrieb Stalins, durch die Psychopathologie oder die Paranoia des Diktators verursacht worden sei, wem solche personenbezogenen Erklärungen nicht genügen, der wird die Ausrottung der Altbolschewiki, die Terrorisierung der großen und kleinen Funktionäre, die blutige Säuberung der Armeeführung und des Offizierskorps 1937 zur Pathologie nicht nur eines Mannes, sondern zur Pathologie des Herrschaftssystems im Ganzen zählen müssen.

Allein die Repressionen von 1937/38 haben nach verlässlichen Berechnungen 1,3 Millionen Menschen das Leben gekostet, davon sind über 680.000 in diesen beiden Jahren erschossen worden. Die anderen verkamen in Gefängnissen und Arbeitslagern. Die Großprojekte des ersten Fünfjahresplans, der Aufbau einer Stadt wie Magnitogorsk am Ural, Kanalbauten und andere Großbauten des Sozialismus wurden im Wesentlichen durch Zwangsarbeit hergestellt. Zwangsarbeit gehörte zum System der Arbeitsverfassung der Stalinzeit. Die Zahl der Lagerinsassen war zwischen 1934 und 1940 von 1,9 auf 2,3 Millionen gestiegen. Hinzu kamen Zwangsdeportierte, die in Sonderansiedlungen des NKWD leben mussten, meist unter erbärmlichen Bedingungen.

Der Stalinismus hatte gegen derlei Perversionen keine Sicherungen hervorgebracht, auch gegen solche Exzesse nicht, die sich für das System selber als höchst bedrohlich erwiesen. Man denke an die Dezimierung der sowjetischen Generalität und des Offizierskorps 1937/38 mit schlimmen Folgen, die im Winterkrieg gegen Finnland und nach Beginn des deutschen Vernichtungsfeldzugs deutlich wurden. Warum dieser schreckliche Terror, als es angeblich um den beschleunigten Aufbau des Sozialismus ging? Vieles spricht dafür, dass weder die Partei, noch die staatlichen Institutionen den Steuerungsaufgaben gewachsen waren, die eine Umwälzung von so gewaltigem Ausmaß stellte. Was sich durchsetzte in dieser Lage, war der expandierende Terrorapparat der politischen Polizei, eine der brutalsten Formen der Sozialdisziplinierung, die in Europa im 20. Jahrhundert praktiziert worden sind. Während Hunderttausende in die Kerker und in die Lager gingen, wurde seit 1929 der Stalinkult groß und in der Folgezeit immer weiter ausgebaut.

Wie selektiv diese Vorgänge von außen her wahrgenommen wurden, zeigen beispielhaft zahlreiche, unfassbar naive Reiseberichte. Zu denken ist an den Bericht von Lionel Feuchtwanger, der 1937 die Sowjetunion besuchte. Kaum verdeckte Rechtfertigungen der Moskauer Prozesse finden sich auch bei Heinrich Mann und bei Ernst Bloch. Wer die Moskauer Schauprozesse kritisiere, so war die Meinung eines beachtlichen Teils europäischer Intelligenz, mache sich zum Fürsprecher Hitlers und der Gestapo. Schon 1930 hatte Bert Brecht in seinem Theaterstück *Die Maßnahme* die Unfehlbarkeit der Partei gepriesen. Der Prüfstein des wahren Revolutionärs sei es, so wird dort gesagt, für das Gute Böses zu tun.

George Orwell, am anderen Ufer stehend, hat erstmals im März 1940 in seinem Roman *Inside the Wall* die Schizophrenie dieses Doppeldenkens dargestellt. Der faschistische Terror ließ den stalinistischen als historisch notwendig, oder doch verständlich erscheinen. Hilfreich für die Loyalitätssicherung war die bleierne Furcht, von der Terrormaschine erfasst zu werden, denn der politische Polizeiapparat, das Schwert des Proletariats, die strafende Hand der Arbeiterklasse, schlug zu gegen Jedermann, und niemand konnte ahnen, wen es treffen werde.

Als Disziplinierungsmittel wirkte nicht zuletzt die Bedrohungspsychose, die das Regime in Gang setzte und die schließlich auf die Regisseure selbst zurückschlug – eine bis zur Hysterie gesteigerte Zwangsvorstellung, von Feinden, Schädlingen, Diversanten, Spionen und Agenten umgeben zu sein, an der Werkbank, im Büro oder in der Kommunalka. Hinzu kam die Angst, dass es dem Volksfeind womöglich schon gelungen sei, das eigene Gewissen lahm zu legen. Menschen begannen sich zu fragen, ob sich der Feind vielleicht schon in ihnen selber eingenistet habe. Und vom Untersuchungsrichter wurde ihnen eingeschärft, eben dies sei der Fall. Die selbstmörderischen Selbstbezichtigungen, mit denen die alte Garde des Bolschewismus zwischen 1936 und 1938 in drei großen Schauprozessen die Welt in Staunen setzte, zeigten nur die Außenseite einer Praxis, die sich gegenüber weniger bekannten Genossen, Funktionären und ganz einfachen Sowjetbürgern hunderttausendfach wiederholte. Denunziationen wurden zur Massenerscheinung. Im Februar 1937 verlangte Stalin, im Kampf gegen Trotzkisten und andere „Doppelzüngler", statt der Methode der Diskussion die neuen Methoden der „Ausrottung" und der „Zerschmetterung" anzuwenden.[165] Doch warnte er zugleich vor summarischen Verfolgungen, und tatsächlich wurden mitunter auch Denunzianten bestraft. Er warnte vor der Liquidierung von Genossen, „die irgendwann einmal in die Lage kamen, durch eine Straße zu gehen, durch die irgendwann einmal dieser oder jener Trotzkist hindurchgegangen" sei.

An Erklärungen, die die Gewaltsamkeit der Stalinschen Politik rechtfertigen sollten, war kein Mangel. Wie weit solcher Zynismus gehen konnte, zeigten die papierenen Garantien bürgerlicher Grundrechte in der 1936 eingeführten neuen Verfassung der Sowjetunion, der sogenannten Stalin-Verfassung, die erst 1977 unter Breschnew durch eine neue abgelöst worden ist. Stalin behauptete, dass die Sowjetunion „die einzige, bis zum Letzten demokratische Verfassung der Welt" besitze. Das war auch im Blick auf die Öffentlichkeit gesagt, die sich mit Hitler auseinanderzusetzen hatte.

Die Beschwörung tödlicher Gefahren hatte in jener Zeit einen ganz besonderen Rang. Mit solchen Gefahren legitimierten Stalin und seine Leute die Opfer und Entbehrungen, die sie dem Land und den Menschen abverlangten. Sie taten dies auch noch nach einer anderen Seite hin. Die Sowjetunion, das einzige sozialistische Land, Vaterland aller Werktätigen, Augapfel des internationalen Proletariats, Zentrum der Weltrevolution – dieses Sowjetland sei nicht nur von innen her aufs schwerste bedroht, sondern auch von außen: von Faschisten aller Sorten, japanischen Militaristen und von subversiven Plänen des internationalen Finanzkapitals. Jeder Sieg, beim Aufbau des Sozialismus errungen, verstärke nur die Wut und den Hass der Feinde, die damals – bestaunt von westlichen Journalisten – in Moskau auf den Anklagebänken saßen.

Tatsächlich hat der Verweis auf die Außenwelt, auf die kapitalistische Einkreisung, von Beginn an zu den wichtigsten Argumenten gehört, mit denen Stalin und sein Gefolge die Notwendigkeit dieser grausamen und opferreichen Umwälzung gerechtfertigt haben. Unablässig hatte die sowjetische Presse den Menschen eingeschärft, dass der Feind nicht schlafe, dass er nicht warten werde. Die Sowjetunion sei von einer Welt von Feinden umgeben, vom Kapitalismus eingekreist und umzingelt. Sie sei der kapitalistischen Außenwelt auch ökonomisch unterlegen, war hinter den fortgeschritteneren kapitalistischen Ländern weit zurückgeblieben – 50 bis 100 Jahre zurück, ein Abstand, der in kürzester Zeit aufgeholt werden müsse. „Entweder gelinge es", so Stalin schon 1931, „den Entwicklungsabstand binnen zehn Jahren aufzuholen und Russland in ein modernes Industrieland zu verwandeln, oder wir werden zermalmt. Entweder einholen oder den Tod. Schwache und Rückständige werden geschlagen. Das ist das Wolfsgesetz des Kapitalismus. Wir wollen aber nicht die Geschlagenen sein, nein, das wollen wir nicht".[166]

3 Die Sowjetunion und der Große Vaterländische Krieg

3.1 Außenpolitik und Kominternstrategie

Der sowjetische Weg technisch-ökonomischer Modernisierung mit massivem Einsatz staatlicher Zwangsmittel und Massenterror, mit ideologischer Abrichtung der Bevölkerung im Namen des siegreichen Aufbaus des Sozialismus in der UdSSR – dieser Weg wurde in einer Zeit beschritten, in der die Perspektiven der internationalen Revolution in den Hintergrund getreten waren. Immer offensichtlicher wurde, dass die Hoffnung auf die rasche Zerschlagung des imperialistischen Weltsystems getrogen hatte. So hatte es eine eigene Logik, dass die Sowjetführung seit 1921 den Normen des überkommenen Völkerrechts Rechnung trug und darauf ausging, im internationalen Staatenverkehr einen eigenen Platz zu finden.

Trotzki, der erste Volkskommissar für auswärtige Angelegenheiten, hatte 1918 auf Fragen von Journalisten, die wissen wollten, was er zu tun gedenke, kurz und bündig gesagt: „Wir werden einige revolutionäre Proklamationen herausgeben und dann den Laden schließen."[169] Drei Jahre später begann sich die sowjetische Diplomatie – parallel zur Neuen Ökonomischen Politik – in den internationalen Beziehungen einzurichten, um die Interessen der bolschewistischen Staatsmacht gegenüber der kapitalistisch gebliebenen Welt zu vertreten. Die Moskauer Außenpolitik der 20er Jahre hatte die Aufgabe, die Isolierung des Sowjetstaates zu durchbrechen, Konflikte mit den Hauptmächten der Pariser Friedensordnung klein zu halten und, wo immer möglich, Gegensätze im feindlichen Lager zu den eigenen Gunsten auszunützen. Einen willkommenen Ansatzpunkt dafür bot der Tatbestand, dass das besiegte Deutschland am Rand der Pariser Friedensordnung geblieben war, in anderer, aber ähnlicher Weise von den Siegermächten geächtet wie das bolschewistische Russland auch. Auf dieser Gemeinsamkeit beruhte der deutsch-sowjetische Rapallo-Vertrag, der am 16. April 1922 unterzeichnet wurde und ein Sonderverhältnis begründete, das erst durch Hitler zum Erliegen kam.

Gestützt auf diese Konstellation war der sowjetischen Diplomatie daran gelegen, Bewegungsspielräume für die eigene Politik zu öffnen. Groß konnten diese Spielräume naturgemäß nicht sein. Hoffnungen auf ergiebige Außenhandelsbeziehungen und Kredite auf dem internationalen Kapitalmarkt, um die eigenen Entwicklungsziele zu fördern, erfüllten sich nicht. Allein die Weimarer Republik war bereit, der Sowjetregierung von Zeit zu Zeit begrenzte Lieferkredite für Importe von Maschinenausrüstungen und anderen Industriegütern einzuräumen. Aber ausschlaggebend für das Tempo der industriellen Wiederaufbaupolitik und überhaupt der Wirtschaftsentwicklung waren diese begrenzten Hilfen nicht. Auch die Kooperation zwischen Roter Armee und der Reichswehr in Deutschland, die in der gemeinsamen Frontstellung gegen das wiederentstandene Polen ihre Räson erhielt, hat das wachsende Sicherheitsbedürfnis der UdSSR auf Dauer nicht stillen können. Nur mit Litauen, das wegen der Annexion des Wilna-Gebiets mit Polen verfeindet war, war es 1926 zu einem Nichtangriffspakt gekommen. Darüber hinaus gab es Freundschaftsverträge mit den jungen Entwicklungsdiktaturen im Vorderen Orient: mit der neuen Türkei unter Kemal Pascha, mit dem persischen Schah Reza Pahlevi und mit König Ammanullah von Afghanistan.

Was blieb, wenn man von Moskau aus aufs Ganze sah, war die Hoffnung, dass sich das internationale Proletariat, auf das man sich tagtäglich neu berief, als ein verlässlicher Verbündeter für die Sowjetunion, sein eigentliches Vaterland, erweisen würde. Doch die Sicherheit, die die Kominternparteien dem Sowjetstaat tatsächlich bieten konnten, waren gering. Seit 1923, dem gescheiterten kommunistischen Aufstandsversuch in Deutschland, war immer klarer geworden, dass sich das Versailler Staatensystem durch die Mobilisierung der europäischen Arbeiterklasse im Zeichen der proletarischen Einheitsfront nicht aufbrechen ließ. Die Einmischung der Komintern in innere Angelegenheiten europäischer Staaten, besonders deutlich beim englischen Generalstreik von 1926, hatte im Jahr darauf zum Abbruch der diplomatischen Beziehungen mit Großbritannien geführt und die sowjetische Außenpolitik ins Schlingern gebracht. Die Krise wurde noch dadurch verschärft, dass die Komintern auch in China eine schwere Niederlage erlitt. Der Versuch der Kommunisten, als Partner der zunächst von Sun Yat-sen, dann von Tschiang Kai-schek geführten Kuomintangbewegung an Macht zu gewinnen, hatte 1927 mit einem blutigen Debakel geendet. Die Kommunistische Partei, die 1921 in Shanghai gegründet worden war, stand seither im Bürgerkrieg. Ihr bewaffneter Arm, die Rote Armee, zog sich 1934 in eine entlegene Region im Norden des Landes zurück – auf dem verlustreichen *Langen Marsch*, der zu einem Mythos wurde und Mao Zedong an die Spitze brachte. Was damals entstand, war ein kommunistisch beherrschtes Provinzialregime, das vorerst wenig Aussicht hatte, zum Kraftwerk für ein mächtiges Rätechina zu werden.

Im Folgenden geht es darum, den Zusammenhang zwischen der Stalinschen Revolution von oben und der internationalen Politik des Kremls von Ende der zwanziger Jahre bis zum Hitler-Stalin-Pakt zu beschreiben. Wie erwähnt, hat es zu den Mobilisierungsstrategien des Stalinismus gehört, tödliche Gefahren zu beschwören, die dem Sowjetland von innen wie von außen drohten. Ohne krasse Feindbilder konnte es keinen Sozialismus geben. Unablässig wurde den Genossen das „Wolfsgesetz des Kapitalismus" eingehämmert und das klang bei Stalin so: Wer schwach und rückständig ist, der wird geschlagen; wenn wir nicht aufholen, werden wir zermalmt. Beschworen wurde die Einkreisung der Sowjetunion durch den monopolkapitalistischen Staatenblock, der im Völkerbund sein Zentrum habe, dazu die Gefahr kriegerischer Verwicklungen und neuerlicher Interventionen, eine Wiederholung dessen, was zwischen 1918 und 1920 geschehen war. Hinzu kam die Formel von der Unabwendbarkeit eines zweiten imperialistischen Krieges mit dem Ziel, die Sowjetunion zu vernichten, falls diese schwach und ihren Feinden unterlegen bleibe. Dass ein solcher Kreuzzug des Monopolkapitals gegen die Bastion des Weltsozialismus nicht lange auf sich warten lassen werde, wurde umstandslos vorausgesetzt.

Als die kapitalistische Welt 1929 durch die große Wirtschaftskrise erschüttert wurde, griff die Moskauer Propaganda die These auf, dass die Aggressivität des Kapitalismus zunehmen und sich gegen die Sowjetunion wenden werde. Die Gefahrenlage sei auch deshalb alarmierend, weil die Aggressoren nun unterstützt würden durch die Sozialdemokratie aller kapitalistischen Länder, in erster Linie durch die deutsche Sozialdemokratie, die von Stalin schon 1924 als „Zwillingsbruder des Faschismus" geschmäht worden war. Was vordem Opportunismus hieß oder Speichelleckerei gegenüber der Bourgeoisie, das wurde nun mit dem Begriff des Sozialfaschismus ausgedrückt.

Wie zu sehen ist, begann damit eine Abwendung von der Strategie der proletarischen Einheitsfront. Nun bestimmte die Frontstellung gegen die Sozialdemokratie den Kurs der Komintern, an dem bis 1935 unbeirrbar festgehalten wurde. Aus den genannten Kriegsprognosen hat Stalin immer wieder neue Argumente für seine umstürzende Gewaltpolitik im Inneren gezogen, für die niederdrückenden Entbehrungen, die er den Sowjetbürgern auferlegte: Argumente für die Unmöglichkeit, das Tempo des industriellen Aufbaus und der Kollektivierung zu drosseln, und für die Notwendigkeit, das eigene Land immer wieder anzupeitschen und anzutreiben.

Man kann fragen, ob die unablässige Beschwörung der Kriegsgefahr, ob die Ängste vor der Intervention, vor der Erdrosselung des Sowjetstaates und dergleichen damals berechtigt waren. Reale Gründe für solche Furchtkomplexe, das haben Spezialstudien nachgewiesen, hat es nicht gegeben. Weder das Außenkommissariat, noch der Generalstab der Roten Armee, noch die obersten ökonomischen Planungsinstanzen haben in der gefährlichsten innersowjetischen Krisenzeit mit einem Angriff von außen ernsthaft gerechnet. Wer mit einem Angriff rechnet, der stürzt das eigene Land nicht um, der nimmt keine Hungersnot mit Millionen von Opfern in Kauf, der wird der eigenen Armee durch den Ruin der Landwirtschaft die Versorgungsbasis nicht entziehen. Stalin und die Stalinisten, das ist heute klar, kalkulierten gerade nicht mit einem nahe bevorstehenden Krieg, sondern rechneten mit einer wie immer begrenzten Friedenszeit. Sie brauchten diesen Frieden, weil er eine Fundamentalbedingung für den *großen Umbruch* war. Daraus ergibt sich, dass die Kriegsfurcht, zu förmlichen Psychosen hochgetrieben, primär innenpolitische Funktionen hatte. Sie sollte als Integrations- und Mobilisierungsmittel dienen, um das Land und seine Menschen zu Disziplin und Opferbereitschaft anzuhalten – für die Erfüllung der fortwährend höher gesteckten Planziele.

Im Übrigen lässt sich nicht sagen, dass die internationale Lage während des ersten Fünfjahresplans für die Sowjetunion sonderlich gefahrenträchtig gewesen wäre. Die diplomatischen Beziehungen zu Großbritannien hatten sich schon 1929, zwei Jahre nach ihrem Abbruch, wiederherstellen lassen. Für die Diplomatie, die seit Ende der 1920er Jahre unter der Leitung Maxim Litwinows stand, galt der Primat der Sicherheit. Vorrang hatte die Aufgabe, den Sowjetstaat in dieser Zeit sozialökonomischer Umwälzung gegen jegliche internationale Verwicklung abzuschirmen. Der innere Kriegszustand, den Stalin über Jahre hin bestehen ließ, hat Ruhe in den auswärtigen Beziehungen erforderlich gemacht.

Nach dem Ende der ersten Fünfjahresplanperiode, auch bedingt durch die krassen Veränderungen in Deutschland, tendierte die sowjetische Außenpolitik immer eindeutiger zu einem erneuten Kurswechsel. Das Versailler System, bisher als Inkarnation des Bösen verdammt, wurde nicht mehr prinzipiell in Frage gestellt. Stattdessen kristallisierte sich eine neue Generallinie auswärtiger Politik heraus, die den Status quo nicht sprengen, sondern ihn erhalten wollte. Mit diesem Kurs verzichtete die Sowjetunion darauf, sich der Außenwelt noch länger als revisionistische Macht zu präsentieren, als eine Regierung, die darauf dränge, die Versailler Friedensordnung durch neue, dem Sozialismus bekömmlichere Verhältnisse zu ersetzen. Für die deutsch-sowjetischen Beziehungen hieß das, dass das seit Rapallo bestehende Exklusivverhältnis mehr und mehr an Bedeutung verlor, auch deshalb, weil es Gustav Stresemann im Oktober 1926 gelungen war, mit den Locarno-Verträgen die Voraussetzungen für die Aufnahme Deutschlands in den Völkerbund zu schaffen.

Ein erstes Signal für den in Moskau geltenden Primat der Sicherheit markierte im Februar 1929 ein nach dem künftigen Außenkommissar Maxim Litwinow benanntes Protokoll, in dem der Kreml und die Regierungen seiner westlichen Nachbarländer vereinbarten, einen vom französischen Außenminister Briand und seinem amerikanischen Kollegen Kellogg im August 1928 geschlossenen Kriegsächtungspakt vorfristig in Kraft zu setzen. Hier zeigte sich der Versuch, ein eigenes, regionales Sicherheitssystem zu schaffen und einen Weg zu gehen, auf dem Litwinow zu bemerkenswerten Erfolgen kam. 1932 gab es ein ganzes Bündel bilateraler Nichtangriffspakte: mit Finnland, Lettland und Estland, dann aber, viel wichtiger, auch mit Frankreich und Polen, die seit 1921 durch eine Militärallianz miteinander verklammert waren und zu den Säulen des Versailler Systems gehörten. Im Juni 1933 schloss der neue Außenkommissar dann ein weiteres Protokoll mit den europäischen Nachbarstaaten, um der Definition des Angreifers völkerrechtlich Halt zu geben. Hier zeigten sich Umrisse eines Vertragssystems, das in den folgenden Jahren dem Begriff der kollektiven Sicherheit Auftrieb geben sollte.

Zur kollektiven Sicherheit gehörte im Herbst 1933 auch ein Nichtangriffspakt mit dem faschistischen Italien, ein Zeichen dafür, dass ideologische Gegensätze für die sowjetische Außenpolitik ihren Nennwert offenbar verloren hatten. In diesen Zusammenhang einzuordnen war auch die von Moskau lang ersehnte de jure-Anerkennung durch die USA im November 1933. Roosevelt hatte gerade sein Programm des *New Deal* verkündet, das manchem Zeitgenossen als eine Parallele zu den sowjetischen Fünfjahresplänen erschien. Im Ganzen lässt sich also sagen, dass die Sowjetunion Stalins dabei war, auf der Grundlage des geltenden Völkerrechts als interkontinental operierende Großmacht in die Weltpolitik zurückzukehren.

Schon diese knappe Orientierung zeigt, dass in Moskau unter den Bedingungen der Weltwirtschaftskrise zu panikartigen Reaktionen auf die internationale Lage kein Anlass bestand. Auch der Nationalsozialismus in Deutschland, der sich mit bloßer Rhetorik nicht begnügte, schien die Sowjets damals nicht sonderlich zu schrecken. Anders als die Sozialdemokraten, denen die konsequente Westorientierung der Weimarer Republik am Herzen lag, hatte Hitler schon vor seinem Machtantritt einen aggressiven Revisionismus vertreten, gegen das Versailler System gerichtet, mit dem sich die Sowjetunion damals gerade auszusöhnen begann. Angesichts der Frontstellung Hitlers gegen den Westen wurde sein Programm der Ostexpansion Deutschlands im Kreml weder für seriös, noch für besonders aktuell gehalten.

Bei alledem war der kommunistische Faschismusbegriff vor allem eine Agitationsparole, deren Sinn es war, Sozialdemokraten und Nationalsozialisten in das gleiche feindliche Lager zu versetzen. Nicht nur die SPD, sondern auch die Kabinette Brüning und von Papen wurden von der sowjetischen Propaganda zu Faschisten gemacht. Spielarten des Faschismus sah man überall am Werk, selbst Präsidialdiktaturen wie die Josef Piłsudskis in Polen bekamen diesen Stempel aufgedrückt. Zu tiefer dringenden Analysen haben diese ausgelaugten Stereotype nicht getaugt. Wie alle anderen Formen bürgerlicher Diktatur wurde der Nationalsozialismus als Krisenphänomen der kapitalistischen Welt verstanden. Er galt als Beweis dafür, dass der Kapitalismus in eine neue Phase tiefgreifender Erschütterungen eingetreten sei. Manche namhafte Genossen in Deutschland waren sogar geneigt, den Faschismus für den Vater der Revolution zu halten und ihn als gesetzmäßige Voraussetzung für ein Sowjetdeutschland darzustellen. Dieser verwegene Gedanke war es, der über den 30. Januar 1933 hinaus die alte These am Leben hielt, dass der Hauptstoß des kommunistischen Angriffs nicht gegen die Nazis, sondern gegen den Sozialfaschismus der SPD zu führen sei. Wer den Faschismus schlagen will, muss zuerst den Sozialfaschismus schlagen. Das gehörte damals zum Dauerton sowjetischer Zeitanalysen.

Bedrohlicher hat sich aus Moskauer Sicht die Lage damals im Fernen Osten ausgenommen. Seit 1931 beunruhigte dort vor allem, dass Japan in die Mandschurei eingefallen war, um diese Provinz zu okkupieren und 1934 ein Marionettenregime, das Kaiserreich Mandschukuo, zu errichten. Die japanische Kriegspolitik auf dem Festland bestärkte Moskau in der Überzeugung, die sowjetische Abschirmungsstrategie energisch weiter zu verfolgen, um in Ostasien ähnliche Sicherheitsgarantien zu erreichen, wie das durch die Nichtangriffspakte in Europa gewährleistet schien. So ist der Kreml den Japanern entgegengekommen, um auch mit ihnen einen Nichtangriffspakt zu schließen. Dazu gehörte die Bereitschaft, die Rechte, die der Sowjetunion – als Erbin des Zarenreiches – an der ostchinesischen Eisenbahn verblieben waren, an das Kaiserreich Mandschukuo, einen japanischen Satellitenstaat, abzugeben. In der Tat wurden diese Rechte 1935 an die Japaner verkauft. Dessen ungeachtet hat sich Tokyo auf Nichtangriffsvereinbarungen nicht eingelassen und 1937 den Krieg gegen Nationalchina unter Tschang Kai-shek eröffnet, gegen ein Regime, mit dem die Sowjetregierung – als Reaktion auf die japanische Renitenz – eben erst einen Nichtangriffspakt geschlossen hatte. Das provinziale Rätechina Mao Zedongs wurde aufgefordert, mit der Kuomintang-Regierung zu einem Modus vivendi zu kommen – zu einer ostasiatischen Parallele, die der Kombination von Sicherheitspolitik und Volksfront in Europa entsprochen hätte. 1938/39 herrschte Krieg zwischen Truppen der Roten Armee und den Japanern im Grenzraum zwischen Manschukuo und der Mongolei. Erst im Herbst 1939, nach einer Periode anhaltender blutiger Kämpfe, wurde das sowjetisch-japanische Verhältnis schließlich entstört. Dies geschah dann schon durch Vermittlung der Hitler-Regierung, des neuen Partners der Sowjetunion.

Generell gilt, wie man jetzt deutlich sehen kann, dass die Außenpolitik des Stalinregimes keine Prinzipienfragen aufwarf, die sich aus revolutionärer Überzeugung, antifaschistischer Gesinnung oder antiimperialistischer Solidarität hätten ableiten lassen. Die außenpolitischen Schritte der Sowjetunion blieben eine Frage der Zweckmäßigkeit. Sie wurden formuliert in nüchterner Abschätzung dessen, was um der äußeren Sicherheit des Sowjetstaates willen von Nöten war. Machtpolitisches Kalkül entschied über die Parteinahme für Faschismus oder für bürgerliche Demokratie. Beide galten als Erscheinungsformen der gleichen Sache, als Ausdruck bürgerlicher Diktatur.

Nach Hitlers Machtübernahme war Moskau keineswegs auf einen Bruch mit Deutschland aus. Im ersten Jahr seiner Kanzlerschaft hatte Hitler zwar das 1931 unterzeichnete Verlängerungsprotokoll zum Berliner Neutralitätsvertrag von 1926 durch den Reichstag ratifizieren lassen, doch die Kooperation zwischen Reichswehr und Roter Armee sofort abgebrochen. Auch die Liquidierung der KPD und die unnachsichtige Verfolgung ihrer Genossen wurden in Moskau hingenommen. Statt das deutsche Proletariat zum Generalstreik oder gar zum bewaffneten Aufstand aufzurufen, versuchte der Kreml vielmehr, das nationalsozialistische Deutschland für ein System kollektiver Sicherheit zu gewinnen, das mit dem Völkerbund verklammert wäre. Gemeint sind die sogenannten Ostpaktpläne des französischen Außenministers Barthou und Litwinows, von beiden zusammen entworfen und ausgehandelt. Das Konzept, Hitlerdeutschland einzubinden, scheiterte nicht nur an der Renitenz der deutschen Seite, sondern auch am polnischen Widerstand.

Beunruhigend für Moskau war, was sich unterdessen zwischen Berlin und Warschau zugetragen hatte. Hitler und Marschall Piłsudski hatten am 26. Januar 1934 – für die Außenwelt überraschend – einen Nichtangriffspakt geschlossen und damit die feuergefährlichen Probleme neutralisiert, die es zwischen beiden Ländern seit dem Versailler Frieden gab. Durch diesen Schachzug waren die Operationsmuster der Litwinowschen Politik entwertet, die bisher auf unversöhnliche deutsch-polnische Gegensätze hatte bauen können. Die antisowjetische Stoßrichtung des deutsch-polnischen Ausgleichs stand außer Zweifel. Erst jetzt war Moskau bereit, der Eindämmung Hitlers Priorität zu geben und auf ein Zusammengehen mit Frankreich und Großbritannien zu setzen. Dazu passte, dass Litwinow im September 1934 die volle Mitgliedschaft der UdSSR im Völkerbund erreichte, in jener *League of Nations*, die Deutschland und Japan im Jahr zuvor verlassen hatten.

Immerhin brachte der sowjetische Außenkommissar bis Mai 1935 den Torso eines kollektiven Sicherheitssystems zustande, gestützt auf zwei mit dem Völkerbund verklammerte militärische Beistandspakte, die Frankreich und die Tschechoslowakei zu Bündnispartnern Moskaus werden ließen. Litwinow hatte wieder und wieder versichert, dass der Friede unteilbar sei und die Sowjetunion im Kampf für den Frieden sich von Niemandem übertreffen lasse. Kombiniert wurde dieser Kurs mit einer Neuausrichtung der Komintern, die längst zu einem subordinierten Ressort sowjetischer Außenpolitik geworden war. Dabei wurde die alte Parole, der faschisierten Sozialdemokratie den Garaus zu machen, durch den Appell ersetzt, Volksfronten gegen Faschismus und Krieg zu bilden, die fähig wären, die breiten Massen hinter sich zu bringen. Die neue Strategie propagierte die Sammlung aller antifaschistischen Kräfte zur Verteidigung des Friedens und der demokratischen Freiheiten. Daher sollte die proletarische Aktionseinheit um Bündnisse mit antifaschistisch qualifizierbaren bürgerlichen Parteien erweitert werden. Gedacht war an einen Sicherheitskordon besonderer Art: an Allianzen, die in das politische System der sowjetischen Vertragspartner einzubauen wären.

Was die Kombination von Volksfront und kollektiver Sicherheit bewirken konnte, ist in Frankreich und in Spanien alsbald zutage getreten. So wurde der im Mai 1935 geschlossene Beistandspakt zwischen Moskau und Paris noch im gleichen Jahr durch einen innerfranzösischen Beistandspakt ergänzt. An der Volksfront beteiligt waren neben der KPF die Sozialisten und die Radikalsozialisten. Sie sammelten sich unter den Klängen der Marseillaise, nicht der Internationale und trugen bei Demonstrationen statt der roten Fahne die Tricolore vor sich her. Im August 1935 wurde die Volksfrontstrategie durch den VII. Weltkongress der Komintern in Moskau für alle Kommunistischen Parteien verbindlich gemacht. Zu den neuen Kammertönen passte ein Interview, in dem Stalin höchstselbst dementierte, dass die Sowjetunion Revolutionsexport betreibe, um die Weltrevolution durchzusetzen. Listig, wie er war, unterstellte er dem fragenden Amerikaner keine Provokation, sondern sprach von einem komischen, ja tragikkomischen Missverständnis.

Im spanischen Bürgerkrieg, seit 1936, wurde die Volksfrontpolitik der Komintern auf republikanischer Seite zur Geltung gebracht. Anders als in Frankreich geschah das durch die Regierungsbeteiligung der kommunistischen Partei. Die Genossen wurden von der Komintern ausdrücklich angewiesen, die fortgehende Revolutionierung der republikanischen Front auf einer Stufe anzuhalten, die sich mit dem sowjetischen Staatsinteresse vertrage und die Regierungen in Paris und in London nicht übermäßig verschrecke. Von der Diktatur des Proletariats war auf Seiten der Kommunisten nun keine Rede mehr. Wer diesem Kurs widersprach, oder auch nur zu widersprechen schien, setzte sich auch in Spanien dem Zugriff der Stalinschen Terrororgane aus.

In der Sowjetunion, dem Vaterland aller Werktätigen, hatte unterdessen die Zeit der *Großen Säuberung* begonnen. Infolge der brutalen Dezimierung der roten Militärelite und des diplomatischen Korps entstand eine besonders paradoxe Parallele zur Strategie der demokratischen Volksfront und der kollektiven Sicherheit. Nun wurde deutlich, dass in Moskau terroristische Kader wirksam waren, denen mit Vernunftgründen nicht beizukommen war. Schauprozesse gegen die alte Führungsgarde, massenhafte Hinrichtungen und andere Exzesse nährten im Westen die Zweifel an der Vertrauenswürdigkeit der Sowjetführung. Das verstörte selbst prominente Salonbolschewisten, die noch immer glauben wollten, dass ohne die Weisheit Stalins weder Frieden, noch Demokratie zu haben sei.

Trotz der sich öffnenden sowjetischen Archive bleibt die Frage bisher ungeklärt, wie diese Widersprüche zu deuten sind. Sie gehen mit dem Tatbestand zusammen, dass sich seit 1937 erste Anzeichen finden für eine Wendung der sowjetischen Politik, die von kollektiver Sicherheit und Zusammenarbeit mit den Westmächten zu einem Interessenarrangement mit dem nationalsozialistischen

Deutschland führte, mit einer Macht, der bisher die Konfrontationspolitik der Sowjetunion und der Komintern gegolten hatte.

3.2 Der Weg zum Hitler-Stalin-Pakt

Die Generallinie, von der man sich seit den ausgehenden 1920er Jahren im Kreml leiten ließ, stand unter dem Primat der Sicherheit. Es kam darauf an, die inneren Umwälzungen und deren Folgen gegen die Außenwelt abzuschirmen. Dabei sind zwei Phasen zu unterscheiden: Zunächst die Jahre zwischen 1929 und 1934 bis hin zum deutsch-polnischen Nichtangriffspakt, der den Operationsmustern der sowjetischen Europapolitik entgegenlief. In dieser Zeit kam es zu einer Vielzahl bilateraler Nichtangriffsverträge mit den westlichen Nachbarstaaten, aber auch mit Frankreich, dem von Krisen erschütterten Pfeiler des Versailler Systems. Kennzeichnend für den Vorrang ideologiefreier Zweckmäßigkeit war 1933 der Nichtangriffsvertrag mit dem faschistischen Italien. Anlass, die sowjetische Diplomatie neu zu justieren, hatte erst der polnisch-deutsche Ausgleich im Januar 1934 gegeben, die Neutralisierung eines Konflikts, der seit dem Ende des Weltkrieges eine Konstante der europäischen Politik gewesen war. Die neue Etappe endet mit der Münchner Vier-Mächte-Konferenz, dem Höhepunkt westlichen Appeasements, als Chamberlain, Daladier, Mussolini und Hitler Ende September 1938 dazu kamen, sich in der brandgefährlichen Sudetenfrage auf Kosten der Tschechoslowakei zu einigen, ohne dass die Sowjetunion beteiligt worden wäre. Dieser haarsträubende Vorgang verdeutlichte die Isolation der UdSSR und entwertete die Generallinie, die für Litwinow bis dahin bestimmend gewesen war. Dazu hatte auch der Versuch gehört, die eigene Sicherheitspolitik und die Prioritäten der Komintern in Harmonie zu bringen.

Die Politik der kollektiven Sicherheit war im September 1934 durch den Eintritt der Sowjetunion in den Völkerbund abgerundet worden, konkretisiert durch die beiden Beistandspakte, die der Kreml im Mai 1935 mit Prag und mit Paris abgeschlossen hatte. Dieser Kurs auf diplomatischem Feld wurde ergänzt durch eine der neuen Lage angepasste Kominternstrategie, durch die Volksfront gegen Faschismus und Krieg, deren Sinn es war, alle antifaschistischen Kräfte ungeachtet ihrer Klassenorientierung in ein großes Bündnis einzubeziehen. Die Praxis dieser Kombination von kollektiver Sicherheit und Volksfront war in Frankreich deutlich zu sehen. Mit dem militärischen Beistandspakt ging ein Bündnis einher, das die kommunistische Partei, die Sozialisten und die radikale Partei zur Aktionseinheit verpflichten sollte. Ein zweites Beispiel zeigte sich in Spanien. Dort tauchten Kommunisten sogar als Minister in der republikanischen Regierung auf. Eine dritte, die chinesische Variante kam hinzu. 1937 schloss die

Sowjetregierung einen Nichtangriffspakt nicht etwa mit Rätechina, dem kommunistischen Provinzialregime unter Mao Zedong, sondern mit dessen Todfeind Chang Kai-shek, dem Chef der Kuomintang und der chinesischen Nationalregierung.

An der Räson dieser kombinierten Strategie lässt sich füglich zweifeln. Solche Zweifel rühren daher, dass sich die Frage stellt, wie denn die Vernichtung eines Großteils der sowjetischen Generalität und der Diplomaten Litwinowscher Schule mit dem Primat der Sicherheit in Harmonie zu setzen sei. Die gleiche Irritation ergibt sich im Blick auf den Terror und die Verfolgung von Genossen ausländischer Parteien. In der Forschung ist bis heute umstritten geblieben, ob Stalin den Kurs der Anlehnung an die demokratischen Westmächte nur aus taktischen Gründen geduldet hat, oder ob er nicht doch schon in den 30er Jahren den Weg nach Berlin zu gehen suchte, zurück zur sowjetisch-deutschen Kooperation in der Kontinuität des Rapallo-Vertrags.

Außer Zweifel steht, dass die Münchner Konferenz vom September 1938 den entscheidenden Anstoß für eine Umorientierung der sowjetischen Außenpolitik gegeben hat. Das Abkommen München zeigte, dass die Westmächte bereit waren, sich mit faschistisch regierten Staaten zu verständigen. Und dies an der Sowjetunion vorbei, die mit Frankreich wie mit der Tschechoslowakei durch Beistandspakte verbündet war. Eine ungeheure Provokation für alle, die den Kurs der kollektiven Sicherheit zur Eindämmung aggressiver Staaten ernst genommen hatten. Ob München schon dazu geführt hat, den Entschluss Stalins zum Partnerwechsel zu treffen, zur Kumpanei mit Hitler, diese Frage muss hier offenbleiben. Und sie bleibt offen bis in den Sommer 1939 hinein. Die deutlichsten Signale dafür, dass sich Moskau von dem Konzept der kollektiven Sicherheit zu lösen begann, kamen im März 1939, fünf Tage vor der Zerschlagung der Tschechoslowakei durch Hitlerdeutschland, in einer denkwürdigen Rede, die Stalin vor dem XVIII. Parteitag der KPdSU hielt. Die Quintessenz dieses offiziellen Rechenschaftsberichts lässt sich auf drei Kernaussagen bringen.

Stalin erhob unverblümt Anklage gegen die Politik der nicht aggressiven Staaten, gegen das Appeasement gegenüber Deutschland, im weiteren Sinn auch gegenüber Italien und Japan. Das Verhalten, zumal der englischen und französischen Regierung, sei geeignet, die Aggressoren zu ermuntern. Stalin argwöhnte, dass London und Paris sich offenbar entschlossen hätten, Deutschland in einen Krieg gegen die Sowjetunion zu treiben. Zugleich versicherte er, es gebe keinerlei Anlass für einen solchen Krieg. Auch denke die Sowjetunion nicht daran, für die kapitalistischen Mächte die Kastanien aus dem Feuer zu holen.

Eine zweite Kernaussage zur internationalen Lage enthielt die These, dass der zweite imperialistische Krieg bereits begonnen habe. Dieser Krieg sei seit 1937 in einer räumlichen Dimension entbrannt, die von Gibraltar bis nach Shanghai reiche. Stalin hatte dabei sowohl den spanischen Bürgerkrieg im Blick, als auch den seit 1937 tobenden chinesisch-japanischen Krieg – einen neuen Zyklus von Kriegen, dessen Bedeutung der Epoche des Ersten Weltkrieges gleich zu achten sei. Mehr als 500 Millionen Menschen seien davon schon erfasst: „Die Landkarte Europas, Afrikas, Asiens wird gewaltsam umgestaltet. Das gesamte System des sogenannten Friedensregimes der Nachkriegszeit ist von Grund auf erschüttert. Der zweite imperialistische Krieg ist ein neuer Krieg im Kampf um die Aufteilung der Welt."[170]

Ein letzter Leitgedanke galt den Folgen für die sowjetische Politik. Er besagte, dass die UdSSR sich unter allen Umständen dagegen schützen müsse, in den zweiten imperialistischen Krieg hineingezogen zu werden. Dies sollte zum einen dadurch geschehen, dass die sowjetische Führung entschlossen auf ihrer Friedenspolitik beharre, zum anderen durch die entschiedene Erhöhung der militärischen Verteidigungsbereitschaft, vorrangig der Rüstung und der Schlagkraft der Roten Armee. Nicht weniger wichtig aber sei die innere Geschlossenheit der sowjetischen Völker und die Verstärkung der marxistisch-leninistischen Erziehung, also all dessen, was ideologische Abrichtung zu nennen wäre.

Wenn man diese Rede überblickt, kommt mit der These vom „zweiten imperialistischen Krieg" eine durchaus veränderte Einstellung heraus. Dieser Krieg wird mit den Perspektiven eines neuen internationalen Revolutionszyklus zusammengesehen und die eigene Position in offensivem Sinn bestimmt, ungeachtet aller Versicherungen, die Friedenspolitik fortzusetzen. Der Leiter der politischen Verwaltung der Roten Armee, Lew Mechlis, erklärte das im Frühjahr 1939 so: Sollte die Sowjetunion in den Krieg verwickelt werden, dann seien die sowjetischen Streitkräfte verpflichtet, „die Kriegshandlungen auf das Territorium des Feindes zu tragen, ihren internationalen Verpflichtungen nachzukommen und die Zahl der Sowjetrepubliken zu vermehren"[171].

Mit dem Begriff der internationalen Revolution war schon bei den Planungen des ersten Fünfjahresplans die Vorstellung einhergegangen, dass weitere Fortschritte des Sozialismus nur kraft der wachsenden Macht und Größe der Sowjetunion möglich seien, durch Vermehrung der Sowjetrepubliken, durch den Kampf der sowjetischen Streitkräfte, durch die Expansion des Sowjetimperiums selbst. Was Sozialismus heißt, sollte über die Sowjetgrenzen hinausgetragen werden. Nicht ohne Vorbehalte lässt sich sagen, von hier aus führe ein gerader Weg zum 23. August 1939, also zu jenem Tag, an dem Ribbentrop und Molotow im Beisein Stalins den deutsch-sowjetischen Nichtangriffspakt und die dazugehörigen Geheimprotokolle unterzeichneten. Voraussetzung dafür war, dass Hitler und Stalin sich auf diesem Weg entgegenkamen. Ohne Hitlers Bereitschaft wäre eine sowjetische Orientierung nach Berlin unvorstellbar gewesen. Die deutsche Wendung gegen Polen mit ultimativen Forderungen im April 1939, verbunden mit der einseitigen Kündigung des deutsch-polnischen Nichtangriffspakts, war ein klares Signal dafür, dass sich Hitler entschlossen hatte, nach der Zerschlagung der Tschechoslowakei auch die Streitfragen mit Polen um jeden Preis zu lösen.

Angesichts der aufziehenden Kriegsgefahr entschloss sich die sowjetische Führung zu einer Doppelstrategie. Zum einen versuchte sie, mit London und Paris zu einem großräumig projektierten Beistandspakt zu kommen, der sich klar gegen eine deutsche Aggression richten und Absprachen der Generalstäbe möglich machen sollte. Diese Linie wurde bis zum 21./22. August durchgehalten – lustlos und zögerlich auf beiden Seiten.

Parallel dazu hatten Berlin und Moskau ihre stillgelegten Gesprächskanäle wieder aktiviert. Dies geschah trotz aller Verärgerung, die Hitlers umstandslose Liquidierung der Tschechoslowakei im Kreml hervorgerufen hatte. Im Mai 1939 ging es zunächst um einen großangelegten deutsch-sowjetischen Wirtschaftsvertrag. Im Juli deutete sich an, dass beide Seiten ihre Interessen nicht nur in Bezug auf Polen, sondern überhaupt in jenem Großraum abstecken wollten, der von Finnland bis nach Bulgarien reichte. Aus diesen Begegnungen ging am 23. August, kurz vor dem deutschen Angriff auf Polen, der berüchtigte Nichtangriffspakt hervor – mit entsprechenden Geheimprotokollen über die Neuordnung Ostmittel- und Südosteuropas. Danach sollten Finnland, die baltischen Staaten – zunächst ohne Litauen – Bessarabien und Bulgarien in die Interessensphäre Moskaus fallen, während Polen zwischen beiden Großreichen aufzuteilen sei. Hinzu zu denken ist, dass der Hitler-Stalin-Pakt auch als Völkerrechtsinstrument eine neue Qualität besaß. In allen bisherigen sowjetischen Nichtangriffspakten hatte es eine Klausel gegeben, die den Vertrag für nichtig erklärte, falls einer der Partner einen dritten Staat angreifen sollte. Von solcher Fürsorge war im Hitler-Stalin-Pakt keine Rede mehr.

Nicht übergangen werden sollen Historiker-Kontroversen, die von weiter wirkender Bedeutung geblieben sind. *Erstens* geht es um die Beurteilung der Vorgeschichte des Paktes, *zweitens* um die Bewertung der deutsch-sowjetischen Zusammenarbeit und *drittens* um die Frage, wie der Autismus Stalins zu bewerten sei angesichts der eindeutigen Entschlossenheit Hitlers, den nach Barbarossa benannten Angriffsplan gegen die Sowjetunion zu exekutieren. Diese Kontroversen wurden 1989 aktualisiert zum 50. Jahrestag des Paktes – aktualisiert durch Menschenketten zwischen Wilna, Riga und Tallin, die an die Verschwörung der Diktatoren erinnerten, namentlich an die 1940 vollzogene Annexion der baltischen Staaten durch die Sowjetunion.

Im Sommer 1939 hatten sich Hitler und Stalin aus höchst unterschiedlichen Gründen, aufeinander zu bewegt. Die sowjetische Seite war darauf bedacht gewesen, sich – so lange es eben ging – Optionen offen zu halten: entweder einen Beistandspakt mit England und Frankreich oder aber mit Großdeutschland zu schließen. Für Hitler war wichtig, einen Zweifrontenkrieg zu vermeiden und für den geplanten Feldzug gegen Polen Rückendeckung zu haben. Klar ist im Blick auf die nationalsozialistische Seite, dass sie eine Interessenkonkordanz mit Moskau nur als eine interimistische Lösung verstand. Das nationalsozialistische Lebensraumprogramm, schon vor 1933 mit der Frontstellung gegen das „judobolschewistische Sowjetsystem" verbunden, wurde nicht aufgegeben, sondern in der deutschen Propaganda nur zeitweilig suspendiert. Stalin wiederum entschloss sich, auf Berlin zuzugehen, als Hitler offensichtlich bereit war, den Status quo in Osteuropa umzustürzen. Insofern kann man sagen, dass nach Hitlers Ansage, deutsche Forderungen an Polen notfalls militärisch zu erzwingen, keine Regierung, die in Moskau saß, gleichgültig hätte bleiben können.

Zu den Kontroversen gehört die Frage, warum Stalin das Arrangement mit Hitler einem Bündnis mit England und Frankreich vorgezogen hat. Diskutiert wird, wie die Parallelität der Verhandlungen zu bewerten sei. Sollte diese Zweigleisigkeit als Versuch gewertet werden, sich Optionen offen zu halten, oder als blanke Täuschung, als Druckmittel in den Verhandlungen Moskaus mit Frankreich und England wie auch als Druckmittel im Blick auf Berlin? Umstritten ist die Frage, wann sich Hitler und Stalin endgültig für diesen Pakt entschieden haben. Manches spricht dafür, dass die Ablösung des Außenkommissars Litwinow im Mai 1939 bereits ein Zeichen für die Annäherung an Hitlerdeutschland war. Andererseits wusste man im Kreml sehr genau, wo dieser jüdische Genosse, der die Zusammenarbeit mit dem Westen symbolisierte, fortan am besten aufgehoben war, nicht als Häftling in einem sibirischen Arbeitslager, sondern als außerordentlicher und bevollmächtigter Botschafter der UdSSR in Washington.

Nimmt man zusammen, was wir heute wissen, dann haben folgende Argumente erhebliches Gewicht. Ein Militärpakt mit den Westmächten gegen Deutschland hätte für Moskau zweifellos unkalkulierbare Risiken gebracht. Zunächst das Risiko, in dem Augenblick, in dem Hitler gegen Polen loszuschlagen beginne, an der Seite Englands und Frankreichs in den Krieg verwickelt zu werden. Die Sowjetunion aber war damals, nicht zuletzt als Folge der blutigen Säuberungen in den Kommandorängen der Roten Armee, für einen solchen Krieg noch nicht gerüstet. Daraus erklärt sich das Interesse Stalins, sein Land aus unkalkulierbaren Verwicklungen herauszuhalten. Überdies herrschte in Moskau berechtigte Unsicherheit über die militärische Potenz und die Kriegsbereitschaft Großbritanniens und Frankreichs – ungeachtet der Garantieerklärungen, die Chamberlain und Daladier gegenüber Polen abgegeben hatten. Das Misstrauen wurde genährt durch den schleppenden Gang der Moskauer Militärgespräche und durch wiederkehrende Zeichen dafür, dass die Appeasementpolitik noch immer ein Element britischer und französischer Strategie geblieben war.

Zudem wehrte sich Polen, das ja geschützt werden sollte, energisch dagegen, der Roten Armee Durchmarschrechte und Militärbasen einzuräumen. Ähnlich verhielt sich Rumänien. Warschau war gegen ein Bündnis, in dem Polen keine eigene Stimme hätte. Der Widerwille war auch in der britischen und französischen Öffentlichkeit groß. Man sträubte sich gegen den Gedanken, der Sowjetunion im Kriegsfall das Baltikum, Polen und Rumänien als militärisches Vorfeld zu überlassen. Auch muss man sehen, dass bei solcher Weigerung antirussische und antibolschewistische Furchtkomplexe wirksam waren. Sie beruhten auf langlebigen Erfahrungen und auf Schreckensnachrichten über das Stalinsche Terrorregime, die tagtäglich neu bestätigt wurden.

Anders als eine Westoption bot der Pakt mit Hitler dem Kreml Sicherheit gegen die Gefahr, zur Unzeit in einen großen europäischen Krieg verwickelt zu werden. Die deutsche Seite hatte auch andere, verlockende Offerten parat. So bot sie diplomatische Hilfe an, um den kräftezehrenden Grenzkrieg zwischen japanischen und sowjetischen Truppen in der Mongolei zu beenden. Und das geschah denn auch. Vor allem aber versprach ein Pakt mit Hitler den sowjetischen Zugriff auf Finnland, das Baltikum, den östlichen Teil Polens und Bessarabien, auf Territorien also, die bei der Reconquista des Imperiums jenseits der sowjetischen Grenzen geblieben waren. Hitler gewährte, was die Westmächte verweigerten. Im Übrigen schien eine Bedrohung der Sowjetunion durch Deutschland so lange unwahrscheinlich zu sein, wie Hitler im Krieg gegen Frankreich und Großbritannien stand. Die Annahme, dass er nach den bitteren Erfahrungen von 1914 noch einmal einen Zweifrontenkrieg wagen werde, schien absurd zu sein.

Hinzu kam der keineswegs abwegige Gedanke, dass der Krieg im Westen Europas der Sowjetunion letztlich zugutekommen werde. Er werde die imperialistischen Staaten schwächen und die Sowjetunion stärken, so dass eine Situation entstehen könnte, in der die Sowjetunion über die Bedingungen des Friedens in Europa wesentlich mitentscheiden werde. Für diesen Gedanken ließ sich gar ein passendes Zitat Stalins mobilisieren, in dem dieser die Maxime der sowjetischen Politik eindrücklich formuliert hatte. Die entscheidenden vier Sätze stammten vom Januar 1925 und klangen so: „Sollte ein Krieg beginnen, so werden wir nicht untätig zusehen können. Wir werden auftreten müssen, aber wir werden als Letzte auftreten. Wir werden auftreten, um das entscheidende Gewicht in die Waagschale zu werfen. Ein Gewicht, das ausschlaggebend sein dürfte."[172]

Kritiker der Stalinschen Politik, an denen es nach dem Tod des Despoten auch in Russland nicht mangelte, hielten eine dritte Alternative für realistisch, die Stalin aber ausgeschlagen habe. Es hätte viel dafür gesprochen, bei einem deutschen Angriff auf Polen strikt neutral zu bleiben und keine Kumpanei mit Hitler, vor allem aber keine Freundschaft zu suchen. Hitler habe 1939/40 das militärische Potential nicht gehabt, um über Polen hinweg nach Osten auf sowjetisches Territorium vorzustoßen. Ja, man könne sogar sagen, dass Hitler womöglich den Angriff auf Polen nicht gewagt hätte, wenn ihm von Stalin keine Rückendeckung geboten worden wäre. Das einzig Richtige sei gewesen, die Verhandlungen mit den Westmächten, aber auch die mit Berlin bis in den Winter hinauszuzögern, dann hätte Hitler – des Wetters wegen – Polen nicht mehr niederwerfen, geschweige denn die UdSSR bedrohen können.

Gegen diese Meinung spricht, dass die empfohlene Neutralität rein hypothetisch gewesen wäre. Die Zerschlagung Polens hätte die Sowjetunion in irgendeiner Form zur Eindämmung Hitlers gezwungen. In dieser Lage hatte die Entscheidung Stalins für einen Interessenausgleich mit Hitler eine eigene Logik, weil sie dem Rechnung trug, was im Interesse des Sowjetstaates auf fatale Weise damals für richtig und vordringlich gehalten wurde.

3.3 Deutsch-sowjetische Kumpanei

Am Vorabend des deutschen Angriffs auf Polen stand Stalin unter Handlungszwang. Zu den folgenreichsten Antworten, die er damals gab, gehörte sein Entschluss, die seit Ende Juni 1939 in Moskau geführten Militärverhandlungen mit Großbritannien und Frankreich abzubrechen. Die Delegationen traten am 21. August, noch einmal zusammen, um festzustellen, dass sie sich nicht einigen konnten. Zwei Tage später ließ sich Stalin auf ein weiträumig angelegtes Interessenarrangement mit Hitler ein.

An der Okkupation Polens war die Rote Armee seit dem 17. September 1939 beteiligt, als die militärische Widerstandskraft der autoritär geführten Republik bereits gebrochen war. Am 28. September wurde in einem deutsch-sowjetischen Grenz- und Freundschaftsvertrag die Abgrenzung der Machtsphären, die in den Geheimprotokollen vom 23. August festgelegt worden war, geringfügig modifiziert. Ein Restpolen war nicht mehr vorgesehen. Der polnische Staat, so Molotow, habe zu bestehen aufgehört.

Die Sowjetunion erhielt auf Grund dieser Vereinbarung das östliche Polen bis zum Bug und San zugesprochen, also die Wojwodschaften, in denen mehrheitlich Ukrainer, Weißrussen und Juden lebten, während der im ethnischen Sinn polnische Teil der Republik an die Deutschen überging. Ende Oktober 1939 erfolgte die Annexion der ostpolnischen Wojwodschaften durch die Sowjetmacht. Die Aktion stand im Zeichen der „Wiedervereinigung der getrennten Brudervölker und Stammesgenossen" mit ihren Blutsbrüdern, die bereits im Schoß der Union der Sozialistischen Sowjetrepubliken lebten. Westweißrussland wurde an die Weißrussische Sozialistische Sowjetrepublik angegliedert, die Westukraine, genauer Ostgalizien mit Lemberg, an die Ukrainische.

Zur gleichen Zeit, Ende Oktober, wurden Estland, Lettland und Litauen zu Beistandspakten gezwungen – mit der Verpflichtung, den Sowjets Militärbasen und Flottenstützpunkte einzuräumen. Doch der Versuch, nach gleichem Muster auch Finnland zur Räson zu bringen, stieß auf entschlossenen Widerstand. Daraufhin eröffnete Stalin den berüchtigten Winterkrieg, der am 12. März 1940 mit einem in Moskau unterzeichneten Friedensvertrag zu Ende ging. Finnland verlor Wiborg, ostkarelische Gebiete und Petsamo, doch blieb es, anders als die baltischen Länder, von Rotarmisten und NKWD-Agenturen frei. Der dezimierte Völkerbundsrat in Genf beschloss am 14. Dezember 1939, die UdSSR als Aggressor aus dem Völkerbund auszuschließen.

Der nächste sowjetische Schritt über den Stand vom Herbst 1939 hinaus erfolgte, als Frankreich geschlagen war. Das drückte sich darin aus, dass der Kreml die drei baltischen Staaten – nach inszenierten Wahlen aufgrund von Einheitslisten – im Juli 1940 förmlich annektierte und zu Sowjetrepubliken im Verband der UdSSR machte. Wenig später zog Stalin aus der Versicherung Hitlers, an Bessarabien nicht interessiert zu sein, die entsprechenden Konsequenzen. Das Gebiet, 1918 aus einem russischen Gouvernement zu einer rumänischen Provinz geworden, wurde annektiert und mit der bisher in Transnistrien bestehenden Autonomen Sowjetrepublik Moldawien zusammengeschlossen. Hinzu kam die Annexion der seit 1918 rumänischen Nordbukowina mit Czernowitz und ihre Vereinigung mit der Ukrainischen Sowjetrepublik. Man kann also sagen, dass das Diktum des Politkommissars Lew Meschlis, wonach es darauf ankomme, im Kriegsfall die Zahl der Sowjetrepubliken zu vermehren, keine leere Phrase war.

Es versteht sich, dass die Komplizenschaft des Kreml mit dem nationalsozialistischen Deutschland einer eigenen Rechtfertigung bedurfte, nicht nur gegenüber der eigenen Bevölkerung, sondern auch gegenüber den kommunistischen Parteien, die in der Komintern zusammengeschlossen waren und den Positionswechsel der Moskauer Politik zu verarbeiten hatten. Das Maß an Desorientierung, das der Pakt mit Hitler brachte, war beispiellos. Der Volksfrontpolitik gemäß waren die Genossen der KPF unter Maurice Thorez Anfang September 1939 dem Mobilmachungsbefehl gefolgt und zu den Fahnen geeilt. Doch als die neuen Moskauer Weisungen kamen, entschlossen sich viele von ihnen zur Fahnenflucht und gingen in den Untergrund. Welche Generallinie von nun an gelten sollte, zeigte eine berühmt-berüchtigte Rede Molotows, gehalten am 31. Oktober – also nach der Annexion Ostpolens, nach den Beistandspakten mit den baltischen Staaten und einen Monat vor Beginn des sowjetischen Angriffs auf Finnland.

Darin heißt es „In Anbetracht der bedeutsamen Veränderungen in der internationalen Lage stellen wir fest, dass gewisse alt hergebrachte Schlagworte, die wir noch vor kurzem angewandt haben, die vielen Leuten zur Gewohnheit geworden sind, heute unverkennbar überholt und nicht mehr anwendbar sind. Wir wissen zum Beispiel, dass in den gerade hinter uns liegenden Monaten Begriffe wie Aggression und Aggressor einen neuen konkreten Sinn, eine neue Bedeutung bekommen haben. Heute nimmt Deutschland im Rahmen der europäischen Großmächte die Position eines Staates ein, der danach strebt den Krieg so früh wie möglich zu beenden und den Frieden wiederherzustellen. Während Großbritannien und Frankreich, die noch gestern gegen die Aggression gewettert haben, heute für die Fortsetzung des Krieges und gegen einen Friedensschluss die Rollen wechseln. Die Bemühungen der britischen und französischen Regierung, diese ihre neue Haltung mit ihren Verpflichtungen Polen gegenüber zu begründen ist natürlich unsinnig. Jedermann sieht ein, dass eine Wiederherstellung des alten Polen überhaupt nicht in Frage kommt. Es ist daher absurd, den gegenwärtigen Krieg unter dem Motto der Wiederherstellung des früheren polnischen Staates fortzuführen."[173]

Das deutsch-sowjetische Arrangement bewirkte, dass in der Sowjetunion jegliche Auseinandersetzung mit dem Nationalsozialismus und dem Faschismus eingestellt wurde, während Hitler befahl, in Großdeutschland alle Angriffe gegen den *judobolschewistischen* Machtkomplex im Osten einzustellen. Molotow erklärte, dass die Verantwortung für die Fortdauer des Krieges allein bei Großbritannien und Frankreich liege, dass Deutschland eine friedliebende Macht sei und diese friedliebende Macht gemeinsame Interessen mit der Sowjetunion habe, so dass ein ideologischer Krieg gegen den Hitlerismus ein Verbrechen sei. An Zeugnissen und Demonstrationen der Freundschaft und der Vertragstreue hat es die sowjetische Seite nicht fehlen lassen. Deutsch-sowjetische Grenzkommissionen hielten sich im Gelände auf, um die neue Grenze zu vermessen.

Stalin hatte außerdem die Anweisung gegeben, die in den erweiterten Wirtschaftsverträgen festgelegten Verpflichtungen peinlich genau zu erfüllen. Die Sowjetunion lieferte nach Deutschland Erdöl, Phosphate, Mangan, Erz, Kupfer, Nickel, Zinn und auch Getreide. Das letzte große Abkommen über die gegenseitigen Warenlieferungen wurde im Januar 1941 unterzeichnet. Die sowjetischen Züge rollten noch über die Brücken des Bug, als Hitlers Divisionsstäbe den Angriffsbefehl schon in ihren Kartentaschen hatten. Trotz aller Irritationen wurde in Moskau die Fassade gewahrt. Stalins Glückwunschtelegramme zu Hitlers Geburtstag wurden im *Völkischen Beobachter* wie in der *Prawda* abgedruckt. Der Kreml gratulierte der Reichsregierung und dem deutschen Volk zu den großen und beispiellosen Waffenerfolgen, so zur Besetzung Dänemarks und Norwegens im April 1940, wenig später auch zum gloriosen Sieg über Frankreich. Was die sowjetische Bevölkerung über die deutsche Kriegführung erfuhr, folgte den Wehrmachtsberichten und geeigneten Sequenzen aus der Deutschen Wochenschau. Westliche Nachrichten wurden in der Regel nicht zitiert. Jegliche Kritik an Kriegführung und Politik der Deutschen wurde vermieden.

Auch auf diplomatischem Feld passte sich der Kreml den neuen Freundschaftsverhältnissen an. Die Sowjetregierung ließ sich herbei, Marionettenstaaten, wie die seit März 1939 klerikalfaschistisch regierte Slowakei, de jure anzuerkennen. Gleiches galt für die Regierung des Marschalls Petain in Vichy. Die Grundrichtung der deutschen Politik wurde demonstrativ bestätigt – auch dadurch, dass der Kreml die Botschaften der Tschechoslowakei, Polens, Norwegens, Dänemarks in Moskau schloss, ohne diplomatische Beziehungen zu den in London sitzenden Exilregierungen aufzunehmen.

Parallel dazu, seit dem Spätsommer 1939 schon, hatten aufgrund von Umsiedlungsabkommen die großen Heim-ins-Reich-Unternehmungen begonnen, die Umsiedlung der deutschen Bevölkerung aus den Gebieten, die dem Sowjetstaat zugefallen waren. Das Reich holte seine Volksgenossen nach Haus – ein erster Akt in der Kette der Vertreibungen, Umsiedlungen, Völkerverschiebungen, die den Zweiten Weltkrieg begleitet haben.

Spürbarer noch, als dies für Deutschland galt, wurden in der sowjetischen Kulturpolitik Traditionen deutsch-russischer Freundschaft ins Licht gerückt. 1940 wurden Bismarcks *Gedanken und Erinnerungen* ins Russische übersetzt, und Stalin selbst behielt sich vor, die Einleitung höchstselbst zu redigieren. Der Eiserne Kanzler wurde als überragender Staatsmann gepriesen, weil er begriffen habe, dass das Interesse des Reiches in der Freundschaft mit Russland wohlgeborgen sei. Brüsk abgelehnt wurden dagegen Sondierungen und Angebote, die Churchill nach dem Frankreichdebakel in Moskau durch seinen Botschafter vortragen ließ.

Nicht zu vergessen ist, dass zur Freundschaft zwischen den beiden Diktaturen auch die Auslieferung deutscher Emigranten an die Gestapo gehörte, darunter Frauen deutscher Kommunisten, deren Männer in Straflagern saßen oder umgebracht worden waren. Bezeichnend für die Zusammenarbeit zwischen Gestapo und NKWD war aber auch, dass Stalin und die in Moskau sitzende Exilführung der KPD nicht daran dachten, in diese Austauschaktionen auch Ernst Thälmann einzubeziehen. Der Hamburger Arbeiterführer, ein Symbol kommunistischen Widerstands, der schon 1933 verhaftet worden war, wurde im August 1944 im KZ Buchenwald erschossen.

Bei alledem ist nicht zu übersehen, dass die deutschen „Blitzkriege" auf sowjetischer Seite zu beträchtlicher Unruhe führten. Man hatte nicht damit gerechnet, dass Frankreich so rasch auszuschalten war, hatte vielmehr darauf gesetzt, dass Hitler an der Westfront gebunden werde. Stattdessen kam die Wehrmacht nach Rumänien, im März 1941 auch nach Bulgarien. Die Stationierung deutscher Truppen in Finnland, das der Sowjetunion als Interessensphäre zugesprochen worden war, wurde in Moskau als Provokation empfunden, doch solche Gefühle sollten nicht nach draußen dringen.

Ein letzter Versuch, zu erkunden, ob und wie die lädierte Freundschaft noch zu retten sei, wurde im Spätherbst 1940 unternommen. Molotow kam am 12./13. November auf Einladung Ribbentrops nach Berlin. Um diesen makabren Besuch angemessen zu bewerten, muss man sehen, dass sich Hitler bereits am 31. Juli 1940 dazu entschlossen hatte, auf die Landung deutscher Truppen in Großbritannien zu verzichten. Die Operationsplanung *Seelöwe* wurde zurückgestellt. Das Risiko war zu groß, nachdem Görings Luftwaffe über den britischen Inseln schwerste Verluste erlitten hatte. Wie bekannt, hat Hitler an ebendiesem 31. Juli, also weit vor dem Molotow-Besuch in Berlin, die Spitzen des OKW wissen lassen, dass er entschlossen sei, die Sowjetunion im Jahre 1941 zu zerschlagen – in einem Blitzkrieg, von dem angenommen wurde, dass er nicht länger als sechs Wochen dauern werde.

Die Gespräche, die Molotow und Ribbentrop im November 1940 miteinander führten, waren jedenfalls auf deutscher Seite nichts weiter als eine Simulation oder Test. Alle Offerten an Moskau waren nur Schein. Hitler bot der Sowjetunion an, dem sogenannten Drei-Mächte-Pakt zwischen Deutschland, Italien und Japan als viertes Mitglied beizutreten. Die allgemeine Zwecksetzung des Paktes war gegen Großbritannien und im weiteren Sinne auch gegen die USA gerichtet. Die Sowjetunion sollte im Rahmen dieses globalen Interessenarrangements in ihren macht- und interessenpolitischen Bewegungsräumen freie Hand erhalten, freilich nicht in Südosteuropa und am Bosporus, sondern in Richtung auf den Persischen Golf, den Iran, Afghanistan und Indien, in Räume also, die für das britische Empire unverzichtbar waren.

Molotow hat das Berliner Angebot nicht abgelehnt, sondern eigene Bedingungen gestellt. Dabei ließ er erkennen, dass sich Stalin durch nichts dazu verlocken lasse, die sowjetischen Interessen in Südosteuropa und an den Meerengen aufzugeben. In Molotows Forderungen traten die Konfliktlinien zwischen den beiden Mächten deutlich hervor. Mit dem Hinweis, dass Finnland der sowjetischen Interessensphäre überlassen worden sei, verlangte er, die dort stehenden deutschen Truppen schleunigst abzuziehen. Außerdem kündigte er an, dass die Sowjetunion mit Bulgarien einen Beistandspakt nach dem Vorbild der baltischen Verträge schließen werde, und verlangte, dass die deutsche Regierung der UdSSR dazu verhelfe, Stützpunkte an den türkischen Meerengen einzurichten. Falls Ankara sich weigere, sollten Deutschland und Italien alles tun, das türkische Einverständnis zu erzwingen. Hier zeigte sich, dass eines der gefährlichsten Pulverfässer zwischen Berlin und Moskau in Südosteuropa lag. Ebenso klar war, dass Stalin das traditionelle Ziel der Zarenzeit, die Meerengen zu beherrschen, wieder ins Visier genommen hatte.

Molotow hatte den Ernst der Lage zweifellos begriffen. Schon am 26. November 1940 schickte er noch einmal eine Note nach Berlin, um die eigenen

Bedingungen zu präzisieren. Auf dieses Signal sowjetischer Harthörigkeit gab es keine deutsche Antwort mehr. Am 18. Dezember 1940 erteilte Hitler die Weisung, den im Juli zum ersten Mal hohen Militärs vorgestellten Operationsplan *Barbarossa* gegen die Sowjetunion vorzubereiten. Bis zum 15. Mail 1941 sollte die Wehrmacht imstande sein, den Gegner vernichtend zu schlagen, bevor der Winter käme.

Trotz der wachsenden Gegensätze, Missverständnisse und Verärgerungen ist nicht zu sehen, dass es von Moskau her zu entschiedenen Reaktionen oder gar zu öffentlichen Protesten gekommen wäre. Solche Zeichen blieben auch dann noch aus, als Hitler am 6. April 1941 mit dem Angriff auf Jugoslawien und – zur Entlastung der italienischen Verbündeten – auf Griechenland begann und damit die südöstliche Richtung seiner imperialistischen Interessen unmissverständlich unterstrich. Deutsche Truppen stießen von ungarischem, rumänischem und bulgarischem Gebiet vor, sowohl nach Jugoslawien wie nach Griechenland. Die Zerschlagung des Widerstandes war eine Sache weniger Wochen. Auch daraufhin kam kein Protest, obwohl die Sowjetunion einen Tag vor Beginn des deutschen Angriffs noch einen Freundschaftsvertrag mit Belgrad abgeschlossen hatte. Ein wichtiges Zeichen dafür, wie sehr die Sowjetunion darauf bedacht war, die eigene Sicherheit zu erhöhen, kam noch während der deutschen Militäroperation in Südosteuropa. Damals wurde bekannt, dass Moskau am 13. April 1941 einen Neutralitätsvertrag mit Tokyo abgeschlossen und damit Hitlers nach Ostasien ausgreifenden Dreimächtepakt entwertet hatte.

Generell aber ist nicht zu übersehen, dass Stalin gegenüber Deutschland bis zuletzt bei der Strategie konsequenter Konfliktvermeidung blieb und sich scheute, mit Hitler öffentlich zu brechen. Ein derart autistisches Verhalten entzieht sich einer rationalen Erklärung. Unverkennbar waren die deutschen Kriegsvorbereitungen, waren die enormen Truppenmassierungen vor den sowjetischen Grenzen, unüberhörbar die zahllosen Warnungen, die der sowjetischen Seite damals zugegangen sind. Churchill persönlich setzte Stalin über die bevorstehende Invasion ins Bild. Selbst die deutsche Botschaft unter dem Grafen Schulenburg gab dem Kreml zu verstehen, dass ein Angriff unmittelbar bevorstand. Stalin verlor dazu kein Wort.

Diese Renitenz hat schon damals viele Rätsel aufgegeben. Niemand wagte, dem Despoten mit Nachrichten zu kommen, von denen er nichts hören wollte. Informanten aus dem Milieu des NKWD, die nicht verschwiegen, was sie wussten, riskierten verhaftet oder gar liquidiert zu werden. Kein Wunder, dass dieser Erklärungsnotstand in der Sache Kontroversen der Forschung hervorgetrieben hat. Auf sowjetischer Seite blieb man bis zur Perestrojkazeit bei der Auskunft, die Stalin in seiner ersten Kriegsrede am 3. Juli 1941 der orientierungslosen Bevölkerung gegeben hatte. Dort sprach der selbsternannte Generalissimus von einem wortbrüchig begonnenen militärischen Überfall, auch davon, dass das faschistische Deutschland grundlos und unerwartet den Nichtangriffspakt zerrissen habe.

Diese Deutung wird heute in Russland von niemandem mehr geteilt. In der postsowjetischen Historiographie wird Stalin und einigen der ihm nahestehenden Genossen die Verantwortung dafür zugesprochen, dass der deutsche Angriff als Überraschungsangriff wirken konnte – mit katastrophalen Folgen für das ganze Vaterland und die Rote Armee. Als eine von vielen Erklärungen mag die These taugen, Stalin sei offenbar darauf fixiert gewesen, dass sich Hitler gegen die Sowjetunion nicht wenden werde, so lange sein Krieg gegen Großbritannien nicht entschieden sei. Unwahrscheinlich bleibe auch, dass es die deutsche Militärführung wagen werde, noch einmal auf einen Zweifrontenkrieg einzugehen. Im Übrigen wollte Stalin offenbar alles tun, um den offenen Konflikt mit Nazideutschland möglichst weit hinauszuschieben. Frühestens 1942 werde die Sowjetunion einem solchen Entscheidungskampf gewachsen sein. Erst dann werde die Modernisierung der Streitkräfte abgeschlossen, die bitteren Erfahrungen des Finnlandkrieges verarbeitet, der dezimierte Kommandostab der Roten Armee regeneriert und die Verlegung der Truppen an die neuen Westgrenzen soweit gediehen sein, dass sie im Kriegsfall zu raschen Gegenoffensiven fähig wären. Ob Stalin tatsächlich selbst einen Krieg gegen Deutschland eröffnet hätte, ist jedoch nicht hieb- und stichfest geklärt worden.

3.4 „Großer Vaterländischer Krieg"

Der deutsche Angriff auf die Sowjetunion vom 22. Juni 1941 wurde von der deutschen Propaganda schnell als Vorwegnahme eines unmittelbar bevorstehenden sowjetischen Überfalls auf Deutschland gerechtfertigt. Hitler selbst, aber auch Goebbels, hatten diesen Krieg öffentlich damit begründet, dass es jene Gefahr abzuwenden gelte, die der Bolschewismus für ganz Europa bedeute. Später haben Historiker die „Präventivkriegsthese" aufgegriffen, so in der vom Militärgeschichtlichen Forschungsamt in Freiburg herausgegebenen „Geschichte des Deutschen Reichs und der Zweite Weltkrieg". Die These wurde erwartungsgemäß, späterhin von Gelehrten wie dem Soziologen und Philosophen Ernst Topitsch in seinem Buch „Stalins Krieg" weiter getragen. Die sowjetische Langzeitstrategie gegen den Westen als rationale Machtpolitik". Schließlich wurde sogar in der Sowjetunion der Präventivkrieg diskutiert, etwa in den Ausführungen des sowjetischen Offiziers Wiktor Suworow, die in deutscher Sprache unter dem Titel „Der Eisbrecher. Hitler in Stalins Kalkül" erschienen.[174]

Die Argumentation läuft im Wesentlichen auf 4 Gesichtspunkte zu: *Erstens* stützt man sich auf die Aussagen sowjetischer Kriegsgefangener in den Verhören mit Offizieren der deutschen Abwehr, dass die sowjetische Armee sich auf einen Krieg eingestellt und einen solchen Angriffskrieg vorbereitet hätte. *Zweitens* stützen sich die Präventivkriegstheoretiker auf den Tatbestand, dass die sowjetische Militärführung in der Tat 1940 nach der Annexion des Baltikums und der Westukraine mit einer massierten Konzentration von Truppen in eben diesen neuen Grenzgebieten begonnen habe, zumal in den nach Westen vorspringenden Frontbögen bei Bialystok und Lemberg. *Drittens* wird darauf verwiesen, dass General Schukow, der in dieser Zeit wieder in den Umkreis der militärischen Führung gelangt war, im Mai 1941 einen Plan vorgelegt habe, der den bevorstehenden deutschen Angriff erkannte und empfahl, diesem durch eine sowjetische Angriffsoperation die Spitze zu nehmen. *Viertens* schließlich wird auf eine Rede Stalins vom 5. Mai 1941 verwiesen, in der Rückschlüsse auf einen sowjetischen Erstschlag auffindbar seien.[175]

Die Argumente, die gegen diese Hinweise vorgetragen worden sind, finden sich besonders klar und überzeugend gebündelt in einem Aufsatz von Bianka Pietrow-Ennker, die festgestellt hat, dass sich im Verhör erzwungene Berichte sowjetischer Kriegsgefangener nicht zur Stützung dieser These heranziehen lassen. Sie bestätigten vielmehr die deutsche Propagandaversion. Was die Truppenmassierung in Grenznähe angeht, so sei diese nicht strittig, sei jedoch der geltenden sowjetischen Militärdoktrin gefolgt, wonach jeder Krieg in einen offensiven Krieg auf Feindesland zu überführen sei. Zudem repetiere dieser Truppenaufmarsch nur das, was wir aus der Vorgeschichte des Ersten Weltkriegs kennen: die Vorverlagerung starker militärischer Kräfte an die Grenze. Auch die Akten des deutschen Generalstabs geben keinerlei Hinweis darauf, dass die deutsche Seite die Operation „Barbarossa" angesichts eines bevorstehenden sowjetischen Angriffs unternommen hätte. Der deutsche Generalstab hatte „Barbarossa" vielmehr als „Blitzkrieg" angelegt und rechnete in gröblicher Unterschätzung der sowjetischen Möglichkeiten mit einem raschen Sieg in sechs Wochen, allenfalls in einem Vierteljahr.[176]

Auch die Stalinrede enthält keine stringenten Hinweise auf einen bevorstehenden sowjetischen Angriff. Sie bietet eine Mischung aus richtigen, falschen, realistischen und bombastischen Urteilen. Stalin warnt eindringlich vor der Rückständigkeit der sowjetischen Armee, vor allem der militärischen Führung. Er ergeht sich in panegyrischen Äußerungen über die moderne Militärtechnik, die jedoch noch gar nicht vorhanden war. Er verweist auf eine zunehmende Instabilität und eine wachsende Frostigkeit in den Beziehungen zu Deutschland. Zugleich versucht Stalin, den anwesenden jungen Generalstabsoffizieren einen kämpferischen offensiven Geist zu vermitteln. Die deutsche Armee sei nicht unbesiegbar, sie sei von einem gerechten Krieg gegen die Versailles-Ordnung von 1939 zu Eroberungsparolen und zu einer Rhetorik der Unterjochung fremder

Länder übergegangen. Deutschland führe einen räuberischen Eroberungskrieg, der keinen Erfolg haben werde.

Die katastrophalen Folgen, die sich nach dem 22. Juni 1941 zeigten, sind nicht der letzte Hinweis darauf, dass die Kritik an der Präventivkriegstheorie berechtigt ist. Die Sowjetunion geriet in dieser Phase des Krieges an den Rand ihrer Vernichtung. Alle Welt erwartete ihren Kollapps, einschließlich der britischen und der amerikanischen militärischen Geheimdienste, die auf die Durchhaltefähigkeit der sowjetischen Armee und Rüstungsindustrie nicht viel gegeben haben. Bis September 1941 wurde die sowjetische Front weit zurück gedrängt auf eine Linie, die von der Krim bis nach Leningrad reichte. Die alte Hauptstadt sollte auf Hitlers Befehl dem Erdboden gleichgemacht werden. Auch Moskau war Mitte Oktober 1941 bedroht. Bis Ende des Jahres 1941 waren mehrere Millionen Tote und 2,5 bis 3 Millionen sowjetische Gefangene zu beklagen. In der Roten Armee fielen in diesem ersten halben Jahr des Krieges auf eigenem Territorium etwa 5 bis 6 Millionen Mann aus. Für defensive Operationen in Grenznähe, für Evakuierungen, für den Nachschub an Material und Proviant, für all das waren keine Vorkehrungen getroffen worden. Die Orientierungsschwäche, krasse Widersprüche im operativen Verhalten der einzelnen Truppenteile waren am Ende für diese verheerenden Verluste verantwortlich. Wenn es für die Sowjetunion unter Stalin je eine Zeit gegeben hat, in der es im handgreiflichsten Sinn um Tod und Leben ging, dann in den ersten Monaten nach dem 22. Juni. Erst die Gegenoffensive zur Rettung Moskaus, die im Oktober eingeleitet wurde und dann bis zum Dezember zu ersten Erfolgen führte, hat dafür gesorgt, dass die Katastrophe nicht eintrat und die Sowjetunion den Winter überstand.

Trotz der Bedeutung, die dem militärischen Geschehen zukam, kann das unmittelbare Kriegsgeschehen hier nicht beschrieben werden, auch nicht im Einzelnen das Schicksal der Roten Armee, die unter entsetzlichen Verlusten weit nach Osten zurück wich, von den Folgen des Krieges für die Zivilbevölkerung ganz zu schweigen. Militärisches wird nur insoweit in den Diskussionszusammenhang einbezogen, wie die Militärgeschichte die politische Geschichte des Krieges erklären helfen kann. Hier kommt es eher darauf an, den Bogen zur sogenannten Antihitlerkoalition zu spannen, die sich im Laufe des Jahres 1941 als Vereinbarung mit Großbritannien und im weiteren Sinn mit den USA herauszubilden begann. An der Front im Osten indes war in den Wochen äußerster Bedrängnis von jener Allianz oder alliierter Hilfe noch nichts zu spüren. Die Rote Armee war und blieb auf lange Zeit hinaus mit ihren Feinden allein und auf die eigenen Kräfte angewiesen. Es kam darauf an, die in Verwirrung geratene Organisation der Kriegsführung mit allen nur denkbaren Mitteln auf die Aufgaben neu einzurichten und die Industrie auf die Erfordernisse des Krieges einzustellen. Die industriellen Anlagen mussten vor allem, wo immer es ging, durch Verlagerung in ungefährdete

Gebiete jenseits der Wolga und des Urals dem Zugriff der anrückenden Deutschen entzogen werden. Große Anstrengungen wurden unternommen, um das Überleben des Regimes nicht nur militärisch und kriegswirtschaftlich, sondern auch politisch zu sichern. Dazu gehörte nicht zuletzt die psychologische Stabilisierung der Heimatfront. Der gewaltige Raumgewinn der deutschen Truppen, die Verluste an Menschen und Material, das Massenelend der Flüchtlinge hatten demoralisierend gewirkt.

Nach wie vor stand Stalin als die politisch und militärisch allein entscheidende Instanz im Zentrum aller Entscheidungen; und er blieb dort, auch wenn die katastrophalen Folgen seiner eigenen Deutschlandpolitik jetzt zu Tage traten. Am 11. Juli hatte Stalin den Vorsitz des neu errichteten Staatskomitees für Verteidigung übernommen, dem die Regierung und die obersten Parteigremien unterstellt wurden. Am 8. August wurde Stalin Oberster Befehlshaber der bewaffneten Streitkräfte der Sowjetunion. Die unvergleichliche Autorität der kultisch verehrten Führer- und Vaterfigur nahm an diesem militärischen Debakel offenbar keinen Schaden. Jedenfalls war Stalin nicht zu ersetzen und seine Positionen wurden – soweit wir wissen – von keiner Seite ernsthaft angegriffen. Die wichtigste Maxime, die der Sinngebung des Krieges dienen sollte, wurden während der ersten Kriegsmonate in drei öffentlichen Reden Stalins vorgestellt.

Nach dem Schock des deutschen Überfalls sprach Stalin zum ersten Mal am 3. Juli im Radio zur Bevölkerung, und er sprach sie mit der Anrede „Genossen, Bürger, Brüder und Schwestern" an. Am 6. November, als in Moskau Artilleriefeuer von der Front zu hören war, hielt Stalin die Festrede zum Revolutionsjubiläum und am darauffolgenden Tag eine Rede vor Rotarmisten anlässlich der traditionellen Gedenkparade auf dem verschneiten Roten Platz. Was Stalin sagte oder auch immer verlauten ließ, wurde in Millionen Auflagen in zahllosen Tornisterschriften verbreitet, später von Professoren der Akademie der Wissenschaften, nicht zuletzt von Historikern variiert. Wer sich die Reden ansieht, wird sofort feststellen, dass er auf marxistisch-leninistische Begriffe verzichtete, auch auf den Hinweis, dass der Sozialismus in der UdSSR gegen die Deutschen zu verteidigen sei. Die bolschewistische Partei blieb in Stalins öffentlichen Äußerungen seit dem 3. Juli vielmehr marginal. In den Tagen höchster Gefahr wurde die Partei nicht einmal erwähnt. Nun dominierten patriotische Normen und Werte. Jetzt ging es um die Rettung der Heimat, die Verteidigung von Ehre, Freiheit und Vaterland. Der Krieg ist – im Wortschatz Stalins gesprochen – „gegen das Hitlergeschmeiß" zu führen, gegen „wortbrüchige Leute und Ungeheuer mit der Moral von Bestien", die zur „Vernichtung der großen russischen Nation" aufgerufen hatten. Der Krieg sollte als gerechter Krieg verstanden werden, als „Vaterländischer" Krieg des Volkes.

Der Begriff „Großer Vaterländischer Krieg" fand in den Kriegsmonaten 1941/ 42 Eingang in die politische Sprache und wurde seither kanonisiert. In den Stalinreden und der Presse sowie den Propagandaheften für die Rote Armee wurde er immer wieder mit dem Befreiungskrieg gegen Napoleon von 1812/13 verglichen. Dieser sowjetpatriotischen Deutung entsprach es, dass Stalin die Helden der russischen Reichsgeschichte und Kriegsgeschichte als heroische Vorbilder und große Vorfahren der Rotarmisten immer wieder aufrief. Auch die russisch-orthodoxe Kirche begann sich auf der Folie patriotischer Rückbesinnung 1943 wieder zu erholen. Stalin erlaubte sogar die Wahl eines Patriarchen. Dies war nicht zuletzt eine Reaktion darauf, dass die deutsche Besatzung in den besetzten Gebieten Kirchen wieder öffnen ließ.

Für Stalin kam es darauf an, den Zusammenhang zwischen Vaterlandsverteidigung und Rechtgläubigkeit wiederherzustellen und auch die mit der Kirche in irgendeiner Weise verbundene Bevölkerung von dieser Seite her für die Verteidigung des Vaterlandes zu erwärmen. Die Propaganda nannte Alexander Newski, den Retter der russischen Erde vor dem Deutschen Orden und den deutschen Ordensrittern. Eine zweite Kultfigur, die der sowjetischen psychologischen Kriegsführung nutzbar gemacht wurde, war Großfürst Dimtri Donskoj, der Sieger auf dem Schnepfenfeld über ein tatarisches Heer im Jahr 1380. Außerdem wurden die auf dem Roten Platz im Denkmal verewigten Minin und Poscharskij als Symbolfiguren für die Befreiung Moskaus von den polnischen Okkupanten in der Zeit der *Smuta* 1612 solchermaßen rehabilitiert. Gleiches galt für die imperialen Feldherren des 18. Jahrhunderts: für Generalfeldmarschall Suworow, den glorreichen Heerführer Katharinas der Zweiten oder auch für Fürst Michael Kutusow, jenen genialen Strategen, der Napoleon überwunden und Russland so vor der Fremdherrschaft bewahrt hatte. In dieser Traditionslinie erschien dann schließlich auch der Geist Lenins, der im Grunde nur als krönender Tafelaufsatz in dieser Traditionslehre des großen Vaterländischen Krieges erschien und gebraucht wurde. Jedenfalls war von Lenin während des ganzen Krieges deutlich weniger die Rede als von den Heiligen und Helden aus der russischen Reichsgeschichte.

Auch bei der Stigmatisierung des Nationalsozialismus und Hitlers hat Stalin die überkommene und von ihm selbst regulierte und redigierte Parteidoktrin nicht mehr bemüht. Er hatte weitgehend auf die Formen verzichtet, die in der Kommunistischen Internationale aus der Vorkriegszeit überkommen waren und die besagten, dass der Faschismus der terroristischste Flügel des kapitalistischen Lagers, ein Krisenphänomen der kapitalistischen Gesellschaft sei. Die Komintern wurde im Mai 1943 mit einer öffentlichen Erklärung, unter der auch der Name Stalins stand, aufgelöst. Darin wurde erklärt, dass die Kommunisten in allen Ländern die Aufgaben hätten, in den patriotischen Volksbefreiungsfronten, Widerstandsbewegungen gegen Hitler zu kämpfen und auf diese Weise zum Sieg über den Faschismus beizutragen.

Stalin hatte sich ganz auf die Auffassungskraft der einfachen Sowjetbürger eingestellt und sich mit grobkörnigen und durchaus widersprüchlichen Aussagen beholfen. Ein Auszug aus der Rede Stalins vom 3. Juli 1941 zeigt dies in aller Deutlichkeit: „Was will der Feind. Er will die Völker der Sowjetunion und ihre Nationalkultur vernichten, sie germanisieren. Er will sie zu Sklaven der deutschen Fürsten und Barone machen."[177] Diese Wendungen kannten die meisten Bürger noch aus den Jahren des Ersten Weltkrieges. Deutsche, das sind Bankiers und Fürsten; und – so Stalin auf der Maiparade 1942 – „Plutokraten und Bankiers" stehen stets hinter den Faschisten. Stalin sprach also bewusst nicht mehr von „Kapitalisten", nachdem Großbritannien und Amerika zu Verbündeten geworden waren. Der Zusammenhang zwischen Faschismus und Kapitalismus wurde aufgehoben. Man konnte von „Faschismus" reden ohne von „Kapitalismus" zu sprechen. Jetzt gab es mit dem „demokratischen Kapitalismus" eine neue Kunstfigur, mit der Stalin seine Verbündeten ansprach. Wie immer man diese ideologischen Wendungen auch verstehen mag: Der Große Vaterländische Krieg legitimierte die sowjetische Herrschaft in dieser Optik neu und sollte später zum neuen Gründungsmythos oder auch zu einer Art zweiter sowjetischer Staatsgründung werden.

Die Frage, wie sich die Widerstandskraft und der spätere Sieg der Sowjetarmee erklären ließen, ist nicht ohne Verweis auf die deutsche Herrschaft in Osteuropa zu beantworten. Der Charakter des deutschen Vernichtungskrieges im Osten war von Beginn an ein Rassenkrieg, mit dem Ziel der Unterwerfung und Ausbeutung, kombiniert mit einer Strategie zur Vernichtung der jüdischen Bevölkerung und der politischen Elite der Sowjetunion. Die Zivilbevölkerung sollte unterworfen und ausgeraubt werden. Die These von den slawischen Untermenschen fand ihren perfiden Ausdruck in der Behandlung der sowjetischen Kriegsgefangenen, von denen etwa 3 Millionen den Krieg nicht überlebten, in der Deportation von Zwangsarbeitern nach Deutschland, vor allem in die Rüstungsindustrie und Landwirtschaft, oder gelegentlich auch in kinderreiche Haushalte. Bis zum Juni 1944 wurden etwa 2.8 Millionen Menschen zur Zwangsarbeit nach Deutschland geschickt. Zudem hinterließen die Einsatzgruppen eine Blutspur auf ihrem Weg durch die besetzten Gebiete. All das hat dem von Stalin propagierten Aufruf zur Verteidigung des Vaterlands Glaubwürdigkeit und der Partisanenbewegung, die seit 1943 in den besetzten Gebieten geschaffen wurde, Auftrieb gegeben.[178]

Im Vergleich mit dem Ersten Weltkrieg, als die 3. Heeresleitung unter General Ludendorff ein deutsches Ostimperium plante, das für kurze Zeit den Kaukasus, die Ukraine, die baltischen Provinzen umfaßte und das – eingekleidet in die

Formel der Selbstbestimmung der Völker – nationale Staatsbildungen in Osteuropa vorgesehen hatte, wurden von Hitler keine Nationalregierungen als kollaborationsfähige Größen in Osteuropa geduldet. Es gab auf dem Territorium der Sowjetunion keine Kollaborationsregierungen mit eigenen Ansprüchen und Rechten. Obgleich deutsche Truppen beim Vormarsch in Weißrussland, in Litauen, in der Ukraine mit Brot und Salz oder anderen Zeichen der Erwartung, dass jetzt eine Zeit der Freiheit anbreche, begrüßt worden waren, verweigerte sich Hitler allen Vorschlägen des Ostministeriums, die „befreiten" Völker für die nationalsozialistische Sache zu gewinnen. Die deutsche Ostpolitik war von Beginn an als Kolonialherrschaft in Osteuropa angelegt.

Es entwickelten sich allenfalls Formen militärischer Kollaboration unter deutschem Kommando wie etwa der Einsatz von Hilfstruppen nichtslawischer Herkunft: Kosakenverbände, nationale Legionen, rekrutiert aus Krimtataren, Kalmücken und anderen Nationalitäten des Nordkaukasus. Die Antwort Stalins ließ nicht lange auf sich warten: die 1944 einsetzenden Zwangsdeportationen einer ganzen Reihe von Ethnien, von den Krimtataren bis zu den Inguschen und Tschtschenen, denen man vorwarf, mit den Deutschen kollaboriert zu haben. Dieses Schicksal teilten sie mit den Deutschen in der Wolga-Republik, die nach Kasachstan deportiert wurden.

Zum sowjetischen Sieg trug fraglos auch die Kriegsallianz mit dem Vereinigten Königreich und den USA bei. Die Geschichte der Antihitlerkoalition ist hier nicht im Einzelnen darzustellen; sie wird vielmehr in vier Punkten zusammengefasst. *Erstens* nach dem Angriff Deutschlands auf die Sowjetunion wurde Stalin zum Bündnispartner für Großbritannien und die USA. *Zweitens:* die Antihitlerkoalition verständigte sich alsbald auf Hilfsabkommen und Verträge. Bereits am 12. Juli 1941 kam es zu einem Abkommen zwischen der Sowjetunion und Großbritannien. Außenminister Anthony Eden reiste dazu nach Moskau. Diese ersten, rasch improvisierten Abkommen und Hilfszusagen Großbritanniens wurden auf Dauer gestellt, als die britischen und amerikanischen Militäranalytiker zu der Überzeugung gekommen waren, dass die Sowjetunion diesen Krieg überstehen würde. Das sowjetisch-britische Hilfsabkommen wurde am 26. Mai 1942 durch einen Vertrag ergänzt, in dem beide Seiten sich darauf verpflichteten, keine Separatfriedensverhandlungen mit Deutschland zu schließen. Im November 1941 wurde die UdSSR in den sogenannten *Land lease Act*, das zur Unterstützung Großbritanniens organisiert worden war, aufgenommen und profitierte somit von amerikanischer Hilfe. Im Juni 1942 eilte der sowjetische Außenminister Molotow nach Washington und handelte weitere langfristige Hilfsabkommen aus. Einen förmlichen Beistandspakt zwischen beiden Staaten, der über das Kriegsende hinaus gereicht hätte, brachten die USA und die Sowjetunion jedoch nicht zustande. Die Prinzipien des Friedens waren zwischen Roosevelt und Churchill in der Atlantikcharta festgelegt worden; später wurden im unmittelbaren Kontakt mit der sowjetischen Führung auf den sogenannten Kriegskonferenzen von Moskau (Oktober 1943), Teheran (Dezember 1943), Jalta (Februar 1945) und Potsdam (Mitte Juli/Mitte August 1945) die Kriegsziele abgestimmt und die Friedensbedingungen ausgehandelt.

Drittens Von der Bildung der Atlantikcharta am 14. August 1941 ließ sich eine ungebrochene Entwicklungslinie zur Einrichtung der Vereinten Nationen am 1. Januar 1945 ziehen. Moskau trat der Charta am 24. September 1941 bei und verpflichtete sich dazu, a) keine Gebietserweiterungen anzustreben, b.) keinen territorialen Veränderungen zuzustimmen, die nicht dem frei geäußerten Willen der Völker entsprächen, c) das Recht aller Völker zu respektieren, ihre Regierungsform frei zu wählen. Stalin schloss sich solchermaßen den Grundprinzipien seiner westlichen Verbündeten an. In einer Rede zum Revolutionsjubiläum am 6. November 1941 kommentierte Stalin den Beitritt zur Atlantikcharta: „Wir haben keine Kriegsziele und können keine Kriegsziele haben wie die Eroberung fremder Gebiete oder die Unterwerfung fremder Völker. (...) Unser erstes Ziel besteht darin, unsere Gebiete und unsere Völker vom faschistischen deutschen Joch zu befreien. (...) Unser Ziel besteht darin, diesen Völkern in ihrem Befreiungskampf gegen die Hitlertyrannei zu helfen und es gilt, ihnen dann zu überlassen, sich auf ihrem Boden so einzurichten, wie sie das möchten. Keinerlei Einmischung in die inneren Angelegenheiten anderer Völker."[179]

Man muss jedoch wissen, dass der Beitritt der Sowjetunion zur Atlantikcharta, wie der sowjetische Botschafter Maiskij in London bei der Überreichung der Beitrittserklärung versicherte, mit dem Vorbehalt verbunden wurde, dass die Grundsätze der Charta je nach den Umständen, den Bedürfnissen und den historischen Besonderheiten der einzelnen Länder angewendet würden.[180] Und dennoch dachte Stalin gar nicht daran, die im Zeichen des Hitler Stalin Paktes gezogenen Grenzen nach dem Krieg infrage stellen zu lassen und die baltischen Republiken, Ostpolen und Bessarabien sowie die nördliche Bukowina freizugeben. Er beharrte stattdessen auf den Gebietsgewinnen, die er dem Pakt mit Hitler im September 1939 verdankte.

Viertens Die Koalition der Großen Drei blieb ungeachtet mancher Kameraderie, die sich in den Begegnungen zwischen Stalin und Churchill einstellte und trotz des wechselseitigen Respekts, den sich der amerikanische Präsident Roosevelt und Stalin gegenseitig erwiesen hatten, von Beginn an konfliktanfällig und von Misstrauen und Interessengegensätzen durchzogen. Als der gemeinsame Feind zerschlagen war, brachen diese Gegensätze nun immer vehementer auf. Das galt vor allem für die Anerkennung der sowjetischen Grenzen nach 1945 und die Weigerung der sowjetischen Seite, diese Änderungen rückgängig zu machen.

Das Koalitionsklima wurde durch weitere Probleme belastet, vor allem durch die lange nicht erfüllte Forderung Stalins, die Westmächte müßten eine zweite Front eröffnen, die erst am 6. Juni 1944 mit der Landung alliierter Truppen in der Normandie erfüllt wurde. Die Zögerlichkeit der Alliierten sowie die simulierten Separatfriedensverhandlungen zwischen der sowjetischen Seite und deutschen Mittelsmännern löste jenes beiderseitige Misstrauen zwischen den Verbündeten aus, das lange Zeit bestehen bleiben sollte und sich nie wieder vollständig auflösen ließ.

4 Spätstalinismus und Kalter Krieg

4.1 Die sowjetische Europapolitik und die Bedingungen des Friedens

Was Stalin und sein Kreis vom Frieden erwartet haben, lässt sich einigermaßen zuverlässig sagen. Stalin verlangte *erstens* krisenfeste Sicherheitsgarantien gegenüber einem wiedererstarkenden Deutschland. Viele Äußerungen Stalins belegen, dass er eine relativ rasche Erholung Deutschlands nach dem Krieg für wahrscheinlich hielt, vor allem dann, wenn das Bündnis der großen Drei nicht über das Kriegsende hinaus gesichert werden könne. Im Februar 1945 hatten die drei Großmächte in Jalta ihre Entschlossenheit erklärt, „den deutschen Militarismus und Faschismus zu vernichten und Garantien zu schaffen, dass Deutschland nie wieder imstande sein wird, den Weltfrieden zu brechen."

Zweitens beanspruchte Stalin die Anerkennung der Sicherheits- und Einflusszone für die Sowjetunion in Osteuropa, gleich einem *Cordon Sanitaire*, der die Sowjetunion nach Westen hin abschirmte. In diese Allianz wollte Stalin auch die Türkei und Nordpersien einbeziehen. Beides mißlang, sah sich doch die Sowjetunion gezwungen, Nordpersien 1946 zu räumen. Die Türkei erhielt ihrerseits amerikanische Unterstützung, um die sowjetischen Forderungen auf Gebietskorrekturen an der ostanatolischen Grenze abzuwehren. Im östlichen Europa wurden die Staatsgrenzen, die nach dem Hitler-Stalin-Pakt gezogen wurden, von den Alliierten im Prinzip anerkannt.

Darüber hinaus haben sich weitere Territorialforderungen der Sowjetunion in einem bescheidenen Rahmen gehalten: auf das nördliche Ostpreußen mit Königsberg/Kaliningrad und auf einen karpato-ukrainischen Ostzipfel der Tschechoslowakei. Das Gebiet wurde später im Einvernehmen mit dem tschechischen Präsidenten Benes der Ukraine zugeschlagen. Die Sowjetführung sah davon ab, dem eigenen Macht- und Sicherheitsbedürfnis durch ungehemmte Erweiterung des eigenen Staatsgebiets Genüge zu tun. Stattdessen wurden Methoden indirekter Herrschaft entwickelt; es ging darum, die Sowjetunion durch einen Ländergürtel abzusichern, der aus völkerrechtlich souveränen, faktisch jedoch von Moskau abhängigen Staaten zusammengefügt werden sollte; daraus entstand später der sogenannte Ostblock, das äußere Imperium hinter dem Eisernen Vorhang.

Drittens wollte Stalin die Sicherheitsbedürfnisse der Sowjetunion auch über Europa hinaus geltend machen. Ein sowjetischer Anspruch auf weltpolitische Ebenbürtigkeit gegenüber der USA ließ zu dieser Zeit im globalen Maß bestenfalls simulieren. Die von der sowjetischen Führung reklamierte Bipolarität der Welt war in vielerlei Hinsicht asymmetrisch. Die Bedingungen des Welthandels oder des Weltwährungssystems, das in Bretton Woods bei Washington definiert wurde, konnten von der Sowjetunion nicht beeinflusst werden. Stalin hatte keine marxistisch-leninistischen Wertmuster vorzutragen, die den Prinzipien der *One World* der Vereinten Nationen hätten beigefügt werden können. Tatsächlich passte sich die Sowjetunion dem semantischen Kanon amerikanisch geprägter Demokratiebegriffe an und bestand nicht darauf, eigene Begriffe in die Sprache der Vereinten Nationen einzubringen. Allein in Europa konnte die Sowjetunion die Balance halten, jedoch hing auch dies im Weiteren davon ab, inwieweit die USA ihre Präsenz über 1945 hinaus ausweiteten.

Im Juli 1945 hatten sich in Potsdam die Großen Drei – Frankreich war noch nicht dabei – immerhin darauf geeinigt, dass Deutschland als wirtschaftliche und politische Einheit zu betrachten sei. Dem sowjetischen Eintreten für die Einheit Deutschlands lag nicht bloß taktisches Kalkül zugrunde. Ein ungeteiltes Deutschland versprach der sowjetischen Seite eine größere Verfügungsgewalt über die eigene Besatzungszone und eine Teilhabe an der Kontrolle Deutschlands im Ganzen.

Parallelen zwischen der Politik der Sowjetunion in Osteuropa und in Deutschland zeigen sich in den Methoden der indirekten Einflusssicherung. Die lokalen Parteien der Kommunisten waren schwach und kamen ohne die Unterstützung Moskaus nicht aus. Der Kreml machte zunächst jedoch nirgends Anstalten, das sowjetische System den Länden in Ost- und Südosteuropa direkt aufzuzwingen. Vielmehr sollten die Nachkriegsregime in Kontinuität zu ihren parlamentarisch-demokratischen Verfassungen stehen. „Indirect rule" war die politische Alternative zur Annexion, die im Rahmen der Komintern bereits entwickelt worden war.

Stalin begnügte sich in den letzten Kriegsmonaten keineswegs damit, die sowjetische Vorherrschaft in Europa allein der Schlagkraft der Roten Armee anzuvertrauen. Immerhin hatte der Kreml in der Endphase des Krieges eine leidlich konsistente Strategie der Machterhaltung über das Ende der Kampfhandlungen hinaus entwickelt. Diese war gleichzeitig auf das außersowjetische Osteuropa, auf Deutschland wie auf den europäischen Westen und Süden, ja bis nach China hin ausgerichtet. Ziel war es, die kommunistischen Parteien in demokratisch eingefärbten Blocks Einheitsfronten und Koalitionen wirken zu lassen. Diese internationale Blockstrategie war mit den bündnispolitischen Bemühungen in Richtung Westen in Verbindung zu bringen, um riskante Konflikte mit den Alliierten zu verhindern. Ein Konzept, dass auf die Sprengung der Bündnisse gerichtet gewesen wäre, war nicht zu erkennen. In Osteuropa ging es um die Abschirmung eines *Informal Empire* unter sowjetischer Hegemonie. In Deutschland hingegen ging es um eine auf alle Besatzungszonen übertragbare Blockpolitik, in der die Kommunisten einflussreich und in der Aktionseinheit mit den Sozialdemokraten womöglich sogar führend wären. In Westeuropa, vor allem in Paris und Rom, kam es schließlich darauf an, das Gewicht der kommunistischen Parteien auf einen Kurs zu bringen, der dem sowjetischen Regime Nutzen bringen würde.

Der Stalinismus aber konnte in Osteuropa nicht anders, schon gar nicht besser sein als er zu Hause war. Die Regeneration des Stalinismus seit den dreißiger Jahren muss mitgedacht werden, wenn man die Herrschaft in der Hegemonialsphäre in Deutschland und Osteuropa angemessen interpretieren will. Wie sich zeigte, hat das strategische Modell der antifaschistisch demokratischen Blockpolitik in den Ländern Osteuropas die Kriegszeit nicht lange überdauert. Zwei Jahre nach dem Ende des Krieges war die Führungsrolle der kommunistischen Parteien in den lokalen Verhältnissen im allgemeinen durchgesetzt: in der Tschechoslowakei und Ungarn dank der Stärke der Kommunisten selbst, in Polen dank der geostrategischen Abhängigkeit des Landes, durch politischen und militärischen Druck und in den Satellitenstaaten der Achsenmächte dank der sowjetischen Besatzungspolitik, die die Sowjetunion den schwachen kommunistischen Parteien dieser Länder zuteilwerden ließ.

4.2 Die Entstehung des sozialistischen Blocks

Der Beginn des Kalten Krieges lässt sich nicht exakt datieren, denn der Übergang zur Ost-West-Konfrontation hat eine lange Vorgeschichte und beruht auf der Akkumulation wachsender Konfliktfelder in und außerhalb Europas. Obwohl dieser Krieg also nicht eines Tages ausbrach, sondern durch die Summe einzelner Verständigungsblockaden und Krisenlagen entstand, lässt sich doch sagen, dass zwei Jahre nach Kriegsende, also 1947, die Sprengkraft der Interessengegensätze zwischen Ost und West vor aller Augen stand. Die sowjetische Politik war darauf aus, ihre Vorherrschaft in Ost-, Mittel- und Südosteuropa unter Einschluss der SBZ in Deutschland sicher zu machen und, wenn möglich, nach Westen hin zu erweitern. Sie entwarf das Bild einer zweigeteilten Welt, in der sich das eigene Lager, von der sozialistischen UdSSR geführt, friedliebend und demokratisch gab, während das von den USA geführte imperialistische Lager nach der Weltherrschaft strebte und durch seine Aggressivität den Frieden bedrohte.

Die USA unter Truman, Mandatar der westlichen Welt, traten der sowjetischen Macht im Namen von Freiheit und Demokratie entgegen. Sie beschworen die Gefahr fortgehender kommunistischer Expansion, der mit Entschiedenheit zu widerstehen sei. Schon im März 1946 hatte Churchill die Teilung des europäischen Kontinents mit der Metapher vom Eisernen Vorhang emblematisch werden lassen. Die im April 1947 verkündete Truman-Doktrin zum Schutze Griechenlands und der Türkei, im Juni darauf der Marshallplan für den ökonomischen Wiederaufbau Europas, der womöglich auch die osteuropäischen Länder einbeziehen sollte – beide Programme waren erste Schritte auf dem Weg zur Eindämmung der sowjetischen Macht und ihrer subversiven Kräfte in Gestalt der kommunistischen Parteien.

Im Februar 1948 wurde die westlich geprägte Lageeinschätzung durch den Prager Umsturz bestätigt. Dieser Putsch, der in der Tschechoslowakei die Kommunisten ans Ruder brachte, gilt seither als Schlüsselereignis in der Eskalationsgeschichte des Kalten Krieges. Die westliche Sowjetologie und Kommunismusforschung war fortan bemüht, die Sowjetisierung der späteren Ostblockländer als einen Vorgang zu beschreiben, bei dem es um deren Zurichtung zu Satellitenstaaten ging, um eine planvoll gesteuerte Strategie der Machterweiterung und Machteroberung, durchgesetzt mit Methoden der Gewalt, des Terrors, der Infiltration, Manipulation und Subversion – unter dem Schirm der militärischen Macht, über die die UdSSR damals gebot. Das Interesse der westlichen Forschung galt vor allem der Anatomie der kommunistischen Machtübernahme in den osteuropäischen Staaten, einem Paradigma, das im Klima des Kalten Krieges und des aufflammenden Antikommunismus besonders nahelag. In dieser Sicht geriet die Frage weithin aus dem Blick, welche politischen, sozialen und ökonomischen Bedingungen in den von der Sowjetisierung betroffenen Ländern den Erfolg dieser Strategie ermöglicht und erleichtert haben.

Zunächst muss man sehen, dass die Voraussetzungen für die Machtdurchsetzung der Kommunisten in den einzelnen Staaten höchst unterschiedlich waren. Unterschiede ergaben sich schon daraus, dass die Sowjetunion bei den ehemaligen Juniorpartnern Deutschlands, also in Ungarn, Rumänien und Bulgarien, von Beginn an über die militärische und politische Kontrolle verfügte und auf diese Weise die schwachen Positionen der einheimischen Kommunisten kompensieren konnte.

In Polen, in der Tschechoslowakei und in Jugoslawien, in Ländern, die als Alliierte der Siegermächte galten, lagen die Dinge anders. Aber auch hier waren die Voraussetzungen für die Machtdurchsetzung der Kommunisten höchst verschieden. Die nichtkommunistische polnische Widerstandsbewegung, die Heimatarmee (*Armja Krajowa*), die der in London residierenden Exilregierung unterstand, war nach dem Warschauer Aufstand vom August 1944 dezimiert und von den sowjetischen Befreiern entwaffnet worden. Ihre militärische Führung wurde verhaftet und verschwand im Archipel Gulag. Im Verband der Roten Armee hatten polnische Einheiten gekämpft, die in der Sowjetunion aufgestellt worden waren. Aus diesem Milieu wurde der Kern einer neuen polnischen Regierung formiert, zunächst das sogenannte *Lubliner Komitee*, dann das *Komitee der nationalen Befreiung*, organisiert nach dem Prinzip der Einheitsfront, dem Bündnis mehrerer politischer Gruppierungen mit den Kommunisten. Das Befreiungskomitee hatte zu Jahresbeginn 1945 in den Ruinen Warschaus die Staatsgewalt übernommen. Und dies nicht nur in Polen im engeren Sinn, sondern auch in den deutschen Ostgebieten bis zur Oder und Neiße, die in den alliierten Vereinbarungen ursprünglich der sowjetischen Besatzungszone zugeteilt worden waren. Nun wurden Pommern und Schlesien, unmittelbar nach der Befreiung des Landes, polnischen Behörden übergeben und als integraler Teil des nach Westen verlagerten Nachkriegspolens in Anspruch genommen.

Im April 1945 hatte die von den westlichen Verbündeten noch gar nicht anerkannte neue polnische Regierung im Namen eines freien, unabhängigen und demokratischen Polens mit der Sowjetunion einen Bündnis- und Freundschaftsvertrag geschlossen, der für die Nachkriegszeit die enge Zusammenarbeit zwischen Moskau und Warschau vorsah. Für die Westverschiebung des polnischen Staatsgebietes sollte die Sowjetunion in den Jahren des Kalten Krieges die einzige Garantiemacht bleiben. Der im Sommer 1945 nach langen Auseinandersetzungen erfolgte Eintritt einiger Exilpolitiker in die Warschauer Regierung der nationalen Einheit änderte nichts daran, dass dem Westen Einwirkungsmöglichkeiten auf die polnische Nachkriegsentwicklung weitgehend entzogen blieben. Zwei Jahre später war die katholisch orientierte Bauernpartei durch Repressionen bereits ausgeschaltet, und die Polnische Sozialistische Partei (PPS), die den Ministerpräsidenten stellte, schickte sich an, nach dem Muster der SED in der SBZ in einer Einheitspartei mit den Kommunisten aufzugehen, und das hieß, unter kommunistische Hegemonie zu geraten. Im Übrigen blieben sowjetische Truppen im Land, weil Polen die strategische Verbindung zwischen der Sowjetunion und der sowjetischen Besatzungszone in Deutschland bildete.

Anders als Polen war die Tschechoslowakei nach der Befreiung durch die Rote Armee und durch amerikanische Truppen bereits zum Jahresende 1945 geräumt worden. Der Exilpräsident Edvard Beneš hatte schon im Dezember 1943 in Moskau einen Vertrag mit Stalin über Beistand, Freundschaft und Zusammenarbeit unterzeichnet. Er hatte damit den Grundstein für die Ostorientierung der tschechoslowakischen Nachkriegspolitik gelegt und die Kooperation mit den traditionell starken einheimischen Kommunisten zugesagt. Das sogenannte Kaschauer Programm vom April 1945 verpflichtete die politischen Kräfte der neuen Tschechoslowakei, im Rahmen der Nationalen Front zusammenzuwirken, und die neue Demokratie durch umfassende Reformen zu stützen. Eine Agrarreform, die Verstaatlichung der Schlüsselindustrien und die Übernahme der von Deutschen geräumten Sudetenländer sicherten die Loyalität des überwiegenden Teils der Bevölkerung. Anders als in Polen waren die Kommunisten von Beginn an die stärkste Partei mit über 40 Prozent der Wählerstimmen. Sie verfügten über konkurrenzlose Mehrheiten auch in den lokalen Verwaltungsorganen und in den

Gewerkschaften. Dem sogenannten Prager Umsturz vom Februar 1948, der die Nationalversammlung matt setzte und den Präsidenten Beneš zur Abdankung zwang, ging also eine nahezu dreijährige Aushöhlung des parlamentarischen Systems und ein ebenso langer Prozess der Erosion der nichtkommunistischen Parteien voraus.

Jugoslawien war bei Kriegsende bereits in kommunistischer Hand. Das war das Ergebnis der von Tito geführten Partisanenarmee und des Antifaschistischen Rats der nationalen Befreiung. Alle politischen und militärischen Kräfte nichtkommunistischer Art, zumal die kroatischen *Ustaschi* und die serbischen *Tschetniki*, konnten in der Endphase des Krieges bereits ausgeschaltet und vernichtet werden. Im März 1945 hatte Stalin mit Rücksicht auf die westlichen Verbündeten Tito veranlasst, mit der königlich-jugoslawischen Exilregierung in London zu koalieren. Doch der Fassadencharakter dieser Vereinbarung, die dem Titoregime einen demokratischen Anstrich geben sollte, wurde alsbald offensichtlich. Die Hegemonie der Kommunisten in Jugoslawien stand nicht in Frage. Die KPJ war jedenfalls die einzige Macht, die die nationalen Konflikte – vor allem die blutig ausgetragenen serbisch-kroatischen – unterdrücken und den Vielvölkerstaat Jugoslawien, der schon in der Zwischenkriegszeit gefährdet war, mit brutalen Maßnahmen zusammenhalten konnte. Hinzu kam, dass Jugoslawien bis zum Sommer 1948, bis zum Ausschluss Titos aus der kommunistischen Staatengemeinschaft, auch in Albanien eine hegemoniale Rolle spielte. Ernsthafte politische Alternativen zu dem, was Tito, der charismatische Führer der kommunistischen Partisanen, damals bot, haben sich damals nicht aufgetan.

Schon eine so knappe Orientierung zeigt, dass eine Regeneration der politischen, sozialen und ökonomischen Vorkriegsstrukturen in Ostmittel- und Südosteuropa nach dem verheerenden Krieg unmöglich war. Wohl aber gab es in einzelnen Ländern innergesellschaftliche Bedingungen, die der binnen kurzem durchgesetzten Sowjetisierung durchaus entgegenkamen. Sieht man ab von der Tschechoslowakei, so hatte dieser Krieg, zumal Hitlers Krieg im Osten, nicht etwa blühende und funktionsfähige Demokratien zerstört, sondern autoritäre Regime, Präsidial- und Königsdiktaturen mit bisweilen faschistischen Zügen, eine Folge der Tatsache, dass Kernprobleme der Modernisierung ungelöst geblieben waren. Charakteristisch für diese Länder war die Verbindung von ökonomischer Rückständigkeit mit vormodernen, durch Armseligkeit und Überbevölkerung gekennzeichneten Agrarstrukturen. Der stagnierende Industriesektor, soweit es ihn gab, war abhängig vom internationalen Kapitalmarkt, hoch verschuldet und auf den Weltmärkten konkurrenzunfähig. Hinzu kamen destabilisierende Faktoren wie die für Jugoslawien schon genannten Nationalitätenkonflikte, die sich aus der polyethnischen und multikonfessionellen Struktur dieser Länder ergaben. Für ihre Lösung gab es keine realisierbaren Konzepte. Die Erosion der parlamentarischen Verfassungen und das Aufkommen autoritärer Regime, die einen etatistischen Nationalismus praktizierten, hatte viel mit der mangelnden Integration nationaler Minderheiten zu tun.

Nach den Verwüstungen des Krieges waren von den Kristallisationskernen ziviler Gesellschaft, von den politischen Eliten und dem hohen Anteil jüdischer Wirtschaftsbürger nur kümmerliche Reste am Leben geblieben. Die Vernichtung der Juden, die Dezimierung der Intelligenz, der Bevölkerungstransfer zumal in Polen, und natürlich auch die Vertreibung der Deutschen hatten die überkommenen sozialen Strukturen in weiten Gebieten des europäischen Ostens und Südostens aufgelöst. Kein Wunder also, dass die Voraussetzungen für die Entwicklung parlamentarischer Systeme, demokratischer Parteien und marktwirtschaftlicher Beziehungen, bei Kriegsende denkbar schlecht gewesen sind – selbst wenn es die massiven sowjetischen Einwirkungen nicht gegeben hätte.

Bei alledem ist es nicht verwunderlich, dass die nationalen Einheitsfronten mit ihren demokratischen und antifaschistischen Parolen damals durchaus Resonanz gefunden haben. Selbst das Reservoir der traditionell antikommunistischen Bauernparteien, die bei den ersten Nachkriegswahlen vor allem in Polen und Ungarn erfolgreich waren, konnte sich der Sogkraft dieser machtgestützten Strategien kaum entziehen. Die überall durchgesetzten Agrarreformen, die dem Grundbesitz an die Wurzeln gingen und die Existenzgrundlage der verarmten kleinbäuerlichen Schichten zu bessern versprachen, trugen das Ihre dazu bei, dass sich die ländliche Bevölkerung zum Widerstand gegen die Kommunisten nirgends mobilisieren ließ. Vollends die Arbeiterschaft hat sich der auf Aktionseinheit zielenden kommunistischen Politik nicht widersetzt. Die sozialdemokratisch orientierten Parteien waren in diesen Ländern zu schwach, um den kommunistischen Angeboten im Namen der Arbeiterklasse wirksame Alternativen entgegenzusetzen oder gar die Gewerkschaften zu Bastionen demokratisch bestimmten Widerstands zu machen.

Die sowjetische Führung war nach 1945 bemüht, die unter ihrem Protektorat etablierten Regierungen vor der Weltöffentlichkeit als Muster demokratischer Regime auszugeben. Als auf der im Juli 1946 beginnenden Friedenskonferenz in Paris entsprechende Verträge mit Rumänien, Ungarn, Bulgarien, Finnland und Italien verhandelt wurden, war den Sprechern der sowjetischen Delegation darum zu tun, die jungen Demokratien der osteuropäischen Länder in hellsten Tönen zu preisen. Worauf es ihnen ankam, zeigte ein programmatischer Aufsatz, der schon im Oktober 1945 in der Moskauer Zeitschrift *Neue Zeit* erschienen war. Es lohnt sich, eine Passage im Original zu lesen, denn hier wird beschrieben, welche Zukunft man im Kreml für diese Länder vorgesehen hatte.

„Diese Völker haben den Weg zur Schaffung einer fortschrittlichen Demokratie gewählt. Es ist durchaus nicht der Kommunismus oder die Sowjetisierung, über die die verkrachten Propheten aus den angelsächsischen Ländern zetern. Die Demokratie, die im Osten und Südosten Europas entstanden ist und die erstarkt, fußt naturgemäß auf den Verhältnissen und Traditionen dieser Länder. Die Freundschaft und Sympathie des Sowjetvolkes geben ihnen Auftrieb. Das schließt keineswegs Beziehungen dieser Länder zum Westen aus. Vorbedingung ist aber, dass man die innere Unabhängigkeit und selbständige Entwicklung der befreiten Völker Ost- und Südosteuropas vollauf achtet, dass London und Washington auf Versuche verzichten, diesen Ländern ihren Willen aufzuzwingen."[181]

Zwar wurden die jungen Demokratien in Osteuropa mit den antifaschistischen Volksfronten der dreißiger Jahre verglichen, obwohl sie bedeutend fester, wirksamer und entschlossener seien als die missglückten Parteienbündnisse im Rahmen der von Stalin 1943 aufgelösten Komintern. 1946 wurden noch eindeutige Aussagen zu der naheliegenden Frage vermieden, ob sich die befreiten Völker Ost- und Südosteuropas auf dem Weg zum Sozialismus befänden. Solche Antworten gab es erst nach Unterzeichnung der Friedensverträge. Erst im März 1947 kamen für die bisher auswechselbaren Begriffe wie neue Demokratie, junge Demokratie oder Demokratie besonderen Typs weitergehende Definitionen auf; der Begriff der *Volksdemokratie* hat sich schließlich durchgesetzt. Damals schrieb der prominente Ökonom Eugen Varga, ein Veteran der ungarischen Räterepublik von 1919, in einer Moskauer Zeitschrift: „Das Gesellschaftssystem dieser Länder unterscheidet sich von den uns bekannten. Das ist etwas vollständig Neues in der Menschheitsgeschichte. Keine bürgerliche Demokratie, aber auch keine proletarische Diktatur. Das sind keine kapitalistischen Staaten im herkömmlichen Sinn, aber auch keine sozialistischen Staaten. Diese Länder können unter Beibehaltung der jetzigen Staatsmacht stufenweise zum Sozialismus übergehen, indem sie neben den kapitalistischen Produktionsverhältnissen, die ihren Einfluss mehr und mehr einbüßen, die schon jetzt existierenden sozialistischen Produktionsverhältnisse weiterentwickeln."[182]

Mit dem doppelt gezwirnten Ausdruck *Volksdemokratie* hatte Moskau das leitende Konzept der Nachkriegszeit bezeichnet. Es verhieß den osteuropäischen Ländern eine Entwicklungsperspektive, die sich mit den sowjetischen Interessen an der Abschirmung des eigenen imperialen Herrschaftsbereichs vertrug. Die Botschaft hieß, dass diese Länder von der bürgerlichen Demokratie Abschied nehmen und in der sozialistischen Sowjetunion das Bild der eigenen Zukunft vor sich sehen sollten. Im Übrigen ging es bei den Systemtransformationen in Richtung Volksdemokratie darum, alle antikommunistischen Kräfte zu unterdrücken und den sowjetischen Hegemonialbereich gegen Zugriffe des Westens abzuschotten. Das aber hieß zugleich, dass der Prozess, den man in der freien Welt Sowjetisierung Osteuropas nannte, mit den Eskalationsstufen des Kalten Krieges eng zusammenhing.

Die westliche Politik, zumal die amerikanische, war an dieser Eskalation keineswegs unbeteiligt, so dass man sagen kann, dass auch Trumandoktrin und Marshallplan zu den Schlüsseldaten der kommunistischen Ostblockbildung gehören. Jedenfalls hat die amerikanische Politik die Argumente des Kremls und seiner Satelliten mitbestimmt. Die sowjetische Reaktion auf die Politik des Containments, der Eindämmung der sowjetischen Macht, war einigermaßen voraussehbar. Nach Auffassung des Kremls hatte der amerikanische Imperialismus eine groß angelegte Dollaroffensive eröffnet, um seine europäischen Positionen zu festigen und verlorengegangenes Terrain in Osteuropa zurück zu gewinnen. Ohne Zweifel war die Kreditbedürftigkeit aller europäischen Volkswirtschaften in der Nachkriegszeit enorm, und so gab es auch in den Ländern der neuen Demokratien beträchtliches Interesse für das amerikanische Angebot, am Marshallplan teilzunehmen.

Naturgemäß konnte dieses in den USA ersonnene Wiederaufbauprogramm die Sowjetführung nicht gleichgültig lassen. Die Beseitigung der gewaltigen Kriegsschäden war auf große Schwierigkeiten gestoßen. Bis 1947 herrschten kümmerliche Verhältnisse in weiten Teilen der Sowjetunion mit Brotmangel und Hunger allenthalben. Von daher war Moskau durchaus interessiert an westlichen Krediten, doch auf die Konditionen kam es an. Die ausgesprochen antikommunistische und antisowjetische Zielrichtung ließ den Marshallplan für Moskau unannehmbar werden. Als besonders anstößig wurde die Idee empfunden, ein gemeineuropäisches Aufbauprogramm zu entwickeln und die Verteilung der amerikanischen Mittel einem internationalen Gremium zu übertragen.

Molotow versuchte die französische und englische Regierung auf ein Verfahren festzulegen, das den interessierten Staaten bilaterale Kreditvereinbarungen mit den USA ermöglicht hätte. Als das misslang, sah Moskau den Verdacht bestätigt, einer Provokation ausgesetzt zu sein, deren Bedrohlichkeit mit allen Mitteln abgewehrt werden müsse. Die Einsicht, als Führungsmacht des mit Armut und Not geschlagenen Ostens einem wirtschaftlich potenten Amerika gegenüber zu stehen, hat die Moskauer Staatsspitze in allen internationalen Angelegenheiten besonders misstrauisch gemacht. Dass keine der im sowjetischen Einflussbereich amtierenden Regierungen – selbst die tschechoslowakische nicht, die zunächst ihre Bereitschaft erklärt hatte – sich dem Marshallplanprogramm anschließen konnte, war ein Beleg dafür, wie weit die Disziplinierung und Kontrolle der osteuropäischen Regime durch Moskau im Sommer 1947 schon gediehen war. Durch propagandistisches Sperrfeuer wurde der sowjetisch dominierte Teil der Welt gegen den Westen abgeschirmt.

Die sowjetische Antwort auf die Eindämmungspolitik der Vereinigten Staaten hat sich freilich nicht nur darauf beschränkt, der amerikanischen Weltmacht zu unterstellen, durch einen expansionistischen Kurs terroristischer Einschüchterung die Unterjochung Europas, die Errichtung eines Weltimperiums und die Vorbereitung neuer imperialistischer Kriege zu betreiben. Auch die eigenen weltpolitischen Positionen wurden seit 1947 eindeutiger definiert, als das vordem geschehen war. Hatten die Sprecher der Sowjetunion bisher vermieden, die Bipolarität der internationalen Machtkonstellation als unveränderliches Faktum öffentlich und auf Dauer anzuerkennen, so wurde diese interessenbedingte Zurückhaltung im Sommer 1947 aufgegeben. Wie erwähnt, wurde im September 1947 bei der Gründung des so genannten *Kommunistischen Informationsbüros* (*Kominform*) in Belgrad unter sowjetischer Teilnahme die These von der Existenz zweier antagonistischer Weltlager scharf herausgestellt. Sie galt seither als Axiom für die Beurteilung der Weltpolitik. Die Tätigkeit dieses Büros beschränkte sich auf die regierenden Parteien Osteuropas und auf die kommunistischen Parteien Frankreichs und Italiens. Beabsichtigt war keine Rückkehr zu den Organisationsformen der Kommunistischen Internationale. Es ging um ein Verfahren der Koordination, das auch die französischen und italienischen Genossen dazu veranlassen sollte, ihre Politik kontinuierlich mit den Interessen Moskaus abzustimmen und dem Kampf gegen die europäische Stabilisierungspolitik der USA neue Impulse zu geben. Insofern war die Zuspitzung der Ost-Westbeziehungen im Herbst 1947 ein eindrucksvolles Beispiel für das, was man reaktive Mechanik nennen könnte, die den Konfliktverlauf in jener Zeit beherrschte. Das Vorgehen der einen Seite forderte die andere zu Maßnahmen heraus, die dann wiederum entsprechende Antworten provozierten. Wie die amerikanische Eindämmungspolitik dazu beitrug, den Riss, der mitten durch Deutschland ging, zu vertiefen, die beiden Hälften des europäischen Kontinents gegeneinander abzugrenzen, so setzte auch die Sowjetregierung alles daran, keinerlei Einbrüche in die nach außen abgeschottete Machtsphäre zuzulassen.

Auf dem Weg zur Integration des Ostblocks war die Gründung des Kominformbüros freilich nur das Beiprodukt einer ungleich umfassenderen Strategie. Gegenüber den kommunistischen Parteien hatte Stalin ein Subordinationsverhältnis durchgesetzt, das eigenständige nationale Wege zum Sozialismus nicht mehr duldete. Als Marschall Tito, der bei aller prinzipiellen Loyalität zur Sowjetunion auf der Souveränität seiner eigenen Entscheidungen bestand, sich die Einmischung sowjetischer Kontrolleure und Berater verbat, reagierte Stalin mit einer Strafmaßnahme sondergleichen. Im Juni 1948 wurde der jugoslawische Partei- und Staatschef als antikommunistischer Lakai des US-Imperialismus diffamiert und als Faschist aus der Kominform ausgestoßen. Die Folge davon war, dass in anderen osteuropäischen Ländern Prozesse gegen herausragende Figuren der jeweiligen kommunistischen Parteien stattfanden, die auch mehrere bislang führende Genossen an den Galgen brachten. Dass es Stalin nicht gelang, Tito durch moskautreue jugoslawische Kommunisten zu stürzen oder umbringen zu lassen, war zweifellos eine herbe Niederlage und zeigte die Grenzen seiner Macht. Eine Militärintervention in Jugoslawien, wie sie acht Jahre später Chruschtschow in Ungarn unternahm, hat Stalin damals nicht gewagt.

Umso wichtiger war es für den Kreml, dafür Sorge zu tragen, dass die anderen Satelliten gefügig und beisammenblieben. Dies geschah durch den Ausbau des sowjetischen Bündnissystems, durch langfristige militärische Beistandspakte, die untereinander verklammert waren. 1955, nach dem NATO-Eintritt der Bonner Bundesrepublik, wurden diese bilateralen Verträge in den Warschauer Pakt überführt. Die Militärbündnisse wurden ergänzt durch einen Rat für gegenseitige Wirtschaftshilfe, dem es indessen nicht gelang, ein kraftvolles Pendant zur europäischen Wirtschaftsgemeinschaft zu werden. Der Ausbau der Verflechtung zu dem, was alsbald Ostblock hieß, war auch deshalb unerlässlich, weil die USA ihre europäischen Verbündeten zu einer militärischen und politischen Verteidigungsgemeinschaft zusammenführten.

Der Kalte Krieg hat sich keineswegs nur auf Europa oder gar die deutsche Frage allein beschränkt. Vielmehr hat sich dieser zwischen 1948 und 1951 durch Ereignisse außerhalb Europas und insbesondere in Asien in unerhörter Weise dramatisiert. Bevor dies hier im Folgenden näher dargestellt wird, sei kurz an die Lage auf der europäischen Szene erinnert. Die Ereignisse des Prager Putsches 1948 in der Tschechoslowakei wie auch die Gründung der NATO ein Jahr später hatten den sowjetischen Handlungsspielraum in Europa kaum noch erweiterungsfähig werden lassen. Die Gründung des westlichen Militärbündnisses hatte Stalin dazu bewogen, die Berliner Blockade abbrechen und auf der Außenministerkonferenz durch Molotow ausloten lassen, inwieweit eine Viermächtekontrolle in Deutschland wiederherzustellen sei. Dies schien bald aussichtslos, bestanden doch die Westmächte darauf, die verfassungsrechtlichen Prinzipien des Bonner Grundgesetzes auf die sowjetische Besatzungszone übertragen zu sehen. Damit war klar, dass die Entwicklung von Moskau kaum aufzuhalten war.

Zur gleichen Zeit musste die Hoffnung fahrengelassen werden, das Jugoslawien Titos in den sowjetischen Machtbereich wieder einzugliedern. Auch in Griechenland war die Aufstandsbewegung endgültig erloschen, wodurch die Südostflanke der NATO stabilisiert war und die Zeichen für eine Erweiterung des sowjetischen Einflusses in Europa nicht sonderlich ermutigend waren. Rasche Veränderungen auf der europäischen Szene, die zugunsten der sowjetischen Interessen hätten ausschlagen können, waren schwerlich noch zu erwarten. Die Härte, mit der Stalin in Ostmitteleuropa Jagd auf die „titoistischen Verräter und Spione" machen ließ, zeugte von den entstandenen Beunruhigungen.[183]

Auch die Propagandamaßnahmen der sogenannten Weltfriedensbewegung fügten sich in einen Kurs sowjetischer Politik ein, die auf Abschirmung und Besitzstandswahrung gerichtet war. Selbst als die erste Atomwaffenexplosion am

29. August 1949 bekannt wurde und die Weltöffentlichkeit schockierte, selbst dass die Sowjetunion nahe daran war, das US Atommonopol zu brechen, hat keine Wende in der sowjetischen Position mit sich gebracht. Der Effekt der Atomwaffe hat Stalin jedoch nicht dazu verführt, die sowjetischen Möglichkeiten zu überschätzen. Immerhin war jetzt klar, dass der Aufstieg des Sowjetimperiums zur nuklearen Weltmacht zu einer realen Perspektive gehört. Es war insofern absehbar, dass die Konfrontation mit dem Westen in Zukunft eine globale Dimension annehmen würde.

Drei Ebenen und Ansätze für das Bemühungen zu einer Deeskalation des Ost-West-Konflikts sind zu erkennen: *Erstens* wurde die sowjetische Auslandspropaganda erheblich erweitert. Das westliche Rüstungspotenzial sei nicht zu rechtfertigen, da die Sowjetunion eine „friedliebende Macht" sei. Diplomatische Missionen sollten allenthalben dabei helfen, den Antikommunismus vor allem seit dem Korea-Krieg zurückzudrängen. Dabei wurde Wert draufgelegt, dass die Friedensbewegung der Sowjetunion u. a. auf dem Antiatomkongress in Stockholm 1950 zum Tragen kam; die Friedensmission verfolge nicht den Zweck, so Stalin, den Kapitalismus zu stürzen und dem Sozialismus weltweit zum Sieg zu verhelfen.

Zweitens wurden neue ideologische Definitionen etabliert. Die Gefahr eines Dritten Weltkrieg wurde als undenkbar dargestellt und der Weltfrieden unausweichlich erscheinen lassen. Kriege zwischen kapitalistischen Ländern um die Märkte seien nicht erfolgversprechend, da der Wunsch der Märkte zur Selbstbestimmung stärker sei.[184] Als Beweis für die Virulenz der Widersprüche zwischen den kapitalistischen Staaten wurden Deutschland und Japan genannt, die sich bald von den USA lossagen würden; ebenso würden Großbritannien und Frankreich wie auch andere Länder des westlichen Lagers die Sowjetunion nicht von sich aus angreifen.

Drittens war die Sowjetunion darum bemüht, durch eine beschleunigte Entwicklung der Waffensysteme, vor allem der Atomwaffen, eine militärische Balance zu schaffen. Im Oktober 1951 unterstrich Stalin dieses Vorgehen, als er eine bedingungslose Ächtung aller Atomwaffen forderte. Es gelte den Zustand einer atomwaffenfreien Welt zu erreichen. Das Rüstungsgleichgewicht wurde als Voraussetzung für eine Friedensperspektive gesehen. Mit der propagandistischen Vision der Friedensmission, mit der *friedlichen Koexistenz* und mit dem forcierten Kurs auf das atomare Gleichgewicht hatte Stalin den Grund für jene Entspannungspolitik gelegt, die seine Nachfolger später fortentwickeln sollten. Es war drei Jahre nach Stalins Tod Chruschtschow, der davon sprach, dass das Axiom von der Unvermeidbarkeit der Kriege wegen der wachsenden Stärke der Sowjetunion nicht mehr gelte. Durch den beginnenden chinesisch-sowjetischen Konflikt und durch die Entwicklung einer aktiven sowjetischen Politik in Richtung auf die blockfreien Länder war aus einer europazentrierten eine sowjetische Weltpolitik geworden; ausgerichtet an den Maßstäben, die die USA für das vorgab, was später alle Welt Supermachtpolitik nannte.

4.3 Das poststalinistische Imperium

In den letzten Jahren vor seinem Tod am 5. März 1953 hatte Stalin noch einmal höchst bedrückende Beweise seines despotischen Charakters oder, wie manche Fachleute sagen, seiner Paranoia gegeben. Bereits nach dem plötzlichen Tod des Leningrader Parteisekretärs Andrej Schdanow, der für die kulturelle Propaganda und ideologische Dressur verantwortlich war, im August 1948, hatte sich die sogenannte „Leningrader Affäre" entwickelt. Zahlreiche führende Funktionäre Leningrads waren verhaftet und binnen kurzem zum großen Teil liquidiert worden. Das verwies auf harte Positionskämpfe im Umkreis des älter werdenden Stalins vor allem zwischen den Politbüromitgliedern und Konkurrenten Georgi Malenkow und Lawrenti Berija auf der einen Seite und den Anhängern Schdanows auf der anderen Seite. Soweit sich die terroristischen Maßnahmen dieser Gruppen überhaupt rationalisieren lassen, galten sie der weiteren Festigung und Immunisierung des eigenen Machtbereiches.

1953 schien eine neue Terrorwelle bevorzustehen oder schon angelaufen zu sein. Kremlärzte, überwiegend Professoren jüdischer Nationalität, die Stalin und andere Spitzengenossen behandelten, waren im Januar verhaftet worden. Dieser Vorgang hatte die engste Umgebung Stalins befürchten lassen, dass sich der Argwohn des jetzt 73jährigen auch gegen sie richten könnte. An dunklen Drohungen hatte es nicht gefehlt. Molotows Ehefrau war verhaftet worden. Selbst Mitglieder des Parteipräsidiums (des früheren Politbüros) wurden vom Groll des Diktators getroffen. Als der alte Mann nach einem Schlaganfall hilflos in seiner Datscha lag, wagte keiner seiner hochrangigen Mitarbeiter, Ärzte herbeizurufen. Man kann sich denken, dass niemand darauf versessen war, ans Krankenlager Stalins kommandiert zu werden.

Die Nachricht, dass Stalin, der geniale Führer und Lehrer der Völker, verschieden sei, hat in der sowjetischen Öffentlichkeit bleierne Ratlosigkeit, ja das Gefühl der Vaterlosigkeit hervorgerufen, emotionale Erschütterung über den Verlust dieser mächtigen Lichtgestalt, die sich aller kritischen Zudringlichkeit entzogen hatte. Die Trauer war groß. Beim Massenandrang zu den Beisetzungsfeierlichkeiten sollen Hunderte von der Menge erdrückt und zu Tode gekommen sein. Der Leichnam Stalins wurde nach dem Vorbild Lenins einbalsamiert und an dessen Seite im Mausoleum auf dem Roten Platz zur Schau gestellt. Das Volk sollte zur Ruhestätte dieses Doppelgestirns der glorreichen Sowjetgeschichte pilgern dürfen. Auch in den sozialistischen Bruderländern, nicht zuletzt in der DDR, wurde getrauert und dem Schmerz in zahllosen Nekrologen und panegyrischen Reden und Gedichten Ausdruck gegeben.

Um eine Vorstellung zu vermitteln, zu welch unsäglichen Höhen sich die Verehrung auch außerhalb der Sowjetunion damals noch einmal aufschwingen konnte, seien ein paar Strophen aus der Feder eines deutschen Poeten zitiert, der in seiner Jugend expressionistische Lyrik schrieb und auch in seinen späteren Jahren, als Kulturminister der DDR, nicht aufhören konnte zu dichten. Die Verse stammen von Johannes R. Becher, und das Gedicht, von dem hier etwa ein Drittel wiedergegeben wird, ist mit *Danksagung* überschrieben:

„Es wird ganz Deutschland dereinst Stalin danken. In jeder Stadt steht Stalins Monument. Dort wird er sein, wo sich die Reben ranken, und dort in Kiel erkennt ihn ein Student. Dort wird er sein, wo sich von ihm Fluten des Rheins erzählen und der Kölner Dom. Dort wird er sein, in allem Schönen, Guten, auf jedem Berg, an jedem deutschen Strom. All überall wo wir zu denken lernen und wo man einen Lehrsatz streng beweist, vergleichen wir die Genien mit den Sternen, so glänzt als hellster Stern, der Stalin heißt. Dort wirst du Stalin stehen in voller Blüte der Apfelbäume an dem Bodensee. Und durch den Schwarzwald wandert seine Güte und winkt zu sich heran ein scheues Reh. Am Wendelstein und in den Isarauen sind wir begegnet deinem Angesicht. Wir sind begegnet dir im Abendblauen und sind begegnet dir im Morgenlicht. In Dresden sucht er auf die Galerie und alle Bilder sich vor ihm verneigen. Die Farbentöne leuchten schön wie nie und tanzen einen bunten Lebensreigen. Mit Lenin sitzt er abends auf der Bank, Ernst Thälmann setzt sich nieder zu den Beiden und eine Ziehharmonika singt Dank. Da lächeln sie selbst dankbar und bescheiden. In Stalins Namen wird sich Deutschland einen. Er ist es, der den Frieden uns erhält. So bleibt er unser, und wir sind die Seinen und Stalin, Stalin heißt das Glück der Welt."[185]

1961, nachdem der beispiellose Stalinkult auf Initiative Chruschtschows vor aller Welt längst entzaubert war, wurde Stalins Leichnam bei Nacht aus dem Mausoleum getragen und in aller Stille an der Kremlmauer beigesetzt. Lenin blieb seither die einzige unangefochtene Legitimationsinstanz, auf dessen Vermächtnis sich die Kommunistische Partei berief. Die berühmte Geheimrede Chruschtschows auf dem XX. Parteitag im Februar 1956 – fünf Jahre, bevor man Stalin aus dem Mausoleum von Lenins Seite riss – hatte einen ersten spektakulären Anstoß für den langen Abschied von Stalin und vom Stalinismus gegeben: durch die noch ganz selektiv gehandhabte Enthüllung Stalinscher Verbrechen und seiner sadistischen Natur, im Wesentlichen beschränkt auf Untaten seit 1937. Das alles war verbunden mit der Absage an den Personenkult. Doch an der Berechtigung Stalins, Parteifeinde wie Trotzki, Sinowjew, Bucharin und zahllose andere Mitkämpfer Lenins vernichtet zu haben, wurde damals noch nicht gerüttelt. Das ist dann erst unter Gorbatschow geschehen. Die Tatsache, dass Stalin die Parteifeinde hatte liquidieren lassen, wurde ihm immer noch als Verdienst angerechnet. Auch seine Leistungen als Generalissimus im Zweiten Weltkrieg, im Großen Vaterländischen Krieg, blieben anerkannt, obwohl auch hier Kritik an seinem strategischen Ingenium wach geworden war.

Nach dem XX. Parteitag wurde, versteht sich, die Parteigeschichte umgeschrieben. 1959 erschien die erste Neufassung, auch in deutscher Übersetzung. Die Absicht war, durch dieses voluminöse Werk, rot eingebunden, den berühmten *Kurzen Lehrgang der Geschichte der KPdSU(b)* von 1938 zu ersetzen.[186] In der neu gefassten Parteigeschichte war Stalins Name nur noch an wenigen Stellen zu finden, zumeist eingereiht in eine Plejade anderer verdienter Revolutionäre. Als Kraftwerk der Partei und der Sowjetgeschichte wurde in der Neudeutung für die Zeit nach Lenins Tod statt auf die Weisheit Stalins jetzt auf die Weisheit der Partei verwiesen und auf die bestimmende Rolle des Zentralkomitees, des kollektiven Führungsorgans der KPdSU. Der Begriff der „kollektiven Führung" ist nach 1953 rasch zu einem Codewort der Parteisprache geworden – zu einem Schlagwort, das die fortgehenden Machtkämpfe unter den Diadochen verhüllen sollte. Keiner, der sich um die Nachfolge des Diktators bewarb, hatte eine charismatische Aura, die mit der des Großen Führers und Lehrers hätte verglichen werden können. Keiner konnte in die Schuhe Stalins treten. Als Lawrentij Berija, der neue Innen- und Sicherheitsminister, dies versuchte, wurde er im Juni 1953 von seinen Genossen, nach dem Muster der stalinistischen Liquidierungspraxis, während einer Sitzung des Politbüros im Kreml verhaftet, nach peinlichen Verhören durch ein Militärgericht zum Tod verurteilt und wegen Hoch- und Landesverrats, Spionage und anderer Verbrechen erschossen.

Der Versuch, eine Machtbalance im Führungsgremium zustande zu bringen – vor allem eine zwischen Malenkow und Chruschtschow, den stärksten Figuren an der Führungsspitze – war schon im Februar 1955 gescheitert. An die Stelle Malenkows als Ministerpräsident trat Nikolaj Bulganin, ein gutaussehender parfümierter Marschall der Sowjetunion. Mit ihm zusammen unternahm der impulsive Chruschtschow zahlreiche Staatsbesuche. 1955 ging es zunächst nach Belgrad, um sich mit Marschall Tito zu versöhnen; im gleichen Jahr (mit einem Kometenschweif von Begleitern) nach Indien und Burma in der Absicht, Sympathien zu gewinnen in der so genannten Blockfreien Welt. Um dieselbe Zeit, im Juli 1955, kam es, zum ersten Mal seit zehn Jahren, wieder zu einer Gipfelkonferenz, bei der Chruschtschow und Bulganin in Genf mit dem amerikanischen Präsidenten Eisenhower und mit den Regierungschefs Großbritanniens und Frankreichs zusammentrafen. Viel kam dabei nicht heraus.

Dennoch handelte es sich um etwas Neues, um die Demonstration einer Außenpolitik, die sich den Anschein gab, die Interessen des Sowjetimperiums nach gewandelten Grundsätzen elastisch zu vertreten, um Zeichen einer veränderten Strategie im Kalten Krieg. In diese Zeit fiel auch die Unterzeichnung des österreichischen Staatsvertrags, der die Neutralität der Alpenrepublik international verankerte. Hinzu kam die Rückgabe sowjetischer Militärstützpunkte an Finnland, das durch langfristige Verträge mit der Sowjetunion verbunden blieb und versprach, sich keinem Militärbündnis anzuschließen. Zu den sowjetischen Initiativen gehörte im Juni 1955 auch das Angebot an die Bundesregierung unter Konrad Adenauer, diplomatische Beziehungen mit der UdSSR aufzunehmen. Das führte im September des gleichen Jahres zum ersten und einzigen Staatsbesuch des Bundeskanzlers in Moskau, bei dem – außer der Aufnahme diplomatischer Beziehungen – die Rückkehr der letzten deutschen Kriegsgefangenen erreicht werden konnte.

Zwei Jahre später, im Juli 1957, war Chruschtschow schon stark genug, um eine Prominentengruppe alter Mitkämpfer und Rivalen „wegen fraktioneller und parteifeindlicher Tätigkeit" in die Wüste zu schicken: Molotow, Malenkow, Kaganowitsch und andere Genossen, die dem Entstalinisierungskurs des Ersten Sekretärs widerstrebten. Im Oktober 1957 trennte sich Chruschtschow von der Heldenfigur des Großen Vaterländischen Krieges, von Marshall Schukow, der ihm bei der Ausschaltung Berijas noch behilflich gewesen war. Die Popularität dieses Marschalls war Chruschtschow nicht weniger zuwider, als das für Stalin gegolten hatte, von dem der hochverehrte Feldherr mit einem peripheren Truppenkommando abgefunden worden war. Im März 1958 musste auch Ministerpräsident Bulganin gehen. Chruschtschow übernahm neben der Parteiführung nun auch das Amt des Regierungschefs.

Diese Machtkonzentration, die Vereinigung von Partei- und Staatsführung, erinnerte an die Stalinzeit – an die Wiederkehr einer mit dem Stereotyp der kollektiven Führung notdürftig verhüllten Einmanndiktatur. Bei alldem ist freilich nicht zu übersehen, dass die Unterschiede zwischen der Stalinschen Autokratie und dem Regime Chruschtschows doch sehr erheblich waren. Der Mann an der Partei- und Staatsspitze regierte nicht mit dem Charisma des göttergleichen, weltentrückten Führers, der den Terror nicht entbehren konnte. Chruschtschow versuchte vielmehr, seine Autorität auf populistische Mobilisierungsstrategien zu gründen und seine Volksnähe und Impulsivität als Herrschaftsmittel einzusetzen – in erster Linie gegen die bürokratische Nomenklatur des Partei- und Staatsapparats, die er mit hektisch angesetzten Reformkampagnen durcheinander zu wirbeln begann. Dabei stellte sich heraus, dass er auf die Loyalität der institutionellen Elite letztlich doch angewiesen war. Ein Elitenaustausch mit weitertreibenden Folgen fand nicht statt.

Glaubhafter war die Entschlossenheit Chruschtschows, die Menschen von der Furcht vor einer Wiederkehr des Terrors zu befreien, den Lebensstandard der

Kolchosbauernschaft zu heben und dem Land eine im Ganzen optimistische Zukunftsperspektive zu vermitteln. Mit seiner gestenreichen Körperlichkeit tat er den Massen kund, dass das Sowjetland den Verheißungen einer kommunistischen Wohlstandsgesellschaft nahe sei und der Kapitalismus um den Erdball herum seinem unvermeidlichen Ende entgegengehe. Das Raumschiff Sputnik im Kosmos, mit der Hündin Lajka an Bord (1957), vier Jahre später dann der erste Weltraumflug Juri Gagarins – diese Leistungen schienen die Überlegenheit des sozialistischen Systems vor alle Augen zu bringen. Das neue Parteiprogramm von 1961 verkündete für die nächsten 20 Jahre sagenhafte Erfolge und Fortschritte. Bis 1970 sollten selbst die USA, das reichste und mächtigste Land des Kapitalismus, in der Pro-Kopf-Produktion überflügelt werden.

Zu diesem prognostischen Übermut einige Kernsätze aus dem Parteiprogramm: „Der Wohlstand, das Kulturniveau und das technische Entwicklungsniveau der Werktätigen werden bedeutend steigen. Allen wird ein gutes Auskommen gesichert. Alle Kolchoswirtschaften und Staatsgüter werden sich in hochproduktive Betriebe mit hohen Einkünften verwandeln. Der Bedarf der Sowjetbürger an komfortablen Wohnungen wird im Wesentlichen gedeckt werden. Die schwere körperliche Arbeit wird verschwinden. Die UdSSR wird zum Land mit den kürzesten Arbeitstagen." Zur zweiten Etappe wird gesagt: „Als Ergebnis des zweiten Jahrzehnts, 1971–1980, wird die materiell technische Basis des Kommunismus errichtet, die für die gesamte Bevölkerung einen Überfluss an materiellen und kulturellen Gütern sichert. Die Sowjetgesellschaft wird unmittelbar darangehen, das Prinzip der Verteilung nach den Bedürfnissen zu verwirklichen. Es wird sich der allmähliche Übergang zum einheitlichen Volkseigentum vollziehen. Somit wird in der UdSSR die kommunistische Gesellschaft im Wesentlichen aufgebaut sein. Vollendet wird der Aufbau der kommunistischen Gesellschaft dann in der nachfolgenden Periode. Der Aufbau des Kommunismus in der UdSSR wird der größte Sieg der Menschheit in all den Jahrhunderten ihrer Geschichte sein. Jeder neue Schritt begeistert die werktätigen Massen aller Länder. Ist eine gewaltige moralische Unterstützung des Kampfes aller Völker um ihre Befreiung vom sozialen und nationalen Joch. Beschleunigt den Triumph der Ideen des Marxismus, Leninismus im Weltmaßstab."[187]

Wie man aus diesem Zitat sieht: das Selbstbewusstsein Chruschtschows und seines Kommandos war keineswegs gering. Die sowjetische Wirklichkeit nahm sich ungleich bescheidener und dürftiger aus. Aber die Erfolge der Ära Chruschtschow waren doch beträchtlich, wenn man sie misst an dem, was vorher war, was die Bevölkerung in der Vergangenheit hatte erleiden und entbehren müssen. Zu nennen sind hier nur die wichtigsten Veränderungen: die Abkehr vom Terrorregime der Stalinzeit, die Unterstellung des Staatssicherheitsdienstes unter die Kontrolle der Parteiführung, nicht nur unter die des Ersten Sekretärs. Als

Ergebnis dieser Schritte folgten die Auflösung des Lagersystems, des *Archipel Gulag*, und die schleppende Rehabilitierung vieler Opfer der Stalinzeit, auch der zwangsdeportierten Völker in den Jahren 1941 bis 1944. Die Deutschen und die Krimtataren mussten am längsten auf ihre Rehabilitierung warten.

Auch der wie immer bescheidene Ausbau der Rechtssicherheit, der sozialistischen Gesetzlichkeit, bedeutete einen Bruch mit den Usancen des Stalinismus und trug Chruschtschow zweifellos Vertrauen und Zustimmung ein. 10 bis 12 Millionen Menschen kehrten in der zweiten Hälfte der 50er Jahre aus den Straflagern und aus den Deportationsgebieten zurück. Chruschtschow machte immer wieder klar, dass sich Massenverfolgungen und Vernichtungswellen, wie sie den ersten Fünfjahresplan begleitet hatten, nicht wiederholen würden. Das war ein Humanisierungsangebot an die Bevölkerung, aber auch an die Parteielite, die immer wieder vom Terror selbst erfasst und ausgezehrt worden war. Fortan wurden prominente Genossen, wenn sie ihre Ämter verloren, in aller Regel nicht in der Lubjanka liquidiert, sondern auf niedere Posten oder in Pension geschickt. Molotow etwa wurde Botschafter in der Mongolischen Volksrepublik. Auch Nikita Chruschtschow sollte nach seinem Sturz 1964 von diesem Verfahren profitieren. Er konnte nach seiner Absetzung auf einer Staatsdatscha in aller Ruhe seine Memoiren auf Megafonbänder diktieren und am internationalen Echo Freude finden.

Zur Leistungsbilanz dieses impulsiven Mannes gehören die Hebung des Lebensstandards und des privaten Konsums, der Kampf gegen die Massenarmut, vor allem auf dem Land. Unter Chruschtschow stiegen die Reallöhne der Arbeiter und Angestellten beträchtlich, auch die Einkommen der Kolchosen. Durch Erhöhung der staatlichen Aufkaufpreise um das Dreifache und die Begünstigung des freien Verkaufs von Erzeugnissen vom privaten Hofland der Kolchosbauern auf den Märkten wurde die Lage der bäuerlichen Bevölkerung erheblich verbessert. 1960 betrug das Durchschnittseinkommen der landwirtschaftlichen Haushalte immerhin 65 Prozent des Einkommens der städtischen; 1950 hatte der entsprechende Wert nur etwa 40 Prozent betragen. Die Milderung des Unterschieds zwischen Stadt und Land setzte sich in den folgenden Jahren fort. 1973 erreichten die Kolchosbauern 86 Prozent des Lohnniveaus der städtischen Bevölkerung. Durch die von Chruschtschow initiierte, ökologisch höchst fragwürdige Neulandkampagne zur Ausweitung der Ackerflächen, die Brachland zumal in Kasachstan erschließen sollte, konnte die Getreide- und Fleischproduktion spektakulär erhöht werden: bis 1964 um nahezu das Doppelte bei Getreide und um etwa ein Drittel bei Fleisch.

Hinzu kam die Forcierung des städtischen Wohnungsbaus. Die durchschnittliche Wohnfläche pro Person wurde durch die um das Dreifache erhöhte Neubaurate bis 1965 von sieben auf zehn Quadratmeter erweitert. Gemessen an westeuropäischen Werten war das nicht sonderlich viel, signalisierte aber der

Bevölkerung, dass die Partei die erbärmlichen Wohnungsverhältnisse ernsthaft lindern wollte. In der Sozialversorgung gab es schon 1956 einen Neubeginn, eingeleitet durch ein Rentengesetz für Arbeiter und Angestellte. Wie kümmerlich diese Renten auch sein mochten, vordem hatte es Ähnliches nicht gegeben. Das galt ebenso für den Aufbau eines bescheidenen Systems staatlicher Alterssicherung, das unter Stalin ausgeblieben war. 1964 wurden auch die Kolchosbauern in die Sozialversicherung einbezogen.

Schließlich ist an das sogenannte Tauwetter im kulturellen Bereich zu erinnern, an eine begrenzte, oft widersprüchliche, aber doch spürbare Liberalisierung der Parteikontrolle im Bereich von Literatur und Kunst. Zeitweilig kam es sogar zu einer Lockerung in Bezug auf die Geisteswissenschaften, die Geschichtswissenschaften eingeschlossen. Die ideologischen Auflagen wurden flexibler gehandhabt. Neue literarische Zeitschriften ließen eine Atmosphäre freieren intellektuellen Lebens entstehen, jedenfalls in Moskau und in Leningrad. Veröffentlichungen über das stalinistische Lagersystem wurden als Sensationen aufgenommen, als Zeichen wachsender Freiräume für eine kritisch denkende Öffentlichkeit. Zum ersten Mal konnte Inhumanität als Massenschicksal der Bevölkerung in der Stalinzeit zur Sprache kommen, in beschränktem Rahmen, aber immerhin. Dass die Parteiführung jedoch leicht rückfällig werden konnte, die Grenzen der Freiheit also unsicher blieben, zeigten die Schmähungen und Demütigungen, die Boris Pasternak zu erdulden hatte, als ihm 1958 der Nobelpreis für Literatur verliehen werden sollte. Auch die Raubeinigkeit, mit der sich Chruschtschow immer wieder in Beschimpfungen avantgardistischer Künstler erging, hat sonderliche Freude nicht aufkommen lassen.

Gleichwohl hat die junge sowjetische Intelligenz, die diese Zeit als Vorschein geistiger Emanzipation empfand, die Erinnerung an die Ära Chruschtschow als Generationserlebnis aufbewahrt. Ihre Anhänger haben wenig später als *Schestidesjatniki* (Leute der sechziger Jahre) die Dissidentenbewegung mitgetragen und schließlich mit ungleich stärkerer Wirkung dem Verlangen nach Glasnost und Perestrojka Raum verschafft – in einer Zeit, in der es noch keineswegs um den Abschied vom Sozialismus ging, sondern um den Versuch radikaler Erneuerung seiner ideellen Werte. Dass Chruschtschow gegen die russisch-orthodoxe Kirche und andere Konfessionen auf rigideste Weise vorging, so dass der Bestand an Gemeinden um etwa die Hälfte schrumpfte, schien die Mehrheit dieser Intelligenzija nicht sonderlich zu erschüttern.

Gescheitert ist Chruschtschow an den systembedingten Grenzen seiner Reformpolitik und an den Widerständen gegen den Versuch, die Unbeweglichkeit des überkommenen bürokratischen Apparats durch immer hektischere Improvisationen zu überwinden. Hinzu kamen abenteuerliche Risiken seiner schwer berechenbaren Außenpolitik. Man denke an die Kuba-Krise im Oktober 1962, die an den Rand einer atomaren Katastrophe führte. Dass er im Clinch mit John F. Kennedy kompromissfähig blieb und in letzter Stunde einzulenken verstand, das sollte ihm und seinen Beratern nicht vergessen werden. Auch Chruschtschows Innen- und Wirtschaftspolitik war äußerst problematisch, nicht zuletzt deshalb, weil er als Vertreter ambitiöser Weltmachtstrategien von der absoluten Priorität der Schwer- und Rüstungsindustrie nicht lassen konnte und die Leistungsfähigkeit seines Landes permanent überfordert hat. Die Voraussagen des XXII. Parteikongresses, die Verheißungen einer Überflussgesellschaft, wurden immer unglaubwürdiger. Dafür, dass es Mitgliedern des Parteipräsidiums im Oktober 1964 gelang, das Zentralkomitee für den Sturz des Ersten Sekretärs zu gewinnen, gab es jedoch andere, nicht weniger wichtige Gründe.

Was den Ausschlag gab, waren radikale Eingriffe Chruschtschows in die Machtsphäre der Ministerialbürokratie und in die Organisationsstruktur der Partei. Schon 1957, nach der Ausschaltung Malenkows und Molotows, hatte er zentrale administrative Strukturen aufgebrochen und dabei mehr als 145 Ministerien auf Unions- und Republikebene aufgelöst. Die Funktion dieser Institutionen wurde neu eingerichteten Volkswirtschaftsräten übertragen. Die operative Leitung dieser Regionalorgane wurde in die Hände der lokalen Parteifunktionäre gelegt. Dies war, gemessen an den überkommenen Normen, ein durchaus revolutionärer Akt, mit dem sich Nikita Chruschtschow bei der selbstbewussten Nomenklatura keine Freunde machte.

1962 schließlich wurde eine tiefgreifende Umgestaltung der Parteistruktur in Angriff genommen, deren Quintessenz die Zweiteilung der Parteiapparate auf Gebietsebene war. Das lief auf die organisatorische Trennung der Partei hinaus: in eine Machtvertikale, die zur Leitung der Industrieproduktion bestimmt war, und in eine davon getrennte Säule zur Leitung der Landwirtschaft. Dieser Umbau, der die KPdSU mit dem Wirtschaftsmanagement verschmelzen sollte, getrennt nach Landwirtschaft und Industrie, führte zu Renitenz und heilloser Desorganisation und brachte die herkömmliche Mechanik des Herrschaftssystems aus dem Tritt.

Nach der Ablösung Chruschtschows durch Leonid Breschnew im Oktober 1964 wurde diese hektisch betriebene Strukturreform sofort rückgängig gemacht. Die Klientelverbände in der Partei, in der Staatsbürokratie und im militärisch-industriellen Komplex erhielten Besitzstandsgarantien zugesprochen, die das Herrschaftssystem des Poststalinismus in den folgenden zwanzig Jahren in leidlicher Sicherheit und Ruhe leben ließen. Die Reformimpulse der Chruschtschow-Ära waren Anfang der 1960er Jahre aufgebraucht. Sie wurden Ende der 1980er Jahre mit neuer Dynamik wiederaufgenommen – mit enormen Veränderungen und zweifelhaftem Erfolg, wie sich alsbald zeigen sollte.[188]

4.4 Systemkrisen und Kosten der Weltpolitik

In der Ära Nikita Chruschtschows (1953–1964) ist es trotz parteiinterner Irritationen nicht dazu gekommen, dass das sowjetische Herrschaftssystem ernsthaft gefährdet gewesen wäre. Was Anfang der sechziger Jahre zutage kam, war die zunehmende Kluft zwischen den hochfliegenden Verheißungen des neuen Mannes im Kreml und den realen Lebensbedingungen der Bevölkerungsmehrheit. Klar wurde auch, dass sich diese Kluft allein durch burschikose Rhetorik und Habitus nicht schließen ließ.

Die Popularitätskurve des Partei- und Regierungschefs begann zu sinken, als sich zeigte, dass die Subventionierung des Massenkonsums im bisherigen Umfang nicht durchzuhalten war. Noch 1962 wurde, zum ersten Mal seit Stalins Tod, eine empfindliche Preiserhöhung für Fleisch und Butter verfügt. Im folgenden Jahr kam es, mitbedingt durch eine Dürreperiode, in der Getreide- und Brotversorgung der Städte zu erheblichen Schwierigkeiten, so dass Chruschtschow die staatlichen Vorratslager leeren ließ. In vielen Städten wurden die 1947 abgeschafften Brotkarten wieder eingeführt.

Zu der Virtuosität, mit der der Erste Parteisekretär in solchen Fällen zu improvisieren verstand, gehörte seine Maiskampagne. Trotz der wachsenden Unzufriedenheit der Bevölkerung gab es nur eine Protestaktion, den Arbeiterstreik in Noworossijsk, der 1962 zu einem Truppeneinsatz führte und zu einem Blutbad dazu. Es versteht sich, dass dieser Vorgang geheim gehalten wurde. Nur auf Umwegen wurde er im Ausland bekannt, in den Einzelheiten erst in den letzten Jahren. Ein kommandierender General, der den Befehl zum Waffengebrauch gegen die Streikenden verweigert hatte, wurde abgesetzt und ohne Pension aus der Armee entlassen. Auch dieser Vorfall trug dazu bei, dass sich im Zentralkomitee Widerstand gegen Chruschtschow zu formieren begann, und sich seine Autorität mit der Zeit verbrauchte. Einschneidende Systemkrisen, die auch nur im Entferntesten an die der Gorbatschowschen Zeit erinnern könnten, waren in der Sowjetunion unter der Führung Chruschtschows ausgeblieben.

Was den Herrschaftsinteressen der Kremlherren tatsächlich an die Nerven ging, war etwas Anderes. Es waren Erschütterungen, die sich jenseits der sowjetischen Staatsgrenzen, im Bereich der Sozialistischen Staatengemeinschaft vollzogen und die Hegemonialstellung der UdSSR im Ostblock gefährdeten. Zu denken ist an den Volksaufstand am 17. Juni 1953 in Ostberlin und in der DDR, an den Aufstand polnischer Arbeiter in Posen im Juni 1956, an die nachfolgende Reformbewegung, den so genannten polnischen Oktober des gleichen Jahres, der mit der Figur Gomulkas verbunden blieb, und schließlich an das dramatischste Ereignis dieses Jahres: an den ungarischen Aufstand, der mit den Unruhen in

Polen zeitlich ineinander griff und, wie drei Jahre zuvor in der DDR, durch den Einsatz sowjetischer Truppen niedergeschlagen wurde.

Die nächste Erschütterung der im Warschauer Pakt zusammengehaltenen sozialistischen Gemeinschaft, der Prager Frühling von 1968 und die Niederschlagung der tschechoslowakischen Reformbewegung durch die Militärintervention der Bruderländer, fiel dann schon in die Breschnew-Zeit und hat die sogenannte Breschnew-Doktrin in Kraft gesetzt, die Lehre von der beschränkten Souveränität, das Interventionsrecht in Situationen, in denen die Integrität des sowjetischen Machtblocks gefährdet schien. Auch der massive Militäreinsatz in Afghanistan, der 1979 begann und erst 1989 von Gorbatschow beendet wurde, gehört in den Zusammenhang dieser Doktrin. Nimmt man den Aufbruch der Solidarność-Bewegung hinzu, der 1980/81 die kommunistische Partei Volkspolens an den Rand der Selbstaufgabe brachte und mit dem Kriegsrecht des Generals Jaruzelski Mitte Dezember 1981 noch einmal abgewendet werden konnte, dann wird deutlich, dass die Sowjetführung seit Stalins Tod der Integrität ihres imperialen Machtbereichs nur selten sicher war. Hinzu kam der nationalkommunistische Kurs, den Ceauşescu in Rumänien seit den ausgehenden sechziger Jahren mit stalinistischen Methoden verfolgte, verquickt mit einem ins Groteske gesteigerten Personenkult.

Und schließlich und nicht zuletzt gab es den sowjetisch-chinesischen Konflikt, in dem sich Mao Zedong und seine Leute in wüster Polemik gegen den Revisionismus Moskaus ergingen und der KPdSU die führende Rolle in der kommunistischen Weltbewegung streitig machten. Der Kreml wurde von Peking des Verrats der revolutionären Idee bezichtigt und wegen Lakaientums gegenüber dem amerikanischen Imperialismus angeklagt. 1959 war Chruschtschow in die USA gereist. Ein Jahr später erschien er auf einer Gipfelkonferenz in Paris, zu der Präsident Eisenhower gekommen war. Es waren die anhaltenden Versuche der sowjetischen Führung, mit Washington zu einem Modus vivendi zu kommen, die den chinesischen Genossen Anlass boten, all das, was Moskau tat, in Bausch und Bogen zu verdammen. Dieser Konflikt, der das kommunistische Weltlager in die Spaltung trieb, begann unter Chruschtschow und setzte sich bis in die Ära Breschnew fort. Mit Albanien, dem kleinsten Land des europäischen Hegemonialblocks, war es den Rotchinesen 1960/61 gar gelungen, einen Partner Moskaus herauszubrechen und sich an der Adriaküste einen Brückenkopf zu verschaffen.

Bei alledem ist in Betracht zu ziehen, dass die 1955 begonnene Aussöhnung der Sowjetunion mit dem Jugoslawien Titos nicht eben weit gediehen war. Dessen Selbstverwaltungsmodell war mit den Axiomen des sowjetischen Systems nicht in Harmonie zu bringen und wurde von Moskau der revisionistischen Abweichung geziehen und als Modell für das sozialistische Lager entschieden abgelehnt. Die jugoslawische Politik, die im Milieu der blockfreien Dritten Welt eine mitbestimmende Rolle spielte, fand keinen Anlass, sich dem sowjetisch dominierten Ostblock wieder einzugliedern. Obgleich die Ursachen höchst unterschiedlich waren, die der Einheit der kommunistischen Welt und sowjetischer Hegemonie entgegenstanden, lässt sich dennoch mit Gewissheit sagen, dass seit Stalins Tod und dem Ende des Stalinkults der Führungsanspruch der UdSSR im sozialistischen Staatensystem nicht mehr unangefochten war. Weder das innere noch das äußere Imperium waren fugendicht.

Der Ostblock erwies sich für die Sowjetunion zunehmend als eine Bürde, für die hohe Kosten getragen werden mussten und hohe Risiken in Kauf genommen wurden. Dabei ließen die Moskauer Antworten auf die Gefährdung der kommunistischen Herrschaft in den sogenannten Bruderländern zwischen 1953 und 1980/81 keine einheitlichen Reaktionsmuster erkennen. Sieht man davon ab, dass sich die Niederschlagung des ostdeutschen Aufstands von selbst verstand, weil die DDR noch immer sowjetische Besatzungszone war, ein unverzichtbarer Vorposten der Moskauer Deutschland- und Europapolitik, so zeigten drei Jahre später die unterschiedlichen Reaktionen auf die Ereignisse in Polen und Ungarn, dass es für Moskau offenbar Essentials gab, die im westlichen Vorfeld der UdSSR Toleranzgrenzen für Reformbewegungen zogen.

1956 war es in Polen der neuen Führungsriege unter dem populären Gomułka gelungen, sich so zu verhalten, dass das Herrschaftsmonopol der kommunistischen Partei und die Zugehörigkeit des Landes zum Warschauer Paktsystem unangetastet blieben. Anders in Ungarn. Hier wurde die Parteiherrschaft durch einen Volksaufstand gestürzt. Die Regierung Imre Nagy bekannte sich zum demokratischen Mehrparteiensystem, kündigte die Mitgliedschaft im östlichen Militärbündnis, appellierte an die UNO und an die westliche Welt, erklärte das Land zu einem neutralen Staat. Diese unterschiedliche Sachlage – in Polen die Bekräftigung des Parteimonopols und der Bündnistreue, in Ungarn das Bekenntnis zur Demokratie und zur Bündnisfreiheit – dies hat zweifellos die Entscheidungen im Kreml bestimmt, die im Herbst 1956 getroffen wurden. In Bezug auf Polen wurde eine kommunistische Reformpolitik toleriert, die unzweifelhaft loyal blieb gegenüber dem Moskauer Führungsanspruch und den Axiomen des Marxismus-Leninismus. In Bezug auf Ungarn dagegen kam es zur militärischen Intervention, zur brutalen Liquidierung eines demokratischen Revolutionsprojekts und zur Einsetzung einer neuen, von Janosz Kadar repräsentierten systemloyalen Führungselite, die das Parteimonopol wie die Bündnistreue garantierte. Zwölf Jahre später, im Prager Frühling 1968, lagen die Dinge nicht so klar. Alexander Dubček, der neue Generalsekretär der KPČ, hat weder die Bündnistreue der ČSSR noch die Zugehörigkeit des Landes zum Warschauer Pakt in Frage gestellt. Doch die Infektionsgefahr, die von dieser Reformbewegung im Zeichen der Demokratisierung und eines Sozialismus mit menschlichem Antlitz ausging, schien vor allem für die Stabilität der kommunistischen Parteien in Polen und in der DDR so groß zu sein, dass sich Breschnew nach langem Zögern im August 1968 zu einer Militärintervention entschloss, gedeckt durch die Teilnahme der verbündeten Bruderländer, mit Ausnahme Nicolae Ceausescus.

Die Sonderstellung Rumäniens im Ostblock wurde trotz der Großmannssucht des Bukarester Diktators hingenommen. Das galt auch für dessen nationalistisch aufgeladenen Führerkult, der dem totgesagten Stalinkult an pompöser Inszenierung nahekam. Aber Ceausescu kündigte den Marxismus-Leninismus nicht auf und rührte auch nicht an dem Herrschaftsmonopol der Partei, das er eigenhändig exekutierte. Solche Prinzipientreue mag denn auch erklären, weshalb Moskau davon absah, den transsilvanischen Despoten anzutasten und massive Eingriffe in rumänische Angelegenheiten zu wagen.

Für den Kreml und die sowjetische Weltpolitik war die scharfe Konfrontation mit dem China Mao Zedongs wichtiger. Dieses China sprach der Sowjetunion die Führungsrolle in der kommunistischen Weltbewegung ab, bestritt ihr die sozialistische Qualität und die Definitionsmacht zu sagen, wie der revolutionäre Kampf gegen den Imperialismus, vor allem den amerikanischen, zu führen sei. Über die Grundfragen kommunistischer Politik allein zu befinden, wurde den Moskowitern nicht länger zugestanden. Da der Gedanke, China zur Räson zu bringen, außerhalb der Möglichkeiten lag, musste sich Moskau darauf einstellen, dass es im Ringen um Einfluss auf die Befreiungsbewegungen in der Dritten Welt in Gestalt der chinesischen Genossen ernsthafte Konkurrenten gab. Allerdings hatte der Vietnamkrieg seit Mitte der 1960er Jahre gezeigt, dass Mao dem machtpolitischen, militärischen und ökonomischen Gewicht der UdSSR keine adäquaten Mittel entgegensetzen konnte. Auch die verheerenden Folgen, die die Große Proletarische Kulturrevolution damals hervorrief, trugen dazu bei, dass China in der Weltmachtkonkurrenz nur rhetorisch auftreten konnte und sich auf die Inszenierung regionaler Kriege beschränkte. Man denke an die Grenzkriege gegen Indien 1962 und gegen das von Moskau protegierte Vietnam 1979, aber auch an die chinesische Unterstützung der Roten Khmer in Kambodscha. Noch gefährlicher war 1969 eine unmittelbare Konfrontation: der Grenzkonflikt am Ussuri, wo sich chinesische und sowjetische Truppen monatelang kampfbereit gegenüberstanden – die einen hatten die übervölkerte Mandschurei im Rücken, die anderen den schwach besiedelten ostsibirischen Raum.

All dies erklärt, weshalb die chinesische Politik für Moskau ein Störfaktor erster Ordnung blieb. Sie stellte die bipolare Weltkonstellation in Frage, das überkommene Axiom, dass die Welt in zwei antagonistische Lager gespalten sei und der Weltfrieden im Atom- und Raketenzeitalter auf dem Gleichgewicht des Schreckens zwischen der UdSSR und den USA beruhe. Das maoistische China dagegen hielt an der weltrevolutionären Perspektive fest und bekämpfte die von

Chruschtschow und später von Breschnew vertretene Politik der friedlichen Koexistenz als feiges Kapitulantentum, als Speichelleckerei vor dem amerikanischen Imperialismus, als Verrat an der Befreiung der armen Welt. Das sowjetische Imperium dagegen war ganz auf den Rüstungswettlauf mit dem Westen festgelegt, auf militärische Parität, Ebenbürtigkeit und Gleichberechtigung mit der amerikanischen Supermacht – Parität und Gleichgewicht auf allen Kontinenten, allen Weltmeeren und im Kosmos.

Die Entwicklung der Wasserstoffbombe und der Interkontinentalraketen, dazu die überlegene sowjetische Truppenstärke im europäischen Vorfeld bis zur Elbe hin, hatten Chruschtschow seit Mitte der 1950er Jahre zu machtpolitischen Potenzdemonstrationen verführt, die die offiziell bekundete Bereitschaft zur weltpolitischen Entspannung nicht glaubwürdiger machte. Die Entspannungspolitik wurde durch spektakuläre Unternehmen von hohem Risiko immer wieder unterlaufen. Zu erinnern ist an die erste, noch relativ harmlose Aktion dieser Art im Herbst 1956, an die ultimative Drohung Chruschtschows, sowjetische Raketen einzusetzen, um den gegen Ägypten damals geführten Suez-Krieg Großbritanniens, Frankreichs und Israels zu beenden – durch eine gemeinsame amerikanisch-sowjetischen Aktion, wie der ungestüme Mann damals vorschlug.

Erinnert sei in diesem Zusammenhang an das Berlin-Ultimatum Chruschtschows von 1958, das den Abzug der Westalliierten aus Berlin verlangte. Westberlin, auf dem Territorium der DDR gelegen, sollte eine selbständige politische Einheit werden und in engster Verbindung stehen zum ersten deutschen Arbeiter- und Bauernstaat. Für die Bundesrepublik und ihre Alliierten war dies eine brandgefährliche Herausforderung, deren Explosivkraft erst nach dem Bau der Berliner Mauer (13. August 1961) entschärft werden konnte. Dies geschah, weil die Westmächte außerstande waren, ihre Rechte aus dem Viermächtestatut, das sich auf Gesamtberlin bezog, ungeschmälert zu erhalten. Ostberlin wurde Hauptstadt der DDR. Man denke auch an die Kuba-Krise von 1962, an den abenteuerlichen Versuch, sowjetische Raketen auf der von Fidel Castro regierten Insel zu stationieren, ein Unternehmen im Vorhof der Vereinigten Staaten, auf das die Kennedy-Administration mit der Blockade der Insel und mit der Forderung reagierte, die Raketenbasen umgehend abzubauen. Angesichts dieser Drohung war Chruschtschow klug genug, den Rückzug anzutreten und auf seine Weise mitzuhelfen, dass es damals nicht zu einer großen Katastrophe kam. Kennedy ermöglichte ihm, dies ohne Gesichtsverlust zu tun, indem er US-Raketenstellungen in der Türkei räumen ließ.

Die Erfahrungen dieser Konfrontation haben dazu beigetragen, dass sich beide atomare Weltmächte wenig später auf den langen Marsch zu Verhandlungen begaben, um das Kriegsrisiko zu begrenzen und den Rüstungswettlauf in kontrollierbare Bahnen zu lenken. Einen ersten Schritt zur Eindämmung brachte

1963 ein Abkommen über die Beendigung atomarer Versuche im Weltall und unter Wasser. Vier Jahre später, schon unter Leonid Breschnew, folgte eine Vereinbarung über die friedliche Nutzung des Weltraums, 1968 ein Vertrag über die Nichtweiterverbreitung von Kernwaffen. Zur Vereinbarung von Schritten zur Rüstungsbegrenzung, gar zu atomarer Abrüstung, war es noch weit. Die Anfang der 70er Jahre in Wien und in Genf begonnenen Gespräche waren äußerst langwierig und frustrierend, doch führten sie immerhin zu den beiden SALT-Abkommen von 1972 und 1979, zur *Strategic Arms Limitation* in genau bemessenen Schritten. Erst Jahre später, unter Michail Gorbatschow und Roland Reagan, gewannen die Abrüstungsvereinbarungen zwischen den Supermächten eine neue Qualität, stellte sich auch wechselseitiges Vertrauen ein.

Wichtiger als dies im Einzelnen hier auszuführen, mag ein Blick auf die Bilanz dieser Bemühungen sein. Die Materie war so komplex, dass guter Wille nicht genügte, um zu einem weitertragenden Durchbruch zu kommen. Und die Zeit, die dafür nötig gewesen wäre, ward dem Kreml nicht gegeben. Bis zum Zerfall des Sowjetimperiums gelang es nicht, das Land und seine Bevölkerung von den gigantischen Kosten zu entlasten, die dem Weltmachtanspruch seiner politischen Eliten geschuldet waren. Die Dauerkrise, in der sich das System befand, war nicht dazu angetan, für die Überwindung der sozialen und ökonomischen Rückständigkeit des Riesenreiches neue Spielräume zu schaffen. Im Gegenteil.

Während der Breschnew-Ära (1964–1982) war das weltpolitische Engagement der UdSSR noch ausgeweitet worden durch Waffenlieferungen und Unterstützungsleistungen an sozialistisch eingefärbte Machthaber in der Dritten Welt. Das waren zunächst Äthiopien und die früheren portugiesischen Kolonien Mocambique und Angola. Hier zahlte Moskau für den Einsatz kubanischer Truppen, die nach Afrika transportiert worden waren. Im arabischen Raum gab es über Jahre hin ähnliche Unterstützungsleistungen, für Staaten zumal, die in Konfrontation mit Israel standen. Irak, Libyen, Syrien und die Volksrepublik Jemen gehörten dazu. Überall ging es um Waffenlieferungen, Berater, Piloten und andere Maßnahmen, von denen sich Moskau die Ausdehnung sowjetischen Einflusses versprach – nicht zuletzt durch Flottenbasen und Militärstützpunkte, die der globalen Präsenz der amerikanischen Weltmacht beggnen sollten. Nichts hat jedoch an der materiellen und moralischen Substanz des Sowjetsystems stärker gezehrt, als der zehnjährige Truppeneinsatz in Afghanistan, der 1979 begann und sich als ein Aderlass erwies, der zur Erosion der kommunistischen Herrschaft, zum Autoritätsverlust des Sowjetsystems nicht wenig beigetragen hat.

Entlastung gebracht hatte die Schlussakte der *Konferenz für Sicherheit und Zusammenarbeit in Europa* (KSZE), die nach zweijährigen Verhandlungen 1975 in Helsinki von 35 Regierungschefs unterzeichnet wurde. Neben den beiden Supermächten und Kanada waren alle Mitgliedsstaaten des Warschauer Pakts und der NATO dabei. Das Dokument nahm die Prinzipien der UN-Charta auf, garantierte den europäischen Status quo auf der Basis der 1945 in Jalta fixierten Grenzen und schrieb noch einmal fest, was sich in einer zivilisierten Welt von selbst verstehen sollte: Achtung der Menschenrechte und Grundfreiheiten, Gedanken-, Gewissens-, Religions- und Überzeugungsfreiheit eingeschlossen. Vorausgegangen waren die sogenannten Ostverträge der Bundesrepublik, die zwischen 1970 und 1972 von der sozialliberalen Koalition unter Willy Brandt geschlossen worden waren: mit der Sowjetunion, mit Polen und mit der DDR. Mit der Schlussakte hatte das westliche Bündnis die sowjetische Hegemonie im Ostblock akzeptiert und die deutsche Teilung natürlich auch.

Die friedliche Koexistenz der beiden Systeme in den Grenzen, die der Zweite Weltkrieg gezogen hatte, schien in Europa auf die Dauer verbürgt zu sein. Kooperation statt Konfrontation war das Schlüsselwort der neuen Zeit. Doch das KSZE-Abkommen, zumal der so genannte Dritte Korb mit der Garantie der Menschenrechte und der Gleichberechtigung und Selbstbestimmung der Völker, enthielt Sprengsätze mit Langzeitwirkung, die der kommunistischen Herrschaft auf Dauer an die Wurzeln gingen. Anzeichen dafür waren zivilgesellschaftliche Oppositionsgruppen wie die *Charta 77* in der Tschechoslowakei und – mit weitreichenden Folgen – die gewerkschaftliche Solidarność-Bewegung in Polen, doch auch in der Sowjetunion kamen Dissidentenbewegungen auf. Menschenrechtskomitees und Oppositionsgruppen, die unter den Augen der Weltöffentlichkeit die Bürger- und Menschenrechtsgarantien einzuklagen begannen, die Breschnew in Helsinki feierlich beglaubigt hatte. Als Mitte der achtziger Jahre die Zeit der Gerontokratie im Moskauer Kreml zu Ende ging, war klar geworden, dass das poststalinistische Imperium weder dem globalen Rüstungswettlauf, noch der Entspannung und friedlichen Kooperation mit der westlichen Welt gewachsen war.

Die sowjetische Weltpolitik, die ihre Ebenbürtigkeit mit den USA allein auf militärische Potenz hatte gründen können, hatte ihre Möglichkeiten ausgeschöpft und die Kräfte des Landes dabei so überspannt, dass sich die Versuche, durch ökonomische und soziale Reformen neue Kraft zu finden, rasch an systembedingten Grenzen festgelaufen haben. Dies zu erkennen und Lösungen zu finden, ohne dass das überkommene Herrschaftssystem verlorenging – das sollte später zum Hauptproblem der Perestrojka unter Michail Gorbatschow werden.

5 Das lange Ende der Sowjetunion

5.1 Dissens und politische Opposition unter Breschnew

In der Breschnew-Ära, der später sogenannten Stagnationszeit, hat es im Westen an Voraussagen nicht gefehlt, dass sich die poststalinistische Diktatur in der UdSSR nicht werde konservieren lassen, solange sie in den alten Gleisen bleibe. Die Konkurrenzfähigkeit der sowjetischen Supermacht im Zeitalter der technologischen Revolution werde auf Dauer nur dann zu sichern sein, wenn das Regime sich dazu entschließe, der sowjetischen Gesellschaft Spielräume für die Entfaltung geistiger Freiheit und politischer Partizipation einzuräumen. Aus dem Interesse an fortgehender Modernisierung auf dem Niveau des ausgehenden 20. Jahrhunderts, aus der Notwendigkeit, mit der Entwicklung in den westlichen Industrieländern, zumal den USA, Schritt zu halten, ergebe sich – so die Argumente kritischer Kommentatoren – ein unabweisbarer Zwang zur Veränderung, zur Reform, zur Liberalisierung. Diese Reform werde den allmählichen Abbau des bürokratischen Kommandosystems und der planökonomischen Zentralisierung nach sich ziehen, werde die schrittweise Demontage des totalitären Überwachungsstaates, die Gewährung politischer und bürgerlicher Freiheiten erforderlich machen und letztlich dazu führen, die ideologisch versteinerten Systemgegensätze zwischen Ost und West allmählich abzuschleifen.

Diese Auffassung, als *Konvergenztheorie* viel diskutiert, ging von der Annahme aus, dass sich die Sowjetunion dem technologischen Modernisierungsdruck, den wirtschaftlichen und politischen Verkehrsformen des Westens im eigenen Interesse öffnen werde. Insofern galt es als ausgemacht, dass sich die mittelfristigen Entwicklungstrends in der realsozialistischen wie in der kapitalistischen Welt mehr und mehr aufeinander zubewegen würden. Die Konvergenztheoretiker haben nicht zuletzt darauf gesetzt, dass sich die in der UdSSR enorm gewachsene Schicht hochqualifizierter wissenschaftlich-technischer Intelligenz als treibende Kraft des Systemwandels erweisen werde: als Vehikel zur Öffnung der Welt, als Antriebsmittel für die Lockerung der Zensur und für die Erweiterung der geistigen Freiräume. Die Erwartung war groß, dass der rasante Fortgang der wissenschaftlich-technischen Revolution mit der Konservierung der poststalinistischen Parteiherrschaft letztlich nicht vereinbar sei und der von den Moskauer Ideologen verkündete friedliche Wettstreit der Systeme das Sowjetsystem in den überkommenen Verhältnissen nicht werde weiterleben lassen. Auch dem Begriff Wandel durch Annäherung, dem Codewort der Ostpolitik Willy Brandts, lag die Auffassung zugrunde, dass in die Geschichte der modernen, hochtechnisierten Welt die Tendenz eingelassen sei, die Systemgegensätze abzuschleifen.

Unter Breschnew wurde der Widerspruch zwischen den gesellschaftlichen und politischen Voraussetzungen des technologischen Fortschritts und dem ideokratischen Anspruch der konservativen, dogmatischen Parteielite auch von prominenten sowjetischen Intellektuellen wahrgenommen und den führenden Genossen in Eingaben, Denkschriften oder auf andere Weise vor Augen gebracht. Diese Memoranden, nicht selten verfasst von weltbekannten Gelehrten aus den Instituten der Akademie der Wissenschaften, waren an die Parteiführung gerichtet, oft an Breschnew selber. Die Kritik, die hier fixiert wurde, blieb in der Regel im Rahmen der Parteiloyalität. Sie stellte den Sozialismus nicht in Frage, sondern konzentrierte sich darauf zu zeigen, dass grundlegende Änderungen und Reformen im Interesse des sozialistischen Vaterlandes unerlässlich seien.

Schon unter Stalin hatte vor allem der Physiker Pjotr Kapiza, der 1945 aus England zurückgekehrt war, in couragierten Schreiben an Stalin immer wieder gefordert, die Grundlagenforschung der Parteikontrolle zu entziehen und von kleinlicher Gängelung freizuhalten. In den Jahren Chruschtschows und Breschnews setzten Kapiza und seine Kollegen diese Taktik der Petitionen an die Parteispitze fort und dehnten die Forderung nach Emanzipation der Naturwissenschaften und der technologischen Forschung mehr und mehr auch auf die Philosophie und auf die Gesellschaftswissenschaften aus. In den Zentren der Macht fanden sie damit freilich kein Gehör. Michail Suslow, ein Stalinist reinsten Wassers, bis 1982 der unangefochtene ideologische Tugendwächter im Politbüro, bestand hartnäckig darauf, dass von den Axiomen des Marxismus-Leninismus kein Jota aufzugeben und an den Maximen der Parteiherrschaft nicht zu rütteln sei.

So ist die Spannung zwischen wirtschaftlichem Fortschritt und dogmatischer Starrheit unter Breschnew im Wesentlichen ungelöst geblieben. Da die Geschichte des Dissidententums, des abweichenden Denkens, zur Untergangsgeschichte des Sowjetsystems und der kommunistischen Herrschaft im früheren Ostblock gehört, wird dieses Thema noch lange Zeit ein wichtiges Forschungsfeld der Zeitgeschichte bleiben. Dabei versteht sich, dass die Erscheinungsformen abweichenden Denkens und die Formen politischer Opposition in der UdSSR mit parallelen Vorgängen und Erscheinungen in den anderen Ostblockstaaten verglichen werden müssen, um die Besonderheiten und Ähnlichkeiten der sowjetischen Dissidenz herauszubringen. Ein Blick auf Polen etwa zeigt, wie groß die Unterschiede zwischen den einzelnen kommunistisch regierten Ländern in dieser Hinsicht waren – in den Wirkungsformen wie in den Folgen für die Destabilisierung des überkommenen Herrschaftssystems.

Generell ist zu beachten, dass sich auch für die Sowjetunion keine scharfen Grenzen ziehen lassen zwischen Äußerungen nonkonformistischer Art in legalen Zeitschriften und in Veröffentlichungen, die im Selbstverlag (*Samisdat*) oder im Westen (*Tamisdat*) erschienen. Die Übergänge zwischen dem, was legal publiziert werden konnte, und dem, was im Samisdat illegal publiziert wurde, sind überall fließend gewesen. Ein frühes, sensationelles Beispiel für Tamisdat-Literatur ist Boris Pasternaks *Doktor Schiwago*, ein Roman, der dem Autor 1958 nicht nur den Literaturnobelpreis eintrug, sondern auch eine Diffamierungskampagne, die an den Stil des Spätstalinismus erinnert und den Dichter dazu zwang, auf die Annahme des Preises zu verzichten. Der KGB sah damals davon ab, Pasternak in Haft zu nehmen, doch wurde er als Verräter gegeißelt. Überdies wurden Menschen aus der engsten Umgebung des Dichters drangsaliert und ins Gefängnis geschickt.

Einige Jahre später, im Februar 1966, wurden zwei Schriftsteller, Andrej Sinjawski (pseud. Abram Terz) und Juli Daniel (pseud. Nikolaj Arschak), wegen der Veröffentlichung von Arbeiten im Ausland vor Gericht gestellt und wegen verleumderischer Behauptungen und Gefährdung der Sowjetordnung zu langjähriger, strenger Haft verurteilt. Der aufsehenerregende Prozess, von dem auch Protokolle damals in den Westen gelangten, hat der beginnenden Bürgerrechtsbewegung in der Sowjetunion kräftige Impulse gegeben. Schon Anfang Dezember 1965, am Tag der Verfassung, hatten Flugblätter an der Moskauer Universität zu einer Demonstration aufgerufen, um bei der Regierung die verfassungsmäßig garantierten Rechte einzuklagen. Die Stalinverfassung enthielt sogar zynischerweise einen voll ausgebildeten, liberal gefassten Grundrechtskatalog. In einem offenen Brief an die Regierung wurde gesagt, dass die Treue zu diesem Land, und die Auffassung von dem, was dem Vaterlande nütze, kein Monopol derer sei, die zum Regierungsapparat gehören.

Tatsächlich haben nach den Prozessen gegen Sinjawski und Daniel die Appelle und Petitionen zugenommen, mit denen sich Einzelne, aber auch Gruppen Intellektueller, Wissenschaftler und Literaten an die Öffentlichkeit wandten oder direkt an die Regierung oder an den Generalstaatsanwalt. Die Forderungen blieben nach wie vor durchweg im Rahmen der gesetzlichen Ordnung. Sie beriefen sich auf die Rechtsgarantien der Verfassung und beschworen die Führung, allen Tendenzen entgegenzutreten, die diese Verfassung in Frage stellen, alle Tendenzen zu stoppen, die eine Rückkehr zum Stalinismus verhießen oder eine Rehabilitierung Stalins befürchten ließen – also die Zurücknahme dessen, was seit dem XXII. Parteitag (Oktober 1961) in dieser Hinsicht vor sich gegangen war.

Ende April 1968 kam im Samisdat die erste Nummer einer hektographierten *Chronik der laufenden Ereignisse* heraus. Von dieser Chronik wurden in den folgenden 20 Jahren etwa 70 Ausgaben bekannt und im Samisdat-Archiv bei Radio Liberty in München archiviert. Diese Chronik hatte sich zum Ziel gesetzt, über alle nonkonformistischen Bewegungen, Initiativen und Schriften zu berichten und Verletzungen der Menschenrechte in der UdSSR zu registrieren. Die Redaktion musste infolge wiederkehrender Verhaftungen einzelner Mitwirkender immer wieder ausgewechselt werden. Doch es gelang, die Arbeit an der Chronik fortzusetzen, sodass diese Dokumentation durch die Dichte der Information und durch die kühle Sachlichkeit der Berichterstattung im Entstehungsprozess einer informellen Öffentlichkeit eine einzigartige Stellung gewinnen konnte.[189]

In den folgenden Jahren wurde eine Reihe von Gruppierungen aktiv, die für die Bürgerrechtsbewegung in Moskau, Leningrad und einigen anderen Städten die Infrastruktur für eine Gegengesellschaft zu schaffen versuchten. 1969 entstand eine Initiativgruppe zum Schutz der Menschenrechte in der UdSSR, 1970 ein Komitee für Menschenrechte, 1974 eine sowjetische Sektion von Amnesty International, 1976 in Moskau eine Helsinki-Gruppe, dann entsprechende Gruppen auch in anderen sowjetischen Großstädten. Im gleichen Jahr wurde eine Kommission zur Untersuchung der Nutzung der Psychiatrie für politische Gefangene gegründet. 1968 hatte bereits die Denkschrift von Andrej Sacharow *Gedanken über Fortschritt, friedliche Koexistenz und geistige Freiheit* weltweites Aufsehen erregt. Sacharow wurde zur überragenden Symbolgestalt der sowjetischen Bürger- und Menschenrechtsbewegung, zugleich die repräsentative Figur für jene Richtung des Dissidententums, für die der Begriff der Menschenrechte mit dem Verlangen nach freiheitlicher Demokratie zusammenging. Gegen den Sozialismus als Idee wurde nach wie vor kein böses Wort gesagt.[190]

Die demokratische Richtung im sowjetischen Dissens ist numerisch klein geblieben, im Wesentlichen beschränkt auf Angehörige der so genannten schöpferischen Intelligenz. Über die Größenordnungen lassen sich auch heute nur ungefähre Angaben machen. Zwischen 1965 und 1982 haben sich insgesamt 3350 Personen durch Unterschriftenleistung auf Bürgerrechtsdokumenten beteiligt und sich damit für den KGB durch ihre namentliche Unterschrift als Andersdenkende zu erkennen gegeben. Andere Schätzungen gaben höhere Zahlen an. Bisweilen wird eine Zahl von mindestens 10.000 zum Widerstand bereiter Menschen genannt. Auf das riesige Land mit fast 300 Millionen Einwohnern bezogen, war dieser Mobilisierungsgrad gering.

Es kann keine Rede davon sein, dass das, was an Gegenöffentlichkeit oder gar Gegengesellschaft in der UdSSR entstand, mit der Entwicklung in der Volksrepublik Polen verglichen werden könnte. Die Dimensionen, die Voraussetzungen und die Traditionen des Widerstands in Polen waren in jeder Hinsicht einzigartig. Die genannten sowjetischen Initiativgruppen und Komitees haben in der Regel nicht mehr als jeweils 15 bis 20 Menschen erfasst, Kleinkreise also, die das Risiko auf sich nahmen, den Repressionen des KGB zum Opfer zu fallen und in Gefängnisse, Lager oder psychiatrische Anstalten gesteckt zu werden. Für die Zeit zwischen 1965 und 1982 wurde die Verhaftung von 580 Bürgerrechtlern registriert.

Die westliche Presse, vor allem aber die an die Sowjetbevölkerung gerichteten Radioanstalten, haben diesen relativ begrenzten Aktivitäten allerdings eine enorme Publizität verschafft. Und dies nicht nur im Westen, sondern vor allem in der Sowjetunion, so dass die Breitenwirkung der Opposition unverhältnismäßig größer war, als die genannten Zahlen zeigen – größer, als dies ohne solche Hilfestellung unter den Verhältnissen vor Ort möglich gewesen wäre. Ein erheblicher Teil der Samisdat-Literatur ist in den Radiostationen Wort für Wort verlesen worden. Man begann seit den sechziger Jahren hier und da, jedenfalls in den großen Städten, sich Tonbandgeräte zu verschaffen. Auf diese Weise entstand ein Informationszusammenhang des Dissidententums, der in seinen Dimensionen den Kreis der Aktivisten bei weitem überschritt.

Unschätzbar für die Ende der sechziger Jahre einsetzende Emanzipation der Bildungsschichten von marxistisch-leninistisch geprägten Normen war, was sich auf der literarischen und künstlerischen Szene während der Breschnew-Ära zu entwickeln begann. Dabei haben – außer der wiederkehrenden Säuberung der Zeitschriftenredaktionen – die Auseinandersetzungen Alexander Solschenizyns mit dem sowjetischen Schriftstellerverband um die Publikation seiner Romane *Die Krebsstation* und *Im ersten Kreis der Hölle* die wohl stärkste Resonanz gefunden. Der Ausschluss Solschenizyns aus dem Schriftstellerverband 1970, vier Jahre später seine erzwungene Ausweisung aus der Sowjetunion – das waren Ereignisse, die in aller Welt enormes Aufsehen erregten und davon zeugten, dass das Regime zu jenem Dialog nicht fähig war, den die Dissidentenszene in zahllosen Erklärungen gefordert hatte. In einem rasch bekannt gewordenen Brief an die Obrigkeit mit dem Appell, das offiziell sanktionierte System der Lüge aufzugeben und stattdessen in der Wahrheit zu leben, hatte Solschenizyn die Konfrontation mit der herrschenden Ordnung über die Ebene der Bürgerrechte und der Menschenrechte hinausgetrieben. Er hatte das Verhalten der Menschen unter der Diktatur als ein Problem der Moral vor Augen geführt, an dem sich das Schicksal des Landes und des Volkes entscheiden werde. Die Publikation der literarischen Dokumentationen Alexander Solschenizyns *Archipel Gulag* (1974), hat die Brutalität dessen vor Augen geführt, was im Namen des Sozialismus geschehen war und in kleineren Dimensionen noch immer geschah, von der Parteiführung nach wie vor als streng geheim tabuisiert.

Solschenizyns berühmter *Brief an die Regierung* vom September 1973, ein Jahr vor seiner Ausweisung, hatte allerdings bereits erkennen lassen, dass mit ihm eine Stimme sprach, die sich vom demokratischen Pathos der Menschen- und Bürgerrechtsbewegung in vieler Hinsicht unterschied. Solschenizyn forderte nicht so sehr die politische und die zivile Freiheit der Gesellschaft ein, sondern verlangte unter Verweis auf nationalrussische Werte von der Regierung, dass sie dem Volk die geistige Freiheit wiedergeben und von der trügerischen Idee des ungehemmten Fortschritts ablassen sollte. Unerträglich sei nicht so sehr das autoritäre Regime der Partei, das die äußere Freiheit verweigere, unerträglicher sei vielmehr, dass das Regime das Volk zur alltäglichen Lüge zwinge, dass die Regierung das Volk nicht nach dessen eigenen, inneren Werten leben, atmen, denken und sich entwickeln lasse.

Die geistigen Freiheiten, die hier eingeklagt wurden, evozierten eine nationale, auch nationalreligiöse Gefühlswelt, eine aus der Tiefe der russischen Volksseele kommende Innerlichkeit, die die Vergewaltigung der ureigenen Sittlichkeit des Volkes und die Vergewaltigung seiner historischen Traditionen als Sünde verdammte. Hier wurden Saiten angeschlagen, die bei Teilen der russischen literarischen Intelligenz, in legal erschienenen Romanen und Erzählungen bereits angeklungen waren, zumal in Schilderungen der von der technokratischen Gigantomanie und der ökonomischen Planbürokratie zerstörten bäuerlichen Lebenswelt, in Klagen über Großtaten der Kulturvernichtung von Seiten der städtisch-industriellen Zivilisation, einer Zivilisation, die den Schätzen und Werten des bäuerlichen, des ländlichen, des hölzernen Russland an die Wurzeln gehe, und die das Volk in einer seelenlosen Welt verkommen lasse.

Hier wurden nicht weltbürgerliche Normen der Menschenrechte hochgehalten und eingeklagt, nicht die Ideale der Demokratie der politischen Rechtlosigkeit der Bürger entgegengestellt. Vielmehr wurde eine aus verklärten nationalen Traditionen schöpfende antimodernistische Ideologie formuliert, oft verbunden mit dem Appell, zu den Grundlagen der Rechtgläubigkeit, der russischen Orthodoxie zurückzukehren. Die Moskauer Patriarchatskirche unter dem Patriarchen von Moskau und der ganzen Rus, deren Episkopat mit dem Regime und dem KGB kollaborierte, – auch sie gehörte in dieser Sicht dem Reich der Lüge an, ungeachtet der Knebelungen und der Verfolgungen, denen Priester und Gemeinden ausgesetzt waren. Die Kirche wurde aufgefordert, sich aus ihrer Verstrickung und Entmündigung zu lösen, zur Wahrheit zurückzukehren und für die Wiedergeburt des russischen Volkes zu wirken.

Das Wort Wiedergeburt ist auf der nationalpatriotischen Szene in Russland damals zu einem Zauberwort geworden. Im Übrigen aber wies das nationale Paradigma vielerlei Facetten auf. Die schärfste Ausprägung fanden die traditionalistischen Tendenzen in den 1970er Jahren im *Allrussischen Christlich-sozialen Bund zur Befreiung des Volkes*. In diesem Milieu wurden sehr unterschiedliche Ideenverbindungen ausgebildet, philosophisch in ungebremster Wendung gegen das neuzeitliche Denken im Westen, durch die Mystifizierung des Volksbegriffs, der die Nation als Teil des unabänderlichen göttlichen Weltplans erscheinen ließ, als eine eigentümliche Ebene in der Hierarchie des christlichen Kosmos. Wer dies leugne, besorge das Werk des Antichristen.

Christliche Anschauungen schienen in den siebziger Jahren in der Samisdat-Zeitschrift *Wetsche* das Bekenntnis zum orthodoxen Glauben wie zum Leninismus nicht grundsätzlich auszuschließen. Tatsächlich hat sich im Milieu dieser neuen Rechten, im Samisdat und in der offiziell geduldeten Literatur, eine merkwürdige Verbindung zwischen russischem Nationalismus und Bolschewismus eingestellt, die schon 1980 vom Aufkommen eines sowjetischen Nationalbolschewismus hat sprechen lassen. Diese Verbindung von Rechtgläubigkeit und bolschewistischer Traditionen, beruhte auf der gemeinsamen Frontstellung gegen die westliche Massenzivilisation, gegen bürgerliche Dekadenz und avantgardistische Kunst und nahm bisweilen auch kaum verhüllte antisemitische Züge an.

Igor Schafarewitsch, ein international berühmter Mathematiker, verfasste 1980 ein Traktat gegen die Russophobie. Hier wandte er sich in polemischer Schärfe gegen die liberalen und demokratischen Dissidenten, mit denen er in der Menschen- und Bürgerrechtsbewegung lange Zeit zusammengearbeitet hatte. In seinem Pamphlet wurde der kosmopolitischen Intelligenz unterstellt, dass sie aus Hass gegen alles, was das eigentlich Russische an Russland sei, das Volk mit fremden Ideen vergiftet habe: mit dem Gift der rationalistischen Utopie aus den Quellen der westlichen Aufklärung, des westlichen Sozialismus, nicht zuletzt aus den Quellen des jüdischen und freimaurerischen Gedankenguts. Diese Intelligenzija habe sich im russischen Volkskörper festgesetzt und eingenistet, habe das große Volk in die Revolution getrieben, dem von Fremden, zumal von Juden dominierten Bolschewismus ausgeliefert und schließlich in die Katastrophe geführt.

Die Fronten, die im Blick auf das postkommunistische Russland vor Augen stehen, haben mithin eine lange Vorgeschichte. Unter Breschnew und in den Anfangsphasen der Perestroika haben sich die unterschiedlichen Gruppen des Dissidententums an zwei großen, in ihrer moralischen Integrität unantastbaren Symbolfiguren, an Sacharow und Solschenizyn, orientiert. Obwohl außer Zweifel steht, dass Schafarewitsch für die Umgestaltung Russlands westliche Modelle verwarf und Heilung bei traditionellen Formen russischen Staatsdenkens und Gesellschaftsdenkens suchte, sah er im russischen Rechtsradikalismus keine moralische Instanz.

5.2 Anspruch und Scheitern der Perestrojka

Das Jahr 1989 war ein Jubiläumsjahr der europäischen Revolutionsgeschichte. 200 Jahre nach dem Sturm auf die Bastille am 14. Juli 1789 war halb Frankreich auf den Straßen, spielte in Paraden die eigene Geschichte nach und feierte vor allem sich selbst. Die Fernsehwelt war als Augenzeuge dabei. Im Blick auf die französischen Revolutionsfeiertage hatten ungezählte Federn im Voraus formuliert, was im Rückblick auf 1789 bedeutsam und für die Zukunft zu bewahren sei. Hier wurden Fragen nach der Fortwirkung gestellt: Ist das Vermächtnis der Revolution noch lebendig? Oder sind die Feuer verglüht, die die französischen Revolutionäre mit ihren Verheißungen damals entzündet hatten? Freiheit, Gleichheit, Brüderlichkeit – war das abgeschlossene Geschichte oder weiterwirkende Vergangenheit? Es war nicht das Pathos der Jakobinerherrschaft, sondern die Botschaft der Menschen- und der Bürgerrechte, die im Zentrum der französischen Revolutionsfeiertage standen. Das Jahr 1789 galt als Kraftquelle für die Durchsetzung des Rechtsstaats, der Bürgerfreiheit, der zivilen Gesellschaft westlichen Typs.

Dass sich dieses Verständnis der französischen Revolution in einem sehr realen Sinn auch auf die Gegenwart bezog, hatten wenige Wochen vor den Feiertagen chinesische Studenten mit ihrem Leben bezahlt. Sie, die auf dem Platz des Himmlischen Friedens in Peking unter Panzerketten starben oder in Gefängnisse und in die Lager gingen, hatten die Botschaft der Revolution auf bewegende Weise zur Sprache gebracht. Nicht Mao und nicht Lenin, sondern die amerikanische Freiheitsstatue wurde als großes Symbol ins Bild gerückt. Doch China war weit, und die Anteilnahme blieb flüchtig. Wenige ahnten in diesen Sommerwochen, dass Europa selber vor einer Zeitenwende stand, die den geteilten Kontinent mit atemberaubender Geschwindigkeit verwandeln sollte. Noch ehe das Jahr verging, war die Aktualität der Revolution selbst in Deutschland keine akademische Frage mehr. Keine Sache, die nach dem Fall der Berliner Mauer am 9. November 1989 von gelehrten Köpfen hätte erst erklärt und erläutert werden müssen. Mit dem Umbruch in Mitteleuropa und Osteuropa, der die kommunistischen Regime bis zur Elbe hin zum Einsturz brachte, war die Revolution nicht länger historische Erinnerung, sondern handgreifliche Gegenwart. Das in Moskau zentrierte Staatensystem, das in den letzten 40 Jahren halb Europa überzogen hatte, brach im westlichen Vorfeld des Sowjetimperiums wie ein Kartenhaus zusammen. Ob der real existierende Sozialismus in der UdSSR, im Mutterland der kommunistischen Welt, zu halten wäre, war damals schon zweifelhaft geworden, wenn auch noch nicht entschieden.

Dass der Begriff der Revolution im Spätherbst 1989 in aller Munde war, darf nicht vergessen lassen, dass der Systemwandel in den einzelnen Ländern durchaus unterschiedlich verlief und jeweils seine eigene Vorgeschichte hatte. Anders als in der DDR und anders als in der Tschechoslowakei wurde die kommunistische Herrschaft in Polen und in Ungarn nicht durch den massenhaften Aufruhr der Bevölkerung erzwungen, sondern durch Verhandlungen am Runden Tisch. In Warschau und Budapest gaben seit dem Frühjahr die Reformkräfte aus dem engeren Führungskreis der kommunistischen Parteien, die „Helden des

Rückzugs" (H.M. Enzensberger), unter dem Druck der verheerenden Wirtschaftskrise und des galoppierenden Autoritätsverfalls der Partei den Weg zur parlamentarischen Demokratie und zur rechtsstaatlichen Ordnung frei. In Polen geschah das schon im April 1989 durch einen labilen Herrschaftskompromiss, der bereits im Juli dann zum überwältigenden Wahlsieg der Solidarność führte. Nach Bildung eines Koalitionskabinetts im August 1989 wurde die kommunistische Einheitspartei bis zum Jahresende in die Selbstauflösung getrieben. In Ungarn, wo die Reformkommunisten im Frühjahr 1989 zu verhandeln begonnen hatten, trat die entscheidende Wende zur parlamentarischen Demokratie im September ein. Grundlage war wiederum ein Abkommen zwischen dem Kreis der Reformkommunisten und der Opposition, als dessen Folgen die bis dahin herrschende Partei, ähnlich wie in Polen, sich aufzulösen und an ihren Rändern in sozialdemokratischer Richtung umzuwandeln begann.

Trotz unterschiedlicher Abläufe war der Systemwechsel in den mittel- und osteuropäischen Staaten wie durch kommunizierende Röhren miteinander verbunden. Nachdem in Ostberlin das verstörte Politbüro am 18. Oktober Erich Honecker zum Rücktritt gezwungen hatte und das SED-Regime, wie sich zeigte, im Sog der Maueröffnung verkam, strichen die Kommunisten in Prag noch im November vor der sanften Gewalt permanenter Massendemonstrationen die Segel. Um die gleiche Zeit hatte für den bulgarischen Parteichef Todor Schiwkow die Stunde geschlagen, wenig später auch für den rumänischen Diktator, der bis zuletzt an stalinistischen Methoden festgehalten hatte. Das blutige Ende der Ceausescu-Diktatur freilich störte das Bild gewaltloser Veränderung. Auch im jugoslawischen Vielvölkerstaat hatte die kommunistische Partei das Erbe Titos verspielt und war in den Umbruch hineingerissen worden. Damals war freilich noch nicht abzusehen, dass die Dekomposition Jugoslawiens, dieses Kunstprodukts von 1918, wenig später in brutale Kriege und in ethnische Säuberungen umschlagen sollte.

Man kann aus guten Gründen zweifeln, ob die überwiegend friedlichen Formen, die für die Epochenwende von 1989 charakteristisch waren, mit dem klassischen Revolutionsbegriff überhaupt zutreffend zu fassen sind. Revolutionär sind die Folgen ganz sicherlich gewesen. Das Kunstwort Implosion statt Revolution, ein Wort, das die Politologen alsbald anboten, hilft der historischen Einordnung und Bewertung dessen, was da vor sich ging, nicht sonderlich. Wichtiger bleibt die Frage nach den Ursachen dieser dramatischen Begebenheiten. Offensichtlich ist, dass zu den elementaren Voraussetzungen des Machtzerfalls in den außersowjetischen Ostblockländern die unlösbar gewordene Wirtschaftskrise und die Agonie der Parteiherrschaft in der UdSSR gehörten, aktualisiert durch den krisenhaften Verlauf der Perestrojka Gorbatschows. Ohne den erstaunlichen

Systemwandel, der in der sowjetischen Binnenwelt seit 1985 vor sich ging, wären die mittel- und osteuropäischen Umwälzungen schwerlich möglich gewesen.

Zwei Jahre vor dem Kollaps der sozialistischen Staatengemeinschaft hatte Gorbatschow nach tastenden Anfängen den Begriff der Revolution in die sowjetische Gegenwart zurückgeholt. Die radikale Umgestaltung der maroden Wirtschaft und die Erneuerung der sozialen Beziehungen sollten als Revolution von oben wirksam werden und sich, von der KPdSU gesteuert, mit einer Revolution von unten verbinden. Erklärtes Ziel des neuen Kurses war nicht der Abbau, sondern die fundamentale Erneuerung des Sozialismus, nicht der Abschied von Lenin, sondern die Vollendung der Oktoberrevolution. Dass die Verheißungen von 1917 bisher nicht eingelöst worden waren, wurde damals Stalin zugeschrieben oder der Breschnewschen Stagnationszeit, den unfasslichen Verbrechen und Deformationen, die den Sozialismus bis zur Unkenntlichkeit entstellt hätten.

Um das Reformwerk im Inneren der Sowjetunion abzusichern, hatte Gorbatschow der sowjetischen Außenpolitik ein *neues Denken* verschrieben: die Absage an die überkommene Klassenkampfdoktrin, auch in den internationalen Beziehungen, das Bekenntnis zu allgemeinmenschlichen Werten des Friedens und der Humanität, die Zivilisierung des Ost-Westkonflikts durch die energische Fortsetzung der Abrüstung und des KSZE-Prozesses. Bei alledem ging es um Entlastung von den horrenden Kosten und Risiken einer Weltpolitik, die in der Konfrontation mit dem westlichen Bündnis den Kreml zur militärischen Dauerpräsenz auf allen Kontinenten, Weltmeeren und im Kosmos veranlasst hatte. Seit dem Sommer 1988 war erkennbar, dass sich Gorbatschow auch von der Breschnew-Doktrin zu lösen begann, dass er es den verbündeten Ländern überließ, über ihre Zukunft nach eigenem Ermessen zu entscheiden und den kommunistischen Parteien empfahl, auf eigenen Füßen zu stehen. Die Losung vom gemeinsamen europäischen Haus, in dem es Wohnungen für alle geben werde, ein Schlagwort – das wenig später nur noch zynische Bemerkungen weckte – setzte die alten Formeln der Blocksolidarität und des sozialistischen Internationalismus außer Kraft. Mit dem Rückzug aus dem Interventionskrieg in Afghanistan wurden diese neuen Prioritäten im Mai 1989 wirkungsvoll unterstrichen.

Für die oppositionellen Bürgerbewegungen in Mittel- und Osteuropa war die Politik Gorbatschows eine Quelle der Hoffnung und Ermutigung. Den harthörigen Parteiführern in Ostberlin, Prag und Bukarest gab sie Anlass, sich in ihren Wagenburgen einzuigeln und bei den Reformgegnern, den Gegnern Gorbatschows, Anlehnung zu suchen. Doch, wie sich zeigte, auch die sowjetischen Genossen um Jegor Ligatschow, hatten Rettungsanker für die bedrängten Genossen nicht zur Hand. In Warschau und Budapest ließen sich kommunistische Reformer zu Verhandlungen mit den oppositionellen Kräften ein, um in Fühlung mit Gorbatschow Konditionen für einen gleitenden Systemwandel festzulegen.[191]

Die unterschiedlichen Reaktionsweisen der Parteieliten in den einzelnen Ostblockländern, Reaktionen auf die Herausforderung der sowjetischen Politik der Perestrojka, wirkten denn auch auf die Reformen zurück, in denen die Revolutionen von 1989 in den einzelnen Ländern vor sich gingen. Als im Sommer und Herbst 1989 das äußere Imperium der Sowjetunion zusammenbrach, war Moskau mit innenpolitischen Folgen der eigenen Perestrojka konfrontiert, mit Konsequenzen dieses Umgestaltungsversuchs, die Gorbatschow keineswegs beabsichtigt hatte. Er hatte darauf gebaut, die verbündeten Länder auf den Weg gründlicher Reformen mitzuziehen und auf diese Weise die sozialistische Staatengemeinschaft aufs Niveau der Zeit zu bringen. Jetzt wurde die sowjetische Führung von der Entwicklung eingeholt, die sie selber angestoßen hatte, und dabei zeigte sich, dass sie weder Willens noch imstande war, die bedrängten Bruderparteien an der Macht zu halten. Auch im eigenen Land, auch in der Sowjetunion, war die Perestrojka ihren Initiatoren bereits aus dem Ruder gelaufen. Gegen den rasanten wirtschaftlichen Verfall schien kein Kraut gewachsen zu sein. Gorbatschows anfänglicher Versuch, unter dem Schlagwort *Uskorenie* (Beschleunigung) der Wirtschaft zu neuer Dynamik zu verhelfen, war damals schon zur bloßen Phrase verkommen. Die Politisierung der Gesellschaft im Zeichen der Glasnost und nicht zuletzt der Aufbruch der Nationalbewegungen in den nichtrussischen Republiken lähmten die Steuerungsfähigkeit der KPdSU. Zwar hatte diese Partei ihren statutenmäßig verbürgten traditionellen Führungsanspruch noch nicht aufgegeben (das geschah erst im Juli 1990), aber tatsächlich war sie, von inneren Gegensätzen zerrieben, nur noch ein Schatten ihrer selbst.

Seit der Zusammenbruch des Ostblocks auf die innersowjetischen Verhältnisse zurückschlug, fielen auch den Gegnern der Perestrojka in Moskau und anderswo frische Argumente zu. Die Gegenfront verstärkte sich und brachte Gorbatschow in nicht unerhebliche Bedrängnis. Mit dem unaufhaltsamen Einigungsprozess in Deutschland tauchten alte Schreckensbilder wieder auf: ein übermächtiges Deutschland als neue europäische Ordnungsmacht. Gorbatschow und seinem Außenminister Schewardnadse wurde vorgeworfen, durch den Verkauf der DDR und Osteuropas die Sowjetvölker um die Früchte des Sieges im Großen Vaterländischen Krieg gebracht zu haben. Die Frage nach den Wechselbeziehungen zwischen der sowjetischen Perestrojka und den ostmitteleuropäischen Revolutionen von 1989 wird die historische Forschung noch lange beschäftigt halten. Außer Zweifel steht, dass die Politik Gorbatschows eine elementare Voraussetzung für den Zusammenbruch des kommunistischen Staatenblocks gewesen ist. Ob ein solcher Kausalnexus mit ähnlicher Dynamik auch in umgekehrter Richtung wirksam war, also im Sinne eines Rückschlags dessen, was außerhalb der Sowjetunion geschah auf die innersowjetische Entwicklung selber, das ist vorerst nicht mit gleicher Sicherheit zu sagen. Viel spricht jedoch dafür, dass der Zerfall des äußeren Imperiums das Scheitern der Perestrojka und die Auflösung der UdSSR gefördert und vermutlich auch beschleunigt hat.

Die primären Ursachen aber, die zu diesem Ende führten, kamen sicherlich nicht von außen, sondern aus den Krisen und Konvulsionen des Sowjetreiches selber. Der Untergangsgeschichte der Perestrojka, die mit der Erosion der kommunistischen Partei, mit dem Aufbruch der Nationalitäten und mit dem Zerfall des Imperiums zusammenging, ist hier in ihren Einzelschritten nicht nachzugehen. Die Politik der Glasnost hatte die Gesellschaft mobilisiert und hatte Emanzipationsprozesse ausgelöst, die dem Zugriff der zentralen Apparate bald entglitten. Für die Reformergruppe um Gorbatschow wie für die im Kreml tagenden Volksdeputierten, war das aufgewühlte Land im Sommer 1989 fast unregierbar geworden. Die radikalen Demokraten aus dem Kreis der Interregionalen Gruppe verdammten das, was sie jetzt Kasernensozialismus nannten und liefen sich in endlosen Debatten um Vergangenheit und Zukunft fest. Ein Mehrparteiensystem, das den neuen Parlamentarismus hätte tragen und die Alleinherrschaft der KPdSU hätte ersetzen können, war aus dem allgemeinen Orientierungsnotstand nicht hervorzubringen.

Zahllose, wie Pilze aus dem Boden schießende Parteien – Fraktionen, Demokraten, Sozialdemokraten, Christdemokraten, Nationalpatrioten usw. – boten rasch entworfene Programme an und rieben sich im Übrigen in permanenten Gruppenkämpfen auf. Als dem zerklüfteten Reformlager der Radikaldemokraten am 14. Dezember 1989 der charismatische Andrej Sacharow durch den Tod entrissen wurde, war die Aussicht gering, dass die russische Demokratiebewegung zur bestimmenden Kraft des Wandels werden könnte. Was die Radikalreformer als Ziel der revolutionären Umgestaltung formulierten: die Zertrümmerung des bürokratischen Kommandosystems, die Entmachtung der kommunistischen Partei, des KGB und des militärisch-industriellen Komplexes, dazu eine parlamentarische Demokratie mit Gewaltenteilung und rechtsstaatlichen Institutionen und den raschen Übergang zur Marktwirtschaft, all das war weder mit, noch gegen Gorbatschow, der zwischen allen Fronten zu lavieren begonnen hatte, wirkungsvoll voranzubringen. Die Vision einer Zivilgesellschaft westlichen Typs, der Begriff war in den Jahren der Perestrojka aufgekommen, verblasste unter der Last der Widerstände und der wachsenden Alltagsnöte.

Gorbatschow, der mit der Einrichtung des Präsidentenamtes vom Volksdeputiertenkongress gewählt wurde und als Präsident außerordentliche Vollmachten erhielt, vermochte dem drohenden Desaster nicht Einhalt zu bieten. Auch die Streichung des Führungsmonopols der KPdSU aus der Verfassung – das geschah auf dem letzten Parteitag der KPdSU im Juli 1990 – auch dieser Verzicht vermochte kein Vertrauen mehr zu wecken. Vollends zu einer Schocktherapie, die binnen 500 Tagen die Staatswirtschaft, einschließlich der Sowchosen und Kolchosen privatisieren und sie dem Säurebad des Marktes aussetzen sollte, konnte sich Gorbatschow nicht entschließen.

Stattdessen trennte sich dieser im eigenen Land einsam gewordene Mann im Herbst 1990 von denen, die der Perestrojka bisher zu einiger Glaubwürdigkeit verholfen hatten. Dabei baute er auf das enorme Prestige, das er dank seiner couragierten Diplomatie im Westen genoss. Doch Innenpolitik war damit nicht zu machen. Schewardnadses dramatischer Rücktritt am 21. Dezember 1990 zeigte, dass Gorbatschow im demokratischen Lager jeglichen Kredit verloren hatte. Nun wurde bereits ganz unbefangen von einem Regime der harten Hand gesprochen, das unerlässlich sei, auch von den Perspektiven einer Militärdiktatur nach dem Muster Pinochets in Chile. In der sowjetischen Presse wurde damals auch von Leuten aus dem demokratischen Lager heftig diskutiert, ob nicht ein autoritäres Regime, eine Art aufgeklärte Diktatur, die Voraussetzung sei für den Übergang von der alten in die neue Welt, von der Staatswirtschaft zur Marktwirtschaft, von der kommunistischen Parteiherrschaft zur parlamentarischen Demokratie. Immer wieder wurde in diesen Debatten auch auf die Bundesrepublik Deutschland hingewiesen, die das Wirtschaftswunder unter Ludwig Erhard, unter alliiertem Besatzungsregime begonnen und erfahren hatte.

Tatsächlich waren die Risiken und die sozialen Kosten einer radikalen Reform inzwischen unberechenbar geworden. Die Lähmung der Produktion und des Distributionssystems hatte zu einer beispiellosen Versorgungskrise geführt, von der allein die Schattenwirtschaft profitierte. Während das Ansehen des Präsidenten in der allgemeinen Depression mehr und mehr zu Schanden ging, griffen einzelne Republiken und Gebiete, auch Großstädte und ganze Kombinate auf improvisierte Formen des Naturalaustauschs zurück, um ihre Betriebe und die zugehörige Bevölkerung leidlich zu versorgen. Ansätze zur Privatisierung staatlichen Eigentums verkümmerten dank der Renitenz des bürokratischen Apparats und der konservativen Parteieliten. Das Kolchossystem auf dem Land blieb unangetastet, privates Unternehmertum wurde durch prohibitive Steuergesetze klein gehalten, so dass der wilde Kapitalismus in Mafiakartellen besser gedieh als auf dem freien Markt. Besonders gravierend war die Zerrüttung der Staatsfinanzen. Sie konnte durch unbedachte Preisreformen, die die Bevölkerung verstörten, nicht aufgefangen werden. Auch die Senkung des Militärbudgets und die zögerlich begonnene Konversion von Teilen der Rüstungsindustrie hatten keine Entlastung gebracht. Für 1991 kam ein ordentlicher Staatshaushalt der UdSSR nicht mehr zustande. Die Auslandsverschuldung und der Verfall des Rubels schritten unaufhaltsam voran. An die Konvertibilität der Währung war nicht zu denken. Die Kreditfähigkeit auf dem internationalen Kapitalmarkt war verbraucht. Stützungsmaßnahmen westlicher Regierungen wirkten nur noch als Gesten der Rat- und Hilflosigkeit. Inzwischen hatte die Verarmung breiter Bevölkerungsschichten bedrohliche Ausmaße angenommen. Ausgreifende Streikbewegungen, zumal in der Bergarbeiterschaft, stellten über Wochen und Monate hin ganze Industrieregionen still. Hinzu kamen die Entdeckung der Umweltvergiftung und der Naturzerstörung. In weiten Teilen des Landes war die ökologische Katastrophe bereits eingetreten. Tschernobyl war überall und allgegenwärtig. Wie diesen Verwüstungen und Gefahren Einhalt zu bieten sei, war schleierhaft. Die humanitäre Hilfe aus dem Ausland, kaum mehr als ein Tropfen auf den heißen Stein, suggerierte 1990/91 für Russland und weite Teile der Sowjetunion einen Hungerwinter, zu dem es gottlob nicht kam.

Dass dem Moskauer Machtzentrum nach dem Zusammenbruch des Ostblocks die Fähigkeit verloren ging, die in Gang gesetzten Reformprozesse zu steuern, hatte freilich nicht allein mit dem Verfall der Wirtschaft und dem Autoritätsschwund der KPdSU zu tun. Nicht weniger belastend war, dass der Aufschwung der Nationalbewegungen in den Republiken, und die Bürgerkriegslagen im Kaukasus und in Teilen Zentralasiens den imperialen Staatszusammenhang bedrohten. Die Parteiführung war auf diese Renaissance der Nationalismen nicht vorbereitet. Sie hatte das systemsprengende Potential, das aus der Revitalisierung nichtrussischer Nationalismen kam, lange Zeit nur als lästige Störung wahrgenommen, als Polizeiproblem allenfalls, nicht aber als Fundamentalproblem der Perestrojka selbst. Seit dem Aufruhr im kasachischen Alma Ata im Dezember 1986 war immer deutlicher geworden, dass sich die eingeleitete Demokratisierung mit der zentralistischen Struktur des Vielvölkerreiches Sowjetunion nicht vertrug. Der Konfliktstoff, der sich in den beiden folgenden Jahren in Armenierpogromen, im Krieg um Nagornyj Karabach und das Ferganatal entlud, war weder durch Polizeieinsätze und Militäreinsätze, noch durch den Austausch regionaler Führungskader zu neutralisieren, durch die Einsetzung neuer Parteisekretäre oder Ministerpräsidenten. Das von der Armeeführung gedeckte Blutbad in Tiflis im April 1989 hatte gezeigt, dass Gorbatschow als Oberbefehlshaber der Streitkräfte, den Aktionen eigenmächtiger Generäle, einschließlich der KGB-Generäle, nicht einmal mehr Einhalt gebieten konnte.

Inzwischen hatten auch die baltischen Volksfronten im Namen der Perestrojka die verlorene Freiheit ihrer Länder einzuklagen begonnen und die Kremlführung harten Prüfungen ausgesetzt. Sie verlangten Selbstbestimmung in einer erneuerten Union. Der Hitler-Stalin-Pakt und die deutsch-sowjetischen Geheimprotokolle, die Annexionen von 1940 und die folgenden Zwangsdeportationen von Esten, Letten und Litauern wurden in die Erinnerung zurückgeholt und aktualisiert. Halbherzige Beschwichtigungen oder massive Repressionen von Seiten Moskaus blieben wirkungslos. Sie stärkten im Gegenteil die Bereitschaft, nun auch den Kampf um die staatliche Unabhängigkeit zu wagen.

Auch in anderen Republiken hatte die Erblast des Stalinismus Protestbewegungen stimuliert und wachsenden Unmut gegen das Moskauer Zentrum gelenkt. In Teilen der Ukraine, zumal in der Westukraine, aber auch in Weißrussland, das von der Tschernobyl-Katastrophe im April 1986 besonders schwer getroffen worden war, gewann das Verlangen nach nationaler Wiedergeburt immer stärkere Anziehungskraft und sprach sich in Forderungen aus, die rasch eskalierten: wirtschaftliche Souveränität, Vorrang der Republikgesetze vor der Gesetzgebungshoheit der Union, Abbau der Dominanz des Russischen zugunsten nationaler Staatssprachen.[192] Die kommunistischen Parteien der Peripherien gerieten damit unter einen Anpassungsdruck, der trotz anfänglicher Renitenz der alten Nomenklatur die eingeschliffene Disziplin und die organisatorische Einheit dieser Parteien zersetzte. Nicht wenige Führungskader in den nichtrussischen Republiken erprobten jetzt die neuen Kammertöne und hüllten sich in nationale Farben ein, versuchten, sich an die Spitze der Nationalbewegung zu stellen.

Das galt auch für die konservativen Kräfte in Russland im engeren Sinne, die 1990, erstmals in der kommunistischen Parteigeschichte überhaupt, einer *Russländischen Kommunistischen Partei* im Rahmen der KPdSU auf die Füße geholfen haben. Ein Jahr nach dem Zerfall des äußeren Imperiums war der gesamtstaatliche Dekompositionsprozess in der Sowjetunion bereits so weit gediehen, dass fast alle Republiken in einer Parade der Souveränitäten den Handlungsdruck auf Gorbatschow verstärkten. Auch die Russländische Föderation hatte nach der Rückkehr Boris Jelzins in die große Politik, gegen die Hegemonie des Zentrums Front bezogen, gegen die verzweifelten Bemühungen Gorbatschows, die Autorität der Zentralgewalt zu retten und die Union in der internationalen Politik handlungsfähig zu halten. Doch mit Formelkompromissen war, wie sich zeigte, nichts mehr auszurichten. Losungen wie die vom starken Zentrum und starken Republiken stifteten kein Vertrauen mehr. Selbst das Konzept Gorbatschows von einer Union der souveränen Republiken erwies sich rasch als ein Muster ohne Wert. Für einen neuen, in quälenden Verhandlungen immer wieder revidierten Unionsvertrag, der zwischen föderativen und konföderativen Lösungen pendelte, waren bis zum Sommer 1991 nur mehr neun der fünfzehn Republiken zu interessieren. Die drei baltischen Staaten hatten sich durch förmliche Unabhängigkeitserklärungen aus der sowjetischen Zwangsgenossenschaft bereits verabschiedet.

Nach der plebiszitär gestützten Inthronisierung Boris Jelzins zum russländischen Präsidenten, am 12. Juni 1991, war dessen Haltung für die Zukunft der Union schlechthin entscheidend geworden. Seither ließ sich absehen, dass Jelzin, diese selbstbewusste Führerfigur der russländischen Föderation, seinen Rivalen Gorbatschow in einer wie immer gedachten Staatenverbindung allenfalls noch dekorative Funktionen zugestehen würde. Man verglich den sowjetischen Präsidenten mit der Rolle der britischen Königin. Als Gorbatschow im Juli 1991 die

Londoner Gipfelkonferenz der sieben westlichen Industriemächte mit leeren Händen verließ, hatte er seine letzten Karten ausgespielt.[193]

Das Finale des Imperiums begann mit dem Fiasko, das der Putschversuch der Moskauer Kamarilla vom 19. August 1991 binnen kurzem erlitt. Der rasche Zusammenbruch des Staatsstreichs zeigte im Übrigen, dass sich die leidlich intakt gebliebenen Machtapparate, Armee und KGB voran, von einer Junta nicht instrumentalisieren ließen. Der Sieg über die Putschisten wurde als Sieg der Demokratie, als die eigentliche demokratische Revolution in Russland gefeiert. Jelzin, unter der russischen Trikolore als Retter der Freiheit umjubelt, war entschlossen, die Niederlage der Verschwörerclique im Namen der Demokratie auf seine Weise zu nutzen – auch und gerade gegen Gorbatschow.[194]

5.3 Sowjetische Agonie und das Ende des äußeren Imperiums

Die westliche Öffentlichkeit hatte den Untergang der kommunistischen Welt, wie man wohl sagen kann, mit angehaltenem Atem verfolgt. Niemand, auch die Ostexperten nicht, hatte einen so jähen Umbruch erwartet, wie er im Herbst und Winter 1989/90 dann tatsächlich vor aller Augen kam. Die Regierungen in den westlichen Hauptstädten waren, seit Gorbatschow im Kreml saß und internationales Vertrauen gewann, auf einen allmählichen Wandel eingerichtet gewesen, auf eher zähflüssige, mühselige Fortschritte beim Abbau der Ost-Westkonfrontation, des Rüstungswettlaufs und der atomaren Bedrohung – Gefahren, die sich bisher im sogenannten Gleichgewicht des Schreckens notdürftig hatten austarieren lassen. Begrenzte Erfolge, die es inzwischen gegeben hatte, erlaubten einigermaßen optimistisch gestimmt zu sein. Man denke an den Rückzug der Sowjettruppen aus Afghanistan, der im Mai 1989 abgeschlossen war. Auch auf eine mehr oder minder schleppende Liberalisierung im kommunistischen Bereich war man im Westen gefasst gewesen, weil man wahrnahm, dass Gorbatschow den realen Sozialismus mit menschenfreundlicheren Farben versehen und die eigenen Dogmatiker, auch die der Bruderländer, in die Defensive getrieben hatte. Doch was dann im westlichen Glacis des Sowjetimperiums tatsächlich vor sich ging, die an Runden Tischen, auf Straßen und Plätzen erzwungene Kapitulation der kommunistischen Parteien, das war weder von den Planungsstäben der NATO, noch von mehr oder minder scharfsinnigen Analytikern vorausgesehen worden.

In Deutschland war der emotionale Effekt der Wende naturgemäß besonders groß. Zwischen dem Abgang Erich Honeckers und der Inkraftsetzung des Einigungsvertrags am 3. Oktober 1990 lag kaum ein Jahr. Kein Schritt auf diesem Weg, dem damals das Prädikat historisch nicht angeheftet worden wäre. Fast täglich brachten die Kanäle der multimedialen Welt große historische Stunden oder Meilensteine der Geschichte ins Bild. Die politische Rede, nicht nur die deutsche, floss über von solchen Metaphern. Bald spürte man den Atem der Geschichte, mal den Mantel der Geschichte und schlug im Buch der Geschichte immer wieder neue Seiten auf. Millionen hatten die denkwürdige Sentenz im Ohr, die Gorbatschow am 7. Oktober 1989 den Veranstaltern des makabren Staatsjubiläums in der DDR hinterlassen hatte: „Wer zu spät kommt, den bestraft das Leben".

Wer Hegel kannte, konnte in den folgenden Wochen zu dem Eindruck kommen, dass der Weltgeist, der 1806 in Gestalt Napoleons durch die Straßen Jenas geritten war, sein Pferd erneut gesattelt hatte und sei es, um dem Fernsehen gefällig zu sein. Die Gefühlslagen mancher Berichte über Gipfeltreffen großer Präsidenten, auch über historische Begegnungen im Kaukasus waren den Hegelschen Empfindungen schon ganz nah. Im Osten, hieß es, erwacht die Geschichte. Wie eh und je wurde die Geschichte als abrufbare Blindvokabel in Anspruch genommen, als eine Art letzter Begründungsinstanz, die erklären sollte, was mit dem Verstand noch nicht zu fassen war. Die Bewegungsrichtung, die die Entwicklung nun einschlug, schien aus den grundstürzenden Ereignissen selbst hervorzugehen.

Wie zu sehen war, klagten die demokratischen Bewegungen im Osten Ideale der Freiheit ein, die im Westen bereits praktisch geworden waren und nun ihre fast vergessene Faszination erneut zur Wirkung brachten. Parlamentarische Demokratie, Rechtsstaat und Marktwirtschaft galten als Trias menschenwürdigen Lebens, als Kontrastprogramm zu dem, was bisher war. Insofern offenbarten die mittel- und osteuropäischen Revolutionen eine nachholende Tendenz. Sie folgten keiner eigenen Utopie, keinen Visionen oder spekulativen Blitzen, denn nirgends wiesen sie über ältere Erfahrungen der westeuropäisch-atlantischen Geschichte hinaus. Dieser imitative Zug unterschied diese Revolutionen von der französischen Revolution, wie auch von der russischen. Die Zukunft war kein Traum, kein gedanklicher Entwurf, der der Welt ein neues Wort zu sagen hätte, diese Zukunft war in der Wirklichkeit des Westens schon mit Händen zu greifen. Die Zugkraft, die damals von der Parole „Rückkehr nach Europa" ausging, hat den gleichen Sachverhalt gespiegelt. Konzepte eines dritten Weges, die zumal den ostdeutschen Bürgerbewegungen wichtig waren, fanden im Sog der Zeitenwende keinen Halt. Selbst die sowjetische Perestrojka hatte sich vom Erbe der Oktoberrevolution zu verabschieden begonnen. Von den letzten Programmentwürfen der KPdSU aus dem Juli 1990 bis zu den Idealen der europäischen Sozialdemokratie schien es kaum mehr noch als ein Schritt zu sein.

Beunruhigend war dagegen eine andere Erfahrung, die nach der erregenden Zeit des Umbruchs erst allmählich ins Bewusstsein trat. Mit wachsender Irritation wurde im Westen wahrgenommen, dass die Wende in Mittel- und Osteuropa mit der Renaissance nationaler, ja nationalistischer Gefühlswerte und Ideologien zusammenging. Die Kommentare schwankten zwischen Befremden, Abwehr und Sympathie. Was Mühe machte, war zu begreifen, dass in den Vielvölkerräumen des europäischen Ostens Freiheit ohne die Emanzipation der Nationalitäten offensichtlich nicht zu haben war. Ob aber Demokratie mit der Idee des homogenen Nationalstaats in Osteuropa zu versöhnen sei, das entpuppte sich als offene Frage. Zunächst fiel der Blick auf die Deutschen selber, denen nach langen Jahren der Trennung der Nationalstaat unerwartet in den Schoß gefallen war. Dass auch die wilhelminische Reichskriegsflagge damals unter der jubelnden Menge erschien, konnte zwar bedenklich stimmen, doch das Vertrauen, dass die parlamentarische Demokratie in der Bundesrepublik hinreichend begründet sei, war nicht gering. Im Ausland wurde das Ende der Teilung mit gedämpftem Enthusiasmus begrüßt. Sorgen wurden mit der Versicherung verdrängt, dass das erweiterte Deutschland mit den europäischen Institutionen und mit der NATO fest verklammert bleiben werde. Auch unter den Deutschen selber hat es an Warnungen vor den *Irrwegen des Nationalstaats* (Peter Glotz) nicht gefehlt. Auch nicht an Stimmen, die der selbstgewissen Deutung widersprachen, nun endlich habe die deutsche Nation aus ihrer Machtvergessenheit zur Normalität zurückgefunden.

Dass in Polen, in Ungarn und anderen ehemaligen Ostblockstaaten nationale Symbole und Traditionen hochgehalten wurden und die kommunistischen Embleme ersetzten, galt als eine Konsequenz der Befreiung, die sich von selbst verstand. Übergriffe, von denen etwa die ungarische Minderheit in Rumänien im Winter 1989/90 betroffen worden war, wurden mit Bestürzung registriert, doch wurden sie von der Erwartung begleitet, dass die Konsolidierung der neuen Ordnung die nötige Abhilfe schaffen werde. Von der Sprengkraft der aufschießenden Nationalismen in Jugoslawien wussten damals nur ganz wenige Spezialisten. Auch die Koexistenz der Tschechen und Slowaken in einem demokratisch geordneten Staatsverband schien ein bloßes Verfassungsproblem zu sein. Noch war das Interesse der westlichen Welt ganz auf die sowjetischen Reaktionen fixiert.

Beruhigend wirkte, dass das amtliche Moskau den rasanten Zerfall seines äußeren Imperiums mit erstaunlicher Gelassenheit geschehen ließ. Auch dass es in den Ländern des zerbrechenden Warschauer Pakts nirgends zu antisowjetischen oder antirussischen Kundgebungen kam, konnte zuversichtlich stimmen. Mit gemischten Gefühlen wurde dagegen der Aufbruch der Nationalitäten im Desintegrationsprozess der UdSSR verfolgt. Die Bereitschaft Gorbatschows, zur Lösung der großen Weltprobleme und zur Neuordnung Europas beizutragen, wurde diesem zum Mann des Jahres erklärten Politiker hoch angerechnet. Nichts war ihm mehr zu wünschen als der Erfolg der Perestrojka im Rahmen einer erneuerten Sowjetunion. Dabei galt es auch im Westen als ausgemacht, dass nicht die Zerstörung, sondern der Erhalt des multinationalen Staatszusammenhangs, also die Konservierung der Sowjetunion als Staatsgebilde, eine fundamentale Voraussetzung sei auf dem schwierigen Weg zur Befriedung der Welt.

Diese Maxime erklärt, weshalb Nationalbewegungen, die die Integrität der Sowjetunion bedrohten, im Westen ein höchst zwiespältiges Echo fanden. Zwar wurde nicht in Abrede gestellt, dass der Abbau der zentralistischen Herrschaftsstrukturen zu den Bedingungen der Demokratisierung gehörte und insoweit unerlässlich war. Auch die nationale Selbstbestimmung als Teil der Menschen- und Bürgerrechte ließ sich den Völkern der UdSSR grundsätzlich nicht vorenthalten. Aber die Dekolonisierung des Imperiums, so begrüßenswert sie war, sollte doch nicht so weit getrieben werden, dass die Sowjetunion in Einzelstücke zerfiel, und die Moskauer Führung ihre Handlungsfähigkeit in der internationalen Politik verlor. Insofern kam alles darauf an, Gorbatschow bei dem Versuch zu unterstützen, die Dynamik dieser zentrifugalen Bewegungen einzudämmen.

Ende 1989, als der Ostblock bis zur Elbe hin zusammenbrach, ließ sich der innersowjetische Desintegrationsprozess freilich kaum noch bremsen. In den baltischen Republiken waren die Volksfrontregierungen damals bereits entschlossen, die Bindungen ihrer Länder an die Union zu lösen und als Völkerrechtssubjekte in die internationale Staatengemeinschaft zurückzukehren. Der baltische Separatismus im Konflikt mit dem Moskauer Zentrum hat in den westlichen Hauptstädten zwar Verständnis, aber keinen rauschenden Beifall geweckt. Sympathiebekundungen liefen auf die eindringliche Mahnung hinaus, sich zu mäßigen und den Konsens mit Gorbatschow zu suchen. Auch bei den Blockademaßnahmen und Militäreinsätzen, mit denen der Kreml die baltischen Unabhängigkeitserklärungen vom Frühjahr 1990 zu beantworten begann, war die Sorge um das lädierte Prestige Gorbatschows im Westen nicht geringer als das Mitgefühl für die Opfer und für die betroffene Bevölkerung.

Erst nach dem Moskauer Putsch im August 1991, als das Ende der Sowjetunion absehbar geworden war, konnten sich die europäischen Mächte und die USA zur förmlichen Anerkennung der baltischen Staaten entschließen. Im Blick auf die Ablösungsprozesse der anderen Sowjetrepubliken hatte man sich aus begreiflichen Gründen im Westen noch reservierter verhalten. Ermunterung und Anteilnahme galten ganz eindeutig den Befürwortern eines neuen Unionsvertrags, nicht den Kräften, die sich der Entmachtung des Zentrums, also Gorbatschows, verschrieben hatten. Am 19. August 1991, als die Nachricht von der Absetzung Gorbatschows durch den Äther ging, zeigten erste Reaktionen westlicher Regierungen, dass man bereit war, notfalls auch eine neue Junta zu akzeptieren, vorausgesetzt, dass diese Leute fähig wären, sich an der Macht zu halten und willens wären, mit dem gestürzten Präsidenten einigermaßen honorig zu verfahren.

Der rasche Zusammenbruch dieses Staatsstreichs hat von diesen Signalen nur noch peinliche Erinnerungen zurückgelassen. Nun wandte sich das Interesse vollends Boris Jelzin zu, dem Retter der russischen Demokratie. Jelzin, der seit seiner Wahl zum Präsidenten Russlands im Juli 1990 die Entmachtung Gorbatschows mit ungleich größerer Entschlossenheit betrieben hatte als die orientierungslosen und jämmerlich scheiternden Putschisten – Jelzin hat nicht gezögert, für Russland, für die Russländische Föderation, die Rechtsnachfolge des Imperiums in Anspruch zu nehmen. Zusammen mit den Republikpräsidenten wurde im Dezember 1991 schließlich versucht, die militärisch und ökonomisch verflochtenen Einzelteile der Sowjetunion in einer *Gemeinschaft Unabhängiger Staaten*, in der sogenannten GUS, beieinander zu halten. Doch niemand konnte damals sagen, ob dieses rasch improvisierte Gebilde von Dauer sein werde. Zwar war der russische Präsident nun der wichtigste Machtfaktor, der auf den Ruinen des alten Sowjetreiches agierte. Aber der einzige war er nicht. Der Westen hatte sich damit abzufinden, dass die übrigen Nachfolgestaaten, bisher noch unbekannte Wesen, nicht länger übergangen werden konnten. Statt mit einem einzigen Partner hatte man es jetzt mit einem Dutzend eigenwilliger Staatsführer zu tun, die mit vielen Stimmen sprachen und versuchten, die Interessen ihrer Republiken in der internationalen Politik zur Geltung zu bringen. Das war unbequem und multiplizierte die Probleme und Gefahren.

Eine Bilanz dieser Umwälzungen, die binnen zweier Jahre, zwischen dem Fall der Berliner Mauer und dem Ende der Sowjetunion, das östliche Europa verwandelt hatten, war aus kurzer Distanz nicht eben leicht zu ziehen. Als das Jahr 1991 zu Ende ging, war die Lage in den ehemals kommunistisch beherrschten Ländern unübersichtlich und mit vielen ungelösten, und wohl auch unlösbaren Problemen vollgestellt. Fast eine halbe Milliarde Menschen zwischen Berlin und Wladiwostok waren von den Veränderungen betroffen und aus ihren bisherigen Lebensverhältnissen herausgerissen worden, ein Vorgang, der in der neueren Geschichte auch schon deshalb keine Parallele hat, weil all dies mitten im Frieden vor sich ging. Die Grundstimmung war von Unsicherheit und Ratlosigkeit geprägt. Von zukunftsgewisser Zuversicht konnte kaum noch die Rede sein, von den hochgespannten Hoffnungen war wenig nachgeblieben.

Alle vom Kommunismus freigesetzten Länder, hatten an den Erblasten schwer zu tragen, die das alte Regime hinterlassen hatte. Freilich nicht überall in gleicher Weise schwer. Selbst in Deutschland, wo die Angleichung der neuen Länder ans Niveau der Bonner Republik mit Energie betrieben wurde, war die Freude über die neue Freiheit und die harte D-Mark in den neuen Bundesländern rasch verflogen. Unter Schmerzen und langsamer als gedacht wuchs der deutsche

Nationalstaat zusammen, ein ebenso kostspieliges wie langwieriges Unternehmen, wie alsbald zu spüren war. Polen, Ungarn und die Tschechoslowakei, deren Rückkehr nach Europa außer Frage stand, konnten mit einer massiven Investitions- und Anschubhilfe ernstlich nicht rechnen. Zwar waren dort die Leitbegriffe des Umbruchs noch nicht verschlissen, Demokratie und Rechtsstaat blieben als Aufgabe der nächsten Zukunft weithin anerkannt. Doch der neue Parlamentarismus, der sich auf ein weit aufgefächertes Parteienspektrum gründete, steckte noch in den Kinderschuhen.

Ob ein rascher Übergang zur Marktwirtschaft durchgreifende Heilung der ökonomischen Schäden und der Wirtschaftskrise versprach, war zunehmend zweifelhaft geworden. Die zwischen den Ostblockländern geknüpften Marktbeziehungen, auf denen die Existenzfähigkeit der Staatsindustrien in den einzelnen Ländern beruhte, lösten sich auf und die Ostmärkte brachen zusammen. Auf den westlichen Märkten aber war man chancenlos. Auch der galoppierende Währungsverfall, die zunehmende Inflation weckten Verdrossenheit und Apathie gegenüber dem, was in der Politik geschah. Die Erwartung, dass man auf gutem Wege sei, war gedämpft.

In der Tschechoslowakei hatte der Verfassungskonflikt zwischen Prag und Bratislawa die Teilung des Doppelstaates immer wahrscheinlicher werden lassen – in leidlich zivilen Formen, wie zu hoffen blieb. Ungleich deprimierender stellte sich die Lage in Rumänien dar. Dieses ausgezehrte Land hatte nach dem Sturz Ceausescus aus den alten Strukturen nicht herausgefunden und befand sich noch im Hinterhof der neuen Zeit. Auch das kleine Bulgarien, von Albanien zu schweigen, blieben an der Peripherie Europas und waren mit ihren eigenen Nöten allein.

Entsetzliche Folgen hatte der Untergang der kommunistischen Welt in Jugoslawien hervorgebracht. Der von scharfen Gegensätzen zerrissene Vielvölkerstaat war parallel zu der fortschreitenden Dekomposition der UdSSR im Sommer 1991 endgültig auseinandergebrochen. Die jugoslawische Volksarmee, der militärische Arm des großserbischen Nationalismus, hatte zunächst Slowenien, wenig später Kroatien mit Krieg überzogen, und war darauf vorbereitet, den brutalisierten Tschetnikverbänden auch in Bosnien-Herzegowina beizustehen. Hunderttausende waren auf der Flucht, oder waren zu Opfern ethnischer Säuberungen geworden. Die Europäische Gemeinschaft, durch widerstreitende Interessen gelähmt, hatte sich am erst Jahresende 1991 zur Anerkennung Sloweniens und Kroatiens durchgerungen. Zur Ächtung der serbischen Aggressoren, gar zu energischen Interventionen war der Westen damals weder fähig noch bereit.

Stärker als durch den eskalierenden Krieg in Jugoslawien wurde die Aufmerksamkeit der großen Politik durch die Erbmasse des Sowjetimperiums gefesselt. Die suggestiven Bilder, die die Moskauer Augusttage 1991 von der Kraft der russischen Demokratie vermittelt hatten, waren verblasst und düsteren, nicht selten gar apokalyptischen Prognosen gewichen. Den Existenz- und Orientierungsnöten, die den eurasischen Raum als devastierten Kontinent erscheinen ließen, war mit Patentrezepten schwerlich beizukommen. Wenig sprach dafür, dass es den russischen Radikalreformern und ihren aus Harvard eingeflogenen Beratern gelingen könnte, den Umbau der Wirtschaft in sichere Bahnen zu lenken und den Absturz ins Chaos zu bannen.

Mit einer massiven Hilfe des Westens, etwa nach dem Muster des Marshallplans von 1947, war nicht zu rechnen. Um die Konditionen der Weltbank und des Internationalen Währungsfonds zu erfüllen, fehlten fast überall die Voraussetzungen. Die Investitionsbereitschaft ausländischer Großunternehmer war versandet. Von einer Zivilgesellschaft, die die neue Ordnung hätte tragen können, waren in Russland und anderwärts nur dürftige Ansätze zu sehen.

Auch die ersten Schritte, mit denen die Nachfolgestaaten der Sowjetunion im Dezember 1991 ihre schwierige Koexistenz zu erproben begannen, versprachen nicht viel. Konfliktpotentiale kamen ans Licht, die von der Außenwelt vordem kaum wahrgenommen worden waren. Potenzdemonstrationen Jelzins und nationalstaatliche Ambitionen des ukrainischen Präsidenten Leonid Krawtschuk ließen ahnen, dass die Gemeinschaft Unabhängiger Staaten auf äußerst schwachen Füßen stand. Nur mit Mühe konnte eine Aktualisierung der explosiven Grenzfragen abgewendet werden, denn die inneren Verwaltungsgrenzen der Sowjetunion waren durch einen Beschluss der Präsidenten kurzer Hand in völkerrechtlich anzuerkennende Grenzen souveräner Staaten umgewandelt worden. Das machte die Grenzfragen so brisant, weil die innersowjetischen Grenzen ja einigermaßen willkürlich gezogen worden waren. Die Verfügung über die Streitkräfte und die Schwarzmeerflotte, die Atomwaffen und die Raketenarsenale blieb ein feuergefährliches Problem.

Vollends zur Eindämmung der Bürgerkriegslagen und der interethnischen Spannungsherde an der Peripherie der ehemaligen Sowjetunion waren brauchbare Instrumente im Rahmen der GUS nicht zu finden. Die atavistische Barbarei, die der Kampf um Nagornyj Karabach und um Südossetien entfesselt hatte, glich dem Grauen des jugoslawischen Krieges. In Transnistrien, das dem mehrheitlich rumänischen Moldawien zugehörte, waren bewaffnete Konflikte mit russischen und kosakischen Freischärlern in Gang gekommen, unterstützt von Teilen der 14. Armee aus dem Verband der ehemals sowjetischen Streitkräfte. Selbst das kleine christliche Turkvolk der Gagausen verweigerte sich der moldauischen Staatsregierung in Kischinjow.

Schwerer wog, dass auch die Zukunft der Russländischen Föderation noch im Dunkeln lag. Ob sich dieser riesige Vielvölkerstaat, der drei Viertel des sowjetischen Territoriums umfasste, durch den Präfekten Jelzin zusammenhalten ließ, war wenig wahrscheinlich. Das Souveränitätsbegehren hatte bis ins ferne Jakutien auch die autonomen Republiken und andere national, nichtrussisch titulierte Gebiete Russlands erfasst. In Daghestan, im Nordkaukasus, in Tschetschenien und anderwärts hatten die Erben des alten Regimes statt der russischen Trikolore die grüne Fahne des Propheten aufgezogen und sich von Moskau losgesagt. Doch die Arbeiten an einer neuen Föderalverfassung für Russland, die der Desintegration des Staates Einhalt bieten sollte, stagnierten unter dem Gewicht unlösbarer Probleme.

Damals, 1991, war die Fluchtbewegung russischer Familien lawinenartig angeschwollen. Ähnliches galt für den Aussiedlerstrom der Deutschen ins Vaterland jenseits der Grenzen. Pläne und Zusagen, diesen Volksdeutschen in den alten Kolonistenbezirken an der Wolga eine staatlich gesicherte Heimstatt zu geben, hatten Widerstand unter der russischen Bevölkerung an der Wolga geweckt. Wo immer der zum Schlüsselwort verkommene Begriff der Demokratie ethnografischen Tendenzen Bahn gebrochen hatte, war multinationales Zusammenleben schwer gefährdet. Auch in den baltischen Staaten, wo namentlich die Esten und Letten unter dem Trauma der Überfremdung litten, fand sich die russisch sprechende Bevölkerung in den Stand diskriminierter Minderheiten versetzt.

Dass mehr als 25 Millionen Russen nun im sogenannten nahen Ausland lebten, hat den nationalpatriotischen Kräften, die vom alten Imperium nicht lassen wollten, in Russland selber starken Auftrieb gegeben. Extremistische Agitatoren waren dabei, Jelzins Regierung als Okkupationsregime im Sold der Wall Street zu stigmatisieren und das russische Volk zum Kampf auf Leben und Tod für die Rettung Russlands aufzurufen. Wenig sprach dafür, dass der Nationalismus nur ein postoperativer Phantomschmerz sei, eine Übergangserscheinung nach dem Zerfall der alten Ordnung.

Für den Westen waren die Folgen der Zeitenwende von kaum geringerem Belang als für den aus den Fugen geratenen Osten. Überall war zu spüren, dass der Zusammenbruch des Kommunismus auch diesen glücklicheren Teil der Welt, den Westen, in den überkommenen Verhältnissen nicht würde weiterleben lassen. Die atomar gestützten Teilungsgrenzen, die den europäischen Kontinent durchschnitten hatten, waren aufgehoben. Von den beiden Machtblöcken, deren Räson an eben diesen Grenzen gehangen hatte, war der eine, das Warschauer Paktsystem, verschwunden. Das westliche Bündnis hatte keinen Gegner mehr, der Antikommunismus keinen Adressaten. Die Furcht vor dem großen Krieg und vor der atomaren Katastrophe war weit zurückgetreten. Die bisherige NATO-Strategie war unbrauchbar geworden, die euroatlantische Allianz ihres alten Sinnes beraubt.

Dagegen stiegen nun neue Sorgen und Gefahren auf, von denen die atomare Katastrophe von Tschernobyl erste Vorstellungen vermittelt hatte. Die Frage, wie dem Sicherheitsvakuum im Raum zwischen der Oder und der Pazifikküste zu begegnen sei, war ein höchst beunruhigendes Problem geworden. Die Instrumente der KSZE boten keine zureichenden Lösungen an. Die NATO, die von den ostmitteleuropäischen Regierungen in Ungarn, Polen, der Tschechoslowakei umworben wurde, entzog sich damals noch dem Ansinnen, den Geltungsbereich des Bündnisses über die Ostgrenze Deutschlands hinaus zu erweitern. Zwar waren die Nachfolgestaaten des Sowjetimperiums automatisch Mitglieder der Vereinten Nationen geworden. Doch niemand durfte erwarten, dass sich der Sicherheitsrat der UNO in Osteuropa notfalls für militärische Rettungsaktionen gewinnen ließ, so wie sie im Frühjahr 1991 um Kuwaits willen exekutiert worden waren.

Dieser erste Golfkrieg hatte gezeigt, wie gründlich die Welt verändert war, seit es nur mehr eine einzige Weltmacht gab. Schwer vorstellbar, dass die Sowjetunion den amerikanischen Militärschlag gegen Bagdad hingenommen hätte, wenn die sowjetische Führung zur Weltpolitik noch fähig und entschlossen gewesen wäre. Dass das, was der amerikanische Präsident George Bush damals *Neue Weltordnung* nannte, nicht mehr als eine schöne Phrase war, konnte für kritische Beobachter schon damals nicht strittig sein. Auch triumphalistische Prognosen vom Ende der Geschichte, wie sie im Herbst 1989 vom Washingtoner Büro eines Späthegelianers namens Francis Fukuyama ausgegangen waren, hatten Ende 1991 schon keinen Nennwert mehr.[195]

Das liberale System als letztes Wort der Geschichte war vom globalen Sieg unendlich weit entfernt. Dagegen ließ sich ohne sonderliche Übertreibung sagen, dass der überwiegende Teil der Konkursmasse, die der Kommunismus hinterlassen hatte, auf dem Niveau der armen Welt inzwischen angekommen war. Massenelend und Bürgerkrieg, nicht rechtsstaatliche Demokratie waren für die Mehrheit dieser Menschen zur realen Perspektive des Lebens geworden. Flüchtlingsströme und Massenhunger weckten die westlichen Wohlstandsbürger aus ihren Träumen und verstärkten den Wunsch, die im Osten gefallenen Grenzen durch Sperranlagen zu ersetzen. In Europa selber hatte die hochfliegende Vision, die in der Gorbatschowschen Formel vom Gemeinsamen Europäischen Haus enthalten war, inzwischen alle Faszination verloren. Die Gemeinschaft der Zwölf ließ keinen Zweifel daran, dass sie ihren Integrationsprozess um Osteuropas Willen nicht anhalten wollte. Alle Gedanken an eine Erweiterung über die EFTA-Staaten hinaus wurden ins kommende Jahrhundert verlegt. Das Äußerste, was Brüssel osteuropäischen Ländern anzubieten hatte, waren Sitzplätze im Europarat und Verhandlungen um Assoziierungsverträge, 1991 und 1992 mit Ungarn, Polen, der Slowakei und der Tschechischen Republik geschlossen worden. Später wurden sie auch Mitglieder der Europäischen Union.

Bei alledem blieb der Europabegriff, der in der politischen Rhetorik leicht von der Zunge ging, nebelhaft und voller Widersprüche. Man sprach vom Europa der verschiedenen Geschwindigkeiten und mied wohl aus Takt gegenüber den Russen die alte Formel vom Europa von Brest bis Brest, also von der Atlantikküste bis an die polnische Ostgrenze. Die Ambivalenz des Europabegriffs, obgleich sie der unübersichtlichen Lage entsprach, war jedoch kein Produkt der postkommunistischen Zeit. Sie hatte eine Geschichte von langer Dauer im Rücken. Seit Moskowien vor 500 Jahren im Horizont der europäischen Mächte erschienen war, hatte sich die Frage, ob Russland Europa zugehöre, immer wieder von neuem gestellt. Eine Antwort, die unstrittig gewesen wäre, war ausgeblieben. Nicht zuletzt die russischen Bildungsschichten hatten sich seit dem 19. Jahrhundert an diesem Schlüsselproblem ihrer eigenen Identität gerieben. Schon damals war die Entscheidung zwischen westlicher oder slawophil-russischer Orientierung als Weltanschauungs- und Gewissensfrage empfunden worden.

Während der Perestrojka waren diese alten Debatten wieder aufgeflammt und hatten auf den Trümmern des Sowjetreiches zu erbitterten Richtungskämpfen mit emotionalem Sprengstoff geführt. Dass Russland kein Abziehbild des Westens werden dürfe, sondern seinen eigenen, von der Geschichte gewiesenen Sonderweg zu gehen habe, diese Formel war, als das sowjetische Imperium zerfiel, in viele Köpfe eingedrungen. Der wilde Kapitalismus, die Schattenseiten moderner Massenkultur, der allgemeine Orientierungsnotstand, all das hatte die aufgewühlte Öffentlichkeit für nostalgische Gefühle und nationale Werte empfänglich gemacht.

Auch Boris Jelzin, dessen Charisma damals noch nicht entzaubert war, hatte zwischen den Fronten zu pendeln begonnen – zwischen der Harvardschule und dem orthodoxen Patriarchen von Moskau und der ganzen Rus, zwischen dem Kosmopolitismus der Demokraten und dem nationalpatriotischen Verlangen nach einer autoritären Staatsgewalt. Was die zukünftige Bestimmung des neuen Russland sei, war zu Beginn der postsowjetischen Zeitrechnung noch nicht auszumachen. Der Weltmachtstatus war dahin und das Imperium auch, die Staatsautorität geschwächt und an der südlichen Peripherie schon demontiert.

Die Öffnung zur Welt, zur Zivilisation des reichen Westens, war für das ausgezehrte Land zu einem Problem der eigenen Identität geworden. Von den Vereinigten Staaten, der einzigen Gegenmacht, an der man früher Maß genommen hatte, mochten Erfahrungen zu gewinnen sein, doch als Modell für das, was man damals russische Wiedergeburt nannte, kam Amerika nicht ernstlich in Betracht. In Europa hat zumal Deutschland mit seinem in Moskau viel bestaunten Wirtschaftswunder der fünfziger und sechziger Jahre das Muster eines Aufstiegs aus Ruinen angeboten. Aber die Schriften und Reden von Ludwig Erhard, nun ins

Russische übersetzt, erzählten von einer Geschichte, die sich in Russland nicht wiederholen ließ.

Epilog

Der rasche und überraschende Zusammenbruch der kommunistischen Welt hat nicht wenige Ostexperten auf die bittere Wahrheit gestoßen, dass Prognosen nicht zu den stärksten Seiten ihres Gewerbes gehören. Historikern ist eine solche Einsicht schon länger vertraut. Sie haben den klassischen Anspruch der Sozialwissenschaften zu wissen, um vorauszusehen, in aller Regel nicht geteilt und sich dem Risiko, über die Zukunft Auskunft zu geben, nur selten ausgesetzt. Auch die Zumutung, Lehren aus der Geschichte zu ziehen, wurde mit dem Gestus der Selbstbescheidung zumeist abgewiesen, und stattdessen mit Jakob Burckhardt gern gesagt, „Geschichte vermöge nicht mehr, als weise zu machen für ein andermal". Die Sentenz Friedrich Schlegels, dass Historiker allenfalls rückwärtsgewandte Propheten sind, war in den Zitatenschatz der Zunft seit langem eingegangen.

Diese Zurückhaltung mag erklären, weshalb die Neigung, sich mit der Chronik laufender Ereignisse zu befassen, unter gelernten Historikern nicht sonderlich verbreitet ist. Die Ansicht überwiegt, dass Geschichte, die sich noch im Fluss befindet, allenfalls registriert werden, doch mit wissenschaftlichem Anspruch noch nicht eingeordnet werden sollte. Insofern mag auch die Geschwindigkeit, mit der die Jahre zwischen 1989 und 1991 mit so groß geschnittenen Begriffen wie *Epochenwende* oder *Zeitenwende* beschrieben wurden, Skepsis und Bedenken wecken, Misstrauen, das aus professioneller Erfahrung kommt und vorschnellen Urteilen widerspricht. Dass historische Betrachtungen gegenwärtiger Geschichte möglich sind, ohne dass bedenkenlos verfahren werden müsste, wird sich jedoch schwerlich leugnen lassen.

Unstrittig ist, dass die Untergangsgeschichte der kommunistischen Herrschaft und des Ostblocks in den kommenden Jahren und Jahrzehnten ein großes Thema historischer Wissenschaft bleiben wird. Mit wachsender Distanz zu den Ereignissen, die Osteuropa umgestoßen und die Welt verändert haben, werden die Ursachen, die Chronologien, die Wirkungen dieses Umbruchs genauer erforscht und bewertet. Das gilt nicht nur für die quellengesicherte Aufklärung im Detail, sondern auch für differenziertere Einsichten im interregionalen Vergleich und für den Nachweis der weltpolitischen Bedingungsfaktoren. Überdies wird den Historikern zugutekommen, dass aus größerem Abstand auch die Folgen dieser Ereignisse deutlicher werden als aus der Nahsicht derer, die Augenzeugen waren, die wie Goethe einmal sagte „dabeigewesen" sind. Das bedeutet jedoch nicht, dass sich Historiker mit Oberflächenbeschreibungen zu begnügen hätten, beschränkt auf das fragmentarische Wissen, das die jüngsten Ereignisse selber freigegeben haben. Der historisch trainierte Blick – wenn ich das mit etwas

Überheblichkeit sagen darf – kann tiefer dringen. Der Historiker kann geschehende Geschichte mit vergangener Geschichte in ein Verhältnis setzen und kann versuchen, historisch einzuordnen. Einordnen aber heißt, die Gegenwart in historischer Perspektive zu betrachten und sie zu vergleichen in Raum und Zeit.

Dass dieses Verfahren kein Monopol der Historiker ist, hat die Geschichtskonjunktur gezeigt, von der die Jahre rasanten Wandels begleitet wurden. Zahllose Kommentare und Reflexionen, unter dem unmittelbaren Eindruck des Umbruchs entstanden, lebten ja ständig von historischen Rekursen und historischen Vergleichen, vom Verweis auf Parallelen und Kausalitäten, auf Tradition, Vorläufer usw. Akteure und Beobachter nahmen das Geschehen im Medium geschichtlicher Erfahrung wahr. Die politische Rede war mit historischen Bildern und Metaphern vollgestellt. Hier äußerte sich nicht nur Pathos des gelebten Augenblicks, nicht nur aufgefrischtes Bildungswissen, das gern mobilisiert wird, wenn man schreibt oder spricht.

Der tiefere Grund für diese Hochkonjunktur geschichtlichen Interesses war, dass die Mobilisierung historischer Erinnerung selber zu den treibenden Kräften des Epochenwechsels gehörte. Überall, wo die alte Macht zerfiel, war die Geschichte zur wichtigsten Legitimationsinstanz geworden für das, was vor sich ging und was in Zukunft werden sollte: für die Wiederherstellung bisher verweigerten Rechts, für die Wiedergeburt der geschundenen Nation, für die Rückkehr nach Europa, von dem man gewaltsam ausgeschlossen worden war, für die Restauration der Freiheit, die der Kommunismus den Menschen vorenthalten hatte.

Im historischen Rückgriff wurde Anschluss an die eigene Vergangenheit gesucht, auch an die Geschichte der Väter und Vorväter, die oft verdrängt worden war. Dabei stiegen in schmerzlicher Erinnerung vor allem jene goldenen Zeiten im Gedächtnis auf, in denen man schon einmal Teil der zivilisierten Welt gewesen war: die Balten in den Freiheitsjahren zwischen Unabhängigkeit und Annexion, die Polen in ihrer großen, von Fremdherrschaft und Widerstand gezeichneten Geschichte, die Ukrainer in der Blütezeit der alten Rus, im Hetmansstaat der Kosaken, im nationalen Freiheitskampf gegen Moskowiter und Bolschewisten. Was gelehrte Betrachter Nachvollzug oder Durchstoß zur offenen Gesellschaft (Karl Popper), zum Rechtsstaat und zur Demokratie nannten, als nachholende Revolution (Jürgen Habermas) beschrieben – all das wurde mit der Aktualisierung abgebrochener oder unerfüllt gebliebener Geschichte verbunden. Auch in Russland wurden eigene westliche Traditionen wieder aufgerufen, die sich vor 1917 entwickelt hatten, also die Entfaltung liberaler Öffentlichkeit seit der Bauernbefreiung, die gewiss schleppende Entfaltung bürgerlicher Öffentlichkeit und parlamentarischer Kultur zwischen 1906 und 1917, schließlich die Verheißungen der Februardemokratie von 1917, die der bolschewistischen Strategie freilich nicht standhielt.

Das Verlangen, im Rekurs auf die Geschichte Zukunft zu gewinnen, war für die Demokratiebewegungen und die Oppositionen eine stimulierende Kraft, die Selbstbewusstsein stiften konnte. Dieses Selbstbewusstsein war in der Tat vonnöten, um der Begegnung mit dem reichen Westen gewachsen zu sein. Denn dieser Westen hatte große Mühe zu begreifen, dass die Völker, die bisher hinter dem Eisernen Vorhang lebten, nicht als arme Verwandte ins größere Europa kommen wollten, nicht nur mit ihrer Not, ihrer zerrütteten Wirtschaft und ihren ökologischen Katastrophen, sondern dass sie eigene Kultur, eigene Erfahrungen, Traditionen und Interessen einzubringen hatten.

Rasch war zu sehen, dass die Renaissance historischen Bewusstseins Ausdruck nachwirkender Demütigungen und verletzter Würde war und auch irritierende Züge hatte. Fast überall kam zutage, wie leicht mobilisierte Geschichte in völkischen Nationalismus umschlagen kann: in Unduldsamkeit, in Xenophobie, die sich nicht nur gegen den Westen kehrten, sondern unmittelbarer noch gegen Fremdstämmige im eigenen Raum und in der Nachbarschaft. Aber diese Schattenseiten der Befreiung waren Hypotheken der Vergangenheit. Der entwickeltere Teil Europas, der sich vorgespiegelt hatte, dem nationalistischen Zeitalter schon entronnen zu sein, wurde nun unversehens von der eigenen, vermeintlich abgeschlossenen Geschichte wieder eingeholt.

Der Versuch, die Epochenwende der Jahre 1989 bis 1991 historisch zu betrachten, kann sich in einem ersten Schritt an Schlüsselwörter und Vergleiche halten, die aus dem Geschehen selbst hervorgegangen sind. In den Monaten, in denen die kommunistische Herrschaft im westlichen Vorfeld des Sowjetimperiums unterging, war der Begriff der *Revolution* in aller Munde. Revolution war eines der Codewörter dieser Zeit. Dabei hatten Beobachter und Kommentatoren die dramatischen Ereignisse im Blick, die den Machtwechsel wie in einer Kettenreaktion grenzüberschreitend weitergetrieben hatten. Zunächst zwischen Juni und September 1989 in Polen und Ungarn: zwei Revolutionen am runden Tisch – taktierte Machtwechsel, ausgehandelte Systemwechsel, ohne dass es dabei zu Volksaufläufen, Generalstreiks oder Zusammenstößen gekommen wäre. Dann im November und Dezember, jeweils auf wenige Tage zusammengedrängt, Revolutionen unter freiem Himmel mit Massenprotesten, Lichterketten, Demonstrationen in der DDR und Tschechoslowakei und in eingeschränkterem Sinne auch in Bulgarien.

Nur in Rumänien hatte der Umsturz zu blutigen Auseinandersetzungen geführt. Soweit bekannt, gab es ein Machtkomplott gegen Ceausescu, orchestriert von Teilen der Nomenklatur, gefolgt von der standrechtlichen Erschießung des Präsidentenehepaares, von Kämpfen zwischen Militär und *Securitate*. Überall sonst aber vollzog sich die Kapitulation der kommunistischen Potentaten in leidlich zivilen Formen unter dem Druck von Oppositionskräften und Bürgerbewegungen, die sich der aktiven Unterstützung durch die Bevölkerungsmehrheit in diesen Tagen sicher waren. Für die gestürzten Machteliten rührte sich kaum eine Hand, doch Racheakte oder Hexenjagden blieben Randerscheinungen.

Dieser Sachverhalt erklärt, weshalb der Revolutionsbegriff, der in dieser Zeit in Umlauf kam, mit den klassischen, von den Geschichtsbüchern vermittelten Bildern revolutionärer Gewalt nur wenig gemein hatte. Über den Fernsehschirm in aller Welt waren Sitzungszimmer und Pressekonferenzen zu sehen mit erschöpften Verhandlungsführern in Warschau und Budapest, die von Reformabkommen Kenntnis gaben, dann – nach den Bildern vom Massenauszug aus der DDR – Bilder von überfüllten Zeltlagern in westdeutschen Botschaftsgärten, von den Schauplätzen der Wende in der DDR, in Prag und Bratislava, in Warschau und Budapest und anderen Städten. Demokratische, friedliche, sanfte, samtene Revolutionen ohne Blutvergießen und Gewalt.

Aus dem Baltikum kamen Nachrichten über singende Revolutionen hinzu, ein Hinweis auf die Tradition der Sängerbünde bei den Esten und Letten. Selbst die Besetzung von Staatssicherheitszentralen artete in der Regel nicht in Gewalttätigkeiten aus. Nirgends Szenen, die dem Sturm auf die Bastille oder auf den Winterpalast in Petrograd vergleichbar gewesen wären. Gewaltlosigkeit gehörte, trotz der Schreckensberichte aus Bukarest und Temeszvar, zu den eindrucksstärksten Signaturen der Veränderung. Das Pathos der Revolution entfaltete sich also nicht auf den Barrikaden, nicht in Trauerzügen zu den Gräbern der Gefallenen, wie das im März 1917 oder im März 1848 in Berlin der Fall gewesen war, sondern entfaltete sich in Glücksgefühlen eigener Stärke. In Leipzig und in Ostberlin klang dies im Ruf *Wir sind das Volk!* zusammen, in Prag im jubelnden Verlangen, Václav Havel, die charismatische Gestalt des Bürgerforums, auf der Burg im Präsidentenamt zu sehen. Überall, wo Menschen Straßen und Plätze füllten, war neue, öffentlich gelebte Solidarität zu spüren, von der vor kurzem noch niemand zu träumen gewagt hatte.

Auch der Westen wurde zum ersten Mal seit 1848 wieder daran erinnert, dass europäische Revolutionen nicht prinzipiell mit dem Werk des Bösen gleichzusetzen waren. Die eingewachsene Revolutionsfurcht, die die Zeiten des Antikommunismus begleitet hatte, war im Spätherbst 1989 eher sympathetischen Gefühlen gewichen. Dass in Gazetten und Kommentaren der Ausdruck *Antirevolution* erfunden wurde, ließ freilich ahnen, wie irritierend das ins Positive umgeschlagene Revolutionsverständnis geblieben war.

Die Sowjetunion, die den Zusammenbruch der Ostblockregime nicht abwenden konnte, hatte zur Aktualisierung des Revolutionsbegriffs auf ihre Weise beigetragen. 1987 war Gorbatschows revolutionäre Perestrojka aufgekommen und als Revolution von oben ausgelegt worden. Sie sollte im Rückgriff auf das Vermächtnis Lenins den Sozialismus erneuern und vollenden. Zwei Jahre später,

1989, als sich zeigte, dass die ost- und mitteleuropäischen Demokratiebewegungen selbst einen humanen Sozialismus nicht mehr haben wollten, war die Perestrojka schon aus dem Tritt geraten. Mit einer Revolution von unten, die Gorbatschow zu Hilfe hätte kommen sollen, konnte im Ernst nicht gerechnet werden. Vielmehr war nun, da Massenstreiks und ziviler Ungehorsam drohten, der Gedanke an einen Aufbruch von unten bereits zu einem Alptraum geworden. Tatsächlich tauchten, während die Perestrojka verkam, zunehmend apokalyptische Bilder auf, die den Gorbatschowschen Revolutionsbegriff vollends entwerten sollten: Erinnerungen an die Schrecken des Bürgerkrieges, Angst vor dem Absturz in Anarchie und Chaos, Angst vor einem Volksaufruhr des Russischen Bundes – die Charakterisierung „sinnlos und erbarmungslos" von Alexander Puschkin wurde immer wieder zitiert, ähnlich der Sozialrebellionen unter dem Kosakenführer Pugatschow. In der Zeit, die noch blieb, bis das Sowjetimperium auseinanderfiel und die kommunistische Partei die Fahne strich, war von Revolution schon keine Rede mehr. Wohl aber war die Rede von Putschgefahren und von der Unvermeidlichkeit eines Regimes der harten Hand.

Die Zeit zwischen dem Fall der Berliner Mauer und dem Ende der Sowjetunion hatte also vielfältige Revolutionstypen hervorgebracht. *Erstens* revolutionäre Reformstrategien im Futteral leninistischer Begriffe, die überkommene Machtstrukturen zersetzen wollten, aber dem Anspruch weitergreifender Visionen nicht gewachsen waren. *Zweitens* Revolutionen am Verhandlungstisch mit Wahlentscheidungen und Formelkompromissen, die den kommunistischen Monopolparteien an die Wurzel gingen – Beispiel Polen und Ungarn. *Drittens* demokratische Revolutionen friedlichen Charakters, von Bürgerkomitees und oppositionellen Gruppen angestoßen, denen die Lähmung der alten Parteiapparate und die Sympathien der Bevölkerung zugutekamen – zum Beispiel die DDR und die Tschechoslowakei, mit Einschränkung auch Bulgarien. Daneben stand Rumänien –, ein Sonderfall, wie es schien, mit dem Ineinander von Staatsstreich, bewaffnetem Widerstand und Massenmobilisierung. Überall, wenn auch nicht überall mit gleichen Intensionen und Konsequenzen, hatten die Kräfte des Wandels dieselben Schlüsselbegriffe aufgenommen: parlamentarische Demokratie, Rechtsstaat, soziale Marktwirtschaft, soweit wie möglich auf dem Niveau der zivilisierten Welt.

Bei den sowjetischen Nationalitäten, die ihre Vergangenheit als Entrechtung und Unterdrückung empfanden, kam das Verlangen nach dem souveränen Nationalstaat hinzu, bei ethnischen Gruppen ohne geschlossenes Territorium die Forderung nach Selbstverwaltung und verbürgtem Minderheitenschutz. In der Sowjetunion, aber auch in Jugoslawien wurden diese Fragen schließlich so akut, dass die multinationalen Staatsgebilde dabei zugrunde gingen. Hier wurde der Revolutionsbegriff, oft auch der Begriff der Demokratie, von völkischen Vokabeln aufgesogen, von Parolen nationaler Wiedergeburt, die nicht selten mit Blut- und Bodenmythen ausgestattet waren.

An mehr oder minder improvisierten Versuchen, die Epochenwende östlich von Elbe und Adria in weiter gespannte Zeitbögen historisch einzuordnen und sie dem intertemporalen Vergleich zu öffnen, hatte es im Sog der Umwälzung nicht gefehlt. Im Jubiläumsjahr der französischen Revolution stellten sich Verweise auf 1789 wie von selber ein. Historiker, wie Francois Furet, der die Perspektiven der Perestrojka bedachte, sahen Gorbatschow, nicht, wie dieser vorgegeben hatte, als Mandatar der bolschewistischen Oktoberrevolution, nicht als Vollstreckungsbeamten einer vom Volk getroffenen sozialistischen Wahl, vielmehr rückte er das, was in Russland geschah, in die Kontinuität von 1789 – nicht in die der Jakobiner, sondern der Menschenrechts- und Bürgerrechtserklärungen.

Ralf Dahrendorf publizierte im Jahr 1990 seine *Betrachtungen über die Revolution in Europa*. Er tat das im Stil von Edmund Burke, der seine Betrachtungen über die Revolution in Frankreich „an einen Herrn in Warschau" gerichtet hatte. Schon mit dieser Anknüpfung war der historische Rang der Umwälzung markiert, auch der europäische Zusammenhang dessen, was da östlich der Elbe geschah. Bei den strategischen Entscheidungen, die Dahrendorf seinen Freunden im Osten empfahl, hielt er sich an Karl Poppers *Offene Gesellschaft* und beharrte auf einem liberalen Europa, das bis zur sowjetischen Grenze reiche. Für das Sowjetreich hat Dahrendorf im größeren Europa keinen Platz gesehen. Diese Supermacht sei, schrieb er, auch ohne ein ökonomischer oder politischer Gigant zu sein, zu groß für das europäische Haus und zu entwicklungsschwach, um in absehbarer Zeit Teil der modernen Welt zu werden. Hier blieb der Europabegriff auf den Raum von Brest bis Brest-Litowsk beschränkt, auf ein lateinisches Europa, dessen historischer Gemeinbesitz auf den Rechtstraditionen des Mittelalters, den Bürgertugenden der Civil Society und auf dem westlichen Modell des heterogenen Nationalstaats beruhe. Polen, Ungarn, der tschechoslowakische Raum, auch das Baltikum schienen sich dem lateinischen Erbe zu fügen, aber eben nicht die Ostslawen und nicht der griechisch-orthodoxe Südosten mit seinen islamischen Enklaven.[196] In solchen Ansichten, die den Kulturraum des christlichen Ostens in eine amorphe Zwischenwelt verbannten, spiegelte sich nicht nur vermeintlicher Realitätssinn, sondern auch Unsicherheit, in der der Europagedanke sich verfangen hatte.

Unstrittig war, dass die Ideen von 1989, mit welchen Brechungen auch immer, aus dem liberalen und demokratischen Erbe des europäischen Revolutionszeitalters kamen, aus der Kontinuität einer langen und verwickelten Geschichte. Von hier aus rückten Bezugsfelder, die im 19. Jahrhundert liegen, notwendigerweise in den Blick. Die Verflechtung von demokratischer und nationaler Emanzipation, die für die mittel- und osteuropäischen Umbrüche so charakteristisch war, wies auf die europäischen Revolutionen des Jahres 1848 zurück, auf den europäischen Völkerfrühling, von dem sich neben den Deutschen und Italienern namentlich Magyaren, Tschechen und Polen hatten stimulieren lassen. Doch damals, 1848, war der demokratische Nationalstaat nicht errungen worden. Auch hatte das zaristische Russland an den Erhebungen und der Revolution von 1848 nicht teilgenommen, sondern war unter der autokratischen Staatsgewalt Kaiser Nikolajs I. als *Gendarm Europas*, als Bollwerk reaktionärer Kräfte aufgetreten, besonders handgreiflich bei der militärischen Liquidierung der ungarischen Revolution von 1849. Insofern aktivierten solche Vergleiche auch deprimierende Erinnerungen an Niederlagen und enttäuschte Hoffnungen. Tröstlich war allerdings, dass nun, im Revolutionsjahr 1989, Interventionen aus dem Osten nicht mehr zu befürchten waren, anders als 1849 und 1956 in Budapest oder zwölf Jahre später in Prag.

Als die Selbstauflösung der Sowjetunion vor allen Augen stand, trat die Neigung, in der Revolutionskomparatistik Orientierung zu suchen, merklich zurück. Jetzt wurde im Augenblick der Auflösung der Sowjetunion, das öffentliche Interesse von anderen Parallelen und Vergleichen in Anspruch genommen: von großgeschnittenen Vergleichen mit der Aufstiegs- und Untergangsgeschichte der großen Mächte. Im gehobenen Feuilleton fanden ausschweifende Reflexionen Platz, die den Bogen zurück bis zur Antike spannten. Edward Gibbons Monumentalwerk über den Niedergang und Fall des römischen Reiches wurde als Thesaurus angeboten, mit dem das gegenwärtige Geschehen sich entziffern lasse.

Andere Kommentatoren, die sich in der russischen Geschichte auszukennen meinten, strapazierten die Ideologie von Moskau als dem Dritten Rom. Sie fanden, dass die berühmte Sentenz, die der Pleskauer Mönch Filofej 1524 in einem Sendschreiben an den Zaren Wasilij eingeflochten hatte, in überraschender Weise aktuell geworden sei, nun aber widerlegt durch die Geschichte selber. Das Dritte Rom, das anders als das Erste und das Zweite hätte dauern sollen bis zum jüngsten Tag, war gefallen und ein Viertes, das es nach Filofej nicht geben sollte, würde jedenfalls nicht mehr ein moskowitisch-sowjetisches Imperium sein.

Seriöser als solche Ausflüge in Bezirke unbegriffener Mythologie waren Einsichten, wie sie das viel beachtete Werk Paul Kennedys *The Rise and Fall of the Great Empires* vermittelt hat – vier Jahre vor dem Untergang des Sowjetimperiums. Seine Grundthese war, dass die Bewahrung imperialer Macht auf der Balance dieser beiden Faktoren beruhe: Sei das Gleichgewicht zwischen der militärischen und der ökonomischen Potenz eines Reiches gestört, drohe die krisenhafte „Überdehnung" (*imperial overstrech*) wirtschaftlicher Leistungsfähigkeit, ein mehr oder minder rascher Verfall der imperialen Position.

Der Historiker übersah jedoch, dass die Existenz des sowjetischen Imperiums keineswegs allein auf der Verfügung über militärische und wirtschaftliche Ressourcen beruhte, sondern ebenso auf der Klammerwirkung seiner Herrschaftsideologie, auf der bürokratischen Fesselung der Gesellschaft, auf der Verweigerung bürgerlicher Freiheit, auf der Pazifikation der Nationalitäten. Auch diese Machtgrundlagen waren aufgebraucht. Kennedys Befürchtungen gingen in eine andere Richtung: Keines der multinationalen Reiche, deren Niedergang er untersuchte, habe „den imperialen Rückzug" angetreten, ohne zuvor „in einem Krieg der großen Mächte geschlagen worden" zu sein. Auch „im Charakter oder in der Tradition des russischen Staates" fand er keine Anzeichen dafür, dass diese Macht „den imperialen Abstieg jemals ruhig und in Frieden akzeptieren könnte."[197]

Es mag nicht oft geschehen, dass ein Autor Erleichterung empfinden kann, wenn er sieht, dass der Fortgang der Geschichte seine Annahmen widerlegt und die prognostische Valenz historischer Analogien entwertet. Das Sowjetimperium hat sich aufgelöst, ohne in einem großen Krieg geschlagen worden zu sein. Vielmehr ergab sich, dass nicht der Krieg, sondern der Friede zwischen den Großmächten die elementare Bedingung dieses Endes war. Gleiches hatte, zwei Jahre früher, für den Zusammenbruch des äußeren Imperiums gegolten, für die Kapitulation der kommunistischen Herrschaft in der westlichen Hegemonialzone der UdSSR. Der devastierte Zustand, in dem sich das Imperium im Stadium seiner Auflösung befand, mochte den Folgen einer Kriegsniederlage freilich nahekommen. Auch dass die Überdehnung der imperialen Ressourcen am Zerfall des Realsozialismus einen großen, wenngleich nur schwer berechenbaren Anteil hatte, dürfte außer Frage stehen.

Für die historische Würdigung wichtig bleibt, dass zum ersten Mal in neuer Zeit die Welt Zeuge einer Epochenwende wurde, die nicht den Krieg, sondern den internationalen Frieden zur Voraussetzung hatte. Vierzig Jahre lang hatte das kommunistische Staatensystem den Herausforderungen des Kalten Krieges getrotzt, den Belastungen der Hochrüstung und den Gefahren einer globalen Katastrophe standgehalten, ohne dass dieses Staatssystem aus den Fugen gegangen wäre. Auch die inneren Erschütterungen, die die sozialistische Staatengemeinschaft getroffen hatten, waren mit militärischen und polizeistaatlichen Mitteln abgefangen worden.

Die Verfallsgeschichte des Ostblocks begann in den 1970er Jahren, als Moskau dem Zwang zur internationalen Kooperation mit dem Westen nicht länger ausweichen konnte. Insofern kam dem KSZE-Prozess eine schlechthin entscheidende Bedeutung zu. Es waren die subversiven Kräfte der Entspannung und der Zivilisierung des Ost-Westkonflikts, dem das sowjetische Imperium auf die Dauer nichts entgegenzusetzen hatte. Ähnliches traf für die Regime zu, die der Kreml in Mittel- und Osteuropa etabliert, zur Blockdisziplin gezwungen und an der Macht gehalten hatte. Auch diese Regime waren, je durchlässiger der Eiserne Vorhang wurde, unter einen Legitimationsdruck geraten, dem sie auf die Dauer nicht gewachsen waren. Weder verschärfte Gedankenpolizei noch Zugeständnisse an die Konsumansprüche der Bevölkerung, wie das Erich Honecker oder Gustav Husák versuchten, konnten auf die Dauer weiterhelfen. Der Aufstieg der Soldinarnosc-Bewegung in Polen war dafür ein erstes unüberhörbares Signal. Zwischen den Lebenserwartungen der Menschen und der Phraseologie der Machthaber war eine Kluft fühlbar geworden, die den herrschenden Parteien den moralischen Kredit entzog.

Als die Perestrojka Gorbatschows diese Glaubwürdigkeitskrise zu bannen suchte, durch Demokratisierung, Humanisierung, marktwirtschaftliche Experimente, da stellte sich heraus, dass der reale Sozialismus weder zu reformieren noch auf das Niveau moderner Zivilisation zu bringen war. Erneuerung im Gorbatschowschen Sinn bedeutete letztlich, sich selber aufzugeben, und so ging das alte Regime an einer Selbsttherapie zugrunde, die die Schäden hätte heilen sollen. Auch wer sich, wie die SED-Spitze, Gorbatschows Therapieversuch widersetzte, konnte dieser Fatalität nicht entgehen. Ihre Stunde schlug, noch ehe über dem Kreml die rote Fahne niedergegangen und die russische Trikolore aufgestiegen war. Im Übrigen ist festzuhalten, dass die kommunistischen Regime, anders als der Hitlerstaat, nicht darauf bestanden, Millionen Menschen als Schlachtopfer in den Abgrund mitzuziehen, auch deshalb war dieses Ende singulär.

Aufgabe künftiger Historiker wird es sein, die Geschichte der Mittel- und Osteuropäischen Revolutionen genauer auszumessen und die Archive für die Forschung zu erschließen. Aber schon jetzt, aus der kurzen Distanz, die uns von diesen Ereignissen trennt, lassen sich die Dimensionen des Umbruchs in weitergespannte Perspektiven rücken, als sie das Geschehen selbst vermitteln kann. Das wird möglich, wenn man die beiden Weltkriege, die das 20. Jahrhundert so nachhaltig gezeichnet haben, in die Betrachtung einbezieht. Die Epochenbedeutung dieser Kriegskatastrophen für Europa und die Welt ist in zahlreichen Arbeiten scharf herausgearbeitet worden. Was zwischen 1989 und 1991 vor sich ging, ist nach diesen beiden Kriegen also die dritte epochale Zäsur in der Lebenspanne dreier Generationen und als solche zu begreifen – die erste Zäsur dieser Größenordnung, die nicht den Krieg, sondern den internationalen Frieden zur Bedingung hatte. Unübersehbar sind die Kausalverbindungen zwischen den Weltkriegen dieses Jahrhunderts und den umstürzenden Veränderungen der jüngsten Zeit.

Stärker als in der übrigen Welt haben sich in Mittel- und Osteuropa seit 1989 noch immer Spätfolgen dieser beiden Weltkriege geltend gemacht. Dreimal in diesem Jahrhundert wurde der europäische Osten, der bis 1917/18 noch unter der Staatsgewalt monarchisch regierter Vielvölkerimperien lebte, aus seinen politischen und sozialen Verhältnissen herausgerissen. Am Ende des Ersten Weltkriegs hatte der Zusammenbruch Russlands, Österreich-Ungarns und des Osmanischen Reiches die Umwälzungen in Gang gesetzt. Hinzu kamen die russische Revolution und der Einsturz des deutschen Ostimperiums, das von der dritten Obersten Heeresleitung unter Ludendorff nach dem Frieden von Brest-Litowsk im Raum von Finnland bis zum Schwarzen Meer improvisiert worden war. Im Zweiten Weltkrieg hatten zunächst die Teilungsverträge, die Hitler mit Stalin geschlossen hatte, die osteuropäischen Verhältnisse umgestoßen. Dann, nach der Zerschlagung der großdeutschen Ordnungsmacht, war es die *Pax Sovietica*, die Europa bis zur Elbe unter ihre Herrschaft zog.

Wie leicht zu sehen ist, hat der Untergang der kommunistischen Welt Tatbestände außer Kraft gesetzt, die Ergebnisse teils des Ersten, teils des Zweiten Weltkrieges waren. Mit der Auflösung der Sowjetunion wurde das imperiale Produkt der bolschewistischen Revolution beseitigt. Die Reconquista des Russischen Reiches war im Dezember 1991 annulliert. Wie 1918 löste sich das Imperium abermals in Einzelteile auf und begann sich in Nachfolgestaaten neu zu organisieren. Nicht wenige Staatsgründungsakte von 1990/91 beriefen sich mit Emphase auf Unabhängigkeitserklärungen vom Frühjahr oder Sommer 1918 und versuchten damit abgebrochene Geschichte symbolisch wiederherzustellen. In der Ukraine, in Weißrussland, in den baltischen Republiken, den transkaukasischen Republiken, überall war das augenfällig.

Für das neue Russland, das unter Führung Boris Jelzins die Rechtsnachfolge der UdSSR in Anspruch nahm, konnte Ähnliches nicht gelten. Was Russland bis 1917 gewesen war, dieses Imperium hat sich nicht wiederherstellen lassen, schon deshalb nicht, weil dieses Staatswesen unter dem Zaren mit dem russischen Vielvölkerimperium identisch gewesen war. Der einzige historische Bezugspunkt über den das postsowjetische Russland verfügt, ist ein Ergebnis bolschewistischer Nationalitätenpolitik, ist die RSFSR der Sowjetzeit, umbenannt in *Rossijskaja Federazija*.

Die RSFSR mit einem Territorialbestand – der annähernd dem entspricht, den die Oberste Heeresleitung im März 1918 Lenin überlassen hatte – umfasst ziemlich genau den Raum, den das Moskauer Zarentum um die Mitte des 17. Jahrhunderts unter seinem Zepter hatte – in einer Zeit, in der die Ukraine Moskau noch nicht untertänig war. Dagegen hatten erste Kosakendetachements die Militärgrenze weit nach Osten vorgeschoben und Sibirien bis zur Pazifikküste damals schon erreicht. Das etwa ist der territoriale Bestand der Russländischen Föderation, mit dem wir es heute zu tun haben. Wer von Moskau aus auf diesen Zeitenwandel sieht, kommt an dem Faktum nicht vorbei, dass das postsowjetische Russland mit etwa 142 Millionen Menschen nur etwa halb so viele *Russländer* (Rossijane) als Bürger bei sich hat, wie es dereinst Sowjetbürger gab. Etwa 25 Millionen ethnische

Russen leben im nahen Ausland, in den unabhängigen Republiken der ehemaligen Sowjetunion. Ob auf der Grundlage der in stalinistischer Zeit ganz willkürlich gezogenen Grenzen eine friedliche Koexistenz der Nachfolgestaaten möglich sei, war von Beginn an eher zweifelhaft als sicher. Die Geburtswehen der GUS und die Bürgerkriege in den Randzonen der alten UdSSR und im früheren Jugoslawien versprachen für die Zukunft nichts Gutes. Diese Geschichte jedoch werden andere erzählen.

Nachwort: Gesellschaft als staatliche Veranstaltung. Dietrich Geyer schreibt Geschichte (*von Jörg Baberowski*)

Die russische Gesellschaft des 18. Jahrhunderts sei eine staatliche Veranstaltung gewesen. Auf diese Formel brachte Dietrich Geyer 1966, worin die Essenz der russischen Staatswerdung bestand.[198] Seither haben sich die Historiker an dieser Interpretation russischer Staatlichkeit abarbeiten müssen.

Geyer hatte seinerzeit die Beobachtung gemacht, dass im Russland des 18. Jahrhunderts zwar die gleichen Begriffe verwendet wurden, um zu beschreiben, was unter dem Staat und was unter der Gesellschaft verstanden werden konnte. Aber die Begriffe, die aus dem Westen importiert worden waren, entsprachen nicht dem Leben, das sie angeblich beschrieben. Russland wurde von Dienstleuten verwaltet, aber nicht von Ständen, seine Städte von Kaufleuten und Handwerkern bewohnt, aber nicht von Gilden und Zünften beherrscht, seine Zaren waren absolutistische Herrscher, die auf niemanden Rücksicht zu nehmen hatten. Woher sollte der Machtanspruch des Adels auch kommen? Es gab in Russland keine Burgen, keine Städte eigenen Rechts, keine Landesherrschaften und keine Ständeversammlungen, sondern allein die Autokratie, die Gunst erwies, den Untertanen aber keine Rechte einräumte. Adlig ist, mit wem ich zu sprechen geruhe, hat Zar Paul I. einmal gesagt und damit auf den Begriff gebracht, wie es um das Verhältnis des Adels zum Selbstherrscher bestellt war.[199]

Im europäischen Westen war, was Gesellschaft genannt werden kann, ein Produkt der ständischen Ordnung. Adlige, Stadtbürger, Geistliche formulierten nicht nur Abwehrrechte gegenüber dem Herrscher, sie konnten sie ihm gegenüber auch behaupten. Als sich die absolutistischen Könige im 17. und 18. Jahrhundert gegen die Stände durchsetzten, entmachteten sie sie nicht, sondern gaben ihnen eine neue Form. Der preußische Landrat war nunmehr Repräsentant des lokalen Adels und Vertreter der königlichen Zentralgewalt. Die Stände waren Institutionen eigenen Rechts, die von den absolutistischen Fürsten und Königen instrumentalisiert, aber nicht entmündigt werden konnten. Sie dienten ihnen zwar als Institutionen zur Mediatisierung zentraler Herrschaft, aber diese Vermittlung vollzog sich im Geist und der Tradition jahrhundertelanger Teilhabe.[200]

In Russland aber gab es weder Stände noch Korporationen, sondern Dienstklassen. Ihre Aufgabe bestand darin, zu erledigen, wozu der zarische Staat nicht imstande war: durch Kriegs- und Verwaltungsdienst, der mit der Vergabe von Privilegien verbunden war. Damit die Untertanen leisteten, was von ihnen verlangt wurde, setzten die Zaren ein System der Selbstkontrolle und kollektiven

Solidarhaftung ins Werk, das die Edelleute gegeneinander ausspielte und jede Eigeninitiative im Keim erstickte. So waren die von der Zarin Katharina II. in der Mitte des 18. Jahrhunderts ins Leben gerufenen Ständeversammlungen zwar Instrumente, mit denen der Staat sich sichtbar und hörbar machen konnte. Aber aus staatlichen Veranstaltungen erwuchs noch keine Zivilgesellschaft. Die Adelskorporationen, Gilden und Zünfte, die im 18. Jahrhundert auch in Russland entstanden, waren staatliche Geschöpfe, die sich vom Geist der Bevormundung nicht freimachen konnten. Der Adel blieb auf den Dienst für den Herrscher fixiert, in den Ständeversammlungen in den Provinzen war nicht viel für ihn zu gewinnen.[201]

Dietrich Geyer hat uns für die Eigentlichkeit der russischen Staatlichkeit sensibilisiert und uns gezeigt, welche Möglichkeiten die autokratische Verfassung politischem Handeln eröffnete und welche Grenzen sie ihm setzte. Vor allem aber hat er seine Leser mit der Mentalität vertraut gemacht, die aus dem Leben in einer staatsbedingten Gesellschaft erwuchs.

Russlands Liberalismus war nicht in den Ständen, nicht in der Gesellschaft, sondern in der staatlichen Bürokratie zu Hause. Die Autokratie war der Motor, der das Staatsschiff vorantrieb. Wer etwas bewegen oder überhaupt erst in Gang setzen wollte, musste sich aller Kräfte der Selbstherrschaft bedienen.[202] Die liberalen Reformen des 19. Jahrhunderts – die Aufhebung der Leibeigenschaft, die Einführung der lokalen Selbstverwaltung in Stadt und Land, der Gewaltenteilung und rechtsstaatlicher Verfahren und der allgemeinen Wehrpflicht – waren in den Ministerien zur Welt gekommen. Dmitrij Nabokow, der unter Alexander II. und Alexander III. als Justizminister diente, hat einmal in entwaffnender Offenheit erklärt, dass alles, was aus den Reihen der Gesellschaft komme, nie zu etwas Gutem führen könne. Die Bürokratie vertrat eine paternalistische Form der Aufklärung, die darauf bestand, dass allein die Obrigkeit wisse, was an der Zeit sei und im Dienst des Volkes getan werden müsse.[203]

Nun war aber die Obrigkeit weder mit der „Gesellschaft", noch mit den Bauern verbunden, von denen sie ein tiefer kultureller Graben trennte. Ihre einzige Legitimationsquelle blieb die Autokratie. Weil nun aber auch die Opposition, die sich im letzten Drittel des 19. Jahrhunderts aus den Reihen der freien Berufe, der lokalen Selbstverwaltung, der Universität und der Justiz hervorbrachte, mit dem Volk nichts verband, standen einander zwei Exponenten der Ausschließlichkeit gegenüber. Jeder bestritt, dass der andere auch ein Recht haben könne, seine Auffassung in die Welt zu setzen. Autokratie und Opposition waren vereint in ihrer Obsession, stets das letzte und endgültige Wort haben zu müssen. Was im Westen Europas jederzeit als Unfug hätte identifiziert werden können, wurde in Russland nur deshalb kritiklos angebetet, weil es dem zarischen Staat und seinen Repräsentanten missfiel. „Die geistige Form der russischen Intelligencija ist die

Staatsfremdheit", schrieb der liberale Intellektuelle Peter Struwe im Jahr 1909, „die Entfremdung vom und die Feindseligkeit gegen den Staat." Die Opposition war ein Spiegelbild der zarischen Bevormundungs- und Erziehungsherrschaft. Auch sie konnte sich Bauern nur als Kinder vorstellen, die erzogen werden mussten.[204]

Lenin, so hat Geyer es gesehen, war der Exponent eines Radikalismus und einer Unbedingtheit, die aus der sozialen und politischen Isolation kam, die Revolution des Jahres 1917 ein Ereignis, das eine fragile Ordnung hinwegschaffte und den leeren Raum sichtbar machte, den sich Lenin und seine Getreuen mit Geschick und Skrupellosigkeit unterwarfen. Die bolschewistische Diktatur war ein Experiment sozialer und politischer Umwälzung und Erschütterung, das im 20. Jahrhundert seinesgleichen suchte. Aber das bolschewistische Projekt war auch eine Fortsetzung all jener Versuche des russischen Staates, die Gesellschaft nach seinem Ebenbild zu formen.[205] Das ist es, was man aus Geyers Anregung lernen kann: dass eine Gesellschaft, die sich als staatliche Veranstaltung begreift, über ihre Möglichkeiten anders urteilt als eine Gesellschaft, die sich als Ort der Freiheit versteht. Die Relevanz dieser Beobachtung ist so offensichtlich, dass man über sie keine Worte verlieren muss. Noch in den Jahren der Perestroika, denen Geyer zahlreiche Aufsätze und einen bedeutenden Sammelband gewidmet hat, ging es Anwälten und Kritikern der Macht in Russland um die ewigen, immer wieder kehrenden Fragen: woher kommen wir, wer sind wir, und wohin gehen wir? Und natürlich auch: warum ist die autoritäre Herrschaft aus den Köpfen nicht hinauszubekommen?[206]

Auch das postsowjetische Russland ist ein Land, in dem Gesellschaft als Veranstaltung des Staates nicht nur von der Obrigkeit, sondern auch von vielen Bürgern selbst und mit Stolz inszeniert wird. Es war stets die Diskrepanz zwischen der Begrenzung der Macht und ihren überzogenen Ansprüchen, die das Verhältnis des Staates zu seinen Untertanen bestimmte. Wie soll man die Wirklichkeit im gegenwärtigen Russland verstehen? Darauf könnte man mit Geyer antworten: indem sich die Interpreten der Wirklichkeit mit den historischen Spielräumen befassen, die Menschen zu ihrer Verfügung hatten und haben. Die Autokratie als Motor der Veränderung und als Garant der Ordnung, das ist eine Traditionslinie, die offenbar nicht enden kann. Gegenwärtig wiederholt sich also nur, was Geyer als das immer wiederkehrende Problem der russischen Staatlichkeit beschrieben hatte.[207]

Geyers Geschichten entstanden aus dem Bedürfnis der Gegenwart, Russland zu *lesen*, das auch damals schon vielen fremd erschien. Seine 1968 erschienene Geschichte der russischen Revolution war mehr als nur eine brillante Synthese der großen Rebellion. Man konnte sie auch als Widerlegung aller Auffassungen lesen, die in der Revolution nur den Versuch sahen, sozialistische Verhältnisse nach Russland zu bringen. Was konnte der Sozialismus in einem rückständigen Agrarland schon sein, wenn nicht eine Entwicklungs- und Erziehungsdiktatur, die herbeiführte, was noch nicht da war? Damals träumte die Studentenbewegung von einem Sozialismus der Emanzipation und der Freiheit, und sie berief sich auf Lenin und seine Gefolgsleute, auf Mao und Ho Chi Minh, obwohl man hätte wissen können, dass Ideen einen Resonanzboden haben, auf dem sie schwingen. Lenins Sozialismus – das konnte man von Geyer auch damals schon lernen – kam aus den kulturellen und geistigen Traditionen eines rückständigen Agrarlandes, in dem, was Volk genannt wurde, auf die Freiheit erst vorbereitet werden musste. So sahen es Lenin und seine Nachfolger. Die Diktatur war der Ort, an dem Bauern lernten, was sie eigentlich wollen sollten. So gesehen, war der Bolschewismus zwar eine blutige und gewalttätige Diktatur, aber er war auch ein Ausdruck jener autokratischen Tradition, die auf die Eigeninitiative der Gesellschaft wenig gab, das Volk zum Objekt von Erziehung und Abrichtung machte und Gesellschaft als staatliche Veranstaltung, als „Dienstleistungsbetrieb"[208] verstand.

Auf gewisse Weise, so Geyer, sei die russische Revolution ein Geschehen gewesen, das „gegen das vom Westen geprägte Gesellschaftsdenken, gegen dessen Normen und Institutionen steht, dass der russische Umbruch mithin auch von traditionellen und konservativen Positionen aus als eine der größten Revolutionen der Weltgeschichte sich begreifen lässt."[209]

Nach 1917 waren es vor allem Bauernländer in Asien, Afrika und Lateinamerika, die dem russischen Beispiel folgten, nicht die wohlhabenden Länder in Westeuropa, die den Sozialismus der Unfreiheit nicht brauchten, weil Arbeiter dort wählen durften, Einfluss nehmen und am Wohlstand teilhaben konnten. Das alles gab es nicht in China, in Vietnam, in Kuba oder in Algerien. Der Bolschewismus war eine Entwicklungs- und Erziehungsdiktatur, und in dieser Funktion war er auch ein Modell für die Emanzipation der Dritten Welt von kolonialer Ausbeutung und Unterdrückung.

Die Sowjetunion hatte unter Beweis gestellt, dass der Primat des Politischen und der Wille Berge versetzen und ein Agrar- in ein mächtiges Industrieland verwandeln konnten. „Man könnte also sagen, dass die Anstöße, die vom Westen, die ‚von außen' kamen, sich in den großen eurasischen Entwicklungsräumen Russlands gebrochen haben; dass die ‚moderne Weltrevolution' seither eine neue Qualität gewinne; dass mit dem russischen Oktober die Gegenwart der anderen, der non-Western civilization beginnt – Zeitgeschichte, die insofern unsere eigene ist, als die revolutionären Konvulsionen nun ihrerseits ‚von außen' her auf die alte Welt zurückschlagen."[210]

Russland war ein Imperium, aber es war kein Kolonialreich im klassischen Verständnis dieses Wortes. Auch auf diesem Feld hat Geyer seine unverwechselbaren Spuren hinterlassen. In seinem 1977 erschienenen Buch über den russischen Imperialismus beschrieb er den Expansionsdrang des Zarenreiches nicht nur als ökonomisches, sondern auch als politisches, kulturelles Phänomen, als die „Innenseite der Außenpolitik", als Verschränkung von Diplomatie, Ökonomie und Innenpolitik.[211] Nicht allein die Suche nach Absatzmärkten und Ressourcen, sondern der Wunsch, in Europa als Großmacht anerkannt zu werden und die gebildeten Klassen um die Autokratie zu scharen, habe die zarische Bürokratie dazu veranlasst, Wüsten und Steppen zu erobern, Zentralasien und den Kaukasus zu unterwerfen und mit den Europäern um den Besitz von Konstantinopel zu streiten. Er war ein Imperialismus der Unterlegenen, dem es darauf ankam, im Inneren integrierend zu wirken. Dostojewskij erklärte im Jahr 1880, dass Russland nun an Asien weitergebe, was es von Europa empfangen habe. Russland als Friedensstifter, als gelebte Verbindung und Versöhnung von Europa und Asien. Kein Land auf Erden habe jemals eine solche Mission zu erfüllen gehabt wie Russland.[212] Nicht als Eroberer, sondern als Kulturstifter sei Russland nach Asien gekommen.

Was Dostojewskij für gewiss hielt, wurde auch im Zentrum der Macht geteilt: Russland als Imperium der Integration, der Synthese. An der Peripherie hat man solche Bevormundung zu Recht als Kolonialismus geschmäht, und im Zentrum haben die Gebildeten mit dem geborgten Imperialismus nicht viel anfangen können. Als der Außenminister der Provisorischen Revolutionsregierung, der liberale Politiker und Historiker Pawel Miljukow, im Mai 1917 erklärte, dass Russland seine Ansprüche auf die Dardanellen und den Bosporus nicht aufgeben könne, musste er seinen Hut nehmen[213] Aber am Ende brachte sich aus dem Imperium auch Stalin hervor, ein Mann von der kaukasischen Peripherie, der sich das Imperium unterwarf. Eine kleine Ironie der Geschichte. Die kolonialen Subjekte verwandeln sich in Herren des Vielvölkerreiches.[214] Hätte man sich in Großbritannien einen Mann aus Indien als Premierminister vorstellen können? Wohl kaum.

Jeder, der Geyers Buch über den russischen Imperialismus aufmerksam liest, wird in ihm sogleich Parallelen im Gegenwärtigen entdecken. Was war Russland? Woher kam es und wohin würde es gehen? Warum kann Russland vom Imperium nicht lassen, warum ist der Phantomschmerz groß und warum leiden Menschen unter dem Verlust der Sowjetunion? Wer darin nur den Versuch sieht, den Verlust von Ressourcen und Absatzmärkten, Unterwerfung und Beherrschung zu beklagen, hat überhaupt nicht verstanden, in welchem Ausmaß das Imperium die Mentalität und Kultur von Millionen geformt hat.

Alle Bücher, die Dietrich Geyer verfasste, wurden zu Klassikern, an denen sich die Zeitgenossen und ihre Nachfahren abarbeiten mussten. Sie entstanden im Bedürfnis, Geschichten nach den Maßstäben und Interessen der Gegenwart zu schreiben, aber sie wurden vollendet als Versuche, die Gegenwart historisch über sich selbst aufzuklären. Im Anspruch trat Geyer stets bescheiden auf. Geschichten müssten sich selbst erklären können, hat er einmal gesagt. Zwar habe er der Historischen Sozialwissenschaft manche Einsicht zu verdanken, so räumte er vor Jahren ein. Aber er stehe nur „in Fühlung" zu ihr.[215] Dem modischen und sperrigen Fachjargon der Sozialgeschichte mochte er sich ebenso wenig ausliefern wie dem später aufkommenden Gerede und Geraune über Diskurse und Konstruktionen. Ihn hätten Historiker, „die in postmoderner Attitüde den fiktionalen Charakter erzählter Geschichte für eine Entdeckung des zu Ende gehenden Jahrhunderts halten", unberührt gelassen, so schrieb er in seinem im Jahr 1999 erschienenen Lebenserinnerungen.[216]

Die Bedeutung einer Geschichte hängt nicht davon ab, wie sie „konstruiert" worden ist, sondern davon, ob man aus ihr etwas für das Verständnis der Gegenwart lernen kann. Was immer man auch erzählen mag, es kommt am Ende immer nur darauf an, ob die Mitteilungen, die ein Historiker der Nachwelt hinterlässt, zum Anstoß werden, scheinbar Eindeutiges in Frage zu stellen. „Die Erinnerungen an meine jungen Jahre", schreibt Geyer, „habe ich aus der Distanz des Alters geschrieben. Dabei hatte ich nichts anderes im Sinn als darzutun, wie das ‚Jahrhundert der Extreme' in ein Einzelleben eingegriffen hat, dem, am millionenfachen Unglück anderer gemessen, ein gütiges Geschick zu Hilfe kam."[217] Bescheidenheit im Anspruch als Tugend des Historikers, der eigentlich nur wissen will, wie es gewesen sein könnte.

Dietrich Geyer, der von 1965 bis 1994 Osteuropäische Geschichte an der Universität Tübingen lehrte, war nicht nur ein Berufshistoriker, wie man ihn hundertfach an deutschen Universitäten findet. Er war vor allem ein Schöngeist, ein Essayist und Schriftsteller, Gelehrter und Lehrer, der es verstand, seine Zuhörer und Leser in seinen Bann zu ziehen: durch Klarheit im Urteil und Schönheit der Sprache. In vielerlei Hinsicht ist es ihm zum ersten Mal gelungen, die Geschichte und Kultur Russlands aus der Gelehrtenstube in die Öffentlichkeit hinauszubringen. Die hier veröffentlichten Vorlesungen sind ein Zeugnis dieser Begabung, Gelehrsamkeit mit Gedankenschärfe und Sprachgefühl zu verbinden. Der Inhalt ist nichts ohne die Form.

Anmerkungen

1 Sigismund von Herberstein: Rerum Moscoviticarum Commentarii. Synoptische Edition der lateinischen und der deutschen Fassung letzter Hand. Basel 1556 und Wien 1557, Hermann Beyer-Thoma (Hrsg.), München 2007.
2 Johann Gottfried Herder: Journal meiner Reise im Jahr 1769. Historisch-kritische Ausgabe, Katharina Mommsen (Hrsg.), Stuttgart 1992.
3 Andreas Kappeler: Rußland als Vielvölkerreich. Entstehung – Geschichte – Zerfall, München 1992.
4 Hans Joachim Torke: Die staatsbedingte Gesellschaft im Moskauer Reich. Zar und Zemlja in der altrussischen Herrschaftsverfassung. 1613–1689, Leiden 1974.
5 Dietrich Geyer: „Gesellschaft" als staatliche Veranstaltung. Bemerkungen zur Sozialgeschichte der russischen Staatsverwaltung im 18. Jahrhundert, in: Jahrbücher für Geschichte Osteuropas, Neue Folge, Bd. 14, Heft 1 (1966), S. 21–50.
6 Vgl. Johann Christoph Adelung: Pragmatische Staatsgeschichte Europens. Von dem Ableben Kaiser Carls 6 an bis auf die gegenwärtigen Zeiten. Aus sichern Quellen und authentischen Nachrichten mit unparteischer Feder vorgetragen und mit nötigen Beweisschriften bestätiget, Bd. 1, Gotha 1762.
7 Carl von Linné/Martinus Houttuyn/Philipp L. S. Müller: Des Ritters Carl von Linné vollständiges Natursystem. 1. Theil, Nürnberg 1773.
8 Woldemar Guerrier: Leibniz in seinen Beziehungen zu Rußland und Peter dem Großen. Eine geschichtliche Darstellung dieses Verhältnisses nebst den darauf bezüglichen Briefen und Denkschriften, Leipzig, St. Petersburg 1873.
9 Vgl. Manfred Hildermeier: Das Privileg der Rückständigkeit, in: Historische Zeitschrift, Bd. 244, Heft 1 (1987), S. 557–603.
10 Zit. nach Walter Mediger: Moskaus Weg nach Europa. Der Aufstieg Rußlands zum europäischen Machtstaat im Zeitalter Friedrichs des Großen, Braunschweig 1952.
11 August von Haxthausen: Studien über die innern Zustände, das Volksleben und insbesondere die ländlichen Einrichtungen Russlands, Hannover/Berlin 1847.
12 Vgl. Nicholas V. Riasanovsky: Nicholas I and Official Nationality in Russia, 1825–1855, Berkeley 1959.
13 Zit. nach Martin Winkler: Slavische Geisteswelt. Russland, Baden-Baden 1955.
14 Ebd.
15 Alexander J. Herzen: Erinnerungen, Berlin 1907.
16 Übersetzt nach Pjotr Tschaadajew: Erster Philosophischer Brief, in: Teleskop, Nr. 15, Moskau 1836.
17 Vgl. Alexander Herzen: Vom anderen Ufer. Aus dem Russischen Manuskript, Hamburg 1850.
18 Ebd.
19 Vgl. u. a. Eberhard Müller: Russischer Intellekt in europäischer Krise. Ivan V. Kireevskij (1806–1856), Köln/Graz 1966.
20 Vgl. Konstantin Aksakow: Über Russlands inneren Zustand, Moskau 1855.
21 Vgl. im Original: Starez Filofej von Pskow: Sendscheiben an Zar Vassilij III., zit. nach Ernst Benz: Geist und Leben der Ostkirche, Hamburg 1957.
22 Vgl. Hildegard Schaeder: Moskau das Dritte Rom. Studien zur Geschichte der politischen Theorien in der slavische Welt Hamburg 1929, Nachdruck Darmstadt 1957.

23 Vgl. Herbert Hunger: Reich der neuen Mitte. Der christliche Geist der byzantinischen Kultur, Graz 1965.
24 Peter Nitsche: Moskau. Das Dritte Rom?, in: Geschichte in Wissenschaft und Unterricht, 42 (1991), Heft 6, S. 341–354.
25 Vgl. Gustave Alef: The Adoption of the Muscovite Two-Headed Eagle. A Discordant View, in: Speculum, Vol. 41 (1966), 1, S. 1–21.
26 Zit. nach Winkler: Slavische Geisteswelt, a.a.O.
27 Manfred Hellman: Iwan der Schreckliche. Moskau an der Schwelle der Neuzeit, Göttingen 1966.
28 Ruslan G. Skrynnikow: Iwan der Schreckliche und seine Zeit, München 1992.
29 Carsten Goehrke: Die Wüstungen in der Moskauer Rus'. Studien zur Siedlungs-, Bevölkerungs- und Sozialgeschichte, Wiesbaden 1968.
30 Von Iwans Briefwechsel mit Kurbski existiert eine ältere deutsche Übersetzung von Karl Stählin (1921) und eine (exaktere) englische Ausgabe von John Fennell (1965). Überdies gibt es eine anregende Kontroverse, die dazu verführen könnte, sich zum Experten der moskowitischen Geschichte fortzubilden. Edward Keenan hat in den 1970er Jahren die Authentizität dieser Briefe angefochten und als Fälschungen des 17. Jahrhunderts bezeichnet. Nicht nur russische, sondern auch amerikanische sowie deutsche Historiker haben ihm diesbezüglich aufs Schärfste widersprochen und beharrten darauf, dass es sich nicht um Falsifikate handle, sondern um authentische, von Iwan selbst verfasste Briefe aus den 1560er Jahren. [D.G.] Vgl. hierzu Karl Stählin: Der Briefwechsel Iwans der Schrecklichen mit dem Fürsten Kurbsky (1564–1579), Leipzig 1921.
31 Ebd.
32 Ebd.
33 Vgl. Günther Stöckl: Testament und Siegel Ivans IV, Opladen 1972.
34 Ebd.
35 Zit. nach Günther Stöckl: Russische Geschichte. Von den Anfängen bis zur Gegenwart, Stuttgart 1983.
36 Vgl. Burkhard Gotthelf Struve: Allgemeines russisches Landrecht. Wie solches auf Befehl Ihr. Tzaar. Majest. Alexei Michailowicz zusammengetragen worden, damit allen Staenden des moscowitischen Reichs vom Hoechsten biß zum Niedrigsten gleichmaeßiges Recht u. Gerechtigkeit in allen Dingen wiederfahren moege, Danzig 1723.
37 Ebd.
38 Zit. nach Heinrich Doerries: Rußlands Eindringen in Europa in der Epoche Peters des Großen. Studien zur zeitgenössischen Publizistik und Staatenkunde, Königsberg, Berlin 1939. Original: Kurtze und neueste aus den besten und neuesten Autoren zusammen getragene und bis auf unsere jetzige Zeit continuirte Moszkowitische Zeit-, Lands-, Staats- und Kirchenbeschreibung. Worbey viel bey denen jetzigen Conjuncturen vorgefallene Circumstantien auch zu wissen nutzliche und zu lesen annehmliche Anmerckungen mit eingemenget, Nürnberg 1687.
39 Vgl. Friedrich Ch. Weber: Das veränderte Russland, in welchem die jetzige Verfassung des Geist- und Weltlichen Regiments, der Kriegs-Staat zu Lande und zu Wasser, der wahre Zustand der rußischen Finantzen, die geöffneten Berg-Wercke, die eingeführte Academie, Künste, Manufacturen, ergangene Verordnungen, Geschäfte mit denen asiatischen Nachbahren und Vasallen, nebst der allerneuesten Nachricht von diesen Völkern, Frankfurt am Main/Leipzig/Hannover 1738–1744.

40 Christian Wolff: Vernünfftige Gedancken. Von dem Gesellschafftlichen Leben der Menschen. Und insonderheit dem gemeinen Wesen zu Beförderung der Glückseeligkeit des menschlichen Geschlechtes. Den Liebhabern der Wahrheit mitgetheilet, Halle (Saale) 1721.
41 Feofan Prokopowitsch: Das Recht des Monarchen. In Willkürlicher Bestellung der Reichs-Folge. Durch Unsers Großmächtigsten Landes-Herrn, Petri des Ersten, Vater des Vaterlandes, Käysers und Selbsterhalters von allen Reussen, etc. Den 11. Februarii dieses 1722sten Jahres publicirte Verordnung fest gesetzet. Und von der gantzen Nation eydlich approbiret, Berlin 1724.
42 Ebd.
43 Zit. nach Hartwig L. Ch. Bacmeister (Hrsg.): Beyträge zur Geschichte Peters des Grossen, Erster Band, Riga 1774.
44 Walter Mönch (Hrsg.): Voltaires Briefwechsel mit Friedrich dem Grossen und Katharina II., Berlin 1944, S. 185. Das Zitat bezieht sich auf die Stadt Petersburg: „Ich bin älter, Madame, als die Stadt, in der Sie regieren". Vorliegend zit. nach Dietrich Geyer: Peter und St. Petersburg, in: Jahrbücher für Geschichte Osteuropas, Neue Folge, Bd. 10, Heft 2 (1962), S. 181–200.
45 Reinhard Wittram: Peter I. Czar und Kaiser. Zur Geschichte Peters des Großen in seiner Zeit, Bände 1–2, Göttingen 1964.
46 Wassili Kljutschewski: Peter der Grosse und andere Porträts aus der Russischen Geschichte, Stuttgart 1953.
47 Johann Ch. Gottsched: Lob- und Klage-Ode. Womit der nunmehro Unsterbliche Held Petrus Alexowitz, den die Nachwelt an seinem bloßen Nahmen kennen wird, als Derselbe im Jahre 1725, den 8. Februarii, dem gantzen Europa Mitten in dem Lauffe Seiner großen Thaten durch einen unverhofften Todt entrissen ward, verehret und bedauret worden, Leipzig, Halle (Saale) 1725.
48 Vgl. Geyer: Peter und St. Petersburg, a.a.O.
49 Zitiert in Anlehnung an Georg B. Bilfinger: Gott zu Ehren. Auch zum Angedencken, und zu Ausbreitung des Ruhms Peter des Grossen, Kaysers in Rußland ... Bey Antrettung Seines öffentlichen Lehr-Amts in der Hohen Fürsten-Schule zu Tübingen. Von den Merckwürdigkeiten der Statt Petersburg ein Mitglied der Rußisch-Kays. Gesellschafft der Wissenschafften, Tübingen 1731.
50 Ebd.
51 Geyer: Peter und St. Petersburg, a.a.O.
52 Vgl. Bilfinger: Gott zu Ehren, a.a.O.
53 Vgl. Geyer: Peter und St. Petersburg, a.a.O.
54 Georg B. Bilfinger: Varia in fasciculos collecta. Ubersetzung der Lob-Rede Kazsers Petri des Ersten. Wie Solche von den Herrn von Fontenelle Anno 1725 in der Acedemie der Wissenschafften in Paris vorgelesen worden, Stuttgart 1743.
55 Geyer: Peter und St. Petersburg, a.a.O.
56 Ebd.
57 Ebd. Das dortige Original wurde zit. nach der zeitgenössischen deutschen Ausgabe der 1716 in London erschienenen Schrift von Johann Perry: Der ietzige Staat von Russland. Oder Moscau unter ietziger Czarischen Majestät, Leipzig 1717.
58 Weber: Das veränderte Russland, a.a.O.
59 Ebd.
60 Geyer: Peter und St. Petersburg, a.a.O.
61 August L. von Schlözer: Schlözer's öffentliches und Privat-Leben, von ihm selbst beschrieben. Erstes Fragment. Aufenthalt und Dienste in Rußland vom J. 1761 bis 1765. Erstes Fragment, Göttingen 1802.

62 Peter III. Fjodorowitsch: Von Gottes Gnaden, Wir Peter III. Kayser und Selbstalter aller Reußen [et]c., Übersetzung, Göttingen/St. Petersburg 1762.
63 Ebd.
64 Jekaterina Welikaja: Katharinä der Zweiten Kaiserin und Gesetzgeberin von Russland Instruction für die zu Verfertigung des Entwurfs zu einem neuen Gesetzbuche verordnete Commission, Riga, Mietau 1769.
65 Sämtliche Zitate auf S. 78–80 aus: ebd.
66 So auch bei August L. von Schlözer: Neuverändertes Rußland oder Leben Catharinä der Zweyten, Kayserinn von Rußland. Aus authentischen Nachrichten beschrieben, Riga/Leipzig 1767.
67 Ebd.
68 Ebd.
69 Ebd.
70 Für das Original siehe: Gramota na prava, vol'nosti i preimuščestva blagorodnago Rossijskago Dvorjanstva, in: Polnoe sobranie zakonov Rossijskoj Imperii, Bd. 22, St. Petersburg 1830, S. 344–358.
71 Vgl. Eric J. Hobsbawm: Sozialrebellen. Archaische Sozialbewegungen im 19. und 20. Jahrhundert, Neuwied am Rhein/Berlin-Spandau 1971.
72 Wassili Kljutschewski: Geschichte Russlands, Stuttgart 1925.
73 Ebd.
74 Vgl. Andrej Sinjawskij: Iwan der Dumme. Vom russischen Volksglauben, Frankfurt am Main 1990.
75 Vgl. Edward P. Thompson: Die Entstehung der englischen Arbeiterklasse, Frankfurt am Main 1987.
76 Vgl. Arcadius Kahan: The Plow, the Hammer, and the Knout. An Economic History of Eighteenth-Century Russia, Chicago 1980.
77 Richard Pipes: Rußland vor der Revolution. Staat und Gesellschaft im Zarenreich, München 1977.
78 Manfred Hildermeier: Bürgertum und Stadt in Russland 1760–1870. Rechtliche Lage und soziale Struktur, Köln 1986.
79 So bei Reinhard Wittram: Peter der Grosse. Der Eintritt Russlands in die Neuzeit, Berlin 1954. Vgl. auch Friedrich Ch. Weber: Das veränderte Russland, a.a.O.
80 Haxthausen: Studien über die innern Zustände, a.a.O.
81 Johann G. Vockerodt: Geistliches Reglement auf hohen Befehl und Verordnung des von Gott gegebenen und mit Weißheit ausgezierten Herrn Czaaren und Groß-Fürsten Petri des Ersten Kaysers von gantz Rußland, etc. und mit Bewilligung des gantzen heil. dirigirenden Synodi der orthodoxen Rußischen Kirche welcher durch Sr. Czaar. Majestät Bemühung mit Einstimmung und Beyrath des Geistlichen Standes von gantz Rußland wie auch des regierenden Senats de. 14. Febr. 1721 in der Residenz S. Petersburg verrichtet worden. Publiciret und gedruckt in der S. Petersburgischen Buchdruckerey im Jahre Christi 1721 den 16. Septembr.
82 Ebd.
83 Gregory L. Freeze: Russian Levites. Parish Clergy in the Eighteenth Century, Cambridge, London 1977.
84 Erich Bryner: Der geistliche Stand in Rußland. Sozialgeschichtliche Untersuchgen zu Episkopat und Gemeindegeistlichkeit der russischen orthodoxen Kirche im 18. Jahrhundert, Göttingen 1982.
85 Alexander Radischtschew: Reise von Petersburg nach Moskau, Leipzig 1982.

86 Elise Kimerling Wirtschafter: Structures of Society. Imperial Russia's „People of Various Ranks", DeKalb/Illinois 1994.
87 Kappeler: Rußland als Vielvölkerreich, a.a.O.
88 Ebd.
89 Wittram: Peter der Grosse, a.a.O.
90 Enthüllungen der diplomatischen Geschichte des achtzehnten Jahrhunderts, in: Karl Marx; Friedrich Engels: Die russische Kommune. Kritik eines Mythos, München 1972, S. 119–124.
91 Ausführlicher beschrieben in Dietrich Geyer: Der russische Imperialismus. Studien über den Zusammenhang von innerer und auswärtiger Politik 1860–1914, Göttingen 1977.
92 Ebd.
93 Joseph A. Schumpeter: Zur Soziologie der Imperialismen, Tübingen 1919.
94 Unter anderem bei Georg von Rauch: Russland vom Krimkrieg bis zur Oktoberrevolution (1856–1917), in: Theodor Schieder (Hrsg.): Handbuch der Europäischen Geschichte, Bd. 6, Stuttgart 1973, S. 309–348.
95 Vgl. Orest Subtelny: Ukraine. A History, Toronto 1988 sowie von Andreas Kappeler: Kleine Geschichte der Ukraine, München 1994.
96 Zit. nach Friedens-Vertrag, Stockholm 1721. [Kurztitel]
97 Vgl. im Überblick Jörg K. Hoensch: Geschichte Polens, Stuttgart 1983.
98 Vgl. Erwin Oberländer: Rußland von Paul I. bis zum Krimkrieg 1796–1855, in: Theodor Schieder (Hrsg.): Handbuch der europäischen Geschichte, Bd. 5, Stuttgart 1981, S. 616–676.
99 Memorandum des Geheimkomitees vom März 1801 unter dem Vorsitz Nikita Petrowitsch Panin. Siehe hierzu auch die Ausführungen bei Theodor Schiemann: Zur Geschichte der Regierung Paul I. und Nikolaus I. Neue Materialien, Berlin 1906.
100 Nikolai M. Karamsin: Aufzeichnung über das Alte und Neue Russland (Sapiska o drewnej i nowoj Rossii), o.O. 1811.
101 Ebd.
102 Ebd.
103 Ebd.
104 Vgl. Johann G. Fichte: Reden an die deutsche Nation, Berlin 1808.
105 Siehe hierzu die Prinzipiendeklaration der Heiligen Allianz, unterzeichnet in Paris am 26. September 1815.
106 Ebd.
107 Hans Lemberg: Die nationale Gedankenwelt der Dekabristen, Köln 1962.
108 Ebd.
109 So auch bei I. Pavel Pestel': Russkaja Pravda, in: Gerhard Dudek (Hrsg.): Die Dekabristen. Dichtungen und Dokumente, Leipzig 1975.
110 Ebd.
111 Ebd.
112 Vgl. unter anderem Marija N. Volkonskaja: Erinnerungen, Berlin 1978.
113 So zitiert in: Karl Stählin: Geschichte Russlands. Von den Anfängen bis zur Gegenwart, Bd. 3, Bad Homburg 1961.
114 Zum Bericht Alexander von Benkendorffs vgl. ebd.
115 Ebd.
116 Dazu Jörg Baberowski: Geschworenengerichte und Anwaltschaft. Ein Beitrag zur Erforschung der Rechtswirklichkeit im ausgehenden Zarenreich, in: Jahrbücher für Geschichte Osteuropas 38 (1990), S. 25–72.
117 Dominic Lieven: The Aristocracy in Europe. 1815–1914, London 1992.

118 Ralph Melville/Thomas Steffens: Die Bevölkerung, in: Handbuch der Geschichte Russlands, Bd. 3/II 1856–1945. Von den autokratischen Reformen zum Sowjetstaat, Stuttgart 1992, S. 1009– 1193.
119 Zit. nach Woldemar von Reutern-Nolcken: Die finanzielle Sanierung Rußlands nach der Katastrophe des Krimkrieges 1862 bis 1878 durch den Finanzminister Michael von Reutern, Berlin 1914.
120 Ebd.
121 Theodore Hermann von Laue: Sergei Witte and the Industrialization of Russia, New York 1963.
122 Zit. nach Geyer: Der russische Imperialismus, a.a.O.
123 Ebd.
124 Im Überblick: Richard Pipes: The Russian Intelligentsia, New York 1961.
125 Francesco Venture: Il populismo russo, 2 Bde., Turin 1952.
126 Vgl. Peter Scheibert: Von Bakunin zu Lenin. Geschichte der russischen revolutionären Ideologien, Leiden 1956; Isaiah Berlin: Russische Denker, Frankfurt am Main 1981.
127 Vgl. Dietrich Geyer: Lenin in der russischen Sozialdemokratie. Die Arbeiterbewegung im Zarenreich als Organisationsproblem der revolutionären Intelligenz 1890–1903, Köln/Graz 1962.
128 Arkadi Kremer/Julius O. Martow: Über Agitation, Wilna 1894.
129 Das Manifest des angesprochenen Parteitages ist abgedruckt bei Grigorij E. Zinov'ev: Geschichte der kommunistischen Partei Russlands, Hamburg 1923, S. 191–193.
130 Nikolaj Danilewski: Russland und Europa, Stuttgart 1960.
131 Hier zit. nach Hans Kohn: Die Slawen und der Westen. Die Geschichte des Panslawismus, Wien, München 1956.
132 Ebd.
133 Siehe Geyer: Der russische Imperialismus, a.a.O.
134 Ebd.
135 Dietrich Beyrau: Militär und Gesellschaft im vorrevolutionären Russland, Köln/Wien 1984.
136 Vorliegend zit. nach Kappeler: Rußland als Vielvölkerreich, a.a.O.
137 Zit. nach Geyer: Der russische Imperialismus, a.a.O.
138 Ebd.
139 Zit. nach ders.: Die russische Revolution. Historische Probleme und Perspektiven, Stuttgart, Berlin/Köln u. a. 1968.
140 Ders.: Der russische Imperialismus, a.a.O.
141 Ebd.
142 Richard Pipes: The Russian Revolution, New York 1990; Karl Schlögel (Hrsg.): Vechi. Wegzeichen. Zur Krise der russischen Intelligenz, Frankfurt am Main 1990.
143 Vgl. Geyer: Die russische Revolution, a.a.O.
144 Ebd., vgl. u. a. Oscar Blum: Russische Köpfe. Kerenski, Plechanow, Martow, Tschernow, Sawinkow-Ropschin, Lenin, Trotzki, Radek, Lunatscharsky, Dzerschinsky, Tschitscherin, Sinowjew, Kamenew, Berlin 1923.
145 Siehe hierzu Wladimir I. Lenin: Der Imperialismus als höchstes Stadium des Kapitalismus, in: ders.: Werke, Bd. 22, Berlin 1960, S. 191–309.
146 Rosa Luxemburg: Spartakusbriefe, Berlin 1958.
147 Wladimir I. Lenin: Politischer Bericht des Zentralkomitees 7. März (Außerordentlicher Siebenter Parteitag der KPR(B)), in: ders.: Werke, Bd. 27., Berlin 1974, S. 73–96.
148 Ebd.

149 Vgl. Dokumente und Materialien zur Geschichte der deutschen Arbeiterbewegung, Reihe II, Bd. 2, Berlin 1957, S. 158–162.
150 Vgl. Hermann Weber/Jakov Drabkin/Bernhard H. Bayerlein, u. a. (Hrsg.): Deutschland, Russland, Komintern. I. Überblicke, Analysen, Diskussionen. Neue Perspektiven auf die Geschichte der KPD und die deutsch-russischen Beziehungen (1918–1943), Berlin 2013.
151 Wladimir I. Lenin: Über das Genossenschaftswesen (6. Januar 1923), in: ders., Werke, Bd. 33 (August 1921–März 1923), Berlin 1962, S. 453–461.
152 Siehe hierzu ders.: Über die Nationalitätenpolitik und den proletarischen Internationalismus, Moskau 1969.
153 Siehe hierzu ders.: Was tun? Brennende Fragen unserer Bewegung, Stuttgart 1902.
154 Ders.: Über das Selbstbestimmungsrecht der Nationen (Februar/März 1914), in: ders.: Werke, Bd. 20 (Dezember 1913–August 1914), Berlin 1962, S. 397–461.
155 Ders.: Zur Frage der Nationalitäten oder der „Autonomisierung" (22. Dezember 1922), in: ders.: Werke, Bd. 36 (1900–1923), Berlin 1962, S. 590–596.
156 Josef W. Stalin: Der XII. Parteitag der KPR (B)., 17.–25. April 1923, Berlin 1952.
157 Ders.: An der Getreidefront (28. Mai 1928), in: ders.: Werke, Bd 11 (1928–März 1929), Berlin 1954, S. 72–86.
158 Ders.: Über die rechte Abweichung in der KPdSU(B), in: ders.: Werke, Bd 12 (April 1929–Juni 1930), Berlin 1954, S. 1–95.
159 Hier zit. nach Helmut Altrichter: Die Bauern von Tver. Vom Leben auf dem russischen Dorfe zwischen Revolution und Kollektivierung, München 1984.
160 Erklärung der sogenannten „Rechten" Bucharin, Rykow und Tomski vom 25. November 1929 in der „Prawda".
161 Vgl. die außerhalb der Sowjetunion publizierte Dokumentation Dmytro Zlepko (Hrsg.): Der ukrainische Hunger-Holocaust. Stalins verschwiegener Völkermord 1932/33 an 7 Millionen ukrainischen Bauern im Spiegel geheim gehaltener Akten des deutschen Auswärtigen Amtes. Eine Dokumentation, Sonnenbühl 1988.
162 Klaus Mehnert: Die Jugend in Sowjetrussland, Berlin 1932, zit. nach Dietrich Geyer, Stalin und der Stalinismus, in: Gerhard Schulz (Hrsg.): Die große Krise der dreißiger Jahre. Vom Niedergang der Weltwirtschaft zum Zweiten Weltkrieg, Göttingen 1985, S. 157–178.
163 Vgl. dazu Benno Ennker: Ende des Mythos? Lenin in der Kontroverse, in: Dietrich Geyer (Hrsg.): Die Umwertung der Geschichte, Göttingen 1991, S. 54–74.
164 Hier zit. nach Gerhard Schulz/Pierre Bertaux: Die Grosse Krise der dreissiger Jahre. Vom Niedergang der Weltwirtschaft zum Zweiten Weltkrieg, Göttingen 1985.
165 Josef W. Stalin: Über die Mängel der Parteiarbeit und die Maßnahmen zur Liquidierung der trotzkistischen und sonstigen Doppelzüngler. Plenum des ZK der VKP(B), in: ders.: Werke, Bd 14 (Februar 1934–April 1945), S. 119–160.
166 Josef W. Stalin: Über die Aufgaben der Wirtschaftler. Rede auf der ersten Unionskonferenz der Funktionäre der sozialistischen Industrie am 4. Februar 1931.
167 Aus Leo Trotzki: Mein Leben, Versuch einer Autobiographie, Frankfurt am Main 1974.
168 Aus der Rede 10. März 1939, in: https://www.1000dokumente.de/index.html?c=dokument_ru&dokument=0023_kas&object=pdf&st=&l=de.
169 Hier zit. nach Seppo Myllyniemi: Die baltische Krise. 1938–1941, Stuttgart 1979.
170 Rede Josef W. Stalin auf der Plenartagung des ZK der KPR(B) am 19. Januar 1925. Hier zitiert nach Walther Hofer: Die Entfesselung des Zweiten Weltkrieges. Darstellung und Dokumente, Wien 2007.

171 Wjatscheslaw M. Molotow: Rede vor dem Obersten Sowjet am 31. Oktober 1939, in: Hans-Adolf Jacobsen (Hrsg.): Der Zweite Weltkrieg. Grundzüge von Strategie und Politik in Dokumenten, Frankfurt am Main 1965, S. 46 ff.

172 Ernst Topitsch: Stalins Krieg. Die sowjetische Langzeitstrategie gegen den Westen als rationale Machtpolitik, München 1986; Viktor Suworow: Der Eisbrecher. Hitler in Stalins Kalkül, aus dem Russischen von Hans Jaeger, Stuttgart 1989.

173 Lew Bezymensklj: Die Rede Stalins am 5. Mai 1941. Dokumentiert und interpretiert, in: Osteuropa (1992), Nr. 3, S. 242–264.

174 Bianka Pietrow-Ennker: Deutschland im Juni 1941 – ein Opfer sowjetischer Aggression? Zur Kontroverse über die Präventivkriegsthese, in: Wolfgang Michalka (Hrsg.): Der Zweite Weltkrieg. Analysen, Grundzüge, Forschungsbilanz, München/Zürich 1990, S. 568–585.

175 Radioansprache des Vorsitzenden des Staatlichen Verteidigungskomitees Josef W. Stalin, 3. Juli 1941, in: 100(0) Schlüsseldokumente zur russischen und sowjetischen Geschichte (https://www.1000dokumente.de/index.html?c=dokument_ru&dokument=0029_stj&l=de).

176 Grundlegend Alexander Dallin: German Rule in Russia 1941–1945, New York 1957.

177 Josef W. Stalin: Der 24. Jahrestag der Grossen Sozialistischen Oktoberrevolution. Bericht in der Festsitzung des Moskauer Sowjets der Deputierten der Werktätigen gemeinsam mit den partei- und gesellschaftlichen Organisationen 6. November 1941, in: ders.: Werke, Bd. 14, S. 243–258.

178 Vgl. Charta of the United Nations and Statute of the International Court of Justice, San Francisco 1945.

179 Eigene Übersetzung aus Novoe vremja, Moskau, Oktober 1945.

180 Vgl. Eugen Varga: Die Veränderungen in der kapitalistischen Wirtschaft im Gefolge des zweiten Weltkrieges, Berlin 1947.

181 Vgl. Dietrich Geyer: Von der Kriegskoalition zum Kalten Krieg, in: ders. (Hrsg.): Osteuropa-Handbuch, Bd. Sowjetunion, Teil: Außenpolitik I (1917–1955), Köln/Wien 1972, S. 343–381.

182 Josef W. Stalin: Ökonomische Probleme des Sozialismus in der UdSSR, Berlin 1952.

183 Erschienen in der DDR-Literaturzeitschrift Sinn und Form 1953, Heft 2, S. 8.

184 Vgl. Geschichte der Kommunistischen Partei der Sowjetunion [Bolschewiki], München, Institut zur Erforschung der UdSSR 1959.

185 Siehe hierzu den Artikel „Die Aufgaben der Kommunistischen Partei der Sowjetunion beim Aufbau der kommunistischen Gesellschaft", in: Ost-Probleme, Vol. 13, No. 20 (29. September 1961), S. 629–654.

186 Vgl. u. a. Merle Fainsod: Wie Russland regiert wird, Köln/Berlin 1965.

187 Im Original als Chronika tekuščich sobytij (1968–1983).

188 In deutscher Sprache als Andrej Sacharow: Memorandum. Gedanken über Fortschritt, friedliche Koexistenz und Geistige Freiheit [übers. von E. Guttenberger], Frankfurt am Main 1968.

189 Vgl. u. a. in deutscher Sprache Michail Gorbatschow: Perestroika. Die zweite russische Revolution. Eine neue Politik für Europa und die Welt, München 1987.

190 Zum beginnenden Nationaldiskurs in Weißrussland vgl. Rainer Lindner: Nationsbildung durch Nationalgeschichte. Probleme der aktuellen Geschichtsdiskussion in Weißrussland, in Osteuropa 44 (1994), S. 578–590.

191 Eines der ersten Jelzin-Porträts in deutscher Sprache: Barbara Kerneck: Boris Jelzin. Ein Porträt. Staatsmann in der Krise, München 1991.

192 Zur Chronik der Ereignisse zuerst in deutscher Sprache Gerd Ruge: Der Putsch. Vier Tage, die die Welt veränderten. Reportagen aus dem ARD-Studio Moskau, Frankfurt am Main 1991.

193 Auch in deutscher Sprache erschienen als Francis Fukuyama: Das Ende der Geschichte. Wo stehen wir?, München 1992.

194 Ralf Dahrendorf: Betrachtungen über die Revolution in Europa in einem Brief, der an einen Herrn in Warschau gerichtet ist, Stuttgart 1990. Edmund Burke: Betrachtungen über die Französische Revolution (engl. Reflections on the Revolution in France, and on the Proceedings in Certain Societies in London relative to that Event, London 1790), 2 Bde., Berlin 1793.
195 Vgl. Paul Kennedy: The Rise and Fall of the Great Powers, New York 1987.
196 Geyer: „Gesellschaft" als staatliche Veranstaltung, a.a.O.
197 Manfred Hildermeier: Der russische Adel von 1770 bis 1917, in: Hans-Ulrich Wehler (Hrsg.): Europäischer Adel 1750–1950, Göttingen 1990, S. 166–216; Dominic Lieven: Abschied von Macht und Würden. Der europäische Adel 1815–1914, Frankfurt am Main 1995, S. 281–295.
198 Zur Debatte über den Absolutismus vgl. vor allem Ernst Hinrichs (Hrsg.): Absolutismus, Frankfurt am Main 1985; Ronald Asch/Heinz Durchhardt (Hrsg.): Absolutismus – ein Mythos?, Münster 1996; John LeDonne: Ruling Russia. Politics and Administration in the Age of Absolutism 1762–1796, Princeton/N.J. 1984.
199 Vgl. Die Memoiren von Andrej Bolotov: Leben und Abenteuer des Andrej Bolotov von ihm selbst für seine Nachkommen aufgeschrieben, 2 Bde., München 1990; John Hittle: The Service City. Town and Townspeople in Russia 1600–1800, Cambridge/Mass. 1979; Isabel de Madariaga: Russia in the Age of Catherine the Great, New Haven/CT 1981.
200 Boris Čičerin: Vstupitel'naja lekcija po gosudarstvennomu pravu, čitannaja v Moskovskom universitete 28 oktjabrja 1861 goda, in: ders.: Filosofija prava, St. Peterburg 1998, S. 454–455. Vgl. auch Dieter Beyrau: Liberaler Adel und Reformbürokratie im Rußland Alexanders II., in: Dieter Langewiesche (Hrsg.): Liberalismus im 19. Jahrhundert. Deutschland im europäischen Vergleich, Göttingen 1988, S. 499–514.
201 W. Bruce Lincoln: In the Vanguard of Reform. Russia's Enligthened Bureaucrats 1825–1861, DeKalb/Ill. 1982.
202 Petr Struve: Intelligenzija und Revolution, in: Vechi. Wegzeichen. Zur Krise der russischen Intelligenz, Frankfurt am Main 1990, S. 251–274; Martin Malia: Was ist die Intelligentsia?, in: Richard Pipes (Hrsg.): Die Russische Intelligencija, Stuttgart 1962, S. 11–32.
203 Geyer: Die russische Revolution, a.a.O.; ders.: Lenin in der russischen Sozialdemokratie, a.a.O.
204 Ders.: Perestrojka in der sowjetischen Geschichtswissenschaft, in: ders.: Die Umwertung der sowjetischen Geschichte, S. 9–31.
205 Zugespitzt: Michel Eltchaninoff: Die Philosophie eines lupenreinen Demokraten, Stuttgart 2016.
206 Geyer: Die Russische Revolution, a.a.O.
207 Ebd.
208 Ebd.
209 Ebd.
210 Fedor Dostojevskij: Čto takoe dlja nas Azija?, in: Dnevnik pisatelja, Berlin 1922, S. 686–699.
211 Pavel Miljukov: Vospominanija, Moskau 2001, S. 591–617.
212 Alfred J. Rieber: Stalin. Man of the Borderlands, in: American Historical Review 106 (2001), S. 1651–1691.
213 Geyer: Der russische Imperialismus, a.a.O.
214 Ders.: Reußenkrone, Hakenkreuz und Roter Stern. Ein autobiographischer Bericht, Göttingen 1999.
215 Ebd.

Ausgewählte Publikationen zur Geschichte Russlands und der Sowjetunion von Dietrich Geyer

(Hrsg.) Die Umwertung der sowjetischen Geschichte, Vandenhoeck & Ruprecht, Göttingen 2001.

Reußenkrone, Hakenkreuz und Roter Stern. Ein autobiographischer Bericht, Vandenhoeck & Ruprecht, Göttingen 1999.

Kautskys russisches Dossier. Deutsche Sozialdemokraten als Treuhänder des russischen Parteivermögens 1910–1915, Campus-Verlag, Frankfurt am Main 1981.

Der russische Imperialismus. Studien über den Zusammenhang von innerer und auswärtiger Politik 1860–1914, Vandenhoeck & Ruprecht, Göttingen 1977.

(Hrsg.) Wirtschaft und Gesellschaft im vorrevolutionären Rußland, Kiepenheuer & Witsch, Köln 1975.

(Hrsg.) Osteuropa-Handbuch. Sowjetunion. Außenpolitik 1955–1973, Böhlau Verlag Köln u. a. 1976.

(Hrsg.) Osteuropa-Handbuch. Sowjetunion. Außenpolitik 1917–1955, Böhlau Verlag Köln u. a. 1972.

Die russische Revolution. Historische Probleme und Perspektiven, Kohlhammer, Stuttgart 1968.

Lenin in der russischen Sozialdemokratie. Die Arbeiterbewegung im Zarenreich als Organisationsproblem der revolutionären Intelligenz, 1890–1903, Böhlau Verlag, Köln u. a. 1962.

Personenregister

Abdul Hamid (Sultan)   220, 221, 222, 255
Adelung, Johann Christoph   21
Adenauer, Konrad   398
Aksakow, Konstantin   34, 35
Akselrod, Pawel   243, 245
Alef, Gustave   41
Aleksej Michailowitsch   50, 51, 54, 100, 123, 125
Aleksej Petrowitsch   43, 57, 58, 66, 100
Aleksejew, Jewgenij   281
Alexander I.   24, 25, 30, 103, 130, 134, 140, 144, 148, 150–154, 156–161, 163–170, 172, 174, 186
Alexander II.   3, 11, 18, 119, 144, 175, 183, 184, 186, 190, 202, 204, 205, 220, 242, 257, 260, 261, 262, 298, 448
Alexander III.   127, 183, 205, 223, 242, 262, 448
Alexandra Fjodorowna (geb. Charlotte von Preußen)   304
Algarotti, Francesco   61
Ammanullah von Afghanistan   355
Anna Iwanowna   58, 64, 66, 70, 76, 127
Anna Leopoldowna   70
Anna Petrowitsch   72
Anton Ulrich von Braunschweig-Bevern   70
Araktschejew, Alexei   166, 168
Atatürk, Kemal   324, 339, 355
August III.   136
August der Starke   124, 127, 135

Baader, Franz   164
Badmajew, Pjotr (Schamsaran)   273
Bakunin, Michail   239
Barbarossa   365
Barthou, Louis   360
Báthory, Stefan   121
Battenberg, Alexander von   267
Bebel, August   244
Becher, Johannes R.   396
Beneš, Edvard   383, 387, 388
Benkendorff, Alexander von   170, 176, 177, 178

Berdjajew, Nikolaj   245
Berija, Lawrentij   395, 397, 398
Berlin, Isaiah   238
Bernadotte, Jean Baptiste   159
Bernstein, Eduard   244
Beyrau, Dietrich   260
Bilfinger, Georg Bernhard   62, 63
Biron, Johann von (auch: Bühren, Johann von)   59, 70, 71
Bismarck, Otto von   205, 215, 217, 221, 223, 224, 251, 253, 261, 263, 264, 265, 266, 371
Bloch, Ernst   351
Bodin, Jean   56
Bogdanow, Sergei   245
Bolotnikow, Iwan   54
Brandt, Willy   409, 410
Brecht, Bertolt   351
Breschnew, Leonid   V, 352, 402, 404, 406–411, 416
Briand, Aristide   357
Brüning, Heinrich   358
Brynner, Erich   100
Bucharin, Nikolaj   319, 332, 340, 342, 343, 344, 396
Büchner, Ludwig   238
Bühlow, Joachim Hinrich Freiherr von   22
Bulganin, Nikolaj   397, 398
Bulygin, Alexander   285
Bunge, Nikolaj   222, 223
Burckhardt, Jakob   436
Burke, Edmund   441
Bush, George   433

Caprivi, Leo von   265
Castro, Fidel   407
Ceaușescu, Nicolae   404, 406, 430, 438
Chamberlain, Neville   362, 366
Charlotte von Braunschweig-Wolfenbüttel   58
Charlotte von Preußen (Alexandra Fjodorowna)   175

Chmelnizkij, Bogdan (auch: Chmelnyzky, Bohdan) 9, 49, 121, 122, 123, 125
Chomjakow, Aleksej 34
Chruschtschow, Nikita 237, 349, 393, 394, 396–404, 407, 411
Churchill, Winston 371, 373, 380, 381, 385
Czartoryski, Adam 140, 148

Dahrendorf, Ralf 441
Daladier, Édouard 362, 366
Daniel, Juli (pseud. Nikolaj Arschak) 412
Danilewskij, Nikolaj 256, 257
de Maistre, Joseph 32
Denikin, Anton 321
Diderot, Denis 23
Dimitrij Iwanowitsch 46, 53
Dolgorukij, Alexej 66, 69
Donskoj, Dmitrij 378
Dostojewskij, Fjodor 27, 212, 451
Dschingis Khan 8, 115
Dubček, Alexander 405

Ebert, Friedrich 316
Eden, Anthony 380
Eisenhower, Dwight D. 397, 404
Eisenstein, Sergej 350
Elisabeth 5, 69, 70, 71, 72
Elisaweta Aleksejewna 167
Engels, Friedrich 26, 249
Erhard, Ludwig 422, 434

Ferdinand II. 3
Feuchtwanger, Lionel 351
Feuerbach, Ludwig 238
Filofej 39, 40, 41, 442
Fjodor Aleksejewitsch 50
Fjodor Iwanowitsch 46, 47
Fölkersahm, Wilhelm Hamilkar von 131
Fontenelle, Bernard Le Bovier de 63
Franz I. 160
Freeze, Gregory 100
Friedrich III. 41
Friedrich der Große 72, 73, 144
Friedrich Wilhelm I. 64
Friedrich Wilhelm III. 29, 158, 175, 183
Friedrich Wilhelm IV. 26
Friedrich Wilhelm von Kurland 127

Fukuyama, Francis 433
Furet, Francois 441

Gagarin, Juri 399
Gapon, Georgi 286
Georg I. von England 22
Geyer, Dietrich I, II, V, 447–452
Gibbon, Edward 442
Giers, Nikolaj 251, 266
Glinskaja, Elena 47
Godunow, Boris 42, 47, 53
Goebbels, Joseph 374
Goehrke, Carsten 42
Goethe, Johann Wolfgang von 29, 436
Golizyn, Alexander 66, 165
Golowkin, Iwan 59
Gomułka, Władysław 403, 405
Gorbatschow, Michail 19, 295, 301, 348, 397, 404, 408, 409, 418–429, 439, 440, 441, 444
Göring, Hermann 372
Gorki, Maxim 212, 290
Gortschakow, Alexander 119, 251, 270, 271
Gottsched, Johann Christian 60
Grotius, Hugo 56

Haase, Hugo 316
Habermas, Jürgen 437
Hardenberg, Karl August von 150
Havel, Václav 439
Haxthausen, Freiherr August von 26, 27, 96, 239
Hegel, Georg Wilhelm Friedrich 28, 31, 426
Hellmann, Manfred 41, 42
Helvetius, Claude Adrien 107
Herberstein, Sigismund von 4, 20
Herder, Johann Gottfried 4, 31, 172
Herzen, Alexander 32, 34, 239
Herzog von Württemberg 62
Hildermeier, Manfred 92
Hindenburg, Paul von 314
Hitler, Adolf 352, 354, 358, 359, 360, 362–374, 376, 378, 379, 380, 381, 388, 445
Ho Chi Minh 450
Hobbes, Thomas 343
Hobsbawm, Eric 89
Holbach, Paul Thiri von 107

Honecker, Erich 418, 425, 444
Horthy, Miklós 317
Hunger, Herbert 40
Husák, Gustav 444

Iwan III. 7, 40, 120, 121
Iwan IV. Wassiljewitsch, der Schreckliche (auch: Iwan Grosnyi) I, III, 3, 6, 7, 9, 13, 22, 39, 41–48, 53, 56, 112, 116, 120, 121, 126, 178
Iwan VI. Antonowitsch 70, 71
Iwan Aleksejewitsch 54
Iwan Iwanowitsch 43
Iwan Kalita (auch: Iwan I.) 6

Jaruzelski, Wojciech 404
Jaworski, Stefan 124
Jelzin, Boris 424, 425, 429, 431, 432, 434, 445
Johann III. von Schweden 44
Joseph II. 73, 114
Jung-Stilling, Johann Heinrich 164

Kadar, Janosz 405
Kaganowitsch, Lasar 398
Kahan, Arkadius 91
Kamenew, Lew 311, 341
Kant, Immanuel 5
Kapiza, Pjotr 411
Karamsin, Nikolaj 30, 161, 162, 163
Karl XII. von Schweden 70, 124, 125, 135
Karl Friedrich von Holstein-Gottorp 72
Katharina I. 58, 64, 66, 67, 69
Katharina II. die Große III, 9, 13–18, 23, 24, 25, 28, 38, 54, 57, 59, 64, 68, 71–82, 85, 89, 96, 101, 104, 105, 106, 107, 109, 110, 112, 114, 125, 129, 136–140, 144, 145, 150, 153, 156, 158, 196, 202, 206, 212, 255, 378, 448
Katharina Iwanowna 71
Katkow, Michail 252, 271
Kautsky, Karl 244, 315, 324
Kellogg, Frank Billings 357
Kennedy, John F. 402, 407
Kennedy, Paul 442, 443
Kerenski, Alexander 304, 308, 311
Kirejewskij, Iwan 34

Kljutschewskij, Wassili 60, 90, 116
Kokowzow, Wladimir 289, 290
Koltschak, Alexander 321
Konstantin I. (Konstantin Pawlowitsch) 25, 43, 114, 167, 168, 175
Kornilow, Lawr 311
Kościuszko, Tadeusz 24, 139, 145
Kotschubej, Wiktor 148
Krawtschuk, Leonid 431
Kuibyschew, Walerian 343
Kun, Bela 317
Kurbski, Andrej 43, 44
Kutusow, Michail 159, 163, 378

Laharpe, Frédéric 148
Lawrow, Pjotr 240
Leibniz, Gottfried Wilhelm 21, 48, 56, 59
Lemberg, Hans 167
Lenin, Wladimir Iljitsch V, 56, 202, 207, 245, 247, 249, 283, 288, 289, 296, 308–324, 326–331, 333–338, 340, 341, 342, 345, 347, 378, 395, 396, 397, 417, 419, 439, 445, 449, 450
Leopold zu Mecklenburg-Schwerin 70
Leopoldowna, Anna 70
Liebknecht, Wilhelm 249, 315, 316
Ligatschow, Jegor 419
Linné, Karl von 21
Litwinow, Maxim 357, 360, 362, 366
Lomonosow, Michail 108
Ludendorff, Erich 379, 445
Ludwig XVIII. 147
Ludwig, Emil 350
Luise 158, 183
Luxemburg, Rosa 314, 315, 317

Mably, Gabriel Bonnot de 107
Maiskij, Iwan 381
Makarij 45
Malenkow, Georgi 395, 397, 398, 402
Mann, Heinrich 351
Mao Zedong 355, 359, 363, 404, 406, 417, 450
Marie Louise 160
Marija Fjodorowna (geb. Sophie Dorothee von Württemberg) 167
Martow, Jurij 245, 246

Marx, Karl 26, 114, 115, 242, 249
Masepa, Iwan 124, 125
Mechlis, Lew 364, 369
Mehnert, Klaus 346, 350
Mehring, Franz 315
Melville, Ralph 208
Mendelssohn 223, 290
Menschikow, Alexander 58, 69
Metternich, Klemens von 24, 160, 176
Michail I. (Michail Fjodorowitsch) 43, 48, 121
Michail Alexandrowitsch 273
Mickiewicz, Adam 140
Miljukow, Pawel 307, 451
Miljutin, Dmitrij 196, 255, 259, 260
Miljutin, Nikolaj 196
Miloradowitsch, Michail 168
Minin, Kusma 53, 378
Molotow, Wjatscheslaw 364, 368, 369, 370, 372, 380, 391, 393, 395, 398, 400, 402
Montesquieu, Charles 23, 78, 79
Münnich, Burckhardt Christoph 71
Murawjow, Nikita 172, 173, 174
Mussolini, Benito 362

Nabokow, Dmitrij 448
Nagy, Imre 405
Napoleon 111, 113, 134, 143, 144, 147, 148, 149, 157–164, 174, 378, 426
Neubauer, Helmut 39
Newskij, Alexander 66, 378
Nikolaus I. (auch: Nikolaj I., Nikolaj Pawlowitsch) IV, 3, 4, 5, 25, 26, 28, 29, 32, 104, 114, 118, 134, 140, 166, 167, 168, 173, 174, 175, 176, 178, 442
Nikolaus II. (Nikolaj) 184, 281, 290, 299, 304
Nikon 54, 100
Nitsche, Peter 40
Noetzel, Karl 256
Nowikow, Nikolaj 24, 25, 106, 107, 108, 145
Nowosilzew, Nikolaj 148, 165, 172

Orlow, Grigorii 72
Orwell, George 352
Ostermann, Andrej Iwanowitsch 71

Pahlevi, Mohammad Reza 355
Panin, Nikita 148
Papen, Franz von 358
Pasternak, Boris 401, 412
Paul I. (Pawel Petrowitsch) 88, 102, 109, 129, 140, 144–148, 150, 153, 174, 447
Perry, John 65
Pestel, Pawel 169, 171–174, 177
Petain, Philippe 371
Peter II. (Pjotr Aleksejewitsch) 58, 69
Peter III. (Peter von Holstein) 16, 25, 72, 76, 89, 129, 144, 145
Peter der Große III, 5, 12, 13, 15, 16, 19, 21, 22, 25, 30, 35, 37, 38, 40, 43, 48, 49, 50, 51, 54–70, 72–77, 83, 84, 91, 94, 95, 96, 99, 100, 112–115, 120, 121, 123–129, 135, 136, 145, 150, 162, 167, 212, 350
Petljura, Symon 325
Pietrow-Ennker, Bianka 375
Piłsudski, Józef 318, 325, 358, 360
Pinochet, Augusto 422
Pipes, Richard 92, 299
Plechanow, Georgij 242, 243, 244
Plehwe, Wjatscheslaw 284, 286
Pobedonoszew, Konstantin 262
Poniatowski, Stanisław 136
Popper, Karl 437, 441
Poscharskij, Dmitrij 53, 378
Pososchkow, Iwan 49
Potjomkin, Grigorij 114
Potocki, Severin 140
Prokopowitsch, Feofan 57, 78, 99, 124
Pufendorff, Samuel von 56, 57
Pugatschow, Jemeljan 13, 25, 75, 89, 110, 117, 130, 177, 440
Puschkin, Alexander 61, 67, 440

Radischtschew, Alexander 24, 25, 105, 106, 108, 110, 111, 145
Rasin, Stenka 13, 54
Rasumowskij, Kirill 125
Reagan, Ronald 408,
Repin, Ilja 122
Reutern, Michail 216–220, 222, 259
Ribbentrop, Joachim von 364, 372
Rilke, Rainer Maria 27

Romanow, Fjodor (Filaret) 48, 53
Roosevelt, Theodore 282, 291, 358, 380, 381
Rothschild 223
Rousseau, Jean Jaques 107, 171
Rykow, Alexei 342
Rylejew, Kondrati 173

Sacharow, Andrej 413, 416, 421
Sassulitsch, Wera 202, 243
Schaeder, Hildegard 39
Schafarewitsch, Igor 416
Schdanow, Andrej 395
Scheibert, Peter 238
Schelling, Friedrich 31, 32
Scheremetew, Boris 58
Schewardnadse, Eduard 420, 422
Schiller, Friedrich 46
Schiwkow, Todor 418
Schlegel, Friedrich 436
Schlözer, August Ludwig 67
Schlözer, Kurd von 217
Schuiskij, Wassili 53
Schukow, Georgi 375, 398
Schulenburg, Friedrich-Werner Graf von der 373
Schumpeter, Joseph A. 119
Sergej Aleksandrowitsch 285, 286
Sergij 348
Sigismund II. August 44
Sigismund III. 53, 121
Sinjawski, Andrej (pseud. Abram Terz) 412
Sinowjew, Grigori 311, 318, 319, 341, 396
Skoropadskyj, Pawlo 325
Skrynnikow, Ruslan 42
Solowjow, Wladimir 32
Solschenizyn, Alexander 414, 416
Sophie Dorothee von Württemberg (Marija Fjodorowna) 144, 174
Spengler, Oswald 256
Speranski, Michail 103, 152, 153, 155, 156, 157, 161, 163
Stalin, Josef II, V, 295, 303, 324, 331, 332, 333, 336, 337, 338, 340–348, 350, 351, 352, 353, 355–358, 361, 363–384, 387, 388, 390, 392–398, 401, 403, 404, 405, 411, 412, 419, 445, 451

Stanisław II. August 137, 138, 145
Steffens, Thomas 208
Stein, Karl Freiherr vom 150, 156
Stolypin, Pjotr 299, 300
Stresemann, Gustav 357
Stroganow, Pawel 148
Struwe, Peter 245, 449
Sun Yat-sen 355
Suslow, Michail 411
Suworow, Alexander 147, 158
Suworow, Wiktor 374, 378
Swjatopolk-Mirski, Piotr 286

Thälmann, Ernst 371, 396
Thompson, Edward P. 91
Thorez, Maurice 369
Tichon 104, 348
Tito, Josip 388, 392, 393, 397, 404, 418
Tolstoj, Lew 27
Tomski, Michail 342
Topitsch, Ernst 374,
Trotzki, Leo 245, 288, 311, 325, 327, 332, 340, 341, 354, 396
Trubezkoi, Sergej 174
Truman, Harry S. 385
Tschaadajew, Pjotr Jakowlewitsch 32, 33
Tschernjajew, Michail 260
Tschernow, Wiktor 309
Tschernyschewskij, Nikolaj 237
Tschiang Kai-schek 355, 359, 363
Turgenjew, Iwan Sergejewitsch 232

Uwarow, Sergej 29, 30, 31, 104, 131

Varga, Eugen 390
Venturi, Francesco 236
Vockerodt, Johann Gotthilf 65
Voltaire 23, 59

Waldersee, Alfred Graf von 277
Wasilij III. 7, 39, 442
Weber, Friedrich Christian 55, 64
Weber, Max 150
Weichmann, Herbert 350
Wilhelm I. 183
Wilhelm II. 266, 277, 289, 290
Wilson, Woodrow 296

Wirtschafter, Elise Kimerling 108
Withworth, Charles 148
Witte, Sergej 209, 216, 221, 225–229, 265, 270, 272–278, 281, 282, 290
Wittram, Reinhard 59
Wladimir I. (Wladimir der Heilige) 7, 45, 57
Wladimir Aleksandrowitsch 290

Władysław IV. 53, 121
Wolff, Christian 56, 57, 62
Wolokolamsk, Josef von 38
Wyschnegradskij, Iwan 223–226, 266

Zoe (Sophia) 40

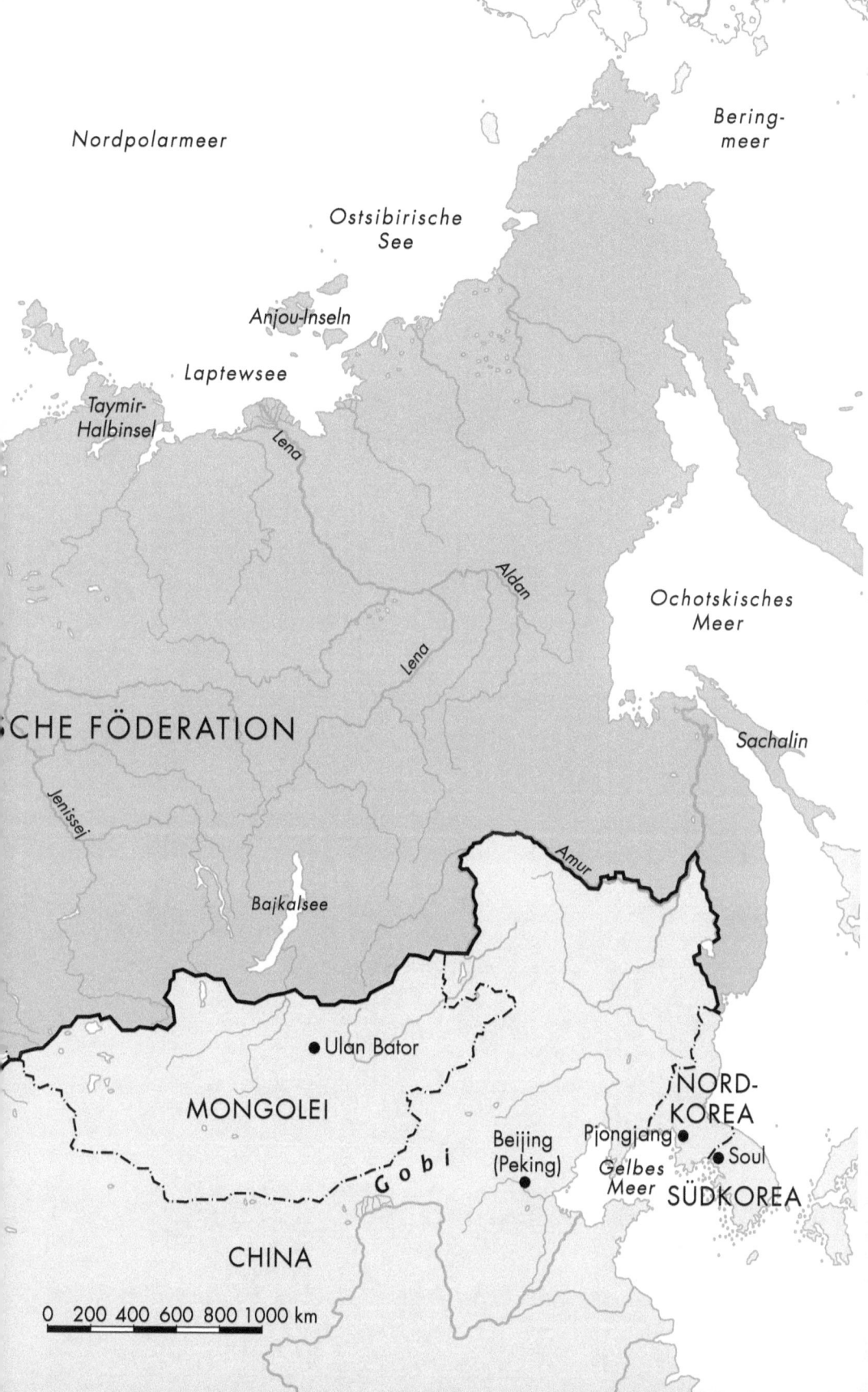

www.ingramcontent.com/pod-product-compliance
Lightning Source LLC
Chambersburg PA
CBHW031409230426
43668CB00007B/248